沙坪坝年鉴

2023

重庆市沙坪坝区地方志编纂中心 编

方志出版社
Publishing House of Local Records

图书在版编目（CIP）数据

沙坪坝年鉴. 2023 / 重庆市沙坪坝区地方志编纂中心编. — 北京 : 方志出版社, 2023.12
ISBN 978-7-5144-5919-7

Ⅰ. ①沙… Ⅱ. ①重… Ⅲ. ①沙坪坝区－2023－年鉴
Ⅳ. ①Z527.193

中国国家版本馆CIP数据核字(2024)第052693号

责任编辑：顾　洁
责任校对：张玉霞
责任印制：梅中英
装帧设计：颜学均
出 版 者：方志出版社
地　　址：北京市朝阳区潘家园东里9号（国家方志馆4层）
邮　　编：100021
网　　址：http://www.zgfzcb.cn
发　　行：方志出版社图书营销中心　电话（010）67110500
印　　刷：重庆巴南彩印厂
开　　本：889毫米×1194毫米　1/16
印　　张：28
字　　数：621千字
版　　次：2023年12月第1版
印　　次：2023年12月第1次印刷
定　　价：320.00元

沙坪坝区地方志编纂委员会

顾　　问：唐小平　赖明才　杨邦维

主　　任：肖庆华

副 主 任：陈　英　贾　宇　崔　杰　黄可欣　郭文荫

委员单位：

区委办公室	区人大常委会办公室	区政府办公室	区政协办公室
区纪委监委机关	区委组织部	区委宣传部	区委统战部
区委政法委	区委编办	区委党史研究室	区发展改革委
区教委	区科技局	区经济信息委	区民政局
区司法局	区财政局	区人力社保局	区生态环境局
区住房城乡建委	区城管局	区交通局	区农业农村委
区商务委	区文化旅游委	区卫生健康委	区退役军人事务局
区应急局	区审计局	区国资委	区体育局
区统计局	区物流办	区人武部	区公安分局
区检察院	区法院		

《沙坪坝年鉴》编辑部

主　　编：姚　明

副 主 编：陈朝辉　马　原　甘　黎

编　　辑：张靖雅

封面题字：戴　文

编辑说明

一、《沙坪坝年鉴（2023）》以马克思列宁主义、毛泽东思想、邓小平理论、“三个代表”重要思想、科学发展观、习近平新时代中国特色社会主义思想为指导，坚持辩证唯物主义和历史唯物主义的立场、观点和方法，求真务实，全面、客观、系统地记述区域发展情况。

二、《沙坪坝年鉴（2023）》由重庆市沙坪坝区人民政府主办，重庆市沙坪坝区地方志编纂中心编纂。自 2014 年始创，2018 年公开出版，一年一卷。《沙坪坝年鉴（2023）》为第 10 卷，全面记录和反映 2022 年沙坪坝区域内自然、政治、经济、文化、社会、生态文明等方面情况，为社会各界了解和研究沙坪坝区提供系统、翔实的年度信息资料。

三、《沙坪坝年鉴（2023）》记述范围为沙坪坝区所辖行政区域，记述时限为 2022 年 1 月 1 日至 2022 年 12 月 31 日。为便于保存和积累地方文献资料，部分内容、数据作适当上溯或下延。

四、《沙坪坝年鉴（2023）》采用分类编辑法，由类目、分目、条目组成，分为大事记、区情概览、中共沙坪坝区委员会、沙坪坝区人民代表大会、沙坪坝区人民政府、中国人民政治协商会议沙坪坝区委员会、中共沙坪坝区纪委　沙坪坝区监委、民主党派　工商联、群众团体、法治、军事、经济管理、农业、工业、交通　邮政　通信、城乡建设、应急管理、生态环境、商贸服务业、旅游业、科学技术、教育、文化、卫生健康、体育、社会事务、镇　街道、人物　光荣榜、附录、索引。

五、《沙坪坝年鉴（2023）》采用规范的语体文、记述体，直陈其事，用第三人称书写。机构、政党、群团名称，使用规范化简称。

六、《沙坪坝年鉴（2023）》的数据资料均使用法定计量单位。数字用法、标点符号用法均执行国家标准《出版物上数字用法》《标点符号用法》（GB/T15834—1995）。

七、《沙坪坝年鉴（2023）》载录的内容分别由沙坪坝区各有关部门和单位提供并署名，并经各供稿单位审核。统计资料由沙坪坝区统计局提供，未纳入区统计局统计范围的，采用主管部门的数据；由于统计口径等原因，存在个别数据与统计资料数据不尽一致的情况。

数字沙坪坝

（2022 年度）

辖区面积	396 平方千米
年末户籍人口	95.78 万人
年末常住人口	148.56 万人
地区生产总值	1106.7 亿元
全年进出口总额	3488.5 亿元
全年常住居民人均可支配收入	48846 元
全年常住居民人均消费性支出	36811 元

沙坪坝区东部城区俯瞰图

（伍北海摄）

青凤高科产业园孵化中心　　（区委宣传部供图）

赛力斯智慧工厂　　（区委宣传部供图）

重庆工业设计产业城　　（区委宣传部供图）

工业机器人组装零部件　　（区委宣传部供图）

中欧班列零公里地标广场　　（纪宏摄）

内陆国际物流枢纽展示中心　　（区委宣传部供图）

重庆铁路集装箱中心站　　（王正坤摄）

6 月 30 日，中欧班列（成渝）开行突破 20000 列　　（国际物流枢纽公司供图）

重庆歌乐山烈士陵园　　（区委宣传部供图）

聚龙城社区“和顺茶馆”　　（区委宣传部供图）

巴蜀古代建筑博物馆　　（区委宣传部供图）

丰文街道镜蓝染　　（区委宣传部供图）

平顶山公园　（区委宣传部供图）

回龙坝乡村庭院　（区委宣传部供图）

江山公园　　　　（区旭辰集团供图）

半山崖线步道　　　　（区委宣传部供图）

磁器口码头　　（区委宣传部供图）

自由村典式楼小区　　（区委宣传部供图）

目 录

大 事 记

区情概览

中共沙坪坝区委员会

沙坪坝区人民代表大会

沙坪坝区人民政府

中国人民政治协商会议 沙坪坝区委员会

中共沙坪坝区纪委 沙坪坝区监委

民主党派　工商联

群众团体

法　治

军 事

经济管理

农 业

工 业

交通 邮政 通信

应急管理

生态环境

城乡建设

商贸服务业

旅 游 业

科学技术

教　育

文 化

卫生健康

体 育

社会事务

镇 街道

人物　光荣榜

附　录

索　引

大事记

1月

4日

重庆医科大学国际体外诊断研究院、重庆真测科技股份有限公司、重庆渝微电子技术研究院有限公司、重庆御芯微信息技术有限公司、重庆非常规油气研究院有限公司新增为市级新型研发机构。

同日

区第十八届人大常委会第50次会议召开。会议补选肖庆华为重庆市第五届人民代表大会代表。

6日至9日

中国人民政治协商会议重庆市沙坪坝区第十五届委员会第一次会议召开，来自全区各条战线的281名政协委员参加此次会议。

7日

中国地质调查局矿山生态修复技术中心在西部（重庆）地质创新研究院挂牌成立。

7日至10日

沙坪坝区第十九届人民代表大会第一次会议召开。会议应到代表326人，实到代表309人。

11日

沙坪坝区新丝路中学校举行揭牌仪式。

14日

沙坪坝区召开2022年第一次区委人才工作领导小组会。

17日

陆海新通道中老铁路中国摩托车出口老挝专列在沙坪坝区首发。

18日至21日

重庆市第五届人民代表大会第五次会议召开，26名驻区市代表参加会议，沙坪坝代表团提交议案1件、建议75件。

19日

沙坪坝区人民检察院驻重庆国际物流枢纽园区知识产权检察官办公室揭牌成立。

21日

重庆市首批历史名园公布，沙坪坝区沙坪公园上榜。

同日

由中共沙坪坝区委宣传部、沙坪坝区文化和旅游发展委员会、沙坪坝区文学艺术界联合会主办，沙坪坝区文化馆承办的“我们的中国梦·文化进万家”2022年沙坪坝区红岩志愿者写春联、画年画暨赠送活动举行，活动将市、区内书画名家的春联、福字、年画作品赠送给全区22个街镇文化服务中心。

同日

三峡广场商圈“乡情”迎春主题灯饰全面亮相。

26日

沙坪坝区通过国家卫生城市（区）复审，全国爱国卫生运动委员会重新确认沙坪坝区为国家卫生区。

27日

西太深海量子科技（重庆）有限公司正式通过中国人民银行支付清算协会的收单外包服务机构备案，成为量子科技领域全国第一家获得金融合规服务机构资质的科技企业。

28日

由中共沙坪坝区委宣传部、沙坪坝区文化与旅游发展委员会、沙坪坝区文学艺术界联合会主办，沙坪坝区文化馆、沙坝区音乐家协会承办的“沙坪坝区虎年春节线上系列文化活动展播之潮涌嘉陵·风动歌乐——沙坪坝区2022年新年演唱会（一）”在区文化馆线上平台展播。

29日

共建陆海新通道中老铁路区域联动班列（西安—重庆—万象）发车活动和区域联动班列（万象—云南—重庆）接车活动在沙坪坝区举行。

2月

7日

沙坪坝区和成都市武侯区联合主办“春风行动惠民生·川渝联动暖人心”网络招聘活动，服务企业515家，接受咨询或开展就业指导6300多人，提供就业岗位2.3万个，企业接受简历和达成就业意向1773人次。

16日

从融汇沙坪坝小学开往杨公桥小学的定时公交开通，解决了融汇温泉城400余名师生出行问题。

23日

沙坪坝区2022年“潮涌嘉陵”招商季集中签约活动举行。签约项目45个，总协议金额210.55亿元。签约项目涉及先进制造、口岸经济、工业设计、数字经济、特色文旅等多个领域。

同日

国家发展改革委价格认证中心召开全国价格认定工作座谈会视频会议。沙坪坝区涉纪检监察案件价格认定工作作为重庆市唯一区县获推典型经验交流。

同日

沙坪坝区举行2022年“潮涌嘉陵”招商季集中签约活动，西部（重庆）科学城（沙坪坝片区）签约项目34个，协议投资额152.45亿元。

24日

沙坪坝区绿色智能建筑创新产业（人才）联盟成立。

28日

重庆市物流供应链金融创新产业（人才）联盟揭牌，并举行首届联盟大会。

同日

由意大利驻重庆总领事馆、重庆图书馆主办，重庆市文化和旅游发展委员会、重庆市沙坪坝区人民政府支持举办的“多元意大利——从阿利纳里到当代摄影大师”全球巡回摄影展第五站在重庆图书馆开幕。

3月

1日

《2022年度重庆市特色小镇清单》公布，全市20个小镇上榜，沙坪坝区融汇温泉小镇成功入选创建类市级文化旅游类特色小镇。

同日

沙坪坝区正式启用包括3大类9种的道路运输电子证照，涵盖道路客货运以及网络预约出租汽车和巡游出租汽车的从业资格证、道路运输证和经营许可证。

3日

沙坪坝区专业服务产业（人才）联盟成立，并召开联盟理事会第一次会议，审议通过联盟方案、颁发分盟理事长聘书、选举联盟第一届理事长。

同日

沙坪坝区科学城小学校揭牌仪式暨科技嘉年华活动举行。

8日

区委第六次人大工作会议召开，会议印发《中共重庆市沙坪坝区委关于进一步加强和改进新时代人大工作的实施意见》。

同日

区十九届人大常委会第一次会议召开。

10日

“春风行动暨就业服务活动”专场招聘会在三峡广场举行。

同日

沙坪坝区举办学习贯彻党的十九届六中全会精神专题研讨班暨“领导干部学习大讲堂”，区委书记唐小平走上区委党校讲台，为全区市管干部、区管领导干部讲授“开年第一课”，162人参加培训。

11日

重庆市沙坪坝区人民检察院重庆市公安局沙坪坝区分局侦查监督与协作配合办公室挂牌成立。

16日

沙坪坝区“黄葛树下龙门阵”上榜2021年度全国学雷锋志愿服务“四个100”先进典型宣传推荐活动，沙坪坝区“黄葛树下龙门阵”文化志愿服务项目入选“最佳志愿服务项目”。

17日

快速路一纵线中心站立交至狮子岩立交段通车。

18日

重庆市第十三届青少年科技创新市长奖评选揭晓，沙坪坝区森林实验小学宋正航、南渝中学彭子墨、重庆一中谭巍3名学生获市长奖，南开中学黄卿云、重庆一中陈柯言2名学生获市长奖提名奖。

22日

区公共资源交易中心完成全市首例采购项目“不见面”开标。

25日

沙坪坝区印发《沙坪坝区2022年领导干部学习大讲堂方案》，开辟沙坪坝区“领导干部学习大讲堂”。

29日

沙坪坝区完成镇街事业单位六级职员首次晋升工作，全区22个镇街43名事业干部晋升为六级职员。

30日

县道XY02中井公路通车。

同日

沙坪坝区与重庆大学签订战略合作协议，双方就共同提升人才集聚能级、加强创新平台建设、推动创新成果转化、推动校地共建共享等方面达成共识，进一步深化校地合作，携手推动共同发展。

31日

沙坪坝区梁滩河新桥交通标线施划、人行道铺装均已完成，标志着该桥建设全面完工。

同日

沙坪坝区、重庆日报报业集团战略合作框架协议签约仪式举行。双方将在新闻宣传、国际传播、产业发展等方面深化合作，实现资源整合、优势互补，相互促进、共同发展。

4月

1日

沙坪坝区启动十三届区委第一轮巡察选人用人专项检查工作，对区委老干局等8个区管单位开展选人用人专项检查。

2日

陆海新通道中缅印国际联运班列（重庆—仰光—印度洋）在沙坪坝成功首发。这是重庆在全国率先开行的陆海新通道中缅印国际班列，意味着中国内地与缅甸、印度洋地区之间打通了一条纯陆路的跨境物流新路径。

11日

重庆市沙坪坝区和成都市武侯区联合主办高校毕业生网络招聘活动，服务企业100余家，提供就业岗位600余个，持续为广大企业提供人力资源保障，积极促进高校毕业生充分就业、高质量就业。

13日

2022年第五届沙坪坝区科普讲解大赛暨第九届重庆科普讲解大赛预选赛在沙坪坝区树人景瑞小学举办。

13日至29日

沙坪坝区举办“学习贯彻党的十九届六中全会精神专题培训班”分课堂3期，市管干部和区管领导干部650余名参加培训。

15日

沙坪坝区与四川美术学院签订校地合作战略协议，双方就共同推动产业发展、强化人才合作、加强教育合作、促进展示交流等方面达成共识。

同日

重庆市南开中学校团委获“全国五四红旗团委”称号。

同日

西部（重庆）科学城首个垃圾分类主题公园——香炉山街道思贤公园正式开园。

20日

沙坪坝区三峡广场商圈和融汇温泉城获评第二批市级夜间文化和旅游消费集聚区称号。

22日

磁器口古镇获评首批国家级夜间文化和旅游消费集聚区。

同日

由区委宣传部、区文联、磁器口古镇管委会、磁器口街道办事处联合主办的长篇小说《磁器口》新书发布会在上海三联书店磁器口后街店举办。

同日

“最炫武陵风”2022武陵山文旅融合产品推介活动在重庆沙坪坝区磁器口步行街举行。

同日

首期金融创新研习班暨沙磁创新论坛（第二十一期）举办。

26日

团重庆市沙坪坝区委、团成都市成华区委举行“环成渝青年协同创新中心协作推进会”，为“环成渝青年协同创新中心”揭牌，建立全国首个服务成渝双城的“青年网络工作站”，加强成渝两地青年人才协同联合、交流共享，打造近悦远来的青年创新创业服务平台。

30日

沙坪坝区被确定为全国义务教育优质均衡先行创建区。

5月

1日

沙坪坝区首个多功能智能装配式厕所——陈家桥康爱路公厕投入使用。

同日

双碑街道自由村片区老旧小区及沿线风貌城市更新项目典式楼完工。

5日

“重庆1949”大剧院获中国旅游投资领域重要奖项第11届艾蒂亚奖金奖——最佳科技进步奖。

6日

中国共产党重庆市沙坪坝区代表会议召开，选举产生沙坪坝区出席重庆市第六次党代会代表9名。

10日

沙坪坝区驻区高校科技处长工作交流座谈会召开。

11日

《重庆市沙坪坝区支持科技企业发展壮大十条举措》印发。

14日

沙坪坝区开展2022年党群系统事业单位工作人员公开招聘笔试。

15日

沙坪坝区残联开展第三十二次全国助残日系列活动。

17日

区十九届人大常委会第二次会议召开。

18日

“重庆医药高等专科学校急救培训基地”“沙坪坝区气象科普基地”等6家单位被认定为市级科普基地。

20日

沙磁创新论坛（第二十三期）暨项目合作对接会举办。

同日

农工党沙坪坝区委会召开理论研究委员会成立大会。农工党市委会副主委、区委会主委田盈、市委会宣传处处长吴智文以及来自全区有关支部组成的委员代表20余人参会。

同日

沙坪坝区在中渡口码头开展2022年嘉陵江洪峰过境暨山洪地质灾害防御应急综合演练。

21日

一趟载有重庆本地食品、农用机械的陆海新通道中老铁路出境班列从沙坪坝顺利启运，这是全国首趟运用“铁路快通”模式出境的陆海新通道中老铁路班列。

25日

沙坪坝区与贵州省赤水市签订合作协议，共同推进渝黔地区跨省通办。

30日

沙坪坝名人广场停车工程地面广场正式开放通行。

31日

《重庆市沙坪坝区支持科技企业发展壮大十条举措实施细则》印发。

6月

3日

回龙坝镇“乡村振兴”版和顺茶馆正式开馆，设“电商带货”“议事大厅”“调处场所”等8大场所。

7日

10多辆国产乘用车装箱，从沙坪坝区出发，搭乘陆海新通道中老班列到达老挝首都万象。标志着陆海新通道中老铁路出口汽车实现常态化开行。

10日

由澳大利亚驻成都总领事馆、重庆图书馆主办，重庆市人民政府外事办公室、重庆市文化和旅游发展委员会以及重庆市沙坪坝区人民政府外事办公室支持举办的“澳之痕&韵杜穆之门”澳大利亚原住民艺术展在重庆图书馆开幕。

13日

2022年重庆市公共机构节能宣传周启动仪式在区级机关礼堂举行。

17日

沙坪坝区召开“卓越工程师计划”启动会暨任务分工会。

17日至19日

“爱尚重庆”焕新消费季汽车展销节在三峡广场举行。

21日

沙坪坝区举行2022年“潮涌嘉陵”招商季设计产业集中签约活动，签约与设计产业相关的项目14个，涵盖工业设计、城市设计、创意设计等多个领域。

22日

第九届重庆科普讲解大赛决赛，沙坪坝区6名决赛选手创纪录包揽一、二、三等奖，沙坪坝区获得优秀组织奖。

同日

一列满载100辆汽车的中欧班列（渝新欧）长城汽车出口专列由重庆团结村车站驶出，将经由阿拉山口口岸出境，运抵海外。本趟专列的成功发运，成为中欧班列（渝新欧）为长城汽车全球化战略持续注入新动能，助推重庆造中国（汽车）品牌“走出去”的重要举措。

24日至26日

2022年第二届“巴山蜀水　运动川渝”体育旅游休闲消费季重庆沙坪坝站暨沙坪坝区第五届体育消费节活动在磁器口古镇举行。

28日

科技部评审确定重庆建筑科技职业学院众创梦工场为国家备案众创空间。

同日

重庆市文旅委组织开展的2022年智慧旅游景区典型案例征集活动中，“磁器口古镇智慧景区建设”获2022年市级智慧旅游景区典型案例第二名。

30日

两列中欧班列（成渝）满载着电子产品、机械零件、日用百货等货物分别从重庆沙坪坝团结村中心站和成都国际铁路港驶出，成渝两地中欧班列累计开行量突破2万列大关，占全国中欧班列累计开行量约40%，成为全国开行量最多、开行最均衡、运输货值最高、货源结构最优的中欧班列。

7月

1日

沙坪坝区庆祝中国共产党成立101周年暨“七一”表彰大会举行，集中表彰“优秀党员”

50名、“优秀党务工作者”9名、“先进基层党组织”6个。并开展“跟着歌声学党史”专场活动，辖区13个党总支（支部）470党员群众共唱不同历史阶段代表歌曲，在歌声中感悟党的光辉历史，在传承中坚定前行力量。

同日

沙坪坝区开通3512路（国鑫路—轨道陈家桥）公交线路。

2日

陆海新通道跨境公路班车[重庆—新疆（吉木乃）—德国]在陆海新通道重庆无水港发车，这是陆海新通道首次前往德国的跨境公路班车。

5日

中国（重庆）—老挝商品集散分拨中心揭牌活动在陆海新通道重庆无水港举行。

同日

重庆1949大剧院获2022年全球建筑与设计领域最具影响力的国际奖项之一缪斯设计奖（MUSE Design Awards）金奖。

9日

2022生物化工助力双碳战略高峰论坛暨第一届中国西部合成生物制造国际前沿研讨会在沙坪坝区举行。

15日

沙坪坝区全民国防教育领导小组办公室成立。

同日

《沙坪坝区丰文街道三河村：打造文化产业赋能乡村振兴示范》入围“2021重庆乡村振兴十大示范案例”。

18日

沙坪坝区十九届人大常委会第八次主任会议审议通过，“回龙坝镇聚龙城社区”为“全国人大常委会法工委沙坪坝基层立法联系点示范点”。

20日

沙坪坝区举行2022年“潮涌嘉陵”招商季集中签约活动。

21日

沙坪坝区举行大众（中国）汽车平行进口项目签约活动，与大众汽车（中国）销售有限公司、中国进口汽车贸易有限公司签订三方战略合作协议。

同日

沙坪坝“政务服务+银行”首个“政务服务便民厅”启用。

同日

区十九届人大常委会第三次会议召开。

22日

在第四届中国西部国际投资贸易洽谈会期间，沙坪坝区政府与市商务委、阿斯利康、重庆医药集团举行战略合作签约仪式。

23日

在第四届中国西部国际投资贸易洽谈会期间，沙坪坝区与市商务委、北京三快在线科技有限公司（美团）举行战略合作签约仪式。

24日

罗氏诊断—鼎晶生物卓越创新中心签约揭牌仪式在沙坪坝区举行。

25日

磁器口新服务中心在磁器口街道教院路59号举行揭牌仪式，正式投用。

27日

2022年重庆市残疾人儿童康复服务技能大赛决赛在沙坪坝区举办。

8月

6日

沙坪坝区组织2022年公开考录公务员面

试，面试60名考生。

8日

沙坪坝区启动十三届区委第二轮巡察选人用人专项检查工作，对10个区管单位开展选人用人专项检查。

9日

青凤高科创新孵化中心二期项目主体工程通过竣工验收。

16日

三峡广场商圈入选文化和旅游部“第二批国家级夜间文化和旅游消费集聚区”。

18日

重庆市沙坪坝区机关事务管理局获批全国第八批社会管理和公共服务综合标准化试点项目创建单位。

同日

2022年全国中学生田径锦标赛在吉林长春举行。重庆一中田径队获1枚金牌、4枚银牌、1枚铜牌，南开中学田径队获1枚金牌、3枚银牌、1枚铜牌，凤鸣山中学田径队获1枚金牌、2枚银牌、3枚铜牌，南渝中学田径队获1枚银牌、1枚铜牌。

23日

沙坪坝区与成都市武侯区、甘孜州白玉县共同举办为期1个月的跨区域联动退役军人直播带岗及线上招聘活动，为退役军人、未就业随军家属及优抚对象提供工作岗位。

25日

重庆大学附属沙坪坝医院新院区全面对外试运行。

29日

新凤中路全面开通。

同日

54车满载来自越南线槽、海南椰子汁等货物的海铁联运集装箱班列从钦州港站驶向沙坪坝区，这是西部陆海新通道海铁联运班列第2万列。

30日

轨道交通沙坪坝站换乘大厅及通道建成投用，意味着轨道交通沙坪坝站正式实现站内换乘。

9月

1日

市卫生健康委通报沙坪坝区以902分成绩通过健康区工作市级技术评估。

8日

重庆金沙产业技术研究院智慧能源研究中心董汶鑫博士后科研团队获第七届“创客中国”重庆市中小企业创新创业大赛创客组一等奖。

15日

磁器口古镇入选2022年“全国非遗与旅游融合发展优选项目名录”。

同日

由沙坪坝区委宣传部联合多单位打造的川剧《江姐》荣获第十七届文华奖。

26日

“沙磁英才”微信小程序上线运行，实现高层次人才与区领导直连直通。

同日

全国爱卫办通报沙坪坝区2021年度全国健康城市评价结果为72.25分，排名重庆市第一名，确定沙坪坝区为全国健康城市建设样板市。

同日

丰都县党政代表团到沙坪坝区考察交流，深化协调合作，携手共谋发展。

29日

沙坪坝区向113名高层次人才发放“沙磁英才服务卡”B卡。

同日

区十九届人大常委会第四次会议召开。

同日

重庆市沙坪坝区民间文艺家协会第一次会员大会暨成立大会在沙坪坝区文艺家活动中心举行，蒲江当选为沙坪坝区民间文艺家协会第一届主席。

10月

10日

沙坪坝区开通1507路（轨道陈家桥站—树人和平小学）公交线路。

11日

国家发展改革委发布2022年国家骨干冷链物流基地建设名单，重庆沙坪坝国家骨干冷链物流基地入选。

18日

沙坪坝区井口街道柏杨村社区老山沟（原东风化工厂）开通3221小巷公交。

20日

中欧班列（渝新欧）首趟中国—吉尔吉斯斯坦—乌兹别克斯坦公铁联运班列在沙坪坝区团结村车站发车。

21日

满载着纸浆、石英砂、建筑陶瓷等货物的集装箱列车从钦州集装箱铁路中心站驶向沙坪坝区。这是2022年西部陆海新通道开出的第7000列海铁联运班列，提前71天完成全年班列开行任务。

27日

区交易中心电子投标保函系统正式上线并投用。

同日

沙磁创新论坛二十五期——重庆建筑科技职业学院“博士讲科研”系列讲座活动举办。

28日

上午10:00红岩村大桥主线正式通车。

11月

1日

市爱卫会通报沙坪坝区以823.5分成绩通过2022年国家卫生区市级复审。

4日

沙坪坝区嘉陵厂二支路、特钢四支路完工。

15日

沙坪坝区选拔的4名残疾人参加重庆市残疾人游泳锦标赛获7枚金牌、2枚银牌、1枚铜牌。

23日

重庆市沙坪坝区机关事务标准化案例被国家机关事务管理局、国家市场监督管理总局评为全国第一批12项机关事务标准化试点范例。

25日

沙坪坝区110千伏梨上线2号至12号线路迁改工程完成原线路拆除。

12月

1日

重庆市沙坪坝区机关事务管理局报送的垃圾分类案例被国家机关事务管理局评为全国典型示范案例。

9日

沙坪坝区境内成渝中线高铁、渝西高铁项目建设启动会召开。

10日

“艺路同行　双城齐飞”成渝地·巴蜀情——重庆市沙坪坝区、成都市青白江区艺术联展在沙坪坝区开展。

15日

区十九届人大常委会第五次会议召开。

17日

陆海新通道助力企业复工复产班列分别从重庆市团结村、小南垭、果园港3个铁路物流枢纽站驶出。

同日

沙坪坝区凤凰镇皂桷树村、回龙坝镇梁滩桥村、回龙坝镇五云山村获“重庆市第四批美丽宜居乡村”称号。

同日

沙坪坝区179名少先队员获2022年度重庆市“红领巾奖章”四星章（个人），6个少先队集体被授予2022年度重庆市“红领巾奖章”四星章（集体）。

19日

沙坪坝区为168名人才开通就医绿色通道，为13名院士配备“一对一”保健医生。

21日

报告文学《社区现场》、双人故事《生死状》获重庆市第十六届精神文明建设“五个一工程”奖。

23日

沙坪坝区教委《“四度一体”立德树人》、红槽房小学《文化涵养师德　铸就正慧之师》、青木关中学《以校为本习经典　整体联动涵师德》、重庆西藏中学《跨越师德海拔　传递民族大爱》，入选全国中小学幼儿园师德师风建设典型案例。

25日至26日

区十九届人大二次会议召开，选举产生沙坪坝区出席重庆市第六届人民代表大会代表28名。

27日

沙坪坝区举行2022年“潮涌嘉陵·风动歌乐”招商季暨“满天星”行动集中签约活动。此次集中签约活动签约项目61个，总协议金额250亿元，主要涉及先进制造、软件产业、数字经济、现代物流等多个重点领域。

同日

沙坪坝区“固本铸魂　培育时代新人”德育经验案例入选国家义务教育质量监测典型地区经验案例。

28日

重庆市科学技术研究院、重庆科技发展战略研究院联合发布《2022年度重庆市区县科技竞争力评价报告》，2021年沙坪坝区综合评分87.08分，排名全市第三，电子信息行业科技竞争力排名全市第一、汽车行业科技竞争力排名全市第五。

30日

沙坪坝区健康科普专家库设立。

同日

两列陆海新通道铁海联运班列分别从沙坪坝区团结村中心站和成都国际铁路港发出，将经广西钦州港分别到达马来西亚和泰国。此次班列发运，标志着陆海新通道川渝总运量突破60万标准箱。

同月

井口水厂二期扩建工程完工并顺利通水，扩建规模为每天20万立方米。

区情概览

基本区情

【区域位置】 沙坪坝区位于重庆市主城区西部，东隔嘉陵江与江北区、渝北区相望，东南紧邻渝中区，南接九龙坡区，西依缙云山与璧山区毗邻，北与北碚区相连。全区面积约396平方千米，约占重庆市总面积的0.48%。沙坪坝区最北端在中梁镇新发村，位于北纬29°46′36″；最南端在歌乐山街道山洞村，位于北纬29°27′13″；南北相距29千米。最东端在滴水岩，位于东经106°31′35″；最西端在曾家镇西部的青木关林区，位于东经106°14′36″；东西相距24.3千米。平均海拔263米，海拔最高点位于中梁山北端的白杨湾，为705米，海拔最低点位于区东南滴水岩濒临嘉陵江处，为175米，相差530米。

【地质地貌】 沙坪坝区地貌归属于盆东平行岭谷低山丘陵区，地形由窄条状山脉和宽缓的丘陵台地组成。在地貌内外引力作用下，地表起伏明显，自西向东分布有缙云山、中梁山两列背斜低山，其间为宽缓的向斜丘陵台地。山脉两侧地势陡峻，坡度较大。山脊高程一般为500～700米。山脉之间宽阔的丘陵台地相对低缓，丘顶高程多为250～450米。中梁山以东嘉陵江以西为地势较平坦的丘陵台地。本区主要地貌特征为：低山与丘陵、台地（平坝）相间分布；丘陵、台地面积大，山地面积小，其中丘陵、台地面积约257.5平方千米，占全区总面积的65%，山地面积约138.3平方千米，占全区总面积的35%；地貌发育受地质构造和岩性的双重控制；坡面冲刷强烈，崩塌、滑坡等重力地貌发育。

【建置沿革】 沙坪坝区地域历史上长期隶属巴县。清康熙、乾隆年间分属巴县直里、智里、正里、祥里。1935年10月，划入巴县第三区。1935年11月8日，巴县重新划为五区，定龙隐镇为第一区治所，区署驻磁器口，辖1个镇、17个乡，今沙坪坝区属第一区。1938年2月6日，重庆沙坪文化区自治委员会成立；1939年1月30日，更名为巴县沙坪文化区社会事业促进会，协助巴县政府管理文化区社会事务，形成重庆沙磁文化区。1939年8月，沙坪坝、磁器口、小龙坎等处原属四川省巴县管辖区域划归重庆市建制；8月16日，重庆市政府沙磁区临时办事处成立，办公地点设于小龙坎树人小学。1940年9月，重庆市政府正式办理省市划界事宜，其中以巴县第一区高店乡、新丰乡辖区建置重庆市第十三区，下设高店子、歌乐山、山洞、新桥、上桥5个镇；以巴县第一区龙隐实验乡（即龙隐镇）辖区建置重庆市第十四区，下设小龙坎、红槽房、沙坪坝、磁器口、金沙街、童家桥6个镇，相应撤销重庆市政府沙磁区临时办事处（沙磁区名沿用至1949年），并将以上两区定为甲种区。因歌乐山、高店子、山洞驻有国民政府重要部委机关、大学、医疗卫生机构，1941年8月，重庆市政府在歌乐山设立重庆市政府歌乐山郊区办公处，实施市政府政令。抗战结束后，歌乐山郊区办公处被撤销。1949年11月30日，沙坪坝解放。1950年4月，重庆市人民政府将接管的原第十三、第十四区合并组成重庆市第三区，定为一等区（地专级）。5月5日，重庆市第三区人民政府正式成立。1951年，全区辖7个乡、7个街道。1952年10月，第四区（今九龙坡区）佛图关、化龙桥、歇台子、石桥铺4个街道和黄泥、歇台、石桥3个乡划归第三区。1953年，第六区（今北碚区）井口乡划归第三区。1955年10月24日，重庆市第三区定名为重庆市沙坪坝区，第三区人民政府改称沙坪坝区人民委员会，全区有9个乡、7个街道办事处、3个厂区办事处、4个街道民政室。1958年，北碚区同兴乡划归沙坪坝区管辖。同年，全区农村实行人民公社化，合并组成4个人民公社。1959年，撤销各街道办事处，建立街道人民委员会。同年，全区有4个农村人民公社、6个街道、1个镇、1个厂区办事处、4个民政室。1961年，江北县人和区大石公社辖区内国营重庆第二机制砖瓦厂家属区行政管理权划归沙坪坝区。1963年5月，同兴农村人民公社、同兴街道民政室划归北碚区管辖。1968年10月，沙坪坝区人民委员会被“革命委员会”取代。到1978年，全区有4个农村人民公社、16个街道办事处。1980年8月，沙坪坝区革命委员会更名为沙坪坝区人民政府。1984年，成立石桥、覃家岗、歌乐山、井口4个乡人民政府。1993年撤乡建镇。1995年1月，重庆市实施行政区划调整，将沙坪坝区所辖大坪、化龙桥2个街道和石桥镇红岩村划归渝中区，石桥铺街道、石桥镇（联芳村保留）划归九龙坡区，将原巴县所辖青木关、陈家桥、虎溪、西永、土主、曾家、回龙坝、凤凰8个镇及中梁乡划归沙坪坝区。3月，设立重庆沙坪坝联芳经济园区。7月，中梁乡撤乡建镇。9月，新划入9个镇原有的154个行政村调整为72个行政村。全区辖13个街道、12个镇、1个园区，设173个居民委员会、87个村民委员会。2009年2月，撤销覃家岗镇，设立覃家岗街道。2011年9月，撤销陈家桥、虎溪和西永3个镇，调整小龙坎街道行政管辖范围，设立陈家桥、虎溪、西永和联芳4个街道。2015年1月，詹家溪街道更名为双碑街道。2016年6月，增设丰文街道、香炉山街道。2019年8月，撤销歌乐山镇、井口镇，保留歌乐山街道、井口街道。12月，西永微电园全域，曾家镇、西永街道、虎溪街道、香炉山街道全域正式纳入重庆高新区直管园范围，凤凰镇、青木关镇、回龙坝镇全域和丰文街道、陈家桥街道、土主镇部分区域正式纳入高新区拓展园范围。2020年1月，重庆高新区管委会对直管园实行经济社会一体化管理，行使有关区级行政管理权；统筹拓展园的发展规划、产业布局、政策制定、经济统计等有关经济管理事务。12月，撤销土主镇更名为土主街道。截至2022年12月，全区辖21个街道、5个镇。

【行政区划】 2022年末，沙坪坝区辖小龙坎、沙坪坝、渝碚路、磁器口、童家桥、石井坡、双碑、井口、歌乐山、山洞、新桥、天星桥、

表1 沙坪坝区行政区划一览表

街镇	社区居委会、村委会
小龙坎街道	龙泉路、嘉新、康宁村、快乐里（4个社区）
沙坪坝街道	一心村、沙正街、建工村、劳动路、饮水村、中渡口、新华村、松林坡（8个社区）
渝碚路街道	杨梨路、杨公桥、白鹤岭、沙杨路、南友村、站东路、双巷子、沙南街、汉渝路、新体村（10个社区）
磁器口街道	金碧、金蓉、凤凰山、磁建村（4个社区）
童家桥街道	五灵观、文苑、壮志路、和睦村、阳光（5个社区）
石井坡街道	和平山、建设坡、光荣坡、中心湾、团结坝、远祖桥、石滨路（7个社区）
双碑街道	双碑街、自由村、堆金村、勤居村（4个社区）
井口街道	经济桥、果园、松堡、柏杨村、江家院、美丽阳光家园、宏城名都（7个社区），双碑、南溪、井口、二塘（4个村）
歌乐山街道	大土村、高店子、矿山坡（3个社区），金刚、歌乐、天池、新开寺、山洞（5个村）
山洞街道	山洞、林园（2个社区）
新桥街道	新桥、凤鸣山、高滩岩、上桥、张家湾（5个社区）
天星桥街道	石碾盘、小正街、天陈路、晒光坪、柑子村、都市花园、红槽房、梨树湾、泉景（9个社区）
土湾街道	民主村、新生村、模范村、金沙、工人村、滨江（6个社区）
覃家岗街道	新立、新鸣、梨园、金星、新凤、梨泉、马家岩、金桥、凤天路（9个社区），梨树湾、上桥、新桥（3个村）
陈家桥街道	桥南、桥北、桥东、学府、学林、学苑、官房寺、天马山（8个社区）
虎溪街道	虎兴、花马、石牛岗、复兴寺、虎溪花园、大成湖、熙美、学智、学成、虎中（10个社区），建新（1个村）
西永街道	永兴、棕树湾、微电园第一社区、富康新城（4个社区），中柱、童善桥、香蕉园、兴隆沟、劳动（5个村）
联芳街道	学堂堡、联芳桥、圣泉、双朝门、平顶山、香榭里（6个社区）
丰文街道	丰文、清悦、崇贤、丰盛（4个社区），人和门、三河（2个村）
香炉山街道	康居西城第一、康居西城第二、康居西城第三、思贤、学善（5个社区），双佛、香炉山（2个村）
土主街道	土主、团结湾、永祥、双龙、西盛、文广（6个社区），明珠山、田坝、向家坪、四塘、力量、三圣宫（6个村）
青木关镇	青云街、新青路（2个社区），管家桥、石碾桥、青木湖、四楞碑、关口（5个村）
凤凰镇	凤凰（1个社区），皂角树、凤凰桥、八字桥、胡南坝、杨家庙、五福、威灵寺（7个村）
回龙坝镇	回龙坝、聚龙城（2个社区），大桥、大水沟、梁滩桥、真武山、保龙、回龙坝、五云山、四龙、西溪桥、青龙庙（10个村）
曾家镇	曾家、龙荫、五里、汤家、龙桥、龙台（6个社区），农安、白林、虎峰山、清明、福来、五里冲（6个村）
中梁镇	新店子（1个社区），茅山峡、石院、龙泉、庆丰山、永宁寺、新发（6个村）

土湾、覃家岗、陈家桥、虎溪、西永、联芳、丰文、香炉山、土主21个街道，青木关、凤凰、回龙坝、曾家、中梁5个镇；有138个居民委员会、62个村民委员会。

【气候】 沙坪坝区地处四川盆地东部平行岭谷低山丘陵区，属亚热带季风性湿润气候。由于冬季受偏北季风控制，夏季受偏南气流影响，加之盆地周围山脉阻挡，地形起伏，植被分布不均，形成沙坪坝独特的气候特点：冬暖春早，夏热秋雨，四季分明；降水丰沛，空气湿润，雨热同步；日照少，多云雾，少霜雪；立体气候明显，气候资源丰富，气象灾害频繁。沙坪坝年平均气温18.8℃，冬季极端最低气温多在0℃以上，少霜雪，夏季极端最高气温多在40℃以上，多酷暑。辖区内的缙云山山脉与中梁山山脉，海拔在500～700米，空气流畅，气温相对较低，冷冬年会出现短时的霜雪天气；年降水量呈现北少南多、东南部最多的分布状况，年总降水量1151.7毫米，夏、秋两季降水量占全年降水量的68%左右，冬季降水量最少；年平均日照时数983.2小时，是全国日照时数最少的地区之一；年平均相对湿度78%左右。

2022年，沙坪坝区年平均气温20.6℃，比常年偏高1.8℃，为1961年有完整气象记录以来最高，夏季平均气温为历史同期最高；年降水量1078.5毫米，比常年偏少6%，但各月降水量分布不均，3月、5月、6月和12月分别比常年偏多61%、61%、39%和40%，7月、8月、10月和11月分别比常年偏少39%、92%、67%和71%，其余月份接近常年同期；年总日照时数1392.3小时，比常年偏多42%。其气象灾害特点：高温日数显著偏多，高温强度历史最强；气象干旱总体偏重，伏旱秋旱偏强；大暴雨次数偏多；连阴雨偏少偏弱；华西秋雨开始偏早，强度偏弱；强降温过程、大风出现偏多偏强。农业气象条件总体为偏差年景。

2022年，沙坪坝主要天气气候事件如下：

暴雨 大暴雨次数偏多，各气象观测站监测到暴雨天气过程共9场次（82站次），其中，4次达区域大暴雨天气。该站（主城）出现4场次暴雨天气，其中，3场次为大暴雨天气。全年中，“5·9”“6·23”和“6·26”暴雨使沙坪坝部分镇街出现灾险。

高温 全年共出现35℃以上高温天气65天，较常年多28.8天，比2021年多21天。其中，一般高温（最高气温≥35.0℃）14天，中度高温（最高气温≥37.0℃）24天，严重高温（最高气温≥40.0℃）27天。全年共出现6次高温过程，分别为6月25—26日和29—30日、7月4—17日、7月24日—8月29日、9月6—7日、10月2—3日。其中，7月24日—8月29日的高温过程持续时间长（37天）、影响范围广（全区均出现40℃以上最高气温）、极端性强（8月19日极端最高气温达到43.7℃，突破2006年43.0℃历史极值），综合强度达特重等级，为1961年以来最强高温过程。

强降温 全年出现4次强降温天气过程，强度偏重，其中，春季强降温局地伴有阵性大风。

连阴雨 2022年10月4—9日，沙坪坝区出现连阴雨过程，强度为轻度。

气象干旱 2022年伏旱秋旱过程明显，气象干旱总体偏重。7月上旬以来沙坪坝区涉农镇街陆续出现轻度气象干旱；8月以来受高温少雨影响，干旱持续发展，出现中度气象干旱，中梁、回龙坝等镇街达重度；10—12月，中梁、回龙坝等镇街仍有轻到中度气象干旱。

【环境质量】

空气环境质量 2022年沙坪坝区环境空气质量优良天数303天，同比减少12天，主城九区排名第七。全年降水pH值范围为5.98～7.89，年均降水pH值为6.48，同比下降0.06。主要污染物为臭氧、细颗粒物，六项空气质量评价指标情况如下：

二氧化硫（SO_2） 2022年，沙坪坝区空气中SO_2年均浓度为8微克/米^3，同比下降20.0%，达到《环境空气质量标准》（GB 3095—2012）二级标准，日均浓度范围4～21微克/米^3，最大日均浓度与上年相比下降4.5%，全年日均浓度达到一级的天数占100%。

二氧化氮（NO_2） 2022年，沙坪坝区空气中NO_2年均浓度为30微克/米^3，同比下降14.3%，达到《环境空气质量标准》（GB 3095—2012）二级标准，日均浓度范围8～82微克/米^3，最大日均浓度与上年相比上升6.5%，全年日均浓度达到一级的天数占99.4%。

可吸入颗粒物（PM_{10}） 2022年，沙坪坝区空气中PM_{10}年均浓度为48微克/米^3，同比下降15.8%，达到《环境空气质量标准》（GB 3095—2012）二级标准，日均浓度范围10～170微克/米^3，最大日均浓度与上年相比下降1.2%，全年日均浓度达到一级的天数占61.1%，达到二级的天数占99.5%。

细颗粒物（$PM_{2.5}$） 2022年，沙坪坝区空气中$PM_{2.5}$年均浓度为27微克/米^3，同比下降13.0%，达到《环境空气质量标准》（GB 3095—2012）二级标准，日均浓度范围6～112微克/米^3，最大日均浓度与上年相比下降3.4%，全年日均浓度达到一级的天数占72.3%，达到二级的天数占97.5%。

一氧化碳（CO） 2022年，沙坪坝区空气中CO年均浓度为1.0毫克/立方米，与上年持平，达到《环境空气质量标准》（GB 3095—2012）二级标准，日均浓度范围0.3～1.3毫克/米^3，最大日均浓度与上年相比下降7.1%，全年日均浓度达到一级的天数占100%。

臭氧（O_3） 2022年，沙坪坝区空气中O_3年均浓度为173微克/米^3，同比上升9.5%，未达到《环境空气质量标准》（GB 3095—2012）二级标准（超标0.08倍），日均浓度范围5～251微克/米^3，最大日均浓度与上年相比下降22.0%，全年日均浓度达到一级的天数占57.8%，达到二级的天数占96.2%。

水环境质量 2022年，沙坪坝区嘉陵江高家花园、井口两处城市集中式饮用水水源地水质类别均达到《地表水环境质量标准》（GB 3838—2002）Ⅱ类标准，满足Ⅲ类水域功能要求。全年饮用水水源地水质达标率100%。梁滩河沙坪坝区段西西桥出境断面水质年均浓度达到Ⅳ类标准，满足Ⅴ类水域功能要求。

声环境质量 2022年，沙坪坝区区域环境噪声昼间等效声级为52.8分贝，比上年上升2.3分贝，道路交通噪声昼间等效声级为65.1分贝，比上年下降0.3分贝。全区网格噪声达标率为100%，与上年持平，声源构成以社会生活噪声为主，其次为道路交通噪声。

【自然资源】

土地资源 全区（扣除高新区）土地总面积27943.07公顷，其中耕地面积4156.88公顷，占土地总面积的14.88%；湿地面积69.44公顷，占土地总面积的0.25%；种植园用地面积882.00公顷，占土地总面积的3.16%；林地面积8625.55公顷，占土地总面积的30.87%；草地面积91.52公顷，占土地总面积的0.33%；城镇村及工矿用地面积10183.89公顷，占土地总面积的36.45%；交通运输用地面积1761.04公顷，占土地总面积的6.3%；水工建筑用地用地面积78.14公顷，占土地总面积的0.28%；水域及水利设施用地面积1057.3公顷，占土地总面积的3.78%。

矿产资源 沙坪坝区观音峡背斜（中梁山）和温塘峡背斜（缙云山）是矿产资源富集区。优势矿产资源为石灰岩、砖瓦用页岩和地热水，石英砂岩、耐火黏土等具有较大的资源潜力。

动物资源 沙坪坝区动物区系主要由亚热带农田动物群组成。动物分布特点是鸟类数量占比较大，在68%以上。共有陆生野生动物两栖纲2种、爬行纲15种、哺乳纲45种、鸟纲131种。

植物资源 2022年全区水果面积624.33公顷，主要种植品种为桃、杏、葡萄、草莓、蓝莓、柑橘、梨、李、猕猴桃等；花卉面积1081公顷，主要种植的木本花卉有桂花、梅花、樱花、紫薇、海棠等，草本花卉有郁金香、美人蕉等。

水资源 2022年，沙坪坝区年降水量为944.9毫米，比上年减少19.11%；全区地表水资源量为1.37亿立方米，比上年减少34.93%，较多年平均值减少33.53%；地下水资源量为2650万立方米；全区的过境水主要来自嘉陵江和梁滩河。全区多年平均径流量2.06亿立方米。

【旅游资源】 沙坪坝区是长江上游的科教文化名区，地处重庆主城之西，东临嘉陵江，西抵缙云山，面积约396平方千米，辖22个街镇，常住人口148.56万人。沙坪坝因嘉陵江水冲蚀积沙成坝而得名，是享誉中外的科教文化名区，是重庆对外开放的重要门户和山水之都重要旅游目的地。沙坪坝区文化底蕴深厚，是全国首批文化先进区、全国文物工作先进区，是红岩精神的重要发祥地，集巴渝文化、沙磁文化、抗战文化于一体。目前，已形成巴渝文化之旅、抗战遗址之旅、工业博览之旅、校园研学之旅、都市时尚之旅、诗意田园之旅等富有文化内涵的旅游品牌，有5家星级饭店、6个A级景区，每年接待中外游客上千万人次。磁器口古镇是中国历史文化街区、国家级夜间文化和旅游消费集聚区、国家级旅游休闲街区；歌乐山烈士陵园景区是全国十大红色旅游景区之一；歌乐山森林公园被誉为“山城绿宝石”；融汇温泉小镇是重庆温泉之都的领头军；沙坪坝区抗战名人旧居（郭沫若纪念馆、张治中纪念馆）被国务院公布为全国重点文物保护单位，冯玉祥纪念馆被重庆市人民政府公布为市级文物保护单位，同时成功创建全国统一战线传统教育基地、市级爱国主义教育基地、重庆市海峡两岸交流基地等。

【人口】 2022年末，全区年末户籍总人口95.78万人，较上年增加23571人。其中，城镇人口87.22万人，比上年增加29581人；乡村人口8.56万人，较上年减少6010人。户籍人口中，男性人口46.73万人，女性人口49.05万人。

表2　2022年末沙坪坝区户籍人口数及其构成表

指标	年末数（万人）	比重（%）
年末总人口	95.78	100.0
按城乡分		
城镇人口	87.22	91.1
乡村人口	8.56	8.9
按性别分		
男性	46.73	48.8
女性	49.05	51.2

2022年末，全区常住人口148.56万人，其中，城镇常住人口144.25万人，常住人口城镇化率97.1%。

【民族宗教】 沙坪坝区少数民族人口近38500人，其中，常住少数民族12758人，流动少数民族25741人。少数民族族种47个，主要有土家族、苗族、回族、藏族、维吾尔族等。有佛教、道教、天主教、基督教4个宗教团体，信教群众约9万人。

（甘　黎　李　黎　张文斌　许东城　周治国　郭　彪　于　歌　田　坤）

经济社会发展

【概况】 2022年以来，全区上下坚持以习近平新时代中国特色社会主义思想为指导，深入学习贯彻党的二十大精神，在区委、区政府坚强领导下，在区人大、区政协的有力监督支持下，按照区第十三次党代会的部署，立足"守底线、有变化"，聚焦图新图变图强，统筹全局与一域、当下与长远、发展与安全，高效统筹经济社会发展，蹄疾步稳推动"四个示范区"建设，有效推进发展势能向动能的加快转化。经过艰辛努力，一季度实现了"开门稳"目标，二季度经济顶住压力持续恢复，三季度奋力把高温、限电等影响降到最低，四季度锚定目标全力冲击。全区地区生产总值1106.7亿元、增长1.9%，规模以上工业增加值下降1.6%，固定资产投资增长1.2%，社会消费品零售总额下降3.3%，进出口总额下降0.8%，全体居民人均可支配收入增长4.1%。

【实施创新驱动发展战略】

环大学创新生态圈建设　坚持把创新作为高质量发展的最大变量、最强动能，全面实施环大学创新生态圈"圈长制"，与重庆大学、重庆师范大学、四川美术学院、陆军工程大学通信士官学校签订战略合作协议，深入实施环陆军军医大学等4个更新升级方案，投运重庆大学智慧创新产业园、先进轻金属研究院等重点项目，环大学创新生态圈产值增长23%。

创新要素和动能集聚　坚持产业引领汇聚创新人才、集聚创新资源，新增国家级专精特新"小巨人"企业3家，引进高新技术项目55个，新增科技型企业230家。创新平台加快拓展，青凤高科创新孵化中心（二期）等建成投用，园区内外环境、生产生活配套加快完善。创新氛围日渐浓厚，完成创业种子基金组建，实施"沙磁菁英"等四大人才计划，成立6个产业人才联盟，建成人才公寓420套，吸引各类人才2300余人。

特色优势产业体系构建　着力推动制造业集群成链，建成赛力斯全球研发总部，问界M7加快放量，拉动全区工业增加值提高1个百分点，集聚拓普、文灿等智能网联新能源汽车配套企业26家；服务西南药业等升级发展，落地阿斯利康、罗氏诊断—鼎晶生物等龙头企业，生命健康产业加快聚集成势；博宇机器人、普门科技等一批项目建成投产，区属规模以上工业总产值增长16.6%。促进生产性服务业提速发展，集聚金山软件等27个重点软件项目，软件信息服务业增加值增长29.3%；集聚工业设计企业200余家，集中签约林同棪等10个设计产业项目。

【融入服务国家战略】

通道枢纽优势变现　陆海新通道目的地拓展至113个国家（地区）、338个港口，新开辟中欧里海黑海线等15条新线路，与挪威纳尔维克港、德国不来梅物流集团等签订海外仓合作共享协议。枢纽功能持续完善，获批国家骨干冷链物流基地，建成内陆首个智慧铁路口岸、进境肉类指定监管场地，投用国际物流枢纽展示中心，口岸集装箱处理量增长5%。

开放型经济质量提高　加快推动口岸经济集群化、特色化、高端化发展，获批国家外贸转型升级基地（汽车及零部件），落地德国大众平行进口车等项目，铁路口岸进出口货物种类涵盖400余种，进口整车数居内陆口岸第一，重庆国际物流枢纽园区新增入园企业630家、累计达5324家。大力发展跨境电商，货值约8

亿美元，列第二批试点城市首位。

推进全面深化改革　接稳兜住中央、市委部署重点改革任务105项，探索实施沙坪坝特色改革任务18项。“中欧班列（成渝）号首发”入选成渝地区协同发展创新案例，与武侯区开展3次联合招聘，与成华区建立首个成渝“青年网络工作站”。与奉节县实施“百·千·万”协作行动协议。全面完成营商环境创新试点改革81项、国企改革三年行动35项重点任务。

【实施扩大内需战略】

积极扩大有效投资　坚持“一项目一专班”服务机制，区级重点项目完成年度投资计划，投资增速连续12个季度保持中心城区前列，工业投资占比提升5个百分点。推动政策效能加快转化为发展实效，争取到上级资金23.7亿元、债券16.2亿元，国家政策性开发性金融工具（基金）额度12.6亿元，争取国开行对国际物流枢纽园中长期贷款56亿元，设备更新改造贴息贷款和中长期贷款项目62个贷款需求58.6亿元。

促进消费升级扩容　加快推动“千年老磁器”蝶变“时代新磁场”，打造嘉滨巷—禹王巷等2条新动线，磁器口后街二期主力街开业，落地7101艺术IP创意基地等产业项目，提升时尚潮流店36家，磁器口古镇入选“全国非遗与旅游融合发展优选项目名录”；创成国家夜间文化和旅游消费集聚区1个、国家旅游休闲街区1个、全国乡村旅游重点村1个，推出5条红色、都市、乡村主题精品游线路。提质商业面积48万平方米，在全市率先举办春、秋季房交会，“乐购沙磁”等促销活动拉动消费超180亿元。

加大助企解困力度　坚持“日访、周结、月盘点”服务机制，新增减税降费减免4.9亿元，办理增值税留抵退税11.3亿元，走访服务企业6293次、解困575件。强化“银政企”联动，建成民营小微企业和个体工商户首贷续贷中心、36个金融服务港湾，帮助企业融资100亿元；建立产业生态联盟，推送供需清单，帮助企业新增订单42.3亿元；建立6.5万人“用工蓄水池”，稳岗8.5万人。

深入开展“十项全面清理”　聚焦化存控增、增收节支，收回国企应收债权0.9亿元、市级平台应承担债务6.5亿元，新增闲置房屋资产租赁收入1.2亿元，办理国有房屋产权6.7万平方米、提升资产价值8.4亿元。积极为存量资产赋能，通过智能停车、充电桩等特许经营权项目筹资12亿元，策划储备物流园公共仓公募REITs、沙坪公园TOT等项目26个。

【城乡环境品质提升】

精细化更新东部老城　坚持功能优先、内外兼修，精雕细琢、少拆多改，开展“四周四沿”提升行动，完成12条主干道68个节点4万平方米绿化提质改造，建成江山公园等10个绿化项目，改造提升CD级危房、老旧小区153万平方米。提升城市通达能力，9号线通车运营，轨道沙坪坝站实现站内换乘，内环快速路拓宽工程主线等建成通车，投用人行过街设施4座、山城步道30公里、停车泊位超5000个，优化公交线路10条。

高品质建设西部新城　坚持规划、生态、基础、景观、配套“五个先行”，国际物流枢纽园完成“开放之路”品质提升，高起点开展五云湖中心区、科学城站枢纽等规划设计，园区新增约6平方公里建设用地指标。青凤高科产业园新增31万平方米楼宇空间，服务项目完成7条高压线路迁改，园区新增8平方公里建设用地指标。统筹推进地上地下基础设施，科学大道全线通车，新改建污水管网40公里、建成海绵城市25.7平方公里。

高水平绘就中部“诗意田园” 扎实推进农村人居环境整治，新建40公里“四好农村路”、22公里入户便道，改造1225栋农房，种植31万平方米花卉苗木，改造1228处柴棚圈舍，完成1400户农村户厕无害化改造，实现生活垃圾处理体系全覆盖。以研学为统领发展高端民宿、采摘耕耘等现代化都市农业，盘活撂荒地4000亩，三河村打造基本成型，推进颐麓欢歌等16个产业项目提升。实施国土绿化森林抚育1.6万亩。

【创造高品质生活】

做好民生保障工作 建成投用4所小学，新增公办幼儿园5所，入围全国义务教育优质均衡先行创建区，3项经验做法入选教育部“双减”典型案例。区人民医院新院区建成投用，区疾控中心、妇幼保健院加快建设。建成投用14个养老服务中心、89个社区养老服务站，新增婴幼儿照护托位655个。为6450名低保对象发放补贴4825万元，为特困人员发放补贴814万元，为1.5万户企业减收失业保险费1.3亿元。

丰富人民群众精神世界 深入开展“冠红岩之名、铸红岩之魂”实践活动，组建30万人红岩志愿者队伍，红岩魂陈列馆获评一星级全国青年文明号，红岩精神成为城市精神的重要内核。大力推动文化惠民、文物保护，举办线上线下文化活动200余场，改扩建基层公共文化阵地10个，建成4个红岩阅读驿站，修复抗战名人旧居群，《江姐》荣膺第十七届文华奖。

筑牢安全稳定底线底板 全面落实安全生产“十五条硬措施”和安全生产责任制，整治109栋多层建筑消防用水问题，消除各类安全隐患2.3万条，治理易发群死群伤风险隐患60个，生产安全事故起数和死亡人数连续实现同比双下降。八类主要案件立案量下降11.9%。“和顺茶馆”入选全国社会治理创新案例，成功创建全国法治政府建设示范区。

（唐 宁 夏 菲）

中共沙坪坝区委员会

综　述

【概况】　2022年，中共沙坪坝区委（以下简称区委）坚持以习近平新时代中国特色社会主义思想为指导，全面学习宣传贯彻党的二十大精神，深入落实习近平总书记对重庆所作的重要讲话和系列重要指示批示精神，全面落实党中央决策部署和市委工作要求，立足“守底线、有变化”，统筹全局与一域、当下与长远、发展与安全，稳中求进、难中求成，顺势而为、担当作为，加快打造创新驱动、开放引领、文化传承、人民城市“四个示范区”，奋力推动全区经济社会发展和党的建设各项事业取得新成效、见到新气象，呈现出“潮涌嘉陵、风动歌乐”的高质量发展态势。

【经济建设】　2022年，区委高效统筹经济社会发展，统筹发展和安全，有效应对超预期因素冲击，保持经济运行、社会大局平稳。实现地区生产总值1107亿元、增长1.9%；工业投资增长26.1%、人民币存贷款余额增长13%，均居中心城区第1；外贸进出口总额3489亿元，占全市四成以上；全体居民人均可支配收入4.9万元，增长4.1%。推动创新资源转化。实施创新主体集聚、平台提质、成果转化、生态优化“四大工程”，出台促进科技成果转化十条措施，围绕主导产业建好环大学创新生态圈、实现产值40亿元，新增国家级“专精特新”企业3家、高新技术企业55家、科技型企业230家，研发投入强度达4.4%。获重庆市各类科学技术奖项73项，占全市的46.8%，万人发明专利拥有量保持全市第一。成功创建全国科普示范区。推动内陆开放取得新突破。做好通道能级、制度创新、要素集成、形象提升“四篇文章”。积极拓展“4+N”通道功能，新增国际班列线路15条，国际班列开行5585列、增长32.6%。陆海新通道重庆无水港主体完工，获批国家外贸转型升级基地、国家骨干冷链物流基地，获批全国首个国际铁路邮件进口口岸，投运内陆首个智慧铁路口岸。引进世界、国内500强企业7家，实际利用外资2.47亿美元。“铁路提单信用证融资结算”纳入自贸区最佳实践案例。构建特色优势产业。打造新能源智能网联汽车集群，建成赛力斯汽车全球研发总部、凤凰智慧工厂。提质发展生命健康产业，支持西南药业扩能升级，集聚阿斯利康等头部企业12家。深入实施“满天星”行动，软件信息服务业、设计产业增加值分别增长29.3%、15.2%。加快建设“中国西部1491国际创意谷”，打造未来设计之都。

推进全面深化改革。接稳兜住中央、市委部署的重点改革任务105项，探索实施沙坪坝特色改革任务18项。全面完成国企改革三年行动35项重点任务，构建国资监管大数据平台，实现党政机关和事业单位所属企业集中统一监管。组建沙兴集团公司、沙磁文旅公司。稳妥控债务保平稳，深入开展债务、债权、土地等“十项全面清理”，工作做法获《新华社·国内动态清样》专题刊发。稳住经济基本盘。下好先手棋，打好稳增长、促消费、扩投资“组合拳”，深化“放管服”改革，持续优化营商环境，有效助企纾困。建立产业链供需对接、用工“蓄水池”等机制，建成金融服务港湾35家、出台稳企政策15项、助企融资83.6亿元、稳岗8.5万人，新增市场主体3.1万家。以重兵保障重点项目建设，保障科学城隧道等38个市级重点项目、104个区级重点项目完成年度投资计划。释放内需潜力，在全市率先开展春秋季房交会，组织开展“乐购沙磁”等系列促销活动，拉动消费180亿元。举旗招商、精准招商，广东文灿等203个招商项目落地，签约金额1002亿元。

【政治建设】 2022年，区委深入学习宣传贯彻党的二十大和市委六届二次全会精神，深刻领悟“两个确立”的决定性意义，增强“四个意识”、坚定“四个自信”、做到“两个维护”，确保全区各项工作始终沿着习近平总书记指引的正确方向笃定前行。旗帜鲜明讲政治抓政治。加强政治监督，常态化开展贯彻落实习近平总书记重要讲话指示批示精神“回头看”，有效兑现“总书记有号令，党中央有部署，重庆见行动，沙坪坝抓落实”政治承诺。自下而上推荐提名重庆市出席党的二十大代表候选人推荐人选5名。全面落实国家战略。抢抓成渝双城经济圈、西部陆海新通道等战略机遇，聚焦建设现代化新重庆战略部署，召开区委十三届二次全会，迭代升级7个方面新目标和13项新任务，在新起点上奋力推动沙坪坝图新图变图强。加强党的全面领导。坚持党的领导、人民当家作主、依法治国有机统一，积极发展全过程人民民主，构建多样、畅通、有序的民主渠道，丰富民主形式，扩大人民有序政治参与。严格落实“一个党委、五个党组”运行机制，建立完善政治生态、经济生态、社会生态、自然生态等“四个生态”季度研判、党政联席会等制度，推动形成“攥指成拳、和衷共济”干事氛围。加强和改进人大工作，人大及其常委会依法行使职权，听取和审议“一府一委两院”专项工作报告47项。区十九届人大一次会议顺利召开，395条建议全部按时办结，选举产生28名出席市第六届人民代表大会代表。支持政协加强和改进民主监督，开展重点协商20次，231件提案全部办结。推进法治城市、法治政府、法治社会建设，成功创建“全国法治政府建设示范区”。支持和保障区法院、区检察院依法独立行使职权，司法公信力持续提升。不断巩固和发展爱国统一战线。健全完善党员区领导联系统一战线代表人士制度，扎实推进党外知识分子和新的社会阶层人士统战工作。举行沙坪坝区纪念中国共产党统一战线政策提出100周年“同心故事荟”。加强和改进民族宗教工作，做好港澳台统战工作及侨务工作。统筹抓好工会、共青团、妇联等群团工作，建设全国青年发展型城市，加快打造“青春之城”。坚持党管武装，推进军民融合深度发展，巩固全国双拥模范城“六连冠”成果。严守政治规矩，严格落实意识形态工作责任制。

【文化建设】 2022年，区委突出迎接、宣传、贯彻党的二十大工作主线，切实担负起“举旗帜、聚民心、育新人、兴文化、展形象”使命任务，守正创新、真抓实干，各项工作稳步提升。营造迎接宣传党的二十大浓厚氛围。加强习近平新时代中国特色社会主义思想宣讲，广泛组织党的二十大精神宣讲，精心做好习近平总书记视察重庆三周年主题宣传，开展“四史”宣传教育活动，及时做好安全生产等形势政策宣传。社会风气持续向好。深化全国文明城区建设，完善“1+22+160”新时代文明实践三级阵地，打造全国“最美志愿服务社区”等4个。深入开展群众性宣传教育活动、基层思想政治工作、未成年人思想道德建设、国防教育，选树全国学雷锋先进典型1人，累计注册红岩志愿者16.7万人，红岩精神成为城市精神的重要内核。文化事业和文化产业繁荣发展。修缮兵工署二十四兵工厂旧址、林园等全国重点文物保护单位5处。文艺作品获得国家级奖项2个、入选国家级展出展演及项目8个，其中川剧《江姐》获第十七届文华奖。联动创建歌乐山·磁器口国家AAAAA级旅游景区，推动“千年老磁器”蝶变“时代新磁场”。创成国家夜间文化和旅游消费聚集区1个、国家旅游休闲街区1个。成立国际传播工作室，加强国际传播能力建设。文化产业增加值增长3.8%。

【社会建设】 2022年，区委深入践行以人民为中心的发展思想，统筹推进城市提升和乡村振兴，精准做好普惠性、基础性、兜底性民生建设，全力以赴防风险守底线，让人民群众在高质量发展中享有更多获得感、幸福感、安全感。城市品质持续提升。深入开展“四周四沿”品质提升。统筹危房排危、功能补短、环境美化，探索“零存整取、异地平衡”模式改造CD级危房，提质老旧小区102万平方米。坚持规划、生态、基础、景观、配套“五个先行”，高标准打造梁滩河“百里生态画廊”首开区，科学大道沙坪坝段全线通车，国际物流枢纽展示中心、自贸区企业创新服务中心建成投用。高水平绘就中部“诗意田园”。统筹打造中梁—歌乐、缙云山麓等乡村振兴示范带，深化运用“积分制”激发群众内生动力，推进果园、菜园、田园、花园、家园“五园共治”。以研学为统领发展现代都市农业，大力培育灿若湖农耕研学、“远山有邀”艺术村落等农文旅融合发展品牌，丰文街道三河村入选第四批全国乡村旅游重点村、第二届重庆乡村振兴十大示范案例。民生福祉更有质感。民生支出占一般公共预算支出的77%，全面完成25件民生实事。扎实做好高校毕业生、退役军人等重点人群就业，新增就业3.6万人。新增学校9所，成功创建全国义务教育优质均衡先行区。区人民医院新院区正式投用，医疗救治能力明显提升，成功入选全国健康城市建设样板市。深入实施“党建扎桩、治理结网”工程。加快三级社会治理中心建设，推进工作整合、资源聚合、力量融合，形成“上面千条线、下面一张网”治理格局，推动传统城市管理向数字城市治理转变，改革经验全市推广。健全党组织领导下的居民自治机制，“和顺茶馆”治理品牌实现全域覆盖，入选“全国社会治理创新案例（2022）”，城市管理加快向城市治理转变。全力以赴防风险保稳定。完成党的二十大、“双奥”等重大安保任务，刑事治安警情数大幅下降，平安稳定形势持续向好。坚决守住安全生产底线，压紧压实安全生产责任制，深入开展风险隐患大排查大起底大整治专项行动，全年生产安全事故起数、死亡人数实现双下降。维护社会平安稳定，扎实开展夏季治安百日整治行动，常态化推进扫黑除恶斗争，群众安全感指数达98.4%。

【生态文明建设】 2022年，区委深学笃用习近平生态文明思想，深入践行“绿水青山就是金山银山”的理念，坚定不移走生态优先、绿色发展之路，坚持降碳、减污、扩绿、增长协同推进，持续改善区域生态环境质量，不断满足人民群众日益增长的优美生态环境需求。扎实抓好突出环境问题整治。全面完成中央生态环保督察整改任务44项，完成长江经济带发展领导小组办公室移交问题整改。强化“四控两增”，空气质量优良天数达到303天。统筹“五水共治”，新改建污水管网40千米，沙田污水处理厂主体完工，梁滩河、清水溪水质稳定达标。治理修复污染地块4个，提供净地27万平方米。加快全国无废城市示范区创建，建成市级“无废机关”“无废学校”5个。统筹山水林田湖草系统治理。强化中梁山、缙云山保护提升，修复矿山1000亩，治理地质灾害点12处。推动“河长制”“林长制”扩面赋能增效，严格落实长江“十年禁渔”，建成“两岸青山·千里林带”700亩，完成国土绿化1.6万亩，森林覆盖率达到32.7%。促进经济社会发展绿色转型。统筹推进碳达峰碳中和各项工作，加快产业结构绿色低碳升级，完成工业节能降碳技术改造项目18个、智能化改造项目13个，战略性新兴产业、高新技术产业占规上工业总产值比重分别达到88.5%、89%，单位生产总值能耗逐年下降，经济发展“含绿量”持续提升。开展绿色低碳社会行动示范创建，创成国家节约型机关66家、市级绿色家庭、绿色学校27个。

【党的建设】 2022年，区委全面贯彻党的二十大精神，认真践行新时代党的建设总要求和新时代党的组织路线，坚决扛起全面从严治党主体责任，牢记“两个永远在路上”，做到“三个务必”，聚精会神抓党建。坚持不懈用党的创新理论武装头脑。落实“两个首先必学”长效机制，召开34次区委常委会会议、8次区委理论学习中心组学习会，深学笃用习近平新时代中国特色社会主义思想这个“源头活水”。坚持把学习宣传贯彻党的二十大精神作为首要政治任务，第一时间进行学习传达，扎实推进领导干部专题学、党员干部示范学、线上线下全员学，全面准确领会思想精髓、核心要义。迅速组建红岩志愿宣讲团、“8090”、“老支书”宣讲队等，深入广泛开展宣讲2000余场次，推动党的二十大精神家喻户晓、深入人心。加强基层党组织建设。开展“冠红岩之名、铸红岩之魂”实践活动，实施基层党建“7项行动”，开展党组织书记擂台比武，整顿软弱涣散党组织13个，基层党建全区域建强、全领域过硬，推动党建引领基层发展、赋能基层治理。大力推进模范机关创建行动。深化国企“四进四争当”行动，党员骨干带头攻坚重大项目。落实党组织领导的校长负责制，5个学校党组织入选全市首批“双创”名单。落实公立医院党委领导下的院长负责制，深化“支部建在科室”。积极推进新业态、新就业群体党建工作破题。推动干部队伍调整优化。坚持新时代好干部标准，调整优化区管班子26个，提拔重用一批有状态、能干事、敢打拼的干部到关键吃劲岗位，开展“三牛”型干部评比表彰，加强干部学习力、研究力、执行力、创新力、智治力建设，开办干部学习大讲堂126场次，搅活干事创业一池春水。实施“沙磁菁英”“归巢行动”“青春筑梦”“人才三宝”四项人才计划，集聚各类人才2300余人。坚持以严的基调正风肃纪反腐。召开沙坪坝区第十三届纪律检查委员会第二次全体会议。深入落实中央八项规定及其实施细则精神，持之以恒纠“四风”树新风，查处“四风”问题16件、17人。重拳治理工程建设、征地拆迁等领域突出问题，立案74件，处分27人，依法留置7人。完成十三届区委两轮巡察，打好“以案四说”“以案四改”组合拳，拒腐防变能力不断提高。

（王振宇）

重要会议

【区党代表会议】 2022年5月6日，召开中国共产党重庆市沙坪坝区代表会议，选举产生沙坪坝区出席市第六次党代会代表9名。

【区委十三届二次全会】 2022年12月28日召开。全会听取和讨论了区委书记唐小平受区委常委会委托作的工作报告和关于全面学习宣传贯彻党的二十大精神在新时代新征程为建设社会主义现代化新沙坪坝而团结奋斗的讲话，审议通过了《中共重庆市沙坪坝区委关于深入学习贯彻党的二十大精神，坚决拥护“两个确立”、坚决做到“两个维护”，在新时代新征程全面建设社会主义现代化新沙坪坝的决定》。全会号召，全区各级党组织和广大党员干部要更加紧密地团结在以习近平同志为核心的党中央周围，高举中国特色社会主义伟大旗帜，全面学习贯彻落实党的二十大精神，按照市委六届二次全会部署，坚定信心、同心同德，开拓进取、唯实争先，脚踏实地走好新的赶考之路，为建设社会主义现代化新沙坪坝而团结奋斗，为全面推进中华民族伟大复兴贡献更大力量。

【区委常委会会议】 2022年，区委召开34次常委会会议（十三届2次至十三届35次），会议全面学习宣传贯彻党的二十大精神，坚持首先必学习近平新时代中国特色社会主义思想，传达学习中央、市委重要会议、文件精神，中央重要决策部署精神和市委工作要求，研究审议通过各项规章制度，政策性文件及有关事项，有关干部事宜和干部处分事宜156项，涉及经

2022年12月28日，中国共产党重庆市沙坪坝区第十三届委员会第二次全会举行召开　（区委办　供图）

济发展、安全稳定和党的建设等工作，“贯彻落实市委主要领导来区调研精神”相关工作、“四个示范区”相关工作、“四个生态”季度研判相关工作、乡村振兴、国企改革、社会治理等各方面做出一系列决定和工作部署。牢记习近平总书记殷殷嘱托，全面落实党中央决策部署和市委工作要求，立足守底线、有变化，统筹全局与一域、当下与长远、发展与安全，稳中求进、难中求成，顺势而为、担当作为，奋力推动沙坪坝区经济社会发展和党的建设各项事业取得新成效、见到新气象，呈现出“潮涌嘉陵、风动歌乐”的高质量发展态势。

区委办公室工作

【会联工作】 2022年，区委办公室完成省部级以上领导来区考察调研等协调服务工作37次，完成区委十三届二次全会、中国共产党重庆市沙坪坝区代表会议、全区党的建设工作会等重要会议服务50余次，承办区委常委会会议34次、议题163个。修改完善《中国共产党重庆市沙坪坝区委员会工作规则》《中国共产党重庆市沙坪坝区委员会常务委员会工作规则》，进一步明确区委常委会会议研究重点工作内容，确保高质量开好区委常委会会议。每月收集整理《全区重要会议和活动预安排表》，每周编制《一周会议活动预安排》，下发《关于进一步加强会议管理严肃会风会纪的通知》《四办”主任联席（扩大）会议纪要》《会议注意事项》，收集整理《全区各调研点情况表》《镇街各调研点情况表》，进一步加强统筹协调，确保全区会务活动规范高效。圆满完成国家领导人赴沙坪坝区检查督导，市领导驻点沙坪坝区指导督导，国务院联防联控工作组督导，市委、市政府有关领导检查督导各项任务共8次，负责组织筹备市、区两级相关重要会议、调研60余次，为特殊时期的区委工作提供坚强保障。

【综合服务工作】 认真细致做好中央、市委文件发布、阅读、办理和管理工作。全年共收文3863件，处理领导批示1850件，其中市委领导批示74件。统筹做好值班值守工作。建立全办干部职工全员值班工作机制，优化较大及以上突发紧急情况提级提速报送流程，积极搭建“渝快政”平台信息报送机制，建立与信息共享机制，实时掌握各类突发情况、敏感信息，同步开展线上线下处置工作。全年共处理各类来电8000余个、来信30件、来访200人次，及时协调处置紧急突发事件，收集上报市委值班室各类紧急突发事件报告等值班信息355期，编印值班信息6期供区领导掌握。持续做好干部人事工作。结合机构编制重要事项报告、公务员、事业单位年度统计工作，实时更新完善区委办公室、区委研究室人员基本情况信息台账，增设内设科室1个，任免交流科级及以下干部13名，新调入优秀年轻干部2名，干部试用期转正1名，完成处级、科级及以下干部年度考核、平时考核、公务员年报、工资福利发放等工作。每月开展一次离退休支部大会，双月一次党组织生活会，组织离退休干部参加全区重要会议和重大庆祝（纪念）活动。开展重大节日走访慰问16人次，组织就近就地参观市政建设2次。每年开展一次老干部体检工作，上门看望生病住院老干部3人次。

【法规工作】 2022年，区委办公室坚决守住精简文件硬杠杠，严把区委规范性文件发文立项关，公文法规工作提质增效。严格公文核发管理。全年高质量印发文件317件，同比下降38.3%。“零差错”完成区委十三届二次全会以及区委经济工作会议、区委农村工作会议、党的工作会等大会材料的审印工作，校核公文110万余字。严肃审核报备工作。严格立项管理，制作《党内规范性文件前置审核意见表》（新版），围绕“政治政策关、法律法规关、文风文字关”做好前置审核。共收到立项申请21件、立项18件、立项率85.7%，印发党内规范性文件18件，全年向市委报备17件，备案及时率、合法合规率、审结通过率100%，连续四年无纠正、提醒文件。稳步推进“下备一级”。坚持“有件必备、有备必审、有错必纠”，共审查文件47件，对10件作出建议、告知、提醒等处理，实现备案审查条条有依据、件件有档案，下发《业务通讯》《沙委办法函字》共5期。抓实抓细清理工作。根据换届后区领导分工调整，全面清理区级议事协调机构，调整182个、新增22个、撤销30个，专班运行更加规范、高效。召开党内法规联席会议等专题研究部署，集中清理直辖以来的区委规范性文件706件，废止文件239件，宣布失效文件144件，对1件区委文件进行“一揽子”修改，形成全区现行有效区委规范性文件目录。不断提升执规能力。印发《党内法规落实工作机制》，将责任分工明确到各单位，切实抓好立项、起草、审核、备案、执行等工作，结合全市党内法规文件执行情况专项督查，对照市委实地督查清单30项内容查漏补缺。严格执行重大事项请示报告制度，2022年向市委请示报告25件次。深化党委法律顾问服务。坚持区委法律顾问坐班审查和党委共享机制，全年共审核区委规范性文件21件次，审核《重庆市党政专用通信网络设备及用户线路设施代维协议》《沙坪坝区电子政务内网专线租用服务补充协议合同》等合同6件。

【督查工作】 2022年，区委办公室抓好决策督查，开展贯彻落实习近平总书记对重庆重要讲话和系列重要指示批示精神“回头看”工作，围绕区委中心工作，持续做好贯彻落实中央八项规定精神和市委实施意见情况、移动互联网应用程序备案等督查工作，全年跟踪督办市级交办事项45件，督查区委交办事项98项、重点关注具体事项84项、批示事项392项，下发督办通知单37份、交办通知单45份。聚焦森林防火、重点项目建设、乡村振兴等区委重点工作开展暗访督查，形成督查报告216份。持续抓好重点议案提案办理，督促各牵头单位落实人大建议案8件，跟踪对接、推动落实政协提案17件，办结率、答复率、办理满意率均达100%，推荐提案先进承办单位5家。

【信息工作】 2022年，区委办公室编发《沙坪坝区信息》63期，上报各类信息1263条，采用207条。其中，中共中央办公厅采用7条、《重庆信息》37条、《信息专报》8条、《每日要情》100条、《一把手手机报》62条。得到中央领导批示2条、市级领导批示4条。

【秘书工作】 2022年，区委办公室秘书科全面系统深入学习党的二十大精神和习近平总书记系列重要讲话精神，围绕中心大局，坚持学中干、干中学，把高标准、严要求贯穿工作始终，累计撰写各类文稿41万余字。高质量起草十三届区委二次全会决定、决议。起草区委人大工作会议、区委统战工作会议、全区生态环境保护会议、专题政党协商会、军政座谈会等各类重要会议、专题会议书记讲话参考13篇。起草以区委名义报告3篇、完成区委办公室各类文稿7篇。做好沙坪坝区2023年“四个重大”前期工作，汇编工作方案17个、工作清单33个。

【档案工作】 2022年，区档案局履行档案行政管理职能。建立健全档案工作领导体制和工作机制，推动形成区委领导、区委办（档案局）负责，档案科承担，档案馆协同的档案工作格局；夯实专业人才基础，成立全区档案工作协调推进小组；协调跟进档案馆建设后续工作。围绕“喜迎二十大　档案颂辉煌”主题，举办2022年“6·9”国际档案日宣传活动；传达全国档案局长馆长会议精神；全年通过重庆档案动态、沙磁荟等10余次宣传报道档案工作；开展档案业务培训4期，参训人数达500人次。对区委老干局、区委党校等29个行业主管部门、街镇、区属重点国有企业贯彻执行档案法律法规情况进行执法检查；指导全区各单位完成2021年度档案的收集、整理、数字化扫描以及归档工作；组织全区各单位完成2021年度档案统计年报工作；做好与档案相关的行政审批（许可）、互联网+监管等工作。指导区档案馆稳步推进创建国家级数字档案馆工作；推进馆藏档案数字化扫描工作，全年完成档案数字化扫描29992卷又174294件，录入706065条文件级条目，扫描3423259画幅；推进馆藏档案数字化成果的维护管理，馆藏档案数字化比例达98.04%。

【保密工作】 围绕定密管理、涉密人员管理、计算机网络涉密管理等方面做好日常工作，常态化开展保密执法检查。服务辖区内重点高校四六级考试、研究生考试，累计完成保密室验收30余次。突出抓好保密宣传教育工作，坚持将保密宣传教育与全民国家安全教育日紧密整合，开展全区保密宣传教育月活动。依托“保密观”App和中国保密在线网站培训系统，对全区各级党政机关、涉密单位的涉密人员及其他工作人员开展保密教育线上培训活动。

【后勤保障】 落实过“紧日子”要求，大力压减非刚需、非刚性支出，严格执行“三公”经费预算较上年“只减不增”，削减或取消低效无效资金，落实项目支出经费预算绩效管理，提高财政资源利用率，使预算编制更科学更规范。进一步完善工程实施及政府采购工作制度，进一步明确工程实施及政府采购领导小组工作流程及要求，细化内部办公用品采购申请及领用制度，建立“加班申请单”制度，完善司勤人员管理机制等，进一步严明了合同签订责任制度以及公务卡使用规范等，严格把好报账审批关，杜绝超标准、超范围开支情况的发生。完成办公用房调整及改造任务。推进绿色机关建设。完善公共机构节能、垃圾分类、绿色行动等制度，优化机关办公环境，降低能源消耗及运行成本，提高工作效能，切实发挥党政机关示范引领作用。强化软件正版化建设，及时调整软件正版化领导小组名单，明确软件正版化工作职责，确保软件正版化工作制度化、长效化。细心周到做好服务保障，为保障好干部职工身心健康，每年组织职工体检1次。统一调度公务用车，及时变更新进、调出职工的工资、保险、公积金等信息，对新进人员的信息及时完善，确保不漏办、不重办、不脱节。提供各类物资采购、运行维护保障及咨询等服务。切实保障好老干部、工会、妇儿工委工作的顺利开展。

（肖　晓　路　顺　曾富瑜　李明忠　朱　峰　刘　辉　薛　峰　陈政志　熊　健）

组织工作

【概况】 2022年底，沙坪坝区有党组织2314个。从层级上看：党委191个、党总支88个、党支部2035个；从类别上看：机关党组织279

个，事业单位党组织370个，国有（集体）企业党组织83个，村党组织177个，社区党组织644个，非公经济组织党组织429个，社会组织党组织87个，其他党组织245个。全区共有党员50755名，其中，正式党员50386名，占99.27%；预备党员369名，占0.73%。从结构上看：女党员20117名，占39.63%；少数民族党员821名，占1.62%；35岁以下党员8154名，占16.07%；61岁以上党员21474名，占42.31%；大学以上文化程度党员19784名，占38.98%。从类别上看：机关党员3910名，占7.70%；事业单位党员6471名，占12.75%；国企（集体）党员796名，占比1.57%；非公经济组织党员5983名，占11.79%；社会组织党员1309名，占比2.58%；社区党员26243名，占51.71%；行政村党员4594名，占9.05%；其他党员1449名，占2.85%。2022年新发展党员331名，其中女党员204名，占61.63%；35岁以下党员205名，占61.93%；大专以上文化程度党员311名，占93.96%；党政机关党员36名，占10.88%；事业单位党员64名，占19.34%；非公及社会组织党员93名，占28.10%。全区在职在编公务员共2040人（不含区人民法院、区人民检察院、区审计局），其中，镇街公务员480名，区委各部委、区级各部门及各管委会公务员888名、参照公务员法管理的工作人员672名。全区区管领导干部607名（区管正职165名、区管副职442名），其中，全区机关事业单位共有区管领导干部511名，区属国有企业共有区管领导干部34名，区教委直属事业单位共有区管领导干部62名。全区人才资源总量39.07万人，其中，党政人才2393人、企业经营管理人才12.28万人、专业技术人才21.8万人、高技能人才4.65万人、农村实用人才128人、社会工作人才819人。在区工作“两院院士”36名（柔性引进23名），高层次人才4000余名，高层次研发团队50余个，432人入选“重庆英才计划”，10人获评首届“重庆市杰出英才奖”，61人入选“鸿雁计划”。2022年，沙坪坝区坚持以习近平新时代中国特色社会主义思想为指导，以迎接、学习、贯彻党的二十大为主线，强化思想铸魂，组建红岩党课精兵团队，广泛开展学习宣传，党的创新理论武装持续加强；突出政治把关，完成两级代表推选工作，强化换届后班子建设，干部队伍踔厉奋发的状态持续提振；聚焦大战大考，动员广大党员干部投身乡村振兴等任务，组织优势、组织效能充分发挥；坚持内育外引，全方位培养、引进、用好人才，近悦远来的人才生态持续优化，组织工作整体呈现新局面、取得新成效。

【组织建设】 2022年，沙坪坝区部署开展“喜迎党的二十大、红岩先锋作表率、基层党建再提升”系列活动，摸排整顿7个领域36个后进基层党组织，全覆盖开展村（社区）党组织书记“擂台比武”，统筹开展大轮训促提升、搞拉练促落实、树榜样促争先等活动。深入实施基层党建“七项行动”，坚持抓党建促乡村振兴，建成丰文街道三河村“乡村会客厅”，2个案例入选全市党建引领乡村振兴十佳提名案例和百佳创新案例。深入实施“党建扎桩、治理结网”工程，推广红岩物业、红管家等做法，创建首批15个红岩物业，“红岩党群服务站”等2个案例入选全市党建引领基层治理案例选编。扎实开展模范机关创建，1.48万名机关党员驰援防疫一线，用行动践行“三进三服务”。深化国企“四进四争当”行动，建立责任区、示范岗、服务队，200余名党员骨干带头攻坚重大项目。推进党组织领导的校长负责制，5个学校党组织入选全市首批“双创”名单，红岩思政课程体系被新华社、《光明日报》推广。落实党委领导下的院长负责制，深化“支部建在科室”，做实“双培养”机制，学科带头人担任党支部书记比例达82.3%。

【党员管理教育】 2022年，沙坪坝区把学习宣传贯彻党的二十大精神作为首要政治任务，全覆盖开展书记领学、支部研学、线上促学和线下践学活动。抓好党员普遍轮训，通过举办专题培训班、开展专题辅导、讲授专题党课、收看专题节目等多种形式全面落实了全区50755名党员集中学习培训。划拨党费32.2万元，通过座谈会、技术培训、学习交流等形式落实全区村（社区）党员冬训工作。建好党课师资库，科学设置6大类41门课程，形成党课课程体系，遴选优秀党员领导干部、党校高校中小学教师、基层党组织书记共26人进入党课师资库。创新党员教育载体，打造红色舞台剧《重庆·1949》、舞蹈诗《红岩红》、音诗画《红岩清风颂》。开设实践课堂，在2022年共成立红岩临时党支部238个，派出机关干部、青年党员志愿者等2万余人下沉一线、接受历练。拍摄制作4部党员教育电教片，其中“身边榜样”微视频《我的爸爸》、“我们村/社区的那些事儿”公益宣传《美丽乡村　诗意三河》、“党课开讲啦　书记讲坛”《团结坝社区的破茧之道》，获重庆市2022年党员教育电视片评选二等奖。严格党员管理，强化党员日常监督管理，建立党员负面清单，指导基层党组织规范地、旗帜鲜明地处置不合格党员。

【人才工作】 2022年，沙坪坝区深入实施“人才强区”战略，突出产业导向，坚持以用为本、内育外引，为“四个示范区”建设提供人才支撑。升级区委人才工作领导小组，在10个重要部门和领域设立人才工作办公室，出台《人才工作领导小组工作规则》《人才工作领导小组办公室工作细则》。实施“沙磁菁英”“归巢行动”“青春筑梦”“人才三宝”四项行动，举办“潮涌嘉陵汇沙磁　风动歌乐聚英才”特色活动，谋划实施区级重点人才项目12个，评选“沙磁菁英”14人，引育各类高层次人才258人，新培育科技型企业163家、市级“专精特新”企业36家。组建工业设计、物流供应链金融、绿色智能建筑、生物医药、专业服务等5个创新产业（人才）联盟，吸纳专家人才117人。建立联系服务高校院所工作机制，“一校一专班”走访联系20所高校院所，落地项目14个、解决问题25个。升级环重庆大学、重庆师范大学、陆军军医大学等“环大学创新生态圈”，年产值超40亿元。选取四川美术学院等6所高校的9名优秀人才到产业部门、平台公司挂职。升级“高层次人才一站式服务平台”，组建“专员+联络员”队伍，发放“重庆英才服务卡”B卡113张，解决人才子女入学等诉求300余件。开发“沙磁英才”微信小程序，实现人才与区领导直连直通，走访慰问区委联系服务专家168人。打造人才公寓，440套精品人才公寓即将投入使用。

【干部监督工作】 2022年，沙坪坝区坚持抓“关键少数”与管“绝大多数”相结合，织密织牢干部监督网。严格执行领导干部个人有关事项报告制度，全年个人事项报告查核一致率达95.63%。强化政治监督，组建10个专项检查组对18个区管党组织开展选人用人专项检查，发现并督促整改问题110个，建立选人用人专项检查库，储备166名专项检查人才。深化干部选拔任用监督，对区内有用人权的87个单位全覆盖开展“一报告两评议”，全区平均满意率达

98.59%。注重抓早抓小，全年提醒11人次、函询37人次、诫勉2人次。常态化开展经济责任审计，完成对6个单位8名党政主要领导干部的审计。从严开展干部兼职审批，对20名干部兼职申请按规定履行审批备案程序。规范因私出国（境）备案登记工作，开展专项清理，共完成更新、增加备案登记1740人。强化信访举报查核，对9件不实举报予以核查办结，为干部澄清正名。

【干部教育培训】 2022年，沙坪坝区突出抓好政治能力培训、专业化能力培训，务实推动干部教育工作聚焦重点任务、围绕中心大局。全区共举办各类培训班次98个，培训各类干部3.2万余人次。开辟“领导干部学习大讲堂”，设计“1+7”重点专题，由书记、区长带头讲授开年第一课，示范带动120名市管、区管领导干部走上讲台，评选优秀师资（讲稿）45人，累计培训1.6万余人次，不断提升干部研究力、执行力。聚焦“重大决策部署、重点工作任务”开展教育培训，开设组织人事等专题班、短班、小班82个，常态化开展大数据、区块链、传统文化等专题讲座，认真实施“新时代基层干部主题培训行动计划”，培训基层干部7216人，完成率达100%，全面提升基层干部专业化能力。

【干部选用考核】 2022年，沙坪坝区严格执行《党政领导干部选拔任用工作条例》及各项规定，用心用力抓好换届后领导班子建设，着力锻造高素质专业化干部队伍，切实为现代化新沙区建设提供坚强组织保证。全年共选任干部129名。其中，提任8名，进一步使用8名，平级交流29名，晋升职级、职员等级55名，挂任区管职务11名，兼职调整18名。2022年，沙坪坝区牢固树立以实干论英雄的考核导向，以业绩考实促工作落实，有效激发广大干部干事创业活力。到全区80家单位开展处级领导班子和领导干部2021年度考核述职测评工作。完成处级领导班子和领导干部年度考核工作，评选优秀等次领导班子26个、领导干部171人。完成区属国有重点企业班子和领导人员综合考核评价工作，评选先进等级班子2个、优秀等次领导人员13人。完成科级及以下公务员（参公人员）年度考核工作，评选优秀等次349人。完成科级及以下事业单位工作人员及机关工勤人员年度考核工作，评选优秀等次463人。召开2022年度沙坪坝区经济社会发展市级考核指标调度会。严格按照规定做好公务员平时考核工作。

【非公经济组织和社会组织党建】 2022年，沙坪坝区深化实施两新党建攻坚行动，巩固扩大党的组织和党的工作覆盖。组织700余户非公经济组织和社会组织、3万余名党员职工聆听中共二十大报告，26名企业家、党组织书记、党员代表热议报告和新修订党章。组建144人宣讲团，在非公经济组织、社会组织和新就业群体中掀起学习党的二十大精神热潮。对47名民营经济人士支持和重视党建工作情况作出评价，将意识形态工作纳入社会组织日常监督、年检和评估。开展党组织组建“集中攻坚”行动，建立102家非公重点企业台账，新建党组织20个，撤销“空壳”党组织9个，发展党员93名，非公经济组织和社会组织覆盖率分别为87%、84%。补招19名非公专职党建工作指导员，评选8名“五星级”指导员。下拨非公党建经费475万元，明确经费使用程序、范围等规范性要求，通过市财政经费项目绩效评估组检查。15个党群服务中心围绕“党建+

服务”开展活动515场，惠及党员职工群众2.3万人次。深化实施“百名干部助企、百家企业联村（社区）”行动，74位助企服务员帮助非公企业协调解决用工招聘、融资贷款等问题575个；打造“惠民集市”等21个精品联建项目，开展民营医院“义诊进社区”、律师事务所“村（居）法律顾问”等活动，服务群众1万余人次。在防大汛、抗大旱等任务中，200余支红岩先锋队、2万余名党员职工挺身而出、冲锋在前，1000余名快递员、外卖员参与物资保障应急配送，56名网约车司机参与人员转运护送，35位货车司机参与医废转运，非公经济组织和社会组织捐款捐物1500余万元。

【党建信息化】 2022年，沙坪坝区依托智慧党建服务平台继续深化“智慧党建”，实现党费在线收缴、组织生活在线纪实、意见建议在线办理、便民服务在线推送等多项功能。同时，继续用好红岩党建微信公众号，调整栏目设置，设置红色党课、红色足迹、红岩故事、红岩先锋等栏目，增强内容推送针对性，全年共刊发各类信息86条，订阅使用人数达4.1万人，阅读总量16.9万人次。建立大组工网季度巡查机制，实现规范化台账式管理，全年安全运行零事故。开发“沙磁英才”微信小程序，设置“沟通联系”“信息发布”“人才服务”三大功能，实现首批68名专家人才与党员区领导“一键直联”，对政策信息“一网通看”，对需求服务“一网通办”。

【公务员队伍建设】 2022年，沙坪坝区围绕“四个示范区”建设，统筹公务员招录、转任、奖励、辞职辞退管理等工作，以高素质公务员队伍建设保障全区现代化建设。开展公务员队伍自然减员和空编情况测算，科学精准规划公招工作，录用公务员（参公人员）18人、聘用党群事业单位工作人员2人，补充了一批城市建设、经济金融等全区经济社会发展紧缺急需的专业人才。制定《重庆市沙坪坝区机关事业单位工作人员交流调配管理办法（试行）》，进一步规范人事调配的资格条件和程序要求，全年办理公务员转任（聘）132人次。编印《公务员管理一册通》，汇集常用制度文件18个、业务办理流程图12个，进一步提升公务员管理规范化水平。持续开展“退休三事”，全年区委书记与2名退休市管干部开展谈心谈话，区委组织部与10名区管正职退休干部谈心谈话。贯彻落实公务员绩效奖金制度，进一步深化公务员工资、津贴、补贴清理规范工作。联合区人力社保局开展“孺子牛、拓荒牛、老黄牛”表彰评选工作，建立健全“正面清单”，大力营造争先创优、赛马比拼浓厚氛围。严格公务员辞去公职后从业行为管理，完成从业限制期内人员定期回访，坚决杜绝公务员政商“旋转门”“逃逸式辞职”等现象。

【党内组织生活】 2022年，沙坪坝区认真落实《关于进一步严格党的组织生活的九条措施》，坚持“三会一课”、主题党日等组织生活制度。常态化抓好基层党组织组织生活会和开展民主评议党员工作规范化指导，细化操作流程、文书模板及主持词，统一印发全区基层党组织参考使用。

【干部人事档案工作】 2022年，沙坪坝区坚持“为党管档”原则，不断提升干部人事档案管理工作水平。规范做实内部管理。原区人力社保局管理的干部人事档案移交工作全部顺利完成，档案中心的管档数量从最初的3000余本增加到8400余本。着眼全区档案“统存统管”

实际，优化档案存放布局，使每卷档案可定位“柜、层、列”精确查询，提高查档效率。全面核实档案信息。先后组建6个专项调查组，赴湖南省邵东市野鸡坪镇、四川省德阳市中江县等地，对6名干部的出生年月、入党情况、学习经历等情况进行实地调查取证。扎实开展专项审核。召开全区专审工作专题培训会，编印了《沙坪坝区干部人事档案工作手册》，梳理7方面160个常见问题的解决方法。组建专审检查组，对区教委、区卫生健康委、区国资委3家管档单位和区法院、区检察院等30家档案数量较多的单位，进行了专审工作检查验收。对910本已开展专审的区管干部档案进行“回头看”，对发现的问题逐个核实、逐项纠正，重新认定“三龄二历一身份”等信息185人次。

（陈　婷　吴科磊　吕　苹　彭俊麟　范思颖　钟昊君　杨万森　邓思萍　朱小波　周　蕾　肖忆菲　马　莉　曹钞月　欧　娅）

宣传工作

【概况】　2022年，沙坪坝区宣传思想文化工作坚持以习近平新时代中国特色社会主义思想为指导，围绕“举旗帜、聚民心、育新人、兴文化、展形象”使命任务，守正创新、真抓实干，各项工作稳步提升。强化理论武装，抓牢意识形态。组织区委中心组学习7次，指导全区各级中心组学习960余场次，开展理论宣讲2000余场次。严格落实意识形态工作责任制。突出工作主线，营造浓厚氛围。不断深化拓展党史学习教育成果。开设学习党的二十大专题专栏。在38条主次干道营造党的二十大浓厚氛围。组织喜迎党的二十大优秀影片展映观影活动，开展大型文艺演出活动40余场。加强新闻宣传，组织重大主题宣传，在中央级重点媒体、市级重点媒体、主流网络媒体上稿4000余条。参加市级新闻发布会12场，开展新闻发布活动5场。积极参与中外交流活动，制作城市形象宣传片，立体展示城市形象。强化价值引领，弘扬文明风尚。抓好群众性宣传教育活动。深化全国文明城区建设工作，国家级文明集体表彰数量主城领先。新时代文明实践中心建设走深走实，志愿服务广泛开展。选树全国学雷锋标兵先进典型1人，市级各类先进典型11人。坚持以人为本，推动文化繁荣。开展文艺资助申报工作，提质升级《重庆·1949》等红色文艺精品，提升公共文化服务水平，推进文旅融合发展。深化新闻出版、电影领域“放管服”改革，持续优化行政审批流程。

【意识形态工作】　2022年，沙坪坝区严格落实意识形态工作责任制，区委专题研究意识形态工作3次。开展意识形态专项检查2轮次。持续深化拓展中央、市委巡视意识形态专项整改。做好重点场所节日期间值班值守工作。做好论坛、报告会等审批备案工作。

【理论普及】　2022年，沙坪坝区委带头落实“两个首先必学”长效机制，围绕党的十九届六中全会、二十大精神以及习近平总书记重要讲话精神和重要指示批示精神，开展区委理论学习中心组学习会7次，区委理论学习中心组署名文章《奋力谱写社会主义现代化沙坪坝崭新篇章》刊发在《重庆学习论坛》第12期。征订发放《习近平谈治国理政》第四卷、党报党刊等重点读物2万余册，指导全区各级党组织开展专题理论学习中心组学习1100余场次。坚持开展互动化、分众化宣讲，组建区委宣讲团，组织红岩志愿宣讲队，广泛开展党的十九届六中全会和二十大精神宣讲5300场次，受众41万余人次。广泛开展“学习新思想 展现新作为 喜迎二十大”理论微宣讲活动，沙坪坝区选手何谐，获评全市微宣讲三等奖。沙坪坝区梁钰佼获评全市基层理论宣讲先进个人，报告人何谐《绽放的红梅花》获评全市优秀理论宣讲报告。

【新闻外宣】 2022年，沙坪坝区新闻外宣工作紧扣区委、区政府中心工作，围绕党的二十大、市第六次党代会、区域经济产业发展等重大主题精心组织新闻宣传策划，全年在中央电视台、新华社和《人民日报》《光明日报》《经济日报》等中央级重要媒体上稿110余条，《重庆日报》、重庆电视台等市级重要媒体上稿1300余条，新华网、人民网、华龙网、上游新闻等主流网络媒体上稿3000余条，区属新闻媒体、政务媒体矩阵发布新闻6万余条次。加快推动国际传播能力建设。依托区融媒体中心成立“沙坪坝区国际传播工作室”。《人民日报》（海外版）、新华社、CGTN刊发相关新闻报道10条。协助中国外文局、意大利广播电视公司以及葡萄牙《溯游亚洲》栏目组对中欧班列、重庆1949大剧院等进行深度拍摄采访。积极参与“海外大V拍重庆”活动，邀请外籍主播以直播、Vlog等形式向海外观众展示沙坪坝城市形象。开展2022年新闻发言人备案，参加市级新闻发布会12场，组织区级新闻发布会5场，“发言人来了——我为群众办实事”发布活动5场。组建“渝快发”服务平台二、三级管理员以及推广员队伍400余人。

【宣传教育工作】 2022年，沙坪坝区深入开展社会主义核心价值观教育，抓实宣传教育工作。选树全国学雷锋标兵先进典型1人，重庆市岗位学雷锋标兵、2021年度“感动重庆十大人物”提名奖各1人。微电影《红旗》获中宣部第五届社会主义核心价值观主题微电影大赛三等奖。抓细群众性重大主题教育活动。组织开展“强国复兴有我”群众性主题宣传教育活动280余场次。承办2022年重庆市“清明祭英烈”示范活动。组织开展沙坪坝区“千万市民升国旗”“同升国旗同唱国歌”示范活动10场次。抓严思想政治工作。出台《沙坪坝区贯彻落实〈重庆市关于新时代加强和改进思想政治工作的若干措施〉分工方案》。组织开展2022年初级、中级、高级政工师推荐评选工作。组织参加市政研会2021年度优秀研究成果评选，获一等奖1个、二等奖2个、三等奖2个，获奖数量位列全市前茅。联动红岩联线共建“思政课教学实践基地”，在中小学发布“行走·红岩”实践课程。抓实国防教育工作。成立全民国防教育领导小组办公室。出台《沙坪坝区委全民国防教育工作领导小组工作规则》《领导小组办公室工作细则》《2022年沙坪坝区全民国防教育工作要点》。组织开展全民国防教育月宣传活动，开展“黄葛树下龙门阵”国防教育专场示范故事会。抓牢宣传氛围营造。在38条主次干道沿街悬挂“喜迎二十大”看板，在7个重要地段打造“喜迎二十大”主题城市景观。利用全区户外大型看板T牌、LED刊播学习宣传贯彻党的二十大、社会主义核心价值观、创文等宣传内容40余批次。

【文艺文产工作】 2022年，沙坪坝区加快建设传承巴渝历史文脉的“文化传承示范区”。以快闪形式制作第九批“中国梦”主题创作歌曲《领航》MV，推出原创歌曲视频《一声老师生老师》。配合重庆卫视拍摄《巴山渝水记乡愁——“梦回小重庆”心仪磁器口纪录片》。与重庆市川剧院等单位联合打造的川剧《江姐》

荣获第十七届文华大奖。推荐重庆1949大剧院、ArTeck Hub艺术磁场沉浸式数字艺术空间申报2022年度市级文化产业发展资金项目。完成2021年度区文艺创作项目资助工作，资助作品48件，其中报告文学《社区现场》、双人故事《生死状》两部作品成功摘得重庆市“五个一”工程奖。服务好、组织好文旅项目电影《最后58天》的拍摄、公映事宜。完成第二批“沙磁名家”推选工作，报送7名文艺名家参评。与区文旅委、团区委等单位开展“沙磁推荐官”招募活动和“大力培养旅游服务质量人才”试点任务。统筹协调各有关单位完成2022年度文化体制改革工作。成功申报“青木乡情馆、荷塘悦色文化大院、十里长坡陈列馆、远山有源文化大院”入列重庆市乡情文化陈列馆。推动青木关、双碑、沙坪坝、石井坡等7个镇街制定“乡情陈列馆”建设实施方案。

【出版与电影工作】 2022年，沙坪坝区紧密围绕为党的二十大胜利召开营造良好社会文化环境这条主线，以“正道2022”“新风2022”集中行动为平台，深化“清源”“固边”“护苗”“净网”“秋风”等9个专项整治行动。大力推动知识产权保护，加快推进软件正版化，制定《沙坪坝区推进使用正版软件工作联席会议制度》《2022年沙坪坝区推进使用正版软件工作计划》；在全区中、小学开展发现身边“不良读物”主题活动300余场，实现全区所有学校“护苗”工作站全覆盖，打造“护苗”工作站示范点3个；开展“扫黄打非·护苗行动”“童心向党”等教育活动170余场次，服务青少年1.5万余人次；举办478场全民阅读活动，4个单位和个人获“最美阅读空间”“全民阅读点灯人”称号；为47家农家书屋选配图书；完成160余家出版印刷、电影放映场所的年度核验工作；圆满完成沙坪坝区银河影业公司国有企业改制工作；高质量完成1032场惠民电影播放；完成153项行政许可、14项依申请类政务服务事项的审批备案工作，备案5场电影拍摄计划。

（曾向南　张晓宁　张　璇　傅　元　傅仕杰　申琳莉　何　霞）

统战工作

【概况】 2022年末，沙坪坝区有民革、民盟、民建、民进、农工党、致公党、九三学社7个民主党派区级组织，成员4173人；全区有佛教、道教、天主教、基督教4个宗教团体，认定备案的宗教教职人员38人，信教群众约9万人；批准开放的宗教活动场所20处，其中：佛教3处、道教2处、天主教3处、基督教（含真耶稣教派）12处。全区工商联有商会组织50个，会员4328个；据不完全统计，现有归侨侨眷近4万人，港澳台胞100余人；海外华侨华人近2万人，海外留学人员3000多人；有侨联、台联、知联会、新专联、中华职教社、欧美同学会等团体组织。

【民主党派和无党派人士统战工作】 始终坚持把夯实党派成员的共同思想政治基础作为工作首要任务。以迎接党的二十大、学习贯彻党的二十大精神为主线，深入开展“矢志不渝跟党走　携手奋进新时代”政治交接主题教育及统一战线“学讲做”活动。结合纪念中国共产党统一战线政策提出100周年，举办“同心故事荟”活动。

制订落实年度政党协商计划，围绕沙坪坝区“四个示范区”建设和全区经济社会发展重大问题、党代会报告、政府工作报告征求意见等共开展政党协商活动10余次，完成区民主党派、工商联、知联会、新专联2022—2023年度调研开题。

引导各民主党派区委会健全内部监督机制，召开统一战线“以案四说”教育警示大会，加强党派内部监委会组织制度建设。结合全区“冠红岩之名、铸红岩之魂”实践活动，积极打造“抗战民革之家”和“红岩民盟之家”。配合完成民主党派及统战团体市级组织换届。

开展沙磁·同心服务团“喜迎二十大　同行助发展”活动启动仪式，各党派服务分团常态化开展各类社会服务活动。

【党外知识分子统战工作】　切实加强党外知识分子思想政治工作，并在区委统一战线工作领导小组会上汇报。加强区知联会自身组织和制度建设，以《沙坪坝区乡村建设现状调查、评价及推进策略》课题参与2022—2023年度调研开题。“喜迎二十大 同行助发展”沙磁·同心服务团知联会分团常态化开展各类社会服务活动。2022年，在全区新的社会阶层人士中持续开展“凝聚新力量·筑梦新时代”主题教育活动，召开区新的社会阶层代表人士“喜迎二十大·同心跟党走”座谈会，引导全区新的社会阶层人士进一步提高政治站位，践行初心使命。加强新的社会阶层代表人士队伍建设，区新专联新吸纳会员15名。开展自由职业人员和社区社会组织调查摸底。深化新的社会阶层人士统战工作实践创新基地建设，新建基地1个，初步形成了覆盖广泛、类型多样、层次分明、亮点纷呈的总体布局。成立3支“沙磁·同心服务团”，号召新专联会员利用资源优势，线上线下相结合投身社会公益、志愿帮扶事业。

【民族事务】　坚持以铸牢中华民族共同体意识为主线，持续推动城市民族工作高质量发展。深入贯彻落实中央民族工作会议精神和市委民族工作会议精神，广泛深入开展民族团结进步创建，促进各民族交往交流交融。2022年9月26—30日在全区集中开展了第十二个民族团结进步宣传周活动，以开展喜闻乐见的群众性民族文化活动为载体，增强“五个认同”，80余个社区开展了丰富多样的文娱活动200余场次，参与群众3万余人，发挥教育资源大区的优势，结合民族团结进步宣传教育进学校活动，全区教育系统师生参与率达97%。覃家岗街道新鸣社区成功创建重庆市民族团结进步示范单位，陈家桥街道建成西部民族团结进步活动中心。创新培训方式，开展新疆籍外来务工经商人员国家通用语言文字暨技能培训，线上开课16场次，有2400人次进行了培训。

【宗教事务】

宗教领域统战工作　2022年，沙坪坝区深入学习贯彻习近平总书记关于宗教工作的重要论述，学习贯彻全国、全市宗教工作会议精神。深化对坚持我国宗教中国化方向的理解把握，指导宗教界继续开展“爱党爱国爱社会主义”主题教育等活动，引导宗教界树立正确的历史观、民族观、国家观、文化观、宗教观，不断增进对伟大祖国、中华民族、中华文化、中国共产党、中国特色社会主义的认同。认真落实《互联网宗教信息服务管理办法》，协助市民族宗教委对3个申请从事互联网宗教信息服务的单位进行审核把关。

宗教场所建设、管理。2022年，沙坪坝进一步加强宗教活动场所管理。落实消防安全责任，开展宗教活动场所危房、消防安全隐患等排查检查，全年检查50余次，坚持早发现、早处置，将各类风险化解处置在萌芽状态。协助宝轮寺、基督教圣恩堂争取市级宗教活动场所维修补助资金共计60万元。

宗教活动管理。2022年，沙坪坝区进一步加强宗教活动管理。落实宗教传统节日活动报备制度，确保大型宗教活动安全、有序进行。

【非公有制经济领域统战工作】 2022年，区工商联发挥桥梁纽带和助手作用，服务优化民营经济高质量发展的营商环境，荣获全国“五好”标杆县级工商联称号。2022年度，通过制作《党的二十大报告》《市六次党代会报告》《区十三次党代会报告》等PPT学习辅导课件，持续开展送学到基层商会、会员企业、民营经济人士活动，创新开展“沙商心向党，展现新作为，喜迎二十大”“四个一”活动，深入开展“冠红岩之名，铸红岩之魂”实践活动。围绕“四区”建设目标任务，将履行主体责任与全区中心工作紧密结合起来。落实稳企惠企政策集中攻坚行动和常态化走访服务民营企业的协调服务，编印2000册惠企政策汇编集中宣传推送，专班服务走访会员企业3200余家，收集办结问题1247个。指导52家会员企业定制短视频、产品服务PPT等推广互动“找订单”，宏宇家具收获订单300余万元、重庆1949大剧院收获票房订单49万余元。组织旺成科技、广达康复等20余家重点企业与立信职教中心等开展交流互访，先后协调推荐就业岗位1.5万余个。协调中国银行等5家银行为会员企业量身定制惠企特色信贷产品28款，共发放贷款26.7亿元。指导156家民营企业参与帮扶15个村，在农村新增产业投资4069万元，协调96位市区工商联执委、7个商会企业与村结对共建“万企兴万村”行动，龙泉村和雪鼎农业、浩瀚园林分别被认定为首批市“万企兴万村”行动示范村、实验项目。

加强商会组织会员队伍建设，新建汽摩联合商会、商联会。新发展会员646名，增长20%。联芳、磁器口、陈家桥等街道商会成功创建市级“四好”商会，联芳、磁器口等街道商会成功创建全国“四好”商会。覃家岗街道商会、凤凰镇商会获得市工商联服务高质量发展商会建设年“优秀商会”称号。

【港澳台统战工作】 2022年，深入开展“重庆·台湾周”等交流活动，先后接待市台盟、台联、四川省台办、山东省台办来区调研4批次；线上会议；走访辖区港澳台胞26人次；开展“大走访大谈心”，走访慰问台界人士、香港同胞及台资企业代表；调研走访涉台企业，协调落实台胞子女入学、社保等急难愁盼问题。区台办获评重庆市对台工作先进单位。

【侨务统战工作】 组织侨界红岩志愿者在回龙坝开展助力乡村振兴活动1场次；开展涉侨行政事务网上审批工作，为侨界朋友和留学人员提供服务12件次；慰问台侨界群众120余人次；侨界爱心企业投入经费3万余元开展关爱特殊困难儿童活动1场次。

【党外干部队伍建设】 2022年4月民主党派市级组织换届，沙坪坝区9名成员担任各民主党派市委会副主委，27名党派成员担任市委会委员。进行全区党外干部摸底调研，建立新招录党外干部名册共141名，掌握党外中层干部85名。协助开展第六届市人大代表选举暨政协委员协商提名工作，26名市人大代表中党外代表人士9名，30名市政协委员人选中党外代表人士21名，确保达到安排比例规定。

（张际香　马奕珊　熊豫渝　李　娟　张　璟　甘中青）

政策研究

【调查研究】 2022年，区委研究室围绕成渝地区双城经济圈建设、西部陆海新通道建设、西部（重庆）科学城建设等重大战略和系统重塑创新开放新优势、构建特色优势产业、提升城市功能品质等重点热点工作，深入相关镇街、部门调研30余次，形成23份参阅资料、11篇高质量调研报告，供区委或市级相关部门决策参考。

【文稿服务】 2022年，区委研究室坚持全面系统深入学习党的二十大精神以及习近平总书记系列重要讲话精神，全面落实市委六届二次全会精神和区委十三届二次全会工作要求，从沙坪坝区发展全局高度思考问题、谋划工作、起草文稿，保质保量完成主城都市区座谈会、区委十三届二次全会、经济工作会等市区重要会议活动文稿的起草工作，为区委科学决策发挥重要的参谋助手作用。

【全面深化改革】 2022年，进一步健全区委深改委会议制度，召开区委深改委会议5次，听取专题汇报16次，审议改革文件5个。牵头制定《改革工作要点》《督察问效计划》《经验总结复制推广方案》等重要文件，向市委改革办汇报贯彻落实市委深改委会议精神情况4篇，报送改革简报27篇、改革要情21个、改革成效经验和工作亮点42次，各领域改革获中央、市级媒体宣传报道90余次。探索建立改革督察与巡查、审计等联动机制，对贯彻落实习近平总书记视察重庆有关改革工作重要指示精神“回头看”、正在推进的中央层面和市级改革试点等重点改革项目进行督察，对全面深化改革工作要点中的123项改革任务推进情况进行督察，形成改革督察专报、通报各3期。

（王振宇）

机构编制管理工作

【全区机构编制基本情况】 2022年，沙坪坝区级机关66个，其中，区委机关12个；政府工作部门29个（不含审计）；人大机关1个、政协机关1个；群众团体机关10个；民主党派机关7个；工商联机关1个；派出机构5个。街道18个，镇机关4个。全区事业单位379个，其中，全额拨款375个，差额拨款4个。

【事业单位登记管理】 2022年，区委编办完成事业单位法人设立登记10个、变更登记79个、到期换领23个、遗失补领2个。完成全区376个事业单位2021年度事业单位法人年度报告并在区政府网站进行公示。对全区376个事业单位法人公示信息开展自查，实地核查4个。

【机构编制督查】 2022年，区委编办在机构编制督查方面做了以下工作：坚持各项制度。切实贯彻党的二十大精神，严格执行《中国共产党机构编制工作条例》及其配套法规制度等，避免“条条干预”。建立联动机制。强化编制、纪检、组织、财政、人社、审计等部门信息共享，组织部门在任用、调配干部时严禁超编进人和超职数配备领导干部，人社部门在调配、招考录用人员时严格按编制部门的用编批复办理，财政部门按编制和在编人数制定预算、核拨经费，不断增强机构编制纪律的刚性约束。畅通监督渠道。利用会议、宣传栏、手机、微信、宣传手册、编印书籍等形式宣传机构编制法律、法规及举报受理渠道，畅通社会监督渠道。强化问题整改。对核查以及专项检查、巡视、审计等工作中发现的违反机构编制管理规定的问题及时进行梳理、整改。

【机构编制管理评估】 2022年，区委编办按照市委编办《关于做好机构编制管理评估有关工作的通知》要求，结合沙坪坝区实际，对全区81个单位的机构编制执行情况和使用效益开展了全覆盖评估。采取单位自评、抽取部分单位实地评估的方式认真抓好组织实施，形成了机构改革总体情况、疾控机构编制保障情况及公立医院人员总量试点情况3个专题自评报告。总体来看，沙坪坝区机构设置较为合理、各单位职责任务落实有力、编制资源配置不断优化、领导职数管理更加规范，但也存在各单位混岗较多、借调人员较多等问题。评估结果将作为调整机构编制资源、审批机构编制事项的重要依据和参考，推动机构编制评估与管理深度融合。

（袁 艺 张丙骞 胡 勍 梁 波）

机关党务工作

【概况】 中共重庆市沙坪坝区委直属机关工作委员会（以下简称区委直属机关工委）是中国共产党重庆市沙坪坝区委的派出机构，统一领导区直机关各部门党的工作。单位驻地为沙坪坝区凤天大道8号，内设机构有办公室、组织科、宣传科。直接管理48个单位的197个机关党组织，机关党员共2416名。此外，工作指导16个行业党委（党工委）的机关党组织。同时，区级机关工会工委、区级机关妇工委、区级机关团工委设在工委。

【机关政治建设】 2022年，沙坪坝区直机关强化思想政治引领，全面落实“两个首先必学”长效机制，采取“进机关”宣讲、知识竞赛、专题党课、专题培训等形式，教育引导机关党员深入学习贯彻党的二十大、市第六次党代会、区第十三次党代会精神，坚决拥护“两个确立”、做到“两个维护”。

2022年4月12日，全区召开红岩攻坚队成立大会 （区融媒体中心 摄）

【思想建设】 2022年，沙坪坝区直机关全方位学习宣传贯彻党的二十大精神。严程序标准，推荐提名机关系统出席党的二十大和市第六次党代会代表候选人推荐人选。结合庆祝中国共产党成立101周年，广泛开展“强国复兴有我”主题宣讲教育活动、“学习新思想 展现新作为 喜迎二十大”微宣讲比赛、“喜迎二十大 我身边的红岩先锋党员”演讲比赛、“对党忠诚 始于足下”主题党日等活动，营造“喜迎二十大、奋进新征程”的良好氛围。开展“喜迎党的二十大、红岩先锋作表率、机关党建再提升”活动，征集案例18个，树立身边榜样20人，大轮训5期，整顿后进党组织1个，召开协作组片区会6次，引导机关党员干部在新时代新征程建功立业。全面启动党的二十大精神“进机关”宣讲，机关党组织利用理论学习中心组、“三会一课”、主题党日活动开展学习120余场次。将贯彻落实党的二十大精神同乡村振兴、文化旅游、社会治理等重点领域工作紧密结合，切实做到示范引领学、原原本本学、联系实际学，实现64个党组织学习宣传全覆盖。广泛学习宣传贯彻市第六次党代会精神。在机关党员培训班专设学习党代会精神课程，指导区级各机关通过理论学习中心组学习、“三会一课”、主题党日等方式，将党代会精神传达到区直机关64个单位、243个支部、4600余名党员。

【基层党组织建设】 模范机关创建。2022年，沙坪坝区直机关参考市级指标制定《沙坪坝区模范机关评价指标体系》，建立区委直属机关工委领导班子分片指导机制，以点带面提升创建实效；成功向市评比达标表彰工作协调小组申报同意开展模范机关创建项目。

“四强”党支部争创。2022年，沙坪坝区直机关树立大抓基层鲜明导向，制发争创“四强”党支部工作方案，明确6个规范，细化53条创建措施。全覆盖调研督查64个机关党组织，建立一支一专班机制，以领导包片、科室包组、干部包支部，“一对一”指导被调研单位，完善“一支一档”；建立一支一提升机制，对照5大类、38项党建指标，对每个单位存在的问题进行点对点指导，形成“一支一策”提升台账，动态跟踪管理，定期开展“回头看”。

“三基”建设。2022年，沙坪坝区直机关细化分解“三基”建设任务，形成22项年度重点任务清单，台账式、项目化抓好落实；下发按期换届提醒函24份，督促11个党组织按期换届，17个党组织及时增补和改选；通过抽查和列席等方式，督促机关党组织严格落实“三会一课”、主题党日、党员领导干部双重组织生活等制度。

机关党务干部队伍建设。2022年，沙坪坝区直机关建强机关党组织书记队伍。“一把手”任书记的机关党组织增加至41个，23个机关党组织由党员负责人任书记；常态化开展新任党组织书记谈话；召开2021年度区级部门党组织书记暨机关基层党组织书记抓基层党建述职评议会，强化结果运用。建强机关党务干部队伍，深化党建联络员制度，专人联络实现全覆盖；编制《沙坪坝区机关党建工作规范》。增设党务干部业务培训班，已培训2期、120余人次。建强机关党员队伍，开展2期年度大规模机关系统党员轮训，围绕落实市、区党代会精神、“四个示范区”建设、“稳经济大盘”等内容，精选课程、师资，轮训党员450名；按程序发展党员10人，集中谈话新党员14人，集中培训入党积极分子80余人；关心关爱机关党员职工，走访慰问困难党员、高温一线职工等2000余人。

机关党建协作组机制。2022年，沙坪坝区直机关出台《机关党建工作协作组制度》，重新划分5个机关党建协作组，召开协作组工作会6次，强化统揽协调和工作指导；指导各协作组探索总结机关党建规律和特点，形成“1+5”调研报告；指导各协作组成员单位发挥主体作用，开展机关党建助力赋能“四个示范区”建设研讨活动、“红岩先锋”现场讲述大赛、红岩党建现场观摩交流活动、“喜迎二十大 奋进新征程 建功新时代”主题演讲比赛、“党建红引领生态绿”等，激发机关党建内在活力。

【群团建设】 2022年，沙坪坝区直机关加强党建带群建，指导11个基层工会完成换届改选，督导49个直属工会完成上年决算和本年预算，对9个所属工会开展专项经费审计，确保5年内实现全覆盖。

【绿色机关建设】 2022年，沙坪坝区直机关调整区绿色机关建设推进协调小组；在全市率先制发绿色机关建设年度工作要点，召开绿色机关建设推进协调小组会，推进重点工作；制作宣传动画视频，全覆盖开展网上答题活动，举办专题工作培训会，提升绿色机关建设知晓度和工作人员实操水平。

【“冠红岩之名、铸红岩之魂”实践活动】 2022年，沙坪坝区直机关结合推动党史学习教育常态化长效化，传承红岩精神，擦亮红岩党建品牌。推动“学红岩精神”，将红岩精神纳入组织生活、主题党日常态化学习，纳入机关党员培训班课程，在“机关党建”微信公众号上推送红岩英烈事迹10期，开展读书分享会、读书沙龙130余场次、参与3000余人次；因地制宜打造机关“红岩书屋”“红岩读书角”54个。“讲红岩故事”，建强72人的机关系统“红岩讲解员”队伍，开展3轮试讲培训，选拔建设优秀讲解员库；推荐30名党性修养较高、兼具理论与实践经验的机关党员充实全区“红岩讲习员”队伍。“践红岩行动”，深化“红岩先锋行动”，指导机关党组织设立红岩先锋岗322个、红岩技能标兵岗24个，引导机关党员“立足岗位做奉献，争先创优当模范”；组建86支党员“红岩志愿服务队”，常态化进基层、一线开展政策宣传、就业指导、周末义诊、法律服务等；强化“红岩攻坚队”一分队组织管理，完成市参加党的二十大代表候选人初步人选传达公示等攻坚任务10余次。

【“四区”建设】 2022年，沙坪坝区直机关深入推进“四区”建设，制作“助推‘四区’建设 机关党组织书记在行动”系列访谈，点击量超3000余人次；红岩科技服务队全面投身环大学创新生态圈建设；搭建“党建引领促进物流产业发展”战略合作平台，助力打造国际物流枢纽；在城市更新、污染防治攻坚等一线，机关干部带头开展夜巡、暗访、马路办公等行动2.4万余人次。

【“三进三服务”行动】 2022年，沙坪坝区直机关深化“三进三服务”行动。推进“红岩党员进社区（村），服务群众”，64个机关党组织与140个村（社区）结对共建，3100余名在职党员常态化到村（社区）报到，送文化、送法律、送政策、送技术、送服务到村（社区），谋划“‘三变’+文创+乡村旅游”新发展模式等，推动落实“我为群众办实事”2500余件，服务群众超10万人次，群众幸福感、安全感、获得感持续增强。推进“资源进基层，服务基层”，主动搭建市、区两级机关“助企纾困 情系园区”平台，组织现场座谈会，“一对一”掌握企业诉求，“点对点”反馈市、区相关部门，

"面对面"帮扶落实政策；在稳经济大盘一线，区级各机关成立"一企一专班"、实施"红岩青商成长"行动、开展"政银企"三方合作等，机关党员上门为企业送政策、送服务、解难题，帮助企业获得财税支持3亿元，发放纾困贷款23亿元；坚持党建扎桩引领社会治理，区级各机关与镇街联动建设"红岩市民综合调解站"，积极参与基层社会治理。推进"攻坚进一线，服务发展"，坚持党建引领、阵地前移，成立助企纾困、征地征收、招商引资、整违治污、维安维稳等机关红岩党员攻坚组、临时党支部等101个，机关党员在高温一线，"逆行"开展污染巡查、安全隐患排查、执法检查、质量检查，保安全、保稳定、促发展，在推动沙坪坝图新图变图强中践行使命担当。

（郑汝楠）

老干部工作

【概况】 2022年，沙坪坝区老干部工作紧紧围绕中心大局，坚持以习近平新时代中国特色社会主义思想为指导，全面贯彻落实党的二十大、全国老干部局长会议、全市老干部局（处）长会议精神，围绕落实《关于加强新时代离退休干部党的建设工作的意见》（以下简称《意见》）精神为主线，牢牢把握为党和人民事业增添正能量的价值取向，推进"三项活动"和"四大助力行动"，开拓进取，全区老干部工作富有成效。组织离退休干部学习宣传贯彻党的二十大精神，引导老干部深刻领悟"两个确立"的决定性意义，强化政治引领，永葆政治本色。学习贯彻落实《意见》，加强离退休干部党支部标准化规范化建设。围绕"喜迎二十大"开展系列活动。组织老干部参与"冠红岩之名、铸红岩之魂"实践活动，开展助力成渝地区双城经济圈建设、助力乡村振兴、助力基层治理、助力青少年健康成长。用心用情做好离退休干部服务工作，坚持走访慰问，深化特困帮扶，突出抓好离休干部"一人一策"工作，健全关心老干部长效机制。提升老干部活动中心和老干部大学两个阵地的建设水平。截至2022年年底，全区共有处级以上离退休老干部共1055人，其中，离休干部32人（厅级5人），退休干部1023人（厅级48人）。

【落实老干部政治待遇】 2022年，在老干部中深入开展学习宣传贯彻党的二十大精神活动，组织老干部收听收看党的二十大会议实况，召开网上报告会3场，老干部、老党员座谈60余场，收集相关书画、诗词等作品50余件、感言感想200余条；开展"建言二十大"调研活动、"我看中国特色社会主义新时代"活动、"奋进新时代"群众性主题宣传教育活动，召开座谈会200余次，收到调研活动征文40余篇，形成意见建议60余条；举行"喜迎二十大 建功新时代"老干部书画作品展和老干部大学系列活动。贯彻落实《意见》精神，加强离退休干部党支部标准化规范化建设，全区54个离退休干部党支部开展集中学习、主题党日、读书座谈交流、参观红色教育基地等400余次，为老干部送学上门360余人次。举办老干部形势报告会3场。向全区离退休干部党员赠阅杂志1.3万册。各单位党政领导通报情况280余场，为老干部订阅书报2600余份。

【落实老干部生活待遇】 2022年，沙坪坝区深怀感情精准服务，抓好离休干部"一人一策"工作，为全区33名离休干部和高龄老干部试行家庭医生制度；探索政府购买服务，聘请法律顾问为老干部提供法律咨询援助；为高龄老干部提供一对一体检、就医、接种疫苗等服务50次。修改完善特困帮扶制度文件，全年为生病、意外、家庭困难等特殊困难54名老干部送上帮扶金；妥善处理老干部信访27件。组织1000余名离退休干部进行健康体检，举办体检咨询2场；坚持走访慰问制度，开展春节慰问、“七一”慰问、重阳节慰问、夏送清凉、冬送温暖等活动，全区走访慰问老干部5900人次；做好利用社区资源服务老干部工作，11个“四就近”社区开展涉老志愿服务活动500余次，上门慰问老干部约1300人次。

【发挥老干部作用】 2022年，沙坪坝区深入推进“四大助力行动”，成立“红岩五老志愿服务队”、组建全区“银发人才”库，160余名老干部开展志愿服务活动3次；180余人次参与“四就近”社区志愿服务；召开全区部分涉老组织联席会，共建志愿服务平台。积极扩大“五老”志愿者队伍，全区“五老”志愿者队伍达13900余人，开展“冬日阳光·温暖你我”关爱农村留守儿童主题公益活动、特殊困难青少年群体帮扶等活动，捐款10万余元，帮扶青少年620余人；开展“关爱明天·普法先行”活动，进行普法宣讲260场次，受教育学生达3万余人次。

【老干部活动】 2022年，老干部活动中心广泛开展各种文体娱乐活动，组织老干部参加市委老干局举办的线上摄影等活动，1名学员获第二届重庆市老干部智力运动会围棋项目二等奖；重阳节为全区老干部邮寄礼包1000余份。老干部大学目前共开设声乐、舞蹈、书法、国画等14个专业30个班，现有学员600人次；坚持政治建校，开展“行走的思政课”活动，《中国老年报》对此进行刊登宣传；举办油画棒绘画等一系列特色体验课，开展党建知识竞赛、庆祝视频录制、主题班会、专题宣讲、诗文征集、智力运动会、文艺展演等活动，提升校园活跃度；加强活动阵地建设，确定新增近800平方米教学场地，有效破解“一座难求”难题。

（罗靖俞）

党校工作

【概况】 中共沙坪坝区委党校位于重庆市沙坪坝区天星桥晒光坪81号，现校园建成于2003年，占地1.73公顷，建筑面积11493.82平方米。学校实行“三块牌子（中共沙坪坝区委党校、沙坪坝区行政学校、沙坪坝区社会主义学院）、一套班子”的管理体制，是沙坪坝区委领导的培养党的领导干部的学校，是沙坪坝区委的重要部门，是沙坪坝区委培训轮训党员干部的主渠道、主阵地，是全区思想理论建设的重要阵地，是全区哲学社会科学研究机构和重要智库。学校内设办公室、教务科、教研科、行政科、社教科5个科室，核定编制25人，2022年在编在职职工22人，其中，12名参公人员、9名专业技术人员、1名工勤人员，16人具有研究生学历。2022年，中共沙坪坝区委党校深入学习贯彻习近平新时代中国特色社会主义思想和党的二十大精神，坚持“党校姓党”“社院姓社”根本原则，认真贯彻落实《中国共产党党校（行政学院）工作条例》《社会主义学院工作条例》，充分发挥干部教育培训主渠道、主阵地作用，获得中组部第十六届全国党员教育电视片观摩交流活动三等奖、重庆市党校（行政院校）系统第五届精品课等多个教学科研奖项。

【干部培训】 2022年，中共沙坪坝区委党校以习近平新时代中国特色社会主义思想作为干部教育培训主线，持续深化习近平新时代中国特色社会主义思想和党的十九届六中全会、党的二十大精神的培训，确保理论教育和党性教育不低于总课时的70%。全年共举办培训班12期，其中，新提任副处级领导干部培训班等主题班4期，组织人事干部培训班等专题班8期，累计培训处级、科级、村（社区）党组织书记等各级干部1872人次。落实领导干部上讲台制度，全年区领导授课10人次，区级部门（镇街）领导授课34人次。坚持主体班国防教育军事训练；围绕区委、区政府中心工作开展调研10次，9篇学员资政报告获区四大班子主要领导签批。规范石井坡街道团结坝社区和重庆国际物流枢纽园区2个市级现场教学基地的建设管理使用，全年共接待市内外培训班20期，共766人次。“智慧校园”建设名列重庆市党校（行政院校）系统前列，主体班利用率、学员满意率均达100%，市内外10余所党政院校专程来校考察调研。

【科研资政】 2022年，中共沙坪坝区委党校申报立项各级各类科研课题18项，其中，重庆市委统战部统一战线理论政策研究课题1项，川渝党校（行政院校）系统2022年“成渝地区双城经济圈建设”调查研究专项重点课题2项，重庆市党校（行政院校）系统“学习贯彻党的二十大精神”专项重点课题3项、一般课题1项，2022年重庆社会主义学院委托课题3项，重庆社会主义学院2022年课程开发项目2项，沙坪坝区科协2022年度智库调研课题6项。完成各级各类课题结题18项，其中，重庆市委统战部统一战线理论政策研究课题1项，中共重庆市委党校2021年度重点课题4项、中共重庆市委党校2021年度一般课题2项、重庆社会主义学院委托课题3项、重庆社会主义学院课程开发项目2项，区科协智库调研课题6项。全年公开发表学术论文和理论文章17篇，入选理论研讨会10篇。发表内刊19篇，全年编辑校刊《沙磁论坛》4期，共刊载理论文章51篇，累计30余万字。全年向区级及以上党委政府报送决策咨询报告12篇，均获肯定性签批，其中1篇获省部级领导签批，9篇获区主要领导肯定性批示。

【宣传宣讲】 2022年，中共沙坪坝区委党校积极参加区委宣讲团，完成党的十九届六中全会精神、党的二十大精神等各项理论宣讲任务，全年共开展各类宣讲20余场，受众1500余人次。

【名师工程】 2022年，中共沙坪坝区委党校秉承“以名师带名课，以名课促名师”理念，坚持以青年名师培养为龙头，以提升教学水平为目的，以思想引领、访学研修、挂职锻炼、基层宣讲、讲台历练、教学比赛等手段，多措并举推进“名师工程”建设。专题课程《新中国经济发展历程及经验启示》入选重庆市党校（行政院校）系统第五届精品课；《中国共产党重庆百年奋斗历程与现实启示》获重庆市统一战线第一片区第七届教学竞赛活动二等奖；教学案例《以“和顺茶馆”为平台打造基层社会治理综合体》入选2022年重庆干部教育培训教学案例库。

【学科建设】 2022年，中共沙坪坝区委党校作为重庆市党校（行政院校）系统主城片区党史党建学科组组长单位，积极与重庆市委党校马克思主义学院进行结对共建，组织开展学习交流重庆市第六次党代会精神与教学示范等系列活动。

【对外培训】 中共沙坪坝区委党校2022年举办重庆市梁平区副职领导干部进修班、重庆市南川区副职领导干部进修班、“国培计划（2022）”重庆市中学骨干校长提升研修培训班、湖北省地震局机关党务干部党性修养提升培训班、四川省凉山州党校（行政学院）系统师资能力提升培训班等对外培训班次12期，培训学员1132人次。

（余电 陈玉双 胡小渝 杨旭 陈思诗 高云飞）

党史研究

【党史编研】 启动《图说红岩英烈》系列书籍编纂工作，《图说红岩英烈江竹筠》初稿编纂完成。撰写研究论文3篇，《西南地质局往事》《李四光在沙磁文化区》2篇在全国党史刊物发表。

【党史宣传】 开展“展、视、讲”系列活动，编制《红岩英烈革命事迹暨重庆红岩英烈革命遗址遗迹展》精品展板56张并筹备巡展，制作完成《红色足迹》系列微视频第十九集——《西南地质局》推送市、区级融媒体平台，开展“红岩精神”宣讲进机关、进校园、进社区3场次，选派1名宣讲骨干加入区新时代文明实践“六讲”队伍，完成宣讲任务。协助指导各街镇打造党群服务中心党史陈列室，深化区级“党史教育学习示范学习点”建设。在童家桥街道红岩党群服务中心挂牌党史教育基地，填补沙坪坝区无自建党史场馆的空白。

【党史资料征集】 初步建成红岩精神资料库，收集整理文献资料约100万字。完成西南局时期沙坪坝历史、沙坪坝区解放口述史资料征集及整理工作，检索整理文献资料约40万字；完成区第十三届党代会图片资料征集。持续推动“冠红岩之名、铸红岩之魂”实践活动，收集整理相关资料约40万字，完成《江竹筠入党地调查报告》撰写，启动韩子栋磁器口脱险情况研究工作。新编写沙坪坝解放故事2篇。

（张靖雅）

档案工作

【概况】 沙坪坝区档案馆作为国家综合性档案馆，是区级档案保管基地、爱国主义教育基地、档案利用中心、政府公开信息查阅中心、电子文件备份中心。主体建筑共6层，建筑面积6620.09平方米。区档案馆有馆藏档案412个全宗671904卷，主要由婚姻、破产企业等民生档案和区属各机关事业单位的文书档案、会计档案，以及部分声像、电子、实物档案等组成。

【档案馆建设】 2022年，区档案馆对档案新馆建设中待整改以及工作运行中出现的问题继续协调跟进，梳理分类，形成问题清单，通过协调会、发函等方式督促代建方、施工方按照相关标准和要求进行整改，推进完善竣工验收手续工作。

【档案信息化建设】 2022年，区档案馆按标准有序做好网络安全设施设备调试以及信息系统等级保护测评，数字档案馆系统通过国家信息安全等级保护三级认证。全年，完成档案数字化扫描29992卷又174294件，录入706065条文件级条目，扫描3423259画幅。结合国家级数字档案馆创建，加强馆藏档案数字化成果的维护管理，清理卷改件的重复数据、实体已销毁短期（含定期10年）数据以及错误数据2万余卷，文件级条目34万条，166万画幅，清理后馆藏档案扫描已累计410918卷又1953429件，3127万余画幅，馆藏档案数字化比例达到98.04%；优化整合馆藏档案数据资源，建设民生档案数据库，对已建成的数据库不断完善充实数据，目前，已建立了婚姻档案、公证档案、破产企业工资档案、医疗保险档案等35个民生数据库；按照创建试点工作实施方案，坚持以“资源为基础、安全为底线、服务为根本、项目建设为抓手”，立足档案的接收、管理、保管和利用全套业务流程，结合实际，严格标准、稳步实施、有序推进，通过了市档案局组织的测评预验收，并已申报国家档案局正式测评验收。

【档案安全】 2022年，区档案馆严格按照《档案馆安全风险评估指标体系》明确的馆库安全、档案实体安全、档案信息安全、安全保障机制4个方面，不断完善安全相关制度，档案接收、数字化、移交及库房管理等各个环节的安全责任落实到人；在职人员24小时轮流值班，馆领导带队每天两次馆库安全巡查，每月定期开展消防专项检查；每日持续监测、调节、记录库房温湿度，坚持档案入库前杀虫，定期对库房及馆藏档案清扫除尘；强化档案查阅、档案开放鉴定审查中的意识形态管控。全年开展2次消防培训和应急灭火模拟演练，组织安全大检查14次，增配防火防盗设施设备，确保档案实体和信息绝对安全。

【档案开放与利用】 2022年，区档案馆按要求向市档案馆移交婚姻档案备份数据，利用重庆市档案资源在线公共利用服务平台，持续做好婚姻等民生档案全市跨馆共享；继续与北京市海淀区档案馆、四川省德阳市档案馆做好民生档案异地联动查档，最大限度地满足两地人民群众档案利用需求；依托爱教展厅和临时主题展板在“6·9”国际档案日等重要时间节点举办档案展览1次，接待15批次各类学习、调研、参观133人次；全年接待查阅7808人次（含跨馆利用162人次），利用档案资料9887卷（件）次。

【档案接收】 2022年，区档案馆针对性制发年度接收计划，结合实际，按计划接收了77个全宗档案32693卷又164970件（全部实现100%同步接收数字化档案副本），其中，土地确权、医保、房改、征地等民生档案26426卷又37512件；20家在渝央企、市属国企、区属国企退休人员人事档案常态化接收1685卷；照片档案1501张，实物档案52件。馆藏档案数量位居主城区第一，全市第三。

（康　静）

沙坪坝区人民代表大会

综　述

【区人大及其常委会机构】 2022年初，区第十九届人民代表大会有区人大代表326名，年末有区人大代表312名。区第十九届人民代表大会设监察和法制委员会、财政经济委员会、教育科学文化卫生委员会、社会建设委员会4个专门委员会，各专门委员会组成人员人数均为9人。区第十九届人大常委会组成人员35人，其中，主任1人，副主任5人，委员29人。常委会下设办公室、人事代表工作委员会、城乡建设和环境保护工作委员会、预算工作委员会4个工作部门。

【区人大常委会自身建设】 2022年，区人大常委会深学笃用习近平新时代中国特色社会主义思想，认真学习宣传贯彻党的二十大精神，深入贯彻落实中央、市委和区委人大工作会议精神，积极践行全过程人民民主，围绕区第十三次党代会确定的目标任务和人民群众所思所盼所愿，切实履行宪法和法律赋予的职责。召开区人大常委会会议5次，主任会议14次，听取和审议“一府两院”专项工作报告47项，作出决议决定和审议意见13件，开展执法检查2次、视察调研67次，依法任免国家机关工作人员184人次，修订区人民代表大会议事规则等制度38项。为保持平稳健康的经济环境、国泰民安的社会环境、风清气正的政治环境作出积极贡献。

【重大事项决定和人事任免】 2022年，区人大常委会坚持围绕大局依法作出决议决定，坚持党管干部原则依法行使任免权。任免国家机关工作人员184人次，接受9名人大代表辞职。组织60名拟任命国家机关工作人员进行任前法律知识考试，组织供职发言62人次。组织任命的91名国家机关工作人员进行宪法宣誓。

（肖　鹏　张　宇）

重要会议

【区十九届人大一次会议】 2022年1月7日至10日，沙坪坝区第十九届人民代表大会第一次会议召开。会议应到代表326人，实到代表309人。会议听取和审议区人民政府工作报告、区人大常委会工作报告、区人民法院工作报告、区人民检察院工作报告。会议审查和批准区2021年国民经济和社会发展计划执行情况及2022年国民经济和社会发展计划草案的报告，

2022年1月7日至10日，重庆市沙坪坝区第十九届人民代表大会第一次会议召开　（区人大办　供图）

批准区2022年国民经济和社会发展计划；审查和批准区2021年预算执行情况和2022年预算草案的报告，批准2022年区级预算。大会选举赖明才为区第十九届人大常委会主任，肖庆华为区人民政府区长，陈登烈、崔杰、张磊、邓朝霞、边维慧为区第十九届人大常委会副主任，陈英、户邑、赵祺、林易乾、田盈、凌健、钟文、黄可欣为区人民政府副区长，朱福荣为区监察委员会主任，鲜亚勇为区人民法院院长。程权为区人民检察院检察长。大会选举产生区第十九届人大常委会委员29人。大会表决通过了区第十九届人大各专门委员会组成人员名单。

【区十九届人大二次会议】　2022年12月25日至26日，沙坪坝区第十九届人民代表大会第二次会议召开。会议应到代表312人，实到代表

2022年12月25日至26日，重庆市沙坪坝区第十九届人民代表大会第二次会议召开　（区人大办　供图）

259人。大会选举产生沙坪坝区出席重庆市第六届人民代表大会代表28名。

（肖　鹏）

人大监督

【监察和法制工作监督】　2022年，区人大常委会全面深化两级基层立法联系点建设，组建由36名立法咨询专家组成的专家库，遴选218名立法信息员，两级基层立法联系点先后就10部国家法律、22部地方性法规（草案）提出建议1829条，已通过的4部国家法律采纳32条，重庆市地方性法规采纳96条。推动法治政府建设，听取审议2021年度法治政府建设情况的报告，开展综合行政执法体制改革工作专项监督，推动构建职责明确、依法行政的政府治理体系。加强司法监督，听取区法院关于陈家桥人民法庭工作情况的报告，推进人民法庭标准化、规范化、专业化建设。听取区检察院关于刑事执行检察工作情况的报告，推动提高刑事执行检察质量和规范化程度。严格规范性文件备案审查，听取2021年度规范性文件备案审查工作情况的报告。坚持有件必备、有备必审、有错必纠，2022年备案审查规范性文件5件，公民审查建议1件。

【财政经济工作监督】　2022年，区人大常委会立足“守底线、有变化”，助推经济运行稳中有进、稳中向好。提高预算绩效管理水平，提前介入预算草案编制工作，调研部分镇街、部门2023年预算编制情况，在全市首次采用线上方式开展2023年项目预算公开评审工作，评审审减部门预算11.5亿元，审减率24.5%。加强预算联网监督实效，坚持联网数据分析季报制度，形成数据分析报告4篇，向相关部门提出

提高预算执行质量、强化预算管理等意见建议13条。完善债务监督机制，建立债务审查监督工作方案和责任清单，健全政府债务报告机制，首次听取政府债务管理情况专项报告。深化国有资产管理监督，首次听取和审议区国有资产盘活增效情况专项报告，审议区国有资产管理情况综合报告，提升国有资产监管水平。强化招商引资项目监督，听取区招商引资重点项目落地情况报告，对2021年签约的161个项目落地情况进行监督。坚持民生实事票决机制，区人大常委会票决产生区级民生实事10件。与镇街人大上下联动监督办理情况，听取和审议区政府关于2022年区级重点民生实事完成情况的报告并开展满意度测评，测评结果均为满意。促进乡村振兴和产业发展，组织代表视察中梁镇、回龙坝镇、丰文街道乡村振兴示范村建设，督促相关部门抓好生态环保，推动农文旅深度融合。

【城市建设和环境保护工作监督】 2022年，区人大常委会以助力人民城市示范区建设为抓手，践行“人民城市为人民”的理念，围绕把沙坪坝区打造成为人们喜欢的样子，聚焦社会关注、人民群众关心的热点难点问题扎实开展监督。助力城市功能和生活品质提升，听取优化城市空间布局工作推进情况报告，调研城市重点道路建设、污水管网建设、山城步道建设、老旧小区改造、公共服务设施建设、东部城区停车库（场）建设、磁器口古镇景区深化提升工作情况，推进生产、生活、生态有机融合。助力城乡环境品质提升，常态化开展“建设美丽沙区、人大代表在行动”主题活动，调研“一化两改三不见”专项行动、垃圾分类实施工作情况，视察乡村振兴战略实施情况，督促加快推进人居环境整治。助力生态品质提升，听取审议2021年度生态环境状况和环境保护目标完成情况的报告，开展环境保护法、长江保护法以及加强嘉陵江流域水生态环境协同保护决定执法检查，开展企业污染整治“回头看”行动，督促加快落实环境督查问题整改。

【教育科学文化卫生工作监督】 2022年，区人大常委会聚焦教育品质提升、科技创新服务、公共文化保障和医疗卫生服务等工作，强化监督质效，以监督之力助推教科文卫事业高质量发展。促进“双减”政策落地见效，听取审议减轻义务教育阶段学生作业负担和校外培训负担工作情况的报告。助推科技创新工作开创新局面，听取创新驱动示范区基础能力建设情况的报告。推动补齐医疗卫生短板，视察重庆大学附属沙坪坝医院建成投用情况，调研区精神卫生中心发展、区公共卫生机构迁扩建项目推进情况，督促恢复精神卫生救治救助专项资金。助推改善办学条件，专题调研名校联合小学校，督促区政府及相关部门协调解决学校电线老化、安全隐患、发展困难等紧迫问题10项。督促以市场化机制推动文旅产业发展，调研区域文物保护利用情况。配合市人大常委会调研区竞技体育、对外开放、建设中西部国际交往中心等工作情况。

【社会建设工作监督】 2022年，区人大常委会在着力创造高品质生活上加强监督，不断提升人民群众的获得感、幸福感、安全感、认同感。切实增进民生福祉，听取审议建立健全养老服务体系工作情况的报告，听取医保基金监管工作情况的报告，听取退役军人三级服务体系建设工作情况的报告。督促筑牢“控大事故、防大灾害”的最后防线，调研基层应急能力建设工作情况。督促办理群众来信来访，全年共接待群众来访75人次，受理群众来信21件次，转办督办21件，对群众反映强烈的医疗保险、环境整治、交通拥堵等问题进行重点督办，有效维护了人民群众的合法权益。深化主任接待日活动，做实“有感民生”，拓宽民主民意表达渠道，建立“双督双办”工作机制，现场接待群众150余人次，督促解决人居环境整治、交通出行不便、水电气讯不畅等问题21个。配合市人大常委会专题调研退役军人工作情况、全市实施积极应对人口老龄化国家战略和推动老龄事业高质量发展工作情况。

（董其治　何彦霞　廖　畅　王晓波　张　轶　龚　欢）

人大代表工作

【人大代表履职保障】 2022年，区人大常委会持续提升服务保障水平，不断健全代表工作机制，丰富代表联系群众的内容和形式，充分发挥代表主体作用，确保代表联系群众工作更紧密更丰富更有实效。密切同人民群众的联系，持续推动人大代表家站迭代升级，对193个代表家站开展“回头看”，实现从“有”到“优”，使之成为联系群众的桥梁、代表履职的平台、学习交流的阵地、接受监督的窗口。持续推进“两联一述”，区人大常委会组成人员联系代表632人次，代表联系选民和人民群众6686人次，区镇两级人大代表定期向选民述职并接受满意度测评。强化代表履职服务保障，开展区镇人大代表专题培训，上线代表履职服务平台小程序，建立代表视察点位信息库。完善代表列席区人大常委会会议和参加区人大常委会活动机制，拓宽代表常态化履职平台。实施代表小组工作、代表履职情况“双量化”管理考评，实行“全程纪实、定期公开、常态通报、缺位退出”管理机制，推动代表履职有意愿、有能力、有作为。做好驻区市人大代表服务保障，坚持三级代表联席会制度。

【人大代表议案建议办理】 2022年，全体区人大代表紧扣“四个示范区”建设，聚焦乡村振兴、社会治理、城市有机更新、优化教育医疗保障等工作，依法行使宪法和法律赋予的职权，以高度的责任感和使命感，积极为全区社会经济发展建言献策。区十九届人大一次会议收到395件代表建议、批评和意见。有关方面主动听取人大代表意见，认真研究办理，办理满意率97.4%，办理落实率87.8%。区委、区人大、区政府领导重点督办关于加快推进磁器口城市更新项目、推进器官智能生物制造工程中心建设、尽快督促解决廖家坪安置区消防通道被占用问题等建议23件。持续深化区级领导重点督办建议和代表建议“两次评价”机制，健全代表议案建议办理、反馈、督查机制。

（张　宇）

沙坪坝区人民政府

综　述

【概况】　2022年，沙坪坝区人民政府坚持以习近平新时代中国特色社会主义思想为指导，立足“守底线、有变化”，统筹发展与安全，有效应对超预期因素冲击，稳住经济大盘、稳定社会大局取得积极成效。全区地区生产总值1106.7亿元、增长1.9%，在中心城区实现进位。规上工业总产值2574亿元，下降4.2%。固定资产投资增长1.2%。一般公共预算收入40.3亿元，实现正增长。全体居民人均可支配收入4.9万元，增长4.1%。经济实现量的合理增长和质的有效提升，呈现出“潮涌嘉陵、风动歌乐”的良好发展态势。

全力稳住经济大盘，发展韧性持续增强。科学城隧道等142个市区重点项目顺利推进，25件市区民生实事全面完成。签约招商项目203个、金额1002亿元。设立民营小微企业和个体工商户首贷续贷中心，建成金融港湾36个，帮助企业融资100亿元、新增订单42.3亿元。新增市场主体3.1万户。深入推进“十项全面清理”，提升资产价值94.1亿元。

大力推进创新驱动示范区建设，现代产业体系加快构建。新增国家级“专精特新”企业3家、高新技术企业55家、科技型企业230家，研发投入强度达4.4%。赛力斯问界M7智能新能源汽车投产上市，新增产值54亿元。引进麒麟科技、金山软件等项目27个。金融业增加值增长2.5%，人民币存贷款余额增长13%、居中心城区第一。

大力推进开放引领示范区建设，发展活力持续释放。西部陆海新通道开通中缅印国际班列，新增国际班列线路15条、海外分拨中心4个。获批国际铁路邮件进口第一口岸、国家骨干冷链物流基地。德国大众西南首个汽车平行进口项目落地。新增供应链金融等各类企业630家。进出口贸易额达3488亿元，实际使用外资2.63亿美元。

大力推进文化传承示范区建设，文化影响力不断增强。联动创建歌乐山·磁器口国家AAAAA级旅游景区，成功创建国家夜间文化旅游消费集聚区、旅游休闲街区。高标准设计1491未来设计创意中心。7101艺术IP创意基地、三合美术馆、洞舰1号文创园建成投用。深入开展“冠红岩之名、铸红岩之魂”实践活动，红岩精神成为城市精神的重要内核。

大力推进人民城市示范区建设，城乡环境更加宜居。深化“四周四沿”整治，提升重庆大学、新桥医院等周边绿化4万平方米，整治违法建筑195万平方米。提升农房风貌1225栋，创建市级美丽宜居乡村3个。新改建排水管网40公里，沙田污水处理厂主体完工。完成国土绿化1.6万亩，空气质量优良天数303天，区域环境质量持续提升。

全力稳住社会大局，发展底线牢牢守住。成功创建全国义务教育优质均衡先行区。区人民医院新院区正式投用，成功入选全国健康城市建设样板市。新增就业3.6万人，城乡居民参保率均达95%。生产安全事故起数、死亡人数“双下降”，社会大局平安稳定。

【政务督查】 2022年，围绕区委、区政府中心工作督要事，围绕矛盾焦点督难事，围绕民生关切督实事，提高站位，找准站位，推动上级和区委、区政府决策部署落到实处。抓好市级重点工作督办落实，跟踪督办市第六次党代会期间全市安全稳定专项督查问题、高层建筑消防用水问题、城市提升行动计划专项督查问题等67项。抓好区委重要工作专项督办，跟踪督办书记、区长碰头会明确任务62项，书记、区长专题会任务47项，制发专报、通报11期。配合完成中央督查检查考核季度统计、区第十三次党代会任务分解等专项工作。抓好区政府工作常态化督查，共跟踪督办任务315项，办结销号295项，办结率94.6%。跟踪督办区政府常务会交办任务46项，办结销号41项，办结率91%；分解区政府工作报告经济社会发展预期目标和重点工作任务141项，通报并催办滞后事项，推动工作落地更加精准务实；上报政务督查动态简讯14期；开展重点项目“四同步、四到场”管理，CD级危房整治，驻区高校校地共建事项，森林山地防灭火，助企解困，区级单位食堂物资及办公用品区内采购等专项督查和安全生产等常态化督查，务实推动区政府工作部署落地见效。梳理督查工作中发现的卡点、难点问题，围绕企业闲置地块开发迟滞、政府应收债权、支持重点企业发展等，召开专题会6次，形成专报13期。做好“互联网+督查”有关工作，核查办理国务院“互联网+督查”事项16项，较好完成“国盛园墅小区违建整治”“强制安装燃气自闭阀”等国办挂牌督办件办理工作。协调市“互联网+督查”部门镇街间推诿扯皮事项47件次，推动办理工作落到实处。牵头梳理18项国务院督查激励、30项市级督查激励事项；牵头市对区经济社会发展业绩考核工作，收集汇总、分析研判涉及21个主要牵头单位的7个一级指标、36个二级指标情况；会同相关单位完成2021年度区级考核工作。办理完成市人大代表建议10件（主办2件、协办8件）、市政协提案6件（主办2件、协办4件）；办理完成代表区人大代表建议333件、区政协提案189件，代表建议落实和基本落实率较2021年提高5.7个百分点，政协提案落实或采纳率较2021年提高23个百分点，实现回复率、反馈率、满意和基本满意率3个100%。跟踪督办民生实事完成情况，开展实地督查2次，书面督办1次，制发督查通报、专报3期。会同相关单位办理群众来信33件。牵头做好中国政府网网民留言办理工作，牵头办理各级网民留言106件，办复率100%，较好回应群众诉求。

【政务值班】 2022年，认真履行“上情下达，下情上报，左右沟通，内外联动”工作职责，深入推进《全国政府系统值班工作规范（试行）》落地落实，持续强化突发事件信息报送、统筹协调和服务保障，值班系统运行规范、政令畅通。强化制度建设。优化调整值班单位分类，严格执行重要时段、节假日分级分类值班带班制度；坚持全天候24小时信息直报机制，落实信息“收集、编报、督办、反馈”工作闭环。强化信息传递。坚持极端负责的工作作风，严格落实“快、准、严、实、细”的工作要求，及时向市报送值班信息382条，向区领导报送突发敏感情况信息1200余条，办理落实市、区领导批示891件次，汇编各类值班专报53期。强化统筹协调。健全完善突发事件分类信息台账，坚持每季度分析研判趋势，提出工作建议；升级视频传输系统，及时掌握现场情况；强化统筹调度，各类突发事件得到高效处置；严格督导考核，确保值班工作规范有序。

【电子政务】 2022年，扎实推进党政机关计算机国产替代工作，提高电子政务网络保障能力，加强网络安全防护水平。推动全区“渝快码”建设及应用，“渝快码”使用情况显著提升，扫码和亮码数量位列全市第二。打造“网上政府”升级版，新增智能引导机器人、可视化数据、考评通报等创新功能，新增“聚焦三会”“政务服务”“公共企事业单位”“英文版”等专题在2021年中国政府网站绩效评估中，沙坪坝区政府网站连续两年被评定为“良好”等级，领先全国77.5%的区县级政府网站。在全市政府网站和政务新媒体季度检查考评中保持第一。

【政务公开】 筑牢“政府网站+政务新媒体”的网上阵地，发布政府信息6万余条，主动公开社会救助、涉农补贴等重点领域信息1000余条。健全全区政策解读体系，新建政策解读专栏，发布文字解读97条，图片和视频解读75条。规范政务公开专区运行，提供一站式政务公开体验，公开各类纸质信息1000余册。强化政策文件规范性管理，建立规范性文件库。在2021年全市政务公开第三方评估中，沙坪坝区排名全市区县第一，连续两年被市政府办公厅评为年度全市政务公开工作成效突出单位。

【综合性工作】 2022年，区政府办公室围绕中心，服务大局，撰写重要文件、文稿660余篇，处理公文5000余件，做到文不过夜。加强会议、活动计划管理，全年政府性会议活动数量同比减少7%。修订完善《区政府运行规则》《区政府常务会议制度》等工作制度。开展调研200余次，形成调研成果50余份，研究制定政策性文件20余份。上报政务信息642条、获得市领导批示7次，获评全市政务信息成效突出单位。

（区政府办　供稿）

重要会议

【区政府全体会议】 2022年1月30日召开区第十九届人民政府第一次全体会议。会议审议并原则通过《2023年重庆市沙坪坝区人民政府工作报告（送审稿）》，决定由区长肖庆华代表区人民政府向区第十九届人民代表大会作报告。会议要求，要深入贯彻习近平总书记对重庆提出的重要指示要求，在区委的坚强领导下，围绕新时代新征程新重庆新沙区这一主线，聚焦重大项目、重大招商、重大改革、重大工作，坚持主官主责、领战督战、榜单排名、赛马比拼，项目化、清单化抓落实，以“开局就是决战、起跑就是冲刺”的精神状态，全面推进社会主义现代化新沙区建设开好局、起好步。

【区政府常务会议】 2022年，区政府召开30次常务会议（区第十九届人民政府第1次至第30次），审议并原则通过有关事项500余项。

关于经济建设与体制改革。审议并原则通

过《沙坪坝区政府投资项目管理实施细则（修订）》《重庆市沙坪坝区区属国有企业重大事项决策管理实施办法（试行）》《重庆市沙坪坝区区属国有重点企业工资总额管理实施办法》《重庆市沙坪坝区区属国有重点企业薪酬管理办法》《重庆市沙坪坝区区属国有重点企业经营业绩考核办法》《2022年区级商贸发展和招商引资专项资金预算方案》《沙坪坝区法治化营商环境白皮书（2018—2021年）》《重庆市沙坪坝区进一步推动企业上市工作实施方案》《沙坪坝区综合行政执法磁器口街道试点工作方案》等。

关于城市规划、建设和管理。审议并原则通过《沙坪坝区违法建筑专项整治工作方案》《重庆市沙坪坝区绿色智能建筑产业规划》《重庆市沙坪坝区农村公路网县乡道规划（2022—2035年）》《2022年沙坪坝区路网更新和停车治理专题年工作方案》等。

关于保障和改善民生。审议并原则通过《重庆市沙坪坝区“十四五”残疾人保障和发展规划（2021—2025）》《沙坪坝区儿童发展规划（2021—2030年）》《沙坪坝区妇女发展规划（2021—2030年）》《沙坪坝区民政事业发展“十四五”规划》《沙坪坝区贯彻落实实体经济减免缓残疾人就业保障金政策的通知》《沙坪坝区推动公立医院高质量发展实施方案》《沙坪坝区发展保障性租赁住房实施细则》等。

关于政府自身建设。审议并原则通过《重庆市沙坪坝区人民政府工作规则》《区第十九届人民政府常务会议制度》《重庆市沙坪坝区人民政府2022年重大行政决策事项目录》等。

（区政府办　供稿）

人事管理

【概况】 2022年安全举办各类人事考试22场，服务考生15万人次。组织开展2021年度沙坪坝区高质量发展突出贡献奖、创建全国文明城区工作先进集体和先进个人等2项区委、区政府评选表彰活动，表彰先进集体100个，先进个人199人。评选推荐市级部门及以上层级的表彰项目35个，其中，推荐集体91个，个人108人。办理以区人大名义任免干部38人，以区政府名义任免干部79人。组织开展区政府任命的国家工作人员宪法宣誓仪式2次。

【事业单位人员管理】 2022年度开展全区县以下事业单位建立管理岗位职员等级晋升制度工作。保持正向激励作用的有效性和可持续性，确保首次七级及以下职员晋升平稳开展。坚持“逢进必考”，2022年度组织开展事业单位公开招聘9次，招聘367人，其中研究生及以上学历115人。面向大学生村官、“三支一扶”大学生和优秀村（社区）干部、免费师范生等开展定向择优招聘。转变职称申报方式，由线下申报调整为线上申报，2022年度为全区专业技术人员1042人提供网上职称申报服务。

【离退休人员管理】 2022年，为全区261名机关事业单位工作人员完成退休审批、123人的工龄认定审批、6人的遗属生活困难补助审批。

【福利管理】 2022年，完成区内331家事业单位2021年度绩效工资终核工作，审核绩效工资总量10.47亿元。完成全区3973名机关公务员工资津贴补贴2021年政策衔接工作；完成全区9007名离退休人员健康休养费的发放工作，发放金额2.08亿元。

【人才交流管理】 制定出台《沙坪坝区“沙磁菁英”“归巢行动”“青春筑梦”“人才三宝”四

项行动计划实施方案》《沙坪坝区“重庆英才服务卡”B卡管理办法》，完善《沙坪坝区加快创新创业人才引育若干措施》。组建工业设计、绿色智能建筑、生物医药、物流供应链金融、专业服务5个创新产业（人才）联盟。举办“潮涌嘉陵汇沙磁·风动歌乐聚英才”2022年度海外赤子为国服务行动走进沙坪坝创新创业沙龙线上活动。全年，引进各类人才4372人。推荐上报重庆水泵厂和区人民医院成功获批设立国家和市级博士后科研工作站。新建市级首席技能大师工作室1个、市级技能大师工作室1个、市级高技能人才培训基地1个，1人获2022年世界技能大赛特别赛冠军。申报2022重庆英才计划10人，其中，申报优秀科学家1人、名家名师4人、技术技能领军人才5人；参与重庆市首届卓越工程师大赛，发布揭榜攻坚项目13个。全区有重庆英才A卡771人、B卡113人，“鸿雁计划”人才61人。2022年，沙坪坝区出台《沙坪坝区“重庆英才服务卡”B卡管理办法》等人才新政，实施“沙磁菁英”“沙磁名家·名师·名医·工匠”等系列办法，制定“沙磁菁英”“归巢行动”“青春筑梦”“人才三宝”四项计划，加快构建瞄准高端人才和针对青年人才的“塔尖”“塔基”框架，建立完善政府引导、用人单位为主、市场化配置的人才引进培育机制。完成鸿雁计划7名新引进人才的申报以及14名人才奖励资金清算，发放奖励补助资金81.28万元。建立“平台专员+服务部门联络员+引才单位联络员”三级人才服务队伍，为113名高层次人才发放“重庆英才服务卡”B卡，依托“服务专员+部门联络员+用人单位联络员”三级人才服务体系，通过线上线下渠道提供人才服务500余人次。全年新增备案青年就业见习基地80余家，发布见习岗位1825个，发放见习补贴420.34万元。

【临聘人员管理】 开展全区临聘人员使用依据大核查，制定重新核定临聘人员数量方案和村社区“四大员”管理权限调整方案，为区领导决策提供参考。严格执行临聘人员置换和新增审批制度，严把进口关，切实为区财政减负。全年审批增补临聘人员301人，2022年底全区备案临聘人员9843人。

（郝绍宏　罗　凡　詹茂林　李　愿）

外事工作

【概况】 2022年，沙坪坝区外办以统筹全区涉外力量为关键，以聚集转化外事资源为重点，为全区经济社会发展发挥了积极作用。制定下发外事活动管理办法，规范国际会议、涉外节庆展会活动、一般性涉外活动、邀请外国使领馆等外事活动流程。全年，沙坪坝区接待外国使领馆等来访4批、20余人。

【外事活动】 承办教育部第二届“中外人文交流小使者”中外经典诵读展示活动、纪念“三八”国际妇女节112周年对外交流活动、重庆佛罗伦萨小镇开业等涉外活动7次；推荐的巧渝山茶刺绣等5个产品获评2022年“重庆外事好礼”。推荐磁器口管委会代表中国参加2022年中日防灾减灾研讨会。与意大利驻重庆总领事馆共同举办摄影展；邀请英国驻重庆总领事馆参加重庆一中与威尔士高尔学院建立学校伙伴关系签约仪式；支持澳大利亚驻成都总领事馆举办“澳之痕”澳大利亚原住民艺术展等。按照“同步筹划、分步实施”的原则，开展磁器口古镇、烈士陵园等6家国家A级旅游景区，融汇丽笙酒店、重庆大酒店等5家酒店和重庆一中、南开中学的外语标识标牌规范化设置试点，积极申报标识标牌示范区。

【国际友好城市】 2022年4月，经中国人民对外友好协会和韩国国会批准，沙坪坝区与韩国仁川市桂阳区正式确立国际友城关系。11月受市人民对外友好协会邀请，沙坪坝区代表重庆市出席第23届中日韩友好城市交流大会并围绕数字经济和智慧城市作主题发言。沙坪坝区积极联系奥中友协，争取与奥地利维也纳一区恢复友城交流。

（官　玥）

信访工作

【概况】 2022年，区信访办认真学习贯彻习近平总书记关于加强和改进人民信访工作的重要指示精神，坚决贯彻落实党中央、国务院决策部署和市委、市政府，区委、区政府工作要求，深入学习贯彻《信访工作条例》，始终坚持人民至上、稳字当头，扎实开展领导干部接访下访、矛盾纠纷排查调处、信访积案攻坚化解等各项工作，实现了市委提出的“六个坚决防止”和“四个不发生”目标。

【信访接待】 2022年，沙坪坝区处理群众到区信访432件次、4036人次。开展领导干部接访下访工作，落实区领导每日坐班接访，镇街部门领导开门接访，通过重点约访、带案下访、联合接访等方式，耐心倾听群众诉求，积极吸纳社情民意，高位推动疑难复杂信访问题化解到位。全年，全区各级领导干部开展接访下访2142件次。

【信访处理】 按照《信访基础业务工作规范》，加强新时代网上信访工作，全面落实信访基础业务各项制度规范，通过实地检查、网上抽查、评议通报等方式，加强对信访基础业务的经常性检查，推动信访事项依法分类处理和诉访分离，把信访诉求引入法治轨道解决，不断提高信访法治化水平。严格落实首办责任制，规范高效做好受理、办理、回复等工作，完善监督评价机制，信访事项及时受理率、按期办结率、群众满意率进一步提升。2022年，处理群众走访、来信、网上投诉等各类信访事项10380件次。推动突出信访问题化解，“治重化积”专项工作第二批信访事项逐案落实区领导包案化解、工作专班牵头推进、责任单位攻坚化解措施，实现全部结案上报，融创文旅城、佳兆业、和睦康居等15个问题楼盘顺利复工复产。

【督查核办】 开展“大走访大督查大调研”专项活动，积极征求群众建议，开展重点行业、重点问题调研分析，加大专项工作“倒流”问题和“三跨三分离”信访事项化解跟踪回访力度，以问题、目标、结果为导向推动信访工作高质量发展。通过网上督查、视频督查、多部门联合督查等，疑难复杂信访问题呈送党委、政府负责同志包案，研究部署和检查推动重点工作落到实处。全年交办突出信访事项60件，督办信访事项16件。开展业务工作日常调度、网上巡查，建立定期通报制度，及时纠正工作不规范问题，督促相关镇街、部门改进工作。开展党的二十大信访专项督查，成立督导组深入镇街部门督查领导干部履行信访工作责任、信访积案攻坚化解等工作，不断夯实事权责任单位化解责任和属地稳控责任。

【矛盾防范化解】 坚持和发展新时代“枫桥经验”，健全完善区、镇（街道）、村（社区）三级联排联调以及全面排查、专项排查、滚动排查和清单管理“三排一单”矛盾风险排查机制，统筹社会资源力量，拓宽律师、社会工作者、心理咨询师第三方参与信访问题化解的制度化渠道，完善矛盾纠纷多元化解机制，强化闭环管控，做到“小事不出村、大事不出镇、矛盾不上交”。全年累计排查突出矛盾纠纷60件，化解55件，化解率达91.67%。

（陈远鹏）

政务服务

【概况】 沙坪坝区政务服务管理办公室（简称区政务服务办），加挂区公共资源交易监督管理局牌子，属区政府工作部门。下属两个事业单位，一个是区公共资源交易中心，为副处级全额拨款参公管理事业单位；一个是自贸区行政服务中心，为正科级全额拨款事业单位。政务服务大厅面积3600平方米，按业务领域划分为5个类别，分别是公共领域、商事领域、建设领域、税务领域、独立部门受理领域；按功能区划分为6个方面，分别是填单区、自助申报区、咨询服务区、等候休息区、中介服务企业入驻区和24小时自助服务区。按照行政许可事项“应进必进”的要求，全区34个行政审批职能部门入驻区政务服务中心，其中，常驻单位21个，非常驻单位13个，服务企业8个，中心设置窗口71个、后台79个，工作人员192人。

【“放管服”改革】 发布《沙坪坝区行政许可事项清单（2022年版）》；取消36项政务服务事项现场踏勘；推出“交房即领证”和不动产登记与水电气同步过户新模式，落实“双告知、双跟踪、双反馈”许可办理机制，推行“证照分离”“多证合一”；搭建“创新试点（联合验收）工作平台”，实现常态化“一口受理”；优化竣工验收方式，竣工验收时限由12个工作日压缩至6个工作日，出台消防验收“负面清单”67项，做实“六个维度”惠企举措；取消竣工验收备案，事项由7项优化为4项，环节减少43%。

沙坪坝区自助办税大厅内，税务工作人员正在耐心辅导老人开票

（区税务局　供图）

【职能部门“五入驻”】 修订《沙坪坝区政务服务分中心管理办法》，对沙坪坝区政务服务分中心进行统一挂牌，分中心的线上办理和日常巡查进行常态化的监管，推进标准化建设，做到与区政务服务中心的同频管理、同步考核。

【“跨省通办”政务】 扩大成渝地区双城经济圈“放管服”改革，“川渝通办”第一、二、三批事项共211项在沙坪坝区实现办理。与15个省（市）117个区（县）签订通办协议，全年“通办”城市数位列全市第一。

【智慧政务】 升级“渝快办”沙坪坝子站功能，优化“扫码办事”功能，全区46个事项实现高频电子证照的政务服务场景应用；上线沙坪坝区政务服务数字地图，为群众提供政务服务中心导航、预约、人数和等候时间预估提醒；优化微信、支付宝“沙坪坝政务服务”小程序及公众号办事端口，拓宽政务服务“掌上办”渠道；创设沙磁“二为码”（为企业服务、为群众服务）微信小程序，解决线下咨询、申请监管覆盖问题，实现“来件即触网、触网即留痕、留痕可监管”。

【一件事一次办】 以企业和群众眼中完整的“一件事”整合多部门服务事项，整合65个“一件事一次办”套餐，实现“一次告知、一表申报、一窗受理、一次办成”。全年办件10597件。试点完成“大学城创新创业一件事”和“人才服务一件事”打造，牵头试点“灵活就业一件事”梳理和配置。

【网上行政审批】 重庆市一体化在线服务平台运行正常，2022年沙坪坝区已受理183676件（行政许可14186件，其他行政权力及公共服务类169490件），已办结183658件（行政许可14168件，其他行政权力及公共服务类169490件），行政许可办结事项中准予许可13884件、不予许可149件，许可率98.94%。

【互联网+督查】 2022年，“互联网+督查”运行平稳。截至2022年12月31日，“互联网+督查”受理群众反映事项34774件，办结34770件，办结率99.99%，已办结评价事项群众满意率91.8%。

【公共资源交易监管】 2022年，监管工程建设项目105个，政府控制价32.59亿元，中标金额29.26亿元，节约金额3.33亿元。工程建设项目招标方案核准138件，变更核准16件。限额以下竞争性比选工程项目完成60个，预算金额1.37亿元，中选金额1.32亿元，节约金额538.96万元。小微系统成功抽选250个，合计金额0.93亿元。入驻发包人285家，入驻企业173家，沙坪坝区企业占87.86%。招标代理抽选服务发布公告57个，成功抽选52个，合计金额239万元。深化“互联网+监管”，加强监管数据归集共享和应用，全年互联网+监管领取993项，实施清单编制完成率99.69%。

【政务服务生态圈建设】 131项依申请政务服务事项实现便民服务中心“就近可办”，实现“7×24”小时政务自助服务，进一步推动商场、邮局、车站、街道、村及园区开展政务服务自助办理。构建起以区政务服务中心为牵引、12个政务服务专厅为支撑、22个街道（乡镇）便民服务中心为基础、160个社区（村）便民服务站为触角，“政银合作”“政邮合作”网点以及遍布商圈、园区、火车站的自助服务机为延伸的政务服务圈，实现区内同一事项无差别受理、同标准办理。

（区政务服务办　供稿）

服务保障

【公务接待】　2022年，沙坪坝区机关事务管理局精准做好全区重大节会活动、招商引资、外事接待等服务保障，规范考察、会见、食宿行等各个服务环节的流程、标准和细节，不断提升接待服务精细化、专业化、规范化水平，助力地方经济高质量发展。

【物业管理】　2022年，区机关事务管理局积极督促、协调物业与消防部门、公安部门和电梯空调等维保单位开展安全、应急演练，抓好区级机关办公大楼（合署办公区）安全工作并配合做好信访工作。

【公车管理】　2022年，区机关事务管理局认真落实《公务用车“三机制一计划”监督管理制度》（即常态化监督检查机制、问题通报机制、违纪线索移送机制和年度监督检查计划），督促公务用车信息化平台规范使用，持续强化全区公务用车使用管理。建立健全公务出行车辆租赁管理台账，持续规范公务出行车辆租赁行为。对公务用车定点保险单位、定点维修单位开展年度考核，规范公务用车理赔、维修。在全区持续推进纯电动汽车“分时租赁”，方便基层出行。

【节能工作】　2022年，区机关事务管理局牵头全区节约型机关建设，指导33家党政机关建成全国节约型机关，40家公共机构建成重庆市节水型单位，1家单位被确定为重庆市第一批公共机构生活垃圾分类市级示范点，垃圾分类工作荣获全国节能典型示范案例。牵头组织全区公共机构节约用电工作专项检查，指导公共机构完成中央空调智能控制设备应装尽装，顺利“迎峰度夏”。推动5家公共机构实施屋顶分布式光伏建设，28家公共机构全部通过重庆市

2022年5月31日，区机关事务管理局红岩志愿者在新桥街道新桥社区开展新时代文明实践“六讲”志愿服务活动

（区机关事务管理局供图）

油烟治理抽检。牵头推进沙坪坝区在2021年度全市公共机构节能工作考核中获评优秀，承办在沙坪坝区举办的重庆市公共机构节能宣传周活动。

【后勤保障】 2022年，区机关事务管理局全力做好疫情防控期间区级机关办公大楼（合署办公区）供餐保障工作，及时启动疫情防控应急响应预案，加强员工、场所和食材管理，从严从细落实各项防控措施。加强机关食堂管理，强化食材把关、倡导节俭用餐、推出节气时令菜品，提升餐饮保障水平。加大对重点设施设备的巡查，及时处置设施设备报修，切实保障区级机关办公大楼（合署办公区）设备运行安全、稳定。

【办公用房管理】 2022年，区机关事务管理局推进“十项全面清理”，加大区级行政事业单位办公、业务用房租用管理，推进机关租房与国有企业闲置资产配对。落实过“紧日子”要求，合理配置现有资源，牵头推进5家区级部门实现集中统一办公，着力提升办公用房的使用效益。利用闲置办公家具打造公物仓，用于全区临时工作调用，节约机关运行成本。

【标准化建设】 2022年，区机关事务管理局担当推进机关事务管理现代化的“探索者”，作为重庆市机关事务管理领域首家单位获批全国第八批社会管理和公共服务综合标准化试点项目创建单位。标准化建设案例被授予全国第一批12项机关事务标准化试点范例之一，并示范推介。机关事务标准化工作经验先后被《中国标准化》《中国质量报》《中国机关后勤》刊载，被誉为打造基层机关事务标准化“全国样板”。参与川渝地区机关事务标准化协同联动，牵头或参与制定《川渝地区机关食堂反食品浪费评估规范》等3项区域性团体标准。先后2次就机关事务标准化工作在全国性会议上作交流发言。

（阎　盟　李维政　陈　良　张贵军　韩　旭　任章群　张　欢）

中国人民政治协商会议沙坪坝区委员会

综　述

【概况】　2022年，区政协发挥专门协商机构优势，围绕“四个示范区”建设工作主线，开展重点协商20项、重点调研15项、监督性视察5项，形成议政建言成果50余篇，得到党委、政府肯定性批示10余次；把提质增效作为履职发力点，提升政协提案、社情民意、宣传通联工作质量，以更有精度、深度和效度的履职实践服务全区经济社会高质量发展。坚持大团结、大联合，搭建党派团体在政协履职平台，完善联系走访制度，畅通交流互动渠道，广泛凝心聚力，汇聚改革发展强大正能量。

【政协机构】　政协重庆市沙坪坝区第十五届委员会由27个界别组成，设置政协沙坪坝委员会提案委员会、文化和联络委员会、经济和农业农村委员会、科教卫体委员会、资源环境和城乡建设委员会、社会法制和民族宗教委员会6个专门委员会。机关设处级综合办事机构1个，即区政协办公室，下设信息研究中心（副处级）；处级专门委员会办公室4个，分别为区政协提案办、区政协文化和联络办、区政协经济办、区政协科教卫体办。设置26个镇街委员组。2022年，区政协有主席会成员10人，常务委员53人，政协委员313人。驻区市政协委员70人。

（吴　林　辛美林）

重要会议

【区政协全委会议】　中国人民政治协商会议重庆市沙坪坝区第十五届委员会第一次会议于2022年1月5日至9日举行。会议审议批准了黎万宏代表第十四届区政协常委会所作的工作报告，审议批准了崔杰代表第十四届区政协常委会所作的提案工作情况报告，选举产生了区政协第十五届委员会主席、副主席、秘书长和常务委员。与会委员列席了区十九届人大一次会议第一次全体会议，听取并协商讨论了区政府工作报告、计划报告、财政报告和区人民法院工作报告、区人民检察院工作报告，审议通过区政协十五届一次会议决议。

【区政协常委会会议】　2022年，区政协召开3次常委会会议（区政协十五届第一次至第三次）。组织学习《中共中央办公厅〈关于加强和改进新时代市县政协工作的意见〉》等精神，审议通过《区政协常委会2022年工作要点》

2022年1月5日至9日，中国人民政治协商会议重庆市沙坪坝区第十五届委员会第一次会议
（区融媒体中心　摄）

《区政协2022年重点协商、通报、视察、调研、民主评议计划》《政协沙坪坝区委员会专门委员会工作规则》，审议通过区政协专门委员会设置、专门委员会主任、副主任人选名单等人事事项。视察国家陆港型物流枢纽建设情况，视察大调解工作和文旅重点项目建设情况，协商沙坪坝区大调解工作情况。听取上半年全区经济运行情况通报、民主评议区体育局全民健身工作整改落实情况汇报、区政协反映社情民意信息工作上半年情况汇报，听取打造红色文化之旅、都市休闲之旅、工业博览之旅、生态乐园之旅和文创研学之旅5条精品旅游路线情况通报，书面听取区政协常委会和各办公室上半年工作情况报告。

【重要活动】

智汇经济圈　4月8日，重庆市政协经济委与沙坪坝区政协在小康集团赛力斯凤凰智慧工厂联合举办“发力新赛道，同行向未来，助力重庆新能源和智能汽车高质量发展”智汇经济圈履职平台第一期专题协商活动。部分汽车领域的市、区政协委员，就加快重庆市新能源和智能汽车高质量发展这一主题协商建言，24条协商建议获市委书记、市长等市级领导肯定批示，为重庆市新能源智能汽车产业提速发展贡献了政协智慧。重庆市政协副主席谭家玲、重庆市政协经济委主任江涛、沙坪坝区委书记唐小平、沙坪坝区政协主席杨邦维等出席协商活动。重庆市发展改革委、经济信息委、财政局、商务委等市级有关部门和沙坪坝区政府负责人参加协商活动。

“喜迎二十大·共画同心圆”主题活动　9月至11月，全区政协系统开展“喜迎二十大·共画同心圆”主题活动。“学讲话、增共识”活动。组建政协委员专题读书群、读书小组，开展学习研讨，召开“喜迎二十大·奋进新征程”政协委员座谈会，动员政协委员发挥“委员讲堂”作用，面向群众宣讲中共二十大的重大意义和新时代以来取得的伟大成就。“看成就、提信心”活动。组织政协委员开展以感受伟大成就为主题的视察考察活动，参加市政协“喜迎二十大·书写新篇章”书画展和百名政协委员

"谈发展、话未来"系列采访活动。"强履职、做贡献"活动。围绕"文化传承示范区建设"等扎实开展常委会会议协商、主席会议协商、对口协商和界别协商，发挥"渝事好商量"协商平台作用，立足大民生、选择小切口，进园区、进企业、进社区、进院坝开展协商议政。开展以基层社会治理创新、公共文化服务体系建设等为主题的专题调研，抓好民主评议区城管局工作。开展具有鲜明界别特色的系列履职活动。"重安全、促和谐"活动。组织住区市政协委员、区政协委员开展"聚焦三排三乱三率问题"委员明查暗访监督性交叉巡河调研视察，组织政协委员聚焦安全稳定的重点难点热点问题，深入基层和生产一线调研，通过协商建言、撰写提案、反映社情民意信息等方式履职尽责。

（吴　林　李帙奇）

重点工作

【提案工作】 2022年，区政协第十五届第一次会议以来，区政协委员、政协各参加单位和各工作机构紧扣区第十三次党代会提出的建设"创新驱动示范区、开放引领示范区、文化传承示范区、人民城市示范区"目标，通过提案积极建言献策，提交提案586件（其中大会提案542件，闭会期间提案44件），经审查立案275件，并案44件，实际交办231件。截至2022年10月底，所有提案全部办复，"回复率""反馈率"均为100%。提案所提问题或建议已经解决195件，占84%；列入计划解决23件，占10%；因客观条件限制暂时难以解决，已向委员说明情况得到理解13件，占6%。

【反映社情民意信息】 2022年，区政协体系化加强能力建设，以政协委员为主体、各参加单位为智囊、特邀信息员为支撑，开展培训、组织交流、整合力量，打造触角灵敏、领域广泛、研究深入的社情民意信息队伍。制度化推进长效发展，修订出台《反映社情民意信息工作考核办法》，明确年度目标，完善激励机制，调动报送热情，实现社情民意数量、质量双提升。2022年度，收到社情民意信息959篇，编报432篇，其中29篇信息被全国政协采用，95篇信息被市政协采用，形成《社情民意信息摘编》6期，得到市、区领导批示3次，区政协受邀在市政协反映社情民意信息工作会上作发言交流。9月，区政协办公室被重庆市政协评为履职贡献奖社情民意工作先进单位。

【专题调研】 2022年，沙坪坝区政协常委会围绕"深化'三治融合'推动沙坪坝区基层社会治理图新图变图强"开展专题调研，具体调研工作由区政协科教卫体办公室承担。区政协科教卫体办公室成立工作小组，制订工作方案，引入市委党校专家团队和区政协专家委员，会同区委组织部、政法委以及部分镇街共同开展调研。调研工作于4月正式启动，历时8个月。课题组通过听取汇报、座谈走访、实地调研等方式，了解沙坪坝区基层社会治理工作开展情况及存在的问题。初稿形成后，邀请15位区直部门、镇街负责人以及部分政协委员召开征求意见座谈会，收集报告修改意见，逐条研判有关建议，充分汲取相关内容。报告最终定稿后，经区政协主席会议、常委会会议审议通过，以区政协建议案形式，报送区委、区政府主要领导。

【民主评议】 2022年，区政协开展民主评议区城市管理局工作，评议工作于4月正式启动，历时半年时间。民主评议工作以区政协资源环境和城乡建设委员会委员为主体组成评议组，采取“听、看、查、访、谈”等形式，发动镇街委员组上下联动，深入大街小巷现场调研，召开民主评议区城市管理局工作动员会、区城市管理局科室及下属单位负责人座谈会，在政协委员和部分市民群众中开展沙坪坝区城市管理工作问卷调查，广泛收集创新管理体制、深化科技运用等6个方面18条意见建议，形成《区政协关于民主评议区城市管理局工作的报告》，得到区委、区政府肯定性批示，助推全区城市管理工作再上新台阶。开展民主评议区体育局全民健身工作“回头看”，通过实地调研区体育设施建设和全民健身环境情况、召开座谈会等方式了解民主评议整改落实情况，并在区政协第十五届第三次常委会会议上听取民主评议区体育局全民健身工作整改落实情况汇报。区体育局对政协评议意见认真对待，扎实整改，民主评议工作达到预期目标。

【“委员之家”活动】 2022年，区政协机关组织开展4场“委员之家”系列活动，分别为：“我对委员讲堂志愿行动有话说”观演交流活动、“我对打造人民城市示范区有话说”委员沙龙活动、趣味运动会、摄影活动。

【基层协商】 2022年，区政协把推进“渝事好商量”平台建设作为重要的政治任务、改革项目和民生工程，设立“渝事好商量·委员来帮忙”子品牌，全面培育“渝事好商量 委员来帮忙”协商品牌，突出“三合理念”“多功能定位”“开放性特征”，打造富有沙磁特色的基层政协工作综合体，推动政协工作向基层延伸。建成平台26个，实现镇街委员组全覆盖。协商推进部分老旧小区污水管网改造、社区运动场改建升级、天然气安装入户等民生事项；平台建设由试到行，万达广场新能源汽车一站式体验中心建设、磁器口景区消费能级提升、设计助推企业IP价值转化等多条协商意见纳入党委决策参考。依托平台组织协商，开展民情直通车、委员讲堂等履职活动，获人民网、新华网、《重庆日报》等多家国家级、市级媒体聚焦报道，在2022年底全市“渝事好商量”基层协商工作会上作大会经验交流发言，在全市政协系统予以推广，协商平台正逐渐成为委员履职的主阵地、理顺情绪的暖心房、助推发展的议事堂。

（彭　浩　吴　林　刘承鑫　刘　宁　李帙奇　陈　婧　陈苏秦）

中共沙坪坝区纪委 沙坪坝区监委

综　述

【概况】　2022年，区纪委监委全面贯彻习近平新时代中国特色社会主义思想，深入学习贯彻党的二十大精神，认真落实十九届中央纪委六次全会和二十届中央纪委一次全会、市第六次党代会和市委六届二次全会、五届市纪委六次全会和六届市纪委一次全会、区委十三届二次全会部署，持之以恒正风肃纪反腐，扎实推进党风廉政建设和反腐败工作，更好发挥监督保障执行、促进完善发展作用，推动全区纪检监察工作再上新台阶，为全区经济社会高质量发展提供坚强保障。

【纪检监察机构】　中国共产党重庆市沙坪坝区第十三届纪律检查委员会有委员24人，其中，书记1人，副书记3人，常委5人。重庆市沙坪坝区监察委员会有监委主任1人，副主任3人，委员5人。区纪委与区监委合署办公，设有15个内设机构，12个派驻纪检监察组，4个派出监察室。

【队伍监督管理】　2022年，区纪委监委领导班子坚持加强自身建设，班子成员带头做到“五个表率”，带动全区纪检监察干部做到“七条要求”。认真对照“内部小巡视回头看”反馈意见，及时制定7个方面、31条措施，抓好整改落实。分级分类深化全员精准培训，开展纪检监察大讲堂4期、专题培训5场次，抽调34人次参与调训和实践锻炼。持续深化“三带三促”，关心关注年轻干部成长。7人次获市级及以上表彰奖励。强化教育管理监督，制定沙坪坝区纪检监察干部负面清单，全年处置纪检监察干部问题线索4件、5人，运用第一种形态批评教育2人，提醒谈话4人。

（邱　垚）

重要会议

【区纪委全体会议】　2022年1月28日，十三届区纪委二次全会召开。全会以习近平新时代中国特色社会主义思想为指导，深入贯彻党的十九大和十九届二中、三中、四中、五中、六中全会精神，全面贯彻习近平总书记对重庆所作重要讲话和系列重要指示批示精神，认真落实十九届中央纪委六次全会、五届市纪委六次全会和区第十三次党代会部署，总结2021年全区纪检监察工作，部署2022年工作任务。全会听取了区委常委、区纪委书记、区监委主任朱福荣代表区纪委常委会所作的工作报告，审议通过了《牢记初心使命，切实担当作为，为沙坪坝图新图变图强提供坚强纪律保障》。

【区纪委常委会会议】　2022年，区纪委召开25次常委会会议（区纪委十三届第2次至26次），传达学习党中央重大决策部署，学习习近平总书记系列重要讲话、重要指示、重要文章精神以及市纪委、市委、区委重要会议、重要决策部署精神，审议通过各项政策性文件及有关事项、有关干部事宜和党员干部处分事宜148项，作出一系列重要决定和工作部署，坚决拥护“两个确立”，坚决做到“两个维护”，扎实推进党风廉政建设和反腐败工作，推动全区纪检监察工作再上新台阶。

（邱　垚）

反腐倡廉

【政治监督】　2022年，区纪委监委围绕保持“三个环境”、贯彻新发展理念、防范化解重大风险、成渝地区双城经济圈建设等党中央重大决策部署，构建现代化产业体系、“四个示范区”建设等市、区工作部署强化政治监督。扎实开展粮食购销领域专项治理，组织处理5人、处分3人。加强供销系统监督执纪，推动健全制度15项。压紧压实各级党组织管党治党政治责任，加强对“一把手”和领导班子的监督，党内问责4件6人。持续跟进巡视反馈意见整改，推动巩固深化整改成效。在选人用人、评先评优中把好政治关、廉洁关，提出暂缓或否定性意见38人次。

【反腐败斗争】　2022年，区纪委监委全年立案74件，处分67人，依法留置7人。编印下发警示教育材料，拍摄警示教育片，全区开展“以案四说”警示教育会1458场次，受教育对象8.35万人次。深化以案促改、以案促治，精准规范运用纪检监察建议，治理突出问题23个，推动建立健全制度71项。研究制定加强新时代廉洁文化建设28项工作措施，深入挖掘红岩文化、沙磁文化、抗战文化、统战文化中的廉洁元素，着力营造崇廉尚洁氛围。

【监督执纪执法】　2022年，区纪委监委认真落实《纪检监察机关派驻机构工作规则》，区纪委常委会定期听取派驻派出机构工作汇报。加强对纪检监察组织的领导，全覆盖调研履职情况，全面推行“四清四看四注意”工作方法，强化“室组”“组组”联动监督、“室组地”联合办案。深入推动各类监督贯通协同，建立健全“纪巡审”联动协作配合机制。评选2022年度全区纪检监察系统优质案件10件。抓好规范性文件“立改废释”工作，率先在全市出台《关于规范基层群众性自治组织管理人员处理处分决定执行工作的意见（试行）》。

【作风建设】　2022年，区纪委监委落实中央八项规定精神，加大对违规吃喝、违规收送红包礼金等问题的整治力度，查处享乐主义、奢靡之风问题12件、13人，通报曝光典型案例6期、25件。开展公务车管理专项监督，查处违规使用公务车加油卡6件、6人。督促主责部门整治文山会海、优化改进调研、精简督查检查考核。持续纠治庸懒散拖、“中梗阻”等突出问题，查处形式主义、官僚主义问题11件、13人。建好用好营商环境智慧监管平台，创新研发“沙磁三为码”（为基层服务、为企业服务、为群众服务），精准发现并转交办问题31件，组织处理11人，处分3人，推动优化工作机制

22项。加强民生领域监督，开展特困人员救助供养、违规领取失业保险待遇等突出问题专项整治，查处群众身边腐败和作风问题10件、15人。持续跟进监督乡村振兴政策、项目落实情况，深化村（社区）集体“三资”提级监督，督促严格执行村（居）务卡、小微工程随机抽选等制度。

【办信办案】 2022年，区纪委监委深化应用检举举报平台，全年受理信访举报610件，同比下降21.3%，其中检举控告类102件，同比下降30.9%。精准运用“四种形态”批评教育帮助和处理216人次，其中第一、二种形态占91.2%。查办区交通局干部洪某违规收礼破坏营商环境案，获评全市纪检监察系统“监督检查十佳精品案件”。

（邱　垚）

巡视巡察

【组织领导】 2022年，区委把巡察工作作为落实全面从严治党主体责任的重要抓手，列入区委常委会工作要点和向区委全会报告内容，编制《中共重庆市沙坪坝区委巡察工作规划（2022—2026年）（试行）》，对十三届区委巡察工作进行安排部署。区委常委会听取巡察工作情况汇报、研究巡察工作1次，召开区委书记专题会2次。建立区委书记专题会成员、分管联系区领导常态化参加巡察工作动员部署会、反馈会机制。区委书记主持召开书记专题会2次，点出具体人员14人次、具体问题102个，对巡察工作作出批示12次，提出发现问题要精准、巡察报告要精准、问题整改要精准、干部配备要精准的“四个精准”要求。

【政治巡察】 2022年，区委深入贯彻中共二十大精神，贯彻落实习近平总书记关于巡视工作的重要论述，统筹巡察工作，精准落实政治巡察要求，围绕“三个聚焦”监督重点，分2轮每轮组建5个巡察组，对18个区管党组织、23个村（社区）党组织开展常规巡察，发现突出问题821个、问题线索35件，立行立改推动解决民生实事109件，形成专题报告13个，区管党组织、村（社区）党组织巡察覆盖率分别达17.5%、14.4%，十三届区委巡察工作顺利开局，巡察监督穿透力、震慑力持续增强。

【巡察整改】 2022年，坚持把巡察整改作为“四个意识”的试金石，建立分管联系区领导参加巡察反馈会机制，区委常委会会议、区委书记专题会议、区委巡察工作领导小组会议全年听取巡察整改情况汇报4次。压实被巡察党组织、纪检监察机关、组织部门的整改责任，向14个单位交办区委书记专题会议议定事项28件，召开区纪委、区委组织部、区委巡察办“三方联席会议”1次，通过15个区管党组织集中整改情况报告，对2个共性问题整改进行评估销号，十二届区委巡察问题整改全部通过评估并予以销号。深化巡察整改和成果运用，将巡察整改融入日常工作、融入深化改革、融入全面从严治党、融入班子队伍建设，以巡促改、以巡促建、以巡促治，推动建立完善国有资产出租管理办法等19项制度机制。

【制度建设】 2022年，区委巡察机构高度重视巡察制度建设，制定《区委巡察整改和成果运用责任清单》《区委巡察办工作制度汇编》，修订《区委巡察工作流程》等操作性文件11个，拟定区委巡察办工作规则等内部工作制度10个，健全巡察反馈、立行立改、整改审核、整改公开4项机制，确保巡察工作各环节、各流程有章可循、有规可依。坚持以信息化促进巡察工作规范化建设，全面推广运用巡视巡察网络平台和巡察单机系统。

【队伍建设】 2022年，区委巡察机构坚持“打铁还需自身硬”，坚持把党的政治建设摆在首位，不断提高巡察干部政治判断力、政治领悟力、政治执行力。理顺巡察干部抽调机制，落实连续抽调半年以上巡察干部单列考核要求，建成118人的区委巡察人才库，抽调60名干部参加巡察工作。加大“以干带训”力度，选派区委巡察办固定干部7人次“下组”锻炼，发挥巡察培养锻炼干部“熔炉”作用。强化巡察队伍能力建设，严格执行“利剑课堂”学习制度，开展巡前集中培训2次、巡中教学2次、巡察工作总结交流会2次，培训巡察干部315人次。强化巡察干部队伍管理，建立巡察作风纪律后评估制度，规范区委巡察组临时党支部建设，严防“灯下黑”。

【监督合力】 2022年，落实党中央、市委关于推动巡视巡察上下联动要求，推动巡察监督与其他监督贯通融合，努力形成监督合力。推动巡察监督与纪检监察、审计监督贯通融合，建立区纪委副书记联系区委巡察组工作机制，出台纪巡审《关于进一步加强协作联动的意见》，将上届区委巡察反馈、审计指出问题整改情况作为巡察监督重点。推动巡察监督与组织、宣传监督贯通融合，扎实开展选人用人工作、落实意识形态工作责任制情况专项检查，发现并整改相关问题249个。健全巡前情况收集制度，收集整理各类政策文件726件、被巡察党组织有关情况80份次，选取相关部门13名业务骨干组建巡察工作政策咨询专家库。

（邱　垚）

民主党派　工商联

中国国民党革命委员会沙坪坝区委员会

【概况】　2022年，中国国民党革命委员会重庆市沙坪坝区委员会（简称民革区委会）发展新党员15人，平均年龄35.35岁。其中，博士1人，硕士6人，大学8人；具有高级职称2人，中级职称2人。截至2022年12月31日，沙坪坝区民革党员共有468人。其中，男党员249人，占53.21%；女党员219人，占46.79%；平均年龄59.38岁；党员中，研究生毕业100人，占21.37%；具有高级职称的有192人，占41.03%；重庆大学“百人计划”4人。2022年新增3个专门委员会。有参政议政委员会、经济与科技委员会、社会和法制委员会、祖国和平统一促进委员会、妇女委员会、青年委员会6个专门委员会。

【自身建设】　民革区委会学习中共二十大精神、中共党史、统战史，重温多党合作光辉历程；学习贯彻习近平新时代中国特色社会主义思想；学习贯彻十九届六中全会精神、民革中央十四大精神、重庆市党代会精神、沙坪坝区党代会精神。通过构建从班子成员到各级基层组织的多层次理论学习体系，采取中心学习组、全委会、专委会、骨干培训会，以及基层支部组织生活等一系列形式开展学习。打造“民革抗战之家”，落实中共沙坪坝区委“冠红岩之名，铸红岩之魂”工作，争创民革党史教育基地。推进“民革履职能力建设年”活动。参加民革市委会“喜迎二十大朗诵会”竞赛，参赛作品《长江与嘉陵江的辩证法》获得“最佳创意奖”。参与沙坪坝区纪念统一战线政策提出100周年“同心故事荟”表演，演出作品《瀛洲归海客》。制定民革沙坪坝区监督委员会（简称监委会）监督章程，按照章程对民革区委会、民革沙坪坝区基层组织的各项工作，以及党员组织行为实施监督。民革区委会被民革市委会评为2022年机关工作先进集体，冯津（女）被民革市委会评为2022年度组织工作先进个人。卢旭获得2022年度“国家万人计划——青年拔尖”、2022年度“重庆英才——青年拔尖人才”称号。

【参政议政】　2022年，民革区委会开展各种形式的参政议政工作。提交提案、议案和社情民意信息。《充分利用闲置文物场馆助推文旅融合发展》被评为区政协第十五届第一次全体会议优秀集体提案；民革市委会采用3个提案。提交数篇社情民意信息，全国政协采用5篇，民革中央采用26篇，市政协采用8篇；《高度重视扶贫工作的“挂户”问题》获重庆市政协“社情民意优秀信息”。在政党协商会上，《成渝协同推动城乡生活空间融合发展，增强城乡共同富裕获得感》《高质量发展研究院经济，提升成渝地区自主科技创新能力》等作为发言材料。参与民革中央涉台重点调研课题1个；参与民革市委会调研工作，形成报告《成渝地区共建世界级先进电子信息产业集群》。民革区委会被民革市委会评为2022年度参政议政工作先进集体，被区政协评为反映社情民意信息工作先进集体，民革区委会提交的《警惕校园智慧产品破坏教育生态》和《充分利用闲置文物场馆助推文旅融合发展》被区政协分别评为优秀社情民意信息和优秀提案。

【社会服务】　2022年，在土湾街道工人村社区举行公益普法宣传活动，开展《消除家庭关系里的黑色地带》的辅导讲座。帮扶弱势困难群体，两次慰问沙坪坝区童家桥街道困难群众，为困难家庭送米、面、油等生活物资和慰问金。参与沙坪坝区统一战线沙磁·同心服务团“喜迎二十大，同行助发展”活动。

【促进祖国统一工作】　2022年，成立祖国和平统一促进委员会，参与民革中央涉台重点调研课题1个。6篇关于祖统工作社情民意信息获得民革中央采用。民革区委会被民革中央评为民革全国祖统工作先进集体。

【宣传工作】　2022年，打造民革区委会宣传矩阵。开展多平台宣传阵地专题策划，发挥微信公众号的宣传主阵地作用，及时推送重要会议、讲话精神、有关学习材料，以及各级组织活动开展情况等内容。借力主题教育契机提升党员政治素养。各级组织以中共二十大主题教育为契机，探索新时代宣传工作融入主题教育方式方法，广泛学习宣传中共二十大报告精神以及中共市委六届二次全会精神，开展党史、民革史的学习教育活动。团结报社为民革区委会颁发2022年度《团结报》宣传发行工作突出贡献集体优秀奖，民革区委会被民革市委会评为2022年度思想宣传工作先进集体。

（杨玉华）

中国民主同盟沙坪坝区委员会

【概况】　2022年，中国民主同盟沙坪坝区委员会（简称民盟区委会）发展新盟员22人，平均年龄39.5岁。其中代表人士1名；研究生12人，其中硕士9人、博士3人，占比54.5%。在市人大、市政协换届中，7名盟员当选为市政协委员，其中2位为政协重庆市第六届委员会常务委员，2名盟员当选市人大代表。

【自身建设】　2022年，组织建设发展有力，完善参政议政和思想宣传工作奖励办法，召开盟内监督工作会议，召开“以案四说　以案促改”警示教育会，加强机关作风建设。启用“沙坪坝民盟”微信公众号，推送信息45期，民盟区委会及各基层组织两级宣传能力和水平明显提升。各基层组织积极开展活动，增强组织凝聚力。重庆师范大学总支与重庆医药高等专科学校支部联合开展了建言献策履职交流活动，陈家桥支部与农工党黔南州医药高等专科学校支部开展联谊活动，经济支部举办成立十周年庆祝活动，四川外国语大学支部举办“聆琴·雅叙”主题活动，重庆建筑科技学院支部走进龚滩古镇董家祠堂参观典藏盟史手稿特展，重庆大学委员会到南川、虎峰山等地调研助力乡村振兴，肿瘤医院支部、红岩联线支部、重庆七中支部、文艺支部、南开中学支部分别开展“矢志不渝跟党走、携手奋进新时代”政治交接主题教育活动，西南政法大学总支、公卫中心支部、重庆八中支部、七十一中支部、医药高专支部分别开展关爱老盟员活动。

【参政议政】 2022年，注重培养参政议政骨干，努力打造一支以骨干盟员、年轻盟员为主体的参政议政队伍，完成民盟中央重点课题《国家创新体系建设中存在的重大问题研究——关于基础研究的调查研究》，民盟重庆市委会合作课题《双循环下国际消费中心城市数字经济升级路径研究》，委托课题《成渝共建西部金融中心的对策建议》《过期药品回收现状调查》《面向激励原创性成果产出的科技人才政策支持》《职业教育助推乡村振兴的实践困境及对策建议》《大学生心理健康教育现状调查》结题。民盟区委向民盟市委会编辑报送社情民意信息205篇，其中全国政协采用2篇，中央统战部《零讯》采用1篇，民盟中央采用6篇，市政协采用15篇、市委统战部采用20篇，民盟市委会采用87篇，沙坪坝民盟获民盟市委会2021年反映社情民意信息工作先进集体一等奖、2022年度参政议政先进集体、沙坪坝区政协2022年度反映社情民意信息工作先进集体。

【社会服务】 聚力助推乡村振兴。民盟区委联合沙坪坝区科技局，走进沙坪坝区回龙坝镇开展乡村振兴调研活动，充分发挥盟员智力优势，为回龙坝镇打造乡村振兴示范点出谋划策。民盟重庆大学委员会在石柱县中益乡挂牌建立“民盟重庆大学委员会乡村服务基地”，助力乡村振兴。民盟区委积极动员、组织盟员购买忠县磨子乡扶贫产品5000余元。经济支部盟员企业重庆馨可元油脂有限公司在石柱县中益乡帮扶7户农户，对农户进行相应的经营管理和技能培训，累计支出87083元。

扎实开展烛光行动。民盟区委承办民盟中央为贵州晴隆县送教送培活动，组织带领南开中学支部、重庆七中支部、重庆八中支部6位市级重点中学优秀盟员教师赴贵州省黔西南布依族苗族自治州晴隆县开展为期3天的送培送教活动，为该县200多位高中教师开展“新高考新课程”专题培训。

打造社会服务新品牌。在丰富巩固“民盟讲堂进校园、进社区”活动的同时，民盟区委与沙坪坝区城市管理局共建“盟城红岩关爱行动”社会服务新品牌，向环卫工人捐赠药品、生活用品，提供义诊、健康咨询、教育咨询等帮扶项目，将对城市美容师环卫工人的关爱落到实处。经济支部盟员企业灵方生物为沙坪坝区所有的环卫爱心驿站——“劳动者港湾”赠送“民盟健康大礼包”；民盟重庆大学委员会、民盟沙坪坝区经济支部、社会和法制委员会分别为3位正在读高中、成绩优秀、家庭困难的沙坪坝区环卫工人子女发放5000元助学金，帮助其完成学业。

（苏　建）

中国民主建国会沙坪坝区委员会

【概况】 2022年，中国民主建国会沙坪坝区委员会（简称民建区委会）发展新会员25人。其中经济界15人，占60%；高校6人，占24%，行政事业2人，占8%。本科以上学历20

人，占80%；大专以上文化程度的25人，占100%。具有硕士、博士学位的7人，占28%。全年会员发展率为4.3%。截至2022年12月，全区有支部16个、会员603人，平均年龄53岁。其中，企业家会员176人，高校会员144人，本科以上学历层次占比超过63%，经济界会员占比81%，组织规模持续壮大，结构不断优化。加快高层次人才培养，积极加强与民建市委会和区委、区人大、区政府、区政协等协商沟通，加大人大代表、政协委员和干部推荐力度，协商产生区人大代表9人、区政协委员20人，推荐市人大代表2人、市政协委员5人，推荐1名会员参加党外代表人士实践锻炼，30名骨干会员进入民建市委会7个专委会，其中6名会员在市委会的专委会中担任主任或副主任，2名会员入选市委会第六届书画院成员、2名会员担任书画院副院长，现有“长江学者”1人、“重庆英才”1人、担任市政府参事1人，担任处级以上职务7人。

【自身建设】 2022年，强化领导班子示范引领，以迎接中共二十大、民建十二大召开为契机，深入开展“矢志不渝跟党走、携手奋进新时代”政治交接主题教育。通过召开全委会、主委会、座谈会、专题会、组织生活会等形式，传承优良传统，深化政治交接，教育民建会员不断凝聚智慧和力量，提振信心和斗志，做到用心学进去、用情讲出来、用力做起来。不断拓展和丰富主题教育内容，积极承办民建重庆市委会“矢志不渝跟党走、携手奋进新时代”暨第二届“合展养老杯”羽毛球比赛；以庆祝中国共产党成立101周年为契机，组织会员到重庆建川海疆博物馆实地开展主题教育，以纪念中国共产党统一战线政策提出100周年为契机，编排文艺节目参加沙坪坝区“统战有为”文艺会演，讲好“民建故事”，教育民建会员不断增强对中国共产党和中国特色社会主义的政治认同、思想认同、理论认同、情感认同，进一步凝聚多党合作思想政治共识。

【参政议政】 2022年区委会向民建市委、区政协、区委统战部报送各类建言信息128篇，分别获得采用40篇、42篇、59篇，《关于优化西部地区高新技术企业税收支持政策的建议》等11篇信息获市政协采用，《优化职业教育专业结构服务乡村振兴》等12篇信息获市委统战部采用，《关于完善政企数据共享机制的建议》等7篇信息获民建中央采用，《建议防范西方国家的“碳干涉”大棒规避节能降碳过程中的系统性风险》《建议加快建立和完善我国体育仲裁制度》等6篇信息获全国政协采用，《建议设立中国西部证券交易所》获中央统战部采用，《关于在部分身份信息卡中集成“渝康码”扫码功能的建议》获得市领导批示。同时，民建区委会组织骨干会员积极参加政党协商会等各类活动，深入实地调研，充分发挥党派作用。在政党协商会、暑期座谈会、政府工作报告征求意见座谈会上积极发声。承担区委统战部《沙坪坝区养老服务供给侧多元化创新研究》年度课题调研任务。《优化铁路提单政策体系努力推动外贸保稳提质》《关于加快完善人工智能人才培养体系的建议》等9个课题被选为市委会年度调研课题并结题。在市政协五届五次会议上，民建区委会市政协委员提交《以司法服务本地上市公司为抓手推进我市营商环境改善的建议》等政协提案7篇，在区政协十五届一次会议上，会内政协委员向大会提交个人提案30余篇。

【社会服务】 持续做好向城管人员献爱心活动，向陈家桥街道一线市政队员和夜巡队员捐赠电动小风扇等消暑慰问品120份，巩固打造“关爱城市黄玫瑰”社会服务品牌。在市委会“肩负社会责任　高考圆梦行动”活动中，会员祖权主动资助4名家庭经济困难学生圆梦高考，推动打造“关爱山区兰花草”社会服务品牌。会员雷震在贵州桐梓坡渡镇投资文旅项目，出资100万元建设农贸市场，助力乡村振兴，在土湾街道设立帮扶资金，解决老幼群体看病就医难题。用好会内资源，依托会中央“思源工程”品牌，在土湾街道新生村社区设立电子图书室，切实在改善民生中献计出力。

（民主建国会沙坪坝区委会　供稿）

中国民主促进会沙坪坝区委员会

【概况】　2022年，中国民主促进会沙坪坝区委员会（简称民进区委会）新发展会员15人，平均年龄37.5岁。其中，博士4人、硕士2人、长江青年学者1人、海外优青人才1人、副处级以上人才1人。全区民进会员中有市人大常委1人、市政协委员4人、区人大代表5人、区政协委员24人。截至2022年12月，有基层支部26个（包括总支3个），会员710人，平均年龄56.7岁。其中，离退休人员229人，占比32.3%；中上层人士555人，占比78.2%；教育界别会员562人，占比79.2%。2022年，区委会组织获民进中央表彰1项、获民进重庆市委会表彰3项，3名会员获民进中央表彰。

【自身建设】　2022年，区委会加强作风建设与机关建设。监委会全面参与区委会日常工作安排与部署，列席全委会、民主生活会、班子述廉述职与民主评议等重大会议，对区委会工作作风、民主集中制贯彻情况、经费使用情况等实施监督。机关建设方面，以政治学习为要求、以作风建设为推手，扎实推进服务型机关建设，在办文办会方面坚持高标准、严要求，努力做好会务工作的上下通联工作。发挥虚拟机关的作用，虚拟机关各部门各司其职、友好协作，做到虚拟机关履职不“虚”。贯彻执行《中国民主促进会发展会员工作条例》《重庆市各民主党派成员发展工作规程（试行）》以及《民进重庆市委会发展会员实施办法》，严把质量关、程序关和结构关，提高组织发展质量，重视高素质会员的发展。班子成员组织专题学习5次，完成2022年沙区民进中心组理论学习计划。全年召开主委办公会8次，区委全委（扩大）会3次。各主委、副主委、区委委员分别参加基层支部的活动与调研20余次。

【参政议政】　2022年，区委会不断完善参政议政机制。坚持每两个月召开一次参政议政工作会，坚持参政议政以老带新。区委会组织力量事先选定题目范围，在参政议政工作会上展开讨论，并分别安排新老会员一组开展调研与撰写工作。

提案工作　两会提案方面，2022年区委会向区政协提交集体提案17篇，立案8篇，位居所有政协参与单位首位；重庆市两会期间，《规划建构以国防军工和军事教育为特色的市内景点资源群》《关于加快盘活全市国有平台公司资产、切实解决货币资金困难》等4篇建言通过民进市委会向重庆市两会提交并被立案；全国两会期间，《有针对性地建设弱创新性技术人才体系》《警惕涉密科研“拼图式”情报泄露风险》等10篇建言被市委统战部采纳并报送全国两会。

社情民意　区委会2022年通过区政协、区委统战部、民进市委会等渠道报送各类社情民意信息80余篇，《进一步完善农村普惠金融体系的建议》被全国政协采用；《建议强化评价党校疏解双减后的教育质量焦虑》《关于打造中药饮片全国统一大市场的建议》等5篇信息被民进中央采用；《共同富裕亟需从法制层面加以完善》《建议探索推进宗教场所养老》等9篇信息被市政协采用，《建议加强我国国际物流园区语言服务能力》等4篇信息被市委统战部《党外人士建言》采用。

【社会服务】　2022年，区委会持续打造“艺术教育希望行”社会服务品牌活动，继续从师资、经费等方面对武隆仙女山中心小学进行支持；在此基础上，区委会拟对该校的帮扶活动进行提档升级，多次组织会内专家力量前往学校开展座谈，并从课堂教学、师资培训、学科发展、课题申报等多方面对该校进行进一步的帮扶。7月，在区委统战部组织的大型庆祝活动上，沙区民进将社会服务品牌“艺术教育希望行”编排成舞台剧“跟着爸爸去支教”，包括一线帮扶教师王和平在内的20余名会员参与了此次演出，取得良好的品牌宣传效应。

品牌活动持续开展　2022年，区委会响应民进重庆市委会的号召，联合回龙坝镇开展“春联万家”活动，会员书写春联200余幅赠给当地居民。配合市委会“小桔灯”教育专项基金对仙女山中心小学予以资金支持；配合区委统战部开展“统一战线履职实践基地”活动，会员为实践基地创作油画与书法作品，会员作为民主党派成员代表为实践基地发起“同心同行　助力有我——沙磁同心服务团活动”倡议；开明画院沙坪坝创作基地配合市委会开展喜迎中共二十大、民进十三大书画作品展。

【工作亮点】　拓展新的社会服务品牌。2022年，区委会密切关注国家政策新动向，并将其落实到具体的社会服务之中。国家在“十四五”规划的民生事项中对“一老一小”问题进行了宏观规划，沙区民进作为参政党的一个基层组织，积极响应国家政策，将社会服务与民生关怀相结合，进一步拓展新的社会服务品牌。区委会在长期关注武隆边远乡村艺术教育的基础上，将进一步优化“幼小”社会服务品牌建设，深入打造“教育帮扶平台”，发挥自身基础教育优势，接入更多的教育资源与帮扶对象。2022年区委会积极拓展“智慧助老”社会服务项目，每月选派一名会员深入社区为老年人开设智慧课堂分别为童家桥三千城社区、回龙坝镇、陈家桥镇的老年人提供了电信防诈骗、遗产继承以及新兴科技的讲解与咨询服务。区委会“一老一小”的社会服务品牌项目受到老百姓的广泛欢迎，并被《重庆日报》等多家媒体报道。

重视代表人士队伍建设。在区委会与区委统战部以及各区级部门、团体的沟通下，2022年沙区民进24名会员被推选为沙坪坝区第十五届政协委员，其中4名会员任政协常委、1名会员任区政协专委会副主任；5名会员当选为沙坪坝区第十九届人大代表，其中1名会员任人大常委。36名会员入选民进重庆市委会专委会委员，1名会员任重庆民进企业家联谊会副会长，3名会员任理事，3名会员被区委统战部推荐为“沙坪坝区人民检察院公益诉讼观察员”，5名会员进入沙坪坝区党外代表人士培训名单。

（民主促进会沙坪坝区委会　供稿）

中国农工民主党沙坪坝区委员会

【概况】　2022年，中国农工民主党重庆市沙坪坝区委员会（以下简称农工党区委会）发展新党员21人，其中重点分工领域18人。截至2022年12月，全区农工党员总数487人，其中女党员303人，占62.2%；具有高级职称251人，占51.5%，中级职称173人，占35.5%；本党界别特色290人，占59.5%；党员中医卫界194人，占39.8%，教育界201人，占41.3%，经济界21人，占4.3%，新的社会阶层15人，占3.1%，机关单位30人，占6.2%。2022年，沙坪坝区农工党员中有沙坪坝区人大代表6人；重庆市政协委员9人（其中常委4人）、沙坪坝区政协委员20人（其中常委3人）；农工党重庆市委副主委2人、市委委员3人。

【参政议政】 2022年，市、区两级人大代表、政协委员提交议案提案57条，其中集体提案《城市更新应加强“微空间”改造》被评为区政协优秀集体提案，个人提案《建议在溪景路与金磁路修建人行天桥》《关于重庆高新区率先开展工程质量潜在缺陷保险示范的建议》被评为区政协优秀个人提案。

全年，承担市委会重点调研课题4个。其中《面向重庆制造业智能化转型升级的人才支撑体系建设研究》《关于打造东数西算成渝数据枢纽节点的建议》《深入推进我市高校双一流建设的建议》3个课题被选为农工党市委会提交市政协会集体提案。全年，收集社情民意133条，其中《关于优化医疗机构诊疗科目设置的建议》等11条社情民意被市政协采用，《警惕养老机构公建民营中的风险隐患》等21条社情民意被农工党中央采用，《政务内网国家化替代工程推广过程中存在问题亟待解决》等7条社情民意被全国政协采用，社情民意工作在全市农工党组织中排名第一，区委会获区政协2022年度反映社情民意先进集体。收到统战建言159条，其中《关于进一步关注乡村养老以推进农民工市民化进程的建议》等10条建言被市委统战部统战党外人士建言专刊采用，《关于跨国企业全面进入我国中药行业急需重视》的建言被中央统战部《零讯》采用。

【社会服务】 开展对计划生育中年失独家庭的帮扶工作，开展“失独家庭健康关爱活动”，6月9日，为60余户计生特殊家庭作“感恩生活　安驻当下”的心理健康知识讲座，300人次通过集中讲座或者一对一咨询接受了心理健康咨询指导，受到计生特殊家庭的欢迎。7月15日，在陈家桥街道参加沙坪坝区统一战线沙磁·同心服务团“喜迎二十大　同行助发展”活动，农工党区委会12名医疗卫生专家展开“健康伴你行”爱心义诊活动，免费为患者把脉问诊，涉及科目包括中医、内分泌科、骨科、产科、药品知识咨询、量血压、查血糖等，活动持续两个小时，义诊两百余人次，发放健康教育宣传资料400余份。

（黄　林　郑寒梅）

中国致公党沙坪坝区委员会

【概况】 2022年，中国致公党沙坪坝区委员会（简称致公党区委会）发展新党员10人，截至12月31日，全区致公党员总数为242人。其中大学毕业136人，占全部党员人数的56%；研究生毕业98人，占全部党员人数的40.5%；拥有中级及以上职称178人，占全部党员人数的73.6%。党员中，有重庆市第五届人大代表1人，重庆市第六届政协委员1人；有沙坪坝区第19届人大代表4人，沙坪坝区第15届政协委员13人。开展“五有支部”建设及机关“三化建设”活动，以创建“书香支部”为载体，组织开展读书活动和优良传统教育，充分激发党员活力。

【参政议政】　致公党区委会全年经各种渠道提交社情民意128篇。其中，市政协采用5篇，市委统战部《党外人士建言》采用7篇；全国政协采用2篇，致公党中央采用1篇。致公党员撰写相关建议，被致公党中央采用进《关于当前经济社会发展形势的分析和建议》《关于“构建现代能源体系，统筹推进碳达峰碳中和”的建议》两篇报告，分别获中央领导批示。借助“两会”平台，议政建言有效履职。沙坪坝区两会期间，提交集体提案5件，个人提案13件。《关于加强磁器口古镇风貌精细化管理的建议》被评为优秀提案。全国两会期间，全区致公党员围绕经济建设、科技创新、乡村振兴等重点工作积极发声，报送各类建言、信息69篇，其中4篇被市委统战部《两会专刊》采用，《促进共同富裕需要法治保障》被中央统战部《零讯》采用。区委会围绕经济建设、居民就业增收、城市发展等问题，有序组织，深入调研，认真分析，积极开展课题调研工作，完成以《留住沙磁历史记忆，传承赓续城市文脉》为题的年度课题调研报告。

【社会服务】　有针对性地走访了解乡村振兴建设发展及规划情况，从乡村文旅、新型城镇化、乡村教育等方面，组织深入分析探讨，形成多篇高质量参政议政成果。全年提交有关乡村振兴类建言15篇。继续组织各支部、党员通过“酉好货”电商平台开展以购代捐活动，通过购买农产品支持酉阳县经济社会发展。并组织党员赴酉阳开展心理服务，以实际行动助力打造新时代“致酉合作”升级版。重庆大学总支组织党员捐款1万元，为城口县龙田乡联丰村内2千米路段装上了路灯，切实解决村民夜间出行问题，被当地村民称为“致公之光”。

【宣传工作】　参与沙坪坝区纪念中国共产党统一战线政策提出100周年“同心故事荟”活动。区委会精心组织策划活动节目，编排演出以“致酉合作”为主题的情景剧《在路上》，并参与统战部综合节目。通过统战传统教育，促使党员在大是大非面前旗帜鲜明，在风浪考验面前立场坚定，始终同中国共产党想在一起、站在一起、干在一起。参与致公党市委会“喜迎二十大、奋进新时代”微宣讲活动。提交微视频2个，充分展现沙坪坝致公党员秉承“致力为公、侨海报国”宗旨，建功新时代的典型事迹。

（刘　勇　羊明峰）

九三学社沙坪坝区委员会

【概况】　2022年，九三学社重庆市沙坪坝区委员会（以下简称“九三学社区委会”）全年发展新社员20人，平均年龄37.4岁，其中副高以上职称13人，博士8人，高层次人才占比95%，主体界别占比90%。

【自身建设】　强化政治理论学习，主委会议、全委扩大会议、专委会工作会议均坚持“先学习后议事”的原则，常态化学习和中心组专题学习相结合，线上学习和线下学习相结合。完成社区委各专委会及参政议政工作中心的换届工作，将一批热心社务工作、参政议政能力强的优秀年轻社员补充进入各工作机构。建立社区委参政党理论和社史研究、参政议政、社会服务人才数据库。制定《九三学社重庆市沙坪坝区委员会内部监督委员会工作规则》。监督委员会通过列席主委会、全会等形式，强化对领导班子及成员的内部监督。召开“以案四说”警示教育、“以案四改”部署工作会，以案为鉴，增强社员纪律意识。在社区委全会上开展领导班子及成员述职，充分发扬民主，加强内部监督。严格落实中共中央关于过紧日子的要求。持之以恒落实中共中央八项规定精神。严格办文办会办事程序和标准，推进办会信息化，提高统筹协调能力和水平。九三学社区委会获社市委组织建设、参政党理论与社史研究等工作先进集体。加大“沙区九三”微信公众号的推广，全年推送文章87篇，及时传达学习重要会议精神，开设“喜迎二十大·共画同心圆”专栏，发挥公众号凝聚人心的作用。

【参政议政】 九三学社区委会围绕中共区委区府中心工作，社区委认真组织调研，提出《加强沙坪坝区集成电路产业高技能型人才培养问题研究》调研报告，得到区委区政府肯定；组织向社市委共报送9篇参政议政课题，其中4篇被采用。组织参政议政骨干开展调研，积极建言献策，全年共向区政协提交并立案集体提案2件，个人提案15件；共报送社情民意信息152条，被区政协采用28条，社市委采用26条、市政协采用5条、市委统战部采用5条、社中央采用3条、全国政协单独采用2条，全国两会采用4条，较2021年报送量及采用量均有较大提升。九三学社区委会的参政议政、社情民意信息工作被九三学社重庆市委会评为先进集体。

【社会服务】 九三学社区委会积极组织社内专家学者开展社会服务。全年，组织社会服务3次，其中，开展“九三健康进社区”及“科普专家进社区”健康讲座2次、通过腾讯会议在线上开展心理健康讲座1次，努力打造社会服务品牌，获得参加者的一致好评。

（潘琛琛）

沙坪坝区工商业联合会

【概况】 2022年底，沙坪坝区有工商联会员4328人，其中，企业会员3242人，个人会员1086人。商会数（基层商会）50个。其中，镇街商会26个，行业商会13个，异地商会7个，团体会员2个，青年企业商会1个，女企业家联谊会1个。已办理社团登记27个，登记率54%。

【自身建设】 2022年，区工商联健全《沙坪坝区工商业联合会（总商会）领导班子成员履职情况结果运用办法》长效制度，充分发挥兼职副主席、副会长作用，让企业家唱主角、站前台。加强青年企业家、企业二代接班人专项摸底和人才培养，实施“红岩青商”成长行动计划，引导年轻一代继承发扬“爱党爱国、诚信敬业”的光荣传统。加强商会组织会员队伍建设，新建汽摩联合商会、商联会。新发展会员646人，增长20%。联芳、磁器口、陈家桥等街道商会成功创建市级“四好”商会，联芳、磁器口等街道商会成功创建全国“四好”商会。覃家岗街道商会、凤凰镇商会获得市工商联服务高质量发展商会建设年“优秀商会”称号。区工商联获全国“五好”标杆县级工商联称号。

【参政议政】 充分发挥民营企业家人大代表和政协委员的参政议政作用，完成《2022年沙坪坝区民营经济发展报告》《引导民间资本参与乡村振兴研究》《进一步优化营商环境，促进我区民营经济高质量发展》3篇调研文章；完成社情民意4篇，提案5篇。其中5篇集体提案被区政协立案，3篇社情民意分别被市政协、区政协采用。

【会员服务】　全力以赴“稳住经济大盘”。落实稳企惠企政策集中攻坚行动和常态化走访服务民营企业的统筹协调工作，全面梳理税收减免缓、社保就业、金融信贷和其他纾困政策等4个方面112条政策措施，争取区委统战部支持，编印2000册惠企政策汇编向民营企业集中宣传推送。健全完善常态化政企沟通机制和民营企业反映问题“自办、协办、报告”制度，精细精准做好问题办理回复，接访民营企业41家，协调办理问题41个。专班服务保障稳企惠企政策集中攻坚行动和常态化走访服务民营企业日常协调工作，走访组走访企业3200余家企业进行走访，收集办结问题1247个。争取区融媒体中心支持，为11家企业定制短视频宣传片，传递区委、区政府带领会员企业共克时艰的信心决心，引导企业家专注发展、克难攻坚，提振精气神、传递正能量。开展“互帮互助找订单、齐心协力‘稳大盘’”行动。充分发挥镇街、行业、异地商会的平台优势，推动企业合作，促进供需对接，帮助41家企业制作找订单PPT推广互动，其中宏宇家具收获订单300余万元、重庆1949大剧院收获票房订单49万余元。

助推民营经济高质量发展。围绕“创新驱动示范区”建设目标任务，发挥民营科技企业商会作用，通过专题报告会、项目推介会等搭建信息交流、技术转让、资源对接、项目合作平台，引导服务民营企业找商机、谋项目、促发展，走科技创新自立自强之路。扎实开展“访企拓岗促就业”行动，组织旺成科技有限公司、广达康复医院等20余家重点用工企业与立信职业教育中心等开展交流互访，先后协调推荐就业岗位1.5万余个。深化政银企三方合作，与中国银行、工商银行等5家银行建立专项工作组，为会员企业量身定制惠企特色信贷产品28款，共为民营企业发放贷款26.7亿元。持续开展政银“上门送贷”等便企惠企金融服务活动，工商银行沙坪坝支行普惠贷款品牌为企业贷款552万元。推动金融机构加大对实体经济的支持帮助，成立沙坪坝区“1+5+N”民营小微企业和个体工商户首贷续贷中心，开展金融服务港湾行动。加强与司法部门的沟通联系。与区司法局共同建立人民调解委员会，调解员参与调解商事纠纷一起。与区人民检察院、区人民法院和区司法局3个部门共同完成开展工商联与执法司法机关沟通联系协作机制落实情况调研，形成调研报告4篇。与区检察院、区财政局等7家单位共同成立涉案企业评估第三方管理委员会。

（区工商联　供稿）

群众团体

沙坪坝区总工会

【概况】 2022年，在区委和市总工会的坚强领导下，区总工会聚焦社会和谐稳定和经济高质量发展，守正创新、尽职履责、积极作为，在职工思想政治引领、履行维权服务职责、团结职工建功立业、推进工会改革创新等方面彰显积极作为。

【职工队伍素质建设】 选树和宣传一批劳动模范、最美职工、大国工匠、能工巧匠等先进典型，争取到全国及重庆五一劳动奖、工人先锋号等11项荣誉，总数名列区县第二。五一期间，在三峡广场4处LED屏滚动播放标语“大力弘扬劳模精神、劳动精神、工匠精神”“劳动是一切幸福的源泉”，激励引导广大职工在劳动创造幸福的实践中升华人生价值。网络宣传工作有一定进步，在全市工会宣网工作推进会上作交流发言。在改革创新中推进职工文化阵地建设和管理，主要依托社区、企业，联合24小时“红岩城市书房”“农家书屋”等阵地，完善功能、丰富资源，新建的100家职工书屋成为职工文化生活新“打卡地”。区税务局“书香税苑”作为全市2个代表之一入围全国工会职工书屋优秀读书组织评选。唱响时代主旋律，举办“中国梦·劳动美——喜迎二十大　建功新时代”主题活动，职工舞蹈大赛、书画摄影大赛、诵读、征文和广播体操系列活动丰富多彩，多层次、广覆盖全区各类职工群体。并在全国职工线上运动会、全市“网聚职工正能量　争做中国好网民”等文体活动中争取到市级以上荣誉13项。

【职工帮扶与服务】 构建和谐劳动关系，推动营商环境改善提升。闭环做好“普法预防、监测预警、纠纷调处”维权服务，努力将矛盾纠纷化解在维权环节。普法“进社区、下站点、送上门”48场次，为农民工、困难职工等职工群体提供免费法律援助12件。252名“劳动三员”（劳动关系信息员、劳动保护监督检查员、法律监督员）第一时间预警响应，全年调解劳动争议案件、矛盾纠纷27起。开展集体协商“集中要约季”行动，全区企业集体合同建制率动态保持在90%以上，2家企业获“国家和谐劳动关系企业”，劳资关系总体稳定。帮助民营企业申报劳动保护资金，引导企业做好劳动保护工作。建立工会劳动纠纷调解委员会，实现“工会、法院、劳动仲裁院”维权三家联动。全年未出现职工群体性事件，职工权益和社会大局面稳定，进一步优化营商环境。尽心办好实事好事，联系职工群众更加紧密。深入开展“我为职工群众办实事”实践活动，凝聚更加磅礴的群众力量。“职工申报+工会送福+名家支持”，长期开办“青春训练营”“风采提升班”，世界围棋“八冠王”古力、国际象棋队国家队总教练叶江川等9位全国名师加盟，订单式、高水平的培训课程广受职工好评。在全市首推“劳模居家适老化改造服务”，让高龄、困难、失能劳模自选助老设施，工会上门改造，让劳模既有“终生荣誉”又享“终生关怀”，累计完成改造17户。新开发“渝见·沙磁良缘”职工婚恋服务网站，在全市首创24小时在线的职工“云相亲”平台，形式、规模、好评度再上新台阶，其“三融三新”服务职工婚恋做法得到市人大常委会主任、总工会主席夏祖相肯定性批示。完成“一社区一站点”目标，建成162个工会户外劳动者服务站点，2个站点被评为全国“最美工会户外劳动者服务站点”。在全市率先以“中心带站”模式建设职工心理健康服务体系，在区总工会建成1个标准化职工心理健康服务中心，获评重庆市“职工心理服务体系建设示范单位”3个。擦亮“职工互助保障、春送岗位、夏送清凉、金秋助学、冬送温暖、工会服务进万家”等服务品牌，全区各级工会组织累计筹集慰问金488.41万元，慰问一线职工14.5万余人次。

【劳动竞赛活动】　突出高端化、智能化、绿色化等产业发展方向，聚焦新能源智能网联汽车、生物医药、数字软件、创意设计等特色优势产业，深入开展“建功‘十四五’、奋进新征程”主题劳动和技能竞赛。在区级重点工程、重点产业（工业）园区和重点企业引领性劳动竞赛给予一定资金补助，以点带面，推动全区劳动竞赛向纵深发展，企业参与数量与上年同期增长83%。服务小康汽车等头部企业，重庆工业设计产业城等重点项目，加大政策、资金等支持力度，引导建成劳模创新工作室，推动建立跨区域、跨行业、跨企业创新工作室联盟，发挥集聚效应。建成11个区级、2个市级劳模示范工作室，小康集团申报重庆市“卡脖子”进出口替代创新项目1个。围绕企业创新主体地位，常态化开展职工技术创新成果交流及“五小”优秀项目征集、命名活动，助力创新驱动示范区建设。

（贺凤祎）

共青团沙坪坝区委员会

【概况】　中国共产主义青年团重庆市沙坪坝区委员会（以下简称团区委）负责领导和指导全区共青团工作以及区青联、学联和少先队工作，承担区少工委办公室、区预防青少年违法犯罪工作办公室、区青年志愿河长办公室等职能。2022年，团区委机关班子7人，其中，书记1人，专职副书记2人，挂、兼职副书记各2人。全区有各级团组织1886个，其中，团（工）委104个，团总支67个，团支部1384个，基层团干部2821人，团员2.2万余人；有少先队大队70个，中队1433个，配备大队、中队辅导员1503人，少先队员5.8万余人。

【共青团活动】　2022年，团区委组建115支青年突击队，开展青字号各类活动152场，参与青年2400余人次，服务群众18000余人次。开展“青创桥·青年创新创业活动”7场，覆盖创业青年200余人次，推报青创项目参加青创赛事23个，促进青年双创人才培养。开展“环成渝青年协同创新中心推进会”“成渝青年企业家共话发展新机遇座谈会”活动2场，成立“环成渝青年协同创新中心”“成渝青年创新创业服务工作站”，服务3700余名成渝两地创业青年。组织“成渝青年企业家共话发展新机遇座谈会”“沙坪坝城市推荐会”等2场两地互动活动，覆盖160余位创业青年和60余位两地优秀青年企业家。依托“筑梦空间”做好新兴青年群体联系服务。报送独立演员、影视导演、自由撰稿人、自媒体写手、自由美术工作者、文化创意产业工作者，街舞青年、网络主播、快递小哥等领域新兴青年骨干59人。开展“插花培训”、慰问快递小哥、走访调研、网约车爱心送考、应急救援培训等新兴青年群体活动6场，服务新兴青年300余人次。承办“心有灵‘夕’奔赴爱情”2022年“重庆共青团·青春之约”相亲交友活动，开展“会聚良缘”青年婚恋交友活动4场，服务单身青年200余人。通过实施百千万青年优才计划，改革选才、育才、留才机制，吸纳1.3万余名青年人才充实到基层团的工作中参与各类基层治理和社会服务，发挥青年赋能社区，打通青年服务社会最后1公里。通过区级媒体平台选树青年优才典型156个，评选出“智慧社区”“为民送法”等7个高校优秀基层服务项目，向高校团委推荐285名青年作为“青马工程”培养对象和党的发展对象，1万余名红岩青年志愿者走出家门、融入社区，定岗定责定时长参与志愿服务。发挥“一专一站两联”工作能效，探索建立“联络站+专项小组+团代表”工作体系，目前联络站进站团代表218人，其中团中央代表5人，省级代表20人，区级193名社会领域团代表已全部按要求进站履职，进站率100%。

2022年3月25日，团区委组织的红岩志愿者正在进行电箱绘画　（孙凯芳　摄）

【青年人才驿站建设】　沙坪坝区青年人才驿站由沙坪坝区委人才办、区人力社保局、区住建委和团区委四家单位共同联建，2022年已建成投用两家。首家位于大学城熙街的嘛嘛公寓，于2018年9月试运行，2019年9月正式运行；第二家位于丰文街道国鑫道9号的辰寓青年公寓，于2022年4月正式运行。驿站每年投入运营经费26.8万元，建有19套客房28个床位，可为来渝来沙求职的青年人才提供1～3天免费住宿（特殊情况下经申请批准，可适当延长住宿时间，原则上不超过7天），并由公寓按规定提供标准化的入住服务并承担相应管理责任。团区委针对青年求职者和创业者的具体需求，驿站对标准客房进行了适当改建，配备了独立文件柜、励志书籍等设施设备，张贴了鼓励青年创业就业的温馨提示语，房间设施齐备、温馨舒适。此外，驿站还将依托嘛嘛青年社区群团服务站，提供创业就业相关政策和信息服务，适时举办青年创新创业培训等交流活动，帮助外地来渝来沙求职创业青年更快更深地了解重庆、留在重庆、融入重庆。截至2022年12月底，已累计接待来自广东、江苏、四川、湖南等地来渝青年3216人次。

【“河小青”志愿河长建设】 2022年，团区委按照团市委“守卫青山渝水助力河长制”青年志愿服务活动的总体要求，切实加强深入活动的组织领导，对志愿团队实行分层管理责任制，建立“三级”青年志愿河长175人，其中区级河长1人，镇街级河长27人，村（社区）级河长147人。建立“河小青”志愿服务队147支，落实青年志愿河长到流经沙坪坝区的13条区级河流、42条街镇河流渠沟以及23处水库巡河责任制，开展常态化巡河护河180余场次，发放宣传资料1.5万余份，全年开展各类巡河护河宣传活动220余场次，参与人数达1万余人次。

【青年创新创业】 2022年，沙坪坝团区委开展7场“青创桥·青年创新创业活动”系列青创活动，包括3场特色青创桥活动，覆盖创业青年200余人次，推荐7名创业青年参与“喜迎二十大　永远跟党走　奋进新征程”重庆市青创系列培训活动。推报30个创新创业大赛项目参加川渝青年创新创业大赛、乡村振兴创业大赛、“五小”创新晒等创新创业比赛。打造创新创业良好氛围，注册沙坪坝区青年创新创业促进会，截至12月，吸纳创业青年44人，发展理事会成员15人。为促进“成渝地区”双城经济圈建设，联合成都武侯团区委，开展成渝青年企业家共话发展新机遇座谈会，成立成渝青年创新创业服务工作站，搭建成渝双创青年线上交流平台。

【青年志愿服务】 2022年，团区委坚持“围绕中心、服务大局”，引导青年实干实为，积极开展志愿服务工作。助力城市品质提升，带领青年志愿者在基层治理中主动作为，常态参与乡村振兴、生态环保等志愿服务活动600余场次。组建专项志愿者队伍，参与全区安全生产、城市品质提升等巡查，累计发现、督查整改问题9000余项，成为区委、区政府重要工作力量。发起城市微更新青年设计改造大赛，吸引各高校109个团队参与，为城市微更新汇智聚力；开展“城市画布”箱体涂鸦志愿服务，完成608个城市箱体绘制，共同绘就“群众家门口的风景”。

【全国青年发展型城市建设试点】 沙坪坝区于2022年5月入选全国青年发展型城市建设试点名单。沙坪坝区第一时间主持召开推进会、专题会，出台《青年发展型城市建设试点实施方案》等7个文件，统筹开展试点工作。区青年工作联席会议分领域分行业组建19个工作专班，分类实施打造“青春之城”7大重点项目、52项工作任务，并写入沙坪坝区党代会报告、政府工作报告。围绕“城市对青年更友好、青年对城市更有为”两大主线，聚焦“青年”、聚焦“发展”、聚焦“城市”，按照“切口小一点、切得准一点、效果好一点”要求，通过出台一批青年发展政策，集中力量在青年关注度较高的教育、住房、就业等领域办好一批民生实事，打造青年研学、社交、运动等各类生活场景，建立多维度多元化青年服务阵地体系，培育50个青年喜爱、有特色、有亮点的青年社群，实现青年工作具体化、项目化、场景化，让青年“学在沙坪坝”“创在沙坪坝”“住在沙坪坝”“乐在沙坪坝”，看到变化、见到实效、得到实惠，让“青春之城”可感可及可触。

（赵小燕　马理靖　容　懿）

沙坪坝区妇女联合会

【概况】 2022年，全区妇联系统开拓奋进、难中求成，围绕“四个示范区”建设，按照“3557”工作思路推进妇女儿童家庭工作，以一域之光为全局添彩。家庭家教家风、科技创新巾帼行动、高校妇女工作、巾帼红岩志愿服务、妇女儿童发展纲要（规划）示范区建设、妇女儿童维权、组织宣传等多项工作走在全市前列。在国务院妇儿工委办儿童之家建设管理使用情况视频调研座谈会和全市家庭教育工作会上作交流发言。妇女权益保障法2条修订建议被全国人大采纳。获市级以上荣誉79个，其中国家级5个。被市级及以上媒体宣传报道313篇，其中国家级媒体采用122篇，“学习强国”报道13篇。《重庆市沙坪坝区开展妇联系统“法律明白人”任前培训》被《人民日报》报道，《重庆：志愿者田间地头助农销菜暖民心》被新华社报道，《沙区儿童之家校地联动助力“双减”》被国务院妇儿工委官网采用，《我和听障群众是一家人》入选全国妇联“我奋斗·家国美”100个奋斗故事。《用心用情用智为女企业家排忧解难》《重庆沙坪坝红岩志愿者守护“健康绿”》2次被《中国妇女报》头版报道。

【红岩巾帼心向党】 召开党组会18次，组织党组中心组学习12次、主题党日活动12次，学深悟透笃行党的创新理论，自觉做习近平新时代中国特色社会主义思想的坚定信仰者、积极传播者、忠实践行者。组织全国三八红旗手何巧、市第六次党代会代表何盛琴等先进榜样，深入机关、村（社区）、企业、高校宣讲党的二十大、十九届六中全会、市第六次党代会、市委六届二次全会以及区第十三次党代会、区委十三届二次全会精神，被全国妇联、《中国妇女报》宣传报道。依托妇联微信公众号等新媒体平台，组织妇联主席、执委开展“巾帼大学习 今天我来读”26个视频展播，接力诵读习近平总书记金句，中梁镇庆丰山村妇联主席左秀丽等2个诵读视频被全国妇联、市妇联采用。强化宣传思想与意识形态工作，妇联微信公众号编发信息393篇，开展“巾帼心向党”“百千万巾帼大宣讲”“我奋斗·家国美”等宣讲，展播活动200余场次。线上线下参与22万人次，全区妇女更加坚定听党话、跟党走的信心决心。选树全国三八红旗手、全国五好家庭、全国最美家庭等全国巾帼先进典型5个，重庆市巾帼建功标兵、最美书香家庭、巴渝巾帼新农人等市级巾帼先进典型74个，选树区级巾帼文明岗30个、巾帼建功标兵22名、最美书香家庭22户。三八妇女节组织各行业优秀女性9名录制《沙磁·她力量》微视频，引领妇女发扬“四自”精神，激扬巾帼之志。

【红岩巾帼建新功】 培树重庆大学朱恂、周小元等科技创新巾帼典型，其中朱恂教授获评“全国三八红旗手”。组织15名科技工作者开展科技助企（园区）发展主题活动，与市、区女科技工作者协会、科协四方签署助力“创新驱动示范区”建设合作协议。联合区农业农村委等单位成立“红岩巾帼科技助农服务团”，10名女科技工作者帮助农村妇女学科技、用科技。首次举办中意对外交流活动。联合武侯区等开展“春风行动”网络招聘等服务活动，提供岗位约2.8万个。开展线上女性专场招聘会4场。联合区委组织部、人社局等部门举行“海外赤子为国服务行动走进沙坪坝创新创业沙龙”活动，提供就业岗位1000余个。组织巾帼建功“四个示范区”建设座谈会，10名各行业优秀女性讲述奋斗故事。推进农村人居环境整治巾帼行动七条举措，开展农村人居环境整治拉练，现场观摩中梁镇和歌乐山街道的农村人居环境整治示范带，动员全区妇女推进“五园共建”、开展人居环境整治、直播带货电商技能培训、“双学双比”技能比赛、“巾帼护河·共建生态家园”“绿色家庭”主题实践等活动210余场次。鼓励支持妇女发展特色优势产业，打造“最美巾帼农家乐”“最美巾帼民宿”，王芳等3名女性获评重庆市“巴渝巾帼新农人”。动员全区50万个家庭参与绿色生活创建，获评重庆市“绿色家庭”“最美阳台”“最美庭院”9户、区级“绿色家庭”5993户，镇街、村（社区）级“绿色家庭”40余万户（全区80%以上家庭），绿色家庭创建创新案例报市妇联。

【红岩巾帼善治理】 成立区家庭教育工作领导小组，联合区委宣传部、区教委组建全市首个家庭教育促进联盟。增加家庭教育指导编制1个。建立村（社区）家长学校160所，学校家长学校252所，在区民政局婚姻登记中心、区法院及各镇街设立家庭教育指导站28个。区红岩党群服务中心社区家长学校获市家庭教育创新实践基地称号。建立50名家庭教育专家“智库”，招募讲师50人、志愿者115人，组建家庭教育“宣讲队”。联合重师成立巾帼红岩志愿者家庭教育指导分队，为123名困境、农村留守儿童提供一对一家庭教育志愿指导。十项举措丰富“全国家庭教育宣传周”系列活动，开展家庭教育促进法主题宣传、智慧家长课堂“五进”活动、线上线下家庭教育讲座等123场，受益家长20万人次，在全市家庭教育工作会上作经验交流。常态化寻找“最美家庭”。陈丽娜、周丽家庭分别获评全国五好家庭、全国最美家庭，重庆市第一中学获评全国家庭工作先进集体，王思佶家庭等3户家庭获重庆市最美家庭。承办市妇联“书香润万家”家庭阅读活动，区妇联连续五年获评优秀组织奖。王治等3户家庭获重庆市书香家庭；何力等13户家庭在诵读大赛决赛中分别获得一、二、三等奖，获奖数量全市第一。开展“清风常伴　廉洁齐家”“七个一”活动，汇编优秀廉政作品及家风家规家训作品成册，区纪委监委、区妇联连续五年获得市家庭助廉立德活动表现突出单位奖。

【红岩巾帼暖人心】 联合法院、检察院、公安、司法局建立妇女儿童维权联席会议制度，牵头召开妇女儿童维权工作推进会，提供规范化、专业化的调解服务612件。设立婚姻家庭纠纷驻人民法院调解室。完善“一站式”人身安全保护令申请机制，帮助当事人申请人身安全保护令11件、法律援助案件15件。联合司法局开展妇联系统“法律明白人”任前培训，160名村（社区）妇联主席“持证上岗”。开展形式多样的普法宣传活动1100余场次，惠及妇女群众11万人次。完善接访制度，接待群众来访396人次，其中协调处理重大矛盾纠纷9起，处理涉及家庭暴力的纠纷19件，提供法律咨询63人次。婚姻家庭矛盾纠纷调处率达98%。持续开展“红岩嫁校”新婚课堂，推动“妇女议事会”制度落地落实，指导各村（社）妇联开展妇女议事会482场次，协商解决各类问题451余件。组织10名女企业家与困境儿童结对帮扶，联合区教委、民政局深入街镇开展困境儿童关爱督导。开展“少年儿童心向党直迎党的二十大”“把爱带回家”等儿童关爱服务活动700余场次，受益2.6万余人次。连续五年承办全市恒爱行动启动仪式，组织爱心妈妈为困境儿童编织毛衣500件。组织参加“强国复兴有我”市少年儿童书画大赛，20件作品获市级奖项，数量位居全市前列；6名低收入“两癌”妇女获救助金6万元。争取“阳光行动 幸福留影”公益项目，为291对中老年夫妻、“最美家庭”等拍婚纱照。三八妇女节前联合女企业家赠送1200束郁金香花慰问基层妇女干部和一线医护人员。传统节假日慰问低收入妇女、困境、留守儿童、计划生育特殊家庭等765人次，传递党和政府的关怀与温暖。

【红岩巾帼亮形象】 整合链接专家、人才、志愿者等资源优势，吸纳158名优秀高校女性到妇联挂职、任执委或加入女性社会组织。邀请市妇联到重庆大学指导高校妇女工作。指导女企业家协会、女性人才成长发展研究会完善组织架构，成立家庭教育协会。在第101个建党节慰问重庆师范大学听障女大学生56名。将石井坡街道中心湾社区等3个社区纳入儿童友好社区建设。打造区级儿童议事室，探索儿童参与公共活动和公共事务机制。“99公益日”募集资金12万元推进儿童之家规范运行。争取中国儿童少年基金会项目，建设小候鸟图书角13个，数量居全市前列。起草2021—2030年沙坪坝区妇女儿童发展规划，多次组织部门论证、专家评审，先后提交妇女儿童工作委员会全体会议、区政府常务会审议通过并印发。组织机关党员干部职工学习教育12场次、170人次，严格选人用人标准，注重在大战大考中锻炼识别干部，2名优秀干部到区妇联任挂职副主席，研究妇联系统干部任职31名。指导“四新”组织（新领域、新业态、新阶层、新群体）新建妇女组织171个，实现应建尽建。新建市级示范妇女儿童之家4个。组织基层妇联干部“领头雁”培训8期385人次。接待两江新区等区县参观学习交流3次。

（耿　丽　陈妍羽　何　苹　张恒英）

沙坪坝区科学技术协会

【科技队伍建设】 区科学技术协会第五届委员会有委员44人，常委19人，主席1人，专职副主席1人，挂职副主席2名，兼职副主席7人，秘书长1人。设有区科普工作指导委员会（成员单位14个：区委办、区政府办、区委宣传部、区教委、区科技局、区民政局、区财政局、区生态环境局、区农委、区文旅委、团区委、区科协、重大科协、重师科协），区全民科学素质工作领导小组（成员单位24个：区委办、区政府办、区委组织部、区委宣传部、区委党校、区融媒体中心、区发改委、区教委、区科技局、区民政局、区财政局、区人力社保局、区生态环境局、区住建委、区农委、区文旅委、区应急管理局、区卫健委、区体育局、区供销社、区总工会、团区委、区妇联、区科协）。上述两个机构的办公室均设在区科协。区科协所属镇街科协22个、企事业科协15个、学（协）会26个。全区22个街镇开办社区科普大学23所，开设健康讲座、垃圾分类、消防知识、普法知识、应急科普、少儿编程等23个科普培训班，组织培训学习725班次，惠及学员数23658人次。

【科普活动】

服务科技工作者 团结引领全区广大科技工作者增强“四个意识”、坚定“四个自信”、做到“两个维护”。组织科协系统专题学习中共二十大精神、市第六次党代会精神，举办全委会、承办第四期重庆市领导干部科技讲堂、市科协“为加快建设具有全国影响力的科技创新中心和全国重要人才高地而奋斗”主题宣讲等活动，与市科协科普部党支部联合开展“科普

赋能 科技助力乡村振兴”主题党日活动，开展“我为群众办实事”等活动30余场。做实“红岩科技志愿服务行”品牌，开展红岩科技志愿服务活动200余场次。组织开展全国科技工作者日系列活动20余场，慰问驻区院士、专家代表和科技工作者代表100余名。深化落实区委领导联系服务院士专家制度及“为科技工作者办实事助科技工作者作贡献”20条，178名高层次人才与区领导直联直通，累计解决500余件科技工作者“急难愁盼”问题。开展沙坪坝区2022年“最美科技工作者”“首届十佳科技青年”评选及线上线下主题宣传活动，区政府评选科普工作成绩突出单位20个和个人60名。推荐周小元、刘涛获2022年重庆市“最美科技工作者”，推荐陈结等3名专家获第八届重庆市“十佳科技青年奖”。组织推荐3个项目入围重庆英才大会首届卓越工程师大赛揭榜攻坚项目，23名人才入选重庆英才人才。注册成立沙坪坝区农村专业技术协会联合会，新成立重庆嘉兰图设计有限公司科协、重庆菁英汇创新科技发展有限公司科协2家企业科协。健全基层科协“三长”履职机制，学校校长、医院院长、农服中心（企业）负责人等镇街科协“三长”达114名，“三长”单位在辖区科普传播、科技创新、科普资源共建共享中的重要作用，向市科协报送“三长”典型案例、工作信息17篇。开展“送科技”，为基层科协订阅赠送《重庆科技报》200份。

服务创新驱动发 举办全国科技工作者日暨助力“创新驱动示范区”建设座谈会、沙磁创新论坛等创新活动10余场。联合举办“2022生物化工助力双碳战略高峰论坛”、“科创中国”科技创新助力云阳县中药材产业发展精准对接活动，承办重庆市“女性与创新”论坛、科创中国@重庆双月论坛。抓平台引智。指导重庆建筑科技职业学院和重庆大学附属肿瘤医院2家单位成功申报重庆市海智工作站。主动融入环大学创新生态圈，推动市区校三方共建重庆市菁英科技经济融合发展服务中心（入驻企业达40余家），区科协对接推动区域智能生物制造国家工程中心、塔感科技光纤多维传感基地等科技创新成果就地转化项目落地。指导、支持菁英中心向全市各区县及区相关部门、企业辐射扩大科技创新服务，开展生产、研发等科技创新服务30余次。联合命名7家“科技经济融合发展示范基地”。依托重庆大学校友会，推动成立沙坪坝区大学客创新联合会。抓创新争先。承办重庆市2022年第二期创新方法培训。联合区科技局开展中级技术经纪人培训班，为30余家企业开展创业孵化及岗位发明创造培训科技助力。指导菁英中心举办第八届中国国际“互联网+”大学生创新创业大赛菁英实训营，为高校20余个创业团队开展创新创业人才岗位实训，举办高企申报与金融贷政策解读会，为50余位来自高企的科技工作者开展产品创新创造、企业创新争先培训。组织驻区高校、企业等科技工作者参与全市卓越工程师大赛，举办重庆英才大会“海外赤子为国服务行动”走进沙坪坝创新创业沙龙。

提升全民科学素质能力 共建共享科普阵地资源。实施基层科普行动计划和基础设施提升计划，支持12个镇街打造科普长廊、步道、公园等，开展社区科普馆等改造升级。在4所学校、2个社区开展流动科技馆巡展和社区流动科普馆试点，受众超过10万人次。利用科普资源助力“双减”实施，联动打造首批中小学校外科普特色基地4个，成立百名科普讲师团，推荐入选重庆市院士专家科普讲师团成员13名。指导重庆科技学院科技探索体验中心等2家单位入选“2021—2025年度全国科普教育基地”、医高专等两所学校入选“第二批科普重庆共建基地”。在沙坪坝科协微信公众号、“科普沙坪坝”专栏，常态化宣传推送科普中国、科普重庆中央厨房资源内容。依托沙坪坝电视台、《沙坪坝报》、“沙磁荟”App等推送科普类相关信息共300余条，推出专版、专项活动2次。扩大科普活动影响力。线上线下结合，持续举办全国科普日、公民科学素质大赛、沙磁科普讲坛、黄葛树下科普故事荟、院士专家进校园等特色品牌科普活动100余场次，受众累计超过千万人次。社区科普大学授课达711次，3个社区获评重庆市社区科普大学示范教学点。积极发挥专家科普工作室、科学传播专家团、科普讲师团等专家团队引领作用，积极开展科普视频创作，撰写科普文章。联合区科技局、区农业农村委在回龙坝镇打造“科技特派员之家”，联合市园艺学会开展科技助力乡村振兴精准对接活动走进中梁镇龙泉村。成功创建全国科普示范区。党委政府高位领导，各方协同保障到位，区科协牵头创建工作，推动形成“市区镇街四级一体、校地院企五方联动”的全域科普新格局。20个单位、60名个人获区政府科普工作成绩突出单位（个人）。梳理编辑形成了6册详实扎实鲜活的创建工作（成果）汇编，成功创建2021—2025年度全国科普示范区，代表重庆迎检并获中国科协组织的专家组高度评价。

智库培育　立足发展推动智库建设。组织参加第七届科协改革研讨会并获评优秀组织单位，参与川渝科技学术大会论文报送及获奖篇目均居全市区县首位，选送论文87篇，其中22篇论文获评市级奖项。开展2022年度智库调研课题工作，65项课题获准立项。围绕中心开展决策咨询。承接中国科协“科技工作者之家”和市科协“科普能力提升专题研究”课题并顺利结项，持续办好《沙坪坝区科技工作者建议》，已汇编专报16期获市区领导批示20余次。成功申报“重庆市打造全国地方科协综合改革示范区”首批试点区。区委、区政府主要领导批示，纳入全区深化改革“一盘棋”，分管领导牵头调研起草方案，区委深改委会议专题研究并以区委改革办名义印发试点方案，推进实施4个方面11条改革举措，形成一批可复制推广的典型案例。改革案例《发挥组织优势　助力科技创新中心建设——重庆市沙坪坝区科技人才工作》《发挥组织人才优势　提升服务能级　推动地方科协综合改革破题——重庆市沙坪坝区打造全国地方科协综合改革示范区实践》被中国科协“科协改革进行时”登载推广。

（吴　珂）

沙坪坝区社会科学界联合会

【社会科学普及】　组织社科专家深入中、小学开展书法讲座，普及传统文化知识，扩大社科普及的受众面和影响力。开展人工智能线上主题讲座。开展学法培训，培养学生自助、互助、师助的良好学习方法。开展社科普及基地评定工作，评选出7个具备良好基础和特色的社科普及基地，进一步扩大社科普及工作的广泛性和参与度。出台《关于区社会科学界联合会联系基层社科组织工作制度》，切实履行党和政府联系社科工作者的桥梁纽带职责，更好地联系服务广大社科工作者。强化社科宣传平台功能，“社科微信工作群”不断完善更新，已成为沙坪坝区社科工作者信息沟通、知识共享的重要窗口。聚焦增强成渝地区协同创新发展能力，发挥校友经济作用，指导由重庆大学校友发起设立的重庆大学创新创业创投联合会成立，助推成渝两地经济社会发展。

【新型智库建设】 2022年，沙坪坝区社科联紧紧围绕区委、区政府中心工作，组织开展了一系列社科课题研究活动。积极争取市级社科课题。组织专家开展调查研究，形成了市级社科智库课题《多元文化融合的沙区人文雕塑群规划研究》等2项；组织社科专家开展人大制度研究，参与区人大常委会机关组织的《重庆市沙坪坝区人民代表大会议事规则》修订工作，积极申报《全过程人民民主的探索与实践——以沙坪坝基层立法联系点为例》课题为市级重点课题。联合区科协等3家单位开展了2022年度智库调研课题申报、立项、结项等相关工作，共收到22家单位的89项课题申报，13项列为重点课题、35项列为一般课题、15项列为创新培育课题。利用社科优势积极建言献策，通过政协提案或座谈会、研讨会等机会，提出《关于教育“减负”提质的建议》《以全域城乡融合推进乡村振兴的建议》《加强基层社会治理的建议》等建议，较好地发挥了参政议政资政的作用。

（杨春鹏）

沙坪坝区文学艺术界联合会

【概况】 2022年，沙坪坝区围绕沙坪坝区图新图变图强的总体要求，以“四区”建设为载体，坚持党建引领，突出“三基”建设，开展或参与各类党建文艺活动、赛事、征文等20余次，主题活动10次，专题交流研讨10次，创作传承红岩精神的歌曲3首、文艺作品10个，开展各类宣讲8次，参与参加举办迎接党的二十大等主题活动15场次。引领全区文艺家坚持以人民为中心，切实围绕中心服务大局，扎实开展“冠红岩之名、铸红岩之魂”“文化传承示范区建设”等实践活动，以优异成绩迎接党的二十大胜利召开，努力书写和讲好沙坪坝故事。深化文艺志愿服务，组织开展文艺“六进”活动31场次；举办全国级、市级和区级展览展赛9场；开展“为民办实事　文艺进社区”系列活动10场；聚焦成渝双城建设，举办“艺路同行　双城齐飞——重庆市沙坪坝区成都市青白江区艺术联展”。面对洪灾、旱灾、火险等灾情，积极发动广大文艺家开展主题创作，征集到各类文艺作品251件，发布专题宣传25期。

【文艺创作】 沙坪坝区文联组织艺术家持续开展精品文艺创作。完成区第四届精品文艺资助，资助作品21件、资助金额13万元；启动了区第五届文艺资助。创作专辑《图像设计语言研究》《诗叙事：百年百人诗像》、中国城市故事丛书《雾都重庆》《巴渝民间文艺地图》（沙坪坝篇）；出版长篇革命历史题材小说《磁器口》；收集整理《烈士墓前的小花》《青春红岩》等一批讴歌沙坪坝的歌曲，创作制作《远山的呼唤》《潮涌嘉陵歌乐美》等歌曲，以老歌新唱、唱响新歌的形式，深入推进“冠红岩之名　铸红岩之魂”实践活动。文艺评论《古罗马诗歌与文化》获得第九届重庆艺术奖；诗歌《白火焰》、报告文学《无声之辩》获得第九届重庆文学奖；报告文学《我的声音，唤你回头——与民法典关联的女性权益故事》荣获《啄木鸟》杂志2021年度“最佳人气奖”；组织10件作品参与重庆市第十六届精神文明建设作品申报，报告文学《社区现场》获重庆市“五个一工程”奖；蜀绣《夏韵》入选“第十六届中国民间文艺山花奖·优秀民间工艺美术作品初筛入选作品”；作品《和平使命——中国蓝盔国际维和》入选《中国美术报》开展的“礼赞新时代——全国优秀美术作品选刊”，成为重庆市唯一入选刊登作品；作品《动感雪飘》《姐·弟》获市美展银奖。1

2022年1月19日，由重庆市书法家协会、重庆市文艺志愿者协会、沙坪坝区委宣传部、区文联联合主办的“我们的中国梦”——文化进万家重庆书法志愿服务活动在区文艺家活动中心举行

（张 岩 摄）

名艺术家入选重庆市“十佳”中青年书法家，2人入围。

【文艺培训】 以文联主席团会、各协会主席团会深入推进学习党的十九届六中全会、中共二十大、中国文联十一大、中国作协十大、市区党代会以及市文联、市作协第五次代表大会等重要会议精神，组织艺术家完成“全国文联系统学习贯彻党的十九届六中全会精神和习近平总书记在中国文联十一大、中国作协十大开幕式上的重要讲话精神网络专题培训班”学习，重温1942年毛泽东《在延安文艺座谈会上的讲话》精神，制定《关于大力推进文艺工作者职业道德建设和文艺界行风建设的意见》。举办摄影讲座、书法课堂、国画讲座等11场次，开展线上文艺直播4场，推荐区人大代表2人、区政协委员2人，推荐7名艺术家参评第二届“沙磁名家”。

（张祖桥）

沙坪坝区归国华侨联合会

【概况】 沙坪坝区归国华侨联合会第八届委员会有委员38人，其中，主席1人、专职副主席1人、兼职副主席7人、秘书长1人、常委4人，外聘6名海外顾问，有3个街道侨联分会、19个镇街侨联小组、1个重庆国际物流枢纽园区侨联分会和1个老归侨联谊会。2022年，沙坪坝区侨联青年委员会第一届委员会有委员56人，其中会长1人、副会长8人、秘书长1人。

【参政议政】 2022年，区两会期间，以集体名义报送提案和社情民意29条，采用提案13条，1条被列为优秀提案。10名侨界人大代表和政协委员围绕全区经济社会发展报送并采用建议、提案和社情民意21条。落实日常接访，解决覃家岗街道梨树湾村交通出行、车辆停放、道路修复等问题5件。2名侨界代表获评2022年度优秀区人大代表。

【联谊活动】 2022年，区侨联按照大侨务工作理念，拓展联谊覆盖面，扩大侨联朋友圈。1月，组织海内外侨界群众观看“亲情中华·同心与共”2022华侨华人云端春节晚会。3月，组织侨界妇女开展“三八”国际妇女节主题活动。

【文化交流】 4月，磁器口古镇被市侨联授予第一批“重庆市华侨文化交流基地”。5月，在第22届世界华人学生作文大赛中获一等奖4个、二等奖15个、三等奖29个，区侨联荣获优秀组织单位奖。开展以“喜迎二十大 侨心齐向党”为主题的书画、视频摄影作品征集活动，共收到镇街150余件作品。6月，承办2022“亲情中华·为你讲故事”重庆沙坪坝网上营活动，来自美国、加拿大、意大利、泰国等160余名华裔青少年参与。12月，承办市侨联“侨眼看发展·颂赞新时代”——喜迎二十大摄影活动，评选出80余幅优秀作品，对外展示重庆各项事业发展取得的新成就。

【服务民生】 2022年，区侨联常态化开展扶贫帮困，全年组织各级侨联组织在传统节假日慰问侨界群众369人次，送出慰问金及慰问品15.36万元。1月，区委常委、统战部部长谭顺清，副区长凌健带队走访慰问侨界群众。5月，区委统战部、区侨联在歌乐山向家湾小学校联合开展“情暖六一·共筑未来”活动，慰问60名学生送出价值3万元的物资及现金。6月，区侨联开展端午慰问，走访老归侨、困难侨眷（属）、侨界重点人士等。

【助推发展】 2022年，区侨联坚持围绕中心服务大局，开展走访调研、招商引资、引才引智工作，助推经济社会发展。1月，与华侨大学重庆校友会签订合作协议并开展校地联动活动，并联合区人社局、区商务委与华侨大学重庆校友会开展“归巢行动”计划和招商引资宣传推介。3月，区委常委、统战部部长谭顺清带队走访侨资企业重庆煌华实业有限公司和重庆市宾华物业管理有限公司。4月，区侨联、区侨青会联合回龙坝镇四龙村开展助力乡村振兴“五个一”活动。7月，区侨联邀请高校专家走进光谷智创园，举办企业交流会，服务企业。12月，与区委组织部、人社局等部门承办“2022年度海外赤子为国服务行动走进沙坪坝创新创业沙龙”线上活动。

【自身建设】 2022年，区侨联实施强基固本行动推进组织建设。1月，召开第八届四次（全委）扩大会议，传达学习党的十九届六中全会等精神，审议通过区侨联工作报告。5月，区委统战部、区侨联联合开展侨务工作业务培训。8月，区政协调研指导区侨联工作。9月，新建井口街道松堡社区“侨胞之家”并完成阵地打造。10月，回龙坝镇“侨胞之家”成立。12月，区侨联开展“健康机关”创建并成功验收，区侨联联络交流科申报为区级巾帼文明岗，团结坝社区“侨胞之家”申报中国侨联“侨心书苑进侨家”项目。

（田皓天）

沙坪坝区残疾人联合会

【概况】 2022年，沙坪坝区残疾人联合会认真履行“代表、服务、管理”残疾人职责，通过实施22个惠残项目，强化兜底保障。贴近残疾人群众需求开展精准帮扶，大力实施残疾人康复，稳步推进残疾人就业，鼓励残疾人创业，帮助残疾人就业增收。开展“关注残疾·送温暖”活动，为460名困难残疾人送上蔬菜、肉、油等生活物资。推进“渝馨家园”建设，在全区打造完成四星级标准以上“渝馨家园”7个，分别试点党建助残、数字化智慧化管理、生活重建实训基地、法律和心理援助等工作，做实做细“百千万”市级重点民生工程，为残疾人提供就近就便常态化服务。

2022年5月13日，沙坪坝区残疾人联合会在双碑街道勤居村综合文化服务中心开展党史学习教育暨第三十二次全国助残日活动。残联工作人员和残疾人代表等100余人参加活动

（郭雪梅 摄）

【参政议政】 2022年，沙坪坝区残联中的政协委员在各种会议上反映残疾人需求和残疾人事业发展中存在的困难问题，经过广泛调研与电话采访，向沙坪坝区政协提交“关于进一步加强公共场所无障碍设施建设”，认真履行职责，在参政议政中促进残疾人权益保障。引导残疾人参政议政，切实维护残疾人合法权益。

【自身建设】 2022年，沙坪坝区残联开展专题业务培训2期，累计培训481人次。加强残疾人事业宣传，专题报道残疾人事业7次，在各类媒体发布信息81条。

（郭雪梅）

沙坪坝区红十字会

【概况】 2022年，沙坪坝区红十字会新建基层组织208个（累计212个），新发展个人会员3563人（其中青少年会员142人），累计3646人，现有团体会员18个。新增注册红十字志愿者167人、红十字志愿服务队5个。全年遗体捐献登记线上961例、线下317例；角膜捐献登记线上1282例、线下286例；器官捐献登记线上1312例；成功实施遗体捐献94例、器官捐献10例。6月，沙坪坝区红十字会召开第七届理事会第三次会议，完成届中调整选举，副区长黄可欣当选为区红十字会会长。7月，首次将红十字会法宣传人道知识传播专题纳入区委党校授课。

【基层组织建设】 2022年，沙坪坝区召开推进红十字会基层组织建设工作部署暨培训会，部署筹备在多领域建设红十字会基层组织事宜。区卫健委机关、区属27家医疗机构、回龙坝镇大桥村、联芳街道、重庆市青木关中学校相继成立红十字会，全区机关、学校、医疗机构等实现红十字会基层组织逐步覆盖；全区4个镇、17个街道及其所辖47个村、110个社区成立红十字会，实现镇街道（村社区）组织全覆盖。8月，组织开展业务知识培训，提升全区红十字系统工作人员业务水平。香榭里社区红十字志愿服务队的“博爱香榭里·情暖夕阳红”项目，入选市红十字会2022年“博爱山城”红十字志愿服务项目。2022年5月，土湾社区卫生服务中心红十字志愿服务队获评重庆市新时代最佳红十字志愿服务组织，联芳街道双朝门社区获评重庆市新时代最美红十字志愿服务社区。2022年11月，土湾社区卫生服务中心红十字志愿服务队获全国红十字模范单位表彰；香榭里社区党委书记、居委会主任韩秀兰（女）获全国“会员之星”表彰。1名会员获“特别个人会员”奖章。

【应急救护】 2022年，沙坪坝区21个红十字志愿服务队开展应急救护培训“五进”工作，全年培训救护员203人、开展群众应急救护培训151场次、22758名群众接受宣教。进一步普及应急救护、防灾避险和卫生健康知识，宣传“关爱生命、救在身边”主旨，倡导“人人学急救、急救为人人”社会风尚，提高人民群众的自救互救意识及能力，弘扬保护人的生命与健康的人道主义精神。推荐教育系统5名教职工参加重庆市应急救护师资培训，选派救护师资1人参与总会红十字应急救护师资提高班（重庆分班）培训，全员通过考试并获中国红十字会总会救护师资证书。6月，沙坪坝区首次举办红十字会应急救护师资培训班，59学员考核合格获“中国红十字会救护师资证”，现救护师资增至85人。

【人道救助】 2022年，沙坪坝区15名学子获重庆市红十字会“红十字星火助学计划”资助，每人每学年2000元。开展“红十字博爱送万家”活动，春节前夕将市红十字会分配的200个温暖包及时发放给200户困难群众。协助4名困难患儿申请儿童医疗救助资金，2名无力支付医疗费用的患者申请疾病应急救助金。收到中电科技集团重庆声光电有限公司、百诺众城（重庆）电子科技有限公司、重庆新思沃企业营销策划有限公司等8家企业捐赠资金2.6万元和价值1708.75万余元的物资，按照捐赠者意向及时实施，惠及本区工作人员及相关群众、养老机构老年人。

【宣传活动】 2022年，沙坪坝区红十字会在“5·8”世界红十字日、“5·12”全国防灾减灾日、“6·11”中国器官捐献日、9月第二个星期六世界急救日等重要时间节点开展主题宣传，多形式宣传普及红十字知识，传播人道主义，弘扬“人道、博爱、奉献”红十字精神。借助平台及时发布工作资讯，在市红十字会网站发布22条，“沙磁荟”App、《沙坪坝报》、沙坪坝新闻、沙坪坝区人民政府官网等媒体发布34条，区卫生健康系统OA信息平台发布26条。开展“三献”宣传活动51次，围绕“生命的意义”主题，开展2022年遗体和人体器官捐献缅怀纪念活动，宣传动员群众志愿登记，引导对捐献者献花、祈福。

（秦思爽）

沙坪坝区计划生育协会

【概况】 2022年，区计生协在区委、区政府的坚强领导和市计生协的指导下，围绕区卫健委中心工作，认真履行职能，保障“一老”（计生失独人员）、“一小”（3岁以下婴幼儿）的安全稳定。指导计生特殊家庭星缘联谊会（以下简称“星缘联谊会”）开展“喜迎二十大”等党建活动，引导计生家庭听党话、跟党走，计生协成为党和政府联系计生家庭的桥梁和纽带。

【计划生育特殊家庭帮扶】 坚持“政府主导、协会搭台、各方参与、会员自治”计生特殊家庭帮扶模式。全面落实计生家庭权益，区计生协生育关怀特设资金、春节慰问资金、计生特殊家庭购买商业保险资金389万元惠及9836人次。区委、区政府把计生特殊家庭帮扶工作纳入各镇街、相关部门实绩考核，建立区领导、区计生工作领导小组成员单位、镇街三级慰问困难机制，联动民政等部门，为计生特殊家庭提供法律、心理等服务。广泛凝聚社会关爱，发动农工党沙坪坝区委、福寿园国际集团等民主党派、企业家帮扶困难计生特殊家庭。“星缘联谊会”开展法律、健康等知识讲座，登山、跳舞等活动，星缘互助互慰志愿服务队发挥全国“暖心之星”志愿团队作用，按“年轻帮助年老、居住地就近帮扶、健康帮助生病”原则开展整理家务、陪护看病等志愿服务1000小时以上，缓解会员后顾之忧。星缘会员回馈社会献大爱，2022年为孤残儿童编织爱心毛衣218件，开展遗体捐赠。

【计生宣传倡导】 通过“5·29”会员活动日、微信等线上、线下形式宣传党的二十大精神，《中共中央　国务院关于优化生育政策促进人口长期均衡发展的决定》《中华人民共和国人口与计划生育法》《重庆市人口与计划生育条例》等政策法规。印发计生协《工作专刊》9期，13篇计生工作信息被新华网、沙磁荟等媒体刊发。印制《婴幼儿家庭照护核心信息》宣传海报3000套、宣传册3万册，通过政府门户网、镇街、医疗机构、托育机构、照护宣传季活动进行发放和宣传。依托移动云MAS平台、“健康沙区”公众号发布照护服务知识，营造浓厚照护服务氛围。

【服务体系建设】 2022年，争取中国计生协“暖心家园”“青春健康（重大和川外）”，中国人口福利基金会“计生特殊家庭帮扶能力建设”项目，争取项目资金11万元，惠及计生特殊家庭、高校学子等多种群体。

（邓琼华　陈艳秋）

法　治

政法委与综治

【概况】　2022年，沙坪坝区坚持以习近平新时代中国特色社会主义思想为指导，深入贯彻习近平法治思想，坚决落实中央决策部署和市委工作要求，聚焦“喜迎党的二十大、忠诚履职保平安”和学习贯彻党的二十大精神主线，全力优化社会治安环境，着力强化法治服务保障，加强和创新社会治理，全面加强政法队伍建设，社会大局安定有序，完成党的二十大、市第六次党代会等重大安保维稳任务。成功创建全国法治政府建设示范区，获评“重庆市平安建设先进集体”。

【防范化解政治安全领域重大风险】　以习近平新时代中国特色社会主义思想为引领，以党的二十大安全保卫为主线，围绕经济社会发展重点工作，进一步强化政治安全工作责任制，严格落实各项工作任务。以完善机制建设为重点，建立健全维护政治安全工作情报会商研判和风险评估机制，将维护国家政治安全工作纳入每月各成员单位中心组学习的重要议题，组织各成员单位研究分析本系统、本部门政治安全领域新情况、新问题。

【社会治安综合治理】　2022年，全区立案量创近十年新低，现行命案连续十年全破。5个社会治安挂牌整治重点地区顺利摘牌。开展打击整治养老诈骗专项行动，破案134件，打掉涉案团伙6个，抓获犯罪嫌疑人61人，移送起诉34人，提起公诉25人，追赃挽损2525万元。常态化推进扫黑除恶斗争，完成信息网络、自然资源、交通运输、工程建设四大领域行业整治。开展校园周边治安综合治理和青少年暑期防溺水工作，排查整改问题隐患4714处。严格落实严重精神障碍患者监护责任“以奖代补”制度。

【政法领域改革】　全面加快司法体制综合配套改革各项措施落地落实，落实司法责任制，健全领导干部办案情况通报制度，明确领导干部

2022年12月，土主街道“和顺茶馆”举办反诈宣传活动　（曾艳玲　摄）

作为检察官、法官办理案件时必须履行的职责。完善执法司法制约监督体系，构建“业务主导、数据整合、技术支撑、重在应用”的监督工作模式。积极稳妥办理公益诉讼案件，落实公益司法保护。依托“红岩检察官”办公室，积极开展文化遗产保护。聘请专家学者、专职律师、人大代表、政协委员、人民监督员，不断强化生态环境专家库建设，助力“保护长江母亲河”专项行动。

【执法督查】 2022年，组织开展政法系统案件自评自查、随机抽查、集中评查和法律监督专项检查。聚焦服务保障民生，推进全民反诈专项行动，健全完善“联合上门预警劝阻”机制和“秒止付”工作机制，破获本地电信网络诈骗案件1670起，预警劝阻39.08万人次，追回涉诈资金1047.25万元。聚焦优化营商环境，依法严惩破坏市场秩序等违法犯罪行为，依法平等保护企业和企业家合法权益。

【涉法涉诉信访】 2022年，深入开展涉法涉诉信访案件清查，依法处理涉法涉诉信访问题，妥善化解处置各类涉法涉诉重点案件、信访积案，全国12337平台、中央督导组、市委政法委交办案件及自查案件化解率达85%以上。定期召开平安稳定风险综合会议，研究重难点问题16个，下发督办单5个，一体化运行重大案事件收集商讨、统筹处置、交办督办。坚持领导干部接访下访群众工作机制，全年接访下访群众220余人次，落实司法救助金2.6万余元。

【政法队伍建设】 坚持以习近平新时代中国特色社会主义思想为指导，以《中国共产党政法工作条例》及市委实施办法贯彻落实情况专项督查工作为抓手，深入学习贯彻党的二十大精神，组织全区政法干警参加政治轮训2163人次，组织全区基层政法队伍参加各类培训3807人次，选树20名“沙磁政法之星”。制定《中共重庆市沙坪坝区委政法委员会政治督察工作办法（试行）》《中共重庆市沙坪坝区委政法委员会纪律作风督查巡查工作办法（试行）》等37项长效机制，推动全区政法各单位班子成员交流2人、中层领导干部交流39人、重点岗位轮岗64人。出台《关于评选命名“沙坪坝区政法系统干部教育培训暨市域社会治理现代化现场教学基地”的实施方案》，命名回龙坝镇聚龙城社区“和顺茶馆”等5个教学点为第一批政法干部教育培训现场教学点。区委政法委被市委、市政府评为重庆市平安建设先进集体，被区委、区政府评为沙坪坝区创建全国文明城区工作先进集体，宋世炜被评为沙坪坝区创建全国文明城区工作先进个人，刘清林被评为沙坪坝区高质量发展突出贡献先进个人。

【市域社会治理现代化试点】 入选全国、全市市域社会治理现代化第一期试点城区，成立以区委书记、区长任组长的试点工作领导小组，区委常委会及专题会议11次传达学习、研究部署重要工作，将“加强和创新社会治理”专章写入全区“十四五”规划，制订出台《沙坪坝区加强基层治理体系和治理能力现代化建设的实施方案》《沙坪坝区推进基层社会治理创新工作方案》。建立“一办十二组”工作专班，9名区领导牵头抓落实，建立健全联席会议、督导考核等工作机制。接受重庆市市域社会治理现代化试点项目指导组督查指导2次，抽调18名干部组建6个试点工作督查专班，对12个专项工作组开展全覆盖督导检查。将市域社会治理现代化试点工作情况纳入2022年度全区工作业绩考核指标。

【社会治理特色品牌】 2022年，沙坪坝区以构建共建共治共享格局为工作主线，深化推广“和顺茶馆”基层社会治理品牌和治理经验。实现全域覆盖，制订下发《关于加快“和顺茶馆”全域覆盖暨规范运行的实施方案》，规范基本要素、总结“和顺四法”、完善运行方式。不断优化功能，协同党群服务中心、渝事好商量等区级平台拓展服务功能，收集处理群众“急难愁盼”问题2200余件，化解纠纷矛盾、处理意见建议3100余条，提供法律服务730余场次、政务服务150余次，社工服务240余次，便民自助服务4000余次，累计受益群众12万余人次。《小服务推动大治理 小场景展现大格局》入选全市“我为群众办实事”实践活动典型案例，入围“全国社会治理创新案例（2022）”，拍摄《“和顺茶馆”建设掠影》、微动漫全区推广，同步开发周边产品，不断提升品牌知名度。

（王恒坚 张 丞 罗小龙 陈 爽 宋世炜 刘 毅 苏 姝）

法治政府建设

【概况】 2022年，沙坪坝区坚持以习近平新时代中国特色社会主义思想为指导，深入学习贯彻习近平法治思想，全面贯彻党的二十大精神，认真落实中央决策部署和市委工作要求，深入推进依法行政，全年审查区级各类合同156件。法治政府建设各项工作取得新成效，获评第二批“全国法治政府建设示范区”。

【普法阵地建设】 成功打造沙坪坝区青少年法治教育实践基地。遴选并培育“法律明白人”492人。在全区开展《中华人民共和国民法典》、“养老反诈”“12·4”宪法宣传周等主题式普法活动200余场次。依托“沙磁荟”“沙坪坝司法”等平台，以图文、视频等形式让普法宣传更接地气、有生气、聚人气。全年，公众号总阅读人数13万余人次。

【规范性文件清理备案审查】 围绕优化营商环境、清理计划生育内容文件等重点工作，全区开展行政规范性文件清理5次，清理文件74件、依法废止5件。备案审查行政规范性文件17件。

【政府法律顾问团建设】 2022年，沙坪坝区严格执行政府法律顾问动态调整机制，印发《关于补充遴选沙区人民政府法律顾问成员的通知》，选任50名律师组成政府法律顾问库；严格落实政府法律顾问年度双重考核机制，充分发动法律顾问参与决策论证审核过程。

【执法证件管理】 2022年，沙坪坝区开展线上培训行政执法人员、法制审核人员培训1204人，换发全国统一行政执法证件1366张。

【行政复议应诉】 沙坪坝区深入实施《沙坪坝区行政复议体制改革实施方案》，新增具有法律职业资格专职复议人员3人，新加行政复议专项预算50万元，新建并投入使用区级行政复议庭1个。全年审结复议案件68件，区政府负责人出庭应诉率达81.25%。全年收到复议申请108件，增幅达40.26%，行政争议化解率为51.5%。

（刘若素）

公 安

【概况】 2022年，区公安分局在区委、区政府和市公安局的坚强领导下，聚焦党的二十大安保工作主线，统筹抓队伍、推专项、防风险、促绩效，连续打赢保安全、护稳定系列硬仗，党的二十大安保工作排名全市第一，获“重庆市优秀公安局”称号，被市总工会评为“重庆市模范职工之家”。区看守所被评为“全国优秀公安基层单位”，人口管理支队被评为“全国公安机关中共二十大安保先进集体”，民警何巧获评“全国三八红旗手”，杨兵获评“全国公安系统二级英雄模范”。

【政治建设】 2022年，区公安分局规范开展理论学习，进行“第一议题”党委会学习66次，各基层党组织开展理论学习2600余场次。坚决守牢意识形态阵地，党委会专题研究意识形态工作4次，开展专项评估和风险隐患动态排查12次，将意识形态工作纳入目标管理绩效考核，全力维护意识形态安全。结合“冠红岩之名、铸红岩之魂”实践活动，实施深化红岩党建“六项行动”，切实传承发扬红岩精神，成立红岩派出所，评选“红岩先锋岗”10个、“红岩警务室”6个，《将红岩精神融入公安血脉》等经验做法被《人民公安报》头版报道。着力在解决队伍中的常见性难题上下功夫，建立完善靶向式“1+1+*N*”队伍帮扶机制，逐人建立1名分管局领导+1个所在单位班子+*N*名帮教民辅警的重点人帮扶专班65个。紧扣中国人民警察节、“七一”等重要时间节点，组织开展“光荣与梦想”庆祝活动暨荣誉仪式、“建功新时代、喜迎二十大”庆祝大会暨“我的警察故事”讲述等暖警活动，激励全体民警、辅警干事创业。累计实施基础建设工程项目34个，配发执法执勤车辆41辆，表彰奖励先进集体69个、先进个人1166人次，慰问民警辅警及离退休老同志3.1万余人次，帮助20余名民警辅警及家属解决就医、就业等实际困难。

【警令指挥】 2022年，区公安分局围绕“情指行”一体化机制实战化运行机制，构建形成“1+3+*N*”工作格局，明确指挥调度、情报分析、会商研究、风险排查、综合指挥室建设、专项任务组织推进6项工作职能，设定平时、要时、战时3种实战勤务场景，处置突发案事件1500余起，运用4G执法记录仪、实时影像处置重大事件110起。全市首创编撰《派出所工作手册》，明晰规范，划定职责，融合信息，为基层赋能。畅通警令，采编基层报送信息800余条，被上级采用量排名靠前，政务信息工作获通报表扬，有效服务领导决策和警务实战。全年受理信访601件，同比减少111件、下降15.6%，完成公安信访突出问题攻坚化解专项工作交办事项81件，受理并化解上级交办信访事项30件。公安部交办的王某某信访事项有效化解，受到公安部充分肯定。督办市、区领导批示交办任务216项，均按要求落实。督办分局党委会会议、局长办公会决定事项议定事项94项。

【违法犯罪打击】 2022年，区公安分局全面提升打击效能。实体化运行“1+5+23+*N*”智慧侦查新机制，即智侦中心与5个责任区刑侦大队、23个派出所、*N*个作战单元实行捆绑，打击破案效能倍增，全年刑事立案4502起，破案3373起，移送起诉2032人，九类案件破案率达100%，现行命案连续十年全破。开展全民反诈、夏季治安打击整治百日行动等专项行动，电信诈骗案件实现破案、打击、追赃“三升”，警情、发案、损失“三降”，部督“12·28”专案被公安部作为典型案例宣传，并获市公安局专项表彰。破获刘某某非法经营疫苗案，获公安部贺电表扬。侦破涉案价值8700余万元的制售假冒伪劣涂料案，受到公安部贺电表扬，获评重庆市“百日行动”十佳典型案例，破获团伙抢劫电诈“跑分”窝点案、黄某勤冒充市人大干部诈骗案等一批大案要案。打击治理跨境赌博工作取得佳绩，破获公安部督办“BOB”专案、新葡京专案两起跨境赌博案件，在全市打击治理跨境赌博工作半年推进全体会议上作交流发言。

【社会治安防控】 2022年，区公安分局着力推进社会治安防控体系建设，建成完善28个智能安防建设。全年每日常态投入社会面巡逻警力479人，设置执勤点90个、巡逻点147个、线路111条、夜间线路70条，策动党政“一日巡”472人次，整合群防群治力量，实现社会面巡逻防控无缝衔接。深入开展夏季治安打击整治“百日行动”，有效惩治一批违法犯罪分子，整治一批社会治安乱点，化解一批安全风险隐患。

【禁毒工作】 2022年，区公安分局统筹推进“打防管宣”四化一体禁毒模式。全力推进扫毒攻坚，移送起诉涉毒犯罪嫌疑人326人，查获吸毒人员663人，强制隔离戒毒280人，缴获各类毒品30余千克，破获部督目标案件1起。强化吸毒人员清单化管理，对全区社会面吸毒人、社区戒毒（康复）人员进行帮扶救助。深入开展“毒驾”治理，对全区重点运输企业从业驾驶人员开展拉网式吸毒筛查。落实全区86家易制毒化学品企业信息化备案管理，完成证件证书核销和台账数据报备。建成南开中学禁毒教育基地，受市政府和中国禁毒基金会肯定。

（卫 珂）

【人口管理】 2022年，区公安分局办理户口身份证业务10万余人次，其中，出生登记4906人、死亡注销2879人、市外迁入6544人、市内迁入23280人、所内迁移8356人次、受理身份证74484个。全年有序开展“一标三实”基础信息采集应用工作，新增标准地址46479条、实有房屋42897户、实有人口219787人、实有单位14929家，注销标准地址36359条、实有房屋31785户、实有人口244782人、实有单位6350家。在库有标准地址922559条，实有房屋790022户，实有人口1018678人，实有单位46697家。“一标三实”基础信息采集工作并列全市第一。

8月9日，区公安分局开展第三轮夏季治安打击整治百日行动 （区公安分局 供图）

【出入境管理】 2022年，区公安分局按照国家移民局、市公安局相关工作要求加强实质性审查，严把证件签发关。受理中国公民出国（境）证件4255人次，同比下降3.3%，其中，受理护照1757人次，同比上升79.1%，港澳通行证及签注2443人次，同比下降27.9%，往来台湾通行证52人次，前往港澳通行证3人次，港澳居民回乡证39人次。是年，受理外国人签证证件439件次，其中，居留许可共327件次、普通签证21件次、停留证件78件次、外国人出入境证13件次。

【道路交通秩序治理】 2022年，区公安分局围绕道路交通事故预防“减量控人”、摩托车综合治理行动等重点工作，扎实做好交通安全管理。全年处置交通类警情11.5万余件，办理机动车业务16.2万余件。深入排查交通安全隐患，排查重点驾驶人2.5万余人次、车辆2.9万余辆次，排查道路隐患155处，并联合相关部门完成治理。优化交通组织，专项治理全区11处交通堵乱点，深入推进磁器口片区、核心商圈片区、井双片区“三大示范片区”路网更新。创新运用“串联式”路口掉头管理方案，采取“微循环”功能、设置右置掉头、车道路权优化等手段，缓解6处路段交通不畅问题。深化智能交通建设，在全区新增52处交通信号机，设备联网率提升至98.6%。建成并启用867套“线上”电子执法设备，优化升级21处电警设备、72处违停设备。加强交通安全宣传，在央级、市级媒体发布信息856条，在微博、微信等新媒体平台发布信息129条，建设国省道沿线宣传阵地48处。全年共发生亡人交通事故31起、死亡32人，同比分别下降18.42%、20%，未发生死亡3人（含）以上的较大交通事故。

【监所管理】 2022年，区公安分局监所实行封闭勤务模式9个月，全年安全事故零发生。沙坪坝区看守所强化检法司联动机制，确保刑事诉讼进程顺利，采取视频为主、现场为辅的方式为公检法开展提讯、会见、庭审，着力推进“智慧监管”，于2022年5月被公安部评为“全国优秀公安基层单位”。沙坪坝区拘戒所注重教育和矛盾化解，化解拘戒人员相关矛盾纠纷35起，化解率达90%以上，教育转化多名扰乱公共场所秩序被拘留人员，服务于治安大局。

【执法规范化建设】 2022年，沙坪坝区公安分局法制部门全力推进执法监督管理机制改革，发布16期《执法办案问题工作通报》，共曝光、警示159件次，预警861件次。建立案件办理流程清单，优化法治内部审核制度，法治审核民警分3个片区工作小组对接全局29个办案单位，指导监督挂钩联系单位执法质量有效提升。分局全年共审核提捕645人、执行逮捕677人、移送起诉2032人、刑事拘留799人、取保候审920人、监视居住973人、行政拘留1322人。案件瑕疵问题同比下降30%，实现执法“零事故”。

【公安宣传】 2022年，区公安分局持续加大正面宣传力度，聚焦“百日行动”等重点工作，制作微电影、微视频等120部，召开新闻通气会20次，在主流媒体刊发新闻通稿800余篇次，发布新媒体信息1万余篇，被公安部、市公安局等新媒体转发采编1200余篇次。策划开展“坝姐说红岩”“反诈电影院”“疯狂纸片人”“坝姐小课堂”、2022年底“向群众报告”系列等主题宣传，深度组织团圆行动、抵制跨境赌博等宣传活动，有效扩大宣传覆盖面。严格落实“三同步”要求。

【公安大数据应用】 2022年，区公安分局成立网络安全和信息化领导小组，加强全局网络安全和信息化工作统一领导。采用上门培训、随机抽考、定点帮扶等手段开展移动警务应用专项实战练兵暨移动警务应用比武，累计参训达1600余人，现场一对一抽考543人，进一步强化了全警移动应用意识和大数据思维。开展大数据+网上督察，共开展巡查164712个次，查纠警容风纪等问题1724个，助力监督工作效能提升。自主研发“掌上勘验系统”获公安部刑事技术“双十计划”攻关创新大赛银奖。与市公安局科信总队联合项目“车辆卡口坐标经纬度自动治理工具”获公安部科信委肯定性批示。常态化开展大数据培训，培养数据分析师高级4名、中级12名、初级150余人，实现一个所队一名数据建模骨干，助力全警数据应用能力提升。

【成立红岩派出所】 2022年，区公安分局党委报请市公安局批准，成立红岩派出所。红岩派出所辖区覆盖歌乐山烈士陵园、红岩魂陈列馆、白公馆、渣滓洞等所有位于歌乐山的红岩文化景区。成立红岩派出所，旨在“用好红色资源，弘扬红岩精神”，探索“两队一室”改革创新路线和“景区管理+社区治理+警务运行”综合平台，打造党建引领发挥显著、群众工作卓越有效、基层治理水平出色、社区警务业绩突出的新时代“红岩先锋”变革型组织。

（刘 涛 樊立人 周天龙 詹 琼 关 超 朱鉴亮 卫 珂 万 莉 粟 洁 鲁梦洁 熊 原 许 鹏 郑 芳 杨程盛 钟振宇 廖 锐）

检 察

【刑事检察】 2022年，沙坪坝区检察院贯彻落实总体国家安全观，坚决维护“平安中国建设示范区”荣誉成果。依法打击刑事犯罪。全年受理审查逮捕417件578人、审查起诉1583件2131人，决定批捕314件401人、起诉1295件1737人。全力维护金融安全，积极化解社会矛盾，坚持抓早抓小，加强风险隐患排查和矛盾化解。

【民事、行政检察】 2022年，沙坪坝区检察院精准高效做实民事行政检察监督，坚持监督纠错与维护司法权威两手抓。全年受理申请监督108件，对认为确有错误的民事、行政裁判，提请和建议提请抗诉12件，发出民事再审检察建议6件，已获法院改判、发回重审、调解结案12件。深入推进虚假诉讼专项治理，聚焦民间借贷、离婚析产、劳动争议等“假官司”多发领域，监督纠正7件。认真开展民事行政检察未结案件“百日攻坚”专项行动，清理办结积案17件，杜绝办案“拖延症”，不断提升监督质效。加强刑事司法与行政执法衔接，协同区公安分局和行政执法部门，建立完善联席会商、线索移送、办案协作等长效机制。积极开展行政争议实质性化解，办理行政监督案件7件，已化解6件。

【服务经济发展】 2022年，沙坪坝区检察院紧扣“法治是最好的营商环境”，积极营造公平竞争的市场环境和公正透明的法治环境。全年依法批捕、起诉破坏市场经济秩序犯罪17件、28人，从快办理骗取留抵退税案件10件、50人。加强监检衔接，提高办案质效，办理招商引资等领域职务犯罪案件4件、4人。开展涉民营企业“挂案”清理，清理“挂案”“积案”18件。审慎办理涉民营企业案件，对涉罪企业负责人、业务骨干等依法不起诉10人。主动走访调研区内108家规模以上企业，积极推进涉案企业合规改革，与沙坪坝区工商联等共同建立第三方监督评估机制，督促涉案企业作出合规承诺并落实整改。与重庆国际物流枢纽园区会签工作办法，着力服务西部陆海新通道、西部（重庆）科学城、“环大学创新生态圈”等重大项目建设。

【公益诉讼检察】 2022年，沙坪坝区检察院坚持惩治与修复并重，加强生态环境保护。充分发挥长江生态检察官办公室职能作用，依法惩治破坏环境资源犯罪29件45人，举行公开听证以案说法，引导23名犯罪嫌疑人自愿履行修复义务。深入开展“保护长江母亲河”等环境保护专项行动，在中梁山、嘉陵江、梁滩河等重点区域开展巡山巡河45次，对违法处置固废、违规占用耕地等问题，向相关单位制发检察建议督促整改。与回龙坝镇共同打造主城唯一市级生态修复司法保护示范基地，努力以“检察蓝”护卫“生态绿”。依托“益心为公”检察云平台，组建“公益诉讼观察员”队伍，出台举报奖励办法，广泛收集案件线索，办理公益诉讼案件51件，发出诉前检察建议22份。开展文化遗产保护，与重庆市人民检察院第一分院、重庆市红岩联线共建“红岩检察官”办公室，对白公馆、渣滓洞等红岩遗址、抗战遗址开展保护巡查21次，对黄家院子等重点文物管理问题及时督促整改，维护烈士纪念设施庄严肃穆。

【司法体制改革】 2022年，沙坪坝区检察院加强未成年人司法保护，依法批捕、起诉性侵未成年人犯罪嫌疑人20人，追诉2人。对未成年被害人提供医疗、心理、经济、生活、学业等全方位救助，对监护侵害或监护缺失的，通过支持起诉撤销、变更监护权7人，发出《督促监护令》并开展家庭教育指导13人次。推动建立密切接触未成年人入职查询制度，开展查询4万余次；聘请85名教师为“莎姐”志愿者，举办法治宣讲12场，2部法治网课分获全国、全市检察机关精品网课。强化办案质量，严格流程监控、质量评查、专项检查，加强规范化建设，强化业务数据分析研判，严格案件质量评查，发出流程监控预警200余次，严防冤假错案，努力让人民群众在每一个司法案件中感受到公平正义。

【队伍建设】 2022年，沙坪坝区检察院坚持民主集中制，“三重一大”事项一律经党组会集体研究，重大案件一律由检委会集体决定。坚持以上率下，领导干部带头啃硬骨头、办大要案，办理重大疑难复杂案件280余件。班子连续五年被区委评为“处级领导班子先进集体”。加强专业化建设，深入开展素能培训、岗位练兵、业务竞赛等，深化与重庆大学、西南政法大学等高校合作，互派骨干挂职兼职，开展学术交流，完成省市级以上研究成果30余项，42名干警进入省级以上检察业务专家、人才库和专业办案团队。

【作风建设】 2022年，沙坪坝区检察院加强纪律作风建设，严格执行中央八项规定精神和市委、区委、检察机关各项铁规禁令，认真落实防止干预司法“三个规定”，常态化开展顽瘴痼疾排查整治，依规依纪填报重大事项82人次。坚持纪检监督全覆盖，开展“以案四说”

“以案四改”等警示教育8次，开展执法办案、纪律作风等检务督察26次。认真执行廉政谈话制度，开展入职谈话、廉政谈话、提醒谈话34人次。将纪律作风管理从“八小时以内”延伸到“八小时以外”，在重大节日或敏感时间节点，做好对干警的纪律作风提醒，引导党员干警自觉净化生活圈、朋友圈和社交圈。

（胡丽华）

法 院

【概况】 2022年，区法院坚持以习近平新时代中国特色社会主义思想为指导，认真贯彻落实党的二十大、市第六次党代会以及区第十三次党代会精神，牢牢把握服务大局、司法为民、公正司法主题主线，紧紧围绕“努力让人民群众在每一个司法案件中感受到公平正义”目标，忠实履行宪法和法律赋予的职责使命，守正创新，敢于担当，较好地完成了全年各项工作任务。受理各类案件57151件，同比下降18.65%；审执结各类案件51469件。

【刑事审判】 2022年，区法院审结各类刑事案件1278件、判处罪犯1632人，努力维护社会安定。审结涉恶刑事案件3件8人，判处五年以上有期徒刑4人。审结涉跨境赌博案件100件105人，追缴违法所得1424万元。审结电信网络诈骗及附属、关联犯罪案件236件291人，扣划被骗款项4900余万元，有力打击电信诈骗犯罪链条的底层架构。审结养老诈骗案件3件22人，追赃挽损198.25万元，守护老年人“钱袋子”安全。审结受贿、挪用公款等职务犯罪案件6件，判处罪犯6人，共处罚金170万元，追缴违法所得698.86万元，始终保持惩治腐败犯罪高压态势。

【民事审判】 2022年，区法院审结各类民事案件15814件，调撤结案7425件，依法保护群众的合法权益。审结劳动争议案件1835件，依法保护劳动者的合法权益。审结婚姻家庭纠纷案件1293件，努力维护家庭和谐。审结涉未成年人抚养、监护、探望等民事案件180件，依法保障未成年人合法权益。审结物业服务、相邻权等纠纷案件2306件，营造和谐的社区环境。审结交通事故、生命权、健康权等纠纷案件1190件，积极倡导文明出行、珍爱生命。审结涉“双减”纠纷案件393件，助力“双减”政策落地落实。审结食品药品纠纷案件1020件，保障人民群众“舌尖上的安全”

【商事审判】 2022年，区法院审结各类商事案件15080件，着力营造良好法治化营商环境。坚持把平等保护原则贯穿于商事审判全过程，严格公正司法、高效司法、廉洁司法，依法平等保护各类市场主体合法权益。审结买卖、服务、加工承揽等合同纠纷案件3512件，维护竞争有序的市场秩序。审结金融借款、信用卡、票据等金融纠纷案件6568件，追回金融借欠款2.92亿元，维护金融安全。审结商品房买卖、房地产开发、建设工程施工合同纠纷案件1698件，促进房地产业健康发展。审结涉“互联网+”、网络直播、网约车等新业态案件48件，引导数字经济在法治轨道上健康有序发展。营商环境考核指标位居全市法院前列。

【行政审判】 2022年，区法院审结行政案件408件，依法支持监督行政机关行使职权，行政机关负责人出庭应诉率79.12%，同比上升12.48%。定期召开府院联席会，提出依法行政建议，针对性开展法治专题讲座、行政执法指导等，提升机关工作人员依法行政水平，助力沙坪坝区成功创建“全国法治政府建设示范区”。

【执行工作】 2022年，区法院执结各类执行案件18889件，执结各类执行案件18889件，有财产可供执行案件法定审限内执结率99.19%，执行到位18.16亿元，让胜诉当事人“纸上权利”变为“真金白银”。无财产可供执行案件终本合格率100%。查封、冻结、扣押资产价值17.45亿元，公开曝光失信被执行人2988人，限制出境、限制高消费12184人，2273名失信被执行人因“一处失信、处处受限”主动履行义务，兑现金额0.95亿元。历时11个小时，克服艰难险阻跨省成功扣押重达20吨的天然气储气罐，并促成当事人自愿达成以物抵债协议。

【立案和审判监督】 2022年，区法院登记立案48909件，同比减少17135件，同比减少25.94%，其中网上立案15857件。坚持实事求是、有错必纠的审判监督理念，努力实现依法纠错与维护裁判权威的有机统一，进一步推动审判监督由事后监督向事中、事前监督，实现审判监督的动态化。同时注重对具有典型意义、示范意义的案件监督审理工作，做到审理一个案件，影响一片、警示一方，不断提升审判监督的穿透力和导向力，真正实现审判监督程序的防错纠错功能，为全区经济持续健康发展和社会和谐稳定提供有力的司法保障。

【智慧法院建设】 2022年，区法院加快推进现代化诉讼服务中心建设，建成“云上共享法庭”2个，升级改造科技法庭2个，建成远程在线庭审系统4套，在线庭审、远程调解、远程提讯、司法确认、普法宣传等功能不断完善。

【审判机制创新】 2022年，区法院持续创新审判管理机制，修改完善《法官工作量计量办法》，以同一标准计算办理不同案件的法官的工作量，激励法官更好、更快、更优办理案件，为科学配置审判资源提供依据。出台《优秀成果奖励办法》，涵盖学术论文、典型案例、优秀庭审、优秀文书及领导肯定性批示等方面，实

2022年4月2日，区法院运用“一庭两所”矛盾纠纷联调机制在和美大院联合调解一起群体性纠纷

（温　祺　摄）

行奖金发放与业绩加分并重，对获得优秀成果的干警在年度考核中予以专项奖励和加分奖励，计入法官业绩档案，作为绩效奖金发放的依据和晋级提拔的重要依据，有效激发了全院干警打造优秀成果的主动性、积极性和创造性。

【司法体制综合配套改革】 2022年，区法院认真贯彻落实四级法院审级职能定位改革试点要求，牢牢把握“基层人民法院重在准确查明事实、实质化解纠纷”职能定位。建立健全重大疑难案件“下交上”机制，规范特殊案件报请提级审理流程，报请“下交上”提级审理案件3件。做好下沉案件审理，依法审结诉讼标的额3000万元以上的民商事下沉案件13件。大力推进诉源治理改革，积极服务基层社会治理工作，《共创“和顺茶馆”亮点品牌，探索安置区社会治理新模式》入选最高人民法院第四批新时代人民法庭建设案例。

【法院队伍建设】 2022年，区法院持续巩固深化党史学习教育成果，深入开展理想信念教育，教育引导干警进一步筑牢政治忠诚、坚定理想信念、锤炼过硬本领。切实加强党员队伍建设，组织开展争当各类标兵和承诺践诺等活动，党员干警在办案攻坚、打造精品、疫情防控等急难险重任务中勇挑重担、担当作为，充分发挥了先锋模范作用。

【司法作风建设】 2022年，区法院坚持改进司法作风，规范司法行为，树立法院干警良好的司法形象。持续开展“以案四说”警示教育，深化以案促改促治，用身边事教育身边人，推动广大干警知敬畏、存戒惧、守底线，增强拒腐防变能力。严格执行防止干预司法“三个规定”、新时代政法干警“十个严禁”等铁规禁令，以清正廉洁保证公正司法。完成监察机构更名及职责调整，不断健全与新型审判权力运行机制相适应的制约监督体系。充分运用监督执纪“四种形态”特别是第一种形态，真正让“咬耳扯袖”“红脸出汗”成为常态，切实将管党治党责任落到实处。

（晋永梅）

司法行政

【概况】 区司法局坚持以习近平新时代中国特色社会主义思想为指导，以习近平法治思想为根本遵循和行动指南，深入学习贯彻党的二十大精神，贯彻落实党的十九届六中全会精神和市第六次党代会精神，踔厉奋发，开拓进取，工作成效显著，在2022年度司法行政工作评价中排名全市第一。

【公共法律服务体系建设】 建成镇街公共法律服务工作站22个、村（社区）公共法律服务工作室160个，组建刑事辩护、人民调解等领域专业化法律服务团队，全覆盖配备村居法律顾问；推进“互联网+公共法律服务”，依托“12348”、“重庆法网”App实现“一网通办”，公共法律服务质量和群众满意度日益提升。

【人民调解】 扎实推进红岩市民综合调解机制走深走实，镇街全覆盖建立红岩市民综合调解站42个。累计调解矛盾纠纷7450件，较上年同期增长33.9%，涉案金额累计约9522.37万元。积极探索红岩市民综合调解站与行专调委会、行政调解室共建对接机制，召开行专调委会工作联席会5次，设置对接试点站点8个，覆盖法院、公安、妇联、住建等领域，全年联合化解矛盾纠纷900余件，较上年提高30%。

【法律服务】 区司法局会同区发展改革委等7个部门出台《沙坪坝区支持专业服务业高质量发展政策措施》，新引进律所4家，3家鉴定机构被列入“重庆市司法鉴定专业品牌型机构”建设名录。优化提升“企业+法律服务人员”捆绑服务，免费提供“线上+线下”法律咨询和“法治体检”。招募52名律师成立企业法律服务团队，为企业提出风险防控建议40余条。

【社区矫正】 建立重点人群联席会议、分析研判、工作推进和考核评查四项制度，全年累计接收社区矫正对象402人、解除364人，接收刑释解矫人员708人，解除帮教人员1184人。开展社区矫正专项巡回检查，评查案卷316本，临时救助101人，发放临时救助金127897元；协助办理低保78人，走访慰问44人。

【法律援助】 新筛选45名律师形成法律援助律师资源库，全年累计受理法律援助案件471件，同比增长35%；为特困对象、低保对象提供法律援助案件90件，为当事人提供法律咨询2779件，1件法律援助案件入选司法部司法行政（法律服务）案例库。

【执法监督】 联合磁器口街道探索行政执法权下放工作，成功入选全市“行政执法协调监督体系建设试点”。创新推动公证服务参与行政执法，开创“行政执法+公证”合作范例。于全国首创行政执法“双社”监督员制度，聘任行政执法监督员15名，建立“专业化+网格化”队伍。开展行政执法专项监督检查及行政处罚案卷评查“回头看”，督促各单位自评自查案件4062件，整改问题32个，组织集中评查100件，实地检查50件并在全区通报结果。

（刘若素）

军　事

人民武装部

【概况】 2022年，沙坪坝区人民武装部坚持以习近平新时代中国特色社会主义思想为指导，深入学习贯彻习近平强军思想和党的二十大精神，认真贯彻落实警备区党委“六个体系”建设决策部署，按照“举旗铸魂固根本，着眼使命谋备战，聚焦动员促改革，夯实基层打基础，全面从严抓党建”的思路，狠抓年度各项工作落实，全面建设稳步推进，持续向上向好发展。

【政治建设】 围绕党的二十大召开，大力加强思想政治建设。加强班子建设。结合《警备区党委议事规则》，修订完善《部党委议事规则》，抓好《军队党委落实全面从严治党主体责任规定》《军队党的建设条例》等法规制度落实；以深入学习贯彻党的十九届六全会、二十大精神为主要内容，认真组织部党委理论学习中心组带机关集中学习；围绕“五个带头”“四个讲清”“四严四整”深入检查剖析，严肃组织召开党史学习教育专题民主生活会和专题组织生活会。抓实主题教育。巩固拓展党史学习教育成果，挖掘丰富红岩精神内涵，采取专题辅导、理论学习、讨论交流等形式抓实聚焦“忠诚维护核心、矢志奋斗强军”深化主题教育，组织观看舞台剧《重庆·1949》，电影《长津湖之水门桥》《建党伟业》，开展“奋进新征程，建功新时代”系列文娱体育比赛等丰富的配套活动；认真筹划，专题研究，扎实抓好党的二十大精神学习贯彻；把握政治教育规律，把显性教育与隐性教育结合起来，及时加强形势政策教育引导，坚决打赢意识形态领域阻击战。持续正风肃纪。围绕迎接军委纪委和国防动员部“加强政治建设，严守政治纪律”专项巡视，扎实开展净化涉军网络环境专项行动、深化基层风气整肃治理、重点行业领域廉政风险排查、“四严四整”教育整训。及时传达学习军委纪委关于违纪违法典型案件通报和严重违纪违法人员忏悔材料汇编等，开展党的纪律教育，党委、纪委书记上专题党课，完善政治制度，把“软指标”变成“硬约束”，全体干部文职职工纪律意识进一步增强，政治生态持续向上向好。

【军事建设】

从严落实战备　严格落实战备值班制度，修订完善营门突发情况处置预案，组织年度战备形势分析研判，战备分队遂行应战应急任务行动演练；运用勘察成果完善作战、专项、应

急方案修订，进一步规范完善“三室两库”，打通应对强敌国防动员指挥链路。

抓实练兵备战　科学统筹全区军事训练，正规训练秩序，严格落实党委议战议训，重要演训活动专题研究。2022年开训动员令发布后，及时组织“开训日”拉练活动和“开训练兵月”活动，组织应急连人员和民兵教练员考核选拔，指导各镇街民兵应急分队开展年度训练工作，组织机关开展指挥演练、理论研讨等训练活动；承办重庆市分片区组织的南川、涪陵、璧山等7个区县民兵教练员骨干集训，完成任务安全圆满。

推动力量建设　按照全市“核心区”民兵力量建设布局，认真贯彻落实重庆市民兵建设“十四五”规划，组织召开区民兵“十四五”建设动员部署会，会同区委、区政府联合印发《沙坪坝区民兵建设“十四五”计划》；部领导分头带队组织对民兵预编企业逐一走访调查，采取以会代训、专题辅导、现地调研等形式组织民兵整组业务培训；组织对民兵分队逐一进行拉动点验，突出新质特色民兵建设，聚力打造一支“冠红岩之名、铸红岩之魂”的红岩民兵分队。

【国防动员】

依案加强动员建设　积极协调军地开展需求对接，组织重要目标单位、驻区有关部队开展了人力资源、设施物资、装备设备进行需求对接；协调区军民融合办、区发改委、交通局、人防办、重庆卫星通信站等单位，结合方案开展现地勘察；依据重庆市国防动员总案，协调军地按照“1+*N*”方案修订完善区国防动员支前方案和保障计划；与区应急局联合组织开展森林防火灭火训练演练；组织开展重点潜力调查工作，完成重点潜力数据会审。

依法开展兵员征集　坚持早准备、早计划、早发动，采取LED宣传车、张贴海报、发放宣传手册、推送征兵短信、微信公众号等办法加强征兵政策宣传；注重规范征兵程序，严把“五个严格”关口，严密组织役前教育训练，超质量完成年度征集任务，兵员结构、兵员质量双指标大幅提高，达到了征兵“五率”要求。

【参建参治】　积极参与区“3·12”义务植树活动，协调区委、区政府有关部门做好退役军人安置、随军家属就业、军人子女教育优待工作；会同区领导为辖区内荣立二等功的军人家属上门送喜报，协助退军局积极做好双拥模范城创建工作届中考评调研，配合区国防教育领导小组做好全民国防教育日宣传和全国国防教育示范学校推荐上报，不断巩固发展军政军民团结。

【沙坪坝区武装工作会】　2月15日，沙坪坝区召开2022年度武装工作会议，会议传达警备区党委五届七次全体（扩大）会议精神，总结2021年度武装工作，部署2022年工作任务，表彰基层武装工作先进单位和先进个人。会议指出，2022年全区国防动员和后备力量建设要坚持以习近平新时代中国特色社会主义思想为指导，深入贯彻习近平强军思想，深入贯彻新时代军事战略方针，按照中央军委、西部战区、军委国防动员部和重庆警备区党委决策部署，紧扣建军百年奋斗目标，举旗铸魂固根本，着眼使命谋备战，聚焦动员抓改革，夯实基层打基础，全面从严抓党建，狠抓工作落实、全力争先创优，努力开创沙区国防动员和后备力量建设高质量发展新局面。

【全民国防教育日活动】　为深入贯彻落实习近平总书记关于全民国防教育工作重要指示精神，

沙坪坝区人武部联合区委全民国防教育领导小组办公室扎实开展全国第22个全民国防教育日暨重庆市第12个国防教育宣传周宣传工作。开展青少年国防教育主题班会活动。统一组织区内各中小学开展国防教育主题班会课，播放制作的国防教育课件，在全区中小学生心中种下强国梦、强军梦的种子。开展国防教育专场故事会。邀请优秀退伍军人现场为广大群众讲述国防故事，通过红色故事，厚植爱国热情，传承红色基因。开展专题教育辅导。邀请军队院校专家深入部分街镇社区开展国防教育巡讲，现场为广大群众讲述国防知识，进一步增强全民热爱祖国、建设祖国、保卫祖国的意识。开展全民国防教育氛围营造活动。广泛利用户外LED、滚动显示屏、QQ微信群等各类宣传载体持续滚动刊播公益海报，在全社会营造浓厚的宣传氛围。

【民兵训练基地加快推进改造升级】 在沙坪坝区委、区政府的大力支持下，为有效推进沙坪坝区国防动员后备力量建设质量，落实“十四五”期间民兵基地化训练目标要求，提升民兵遂行多样化军事任务能力，积极协调区委、区政府投入经费用于征收土地。同时指定区交通局作为业主单位负责民兵训练基地改造设计和建设，进一步完善基地训练功能、保障条件和营区环境。

（卢崇政）

人民防空

【工程建设管理】 配合市人民防空办批建防空地下室，收取易地建设费。开展人民医院井双院区公共人防工程结算审计工作；推进大学城文化宣教综合服务中心项目，其中人防宣教应急指挥中心主体结构已完成封顶；推动土湾公共人防工程项目落地，已完成立项和现状地形图测绘。

【疏散基地建设】 开展“人防＋乡村”融合发展新模式，编制人防疏散基地建设助力乡村振兴3年行动计划。组织建设中梁镇镇、村两级视频指挥系统，完成人民防空“镇、村、组、大院、中心户”五级组织体系，助力乡村基层治理现代化。推进田园、菜园、果园、花园、家园“五园共治”，在完善人防疏散基地基础设施的同时助力农村环境整治提升。

【专业队伍训练】 以第九期组训为平台，组建专业队伍。规范建设红岩国防动员志愿者、红岩人民防空志愿者队伍，组织开展骨干培训和志愿者服务行动。

【人防知识宣传教育】 为沙坪坝区24所中学校57所小学校发放人防知识教材，让人防知识走进每一个孩子心中。“5·12”期间组织全区22个镇（街道）开展人防知识宣传教育活动，参加应急局组织的防灾减灾集中宣传活动，组织在中梁镇、土湾街道开展人民防空知识集中宣传活动。采购“5·12”“6·5”人民防空知识宣传用品环保口袋、扇子等，印制人民防空宣传手册、宣传单等。完成市人民防空办下达的“6·5”承办全市防空警报试鸣放人民防空知识宣传工作。完成中梁疏散基地宣教室设计、制作等相关工作。完成沙坪坝育英小学人民防空宣传阵地的建设。完成石井坡街道社区公园人民防空主题宣传教育阵地的建设。完成大学城11所高校新生国防、人民防空知识线上答题活动，累计4.1万人参与。完成人民防空知识进党校活动，组织新任科级领导干部培训班的学员到市人民防空宣传教育馆参观学习。

【人防法治建设】 制订年度普法计划，将人防法律法规作为普法重点内容，人防规范性文件备案率100%。进一步完善《沙坪坝区人防办行政执法责任制》，先后修订和建立了《人防办行政执法岗位执法责任制度》《人防办行政执法程序制度》《人防办行政执法考核制度》《人防办行政执法公开制度》等10余项规章制度。按“双随机、一公开”要求，开展执法检查30次。结合“5·12”防灾减灾日、“安全生产月”和“12·4”全国法制宣传日等时机，组织开展《中华人民共和国人民防空法》《重庆市人民防空条例》等法律法规宣传工作。6月5日，人防办承办由市人民防空办、沙坪坝区人民政府主办的“6·5”防空警报试鸣放日大型宣传活动，在沙坪坝金沙天街、新世纪室外屏幕投放人民防空法治宣传片。

【安全生产工作】 严格开展安全生产排查整治工作，下发《重庆市沙坪坝区人民防空办公室2022年安全生产年度监督检查计划》《沙坪坝区人民防空办公室春季安全生产与自然灾害防治大排查大整治专项行动工作方案》《关于全面开展地下空间安全生产大排查大整治工作的通知》等文件。通过购买三方安全技术服务的方式，加强对引资工程的安全检查，确保地下引资工程安全。委托三方机构建立“三峡广场安全人防”微信公众号，为提升群众应急逃生能力，加强民众安全宣传教育服务。

【人民防空训练任务】 组织巴南区、永川区、璧山区、巫溪县人民防空办公室完成年度训练任务。组织集中训练。根据年度工作任务和训练计划，分别在璧山区、巴南区、巫溪县组织小组指挥通信集中训练，收到良好训练效果。完成指挥中心日常训练。

（刘　余）

退役军人事务

【概况】 2022年，区退役军人事务局深学思悟习近平新时代中国特色社会主义思想，深入学习贯彻党的二十大精神，把学习习近平强军思想和习近平总书记关于退役军人工作的重要论述作为重大政治任务，退役军人事务领域各项工作高质量发展。参加退役军人事务部对重庆市专题采访《荣光之路》，人民网进行专题宣传报道；“欢迎老兵回家”图片入选全国“奋进新时代”主题成就展，在中央综合展区展出；《重庆日报》专题刊登沙坪坝区“让退役军人获得感成色更足”，宣传沙坪坝区退役军人服务体系建设；作为4个区县之一接受市人大就全市退役军人工作开展的现场调研。荣获2022年度《中国退役军人》宣传工作先进单位，综合考核获全市第一名。

【退役军官安置】 全年接收退役军官，其中转业军官安置采取逐人交流的方式，了解安置意愿、提供选岗参考，按照需求牵引、多方协作的思路，提高安置质量，安置到参公事业单位比例提高到100%。

【退役士兵安置】 全年接收退役士兵，其中符合安置条件安置到事业单位比例为70%，发放待安排工作期间生活补助和社保缴费；发放自主就业一次性经济补助金；伤病残退役军人购建房补助。

【就业创业】 组织区级退役军人专场招聘会3

场，累计800余家企业参会，发布招聘信息1500条；鼓励退役军人到基层就业，累计推荐服务村社基层组织，开发部分退役士兵帮扶专岗；引导重庆能源工业技师学院、重庆铁路运输技师学院、重庆市嘉禾职业培训学校、重庆弘一职业培训学校4家区内技能培训机构成功申报重庆市退役军人职业技能承训机构，选树推荐重庆市退役军人就业创业榜样人物1人、重庆市退役军人乡村振兴团队1个，入选川渝退役军人导师团队1人；鼓励退役军人积极参加退役军人创业创新大赛，获重庆市二等奖项目1个、三等奖项目1个。

【优待和抚恤】 克服不利影响，切实落实优抚对抚恤补助政策。发放各类补助，发放定期医疗补助金，发放节日慰问；发放义务兵家庭优待金及立功受奖奖励金；为病故军休干部家属发放一次性抚恤金和丧葬费。2022年，辖区残疾军人（含伤残人民警察、伤残国家机关工作人员、参战伤残民兵民工）残疾抚恤金按2022年8月1日起执行的残疾抚恤金标准发放。

【军休管理】 服务管理军休干部，全面落实“两个待遇”。开展学习教育，送书送学上门，订阅发放《党的二十大报告》单行本等学习资料，订阅党报党刊等30多种。中心党委，1个党总支、12个支部按期完成换届；协调完成军休老党员组织关系转接；深入开展“冠红岩之名、铸红岩之魂”实践活动，组织军休干部积极参加清明“网上祭英烈”、“9·30”烈士公祭、巩固党史学习教育专题党课宣讲。制定党建、廉政、业务“三张清单”；严格落实“三个知道”“两个跟上”，看望住院、卧床、空巢军休干部，对高龄、功臣、伤残、空巢、卧床等军休干部落实专人负责，代买生活用品、陪护谈心；常态开展春节、“八一”慰问活动，为军休干部送上“八个一”礼包和节日祝福；安全开展“喜迎二十大　绘出夕阳红”第二届军休干部门球友谊赛、春节座谈会、“八一”座谈会等大项活动；为军休干部办理体检；投入70万

沙坪坝区土主街道退役军人服务站工作人员在服务大厅接待服务退役军人
（王中委　摄）

元，为军休小区统一购买物业服务；“军休老战士志愿团”开展爱心义诊、关爱青少年活动20余次，积极踊跃向区退役军人关爱基金捐款，400余名军休干部医疗专家返（反）聘助力社会发展；《重庆军休》等刊物采用投稿70多篇。全国试点、重庆首家、公建民营的沙坪坝区军休康养中心于10月25日开始试运营；《共产党人的信仰》节目入选退役军人事务部线上文艺会演；2名军休干部分别获得全国军休干部绘画作品三等奖、摄影作品三等奖；荣获市军休老年大学校徽设计作品一等奖；《干休所来了位“勤务兵”》荣获第七届“爱·重庆”微电影大赛优秀作品奖；军休干部华美娟获得重庆市“最美阳台”荣誉证书；军休干部江玉贵获评区关工委“最美红梅五老”。

【“双拥”工作】 组织召开区委议军会、“八一”军政座谈会、军地联席会，研究解决驻区部队官兵关心关切议题，办理军地议题18项。春节、“八一”期间，区四大班子领导带队走访驻区部队，为官兵赠送价值61.4万元的慰问品，全覆盖入户慰问67户边海防和执行任务部队官兵家庭。上门为现役军人家庭送立功喜报，赠送慰问金。协调军人子女入读重点学校，高质量完成随军家属安置任务，为随军未就业家属发放生活补助。常态开展“十进军营”活动，先后为驻区部队官兵组织送电影、送节目、送政策、送图书等活动，量身打造“订单式”拥军服务。首次开展“最美退役军人”学习宣传活动，评选“最美退役军人”。

【退役军人服务】 “一中心两站”全覆盖，全区22个镇街、160个村（社区）退役军人服务站聘请专职和兼职为军服务保障员。区退役军人服务中心和土主街道退役军人服务站成功创建“全市高质量服务中心（站）”，56个村（社区）服务站开展全国示范型退役军人服务站创建活动，在重庆市银隆中安卫保安服务有限公司创建全市首个拓展型退役军人服务站。沙坪坝区退役军人服务保障体系建设经验在《中国退役军人》2022年第2期刊载。

【英烈褒扬】 制定《沙坪坝区县级以下烈士纪念设施管理维护标准（试行）》，规范烈士纪念设施管护，与管护单位集中签署责任书，建立联动机制，推进管护标准化。组织烈士祭扫志愿服务队，通过网上祭扫、代为祭扫等方式，为烈属提供便利服务。深入开展烈属“一对一”帮扶，组织新桥医院为老年烈属开展医疗巡诊，为烈属配送生活用品，将烈属亟需药品送上门，协调烈属及时就医。

（朱　希）

经济管理

国民经济计划

【国民经济中长期规划】 按照《重庆市沙坪坝区国民经济和社会发展第十四个五年规划和二〇三五年远景目标纲要》要求，全力推进“四个示范区”建设，努力形成“潮涌嘉陵、风动歌乐”的良好发展态势，确保十四五目标顺利实现。

【经济形势分析调研】 2022年全区地区生产总值1106.7亿元，增长1.9%，在中心城区实现进位。规上工业总产值2574亿元，下降4.2%。社会消费品零售总额553.1亿元，下降3.3%。一般公共预算收入40.3亿元，实现正增长。进出口总额3488.4亿元，下降0.8%。全体居民人均可支配收入4.9万元，增长4.1%。经济实现了量的合理增长和质的有效提升。

【固定资产投资】 2022年，全区固定资产投资557.7亿元，同比增长1.2%，增速位于主城区第2位。房地产开发投资同比增长-11.2%，工业投资同比增长26.1%、居主城第1。

【重点项目管理】 2022年，全区上下牢固树立“抓项目就是抓发展，谋项目就是谋未来”的理念，将抓重点、促开工、快建设、早投用作为重点项目及民生实事建设的核心要求，坚持清单管理，优化调度机制，强化要素保障，以解决卡点难点为抓手，扎实推进重点项目建设和民生实事实施，圆满完成年度目标。

【区级重点项目】 2022年沙坪坝区确定重点项目104个，年度计划投资300亿元。1—12月，实际完成投资306亿元，投资完成率102%。其中，10个市级主导项目完成投资23.2亿元，39个区级主导项目完成投资52.1亿元，55个社会主导项目完成投资230.7亿元。44个计划新开工项目实现开工39个，开工率89%。33个计划完工项目实现完工或基本完工31个，完工率94%。

17个重点关注项目完成投资32.24亿元，投资完成率95%。12个政府投资项目加快建设，城市“四周”品质提升、城市“四沿”品质提升基本完工。磁器口片区城市更新完成老街深化提升、嘉滨巷、柳湾、NEW磁场打造，江山公园建成投用，两溪花谷持续推进。诗意田园乡村产业项目完成农房整治1225栋、植物栽种62公顷，乔灌木560万株，三河村乡村会客厅建成投用，灿若湖周边田园综合整治、村容村貌提升开工建设。212国道至滨江路连接贯通工程井双14号路基本完工，11号路主体结构完工。5个社会投资项目成效明显，赛力斯电动零部件总成项目建成投产，拓普轻量化底盘生产基地厂房主体施工至30%，洞见1号项目洞内场景加紧安装、洞外工程进行收尾。

87个其他重点项目完成投资274亿元，投资完成率103%。29个基建项目有序推进，梁滩河综合治理一期工程丰文段、区人民医院新院区、青凤高科创新孵化中心完工，沙小图新小学等3所学校建成投用。2022年老旧小区改造、地质仪器厂、磨床厂旧城改造、区妇幼保健院及疾控中心、安置房建设加快推进。13个先进制造业项目进展良好，金康新能源汽车高性能动力二期、博宇工业机器人生产基地等5个项目投产运营，小康智能新能源创新科技研发总部入驻物流园企业创新服务中心，联东U谷、工业设计创新中心、中电光谷、工投大厦累计引进企业44家，奥普提产业园主体施工至30%。17个现代物流业项目按期推进，陆海新通道重庆无水港推进外立面装修，传化网西南运营中心主体封顶，公运公铁联运中心A区（一期）等5个项目完工投用，黄金湾·智谷、企业服务中心签约累计引进企业15家。

【市级重大项目】 沙坪坝区24个项目纳入全市2022年度重大项目，年度计划投资32.8亿元，实际完成年度投资41.56亿元，完成年度投资计划的127%。其中，拓普新能源汽车轻量化底盘系统暨内饰隔音件系统生产基地等4个计划新开工项目全部开工，赛力斯电动零部件总成项目等7个计划完工项目全部完工。

沙坪坝区在建市级重大项目14个，共需交地3606亩，已完成交地2405亩，完成交地任务的67%。2022年共完成交地331.26亩，其中，15号线交地323.74亩，轨道27号线交地7.52亩，按期交地率100%。

【民生实事推进】 2022年，25件市区民生实事圆满收官。10件区级重点民生实事全部完成年度目标。10件区级重点民生实事完成投资8.1亿元，完成年度投资计划的103%。城市“四周四沿”品质提升基本完工，新增公办幼儿园3所、小学3所、停车位5347个，整治堵乱点11处，改造老旧电梯46台，为全区6289位独居老年人安装智能关爱设备，完成新建改造排水管网44.3公里。区妇幼保健院及疾控中心迁扩建主体施工。15件市级重点民生实事全部完成年度目标。15件市级重点民生实事完成投资8.4亿元，完成年度投资计划的100%。100万平方米老旧小区改造项目全面启动，完成24个老旧小区供电设施改造、17个高层防火项目，新增550个婴幼儿托位，建成1个镇养老服务中心、7个渝馨家园、6个街头绿地提质，1个社区体育文化公园，完成168公里人行道、2个轨道站步行便捷性提升，开展老年人助餐服务96000人次、老年人助浴服务600人次，持续推动“双减”工作，校内减负提质，校外规范治理培训机构。

（唐　宁　夏　菲）

国有资产管理

【概况】 2022年，国资国企系统按照区委、区政府工作安排，有力推动区域经济社会发展、民生改善、城市品质提升、重大项目建设等各项任务。全区国有企业资产总额突破2000亿元大关，位列全市39个区县中第4。完成招商引资项目141个。国际物流枢纽公司持续壮大“整车产业、医药产业、现代物流、国际贸易”

等口岸特色产业，工投公司加快推进新能源汽车、生物医药产业布局。承担工程项目100个。加快推进东部城区道路建设、保障性住房建设、梁滩河流域综合治理、磁器口片区城市更新等重点民生项目统筹“四向齐发”国际通道，通道辐射全球319个港口。全年开行渝新欧班列、陆海贸易新通道、渝甬班列。

【国有资产改革】 全面完成国企改革三年行动35项重点任务，全区国企改革工作在全市考核排名第一。全面推行经理层成员任期制和契约化管理。建立三大类20余项经营业绩考核指标，“一企一策”制定设定经营业绩考核指标。成功组建沙兴集团公司，实现信用评级AA+目标。成立重庆沙磁文旅发展有限公司。完成银河影业改革，有序安置人员110名。吸收划转建坤公司股权，接收职工31名。

【国资国企监管】 国资监管大数据平台建成投用，实现国有企业人事、财务、融资等9方面监管全过程管控、全流程贯通、全要素覆盖。开展项目投资、安全生产、企业运营费用支出等专项督查4次，完成全区国有资产租赁管理专项督查，督促整改问题20余项。加强企业融资管理，定期开展债务风险排查，完善债务风险预警应急体系，指导企业严格落实“631”偿债机制，防范化解债务风险。加强安全生产指导，解决安全稳定隐患事项7件。

【行政事业单位经营性资产清查】 开展“十项全面清理”，收回市级应承担债务8.57亿元，区属国有企业应收债权10.85亿元。动态清理统计新增资产10712宗，建筑面积69.02万平方米。完成123宗6.33万平方米价值约8.24亿元房产权证办理。向国企配置10.87万平方米优质经营性房产、864亩土地资源、10796个划线停车位、18块广告牌收费权。将8.79万平方米党政机关所属企业资产纳入集中统一监管，增加国企年收入1820万元。加快闲置房屋资产招租，新增租赁收入1.2亿元。盘活“征而未转”土地资源，增加年收入1031.83万元。配置水库、码头、砂岩、苗木等重点领域资源，做大资产规模65亿元。积极推进PPP、REITS项目，以国有资源撬动金融资本。以房屋、土地资源冲抵债务，优化企业负债结构。

【重点国有企业】

城投公司 重庆迈瑞城市建设投资有限责任公司（简称“城投公司”）是经沙坪坝区人民政府于2004年6月10日批准成立的重点国有企业，注册资本金61.71亿元。截至2022年12月底，共有7个子公司（滨建司、瑞璟公司、丰文公司、教投公司、凰佳公司、茂忠公司、创投公司）；代管公司3个（正通公司、瑞欣公司、文旅公司）；1所学校（五云山寨学校）。2022年，城投公司建成嘉陵厂二支路等2条道路，基本建成3个安置房，井双等三大片区15条道路建设过半；建成梁滩河综合治理一期等3个项目、污水管网8公里，做好10座污水处理站、35个提升泵站及20个生态湿地日常管护。首创自营公安局地块等9个停车场，实现营收780万元；首个市场化试点运营瑞璟·阅原，建立校企合作，打造学区租赁住房典范；首次自建安置房从委托物管向自营物管转向，减少运营支出300万元，拓展商业新模式。

工投公司 重庆共享工业投资有限公司（以下简称工投公司）成立于2007年12月，2019年按照全区区属国有重点企业投融资体制改革总体要求完成转型改革。作为沙坪坝区“青凤科创城（以下简称园区）建设运营商”，旨在将园区打造为承载“一带一路”协同发展的国际产业合作区、推动成渝经济圈制造业高质量发展的先进制造基地、彰显科学城美丽山水的产城景融合发展示范区。园区对标年度招商任务目标均超额完成，其中市级工业完成率高达171.10%，引进宁波拓普、文灿股份等优质配套企业；成功牵手罗氏诊断，举办首届沙磁分子诊断专业论坛；在建项目17个，累计开工率88%，投产率76.5%。建成青凤高科创新孵化中心、光谷科技城、联东U谷约30万平方米。青凤科创城积极共建西部（重庆）科学城、环大学创新生态圈，落地塔科光电等一批转化项目，推动鼎晶生物与重庆大学等一批校企合作，重点搭建光谷·智创园等一批科创空间。截至2022年末，园区实现产值163亿元、税收约7亿元，完成到位资金约48亿元，工业固定投资约23亿元。

旭辰集团公司　重庆旭辰产业发展集团有限责任公司（简称“旭辰集团”，原区经信委下属重庆市沙坪坝区乡镇企业发展有限公司）成立于1995年，是沙坪坝区政府为提高国有企业活力和效率，持续做强做优做大国有资本和国有企业，结合沙坪坝区实际，于2021年由原重庆市沙坪坝区房地产开发总公司重组而来的区属重点国有企业。公司注册资本10亿元，现有3家全资子公司、1家控股公司、1家参股公司。公司现有管理资产总面积约23.29万平方米，2022年实现租金收入6054.91万元，租赁收入同期增长1896.11万元，资产出租率达82.95%；完成公司自有资产处置销售938.7万元；自建房屋销售回款约7000万元。招商引资42.25亿元，成功引入建发合诚股份、卓发建设、正迅重工、磁器长歌等一大批优质项目和企业。同时，公司深入推进环大学创新生态圈建设，加强校地合作，引入重大先锋智慧创新产业园落地沙区。

（王艺颖）

自然资源管理

【土地资源管理】　全年沙坪坝区共供应土地48宗369.77公顷、占计划总面积的93%，其中出让商品住宅用地2宗4.11公顷、成交金额4.31亿元，出让工矿仓储用地5宗31.98公顷、成交金额2.85亿元。完成批而未供处置任务275公顷，任务完成率72.2%；处置闲置土地9公顷，任务完成率150%。开展在建项目现场巡查200余次，处置开竣工违约18宗，闲置调查8宗，更新维护“土地市场动态监测与监管系统”交款、交地、开工等信息约180条。在沙坪坝区试行工业项目标准地出让，全年新增工业项目按标准地出让比例为25%，完成市局考核指标。

【耕地保护】　组建由分管副区长任组长的沙坪坝区耕地保护建设工作专班，指导镇街成立“乡镇级”耕地保护建设工作专班，成立区局耕地保护工作领导小组。起草印发《沙坪坝区减少耕地恢复补足工作方案》，完成2021年减少耕地恢复补足土地整治952亩。压实各级耕地保护主体责任，与各镇街签订《2022年度耕地保护目标责任书》。全面落实永久基本农田特殊保护制度，划定永久基本农田保护红线范围16平方公里。持续开展耕地卫片图斑整改，选取耕地流入图斑6个、25.1亩上报部系统，实现耕地面积总量平衡。全面完成历史遗留和废弃矿山恢复治理5处、2.98公顷。

【地质灾害防治】　地质灾害防治汛前排查全区已有地质灾害隐患162处。全年共发生地质灾害灾险情35起，其中，已有点局部滑塌3起，新生滑坡3起、崩塌1起、地面塌陷28起，无人员伤亡。地质灾害主要特点：沙坪坝区地质灾害类型均为小型，以地面塌陷为主（28起，占比80%，较去年减少9起）；2022年全年险情次数较去年减少6起，汛期险情次数29起，较去年（32起）略有下降；降雨、工程建设活动是沙坪坝区地灾发生的主要诱因。

【矿产资源管理】 会同镇政府对全区关闭的43家非煤矿山和部分勘查项目、地热开采进行定期检查和不定期巡查。全年办理压覆矿审批16件。组织全区矿业权人开展矿业权信息公示，并组织技术单位对矿业权人勘查开采信息公示进行实地核查。经核查公示信息与实地核查一致，无被列入“异常名录”矿业权人。组织全区矿业权人开展矿产资源开发利用年度统计工作，相关数据均通过市规划自然资源局审查。

【测绘地理信息管理】 全年开展“安全生产大排查大整治大执法”活动2次，检查测绘单位12家，发现问题9方面16条，督促测绘单位整改16条；开展测绘成果质量专项检查工作，共收集9家测绘单位62条测绘成果数据；开展测绘地理信息“双随机、一公开”工作，走访4家测绘单位，形成4张检查记录表，初步掌握辖区测绘企业的经营状况、测绘工作开展情况和保密情况；开展涉密测绘地理信息成果检查工作，共走访6家测绘单位，回收销毁凭证12张；开展测绘成果汇交工作，共汇交测绘成果数据73条，数据量148GB；协助市局开展清理拖欠测绘地理信息企业账款工作，帮助辖区2家测绘地理信息企业有序收回款项；助推多测合一成果互认工作，协助区级部门完成多测合一系统账号注册4个，全年在多测合一系统共接件61件。

【执法监察】 全年共开展执法动态巡查431次，责令停止违法建设行为24处，责令停止违法用地行为12处，提请区政府强制消除在建违法建筑18宗，移交违法线索198件。立案查处土地违法案件12件，涉案土地46.48亩；林业违

2022年6月25—26日，沙坪坝区开展飞机施药防治松墨天牛工作

（区规划自然资源局供图）

法案件11件，涉案林地57.14亩，涉案蓄积222.33立方，滥伐株数4523株，收缴罚金30.99万元。跟踪督办历年督察“挂账”12个问题整改。开具企业合规证明9份。办理行政诉讼案件27件、行政复议案件3件。办理检察建议1件。

【地籍管理】 全年完成确权入库项目69个、总面积320.52公顷，其中，征地9个、25.95公顷，临时用地2个、12.16公顷，出让19个、149.13公顷，划拨39个、133.28公顷。

【权属调查】 全年办理各类权属审核489件，其中办理区级各部门、镇街、TOT项目两证遗留权属审核建筑面积约2公顷。开展农村集体土地所有权灭失情况专项清理，并与区征地办沟通权证注销事宜，已办理347个社集体土地所有权证注销登记。

（区规划自然资源局　供稿）

财　政

【概况】 2022年，面对复杂严峻的宏观经济形势的冲击，在区委、区政府的坚强领导下，在区人大、区政协的监督支持下，区财政局始终践行“以政领财、以财辅政”理念，落实积极的财政政策，发挥财政基础和重要支柱作用，统筹推进经济社会发展等各项工作，加强财政收支运行调度，努力保持财政平稳运行，为沙坪坝区高质量发展提供坚强财政保障。

【财政收入及构成】 一般公共预算收入40.30亿元，同比增长0.4%。其中，税收收入22.13亿元，同比下降29.2%；非税收入18.17亿元，同比增长103.9%。加上上级补助收入34.22亿元、债券转贷收入9.20亿元、上年结余8.28亿元、调入预算稳定调节基金0.06亿元、调入资金18.62亿元，收入总计110.68亿元。政府性基金预算无收入，加上上级补助收入47.16亿元、债券转贷收入12.00亿元、上年结余12.06亿元，收入总计71.22亿元。国有资本经营预算收入1.13亿元，同比下降62.2%，加上上年结余0.17亿元，收入总计1.30亿元。

【财政支出及构成】 一般公共预算支出90.72亿元，较上年下降1.5%，上解上级支出7.23亿元、债务还本支出5.00亿元、补充预算稳定调节基金0.10亿元、年终结转结余7.63亿元，支出总计110.68亿元。政府性基金预算支出实现40.62亿元，下降15.2%，上解上级支出0.01亿元、调出资金17.40亿元、年终结转结余13.19亿元，支出总计71.22亿元。国有资本经营预算支出0.01亿元，调出资金1.23亿元、年终结转结余0.05亿元，支出总计1.29亿元。

【资金监管】 强化预算绩效全流程管理。在部门预算编制环节，经公开评审直接审减项目预算11亿元；在预算执行环节，全年三次收回未达支付进度、非紧急非刚性项目资金6亿元，统筹用于平衡年度预算做好“六稳”“六保”工作，有效提高资金使用效率；对所有预算支出项目进行绩效评价，抽取使用政府专项债券资金的项目实施重点绩效评价，督促项目单位整改。开展全区行政事业单位财政监督检查，督促各单位健全财务报销制度，规范报销流程，强化会计基础工作规范，堵塞制度漏洞。对行政事业单位内部控制编报开展全面核查，通过提升编报质量，推进内部控制体系建设，提升精细化管理水平。

【财税政策落实】 2022年，贯彻落实中央新

表3　　2022年沙坪坝区一般公共预算收入情况表

项　目	金额（万元）	同比增幅（%）	项　目	金额（万元）	同比增幅（%）
全辖税收	735263.76	−22.5	国资有偿使用收入	142278	127.9
收入总计	1106836	−39.2	行政性收费收入	375	−55.3
（一）一般公共预算收入	402987	0.4	罚没收入	17766	58.6
1.税收收入	221310	−29.2	专项收入	10744	−17.1
增值税	52694	−21.0	住房基金收入	0	−100.0
企业所得税	24791	−35.1	其他收入	10514	565.0
个人所得税	12671	−6.1	（二）一般公共预算转移性收入	703849	−50.39
资源税	90	−23.1	1.上级补助收入	342175	4.22
城市维护建设税	10111	−21.2	返还性收入	59397	0.00
房产税	12963	−0.1	一般性转移支付收入	219237	42.32
印花税	10227	3.1	专项转移支付收入	63541	−44.70
城镇土地使用税	20149	−9.0	2.上年结余	82803	21.45
土地增值税	27104	−29.5	3.调入资金	186297	−31.44
耕地占用税	135	−65.5	政府性基金调入	173966	−28.11
契税	49978	−48.4	国有资本经营调入	12331	−58.52
环境保护税	344	59.3	4.债务转贷收入	92000	−87.57
其他税收收入	53	−69.7	5.动用预算稳定调节基金	574	−94.42
2.非税收入	181677	103.9			

表4　　2022年沙坪坝区政府性基金预算收入情况表

项　目	金额（万元）	同比增幅（%）
收入总计	712170	−49.56
（一）政府性基金预算收入	0	—
（二）政府性基金预算转移性收入	712170	−49.56
1.上级补助收入	471592	−29.82
2.上年结余	120578	−13.88
3.债务转贷收入	120000	−80.00

表5　　2022年沙坪坝区国有资本经营预算收入情况表

项　目	金额（万元）	同比增幅（%）
收入总计	12963	−58.69
（一）国有资本经营预算收入	11310	−62.2
（二）国有资本经营预算转移性收入	1653	10.64
上年结余	1653	10.64

表6　　2022年沙坪坝区一般公共预算支出情况表

项　目	金额（万元）	同比增幅（%）	项　目	金额（万元）	同比增幅（%）
支出总计	1106836	−39.2	一般公共服务支出	60996	−17.5
（一）一般公共预算支出	907230	−1.5	国防支出	995	−84.5

续表 6

项　目	金额（万元）	同比增幅（%）	项　目	金额（万元）	同比增幅（%）
公共安全支出	70949	-14.3	粮油物资储备支出	643	-7.1
教育支出	225417	-0.5	灾害防治及应急管理支出	9346	-27.7
科学技术支出	13322	54.9	债务付息支出	34498	193.6
文化旅游体育与传媒支出	15282	1.5	债务发行费用支出	4	100.0
社会保障和就业支出	163869	10.3	其他支出	3051	22.0
卫生健康支出	69592	7.0	（二）一般公共预算转移性支出	199606	-77.8
节能环保支出	19627	3.0	1.上解上级支出	72292	-0.7
城乡社区支出	97879	-20.9	体制上解支出	4342	0.0
农林水支出	19570	-28.7	专项上解支出	67950	-0.8
交通运输支出	14833	-54.6	2.债务还本支出	50002	-93.3
资源勘探信息等支出	36555	136.7	一般性债务还本	50000	50.15
商业服务业等支出	5945	45.3	向国际组织借款还本	2	-60.0
金融支出	129	84.3	其他一般债务还本	0	-100.0
自然资源海洋气象等支出	931	-84.3	3.安排预算稳定调节基金	987	71.9
住房保障支出	43797	16.6	4.年终结转结余	76325	-7.82

表 7　　2022年沙坪坝区政府性基金预算支出情况表

项　目	金额（万元）	同比增幅（%）
支出总计	712170	-49.6
（一）政府性基金预算支出	406218	-15.2
社会保障和就业支出	27	12.5
城乡社区支出	249573	-37.9
农林水支出	12	-98.1
其他支出	102286	175.2
特别国债安排的支出	0	-100.0
债务付息支出	54317	62.9
债务发行费用支出	3	200.0
（二）政府性基金预算转移性支出	305952	-67.2
上解上级支出	127	-80.0
调出资金	173966	-28.1
债务还本支出	0	-100.0
年终结转结余	131859	9.9

表 8　　2022年沙坪坝区国有资本经营预算支出情况表

项　目	金额（万元）	同比增幅（%）
支出总计	12963	-58.7
（一）国有资本经营预算支出	88	—
（二）国有资本经营预算转移性支出	12875	-59.0
调出资金	12331	-58.5
年终结转结余	544	-67.1

的组合式税费支持政策，全年为沙坪坝区企业减负和增加现金流21.5亿元。累计拨付失业保险稳岗补贴和就业专项资金4292万元，拨付重大新产品财政补助资金327万元支持企业新产品研发和产业化。政府采购向中小微企业倾斜，采购合同金额占比达91%。投入1200万元，全力支持科技创新，及时足额兑现支持科技企业发展十条措施等科技扶持政策，继续大力实施科技企业知识价值信用贷，支持重大产业研究院、新桥临床转化中心等项目。投入5600万元，开展春、秋两季房交会、“爱尚重庆·乐购沙磁”促消费活动，拉动沙坪坝区消费市场回暖复苏。

【深化财政改革】 2022年，深入贯彻落实政府过“紧日子”要求，调整非紧急非刚性项目资金6亿元优先用于保障教育、社保、卫生、文化、科学等基本民生支出。深入开展“十项全面清理”，聚焦化存控增、增收节支，打出防范化解债务风险组合拳，完成国企应收债权和其他应承担债务7.4亿元，办理国有房屋产权17.1万平方米、提升资产价值94.1亿元，盘活闲置房屋资产、新增租赁收入1.2亿元。持续健全预算管理体系，全面修订区级预算管理、重点专项资金管理等6个办法，完善基本支出、项目支出管理等4个办法，多方位强化预算管理和监督。不断提升预算绩效管理，设置事前绩效评估方案、专项资金绩效目标，组织开展专项资金绩效管理和财政监督检查，强化绩效评价结果运用，出台区级预算安排与绩效评价结果挂钩办法，提高资金使用效益。

【政府债务】 2022年，进一步扩大专项债券规模，全年新增政府债券16.2亿元，其中一般债券4.2亿元，专项债券12亿元。重点投入到医疗卫生、教育、保障性安居工程、市政和产业园区基础设施等领域的项目，为沙坪坝区城市面貌提档升级、人民群众就医便利和教育高质量发展等提供了债券资金支持。坚持政府债务限额管理，2022年末政府债务余额274.82亿元，其中，一般债务109.82亿元，专项债务165亿元，严格控制在政府债务限额内。

从债务期限看，3年期占3%，5年期占67%，7年期占6%，10年期占11%，15年期占4%，30年期占9%。从资金投向领域看，非资本性支出占49%，土地收储占24%，保障性安居工程占10%，市政和产业园区基础设施占7%，医疗卫生占5%，生态建设和环境保护占3%，教育占1%，公路、农林水利建设、其他三项合计占1%。

【财政评审】 2022年累计受理财政预（结）算评审项目74个，完成项目评审37个，其中，预算项目11个（送审额累计9886.11万元，审减额累计1024.93万元，综合审减率10.37%），结算项目26个（送审额累计9992万元，审减额累计9369万元，综合审减率6.23%）。2022年受理竣工财务决算审核项目2个，完成项目审核2个（送审额累计14073.17万元，审减额累计458.94万元，综合审减率3.26%）。2022年，牵头组织了区十项清理工作——重点项目评审工作方案制定、实力评审机构推荐上报审定、第一阶段20个重点评审项目的确定和部分项目评审委托等；组织开展了对2020年以来全区政府投资超过100万元的项目清理，汇总后报送区税务部门；积极做好造价咨询机构招商引资工作，已有淇澳、嘉豪、天翔、天健等12家造价咨询机构在沙坪坝区成立分公司；代区政府办拟定并印发了《关于加强沙坪坝区政府投资项目结算审计审核工作的通知》，对全区政府投资项目结算审核进行了新的要求，明确了区财政局和区审计局负责结算审核的范围，实行了100万元以下项目备案抽查的工作机制，强化了对违规评审机构的处理处罚；积极协助区滨江公司，追回了三十二中改扩建项目中的损失款项120余万元，并向区纪监委上报问题整改情况，避免了国有资产损失。

【政府采购】 2022年，采购项目数3929个，采购计划金额5.34亿元；合同备案数3832个，合同采购金额4.88亿元，节约财政资金4588万元，节约率8.6%。政府采购一般预算公共预算支出11.09亿元（含工程项目6.21亿元）占全年一般公共预算支出的12%；中小微企业合同占有率（含工程）90.7%。

（田力儒　姜庆涛　刘婷玉　蒋　林　应　刚　王恺多　邵然然）

税　务

【概况】 2022年区税务局在市局党委和区委、区政府的坚强领导下，全局上下坚持“一领三提”（党建引领，征管提质、纳服提效，风控提能）工作思路，统筹推进“知”与“行”，党建引领在持续深化中获得新进展；统筹推进“减”与“收”，服务大局在政策落实中激发新动能；统筹推进“管”与“服”，税收改革在扎实推进中实现新突破；统筹推进“严”与“爱”，干部队伍在严管善待中迸发新活力。先后获得市局和区委、区政府领导肯定性批示16次，获得省级以上新闻媒体宣传报道202篇次。

【税费收入及构成】 2022年，区税务局积极开展组织税费收入工作，全年税费收入202.73亿元，同比增长25.83%，增收41.61亿元。其中，全年组织税收收入72.87亿元，同比减收21.32亿元，下降22.64%；实现区级税收22.48亿元，同比下降27.69%，全年实现沙区财政口径本级税收22.13亿元，同比下降29.17%，占一般公共预算收入的55%。

【税收征管】 2022年区税务局着力推进征管提质。进一步构建“大征管”格局，创新人力资源配置，探索团队化、扁平化管理模式。将进出口退税业务集约扎口到进出口科办理，全年退税额达8.38亿元，同比增加30%，出口退税平均时间缩短至1.35个工作日，相较同期缩短37%。建立网格化管理体系，横向分行业专业化管理税源，纵向实施税种管理，税源管理质效明显提升，全局制造业、金融业、批发零售业税收收入占比分别同比提升7.8%、3.6%、4.4%，助力经济税源结构不断优化。

【税收服务】 2022年，区税务局持续推进“便民办税春风行动”，59项便民办税春风行动举措完成率达100%。2022年纳税人满意度调查位居全市税务系统第3名。大力推行非接触式办税，电子税务局高频业务替代率达95%，非必要线下办理量从45.8%降低至21.6%。招募税收营商环境体验师、税收志愿者，举行“双语服务进校园”活动服务纳税人，开展“春雨润苗”活动助力小微企业发展，通过“走访问需优服务”征求意见建议。将智慧办税贯穿税费服务始终，启动“税费服务、税费审批、税企互动、宣传培训、智能分析”五个中心建设，进一步提升办税缴费服务质效。

【税收法治】 2022年，区税务局坚持依法征税原则不动摇，强化执法责任追究，不断提升执法水平。2022年行政处罚2066户次，同比上

表9　　2022年沙坪坝区税费收入情况一览表

单位：万元

税种	本年累计	上年同期	增幅（%）
一、税收收入合计	728655	941875	-22.64
增值税	302695	360096	-15.94
消费税	24299	23452	3.61
企业所得税	154654	238548	-35.17
个人所得税	80384	85200	-5.65
资源税	90	117	-23.08
城建税	25278	32060	-21.15
房产税	32763	33203	-1.33
印花税	10157	9915	2.44
土地使用税	20089	22099	-9.10
土地增值税	27104	38465	-29.54
车船使用税	39	40	-2.50
耕地占用税	135	391	-65.47
契税	49978	96858	-48.40
环保税	688	432	59.26
其他税收	302	999	-69.77
二、非税收入	602304	31399	1818.23
教育费附加	10811	13556	-20.25
地方教育费附加	7055	9016	-21.75
罚没收入	234	129	81.40
其他非税收入	584204	8698	6616.53
三、社保费收入	642645	562173	14.31
四、其他收入	53677	75735	-29.13
附：出口退税	83870	64787	29.45
免抵调库	13122	262	4908.40

2022年，区税务局组建“春风小分队”一次性为企业提供全方位服务

（区税务局　供图）

涨60.4%，处罚金额68.51万元，同比上涨54.15%；2022年召开涉税事项审核领导小组会议16次，审核户数38户次，审核金额25023万元；2022年召开重大税务案件审理会议5次，审核7户纳税人土地增值税清算事项，审核金额48303万元。

【税收优惠政策落实】 2022年，区税务局坚持从讲政治的高度落实减税降费政策，正确处理“减”与“收”的关系，通过“谢璐工作室”“老张出品”“沙税之声”强化面上政策宣传，重点企业“一对一”“点对点”精准滴灌，确保各项税费政策宣传到位、落实到位。据统计，区税务局2022年已为企业减负和增加现金流21.52亿元，其中，累计办理增值税留抵退税11.25亿元；新增减税降费减免4.89亿元；累计办理制造业中小微企业缓缴税费金额3.52亿元；累计办理缓缴企业社会保险费1.85亿元。辖区企业享受减税降费红利新闻登上光明网、《人民日报》（海外版）等中央媒体，彰显区局减税降费工作成效。

（陈赛亚）

金融监管

【概况】 2022年，全区共有各类金融机构（一级机构）72家，其中，支行级银行机构34家，保险公司分支机构12家，证券公司营业部8家，小额贷款公司10家（年末贷款余额1551亿元），融资担保公司1家（年末担保余额0.1亿）；私募股权投资基金管理公司5家，基金14支（规模超92亿元）；典当公司1家（典当余额0.32亿元）；融资租赁公司1家（融资租赁资产余额超11亿元）。

【银行管理】 2022年，全区信贷规模稳中有进，金融服务实体经济能力显著提高。全区银行类金融机构当期期末存款余额2668.84亿元，占全市存款总量的5.38%，同比增速5.09%；当期期末贷款余额2314.40亿元，占全市贷款总量的4.62%，同比增速8.12%；当期期末存贷款余额合计4983.25亿元，占全市当期期末存贷款余额的5%，同比增速6.48%。

【非银金融机构管理】 2022年，区财政局（金融办）持续加大对地方金融机构的监管力度，确保不发生系统性金融风险。根据市金融监管局的工作部署，委托会计师事务所对小贷公司、担保公司和典当公司进行现场检查；对融资担保公司开展监管评级工作，积极推动经营许可证换证工作的顺利开展；对催收不规范的网络小贷公司进行高管约谈、下达整改通知书、风险提示函；对股权投资类企业进行专项风险清理排查。重庆美团三快小额贷款公司增资25亿元至75亿元；重庆携程小额贷款公司增资15亿元至50亿元；进一步扩大经营规模，增强抗风险能力。

【主要银行机构简介】

中国农业发展银行沙坪坝支行 2022年，税款1153万元，投放贷款19.35亿元，贷款余额77.61亿元。

中国工商银行沙坪坝支行 2022年，本外币各项存贷款余额811亿元，其中人民币各项存贷款余额807亿元，纳税1.1亿元。作为唯一国库代理商业银行，全年高效率、零差错处理税收收入和财政支出共计超220万笔。紧密结合区域经济社会发展实际，推动了普惠贷款余额突破30亿元，增长7.43亿元，四行排名第一，为辖内制造业企业提供超10亿元的融资支持，积极参与基层社会治理工作10余起，较好地落实了“六稳”“六保”。积极满足居民购房需求，累计投放个人住房贷款20.8亿元，排名重庆分行和同业“双第一”。

中国农业银行沙坪坝支行　2022年，全行存贷总规模达297.36亿元，人民币时点存款138.72亿元、较年初增长2.75亿元，人民币时点贷款余额158.64亿元、较年初下降13.03亿元。实体贷款投放38.17亿元，绿色金融、乡村振兴等重点领域贷款增势良好。实现营业收入、净利润分别为5.38亿元、5.72亿元。全行不良余额较年初下降11.49亿元。

中国银行沙坪坝支行　2022年，实现营业收入5.3亿元，实现中间业务7481万元，拨备前利润4.18亿元，同比增加513万元。人民币存款日均余额172亿元，人民币贷款余额170亿元。

中国建设银行沙坪坝支行　2022年，实现一般性存款日均新增40.4亿元、贷款新增7.4亿元、拨备前利润7.98亿元、中间业务收入2.11亿元，并较好控制了不良贷款和逾期贷款。全年支行、集体、个人获得年度普惠金融业务先进集体和先进个人、参与国际竞争力提升年度先进集体和先进个人、新金融实践年度先进集体和先进个人、反赌反诈年度先进个人、渠道与运营业务创新创优年度先进集体和个人等奖项30余项。

交通银行沙坪坝支行　2022年，正式员工90人，二级支行6家。支行考核：支行经营利润1.42亿元，人民币时点存款85.72亿元，其中对公存款23.94亿元，储蓄存款61.78亿元。

邮储银行沙坪坝区支行　2022年，存款余额96.60亿元（全辖含邮政），年净增8.99亿元，理财产品年销售3.84亿元，基金年销售3434万元，代理保险销售1161万元，国债年销售794万元，信用卡年发卡1787张，收单年新增有效商户569户，数字人民币年新增41631个（全辖含邮政）。个人贷款放款762笔，金额2.21亿元。公司存款：人民币时点余额2.04亿元，年净增0.06亿元；外币时点余额10.24亿美元，年净增102387.32万美元。福费廷发放51笔，金额38.23亿元，公司贷款放款1笔，金额0.16亿元，小企业放款41笔，金额4473.88万元。

光大银行沙坪坝支行　2022年，光大银行沙坪坝支行隶属于光大银行重庆分行，位于重庆市沙坪坝区小新街3号，在岗员工21名。2022年支行实现年末存款18.9亿元，其中企事业单位存款10.1亿元，居民存款8.8亿元。支行调整了对公对私业务协同发展的思路，在存贷款结构的基础上，以风险控制为前提，以提高资产业务综合回报率为核心，着力优化客户结构，助力企业发展，大力发展小微企业金融服务，使支行业务平稳较快增长。

光大银行学府路支行　2022年存款19.37亿元，对公9.89亿元，对私9.48亿元，营业收入6779万元，安全保卫工作执行到位。

招商银行沙坪坝支行　2022年，支行实现经济利润9575.84万元，其中营业收入11350.08万元。

招商银行三峡广场支行　成立于2003年，2022年有员工14人，是中国银行业协会三星级服务网点，业务涉及公众存款、财富管理、票据贴现等经中国银监会批准的业务，支行定位于零售专业支行。2022年年末，全折人民币存款时点18亿元。支行围绕总行“价值初心计划”战略，将“以客户为中心，为客户创造价值”贯穿在财富管理的每一项工作中，各项业务稳步发展。2022年支行被招商银行重庆分行评为先进基层党组织，零售金融综合先进单位，优秀团体金融服务团队，被沙坪坝公安分局评为沙坪坝区内保先进集体单位。

中信银行沙坪坝支行　2022年末，公司业务对公存款时点数14.13亿元，存款日均数14.65亿元，2022年的时点与日均存款较2021年时点减少13.1亿元，日均减少13.34亿元，支行有效户42.89户，较上年减少3户，普惠金融余额5766万元，公司业务综合考核为C。零售业务AUM时点余额20.49亿元，较上年新增2.57亿元，一般储蓄存款时点8.8亿元，较上年增加2.95亿元，支行贵宾客户1127户，较年初新增157户，600万以上财私客户数共计31户，较年初新增8户，本行代发额6.19亿元。支行综合排名C类行。

中信银行三峡广场支行　2022年，个人存款5.78亿元，对公存款5.46亿元，存款总额11.24亿元。短期贷款0.59亿元，中长期贷款4.89亿元，贷款总额5.49亿元。安全保卫工作执行到位。

华夏银行沙坪坝支行　2022年，存款32亿元，其中对公存款12.5亿元，对公贷款达到了6.97亿元均完成计划任务。运营分类评价为二类行。

平安银行沙坪坝支行　2022年，支行成立第21周年，各项业务指标健康发展，网点规模同比提升20%，KPI在分行辖内排名同系列第1。支行致力于提升网点服务水平和客户满意度提升，在金标网点评选中排名靠前。后续该行将继续提升银行金融服务水平，努力做好金融服务创新工作，为广大消费者提供更加便捷、高效、优质的金融服务体验，提升客户体验。

平安银行马家岩支行　2022年，支行各项业务指标健康发展，KPI在分行辖内排名居中。支行致力于提升网点服务水平和客户满意度，后续该行将继续优化金融服务效能，积极开展服务创新工作，更好地满足广大消费者金融服务需求，提升客户体验。

上海浦东发展银行沙南支行　2022年，各类存款余额27.3亿元，贷款余额17.04亿元。

兴业银行沙坪坝支行　2022年，一般性存款20.92亿元，其中企业存款12.18亿元，个人存款8.74亿元；贷款共计4.95亿元，其中单位正常贷款1.58亿元，个人正常贷款3.36亿元。

民生银行沙坪坝支行　2022年，金融资产日均41.82亿元，储蓄存款余额17.09亿元。贵宾客户数合计9197户，有效户（含贵宾户）11365户。

民生银行陈家湾支行　2022年，金融资产余额达到19.36亿元，较上年下降0.65亿元，日均17.3亿元，储蓄存款余额9.35亿元，日均6.72亿元；有效户（不含贵宾户）10413户，贵宾户6502户，非零客户数12566户，达标私人银行客户达到12户，净非利息收入381.2万元。全年资产业务达到19.36亿元，非按消贷0.03亿元，小微业务0亿元，较上年新增0亿元，按揭贷款余额5.14亿元，较上年下降0.78亿元。

民生银行凤天路支行　2022年，金融资产余额9.55亿元，较年初新增7124万元，金融资产年日均新增95183万元，储蓄余额为4.61亿元，较年初新增7171万元，储蓄年日均新增6393万元。

恒丰银行沙坪坝支行　2022年，恒丰银行重庆沙坪坝支行于2015年10月21日正式对外营业。支行下设营业部、零售部2个部门，在岗员工13人。2022年，积极做好业务转型工作，打造零售特色支行，提升零售客群及扩大支行周边影响力，进一步辐射沙坪坝区金融客户。积极响应号召，持续大力发展普惠金融，为周边建材市场小微商户企业及客户提供专业的金融服务。同时，积极认真履行金融机构的宣传义务和责任，每年定时定期在周边社区及商圈、学校开展金融知识进社区、进校园活动，做好金融知识的普及与宣传，为金融消费者有效防范、规避风险。

浙商银行沙坪坝支行 2022年，员工共26名。存款51.7亿元，其中公司存款50.8亿元，零售存款0.9亿元。

广发银行沙坪坝支行 2022年，度经济效益受影响较大，整体经济效益较2021年有所下降。其中非卡营业收入2536.43万元，完成率66.3%；非卡中间业务净收入155.83万元，完成率71.7%；考核净利润1241.10万元，完成率59.1%；经济增加值（EVA）768.2万元，完成率43.9%。2022年末，支行公司存款余额为108462万元，零售存款余额为14558万元。

重庆农村商业银行沙坪坝支行 2022年，各项存款余额达到193.75亿元，较年初净增17.54亿元，增幅9.95%。各项贷款余额209.41亿元，较年初增长23.72亿元，增幅为12.77%。获得2022年驻区金融机构存贷余额和税收突出贡献奖、支持市场主体发展优秀单位、参与基层社会社会治理先进单位等多个荣誉。

重庆银行沙坪坝支行 2022年，存款总额146.46元，其中公营时点存款为62.28亿元，储蓄时点存款为84.18亿元。日均存款总额131.45亿元，其中公营日均存款52.35亿元，储蓄日均存款79.10亿元。贷款总额53.46亿元，其中公司贷款33.19亿元，个人贷款11.61亿元，小微贷款8.66亿元。

重庆银行重大支行 2022年，存贷款规模近90亿元。立足于重庆市唯一一所“985”、“211”“双一流”高校重庆大学，辐射周边社区街道，开展多样化专业化的金融工作，为高校师生和居民提供全面的金融服务，做好市民的金融专家，致力打造重庆市民的银行。

重庆三峡银行沙坪坝支行 2022年，重庆三峡银行沙坪坝支行实现存款33.02亿元、贷款28.9亿元，发放普惠小微贷款1.98亿元，纳税798.03万元，减免小微企业服务收费303.09万元。

成都银行沙坪坝支行 2022年，沙坪坝支行对公存款年日均余额4.54亿元，较年初下降0.63亿元；月日均余额4.29亿元，较年初下降0.1亿元。2022年沙坪坝支行新增实体企业开户8户，其中年日均20万元以上客户3户。公司类贷款余额11.57亿元，较年初增加1.48亿元；投债余额18.96亿元，较年初新增3.4亿元；银承敞口1.2亿元，较年初增加1亿元。惠抵贷新增1125.13万元。共完成个人储蓄存款年日均达到4.74亿元，较年初增加1.29亿元，完成必达任务的171%；月日均余额5.68亿元，较年初增加2.23亿元，完成任务数的223%；等级客户积分2218分，完成计划任务的184%。三项指标均居重庆分行第一。

广东南粤银行股份有限公司沙坪坝支行 2022年末，资产总额为1.98亿元，全年营业收入为76.49万元。

厦门银行沙坪坝支行 2022年，个人金融资产余额4.09亿元，存款余额2.71亿元，其中非储蓄存款余额1.38亿元。贷款余额29.74亿元，有效户1136户。全年情况持续保持稳步增长。

哈尔滨银行沙坪坝支行 2022年，全支行员工合计13人。完成个人贷款新增投放26笔，新增投放金额0.3亿元，净新增-1.0亿元，现支行贷款余额合计5.1亿元，维护贷款客户712人。2022全年销售理财1071笔，销售金额达3295万元，新增存款规模0.82亿元，存款余额达4.83亿元。

富滇银行沙坪坝支行 2022年，各项存款时点余额28.54亿元。各项贷款余额为18.74

亿元。

重庆市沙坪坝融兴村镇银行　2022年，资产总额5.49亿元，各项存款余额4.81亿元，各项贷款余额2.06亿元。

【主要证券机构简介】

西南证券重庆渝碚路证券营业部　2022年，引入客户1315户，引进资产0.93亿元。5000元以上有效客户数21189户，管理资产规模达44亿元，全年交易量合计439亿元。

申万宏源证券小新街证券营业部　2022年，管理客户资产规模37.7亿元，交易量合计380.81亿元。

中信建投证券汉渝路证券营业部　2022年，引进客户18063户，引进资产6.4亿元。累计客户数96430户，管理资产规模70亿元。全年交易量合计561亿元，在沙坪坝区证券营业部中排名第一。

国新证券股份有限公司重庆天星桥正街证券营业部　2022年，实现收入645.52万元，利润总额280.61万元。拥有客户数19443户，新增251户。实现客户资金第三方存管16841户，客户选择最多的工商银行，有7696户，其次是建行有4085户，农行有3196户，其他银行共计1864户。

东北证券重庆沙南街证券营业部　2022年，交易量成交金额为259亿元，较上年同期减少27.4%。

中银国际证券凤天大道营业部　2022年，客户资产1.98亿元，A股+基金交易量26.25亿元。

中国银河证券重庆凤天大道证券营业部　2022年，新增客户1319户，营业部客户总数2803户；管理客户总资产2.08亿元，交易性资产1.83亿元；累计客户总成交量88.80亿元，其中客户股基交易量30.61亿元。

中国银河证券沙南街营业部　2022年1—11月，考核收入1104.14万元，考核得分101.53分，同类型营业部中排名第二，新增客户数3634户，11月末客户总资产166.36亿元。

【主要保险机构简介】

中国人民财产保险公司沙坪坝支公司　2022年，实现保费收入49713万元，增速16.92%。利润4063万元，利润率11.05%，综合费用率24.02%综合赔付率64.92%，综合成本率88.95%，连续多年稳居人保财险重庆市辖区支公司保费量第一。

中国人寿保险公司沙坪坝区支公司　2022年，实现总保费6.98亿元，其十年期及以上期交保费4527.7万元，短期险保费3731.46万元，上缴税收390.5万元。

中国人寿财产保险股份有限公司　2022年，报案数量13194件，已决赔案件数9527件，共计已决赔款2255.6万元。

中国太平洋财产保险股份沙坪坝支公司　2022年，实现保费收入45305.38万元，支付各类赔款共计25957.13万元，累计上缴税收139.63万元。业务结构和盈利能力稳定。

阳光财产保险公司沙坪坝支公司　2022年，实现保费收入1147万元，支付各类赔款共计804.22万元，累计上缴税收53.38万元。

中国大地财产保险股份有限公司重庆市沙坪坝支公司　2022年，实现保费收入666.30万元，2022年赔款支出合计133.69万元，全年税收超22.57万元。

富德生命人寿保险公司重庆市沙坪坝支公司　2022年，实现保费收入5万元，同比增长0%。

中国平安财产保险股份有限公司沙坪坝支

公司　2022年，达成整体规模保费2.74亿元，其中车险规模保费2.38亿元，非车险规模保费3558.85万元；全年累计增速2.14%，其中车险增速42.4%，非车增速0.48%，全年超当地市场60.97%。全年合计上税金额813.07万元，其中增值税697.67万元，个人所得税5.69万元，城建税45.62万元，印花税25.98万元，教育附加税20.93万元，地方教育附加税13.95万元。

中国平安人寿保险股份有限公司重庆市沙坪坝支公司　2022年，实收保费收入8.24亿元，赔款金额为1.5亿元。

中国人民人寿保险股份有限公司重庆市沙坪坝区支公司　2022年，全年实收保费341.91万元，首年期缴保费累计达成296万元，年度达成率39%；十年期及以上期缴保费累计达成40万元，年度达成率10%；短险保费累计达成24万元，年度达成率24%。

中国太平洋人寿保险股份沙坪坝支公司　2022年，新单业务收入：871.99万元，续期保费收入：491.57万元，总计：1983.50万元，其中寿险保费收入1756.36万元，意外伤害险保费收入37.26万元，健康险保费收入189.88万元。赔款和给付支出333.95万元，退保金93.02万元。

泰康人寿保险有限责任公司重庆沙坪坝支公司　2022年，保费总收入约9361.88万元，埋赔支出约1113万元；支公司现有营销序列销售部门5个，区拓系列销售部门1个，销售代理人308人，内勤员工4人。

（于　萌　李建国）

审　计

【概况】　2022年，沙坪坝区审计局编制37人，实有35人。设有办公室、财政审计科、重大政策执行审计科、企事业审计科、经济责任审计科、投资审计科、法规审理科、整改督查与内审管理科、电子数据审计科；下设沙坪坝区审计中心（参公事业单位）。

【审计成果】　2022年，组织开展审计项目27个，其中审计署及市审计局统一组织行业审计项目5个，经济责任审计项目6个，自然资源资产离任（任中）审计项目1个，投资审计项目11个，部门预算执行及财政财务收支审计项目1个，专项审计调查项目3个。查出问题金额36.03亿元，揭示违规金额40万元，管理不规范金额36.03亿元；审计发现非金额计量问题207个；损益（收支）不实金额22万元；出具审计报告和专项审计调查报告31篇，被批示、采用2篇次。审计处理处罚金额2.34亿元，其中应上缴财政38万元、应归还原渠道资金2万元、应调账处理金额2.34亿元；审计促进整改落实有关问题资金3.68亿元；审计后挽回（避免）损失2.34亿元；核减投资额2.34亿元；移送处理事项8件。审计提出建议111条，被采纳111条；推动党委政府及有关部门出台制度和文件92项；提交审计信息223篇，被批示、采用73篇次。连续6年荣获全市审计机关综合目标考核一等奖表彰，征地征收专项审计调查获全市审计机关2022年度优秀审计项目一等奖表彰。

【政策落实跟踪审计】　紧扣“稳经济大盘”大局，聚焦“六稳”“六保”工作，开展科技创新、稳就业等审计调查，揭示反映职业培训、组合式减税降费政策落实、专项资金使用不规范、科技创新政策编制不合理等方面21个问题，推动党委政府及有关部门出台规范性制度文件8项。

【财政审计】 聚焦防范化解财政风险、规范预算编制及执行、严格财政资金管理等内容，揭示反映部分非税收入未及时上缴、部分预算编制未细化、专项资金未纳入预算绩效管理、部分存量资金未及时统筹等问题20个，查缴及督促被审计单位上缴或归还财政资金184.97万元。扎实推进投资审计规范和转型。全年完成区人民医院井双院区周边市政道路等结算审计项目8个；重庆市第六十八中学校整体改扩建工程等工程竣工结（决）算审计2个；国际物流枢纽公司市政工程建设管理情况审计1个，审计投资额41.28亿元，核减工程投资2.34亿元。

【资源环境审计】 开展沙坪坝区回龙坝镇党政主要领导自然资源资产离任（任中）审计，揭示反映对行政处罚后续整改监管不到位等问题5个。

【民生审计】 组织开展义务教育、养老托育、医疗保险、农村人居环境等民生热点审计，深入研究“双减”“民转公”、医保资金安全、乡村振兴资金使用绩效，延伸审计15个机关单位、9所中小学、21家社会机构，揭示资源配置不均、政策覆盖不全、保障水平不足等问题。

【经济责任审计】 完成6个单位8名干部经济责任审计，揭示反映议事决策机制执行不到位、固定资产管理不规范、非税收入未及时上缴等7类30余项问题，促进领导干部规范用权。

【审计查出问题整改】 健全完善与区人大预算工委工作联系机制，会同区人大财经委及预算工委开展审计整改专项调研4次、联合督查5次，审计整改“回头看”3次。与区人大联合探索审计整改监督方式，在全市率先开展审计整改情况“满意度”测评，倒逼审计发现问题真改实改、“清仓见底”。

【研究型审计】 从“政治—政策—项目—资金”各环节深入分析，总结归纳近五年审计查出的典型问题及案例，编印《2017—2021年度审计发现问题及对策措施》《审计典型案例汇编》，为党委、政府当好“参谋助手”。主动对接区人大和区政协，积极收集人大代表和政协委员建议为审计研究“赋能”，提升审计项目成果水平。

【内部审计】 大力推行“以审代训”，内部审计人员参与专项内审检查。2022年开展专项以及不定期检查12次，“面对面”现场指导单位9家，参与国家审计内审人员40名，编印《沙坪坝区内部审计工作动态》4期，在全区政务内网“内部审计交流平台”“内部审计法规学习”上传财经类法律法规汇编10册，线上线下答疑80余次，有效提高内部审计工作质量和水平。

（廖澜骏）

表10　　2022年重庆市沙坪坝区审计工作统计表

审计机关	完成审计项目（个）	审计查出主要问题金额（万元）	审计发现非金额计量问题（个）	审计期间整改金额（万元）	出具审计报告和审计调查报告（篇）	审计处理情况		审计促进整改落实有关问题资金（万元）	审计提出建议（条）	提交审计信息（篇）
						审计处理处罚金额（万元）	移送处理事项（件）			
沙坪坝区审计局	27	360338	207	166	31	23430	8	36805	111	223

统　计

【概况】　2022年，沙坪坝区统计局在区委、区政府的坚强领导和市统计局的精心指导下，坚持以习近平新时代中国特色社会主义思想为指导，紧紧围绕区委、区政府的中心工作和全年经济目标任务，主动适应新形势新任务新要求，与时俱进理思路、开拓创新求突破、锐意进取敢担当，切实履行统计职能职责，大力夯实统计基层基础，不断提升统计服务能力，充分发挥统计监督职能，努力提高统计数据质量，各项工作有序推进。

【统计法治建设】　坚持常态化学习制度，将统计法纳入党组会、党组理论学习中心组和统计干部学习内容。对标对表《国家统计局统计督察“回头看”重庆市统计局情况反馈意见整改落实方案》，确保全面整改到位。进一步压紧压实防惩统计造假、弄虚作假的主体责任，以统计督察“回头看”为契机，充实统计执法力量，建立健全本地区统计数据质量追溯和问责机制，建立一套表调查单位入库的定期核查制度。有针对性地开展各种专题培训班14期，培训街镇、企事业单位统计人员1700余人次，坚持“逢会”必讲统计法，进一步夯实统计基层基础。推动区委区政府层面建立防范和惩治统计造假弄虚作假责任制，开展统计造假不收手不收敛问题专项纠治，继续推进统计法进党校，邀请市局领导专题授课。开展“送法入企”专题教育培训，对181家新纳入国家统计局联网直报平台企业按要求签定统计诚信承诺书。印发《沙坪坝区2022年统计执法检查实施方案》，全年对66家单位开展现场执法检查，其中与区应急局、商务委开展联合执法检查9家，对发现问题的9家企业责令改正。

【统计监测】　坚持“月初监测、月中摸排、月末研判”的原则，对各行业运行情况进行动态监测分析并对相关问题提出解决对策，助力区领导对区域经济发展科学宏观决策。按时刊发《统计月报》《统计公报》《沙坪坝区统计年鉴》《沙坪坝区领导干部手册》等统计产品，以《统计分析与研究》《统计信息》等形式，重点抓住当前经济社会发展过程中领导的关注点、人民群众的关切点，有所侧重、有针对性地撰写高质量统计分析材料，及时为区领导和有关部门提供决策参考。全年共撰写简报128篇、统计分析63篇。其中，69篇分析及简报被市局、区级采用，1篇反映职业教育的专题调研报告同时得到国家统计局、市统计局和《重庆统计》的采用和刊载。

（田　坤）

市场监督管理

【概况】　2022年，沙坪坝区市场监督管理局坚持以习近平新时代中国特色社会主义思想为指导，认真学习贯彻党的十九大、党的二十大精神，深入贯彻落实市局党组和区委、区政府决策部署，牢牢把握“稳中求进”工作总基调，紧扣“113661”工作思路，立足“大市场、大质量、大监管”，进一步强化食品药品、特种设备、工业产品质量安全监管，严厉查处价格、广告宣传、专利商标等领域违法违规行为，统一管理计量、标准化、认证认可和检验检测工作，推进知识产权发展与保护，规范和监督管理市场秩序，及时化解各类消费纠纷，继续深化商事制度改革，统筹发展和安全、效率和公平、活力和秩序，凝心聚力推动各项工作提质增效，为区域经济高质量发展贡献了市场监管力量。

【注册许可】 2022年，全区新增市场主体31940户，其中新发展民营市场主体31775户，增速5%，新发展民营企业8370户，增速-3.1%。市场主体总量达12.91万户，居全市第6，其中内资企业4.92万户、个体工商户7.94万户、农村专业合作社132户、外资企业309户。持续深化“放管服”改革，有力推进“多证合一”改革，全面推行“网上办、马上办、就近办、一次办”服务机制，实施企业设立全程电子化和全程无纸化模式，企业设立全程电子化占比99.91%，设立企业开办综合受理窗口，推行行政审批事项“证照分离”全覆盖改革。进一步放宽市场主体住所登记条件，推行“一址多照”“一照多址”改革，落实“住所申报承诺制”改革，充分释放场地空间。2022年继续实施开办企业零成本，发放免费税务UKey303个，发放免费印章8222套，为企业节省678.3万元。持续开展企业简易注销工作，企业注销时间平均减少25天，办理简易注销1620户，清理“僵尸”市场主体6796户，其中吊销企业574户，强制注销个体工商户6222户，有效净化市场环境。

【食品、保健品安全监督管理】 2022年，沙坪坝区有获证食品生产企业81家，食品添加剂企业1家，食品相关产品生产企业6家，食品生产加工小作坊51家。食品流通单位7235家，各类餐饮服务单位5083家（含学校食堂313家），农贸市场36家，水产品批发市场1家，保健食品生产企业1家。组织完成年度食品安全标准跟踪评价工作。以食品安全“守查保”专项整治工作为抓手，全面发力纵深推进守牢食品安全防线。推行食品生产企业风险分级管理和自查制度，组织开展酒类产品、保健食品生产企业“三标”等5个专项整治工作，开展“双随机、一公开”抽查检查764户，集中注销4945户食品经营许可效期届满、主体资格终止、依法被吊销等情形的食品经营许可证，建立了从业人员、冻库和经营者台账，动态加强进口冷链食品监管台账。开展春、秋季校园及周边食品安全专项检查，累计检查学校食堂1200余家次，利用“明厨亮灶+阳光餐饮”App智慧化平台督促学校食堂进行问题整改289处，开展网络餐饮专项检查，抽查全区入网餐饮服务者3224个，清理全区网络餐饮配送站点10个，问题整改51起。立案查处食品违法案件364件，向公安机关移送食品类刑事案件11起，公安机关立案8件。监督抽检食品4434批次，评价性抽检150批次，合格率98.6%。建立健全食品等全环节安保机制，实现重大活动食品安全“零事故”。开展小作坊、大中型超市及餐饮单位、学校食堂、工地食堂等线上线下培训32期，累计培训从业人员1.3万人次。对乐邦水产批发市场智慧化建设进行了升级改造，对2022年需完成的7个农贸市场食品安全规范化建设进行了现场指导。受理食品药品投诉举报3320件，处理回复率100%，群众满意率100%。指导重庆粮食集团人和臻源米业有限公司大米加工厂引入溯源采集系统，与“渝溯源”系统完成对接，建立食品安全追溯体系。引导企业探索建设共享检验室，有效降低企业自检成本，促进出厂检验落实落地，提升食品安全保障水平。

【药品、医疗器械、化妆品监督管理】 以加强药品流通环节质量风险管控为切入点，强化监管职责，完善监管手段，切实保证人民群众用药安全。制定药品流通环节日常监管方案，加强药品流通环节监管，规范药品购销渠道，严格执行含特殊药品复方制剂管理要求，以高风险药品专项整治、零售药店处方药经营、执业药师“挂证”、疫苗专项监督等工作为契机，加强日常监管：深入开展药品专项整治、装饰性彩色隐形眼镜、第二类精神药品等15个专项整治。检查药店705家，医疗诊所326家，立案查处案件86件，处罚到人1件，移送公安2件。完成其中药品监督抽样90批次、化妆品监督抽检25批次，医疗器械监督抽检32批次。上报药品不良反应870例，上报器械不良事件245例，药物滥用240例。加大对化妆品批发集散市场、批发经营企业、美容美发机构、大型商场超市、化妆品专卖店等重点场所的监督力度，开展“线上净网线下清源”专项整治工作，共查处化妆品违法案件3件。完成化妆品监督抽检25批次。切实履行化妆品不良反应监测工作职能，上报化妆品不良反应90例。

【产品质量安全监督管理】 强化产品质量监督抽查，开展区级抽查50批次，配合市局抽查671批次。开展“春耕护农”行动、建筑防水材料产品质量整治及产品质量提升行动、消防安全产品安全监管、燃气器具产品质量监督检查、摩托车、电动自行车、机动车及相关产品质量监管、元旦春节期间燃放烟花爆竹安全管理、拼装改装汽车专项整治、学生用品安全监管、涉老涉小、妇女用品产品质量监管、成品油专项检查等各类专项监管十余项。锚定工业化开展质量发展工作，帮助赛力斯开展质量基础设施建设，解3C认证难题，协调中国质量认证中心（CQC）顺利开展工厂检查，助推赛力斯凤凰智慧工厂AITO问界M7车型提前1个月投入运行，上市51天启动交付，推动沙区汽车产业转型升级高质量发展；精准纾困帮扶稳岗助企渡难关，帮助重庆青鹏水泥有限公司通过工业产品生产许可证更名的前置审核，完成许可证更名，稳住该公司年产值4000余万元及近400余人的就业岗位；开展旅游市场产品质量提升活动提振消费信心，在提升服务质量、创造良好环境上下功夫，以三峡广场、磁器口等消费者流动性较大的区域为重点，加大对儿童用品、服装首饰、电子电器等产品质量监督抽查力度，抽检各类节日热销产品74批次，包括服装鞋袜29批次、灯具5批次，珠宝首饰12批次。组织全区少儿参与第六届“质量安全”全国少年儿童绘画活动。

【特种设备安全监督管理】 扎实开展市场监管系统燃气安全专项整治，完成全区709.65千米燃气管道定期检验和266个隐患点集中整治，管道检验率和隐患整改率均实现100%；稳步推进沙坪坝区安全乘梯守护行动，推广改进电梯维护保养模式和调整电梯检验检测方式试点工作，指导重庆仁德物业管理有限公司等单位试点安装智慧电梯物联网、推行按需维保，强化高温汛期电梯使用管理，发布安全提示和注意事项，并严格监督检查；按照《重庆市大型游乐设施使用单位风险评价导则》，在融创渝乐小镇试点开展大型游乐设施风险评价，推动全市大型游乐设施使用单位标准化管理；牵头完成《重庆市住宅老旧电梯改造、更新规范》地方标准修订工作，完成天越雅园二期、天星康韵、尚赏居、胜景雅苑、千竹景苑、大水井47号、创豪天泽园7个小区共计24台老旧住宅电梯改造更新，确保人民群众安全乘梯、放心出行；高标准完成特种设备超期未检、游乐设施和高风险旅游项目排查整治等10余项专项整治和执法检查，全年共检查企业634余家，排查安全隐患479处，下达《特种设备安全监察指令书》

69份，移交案源12件，立案查处37起，有力打击了特种设备违法行为；研究制定《重庆市沙坪坝区市场监督管理局安全生产职责清单》《重庆市沙坪坝区市场监督管理局安全生产委员会工作规则》《重庆市沙坪坝区市场监督管理局特种设备安全分级管理办法》等文件，进一步完善监管责任体系，实行特种设备分级分类监管。

【价格监督检查与反不正当竞争】　聚焦重点领域开展反不正当竞争专项执法行动，持续加大监管执法力度，严厉打击各类不正当竞争行为。立案涉嫌反不正当竞争案件9起，涉案金额128.17万元。打造商业秘密示范单位1个。强化价格收费监管执法。开展教育收费专项检查工作，交叉检查高新区4所、区内8所共12所学校，切实有效规范沙坪坝区教育收费行为；会同民政局开展殡葬行业价格收费检查，检查沙坪坝区相关企业4家、个体经营户42户，及时纠正和查处殡葬服务收费中不规范不合法的行为。按照要求推进粮食市场秩序专项整治工作，持续聚焦行业协会商会、水电气、交通物流等领域，依法查处涉企收费违法违规收费行为。立案并查处转供电领域中涉企违规收费行为案件10件，涉及金额共计217.19万元。督促涉企收费主体落实收费公示制度，召开中小企业座谈会，对企业发布提醒告诫书76份。强化价格监测监管，密切关注重要民生商品、大宗商品价格走势。牵头负责全局开展节前市场价格检查5次，检查大型商超1752户次、集贸市场1400户次、药店4214户次。持续做好17种生活物资等重点商品价格动态定期定点实施监测，发放《价格提醒告诫书》1000余份。持续保持打击传销规范直销高压态势，开展防止传销进社区、防止传销进校园宣传活动，处理传销（直销）投诉举报2起。健全公平竞争审查机制，首次由分管区领导担任联席会议召集人。

【广告监督管理】　着力强化广告导向监管，全年办理广告类案件43件。出台《重庆市沙坪坝区市场监督管理局关于开展整治借重大活动从事违法违规商业广告宣传工作的通知》，督促相关行业主体、媒体单位开展自查自纠。联合区三峡商圈管委会召开行政约谈会，40余家直播公司、广告单位、媒体单位参会。联合区城管局对辖区重点区域、重点场所、重要媒介监督检查，检查广告内容426条次。开展网上相关广告监测检查1568条次，印发宣传资料405份，上门现场宣贯400余人次，查办相关违法违规广告案件4件；继续与区教委联合开展沙坪坝区校外培训机构专项整治，规范校外培训机构广告发布。共开展联合检查5次，监测检查校外培训机构74家，拆除广告牌8块，责令整改4件，立案10件；深入开展房地产、医疗美容机构等重点领域广告专项行动。成立沙坪坝区医疗美容行业突出问题专项治理工作专班，印发医疗美容行业突出问题专项治理工作方案，建立动态"三清单一台账"，检查广告内容896条次，行政约谈3次，责令整改2件。"神医""神药"类虚假违法广告案件3件；医疗美容领域虚假宣传15件；加强传统媒体广告日常监管。监测重点企业自建网站广告、辖区各大LED广告屏共410条次，走访广告企业20余户；加强广告监管，坚持对辖区各大药房的定期检查，查广告内容1950条次，发现问题2个，现场整改两处；开展儿童青少年近视矫正市场监管专项监督检查工作，发现问题1个，立案1件；开展沙坪坝烟草广告及变相烟草广告检查清理工作，开展多部门联合检查5次，本部门监管所拉网排查20次；认真做好2021—2022年度全国广告业统计工作，督促企业在规定时间内完成系统填报工作，填报率100%。

【企业监督管理】 2022年，沙坪坝区内资企业年报率94.19%、外资企业年报率92.55%。依法吊销企业574户，强制注销个体工商户6222户，“僵尸企业”数量有效减少。有序推进经营异常名录管理工作，2037户企业依法被列入经营异常名录，370户企业依法移出经营异常名录，2515户个体工商户恢复正常状态。依法查处无证无照经营行为，创新待拆迁区、违建区、散乱污整治区无证无照经营监管工作，制定印发《沙坪坝区查处无证无照经营行为联动监管办法》，检查经营主体6750余户次，规范引导办理营业执照1267户，向相关部门抄告无证经营市场主体28户，立案查处无证无照案件41件，待拆迁区、违建区、散乱污整治区等重点区域建档54份。扎实推进“双随机、一公开”监管工作，抽查各类市场主体2241户次，组织开展部门联合计划25项，涉及市场主体137户次。牵头或配合开展专项整治40余项，重点对打击整治养老机构诈骗、校园周边环境治理、住所承诺市场主体实地核查等整治行动。推动创新沙坪坝区事中事后监管模式，试点开展赋能市场主体服务承诺推广，健全电梯、冷链食品等重点商品“溯源码”建设。在试点商圈出入口、餐桌、商户收银台等显著位置公示共计600余户市场主体“企业信用码”，40余部客用电梯张贴特种设备“溯源码”，通过数据归集，导入市场主体服务承诺600余条，实现一键扫码、一码明信、一体监管。根据总局信用监管司拟“选取部分地区探索重点监管事项清单化管理”试点工作要求，动态调整梳理出23条重点监管事项清单，涵盖了校外培训、老旧小区电梯改造等监管领域，支撑监管清单顺利实施。

【网络交易及合同监督管理】 坚持健康发展和依法规范相结合，持续推进电商主体规范管理，督促电商主体全面贯彻落实《中华人民共和国电子商务法》《网络交易监督管理办法》等法律法规，扎实开展禁止销售“军”字号烟酒等商品和网络市场监管两个专项整治。认领排查电子商务主体358户，新建档建库164户。完成网上巡查2118次，开展行政指导288次，督促公示主体营业信息69户，办理网络案件68件。认真开展格式合同条款整治专项行动，办理格式合同网上备案68份，纠正不公平格式条款198条。排查教育培训机构使用的格式条款57户，收集相关格式条款文本59份，点评不公平条款40条。督促网络交易平台删除违法商品信息58条，责令整改网站23次。开展行政指导238余次，约谈45次，下达责改通知书130余份。

【计量及认证认可监督管理】 2022年，全区共有各类认证获证组织949家，获准使用认可标志的认证证书5150张，较上年度新增证书1338张，增长率为35%；获得资质认定的检验检测机构21家，出具检验检测报告近10万份，检验检测机构服务业产值1.55亿元，为服务经济社会发展做出了积极贡献。与发改委等单位联合出台了《重庆市沙坪坝区支持专业服务业高质量发展政策措施》，完善检验检测认证机构布局，引导检验检测认证产业集约化发展。全面推进“小微企业质量管理体系认证提升行动”。积极发挥好牵头组织作用，精选试点单位，充分发挥示范带动作用，帮助企业产品质量和服务水平明显提升。推动高水平质量基础设施建设，支持重庆重大建设工程检验检测机构在井口打造智慧检测园区，建设专业化、特色化的检验检测公共服务综合体。高质量完成各项监管任务，对辖区3家机动车检验检测机构开展监督检查；强化检验检测乱象专项整治行动；对生产流通领域的3C产品生产、销售单位进行一致性抽检；开展道路运输安全专项整治、燃气安全专项整治行动、儿童和学生用品质量监管行动检查等，均取得显著成效。率先开展转供水、转供电计量专项监督检查，检查转供水、转供电企业6家，水表、电表近1000只。开展餐饮业计量器具专项监督检查，查处利用计量器具作弊案件1件，其他违规行为为10余起。组织辖区38个加油（气）站进行计量知识培训，对辖区所有加油站相关计量设备进行登记备案。会同市计量院对辖区内39家基层医疗机构的1865台医用计量设备进行了检定。开展计量专项监督检查，水效、能效专项监督检查，治超治限专项检查等专项检查10余项。

【标准化管理】 全面贯彻落实《国家标准化发展纲要》，深入推进标准化战略，实施企业标准自我声明和监督制度，全区有156项企业标准在企业标准信息公共服务平台上公开。指导重庆市沙坪坝区机关事务局“重庆沙坪坝区机关事务标准化试点”项目成功立项为国标委第八批社会管理和公共服务综合标准化试点项目。推进“重庆市社会福利院养老服务标准化试点”项目，指导重庆市第三社会福利院完善标准体系，按期申请项目中期评估。推进“重庆恩谷智慧健康养老服务标准化试点”项目，指导重庆恩谷信息科技有限公司建立其特色的智慧健康养老服务标准体系，并宣贯实施，按期申请项目中期评估。推进“重庆石桥铺殡仪馆殡葬服务标准化试点”项目，指导重庆市石桥铺殡仪馆建立标准体系，有效实施标准，已通过项目中期评估。服务市场监管职能履行，将特种设备监管工作中的成熟经验制定为标准，以标准规范监管行为，提升监管水平，我局牵头起草的《住宅老旧电梯改造更新技术规范》地方标准完成送审工作。指导区民政局开展对《婚姻登记服务规范》《收养登记服务规范》2个地方标准实施情况调研和复审。指导渝新欧（重庆）物流有限公司开展对《独立蓄热控温集装箱》地方标准实施情况调研和复审。

【信用监督管理】 公示行政处罚信息450条，依程序不予公示行政处罚信息10条。对失信企业开展信用修复工作，全年企业信用修复19件，法人任职资格信用修复7件，移出经营异常名录120件。推进企业信用信息应用，通过招投标、政府资金补助、评先评优等不同领域对企业信用信息的查询应用，对失信企业起到警示、限制或惩戒作用，在全区形成“守信激励、失信惩戒”氛围，全年为区相关部门查询企业信用信息1.2万余户次，为企业提供信用报告600余份。2022年整理归档企业登记档案4000余册，共迁出企业档案900余户。

【行政执法】 深入学习宣传贯彻习近平法治思想，推动学习宣传贯彻习近平法治思想走深走实，持续优化法治化营商环境，参与全区争创全国法治政府建设示范区活动，整改落实中央督察反馈意见。全面推行柔性执法，坚持过罚相当，加大重点领域执法力度，持续推进民生领域“铁拳”行动、养老诈骗专项整治、“长江禁捕　打非断链”、食品安全“守查保”等执法行动。持续保持高压态势，坚决守住安全底线，依法查处不正当竞争、食品药品安全、特种设备安全、价格违法、广告违法、侵犯知识产权、制售假冒伪劣商品等违法行为，全年立案814件，落实“处罚到人”1件，移送公安13件，公安立案8件。创新“1+5”协作机制，联合区检察院、公安分局，创新建立“维护市场秩序帮扶企业发展”1个联动协作总机制和联席会商、案件移送、办案协作、帮扶企业、普法宣传5个分机制。持续推进行政司法协作机制，多元化解社会矛盾纠纷。贯彻落实三项制度，出台《行政执法管理办法》，严格规范公正文明执法，持续监督和纠正行政复议诉讼反映的突出问题，认真落实行政机关负责人出庭应诉规定，尊重并执行人民法院生效判决。

【消费者权益保护】 全年受理投诉举报13358件，为消费者挽回经济损失885万元。深化“12315”工作机构规范化建设，修订《重庆市沙坪坝区市场监督管理局投诉举报处理工作制度》，进一步规范投诉举报处理职责及程序。畅通“12315”投诉举报渠道，及时处置群众诉求。加强“12315”数据分析运用，开展数据走势分析及风险研判，及时发出《消费投诉风险预警》，提升对群体性消费维权的应急处置能力。制定《重庆市沙坪坝区市场监督管理局消费投诉信息公示工作方案》，拓展公示方式和途径。推进ODR企业机制建设，新发展7家ODR企业，开展ODR企业培训，指导企业用好ODR功能，确保消费纠纷在线处理时效性、规范性、准确性。持续开展放心消费创建活动，推进“12315”“五进”工程，开展“3·15”消费者权益日集中宣传教育活动。推行线下无理由退货、经营者首问和赔偿先付等两项制度，进一步巩固放心消费创建活动成果。突出重点领域和行业专项整治，拓展消费维权领域，召集涉及燃气具售卖的市场开办方开展排查整治燃气具产品质量安全隐患行政约谈会；加强野生动物保护，严禁野生动植物及其制品非法交易行为。推进“平安市场”建设，推荐、评审、验收2022年度“平安综合性市场”2家，促进市场稳定发展。

【知识产权管理】 加强知识产权创造，出台《沙坪坝区贯彻落实〈重庆市知识产权强市建设纲要〉任务分工方案》及《沙坪坝区贯彻落实〈重庆市高价值发明专利质量提升行动方案（2022—2024年）〉工作方案》，明确目标任务，压实部门责任，推动知识产权工作高质量发展。2022年，沙坪坝区新增授权专利5319件，其中发明专利2102件，同比增长34.83%，累计有效发明专利8630件，同比增长22.13%，万人发明专利拥有量58.47件，新增注册商标5584件，累计注册商标4.3万件，开展2021年度知识产权资助工作，资助19个单位283个项目，共计95.3万元。促进知识产权运用，2项发明专利荣获第二十三届中国专利优秀奖，2家企业被评为国家知识产权优势企业，4家被评为重庆市知识产权优势企业，2项高价值专利培育项目获市级立项，赛力斯汽车有限公司“智能座舱场景引擎知识产权保护示范创建项目”获重庆市知识产权保护示范创建立项。提升知识产权服务，依托重庆大学、重庆大学知识产权信息中心建立了重庆市知识产权培训基地、重庆市大学生知识产权文化教育传播基地。加强知识产权保护，清理上级移交的疑似不以保护创新为目的的非正常专利申请线索4批609条，清查新增商标申请名称5000余件。

（刘小路）

物价管理

【概况】 2022年，沙坪坝区坚持以人民为中心的服务思想，紧紧围绕全区经济社会发展大局，全面开展强化价格与收费管理、落实清费降费政策、推动价格临时补贴发放、强化价格监测预警、做好保供稳价等工作。

【价格运行】 2022年，沙坪坝区市场民生商品供应充足，需求平稳，价格变化涨跌互现，市场总体运行良好。其中，粮食价格平稳、食用油价格小幅上涨，猪肉价格逐渐回落，白条鸡、鸡蛋价格上涨，水产品价格上涨、水果价格回落，蔬菜价格有涨有降。具体情况为：

粮食平稳、食用油价格小幅上涨。每500克面粉、籼米、菜籽油年平均价分别为3元、2.49元、7.25元，同比“二平一涨”；面粉、大米持平；菜籽油上涨4.02%。

猪肉价格逐渐回落、白条鸡、鸡蛋价格上涨。每500克后腿瘦肉、白条鸡、鸡蛋年平均价格分别为13.26元、13.22元、6.12元，同比精瘦肉下降22.7%、白条鸡上涨5.08%、鸡蛋上涨12.92%。

水产品价格下降、水果价格有涨有降。每500克草鱼、鲫鱼年平均价格分别是9.69元、10.25元，同比草鱼下降13.25%、鲫鱼下降11.1%。每500克苹果、香蕉年平均价格分别是8.08元、4.47元，同比苹果下降5.83%、香蕉上涨27.71%。

蔬菜监测品种价格有涨有降。每500克芹菜、黄瓜、西红柿、韭菜、莲白年平均价格分别是3.56元、3.78元、3.46元、4.56元、1.88元，同比分别下降2.19%、上涨10.32%、上涨26.01%、上涨8.55%、下降17.02%。

【价格管理】 牵头开展涉企违规收费清理。按全国、全市统一要求部署，牵头区级相关部门建立涉企违规收费协同治理和联合惩戒机制，围绕交通物流、水电气、财经金融、行业协会商会等领域开展清理。扎实开展水电气领域违规收费清理。协同区市场监管局查处涉转供电企业11家涉及违规金额349万元，井口水厂未按规定执行优惠政策违规收费2200元，供气企业超规定预收气费141万元，均全额清退。推动农业水价综合改革。落实粮食安全行政首长责任制和最严格水资源管理制度目标考核工作，推进全区农业水价综合改革工作稳步开展，确保年度考核中不扣分。

【价格收费】 严格教育收费管理。深入贯彻落实“双减”政策，规范义务教育阶段学科类校外培训收费行为，科学制定中小学“课后延时服务费”180元/月的收费标准，全年办理学前教育、培训机构非学科类培训收费备案53件。做好物业停车收费登记。全年依法依规办理物业、停车收费登记工作85件，同时妥善处理物业收费、停车收费等信箱咨询、投诉50余件，积极回应群众关切，耐心解读政策文件，避免矛盾激化。

【价格监测】 加强对重要商品和服务价格的监测。建立健全市场价格监测网络，对粮油副食品、重要民生商品、居民日用工业消费品价格进行监测采集上报，全年完成任务总数684个，上报数据21371笔。强化价格分析预判。在价格监测基础上加强对市场价格走势和运行水平的预测分析，形成月度价格分析报告，为上级价格部门和区委、区政府提供决策参考。推动价格临时补贴发放。督促并配合民政部门、社保部门、退役军人事务部门完成社会求助和保障标准与物价上涨挂钩的价格临时补贴发放工作，共发放24个月价格补贴1499万元，惠及31.18万人/次。

2022年1月，沙坪坝区获评2020—2021年全国价格工作监测先进单位。

【价格认定】 严格涉案财物价格认定。规范价格认定程序，坚持严格办案，并加强与纪检监察机关、司法机关的沟通协作。2022年共办理涉案财物价格认定317件，其中，涉刑事案件价格认定315件、涉纪检监察案件价格认定2件，认定总价值476.53万元。连续13年实现“价格认定零复议”，为纪检监察、公、检、法有效打击各类犯罪提供了及时准确的价格依据。持续推进价格争议纠纷调解处理工作，发挥价格部门专业优势，把价格民生工作落到实处。2022年2月，在全国价格认定工作座谈会视频会议上，沙坪坝区涉纪检监察案件价格认定工作作为重庆市唯一区县获推典型经验交流。

（唐　宁　夏　菲）

表11　　2022年沙坪坝区主要商品零售价格表

品种	规格等级	单位（克）	价格（元）	同比（%）
面粉		500	3	0
大米		500	2.48	0
菜籽油		500	7.25	4.02
猪肉	精瘦	500	13.26	−22.7
白条鸡		500	13.22	5.08
鸡蛋		500	6.12	12.92
草鱼		500	9.69	−13.25
鲫鱼		500	10.25	−11.11
芹菜		500	3.56	−2.19
黄瓜		500	4.17	10.32
西红柿		500	4.36	26.01
莲白		500	1.56	−17.02
韭菜		500	4.95	8.55
苹果	红富士一级	500	8.08	−5.83
香蕉	国产一级	500	4.47	27.71

农 业

综 述

【概况】 2022年，沙坪坝区农村常住人口4.31万。农村常住居民人均可支配收入27028元，增长5.6%。农林牧渔业总产值8.64亿元，同比增长2.4%；农林牧渔业增加值5.4亿元，比上年增长1.7%（按可比价计算）。

【农村改革】 2022年扩面深化农村“三变”改革，新增4个村（关口村、大桥村、西溪桥村及童家桥村）开展农村“三变”改革试点，中梁镇、歌乐山街道整体推进，试点范围覆盖47%的村级集体经济组织，盘活集体耕地、林地等资源1.8万亩，共8.49万农民变为股东。农村集体产权制度改革深化完善，35个村级集体经济组织完成换届选举，实现村党组织书记、村委会主任、村级集体经济组织负责人“一肩挑”。发展壮大新型农村集体经济，建实建牢“集体经济组织+农户+新型农业经营主体”的利益联结机制，全区集体经济经营性收入突破1.1亿元，村平均实现经营性收入达到220万元。大力实施农业生产社会化服务，培育本土服务组织7家，支持各类农业经营主体17家，直接惠及小农户2441户，累计服务面积0.55万亩。完成农业水价改革5000亩。加强和改进乡村治理，全面推行积分制、清单制，试点推进院落制，获得国家级乡村治理示范村1个，乡村治理、农业农村改革工作获得2021年全市真抓实干市级激励通报。

【农业生产】 2022年，沙坪坝区粮油播种面积2793公顷，总产量1.08万吨。蔬菜种植面积2170公顷，产量4.12万吨。果园面积624.33公顷，产量6002吨。花卉种植面积1081公顷。渔业养殖总面积315公顷，水产品总产量5002吨。

【农村基础设施建设】 2022年，投资255万元，整治山坪塘8口，整治灌溉渠道8400米，改造农灌泵站15处；投资52万元，新建农村饮水备用水源9处，受益人口0.12万人；新建农村人饮一户一表工程2处，供水管网42公里，受益人口700余人。整治农房1225栋，改建户厕1400余户，新建3个生态公厕，新建“四好农村路”40公里、入户便道22公里，新建农村污水治理设施4座、配套管网8公里。完成3000亩高标准农田建设任务。

【品牌农产品】 2022年，沙坪坝区续认证“两品一标”企业2个，认证产品5个，产量

240吨。重庆市铁富有限公司香辣味鲜汤鲜花生、果香漫城淡雪草莓等5个农产品获重庆市名牌农产品称号；重庆市戎申农业股份合作社奥尼尔蓝莓、重庆重粮健康产业股份有限公司有机横山贡米等9个获“巴味渝珍”授权。

（杨 蓉 刘 萍 肖吉峰 周治国 郭 彪 李红春 龙 力 胡卫杰 罗达璐 王 鸿 许东城 胡卫杰）

种植业

【概况】 2022年，沙坪坝区粮油播种面积2793公顷，总产量1.08万吨。蔬菜种植面积2170公顷，产量4.12万吨。果园面积624.33公顷，产量6002吨。花卉种植面积1081公顷。渔业养殖总面积315公顷，水产品总产量5002吨。

【粮油】 2022年，沙坪坝区粮油播种面积2793公顷，总产量1.08万吨。其中，稻谷播种面积633公顷，产量4522吨；玉米播种面积1000公顷，产量玉立方米716吨；豆类播种面积75公顷，产量105吨；薯类播种面积925公顷，产量2248吨；油料作物播种面积160公顷，产量180吨。

【蔬菜】 2022年，沙坪坝区蔬菜种植面积2170公顷，产量4.12吨，总产值18000万元。

【水果】 2022年末，沙坪坝区果园面积624.33公顷，产量6002吨，产值6381万元。主要种植品种为桃、杏、葡萄、草莓、蓝莓、柑橘、梨、李、猕猴桃等，主要分布于中梁山脉、缙云山脉、梁滩河流域，现已建成颐麓欢歌水果基地、古茂蓝莓谷、普迪生态园等23个标准化水果采摘园。

【花木】 2022年，沙坪坝区花木基地面积1081公顷，有花木市场1个，花木生产企业51

高标准农田整治成效 （回龙坝镇 供图）

个，全年花木销售收入2310万元。主要种植有桂花、棕榈、樱花、黄桷树、紫薇、海棠、天竺桂、银杏等多个品种，培育凤凰花海等花卉观光园18个。成功举办歌乐山颐麓欢歌桃花节、太寺垭森林公园郁金香节、花漫大地赏花游等农业节会活动。

（刘　萍　肖吉峰　周治国　郭　彪　李红春　胡卫杰）

林　业

【概况】　沙坪坝区现有林业用地9885.06公顷，其中有林地9015.62公顷，灌木林地330.68公顷，疏林地83.94公顷，未成林地121.73公顷，无立木林地109.19公顷，苗圃地106.89公顷，其他林地117.01公顷。森林覆盖率为32.76%。

【植树造林】　组织全区春季义务植树活动，在丰文主会场栽植李树、桃树等果树苗木1000余株。编制《沙坪坝区2022年“两岸青山·千里林带”实施方案》，完成2022年建设任务700亩，在土主实施保护性移植古树2株。

【有害生物防治】　全面完成年度松材线虫病除治工作，除治松林面积3.39万亩，清理各类死亡松树3.33万株，除治结果通过市级成效检查。全年开展2次直升飞机施药防治松墨天牛，防治面积7万亩。

【天然林资源保护】　完成森林资源专项调查，成果通过市级评审验收，完成国家下发1112个林草湿监测图斑的调查，完成国家下发的630个森林督查图斑的区级自查。扎实做好森林防火工作，完成全区森林火灾风险普查，通过市级质量核查；完成全区森林防火“十四五”规划编制；完成森林火情智能监控购买服务政府采购。清理林下可燃物130吨，林区道路95公里，坟区110处；完成林区输配电线路火灾隐患整治53公里；建设完成4个森林防火标准检查站和区国有林场森林消防专业队伍，并通过市级验收；设置国家“防火码”75个；制作完成75个森林火情风险等级公示牌。完成全区7.71万亩公益林和0.33万亩商品林参保。

【集体林权制度改革】　深化完善集体林权制度改革，根据林业生产发展需要，鼓励林地使用权有序流转，引导林业要素合理流动和集中，实现森林资源优化配置，促进林业经营规模化、集约化。

【生态效益补偿】　2022年，沙坪坝区公益林管护责任面积8.96万亩，其中，国有林4.33万亩，地方公益林4.63万亩。沙坪坝区对照标准开展生态效益补偿工作，支出公益林管护费51.4万元，公益林生态效益补偿64.88万元，实际兑付共116.28万元。

【森林行政管理】　完成缙云山自然保护区实验区农房建设备案审查11件，完成土地划拨、出让、工程选址项目核实林地90起。累计办理林业行政审批795件，其中，建设项目使用林地审批3件，野生动物经营利用29件，林草种子生产经营许可证2件，植物检疫证书673件，采伐证88件。

【林业产值】　2022年，沙坪坝区林业产业总产值86600万元，其中，第一产业产值11520万元，第二产业产值60984万元，第三产业产值14096万元。

（区规划自然资源局　供稿）

渔　业

【概况】　2022年，沙坪坝区渔业养殖总面积315公顷，水产品产量5002吨，主要养殖品种为鲫鱼、鲢鳙鱼、草鱼、鲤鱼、大口鲶、黄颡鱼等；产地水产品抽检合格率100%。加快生态休闲渔业发展，提档升级金刚村、歌乐村生态渔业基地。完成中央环保督察涉及尾水治理问题市级销号。

【生态渔业】　推广池塘80∶20养殖模式，推广面积1200亩；推动休闲渔业发展，建成全国休闲渔业示范基地2个，区级休闲渔业示范基地20个，休闲渔业产值4935万元，占全区渔业总产值16.5%。

【水产养殖尾水治理】　印发《沙坪坝区池塘生态养殖和尾水治理工作方案（暂行）》，通过建设尾水治理设施、推广生态健康养殖技术、合理控制养殖密度等方式，分类分步推进水产养殖尾水治理。2019—2022年，沙坪坝区共建设尾水治理设施14个，超额完成15万吨水产养殖尾水治理直排任务，完成中央环保督察涉及尾水治理问题市级销号工作。

【高位池工厂化海水养殖】　建设高位池工厂化海水养殖基地一个，位于中梁镇永宁寺村，养殖面积550立方米，年产海水鱼10吨（20公斤/立方米），产值150万元。

（肖吉峰）

水　利

【概况】　2022年，沙坪坝区年末已建成水利工程740处，全区水利工程年末蓄水量为660万立方米，其中全区小型水库14座，总库容1024.92万立方米，年末蓄水量为361万立方米。全区年末有效灌溉面积2803公顷。治理水土流失面积4966公顷。

【民生水利建设】　2022年，沙坪坝区建设农村供水工程2处，丰文街道三河村、井口街道井口村和双碑村农村人饮一户一表工程，受益人口700余人。

【水利投资情况】　2022年，沙坪坝区落实水利投资1.2898亿元，完成水利投资1.2218亿元。其中，沙坪坝区梁滩河综合治理工程（丰文段）完成水利投资1928万元，沙坪坝区梁滩河综合治理工程（青凤段）完成水利投资3221万元，三峡后续项目青木溪河综合整治工程完成水利投资505万元，主城区“两江四岸”治理提升嘉陵江岸线贯通工程——沙滨路滴水岩至磁器口段完成水利投资5600万元，移民后期扶持资金项目中梁镇茅三峡村农村环境综合治理完成水利投资27万元，山洪灾害防治项目完成水利投资25万元，水利救灾项目完成水利投资390万元，农村供水工程完成水利投资350万元，小型水库设施维修养护完成水利投资99万元，农业水价综合改革完成水利投资38万元，雨水情测报和安全监测完成水利投资35万元。

【防汛抗旱】

“6·23”强降雨灾情　强降雨对青木关镇、中梁镇、歌乐山街道、凤凰镇的农作物及农业生产设施造成部分损害，受灾总面积约31.29公顷，共计经济损失13.9万元。其中粮食作物约30.6公顷，主要受灾作物玉立方米0.57公顷，水稻0.03公顷，经济损失11.4万元；其他甘薯、花生、莲藕等受灾面积约0.67公顷，经济损失2.2万元；葡萄大棚、番茄大棚受损约3000平方米，经济损失约0.3万元。

“6·26”强降雨灾情 转移山洪灾害危险区天星桥荔枝桥10号群众9人，覃家岗四标厂群众1人。农业受灾总面积36.4公顷，摧毁耕地约3.1公顷，共计经济损失约23.12万元。其中凤凰镇玉米受灾0.33公顷、水稻受灾0.13公顷，经济损失约1.4万元；回龙坝镇玉米受灾2.47公顷，经济损失约1.92万元；土主街道蔬菜受灾2.87公顷，经济损失约3万元；中梁镇玉米受灾30.6公顷，经济损失约7.6万元；歌乐山街道摧毁耕地约3.1公顷，经济损失约9.2万元。

“7·18”强降雨灾情 转移覃家岗四标厂山洪灾害危险区群众1户、3人。损坏塘坝6座，损坏灌溉设施6处，损坏机电泵站3座，损失110万元。

2022年沙坪坝区遭遇6次洪峰过境过程，洪峰水位均未超警戒水位。国庆节期间为有效应对编号洪峰过境工作，坚持24小时值班值守，发布嘉陵江高水位过程预警信息6次共1618条，提醒沿江镇街提前做好警戒值守，派出2个巡查小组，针对涉水风险地区进行巡查检查，未发现安全隐患。

【旱情及人饮】 全区农作物受灾总面积4212.5亩、成灾面积892.3亩、绝收面积161.4亩，产量总损失452.6吨，经济总损失296.3万元。其中，粮食受灾1415亩，成灾371亩，绝收78亩；蔬菜受灾面积1432亩，蔬菜成灾462.3亩，绝收80.4亩，水果受灾面积665.5亩，成灾59亩，绝收3亩；中药材受灾面积500亩；茶叶受灾面积200亩。主要受灾作物为红薯、大豆、茄果类及瓜类蔬菜、佛手、茶叶等。

2022年8月，辖区回龙坝镇梁滩桥村、真武山村部分区域陆续出现人畜饮水困难，最高时段有338人、1659余头（只）牲畜（家禽）饮水受到影响。灾情发生后，属地街镇立即组织送水，累计共送水204车次；区农业农村委立即响应，向受灾缺水地区群众发放应急储水桶212个，投资52万元新建农村饮水备用水源9处，受益人口0.12万人，直至9月23日灾情完全解除。

【水旱灾害防御】 2022年，汛前在政府公开网站上公示全区水库、涉水工程、山洪灾害防治的防汛抗旱“行政·技术·管护”三个责任人，在每座水库现场设置水库大坝安全“行政、技术、管护”三个责任人公示牌，做好群众监督。汛前排查出水利设施安全隐患共计28处，落实所有隐患专人监测、应急预案，9处隐患已完成工程整治。全区14座水库已完成防汛应急预案和汛期用水调度计划编制，落实水库防汛演练、防汛队伍建设，完成水库雨情设施建设，实现水库水雨情监测设施全覆盖，全面提升水库防汛预警预报能力。精准水库用水调度，全年调水及抗旱期间农田灌溉补水达到200万立方米以上，完成大桥水库、艾家湾水库维修养护工程。建立山坪塘运行监管台账、病险山坪塘名录，明确各级组织山坪塘承担管护责任，统计全区农村农房、重要基础设施受冲范围内相对高海拔山坪塘数量（全区头顶塘共有20口）。复核全区危险范围及预警指标，确定山洪灾害危险区11处，并完成所有危险区山洪灾害防御演练、山洪灾害及中小河流监测预警设施设备汛前巡查维保工作，完善修订三级山洪灾害防御预案。会同多部门、镇街开展山洪灾害宣传、演练活动3次。汛前开展水旱灾害防御物资采购工作，维护保养和充电调试现有物资，组建防汛抗旱专家队伍、水旱灾害应急救援队伍。汛期强化24小时值班和领导带班制度，及时报送雨情、水情、工情、汛情等信息，及时发布洪峰过境预警信息，入汛共发布预警信息16次，4368条。农业生产抗旱减灾工作，区委、区政府高度重视，区委书记、区长多次批示部署，区政府分管领导多次深入镇街检查并部署。8月初，区农业农村委全面启动旱情日报告制度，成立抗旱保供工作领导小组、2个抗旱减灾指导工作小组、15个红岩攻坚队，下沉各行政村，全覆盖摸清情况，科学指导农业生产抗旱工作。全力做好农业生产用水调度，三级联动调度灌溉水源，投入水利救灾资金66.5万元、每天动员200余人、紧急运送灌溉用水200余车、开闸放水48.2万立方米、灌溉农田3万余亩。做好宣传发动自救，提倡节约用水，精准灌溉，编制印发粮食、蔬菜、花卉、果树、水产5大抗旱技术方案，细化高温期间水肥管理等技术措施，及时推送高温干旱预警、抗旱技术措施，紧急采购应急抗旱物资5万元。全力抓好农业抗旱减灾工作，提早谋划晚秋生产，引导有条件的镇街发展再生稻，采购秋马铃薯脱毒种薯120吨、秋冬蔬菜种子500公斤、油菜650公斤，秋季增种扩种蔬菜2000亩、秋马铃薯1400亩、油菜2000亩，提供整治利用撂荒地500元/亩的奖补。全力做好人饮工作，旱情前到社、到户排查，常态化、网格化监测未安装自来水农户，落实区、镇、村、社四级农村人饮抗旱责任人，多次通过文件、微信群、QQ群做好提醒、指导工作。旱情发生，第一时间做好研判、落实资金，成立抗旱保供工作领导小组，入户发放储水桶212个，建立灾情日报送机制，多渠道动员群众节约用水，分管领导带队下沉指导。

（许东城　李荣春　高荣翎　刘　萍　胡卫杰　寇　磊）

农业综合执法

【行政许可审批】 2022年，沙坪坝区依法审批行政许可项目129件，其中水利高频事项水保34件，洪评12件，取水许可23件，其他水利事项4件，农业56件。

【农业执法】 结合“零点行动”“春雷行动”“砺剑行动”“清源”行动、“红牌”行动等五大专项行动，积极开展禁捕、种植业、农产品、农资及农业投入品安全执法，受理处置举报投诉45次，使用慧执法检查系统执法检查237次，出动巡查人员956人次，收缴、暂扣渔具295副，放生野生鱼60余公斤，增殖放流鱼苗13万尾，集中销毁违规禁用鱼竿300余根、网具50副、“三无”船舶1艘，对违规垂钓等违法行为行政处罚4起，罚款1.42万元；检查生产经营对象187个次，完成农产品和投入品抽检206个，对不按规定使用农药等违法行为4起罚款1.95万元。结合“牛羊两病”检测工作，开展动监执法，全覆盖监督管理辖区6个生产企业，对违规经营的动物诊疗机构、兽药、饲料生产企业责令整改3起，出动执法人员63人次，罚款3.9万余元。联合交巡警和属地派出所开展农机安全执法检查，开展安全检查80余次，纠正违章20余起，收缴假牌照3副。常规开展秸秆禁烧执法巡查及宣传工作，及时制止违法行为20余起，下达整改6起。有力推进农村宅基地执法。对市级移交宅基地违法建设卫片图斑开展现场核查45处，核查坝上“彩钢棚”9处，向区政府提请强制拆除3起，协助青木关镇拆除2起。

【水利执法】 强化水资源管理，调查未经批准擅自取水等违法行为，下达责令改正通知书要求停止立即违法行为1起。组织开展2022年水土保持专项执法行动，检查沙坪坝区井双片区道路工程等12个项目水保方案的实施情况，对未批先建、不按方案施工、违规搭建、未经批准擅自取水等违法行为下达责令整改、责令停止违法行为通知书12起。组织开展河道“清四乱”、河道非法采砂综合整治、百日行动等执法行动，加强河道巡查，实现区域内重点河段巡查全覆盖。对2个未按方案施工的涉河项目，经管理部门和镇街同意及时整改到位，因违法行为轻微、且未造成危害后果，不予行政处罚。结合“建安”行动开展水利工程建设安全领域专项执法检查，紧扣重要时间节点，对在建水利工程、水库等建设设施开展安全生产监管执法检查。对在秋水长天地下车库违规搭建构筑物下达限期拆除通知书并配合沙坪坝街道拆除，对未经河道主管部门同意未批先建行为给予警告的行政处罚。

（易　麟　李红春）

农业生产安全管理

【概况】 2022年，查处违法案件10件，下达责令停止违法行为、责令改正通知书25起，调查违法行为45起，行政罚款近7.382万元。出动执法人员900余人次，受检单位438个，排查一般隐患174项，已整改171项，整改率98.28%，有效遏制行业领域安全生产事故的发生。

【农机安全】 积极开展农机安全监理工作，2022年共发放3个拖拉机牌照，1名农机驾驶证照，1台拖拉机进行年检，开展农用拖拉机安全检查51次。

【渔业安全】 2022年，检查水产品质量安全7家，抽检水产品药物残留18个，抽检合格率100%。按照长江流域十年退捕禁捕要求，协同区人力社保局全面完成了渔民退捕转产和参保工作，退捕渔民参保率达100%，转产安置率达100%，会同区公安分局、区市场监管局、区交通局开展打击非法捕捞“零点行动”“春雷行动”“清风行动”“砺剑行动”，涉渔餐饮店和渔具店整治行动，打击市场销售长江流域非法捕捞渔获物专项行动，“三无”船舶专项整治行动等执法检查150次，出动执法人员641人次，执法车辆174台次，执法艇23艘次，检查餐馆渔庄69家次、水产品市场49家次。回复、落实群众举报38次。查处非法捕捞案20件（其中，移送公安机关追究刑事责任16件、行政处罚4件）。说服劝导游钓人员193人次，放生野生鱼约30.4公斤，开展增殖放流活动投放鱼苗共13余万尾，投入金额近10万元。

【农产品质量安全】 指导生产主体落实好质量控制要求，在自控自检基础上规范开展使用承诺达标合格证。2022年，沙坪坝区食用农产品14家新型农业经营主体，发放承诺达标合格证12738张。全面完成市级下达定量检测任务，共计检测1104个样品。其中，区级风险检测920个样品，合格率为100%；区级监督抽查184个样品，有2个豆芽产品不合格，合格率98.91%。办结农产品质量安全案件4起，共计行政罚款1.95万元。

【水利安全】 2022年，对全区实施安全监督备案的在建水利项目实施安全监管。结合高温汛期安全、重要节假日安全、施工安全专项整治、安全生产月、安全生产“百日攻坚”行动等活动，共检查全区在建水利工程施工企业3

家，出动安全检查小组12次，检查人员36人次。沙坪坝区全年水利安全工作持续向好，未发生一起水利安全责任事故。

【沼气安全】 2022年，沙坪坝区强化农村户用沼气安全生产及管理，压实安全生产责任。印发《关于做好2022年农村沼气安全生产工作的通知》；广泛开展沼气生产与管理安全宣传，发放沼气安全使用宣传单3000余份，悬挂沼气安全使用挂图30余份；采取沼气户自查、镇街检查和区级复查相结合的方式进行沼气安全检查，发现沼气安全隐患问题10个并立即督促整改。开展户用沼气报废工作，对达到报废条件沼气设施进行报废，全年报废沼气设施2352处。

（梁　超　高　强　李红春　肖吉峰　张健峰　赵　蓉　官开江）

乡村振兴

【产业振兴】 以研学为统领发展现代都市农业，布局中梁山智慧田园板块、缙云山文创产业板块和梁滩河百里生态画廊板块。做大做强特色种养业。新建8个种养基地，提档升级16个产业基地，示范推广20余个新品种，打造“中梁好物”等3个公共品牌，14个农产品成功创建市级农业名牌。做精做优文创产业。打造缙云山文创产业集群，推动远山有窑等文创产业提档升级，三合美术馆、伴山漆画等项目建成营业，麦集公社、缙水青木民宿露营基地项目加快推进。做深做实“一二三”产业融合。新增18家农产品加工区级龙头企业，打造乡村旅游精品线路3条，成功举办郁金香节、桃花节等农业节会活动，全年接待游客320万人次，丰文街道三河村成功创建全国乡村旅游重点村。

2022年4月19日，丰文街道三河村诗意田园乡村产业项目　　（刘　蓉　摄）

【生态振兴】 厕所革命。完成无害化卫生厕所改造1400户，全区卫生厕所普及率达95.9%。农房改造。完成示范带沿线1225栋农房风貌整治提升。村庄清洁。持续推进村庄清洁行动和“五清理一活动”专项行动，清理积存散落垃圾2.1万余吨，清理沟渠310余公里，清理“蓝棚顶”11万平方米，改圈舍柴棚1228余处；摸排无人居住废旧房173宗，规整33处；清理房前屋后杂物堆1.5万余户、清理田间地头废弃物1.7万余处。试点示范。打造歌乐—中梁—丰文40公里人居环境示范线，栽种花木31万平方米，3个村入选“重庆市第四批美丽宜居乡村”。

【乡村治理品牌】 规划建设“乡村会客厅”3个，打造回龙坝村“和顺茶馆”等独具特色的乡村治理品牌，成功创建乡村治理国家级示范村1个和市级示范镇1个、市级示范村2个、区级示范村13个，乡村治理经验做法被中央电视台《新闻联播》等媒体宣传报道。乡村治理“积分制”。全面推行乡村治理“积分制”，投入财政资金265万元，建成积分爱心超市36个，发放积分存折2.5万本、宣传资料3.2万份，开展积分评议1652次、兑换活动411次，已提前三年完成行政村“积分制”全覆盖的目标任务。

【人才振兴】 推荐参加市级涉农培训28人（农村致富带头人特色精品班6人、农业经理人班3人、优秀村干部班2人、创业富民班11人、乡村治理与发展班2人、到村任职选调生能力建设班2人、“头雁”项目培育班2人）。组织高素质农民培育100人（农村致富带头人培训班30人、经营管理型培训班26人、专业生产型培训班24人、技术服务型培训班20人），评选认定农村致富带头人10名。

（胡卫杰　陈德玖　杨　蓉　龙　力）

工 业

综 述

【概况】 2022年，全区规模以上工业总产值2547.3亿元，同比下降4.2%。分行业看，电子信息制造业产值2171.9亿元，同比下降6.4%；传统工业产值375.4亿元，同比增长11.1%。分区域看，高新区部分产值2234.1亿元，同比下降6.5%；其他区域产值313.2亿元，同比增长16.6%。分产品看，生产显示器1122.1万台，同比下降26.6%；打印机89.2万台，同比下降2.5%；摩托车11.7万辆，同比下降2.7%；智能手表120.7万个，同比下降74.5%。完成工业投资73.0亿元、同比增长26.1%。全年工业增加值244.3亿元、同比下降1.3%，增速较上年回落11.3个百分点；规模以上工业增加值同比下降1.6%，增速较上年回落13.3个百分点。

【智能制造】 近年来，沙坪坝区通过投资补助、贷款贴息、政企座谈等形式，引导并支持企业购置智能化装备，利用数字化、智能化技术改造传统装备，帮助企业实现降本增效、转型升级。累计实施旺成科技、裕同包装等智能化改造项目106个，建成西南药业、英业达等智能化工厂7个，建成重庆水泵厂、开物工业等数字化车间21个。

【平台建设】 青凤高科产业园位于沙坪坝西部、科学城发展主轴，是国家产业转型示范园区、重庆市工业设计产业园（特色产业建设基地）、重庆市智能网联汽车核心零部件特色产业建设基地。园区深入贯彻落实习近平总书记对重庆的“两点”“两地”定位和“两高”要求，全面融入共建“一带一路”，抢抓成渝地区双城经圈、“一区两群”协同发展等重大战略机遇，主动融入西部（重庆）科学城建设，打造承载“一带一路”协同发展的国际产业合作区、推动成渝经济圈制造业高质量发展的先进制造基地、彰显科学城美丽山水的产城景融合发展示范区。立足“长架子长肌肉长模样”特殊阶段，围绕“图新图变图强”总体目标，打造“创新驱动示范区”。

【重点工业企业】 2022年，沙坪坝区有“重庆市100户重点工业企业”13户，“重庆市100户成长型工业企业”2户，规模以上工业企业231户。

（陈永佳　何　博）

电子信息工业

【概况】 沙坪坝区积极推进供给侧结构性改革，加快经济发展方式转变和结构调整、推进信息化和工业化深度融合、培育和发展战略性新兴产业的重大契机，大力培育电子信息工业龙头企业，着力增强产业自主创新能力，推进产业链协同发展，不断提高产业规模化、创新化、高端化和国际化发展水平。电子信息工业继2011年成为沙坪坝区支柱产业以来，经过近几年的大力发展，年产值已突破2000亿元，代表企业有达丰、英业达、鸿富锦、爱思开海力士、华润微电子等。

【主要企业】

达丰（重庆）电脑有限公司 达丰（重庆）电脑有限公司（又名：重庆广达电脑）作为台湾广达集团的全资子公司，引入台湾广达集团总部先进的运营模式，主要以生产笔记本电脑为主，兼顾伺服器、手机、液晶显示器、液晶电视等IT产品的生产，广达电脑追求卓越品质，始终保持与世界最新科技同步。并秉承“以人为本”的管理理念，本着“让工作丰富美好人生”的愿景，为员工提供了一系列完善的福利设施和自我提升的机会，营造出一个适宜人才成长的学习环境。台湾广达集团于2010年4月在重庆市沙坪坝区西部新城的西永微电子产业园区（西永综合保税区B区）投资，成立达丰（重庆）电脑有限公司，建成广达在大陆地区的第三个制造基地——QCMC广达重庆制造城。

英业达（重庆）有限公司 英业达（重庆）有限公司是英业达集团的全资子公司，成立于2010年5月，注册资金5000万美元，位于重庆市沙坪坝区西部新城西永综合保税区B区，占地近3万平方米。主要从事大中型电子计算器、携带式微型计算器、微机计算器、掌上型计算机、高档服务器、移动通信设备（即交换设备）、移动通信终端设备、网络电话设备、数字音、数字对讲设备、视频编解码设备、新型显示器件（平板显示器及显示屏）、数字电视机、数字有线电视系统设备、高端路由器、感应卡片阅读机、新型电子元器件、游戏机、（数字）摄录设备、数码照相机、打印机、车载、手持导航设备及零部件、软件及上述产品之零部件与模块的设计、开发和生产以及自产产品的销售和售后服务等业务。

鸿富锦精密电子（重庆）有限公司 位于重庆市沙坪坝区西永微电子产业园区西永东区1路1号，由联汇企业有限公司出资组建，于2009年10月16日经重庆市工商行政管理局登记设立的有限责任公司（台港澳法人独资），注册资本为19065万美元。主要从事金属制品、非金属制品模具设计与制造，便携式微型计算机、新型平板显示器、打印机，第三代及后续移动通信系统手机、基站、核心网设备以及网络检测设备、网络电话，信息通信网络系统及其他应用系统的技术开发、技术咨询，以及相关实验室设备、工业及电子产品检测检验与分析，检测技术咨询等。

爱思开海力士半导体（重庆）有限公司 公司位于重庆西永综合保税区B区，占地28万平方米。经营范围包括半导体产品的探针测试、封装、封装测试、模块装配和模块测试等半导体后工序服务等。

华润微电子（重庆）有限 华润微电子（重庆）有限是华润集团旗下负责微电子业务投资、发展和经营管理的高科技企业，公司位于重庆市沙坪坝区西永微电子产业园，是一家集半导体设计、制造与服务于一体的公司，公司业务包括集成电路设计、研磨制造、晶圆制造、封装测试及分立器件。

（陈永佳）

装备制造业

【概况】 规模企业13户，产值25.3亿元、同比增长1.4%；分布在童家桥、歌乐山等6个镇街，主要有康明斯、水泵厂、博张机电等。

【主要企业】

重庆水泵厂有限责任公司　重庆水泵厂有限责任公司（简称重泵公司）位于重庆市沙坪坝区工业园A区（井口组团），隶属于中国500强企业重庆机电控股（集团）公司，国有独资企业，是国家机械工业和全国泵行业中唯一同时从事叶片泵和容积泵两大门类泵产品研发和专业制造的重点骨干企业，2008年在香港上市，银行资信评估AAA级。公司成立于1951年，注册资本1.96亿元，占地面积300余亩，现有员工950人，其中高中级职称的工程技术和管理人员200余人，国家级专家5人。

重泵公司是中国泵行业常务副理事长单位，全国泵行业重点骨干企业，国家重大技术装备国产化基地，国家核级泵研发制造基地，国家研发高端容积泵和离心泵主导企业。公司拥有一支涵盖流体机械、机械制造、电气仪表、系统控制等多学科人才集合的研发团队，并与清华大学、重庆大学、兰州理工大学、江苏大学等国内知名高校深度合作，以个性化的设计满足市场个性化的需求，每年新产品产值率保持在70%以上。公司获取专利技术150余项，是国内唯一一家同时具有核二、三级泵容积泵和离心泵设计制造厂家，具有Ⅰ、Ⅱ、Ⅲ类压力容器设计制造资质。

公司主导产品计量泵、高压往复泵、矿浆膈膜泵、API标准离心泵、除鳞泵及以泵为核心的机电一体化系统，规格齐全，有十余种材质可满足输送各种介质，广泛用于矿山、有色金属、黑色金属、煤化工、石油石化、电力、市政及核工业等领域，并远销美国、巴西、韩国、秘鲁、伊朗、伊拉克、俄罗斯、越南等30余个国家。

2022年实现产值10.53亿元，营业收入11.04亿元，利润2.18亿元，上缴税金5808万元。

重庆博张机电设备有限公司　重庆博张是化工智能装备制造的瞪羚企业，在国内新增市占率为80%，全球新增市占率为60%。在固碱蒸发半自动装备领域，经过19年深耕，重庆博张彻底打破了国外长达35年的技术和市场垄断，不仅实现国产替代，而且进军国际市场，成为全球化工装备行业细分龙头。

重庆博张把握全球发展大趋势，不断改进新工艺，大胆应用新材料，在节能降碳和环境保护的技术开发和应用方面再次遥遥领先，已经进入了细分领域的“技术无人区”，抢占了全球化工智能装备的战略制高点，为民族企业树立了新标杆，为国际化工行业输出了新标准，已成为全球独家固碱蒸发智能装备提供商。

2022年实现产值1.76亿元，营业收入1.63亿元，利润2568万元，上缴税金1116万元。

（蒲　影）

汽车摩托车工业

【概况】 2022年，沙坪坝区汽车制造业规模企业45户，产值121.8亿元、同比增长99.6%；分布在井口、凤凰等13个镇街，主要有渝安准海动力、红旗弹簧、银钢科技、金丰机械等。2022年，沙坪坝区其他运输设备制造业规模企业38户，产值32.4亿元、同比下降18.8%；分布在覃家岗、井口等12个镇街，主要有力华自动化、旺成科技、嘉陵嘉鹏、利建工业等。

【主要企业】

赛力斯集团股份有限公司　赛力斯集团股份有限公司（以下简称集团）始创于1986年，是一家以新能源汽车为核心业务的科技型制造企业；2022年有员工1万余人，是A股上市公司，中国企业500强。集团业务涉及新能源汽车及核心三电（电池、电驱、电控）、传统汽车及核心部件总成的研发、制造、销售及服务。2022年1—9月赛力斯实现营业收入231.23亿元，同比增长101.96%；得益于高端新能源汽车销量持续上升，赛力斯前三季度经营活动产生的现金流量净额为11.97亿元。赛力斯2022年1—12月新能源汽车累计产销量分别为139辆、132辆和135辆、54辆，同比增长233.64%和225.90%，数据增幅远超行业平均水平，作为公司核心增长引擎的新能源汽车业务发展强劲。集团始终坚持创新驱动，坚持长期主义，坚持商业成功，致力于将汽车核心技术及关键零部件掌握在自己手里。秉承“推动汽车能源变革，创享智慧移动生活”的使命，集团每年创新研发投入超过销售收入的10%，培育并形成了具有自主知识产权的行业领先的超级电驱智能技术平台（DE-i），推出了行业领先的智慧汽车及三电产品。集团主要产品覆盖新能源车和传统车，代表车型包括赛力斯AITO高端智慧汽车、瑞驰电动商用车、风光SUV及MPV等。集团拥有领先的智能制造能力，在重庆等地建设了多个工业4.0标准智慧工厂。集团整车远销全球70多个国家和地区，赛力斯品牌智能电动汽车相继出口德国、法国、英国、意大利等欧洲国家，并在“一带一路”沿线的印尼建设了整车智慧工厂。集团先行先试混合制经济，2003年与东风公司合资合作生产汽车，成为中国汽车产业混合制典范。2020年，双方深化战略合作，合作由子公司上升到股份公司层面，重组后东风公司成为集团第二大股东。2021年，集团与全球ICT领先企业华为开创了联合业务深度跨界融合的先河，双方充分发挥各自优势，在核心技术、产品及渠道方面进行深入合作，共创中国智能电动汽车头部品牌，双方共同打造的赛力斯AITO及赛力斯华为智选车型，深受市场和用户欢迎。同时，集团与全球领先的新能源创新科技公司宁德时代建立了长期战略合作关系，为公司新能源汽车交付提供有力保障。

重庆旺成科技股份有限公司　重庆市旺成科技股份有限公司位于重庆市沙坪坝区振华路37号，成立于1999年2月，注册地址为重庆市沙坪坝区井口园井熙路4号附3号，注册资金7591.42万元，法人代表吴银剑。公司拥有总资产5亿多元，2022年有员工648人。公司产品包括齿轮、离合器和摩擦材料三大类，应用在摩托车、全地形车、汽车、风电、农机等领域。公司始终坚持走高品质的市场路线，产品主要供应日本本田、日本雅马哈、印度TVS、美国TEAM、意大利比亚乔、台湾三阳、德国福伊特等在全球行业范围内具有较高品牌知名度的企业或其投资企业，多年来公司荣获“重庆市优秀民营企业”“重庆市沙坪坝区成长型科技企业”“沙区就业再就业工作优秀企业”“沙区纳税信用登记A级纳税户”“井口社会贡献奖”“井口经济发展贡献奖”“重庆名牌产品”、多次被客户评为“优秀供应商”“品质优秀奖”等多项荣誉称号。

2022年实现产值3.07亿元，营业收入3.23亿元，利润3263万元，上缴税金231万元。

（蒲　影）

纺织工业

【概况】 规模企业6户，产值2.63亿元、同比下降23.5%；分布在回龙坝镇，主要有扬子江、君织都等。

【重庆市扬子江纺织有限公司】 重庆市扬子江纺织有限公司位于沙坪坝区回龙坝镇大桥村，公司占地面积52000平方米。是一家从事棉纺织专业浆纱加工、拥有200余家织布生产厂家业务、满足一万余台织机浆纱加工的民营企业。现有员工206人，总资产约8000万元。2022年，公司拥有22条国内最先进的浆纱生产线，其浆纱能力、生产规模、工艺技术和产品质量等方面居同行业前列。公司曾先后被评为重庆市“优秀民营企业”“五十强私营企业”“农产品加工示范企业”“中小企业信息化建设示范点”和沙坪坝区“优秀民营企业”“二十强私营企业”“重点保护企业”“两新组织党建工作示范点”“先进基层党组织”“安全生产标准化三级企业”等荣誉称号。

2022年实现产值6921万元，营业收入6912万元，利润128万元，上缴税金124万元。

（蒲　影）

医药化工工业

【概况】 依托西南药业提升发展现有医药制造业，推动药物新剂型的研制创新和新工艺的应用。以提高药效及药物的稳定性、减低毒副作用、改善病人用药顺应性等为目标，大力开发和生产具有自主知识产权和市场竞争力的药物制剂新剂型。近年来，引进了普门科技、点检生物等优质企业。沙坪坝区医药化工行业发展态势良好，整个产业产值突破50亿元。

【主要企业】

西南药业股份有限公司 西南药业的前身为原中央制药厂暨麻醉药品经理处（1928年建厂于南京），抗日战争期间迁至重庆；1950年改名为西南制药三厂；1992年更名为西南药业股份有限公司；1993年上市；2002年并入太极集团。公司位于沙坪坝区天星桥正街21号，厂区占地面积110亩，2022年，有小容量注射剂、大容量注射剂、粉针剂（含青霉素粉针剂生产线）、口服固体制剂、口服液体制剂、口服固体制剂青霉素车间6个车间及1个药物研究所。2022年，实现产值34.69亿元，营业收入33.77亿元，税收3.11亿元。

重庆普门医疗仪器有限公司 普门科技是一家科创板上市公司，公司总部位于深圳市。该企业是一家研发驱动型的医疗器械企业，设立以来专注于治疗与康复解决方案和体外诊断产品线的开发及技术创新，目前主营业务为治疗与康复产品、体外诊断设备及配套试剂的研发、生产和销售。公司治疗与康复产品线按照使用场景分为医院市场和家用市场两大类，目前以医院市场为主；体外诊断产品线由体外诊断检测设备及配套试剂组成。普门科技在沙坪坝区布局建设研发及产业化基地项目，基地主要从事特定蛋白检测、电化学发光免疫分析等体外诊断和床旁治疗与康复类的医疗器械设备研发、制造和销售。

（陈永佳）

辖区重要企业

表12　2022年沙坪坝区“重庆市100户重点工业企业”一览表

序号	企业名称
1	达丰（重庆）电脑有限公司
2	达功（重庆）电脑有限公司
3	重庆康明斯发动机有限公司
4	重庆水泵厂有限责任公司
5	英业达（重庆）有限公司
6	重庆金康动力新能源有限公司
7	重庆渝安淮海动力有限公司
8	西南药业股份有限公司
9	鸿富锦精密电子（重庆）有限公司
10	富骏精密电子（重庆）有限公司
11	重庆璟镁精密电子有限公司
12	爱思开海力士半导体（重庆）有限公司
13	华润微电子（重庆）有限公司

表13　2022年沙坪坝区“重庆市100户成长型工业企业”一览表

序号	企业名称
1	重庆溢哲渝实业有限公司
2	重庆力华自动化技术有限责任公司

表14　2022年沙坪坝区规模以上工业企业一览表

序号	企业名称	所在地	序号	企业名称	所在地
1	达丰（重庆）电脑有限公司	曾家镇	27	重庆市旺成科技股份有限公司	井口街道
2	英业达（重庆）有限公司	曾家镇	28	重庆青鹏水泥有限公司	青木关镇
3	新普科技（重庆）有限公司	曾家镇	29	重庆中科渝芯电子有限公司	西永街道
4	鸿富锦精密电子（重庆）有限公司	西永街道	30	重庆市美盈森环保包装工程有限公司	土主街道
5	爱思开海力士半导体（重庆）有限公司	曾家镇	31	重庆嘉陵嘉鹏工业有限公司	井口街道
6	西南药业股份有限公司	天星桥街道	32	重庆市大学城水务技术开发有限公司	香炉山街道
7	重庆金康动力新能源有限公司	土主街道	33	重庆俊东包装印务有限公司	渝碚路街道
8	重庆溢哲渝科技有限公司	曾家镇	34	重庆中科芯亿达电子有限公司	西永街道
9	华润微电子（重庆）有限公司	香炉山街道	35	重庆金丰机械有限公司	新桥街道
10	重庆璟镁精密电子有限公司	西永街道	36	重庆市鸿腾科技有限公司	西永街道
11	重庆力华自动化技术有限责任公司	覃家岗街道	37	重庆市银钢一通科技有限公司	井口街道
12	富骏精密电子（重庆）有限公司	西永街道	38	重庆金智展混凝土有限公司	覃家岗街道
13	达功（重庆）电脑有限公司	曾家镇	39	重庆渝安减震器有限公司	覃家岗街道
14	重庆水泵厂有限责任公司	井口街道	40	重庆博张机电设备有限公司	天星桥街道
15	重庆方正高密电子有限公司	西永街道	41	重庆粮食集团人和臻源米业有限公司	土主街道
16	东风小康汽车有限公司沙坪坝分公司	井口街道	42	重庆科聚孚工程塑料有限责任公司	西永街道
17	重庆博泽汽车部件有限公司	曾家镇	43	重庆市固立建材有限公司	井口街道
18	重庆渝安淮海动力有限公司	井口街道	44	重庆惟觉科技有限公司	西永街道
19	重庆康明斯发动机有限公司沙坪坝分公司	童家桥街道	45	液化空气工业气体（重庆）有限公司	曾家镇
20	重庆日发汽车零部件有限公司	曾家镇	46	重庆市东毅新型建材有限公司	青木关镇
21	重庆彩食鲜供应链发展有限公司	土主街道	47	重庆利建工业有限公司	井口街道
22	惠普（重庆）有限公司	西永街道	48	重庆陵川汽车零部件制造技术有限公司	井口街道
23	重庆上药慧远药业有限公司	歌乐山街道	49	重庆永强机械制造有限公司	覃家岗街道
24	沙伯基础创新塑料（重庆）有限公司	西永街道	50	重庆贻百电子有限公司	曾家镇
25	重庆辉烨物联科技有限公司	曾家镇	51	重庆裕同印刷包装有限公司	曾家镇
26	重庆红旗弹簧有限公司	覃家岗街道	52	重庆金华电器成套有限公司	井口街道

续表14

序号	企业名称	所在地	序号	企业名称	所在地
53	丝艾产品标识（重庆）有限公司	西永街道	98	重庆华田浩犁机械有限责任公司	井口街道
54	重庆三旺饲料有限公司	青木关镇	99	重庆真测科技股份有限公司	西永街道
55	重庆博厚机械制造有限公司	凤凰镇	100	重庆万秋汽车零部件有限公司	凤凰镇
56	重庆新桥华福铝业有限公司	回龙坝镇	101	重庆红旗钢圈有限公司	覃家岗街道
57	联合微电子中心有限责任公司	西永街道	102	重庆郭氏洪伸科技股份有限公司	井口街道
58	重庆醉美包装印务有限公司	渝碚路街道	103	重庆佳宏诚纺织有限公司	回龙坝镇
59	重庆明德科技有限公司	曾家镇	104	重庆凤翔机械制造有限公司	凤凰镇
60	重庆新感觉摩托车有限公司	覃家岗街道	105	重庆市中腾机械制造有限责任公司	中梁镇
61	重庆联鑫食品有限公司	井口街道	106	重庆志高机械制造有限公司	中梁镇
62	重庆胜利工业（集团）有限公司	虎溪街道	107	重庆明珠机电有限公司	西永街道
63	重庆欧陆电子科技有限公司	青木关镇	108	重庆发强金属有限公司	凤凰镇
64	重庆昌瑞电器制造有限公司	青木关镇	109	重庆富强机械配件厂	青木关镇
65	重庆鑫蝉建材有限公司	凤凰镇	110	重庆市宏上宇建材有限公司	青木关镇
66	重庆赛普机电有限责任公司	中梁镇	111	重庆世茂机械制造有限公司	凤凰镇
67	重庆黎宏机械制造有限公司	凤凰镇	112	重庆恒能汽车零部件有限公司	童家桥街道
68	重庆宏宇家具有限公司	井口街道	113	重庆艾铭玛机械制造有限公司	西永街道
69	重庆市金星纸制品有限责任公司	覃家岗街道	114	重庆康达机械（集团）有限责任公司	井口街道
70	重庆海达塑胶制品有限公司	凤凰镇	115	重庆天锋卓源科技有限公司	井口街道
71	重庆君织都印染有限公司	回龙坝镇	116	重庆市渝惠高频焊管有限责任公司	井口街道
72	重庆新大福机械有限责任公司	歌乐山街道	117	重庆明达天晨汽车零部件制造有限公司	歌乐山街道
73	重庆荣昆焊接材料有限公司	西永街道	118	重庆快联汽车零部件有限公司	凤凰镇
74	重庆庆铃汽车机加部品制造有限公司	井口街道	119	重庆市长应机械有限公司	井口街道
75	重庆千迪科技有限公司	凤凰镇	120	重庆智铸华信科技有限公司	西永街道
76	重庆中容石化机械制造有限公司	井口街道	121	重庆哈丁科技有限公司	歌乐山街道
77	重庆市扬子江纺织有限公司	回龙坝镇	122	重庆恒重锻造有限责任公司	西永街道
78	空气化工产品（重庆）有限公司	香炉山街道	123	重庆惠立铭汽车零部件有限公司	回龙坝镇
79	重庆市澜林教学设备有限公司	歌乐山街道	124	重庆创越印务有限公司	覃家岗街道
80	重庆聚洲机械制造有限公司	凤凰镇	125	重庆创想机械制造有限公司	曾家镇
81	重庆通本电力设备有限公司	歌乐山街道	126	重庆宏漆涂料（集团）有限公司	覃家岗街道
82	重庆富强华威环保工程有限公司	歌乐山街道	127	重庆明德电子有限公司	西永街道
83	重庆创意精锐工艺标识有限公司	歌乐山街道	128	重庆瑞高机械制造有限公司	凤凰镇
84	重庆文冰工贸有限公司	西永街道	129	麦迪实软件科技（重庆）有限公司	曾家镇
85	重庆市沙坪坝区森华机械有限责任公司	香炉山街道	130	重庆二木拉特芳斯科技有限公司	丰文街道
86	重庆伟铭金属有限公司	井口街道	131	重庆新东电汽车电子有限公司	凤凰镇
87	重庆利城减震器有限公司	青木关镇	132	重庆尚线机电有限公司	歌乐山街道
88	重庆劲精斯倍伦电器有限公司	新桥街道	133	重庆市上欣机械有限公司	凤凰镇
89	重庆安洋高分子材料有限公司	井口街道	134	重庆正钢再生资源有限公司	青木关镇
90	重庆重粮健康产业股份有限公司	土主街道	135	重庆市科旭制药机械设备制造有限公司	曾家镇
91	重庆华振塑胶制造有限公司	井口街道	136	重庆恒富机电制造有限公司	西永街道
92	重庆勇图机械工业有限公司	歌乐山街道	137	重庆浩歌机电有限公司	歌乐山街道
93	重庆市利民天然气有限公司	青木关镇	138	重庆宝奥科技有限公司	凤凰镇
94	重庆华达汽车配件制造有限公司	西永街道	139	重庆龙源动力设备有限公司	井口街道
95	重庆尊然食品有限公司	回龙坝镇	140	重庆五福科技有限公司	凤凰镇
96	重庆宏达电力科技有限公司	歌乐山街道	141	重庆强特包装制品有限公司	西永街道
97	重庆市金迪汽车装饰有限责任公司	渝碚路街道	142	重庆市楚椿机械制造有限公司	凤凰镇

续表14

序号	企业名称	所在地	序号	企业名称	所在地
143	重庆青辰电器仪表有限公司	青木关镇	188	重庆朝能美路科技发展有限公司	曾家镇
144	重庆华厦门窗有限责任公司	覃家岗街道	189	重庆市磁器口陈麻花食品有限公司	磁器口街道
145	重庆昆崧科技有限公司	西永街道	190	重庆米特科技有限公司	西永街道
146	重庆森楠机械有限公司	青木关镇	191	重庆市侨美照明电器有限公司	歌乐山街道
147	重庆鸿道富科技有限公司	西永街道	192	重庆锋渝电气有限公司	歌乐山街道
148	重庆信来机械有限公司	回龙坝镇	193	重庆湃芯创智微电子有限公司	西永街道
149	重庆康通电器有限公司	井口街道	194	重庆丰东热处理工程有限公司	井口街道
150	中地装（重庆）地质仪器有限公司	井口街道	195	重庆茂宇源精密机械有限公司	青木关镇
151	重庆渝发塑料制品有限公司	歌乐山街道	196	重庆豪耕工贸有限公司	井口街道
152	重庆蔡氏液压设备有限公司	歌乐山街道	197	重庆跃腾电器有限公司	西永街道
153	重庆市柏林麻油厂	歌乐山街道	198	重庆筑巢鸟床上用品有限公司	歌乐山街道
154	重庆顺与发机械制造有限公司	凤凰镇	199	重庆市明金动力压铸有限公司	丰文街道
155	重庆航亚工贸有限公司	中梁镇	200	重庆天才机械制造有限公司	青木关镇
156	重庆赛州机械有限公司	凤凰镇	201	重庆鼎誉机电有限公司	井口街道
157	重庆苏澄保温材料有限公司	石井坡街道	202	重庆平勇机械制造有限公司	青木关镇
158	重庆市勇豪机械有限公司	凤凰镇	203	重庆瑞辉机械制造有限公司	凤凰镇
159	重庆华东工业炉制造有限公司	歌乐山街道	204	重庆安木科技有限公司	西永街道
160	重庆市沙坪坝区重归机械厂	青木关镇	205	重庆能华机械有限公司	青木关镇
161	重庆帕格维电器有限公司	曾家镇	206	重庆市创陵工贸有限公司	中梁镇
162	重庆力耘喷嘴有限公司	西永街道	207	重庆希渝机械有限公司	香炉山街道
163	重庆渝安创新科技有限公司	凤凰镇	208	重庆太强机械制造有限公司	中梁镇
164	重庆创想众汇机电有限公司	青木关镇	209	重庆市鹏宇机械有限公司	香炉山街道
165	重庆荣生新材料科技有限公司	歌乐山街道	210	重庆鑫益成建筑材料有限公司	香炉山街道
166	重庆航宇包装制品有限公司	歌乐山街道	211	重庆蓬盛水泥制品有限公司	歌乐山街道
167	重庆纪缙辐机械制造有限公司	凤凰镇	212	重庆成俊工贸有限公司	覃家岗街道
168	重庆斯特尔环保砂浆有限公司	香炉山街道	213	重庆创鸿机电有限公司	歌乐山街道
169	重庆市华汇纺织有限公司	香炉山街道	214	重庆霏欧纳科技有限公司	歌乐山街道
170	重庆新鹏机械工业有限公司	歌乐山街道	215	重庆飞达表面处理中心	青木关镇
171	重庆市沙坪坝区鸿宇摩托车配件厂	青木关镇	216	重庆国安机械有限公司	西永街道
172	重庆育田瑞玄机械制造有限公司	青木关镇	217	重庆新星彩色轻质建材有限公司	歌乐山街道
173	重庆市天马机械配件厂	井口街道	218	重庆诚牌机械有限责任公司	歌乐山街道
174	重庆市齐齐真味食品有限公司	歌乐山街道	219	重庆金阳摩托车部件有限公司	歌乐山街道
175	重庆真博塑胶制品有限公司	曾家镇	220	重庆国雄饲料有限公司	覃家岗街道
176	重庆宏漆包装桶有限责任公司	覃家岗街道	221	重庆富桂电子有限公司	西永街道
177	重庆九洲搪瓷制品有限公司	歌乐山街道	222	重庆胜普昂凯科技有限公司	西永街道
178	重庆基嘉塑胶制品有限公司	西永街道	223	重庆市助友建筑高新技术开发有限公司	井口街道
179	中地装重庆探矿机械有限公司	曾家镇	224	重庆恒琳有色金属有限公司	歌乐山街道
180	重庆刹车管厂	歌乐山街道	225	重庆骋野机械制造有限公司	青木关镇
181	重庆市奇龙工贸有限公司	中梁镇	226	重庆科洛睿机械制造有限公司	青木关镇
182	重庆市意涵纺织厂	香炉山街道	227	重庆市亿年盛织造厂	回龙坝镇
183	重庆春光高分子材料有限公司	井口街道	228	重庆鸿富泰电子科技有限公司	曾家镇
184	科博达重庆汽车电子有限公司	西永街道	229	重庆协来佳科技有限公司	曾家镇
185	重庆长风机械制造有限责任公司	歌乐山街道	230	重庆德信泰智能科技有限公司	曾家镇
186	重庆维仁机械模具制造有限公司	歌乐山街道	231	重庆杏林医疗用品有限责任公司	土主街道
187	重庆骏升汽车摩托车配件有限公司	中梁镇			

交通　邮政　通信

交通综述

【概况】 2022年，沙坪坝区交通局认真学习贯彻党的二十大精神，以落实“交通强国”战略为牵引，以城市发展和群众需求为导向，完整准确全面贯彻新发展理念，抓党的建设提神，抓基础设施提档，抓行业服务提能，抓出行品质提升，多项工作创出亮点、干出特色、走在前列，“人享其行、货畅其流”的交通高质量发展格局生动彰显。2022年，沙坪坝区被交通运输部确定为“四好农村路”全国示范县创建单位，荣获2022年度全市国防动员建设先进单位，局党委班子连续2年在全区考核中被评为优秀。

【招商引资】 2022年，沙坪坝区交通局完成高速石油销售公司、重庆奥雪冷链西南总部等4家企业落户，持续协调通力公司及其下属公司在沙坪坝区开户纳税，推动通道优势转化为变现资源。完成区级签约6.55亿元，全区排名第1位，完成市级签约2.5亿元，全区排名第7位。市、区签约任务超额完成。深入研究“三新一高”“乡村振兴”等国家发展战略，紧密契合交通运输部和全市交通规划发展安排部署，主动争取上级政策、资金、项目支持，全年共争取上级补助资金2.65亿元，涉及14个项目，超额完成争资任务。

【路政管理】 2022年，沙坪坝区建立全域“路长”体系，以区政府主要领导为总路长，全面完善区、镇、村三级路长制，设立路长127名，安装公示牌76块，开展巡查1500余次，通过路长巡查发现并治理问题90余处。实施安全生命防护工程15公里，完成中回路、盐堰路等5个公路项目灾害治理。建立第一批7家重点货运源头企业监管清单，建成南溪村、团歇路和千子门3处非现场治超点，通过源头监管与路面执法相结合、流动治超和非现场治超相结合，超限超载案件大幅减少。

【道路运输】 2022年，沙坪坝区共有道路运输企业952户，道路运输车辆7889台。其中，道路旅客运输企业3户，等级汽车客运站2个，客运车辆188辆/7249座，省际班线74条，县际班线32条，全年完成道路客运量67.8万人，同比下降81.2%，旅客周转量10643.7万人千米，同比下降48.88%；货物运输企业947户（其中20台以上普通货物运输企业93户，危货运输企业4户），货运车辆7701辆，总吨位约

106601.085吨，完成道路货运量2997.3万吨，同比下降13.7%；货物周转量409667.4万吨千米，同比下降14.05%。

【智能交通安全分级监管】 2022年，沙坪坝区交通局深入推进交通运输安全生产专项整治三年行动，逐项狠抓落实沙坪坝区“十五条硬措施”55项重点任务，开展指导督查312家次，约谈重点运输企业6家次，排查整改隐患857处。组织开展各类应急演练3次，全系统应急救援能力明显提高。组织开展企业主要负责人和安全管理人员“两类人员”安全考核26批次，1007人通过考核，完成率114.8%。完成“两单两卡一会”企业266家，实现全区交通行业企业“一线责任制”全覆盖。完善公交线路运行重点区域“一线一预案”，关注公交、长途班线客运驾驶员心理健康，开展6期心理疏导培训，覆盖1500余人次。强化“客货营运车辆卫星定位动态监测平台”“若谷风险管理系统”，搭建“沙坪坝道路运输货运企业安全技术平台”，实现货运行业风险隐患全过程管控，4家危货企业、3家客运企业以及240家普通货运企业、6958台车辆、4458名从业人员纳入管理，车辆上线率稳居全市前列，有效遏制企业违章数据持续居高不下的突出问题。

【交通行政服务】 2022年，沙坪坝区交通局优化交通政务服务，深入推进行业治理，全区交通高质量发展态势持续巩固。推进行政许可“再提质、再提速”，全年办理公路工程、普通客货运、网络预约出租车经营许可1608件，办结时限效率提高40%。办理从业资格证执业备案、维修企业备案等业务约3万件，制发各类电子证照1.25万余张，按时办结率达到100%。推行一网通办、跨省通办，道路运输驾驶员“跨省通办”业务2100余件，网办件申请量同比增长312.4%。加强“愉快办”“道路运政一网通办”，网上受理道路运输企业提交审核车辆营运证审验业务8100余件次。

【交通法治建设】 2022年，沙坪坝区交通局投入112万元，建设五云山寨素质教育基地“法伴出行”交通安全体验园，开展法治宣传活动10余场。扎实开展“互联网+监督”工作，跨部门“双随机、一公开”联合检查11家次，办理行政执法案件2747件，处罚企业810家，处罚金额537万元，查处超限超载案件123件。发挥信用监管作用，对“两客一危”、普货运输、维修驾培等207家企业开展安全服务质量考核和信用评价。

【交通环保】 2022年，沙坪坝区交通局稳妥推进扬尘控制，强化柴油车、非道路移动机械等超排治理。落实“十年禁渔”，巩固“三无船舶”整治成果，开展联合巡查7次，坚决防止“三无船舶”反弹回潮。落实“河长制”，协助区级河长定期巡河，达成詹家溪水质断面Ⅴ类评价预定目标。淘汰老旧柴油车49辆，公交线路新能源和清洁能源公交车占比达100%，绿色出行比例达70%以上。

【水上交通安全管理】 2022年，沙坪坝区交通局完成嘉陵江沙坪坝区2个民营货运码头后续处置工作，推进磁器口特钢渡口建设，推进“磁器口—洪崖洞”水上观光航线开通工作。落实长江“十年禁渔”在重点水域、重点时段开展联合巡查4次，出动巡逻艇4艘次，人员80人次，巩固了“三无船舶”整治成效。加强安全隐患排查治理。全年出动人员170人次，检查船舶5艘次，巡查岸线、渡口、码头49次，查处安全隐患2个，均及时督促企业完成整改闭环。

（杨玉媛　张　涵　胡玉琴）

公　路

【概况】　2022年，沙坪坝区完成0.6公里普通省道及40公里农村公路建设任务，实现村民小组通硬化路100%。辖区高速路网畅联内外。成渝高速、渝蓉高速、渝遂高速、绕城高速区内总里程22公里，呈“三横一纵”贯穿全域，直达西南腹地，贯通主城各区；四级公路通村到户。1016公里国、省、县、乡村公路织线成网，镇镇通油路、社社通公路已经实现，公路通院（户）正在不断纵深推进。

【公路桥梁建设】　2022年，沙坪坝区交通局加快推进公路改善提质工作，全年完成普通省道及干线公路路网改善工程6.2公里，农村公路路网改善工程41公里，村道安防工程8公里。完成中井路绿化景观提升、三河村游客接待中心建设、乡村振兴示范带交通旅游标志优化提升等3项区级重点关注项目。依托桥梁健康监测系统、移动巡查监控，完成34座桥梁日常巡查与28座桥梁定检工作，形成桥梁数字健康档案。

【综合交通规划】　2022年，沙坪坝区全面融入交通强市建设，制定实施方案和工作要点，编制完成《综合交通优化及提升规划（2022—2035年）》《农村公路网县乡道结构调整规划（2022—2035年）》。配套做好交通建设用地需求申报，完成已建公路892公里、在建拟建交通项目26项、规划县乡道271公里的用地申报工作，为交通融入新发展格局、实现高质量发展打下坚实基础。

【公交客运】　2022年，沙坪坝区交通局在常规公交全覆盖的基础上，按照“增覆盖、短接驳、消盲点”的工作思路，新增公交线路4条，优化线路12条，新增公交站点9个，保障城乡服务无死角。根据学校、医院等特殊群体出行需求，开行融汇沙坪坝小学、和平树人小学定制公交，解决千余名师生出行不便问题，实现

新凤中路　　（陈希召　摄）

沙坪坝区公路管理养护实现市场化、专业化
（区交通局　供图）

两校“点对点”接送服务。开行沙区人民医院定制公交，解决井双新院区建成投用后，新、老院区医务人员往返出行问题。重点围绕青凤工业园区、国际物流园区、融创文旅城等区域需求，优化调整线路7条。积极配合市、区级重点项目磁器口步行街改造，精准服务辖区通力公司、赛力斯等重点企业出行需求，优化调整线路4条。辖区客运站2个，西站汽车站班线50条，西部新城客运站班线23条，开往周边多个省、市、区县、乡镇，为来往旅客提供更周到的服务。

【公路货运】　2022年，沙坪坝区共有货物运输企业947户（其中，20台以上普通货物运输企业93户，危货运输企业4户），城市配送企业6家，城配车辆197台。货运车辆7701辆，总吨约106601.085吨，完成道路货运量2997.3万吨，同比下降13.7%；货物周转量409667.4万吨千米，同比下降14.05%。

【公路养护】　2022年，沙坪坝区交通局投入资金1680余万元，完成1002公里公路（含对村道的监督、指导）的养护、管理工作。通过保洁、绿化、小修、桥梁检测、养护站房值守、地质灾害排查服务外包的方式，完成34座桥梁日常巡查与28座桥梁定检工作，做好7处养护站房维护管理，做好童歌路、沿山路等路段494盏路灯的维护工作，确保亮灯率达95%以

表15　　沙坪坝区公路养护中心管养公路基本情况表

单位：千米

公路等级 行政区域	总里程数	一　级	二　级	三　级	四　级	等　外
省　道	75.839	12.641	15.313	40.567	7.318	—
县　道	110.568	0	5.404	25.283	79.882	—
乡　道	110.754	4.934	3.425	31.129	71.266	—

表16　　2022年养护经费投入情况表

单位：万元

2022年养护经费投入总计	小修养护	绿化	桥梁	安防设施	应急管理	清扫保洁	新增机械设备
1470	903	247	20	57	31	212	0

上。完成20余条公路路域环境美化、30.59万平方米花草苗木科学管护、3.7万余株行道树维护保养，公路沿线四季常绿、花团锦簇。

【公路应急抢险体系建设】 2022年，沙坪坝区交通局进一步完善公路抢险、防汛抗旱、事故灾难等6个应急预案，根据实际安全管理工作对预案进行了更新修订，提高预案的针对性、可操作性。汛期期间和重点时段，组建30余人的应急队伍，准备应急物资单兵装备50套，8台机械设备提前准备到位，保证人员24小时待命，机械设备运转良好，确保了应急反应及时高效，抢险工作有序开展。

【防汛救灾】 2022年，沙坪坝区交通局对管养公路的地灾风险、安全隐患、公路附属设施完好情况开展了拉网式大排查。做好公路自然灾害点和承载体普查，就辖区内所有公路的桥梁和路线基本情况以及国省县乡道自然灾害风险点信息等进行全面调查，对2000余条农村公路路线基本信息进行更新。对管辖公路的地质灾害点进行排查监测，随时掌握灾害点情况。出动巡查人员600余人次，排查并完成整治大小隐患90余处。重点围绕公路急弯、陡坡、桥梁、临水、临崖、临房、涵洞、高边坡等重点路段开展了安全隐患排查，对公路边坡塌方、防护栏被撞、行道树受风雨刮倒等问题进行了整治。汛期期间，完成了89平方米水毁滑坡与124平方米路面车祸油污紧急抢险任务。

（张　涵　胡玉琴　王晓莹　杨玉媛）

铁　路

【概况】 沙坪坝区有铁路线路22条，铁路车站（所）9个，铁路派出所3个，涉铁镇街8个，线路复线里程155.417千米，单程线路20.762千米，总里程176.179千米，现有专职铁路护路队员33名。2022年，沙坪坝区积极开展铁路沿线环境整治、纠纷排查调处、应急处置演练、爱路护路宣传、铁路线路巡防等专项工作，中欧班列（渝新欧）、西部陆海新通道安全运行。

【铁路安防设施建设】 打造铁路护路“智慧中枢”。开发建设“智安铁路”信息系统，在人伤高发、案件多发区域接入自动感知、预警和喊话设备，利用AI智能预警、移动终端App应用等方式，实现铁路安全隐患实时预警、分析研判、应急处置、常态巡检，推动铁路护路联防工作从被动应对向事前防范转型升级。以“智建”带动“基建”“队建”。强化基层防护设施建设，在危险隐患区域更新警示标识、加装边坡防护网等。优化铁路护路专兼职巡防力量，定期举办业务培训、实岗练兵、应急演练等，提升护路联防队伍实践能力。完善机制提升“智治”水平。落实铁路护路“双段长”制度，强化“党建+护路”模式，加强铁路沿线安全隐患排查整治和日常巡检，压实属地管理责任、行业部门监管责任、铁路企业主体责任，构建起党委领导、党政统筹、简约高效的路地一体化联防联控治理体系。

【铁路运输安全】 强化联勤联动，持续健全应急处置、巡逻巡查、事件报送等协同联动工作机制，推进联勤联动“常态化”，通报铁路沿线治安情况12次，研究影响铁路安全问题38项，共同破解路地联防难题100余个。强化北京冬奥会冬残奥会、春运、全国两会、中共二十大等重点时段统一指挥调度和信息共享，确保社会大局持续稳定。细化排查整治，完善联合排查整治机制，组织开展火车站周边及铁路沿线专项整治工作，成功处置破栏入网、焚烧秸秆、捡拾垃圾等事件37起。坚持矛盾隐患“日排查、周调度、月汇总、季分析”制度，累计排查化解各类影响铁路运输安全隐患200余个，涉铁纠纷173起，最大限度消除涉铁风险隐患。加强考评督导，将铁路护路联防工作纳入防范化解重大风险攻坚战暨平安建设考核内容，明确目标任务、责任单位和完成时限，强化情况通报、结果运用和责任追究。组建铁路护路联防督导检查小组，赴铁路护路联防成员单位、涉铁一线开展明察暗访10次，督促整改问题43个，以督导倒逼促提升、促落实。

【护路宣传教育】 强化精准宣传。聚焦三峡广场、重庆西站、回龙坝镇等重点区域，常态化开展爱路护路“五进”宣传120余场次，扎实做好机动车驾驶员、中小学生等重点人群宣传教育。联合区教委、《重庆日报》、沙坪坝站派出所、兴隆场站派出所、重庆机务段、兴隆场车站等单位，在辖区各小学开展“小手牵大手·护路齐步走”的主题宣传活动，拍摄铁路安全知识宣传教育微视频，活动参与达2万余人。丰富宣传载体。积极利用LED电子屏、微信公众号、微博等线上媒体，采用视频、图文、漫画等群众喜闻乐见形式。用好报纸、电视、广播、宣传栏等传统媒介，全方位营造良好的爱路护路氛围。选优宣传内容。大力宣传《铁路法》《铁路运输安全保护条例》《重庆市铁路安全管理条例》等法律法规，针对群众关心的热点问题，开展专题法治课32场次，广泛普及铁路安全常识，引导沿线居民自觉遵守铁路安全法规，营造起“宁绕百步远，不冒一步险”的良好氛围。

（宋世炜）

重庆西站

【概况】 重庆西站位于沙坪坝区凤中路168号，是全国“八纵八横”高速铁路网“包（银）海通道”“厦渝通道”的重要连接点，是以铁路为主，集轨道、长途、公交、出租车、网约车等多种交通一体的综合交通枢纽；是重庆对外的重要门户枢纽和综合性铁路特级站，是渝贵、渝昆、渝湘、成渝、襄渝、兰渝等干线铁路的始发终到站，更是连接西藏、北京、上海、天津、香港、长春等省市的始发站。重庆西站于2014年12月开工建设，2018年1月25日开通运行、一期工程正式投用，2022年9月29日西站地区主干道“新凤中路”投用、7.4万平方米广场（一、二期）全部投用。

【站房和枢纽】 西站站房由中国铁路成都局集团公司负责运营，建筑面积12万平方米，总投资28.3亿元，于2018年1月25日开通，共有29个站台面31条线。西站站房分为售票大厅、候车大厅，其中，候车大厅共7万平方米，可同时容纳1.5万人；西站设有售（取）票处9处，其中人工售票4处、自取设备5处，人工售票窗口46个，自助售取票设备83台，自动检票闸机120台（其中，进站检票闸机88台、出站检票闸机28台、便捷换乘检票闸机4台）。

西站枢纽由重庆市地产集团所属重庆市西站投资发展有限公司投资建设。西站枢纽占地267亩，建筑面积40万平方米；市政道路约13公里，占地415亩；西站枢纽预计总投资121亿元。西站枢纽地下共设计为5层，一期工程建成投用3层：负一层为公交车站、长途汽车站区域；负二层为出站大厅、出租车上下客区域；负三层为网约车、社会车辆、轨道环线和轨道5号线区域；余下2层预留远期规划的轨道26号线。

【旅客疏解情况】 2022年，西站到发旅客1749万人次、日均到发旅客4.8万人次（单日最高到发旅客12.2万人次）。重庆西站自2018年1月25日开通运营以来，累计到发旅客1.3亿人次、日均7.1万人次，单日最高到发旅客19.4万人（2019年10月6日）。

【交通运输组织】 重庆西站现有公交线路18条（其中包括夜间线路1条），专线开通有重庆西站到解放碑、重庆机场等热线的“高铁快车”。重庆西站汽车站开通有52条长途线路连接重庆市周边城市，开通了13条超长线路连接全国重要省市，满足旅客需求。轨道环线、5号线疏解旅客占比超过了40%。密切服务网约车司机做好旅客快捷进出站工作；根据实时需要，联系调度出租车到西站接送旅客。

【西站综合管理】 2022年，扎实推进安全生产三年专项整治行动，全年，召开安全应急工作会27次，累计开展安全检查47次，排查隐患158条、均全部整改。制订了春运、国庆等重大节假日工作方案和应急预案；开展消防安全培训2次，开展消防演练1次。集中开展安全宣传，发放宣传资料800余份，悬挂横幅标语12条，通过LED播放安全提示、警示教育短片10万余次。联合开展非法营运整治，共查获非法揽客1710人次，处置223人次；查处非法营运440件，整治违规出租车144件、违规网约车436件，保障旅客安全出行。

每周坚持马路办公，全年发现并解决绿化、美化和养护等问题504条。切实做好环境绿化

重庆西站枢纽出站大厅红岩志愿服务站
（梁　红　摄）

养护，补栽、更换苗木7000余平方米，硬化桥下裸土500余平方米；涂装护栏1.7公里，更换井盖40余座，新安装路灯电缆线1700余米。严格落实垃圾分类，每月开展分类宣传一次，细化辖区30余名分类指导员工作职责，监管执法厨余垃圾产生单位135个，西站地区垃圾分类达到100%。

【便民服务】 2022年，以“红岩志愿者基地建设”为基础，设立“红岩志愿服务岗”17个，开展志愿服务1000余万人次。2022年更新改造了西站枢纽母婴室；累计服务夜间滞留旅客4000余人；开展2022年新生接待工作，累计服务高校56所，闭环接送学生2000余人。2022年，管委会按照《重庆火车西站地区流浪乞讨人员救助管理工作实施方案》的要求，累计救助流浪乞讨人员85名，帮扶少数民族群众300余人次。利用西站12块灯箱、8台智能数字屏、43块LED屏深入宣传党的二十大、安全生产等，全年累计发布公益宣传60余条、宣传视频近20个；优化新凤中路及周边道路导示标牌30余块，加大宣传引导力度，方便旅客便捷出行。

（冯　彬）

物　流

【概况】 2022年，陆海新通道项目建设完成进度超过90%，2022年重庆经西部陆海新通道运输货物14.8万标箱，同比增长32%。在直接参与通道建设的31个区县中，沙坪坝区运量增幅超过15%，运量位列全市第一。组织全区物流企业在班列一线、调度一线、消杀一线等组建17个党员攻坚组、突击队服务“钢铁驼队”，全年国际班列开行6048列，中欧班列“成渝号”实现首发，口岸进出口货值突破1000亿元。党员带头值守进口高风险地区非冷链集装箱货物区，发现并整改重大问题20余个。聚焦资金紧张、供应链不畅等问题，党员干部包点联系60家重点物流企业，依法依规化解资金补助、开箱消杀等近20项难点痛点问题。

【物流管理业】 牵头开展全区物流行业统计调查工作，组织、指导18家物流企业、31家规模以上工业企业、128家限额以上批发和零售企业完成物流统计样本填报。以党建联席会为纽带，全力配合渝州海关，指导园区运营公司及班列运营主体，协同打造现代化智慧口岸系统，有效缩短口岸通关时间20%。

【物流项目招商引资】 加紧完成中央预算内投资项目重庆医药现代物流综合基地项目（二期）的验收和资金监管拨付1000万元、收集整理物流保通保畅一揽子“政策包”9条。组织企业成功创建中欧班列（渝新欧）多式联运示范工程、陆海新通道多式联运集装箱共享调拨示范工程2项市级多式联运示范工程项目。

邮　政

【概况】 中国邮政集团有限公司重庆市沙坪坝区分公司（以下简称“中国邮政重庆沙坪坝区分公司”）设有4个综合职能部门、3个市场经营部门、4个经营支撑部门，下辖3个主城区支局（三峡广场、上新、大学城），有营业部6个，有邮政营业网点32个（其中，城市网点27个、农村网点5个；综合营业网点21个、纯邮政营业网点11个）。截至2022年底，中国邮政重庆沙坪坝区分公司全口径用工人员439人（其中，劳动用工298人，劳务承揽人员141人）。

2022年9月，建成川外校园综合服务中心（区邮政分公司 供图）

【邮政业务】 公司依法经营各项邮政业务，承担邮政普遍服务义务，受政府委托提供邮政特殊服务，对竞争性邮政业务实行商业化运营。主要提供邮务类业务（包括函件、包裹、报刊发行、集邮、电子商务等），金融类业务（包括邮政储蓄、汇兑、代理保险、小额贷款及邮储中间业务等），寄递类业务（快递、物流等），农村电商等四大板块业务，可以满足社会各界和广大客户多层次、多样化的用邮需求。2022年，中国邮政重庆沙坪坝区分公司坚定履行普遍服务职责，营业时长达标率、《人民日报》当日见报率、建制村投递频次达标率均达到100%。专用邮政信箱邮件寄递服务工作万无一失，全年完成52个巡视专用信箱，共计124封巡视邮件的妥投工作。晒光坪邮政所被命名为重庆市邮政快递业“扫黄打非”进基层工作站，获评重庆市“扫黄打非”进基层示范标兵称号。坚持统筹推进经营发展，完成收入21292.40万元，同比增幅14.57%；实现利润3613万元。

【邮政建设】 2022年，投入能力建设资金528.4万元。整体装修网点4处，改造生产业务用房5处，增配自动化、智能化生产设备，有效提升服务能力。打造集普遍服务、包裹取件、报刊收发、文创服务、饮品阅读于一体的四川外国语大学校园综合服务中心（川外主题邮局）。

【邮政便民服务】 积极服务国家“放管服”改革工作，延伸邮政便民服务覆盖面。全面深化警邮、税邮合作。30个网点叠加代征税业务；9个网点开通警邮服务（其中2个网点叠加警医邮服务，1个网点叠加生存认证服务）。2022年通过邮政渠道代开发票金额7477.64万元，代征税额73.83万元。32个网点搭建“爱心驿站”服务场景，提供便民饮水、手机充电等关怀服务。

【服务乡村振兴】 成立乡村振兴服务专班领导小组，推动农产品进驻邮乐线上平台与线下实体渠道。成功签约“巴味渝珍”“绿色食品”“重庆名牌”等品牌授权的合作社，建成青脆李、翠冠梨、猕猴桃邮政示范基地。为农民合作社、家庭农场等新型农业经营主体客户提供“销售+寄递”综合服务，融入大同城业务网，有效畅通农产品进城通道。累计发展农村会员1363户。

（程　珊）

通　信

【重庆电信沙坪坝分公司】　2022年，坚持党建引领，发挥基层党组织和党员作用，参与街镇、社区抗疫志愿者698人次。持续推进网络建设，云网运营品质不断提升。切实加快云网能力升级，紧密跟进驻地网楼盘和新开发区域通信管网规划，快速部署网络能力，全年共新建驻地网楼盘42个，覆盖29563户；共计建设入网5G基站521个，4G基站397个。不断提升云网运营品质，继续推进综合业务区网络优化整治，完成模范村标杆综合业务区打造，完成14个综合业务区网络结构梳理和能力新增，基本完成尚赏居、都市花园等综合业务区网络结构调整优化和业务迁移，不断提升网络健壮性和运行安全性。持续推进光衰、分光箱等末梢网络整治，按月检查通报并严格考核，不断提升末梢网络品质。全力做好云网通信保障，严格落实重点区域的“三盯”制度，避免市政施工等导致的通信事故。及时开展应急综合演练，从电源、设备、线路三个专业针对性开展，共组织7次全专业演练，提升了维护团队的应急处置能力，尤其是与区人防办联合开展战备人防综合演练，涵盖光缆线路抢修、应急电源保障、无线网络保障、防汛抗洪抢险等，在全市尚属首次。建立党的二十大期间通信保障制度，制定详细应急预案，每天到岗点名通报，确保维护人员时刻保持在岗保障的紧急状态，确保万无一失。持续推进服务措施，优化完善客服工作职责，按照“首问责任制”及时在线解答用户的问题和服务需求，持续关注客户感知，并延长线上服务时间，满足用户的服务需求，提升服务感知。积极做好携转的正面宣传，让用户的知情权落到实处，真正获得实惠。2021年分公司也获得了中国通信企业协会颁发的“2022年度信息通信行业用户满意企业”荣誉。

【中国移动通信集团重庆有限公司城三分公司】　2022年，主动规划，围绕“四区”建设蓝图，持续做好网络建设规划，不断夯实区域内网络基础。积极落实网络强国建设部署、始终坚持“网络质量是通信企业生命线”理念，全力打造安全稳定、质量领先、用户满意的精品网络。通过“精准规划，精准建设、精准运维”，2022年开通5G基站超2000个，区内5G覆盖达98%以上。主动协同，聚焦“数智化转型发展”目标，积极参与全区智能化信息化相关项目的建设和推广，为政府管理、乡村振兴、智慧医疗等方面提供数智化解决方案。通过森林草原火情智能监控、“5G+田园综合平台”、医疗信息集成平台、5G+创新示范工厂、数字健康应用场景等项目，持续催化信息新技术与区域发展的“化学反应”，为区域经济发展注智赋能。主动服务，践行全心全意为人民服务的根本宗旨，不断强化客户服务能力。在沙坪坝区现有移动服务网点600余个，覆盖所有镇街。为更好服务百姓，累计在22个营业厅设置爱心座椅及老年客户爱心专席（优先服务）、开通2个无障碍设施营业厅。尤其针对关爱老年人，持续开展“银发活动”，为老年人进行防诈知识普及、智能手机讲解，现场解决手机、电脑、宽带电视、业务办理等问题。

【中国联合网络通信有限公司沙坪坝区分公司】　2022年分公司实现全年收入3.1亿元。坚持深化5G共建共享，以提升5G网络效能为导向，打造覆盖相当，体验、效能、技术领先的5G精品网。分公司全年5G电联共建共享开通站点1942个，4G电联共享小区4599个，通过与电信共享开通4G，打造两家共享优势的4G精品网络，快速低成本解决信号覆盖问题，有效提升用户感知。精准规模建设，体系化提升宽带千兆精品网络能力，累计建成10G PON口4544个。坚持高质量发展，以高目标为牵引，严实精细快狠抓落实，聚焦三千兆融合，加快5G+千兆宽带业务渗透，2022年首先实现了政务内网到各个镇街、各个委办局的保密专线全接入，同时分公司信创业务获得了重庆市信创外网精品工程称号。积极践行政治担当，履行央企责任。认真落实乡村振兴、打击电信网络诈骗等社会责任。在重要通信保障方面，圆满完成2022年北京冬奥会冬残奥会、党的二十大等网络保障工作，完成一级保障4次、二级保障7次；在乡村振兴方面，通过线上消费、直播带货等形式，组织分公司全体员工购买定点帮扶县特色产品。（罗成全）

城乡建设

城乡规划

【概况】　沙坪坝区辖21个街道、5个镇、58个行政村，面积39583.65公顷。2022年末，全区常住人口148.56万人，其中城镇常住人口144.25万人，城镇化率97.1%。

【国土空间规划】　沙坪坝区以“渝城之脊”的中梁山、“神秀奇峰”的缙云山及18公里嘉陵江岸线和35公里梁滩河岸线，共同构建起“一园两城两心”的产城景融合、城乡融合的总体空间结构。一园，即中部“诗意田园”。聚焦生态保护、文化传承、产业转型和民生保障，精心保护山村风貌、守护农耕文明，大力发展现代都市农业，全面盘活乡村资源，打造现代都市中的诗意田园。两城，即东部老城与西部新城。东部老城，立足传统优势，彰显山水禀赋，统筹城市更新与产业升级，凸显“科教高地、文化客厅、智能创新、高铁经济”四项功能，优化构建“一廊一心三组团”空间格局，打造嘉陵生态廊道，提升三峡广场中心，推动井双、沙磁、上新三组团融合发展，打造充满活力的“青春之城”。西部新城，贯彻“一盘棋、一张图”理念，优化“一廊两心三组团”空间布局，打造梁滩河“百里生态画廊”，建好科学城站—五云湖中心，推动国际物流城、青凤科创城、高品质国际社区“三组团”联动发展，建设面向西部陆海新通道和成渝地区双城经济圈的科技创新中心、供应链枢纽、内陆开放示范，打造“科学家的家，创业者的城”。两心，即三峡广场中心、五云湖—科学城站中心。三峡广场中心强化商圈扩容提质，凸显文化交往、创新创意等功能，五云湖—科学城站中心强化站城一体建设，凸显国际合作、国际交往、口岸经济等功能。此外，规划贯彻“穿透式”理念，划定11个规划单元和39个街区，逐级分解、层层传导落实规划管控要求，并分解制定下层次的详细规划、专项规划工作计划，推动规划意图深化落地。

【专项规划】　2022年，在深化落实新一轮国土空间规划基础上，编制完成西部新城城市设计、梁滩河“百里生态画廊”、“四山”管制优化、“四山”保护提升、嘉陵湾区城市设计策划研究等10余项专项规划研究，并将其重要研究成果纳入分区规划统筹。同时，完成“三区三线”划定工作，成果通过审查并纳入分区规划正式启用。

【村规划】 中梁、歌乐、凤凰、青木关、回龙坝、丰文等镇街共计17个实用性村规划方案全部完成区级部门及专家审查。

（区规划和自然资源局 供稿）

城市提升

【基础设施建设】

提速轨道交通建设，丰富轨道交通。共完成征拆交地500余亩，确保轨道15号线、27号线加快建设，并全力攻坚轨道1号线、环线、9号线沙坪坝站换乘大厅建设，着力保障渣土消纳、夜间施工、建设移交等手续办理，做好市、区单位的调度磨合，实现了换乘大厅国庆前完工投用，解决了老百姓多年来出行难题；完成了重庆图书馆站等5个轨道站点的步行便捷性提升工作。

建好马路上的老城区。完善路网体系，构建“四横三纵两联络”快速路网。一纵线、新凤中路13公里市级骨架道路建成通车，内环快速路拓宽工程主线年底实现通车；同时，以“四周四沿”为重点，优化片区路网级配，嘉陵厂二支路、井双2号路（一期）、挂榜山片区道路等6条未贯通道路完工，井双11号路等28条主次支道路加快推进，进一步丰富老城区路网级配，打通道路“毛细血管”。

改善交通秩序及环境。实施路网有机更新和停车秩序管理专题工作，全面启动井双、沙磁、商圈、上新凤四个片区的19个堵点整治工作；南渝中学人行天桥、磁器口游客中心地通道等4座人行过街设施已完工投用；半山崖线主线及江山公园等30公里山城步道完工；青凤高科创新孵化中心项目停车库、西站二期停车场等停车场完工，新增5347个停车泊位。

“两江四岸”治理提升。磁器口滨江片区项目基本建设完成，获2021年市级真抓实干成效明显督查激励奖补500万元。滨江贯通工程—滴水岩至磁器口段争取水利部三峡后续建设资金2亿元，滨江贯通工程（一期）于9月21日开工建设，完成3500万元年度投资。

石门大桥桥下机械式停车库 （周 辉 摄）

城市更新提升。开展全区城市更新专项规划编制，完成磁器口、双碑、陈家桥、内环周边4个城市更新片区策划，并生成60余个城市更新项目，其中10个项目成功申报全市城市更新试点示范，并已实现9个项目开工建设，1个项目加快推进前期研究。全力争取城市更新金融机构支持，磁器口城市更新项目获7.38亿元银行融资授信。

【重点项目建设】

江山公园建设项目　该项目位于沙坪坝区石井坡地铁站附近，俊峰香格里拉小区和212国道之间，占地面积约101亩，公园面积约75000平方米。主要包括绿化、游步道、景观平台，休闲设施、地下车库、管理用房等工程。公园内总建筑面积约4367平方米，包含管理用房、地下车库、公共厕所、水泵房。管理用房建筑面积约2511平方米，为5层错层式建筑；地下车库约1198平方米，共计50个停车位，其中18个为充电车位，30个机械车位，2个无障碍车位。公园内设置儿童乐园，占地面积约730平方米。按照“人民城市示范区”建设要求，旭辰集团对江山公园进行提档升级打造，并于2022年底全面对外开放。江山公园是紧紧围绕便民、利民、为民的宗旨，坚持生态优先、群众至上，把环境变成生产力，把绿水青山变成金山银山的民生实事工程。公园内选用多品种、多层次的植物，绿化面积约55770平方米。

重庆市沙坪坝区人民医院井双院区工程建设项目　该项目是沙坪坝区重点民生项目，也是重庆市首例平战结合战时急救医院。项目位于沙坪坝区井双片区规划大竹林大桥匝道西南侧，占地面积约101亩，总建筑面积约22.77万平方米，医疗综合楼约14.09万平方米，地下面积约8.69万平方米（含公共人防工程），开设床位1200张，是一所集医疗、教学、科研、预防、保健、康复于一体的综合性医院。医院按照三级甲等教学医院规划，遵从“内科外科化、外科微创化”的行业发展特点，着力打造“七大中心”“五大平台”“四种模式”，建立国家临床重点专科1个、市级区域重点学科4个、市级临床重点专科8个、区级临床重点专科20个，使技术、服务、文化同步发展，2022年9月25日投入试运营。

重庆市沙坪坝区妇幼保健院建设工程（一期）、重庆市沙坪坝区疾病预防控制中心迁建工程　该项目位于沙坪坝区重庆国际物流枢纽园区中南部（西永组团Ah14–02地块），占地71亩，采用联合建设的方式，由旭辰集团进行代建。其中区疾控中心占地约18亩，总建筑面积约2.76万平方米，涵盖实验室（食品标准、饮水、呼吸道、肠道、病媒生物等检测实验室）、业务用房、卫生应急物资库房、疫苗冷链库房等设施；区妇幼保健院占地约53亩，一期建筑面积约5.84万平方米，规划床位300张，涵盖门急诊用房、医技用房、住院病区、科研教学综合用房、保障用房等设施。项目建成后，将有效提升医疗服务、妇幼保健、疾病防控及公共卫生突发事件处置能力，并与区人民医院相呼应，形成“东临床、西保障”的新型格局，扩大沙坪坝区在全市公共卫生领域的影响力，为全市、全区妇女儿童提供现代化、高水平的保健、医疗服务。

【棚户区改造】　2022年，全区棚户区改造任务计划500户。完成棚户区改造253户（含2021年转结），惠及群众近1300人。其中，完成D级危房搬离整治任务50户。

中梁镇壹洞天藏周边农房风貌整治　　　　（区住房城乡建委　供图）

【村镇建设】 不断提升农村人居环境，持续推进农房风貌整治工作，2022年完成农房风貌整治283栋。全区共完成农房安全隐患排查28100户，其中用作经营的农村房屋3874户，非经营农村房屋23833户，非自建房393户，存在安全隐患667户，已全面完成整治。继续落实“两不愁三保障”农村低收入群体住房安全保障工作，建立了动态消除农村低收入群体住房安全保障机制，巩固和拓展脱贫攻坚和乡村振兴相衔接，2022年完成困难群众农村危房改造29户。

完成对示范村中梁镇龙泉村农村人居环境综合整治进行方案设计和农房图集设计。以“功能美、风貌美、文明美”为目标创建评比一批美丽庭院，全区共完成创建100户。实施村庄亮化工程。新建和完善村内主要道路、广场晒坝和农房院落等群众活动频繁、人口密集场所的公共照明设施，逐步完善农村公共照明设施，2022年完成亮化工程任务200盏。

（王　皓　刘家林　熊　杰　张　宇　肖　亮　张　琴）

市政建设

【概况】 2022年，沙坪坝区坚持以人民为中心，以“小切口、微整治”为主要途径，因地制宜补短板、强弱项，强化日常管护，有机更新市政基础设施，提升市政设施品质。网格化巡查市政设施，巡查员巡查线路3800余人次，巡查各类设施病害2000余处，发现其他社会单位附属设施问题220余处，全年完成道路综合整治188公里。完成2022年沙坪坝区促进夜间经济服务工作，道路路灯亮灯率99.5%、完好率99.6%，迎春灯笼架空电源线下地38.82千米。

【城市道路】 2022年，沙坪坝区市政工程处管护道路131条，管护道路长度501.68千米，管护道路面积532.08万平方米。整治都市花园、学府路、212国道等主次干道人行道、车行道共计3万余平方米，整治芳草地支路、新村路、天梨路、山洞路等13条背街支路人行道共计

11.38公里、改造面积4.8万平方米；安装青木关中学沿线人行护栏1998米，维修更换护栏约148米。

【桥梁及人行过街设施】 2022年，沙坪坝区完成143座桥梁等结构设施常规定检，开展结构设施问题整改26处，对13座隧道口周边环境进行整治。完成龙泉路、沙滨路A、B段桥梁健康监测建设。

南渝中学人行天桥　　（周　辉　摄）

【路灯照明设施】 2022年，沙坪坝区推进实施主干道绿色照明改造，更换LED灯具1800盏。积极开展景观照明设施病害排查及维护，做好灯饰排危，完成路灯管线整治3.67千米，更换路灯电源线10.97千米；完成路灯维护31811盏，维修更换7262盏；美化箱体152台，清洁、涂装箱体底座1212个。

【景观照明建设】 2022年，沙坪坝区积极鼓励社会投资开展景观灯饰建设，完成信达滨江蓝庭二期、磁器口后街二期、蔚来云著泛光、龙湖高新天街等6处夜景灯饰工程。统筹开展全区迎春灯饰建设。

（张谷旭）

城市管理

【概况】 2022年，沙坪坝区坚持以人民为中心，以推动高质量发展为主题，以优化城市生态环境为工作主线，以为人民创造更加幸福的美好生活为目标，不断完善城市管理和服务，让人民群众在城市生活得更方便、更舒心、更美好。整治重庆大学、西南医院等周边环境，完成68个节点约4万平方米的绿化提质；打造山城花镜10个、口袋公园2个、山城绿道1个，增建花箱1.5千米、增花添彩1.7万平方米；完成国际物流园、沙滨路等绿化示范提质；积极应对极端高温天气冲击，直管区域乔木存活率超99%，地被灌木无大面积死亡，全年共计新建改建城市绿地面积104万平方米。联合多部门，完成31处道路公交停车港增建、拓宽改造、道路渠化；建成小微停车场21个，投用小微停车位1780个；美化变电箱体1964个，修建乡村垃圾箱体周边花池61个，用“小改动”彰显温情。实施环境卫生、秩序整治等专项行动40项，优化升级城市分类投放点2206处，城市生活垃圾回收利用率达40%；建成农村厨余垃圾机械化处置示范点1个，更新补齐收运设施400组，农村生活垃圾集中收运、无害化处理率达100%；规范整治各类亭棚、广告店招、违法建筑等，市容环境持续改观。完善制度规范。制定《沙坪坝区建筑立面风貌及户外招牌设置导则》《沙坪坝区违法建筑专项整治工作方案》《招标管理内控制度》等，推动项目规划、技术指导、标准流程等更公开有效，更契合沙坪坝实际。“马路办公”升级增效。开发“三包五长”小程序，发动区、镇街、村社共1737名“五长”常态化“马路办公”；依托公众号和数字城管平台，创新优化大城众管、全民参与的城市管理模式，充分调动各方力量，发挥街道社区干部、城管志愿者、辖区市民的积极性，全平台已累计注册5458人，受理人大代表、政协委员、市民群众等投诉反馈，全年处置城市管理问题16.9万件。城市“智”治稳步推进。打造城市运行管理服务平台，实现7个镇街分中心、12个智慧系统及1万多个城市部件的融合、监管。做好城市治理风险清单管理试点工作，累计辨识风险点806个，预警、处置城市部件异常问题5481起，确保城市安全运行。

【市容综合整治】 2022年，沙坪坝区常态化维护“创建国家卫生城区”成果，深入践行“以克论净”环卫作业质量考核模式，贯彻“蓝天保卫战”的行动方针，助推城市品质提升。累计清运暴露垃圾（含大件废弃物）约740.8吨，整治卫生死角1248处，出动车辆5万余台次，出动人员44.26万余人次，消杀66.47万余次（清运车7.95万余次、果皮箱54.69万余次、公厕3.83万余次），清理牛皮癣7.06万余处，清洗护栏约3.79万公里，用水53.05万余吨。制止劝离违法占道经营26864人次，立案查处严重违法占道经营14件，罚款4600元；清理城市“牛皮癣”8345处，立案查处60件，罚款28450元；立案查处侵占市政设施、堆放物品37件，罚款83500元；立案查处损坏市政设施1件，罚款5000元；查处占用人行道停放机动车184辆，罚款22070元；清理僵尸车288辆；会同公安、消防、住建等部门开展消防车通道联合执法18次，清除消防车通道堵点11处；立案查处占绿毁绿13件，罚款51750元。

【环卫设施建设】 2022年，沙坪坝区进一步提高直管公厕及果皮箱等环卫基础设施管理水平，坚持不懈推进“厕所革命”，根据城市公厕“增量提质”工作要求，提升市民如厕体验，严格执行“一客一清洁”“人走地净”等保洁制度，定期对直管公厕的卫生情况进行巡视考核，建立健全生态环境保护长效机制。新建陈家桥康爱路（原为怡悦路）智能装配式公厕、“劳动者港湾”4个，完成壮志路劳动者港湾改建，维管公厕2500余座次，更换、维修果皮箱490余个，引导36座社会单位公厕免费开放。

【城市垃圾管理】 2022年，沙坪坝区持续推进生活垃圾分类，基本实现建成区生活垃圾分类全覆盖。在612个居民小区实现楼层不设桶，在101个小区完成并点定点，设立再生资源回收网点337个、有害垃圾集中转运点22处、其他垃圾转运站10座、厨余垃圾专用车辆34台，形成分类投放、分类收集、分类运输、分类处置闭合环节，城市生活垃圾回收利用率达40%以上。厨余垃圾收运覆盖22个街镇、549个小区，累计与辖区4698家餐饮企业、企事业单位签订《重庆市餐厨垃圾收运协议书》（其中公共机构448家）；完成生活垃圾约25.13万吨、餐厨垃圾约4.13万吨、果蔬垃圾约5697.64吨和厨余垃圾约4.62万吨日产日清；清洗垃圾箱体约1.4万余次。完成全区59114户企业核费、录入数据全覆盖，核准变更（网点）401家、核准减免居民户（低保户、优抚户、空置房）2764户，全年征收生活垃圾处置费5317万元（居民4292万元、税务1025万元）。

【园林绿化】 2022年，沙坪坝区持续深化“节点景观化、道路园林化、管护精细化”理念，全力做好园林绿化工作，力促市民开窗见绿、出门见花。做好绿化建设管护，整形各类植物1.53万株，地被补栽28万平方米，补植换栽小乔及行道树2780株，栽植时令鲜花200万

名人广场停车库地面广场　（周　辉　摄）

余盆，修枝抹芽37533株。完善景观建设，完成街头绿地提质工程项目6个，建设社区体育文化公园1个，面积约6万平方米；完成花境项目10个、园林绿化补缺提质项目10个、口袋公园2个、城市公园更新提质1个、坡坎崖项目1个，面积约14.4万平方米。完成“四周四沿”绿化整治改造，在西南医院、重庆大学、金沙天街等周边实施绿化提质工程，在重要路段布置花箱约1.5千米。推进绿化基地建设，现有苗圃5个，共占地约133亩，栽植各类乔木8800余株。加强公园管理，完成红槽房社区公园北侧边坡治理工程及苗圃建设，坡地治理面积1.7万平方米，绿化面积1.4万平方米，苗圃面积1万余平方米；完成高滩岩湿地公园公厕项目及周边环境整治，栽植银叶金合欢、美人梅、龙舌兰等大小苗木1.3万余株；完成梅林铁路小火车山城绿道项目，改造景观全长约200米，面积约1200平方米；完成沙坪坝先锋团驻地旧址排危修缮工程；完成喜迎二十大主题花堆布置，摆放植物6800余盆。

【停车管理】　2022年，沙坪坝区新增备案登记停车场47个，停车位31005个；全区备案登记停车楼场671个，停车位总数229987个。其中，在老旧小区周边利用边角地块和已征未用地建设小微停车场，缓解周边停车难问题，建设小微停车位1780个。同时，完成10796个公共停车位有偿转让，为沙坪坝区融资8.122亿元。截至2022年年末，共有直管停车场3类（室内停车库、室外停车场、路内临时占道停车场）9个场点3660个车位。

【“门前三包”管理】　2022年，沙坪坝区持续深化“门前三包”“五长制”工作。与商家签订“门前三包”责任书3000余份，完成沙磁巷、天陈路、凤西路3条区级示范街创建工作；坚持每月评选门前三包红黑榜商户，全年评选红榜商户353户，黑榜商户231户；大力推进“三包五长”管理系统考核与应用，共计发现问题并处置问题17178个。

【扬尘污染整治】 2022年，沙坪坝区创建、巩固扬尘控制示范道路共23条。全年出动执法人员32305人次，出动执法车辆8362台次，巡查工地10222次，值守工地3165个次，约谈工地施工单位及运输单位40家，查处工地违规违法行为229起，共处罚款81.79万元；检查建筑垃圾运输车辆9567台次，查处违规违法建筑垃圾运输车409台次，共处罚款128.945万元；暂扣《重庆市建筑垃圾处置核准证（车辆）》1个；发出《重庆市城市管理执法责令（限期）改正行政决定书》232份。

【数字化城市管理】 2022年，沙坪坝区持续完善城市运行管理服务平台指挥协调系统、综合评价系统、风险清单运行监测系统、市区两级数据对接交换等各项功能，实现数字城管覆盖面积87.8平方公里，普查部件484485个，责任网格84个，共接入26个镇、街（管委会），17个区级部门，9个驻区单位，112个社区；全年累计受理各类案件33万余件，结案率为91.37%，受理12319城管服务热线投诉2509件，结案率均为100%。同时，开展风险清单系统试点建设，创建安全风险分级管理的“红橙黄蓝”四色空间分布图，梳理涉及城市安全的风险点806个，建立风险点数据库、隐患台账，拓展桥隧、边坡、井盖等智能感知；开展城市管理部件基础数据普查88.63平方公里，在原有普查数据基础上，新增市政设施业务属性信息等；选取凤凰广场公厕建设智慧公厕物联网应用场景，运用技术手段优化公共厕所精细化管理和人性化服务；划分智慧化应用场景34个。

（刘映雪　李隆康　罗登攀　张谷旭　刘熙杨　吴先萍　钟　鸣）

建筑业管理

【概况】 2022年，全区建筑业产值数据为288.5亿元，与2021年建筑业产值318.2亿元相比，同比下降9.3%，在主城9区中，增速第8，总量第7。

【建筑市场管理】 规范市场监管秩序不断。共计办理建设工程施工许可项目81个，总建筑面积126.6675万平方米，工程造价52.4811亿元。其中房屋工程34个，市政工程18个，装饰装修工程29个；全年共36个限额以下政府投资工程建设项目完成竞争性比选，中选金额4104万元；共210个小微工程项目在交易系统完成抽选，中选总金额8560万元。

全年积极开展无证施工查处工作，重点对关注度高、影响力大的工程进行专项执法，共计立案10起，共处罚金29万元。

建筑企业进一步做大做强。依托全国一体化政务服务平台“渝快办”，推进“互联网+政务服务”，全年共为27家企业新办理资质，11家企业办理资质增项，受理处置46家建筑业企业资质信息变更；指导2家企业专业承包二级资质成功晋升专业承包一级资质（重庆联科节能建材有限公司的专业承包防水防腐保温工程二级升级为一级、重庆川东南工程勘察设计院有限公司的专业承包地基基础工程二级升级为一级）；截至12月31日，全区共有建筑企业资质485家：特级总承包1家，一级总承包14家，二级总承包17家，三级总承包63家，一级专业承包34家，二级专业承包230家，三级专业承包45家，专业承包不分等级65家，施工劳务不分等级16家。

【建筑工程质量管理】 2022年全区未发生重大质量事故，全区建设工程质量总体处于“受控状态”。全年项目经理累计计分31人次，共110分。监理累计记分41人次，共93分；办理监理合同备案共44个，合同备案变更共93个。2022年全年共申报一星级“智慧工地”39个，二星级“智慧工地”5个，三星级“智慧工地”3个。落实专项资金80万元用于委托第三方检测机构开展辖区在建工程监督抽测及专家服务。2022年受理建设工程质量投诉共218件，认真开展“质量万家行活动”，现场接待咨询群众1000余人，收到相关咨询信息200余条，现场处理房质量问题60余条，整改率达100%。全年立案查处98起，共计罚款89万元，其中行政处罚案件22起，罚款81.47万元，简易处罚案件76起，罚款7.53万元。2022年获得重庆市优质结构工程奖6个，申报鲁班奖1个。

【建筑节能】 2022年，沙坪坝区新建建筑节能（绿色建筑）强制性标准执行率在设计和验收阶段均达到100%，全年共计建成节能建筑321栋，总建筑面积216万平方米，其中一星级绿色建筑301栋，建筑面积214.9万平方米，绿色建筑占新建建筑比例超过99.49%。建成绿色生态住宅小区项目2个，建筑面积83.44万平方米。完成既有建筑节能改造项目2个，改造面积9.2万平方米，投入改造资金287万元。新开工装配式建筑50.35万平方米。

【勘察设计】 2022年，沙坪坝区共办理建设工程初步设计审批项目16个，审查建筑面积共计44.36万平方米，市政设施总长1.04公里。办理施工图审查备案项目73个，其中房建项目33个，建筑面积166.48万平方米；装修改造项目28个，建筑面积32.66万平方米；市政项目12个，长度91.4公里。2022年，开展工程勘察外业抽查项目10个，抽查比例达到17.86%。办理勘察设计资质（乙级及以下）新申报和增项7件，资质变更7项。

【建筑施工安全管理】 2022年在建工程共275项，其中房屋建筑工程163项，建筑面积870万平方米，市政工程61项，造价92亿元，其他项目51项，造价20亿元。2022竣工工程共计149项，其中房屋建筑工程90项，建筑面积290万平方米，市政工程31项，造价10亿元，其他项目28项。

2022年发生一般安全事故1起、死亡1人。全年下发安全生产系列文件15个，总计2000余份。开展了6轮建筑施工企业诚信综合体系评价工作。开展安全生产标准化评定工作，评定施工企业46家，竣工项目93个，评定覆盖率达到100%，评定合格率达到100%，其中优良项目3个，优良率3.2%。开展各类运动式、集中式检查5次，共检查工地969个次，共计出动执法车辆969辆次，执法人员1648人次，排查一般安全隐患3204处，隐患整改率100%，下发隐患整改通知书103份，下发停止建筑起重机械设备使用通知书8份，共停止使用建筑起重机械设备22台。

【施工扬尘污染控制】 全力提升施工控尘防治监管能力，将施工控尘防治工作贯穿所有时段，反复抓，抓反复，确保控尘工作抓紧抓实，取得实效抓出成效。全年共开展“沙坪坝区2022年建筑施工现场形象品质提升攻坚行动等专项整治行动”等7次专项整治行动，13次空气污染预警应对工作，下发20份限期整改通知书，10份停工整改通知书。成功新创建扬尘控制示范工地20个，全年通过市级文明工地各段验收

15次，全年成功创建市级文明工地3个，通过以点带面，在全区建筑工地范围内树立标杆，样板带路，进一步提升全区建筑工地扬尘污染防治工作水平。

【城建档案管理】 2022年，城建档案室对120个工程项目进行了建设工程档案专项验收，网上审批办理率达100%；按《重庆市建设工程档案编制验收标准》归档要求，对工程文件执行纸质档案和电子档案同步归档，执行率达100%；督促建设单位在申请联合验收时，同步移交建设工程档案到重庆市城市建设档案馆归档，归档率达100%。接待档案查阅咨询107人次，利用档案101卷，涉及95个工程项目，提供档案信息915份，为城市规划、建设和管理提供了大量的凭证，取得了良好的社会效益和经济效益。

【建设工程消防审查验收】 2022年设计审查共办理27件，总建筑面积38.86万平方米（新建项目8个，建筑面积25.91万平方米；装修工程19个。建筑面积12.95万平方米），消防验收42件，总建筑面积199.27万平方米（新建项目29个，建筑面积171.44万平方米；装修工程13个。建筑面积27.83万平方米），消防验收备案147件，总建筑面积184.79万平方米（新建项目57个，建筑面积170.29万平方米；装修工程90个。建筑面积14.5万平方米）。消防科在年度消防设计审查工作考核排名全市第四名。

（罗登俊　李　莎　李　享　李嘉辉　肖　亮　张宏刚　吴　迪）

房地产管理

【概况】 区内注册房地产开发企业93家，其中一级资质2家、二级资质28家、三级资质6家，暂定资质57家。统计网入统项目51个（不含三街一镇）。

【房地产开发】

商品房建设 全区在建房地产开发项目53个（不含三街一镇），建设总规模2399万平方米，计划总投资1699亿元；截至当前，已累计完成投资1063亿元，累计开工2052万平方米，累计竣工1446万平方米，根据重庆市房地产开发行业信用管理与服务平台数据（不含三街一镇项目），2022年新开工面积78.52万平方米，同比下降68.44%（新开工量自2019年10月以来持续下降）；竣工224.17万平方米，同比下降41.77%；在建628.77万平方米，同比下降20.78%（在建量自2020年12月以来持续下降），待建规模347万平方米。

【房地产开发管理】 2022年共办理房地产开发资质49件，其中新办开发资质（含到期后重新申办）10件，开发资质注销1件；共办理项目资本金存入9件，办理项目资本金解控15件，对25个区级监管开发项目实施预售资金监管；核发房地产开发项目配套设施建设情况告知书13件。

【房屋租赁管理】 2022年，强化租赁市场管理和房地产二级市场监管。强化租赁市场管理方面：办理租赁备案3714户（其中，沙坪坝区房地产市场监督管理系统备案55件；重庆市住房租赁监管服务平台备案3659件）；登记备案住房租赁企业9家；接待并办结投诉46件；推进中央财政资金支持住房租赁市场发展试点工作，筹集租赁住房房源161套（其中，学府悦园G3栋租赁住房项目111套，嘛嘛公寓小龙坎租赁住房项目50套），共计使用补助资金约306万元。加强对房地产二级市场监管方面。全区共备案房地产经纪机构407家；接待并办结投诉44件，约谈企业6次，清退金额约21万元。全年对辖区内住房租赁企业及房地产经纪机构进行巡查，规范市场行为，沙坪坝区住房租赁和房地产经纪市场平稳、健康发展。

【房屋征收管理】 国有土地上房屋征。2022年，启动并对重庆探矿机械厂（厂区和家属区）一期、指路碑地块配套2号道路征收项目实施征收，于当年圆满完成上述项目的征收任务，完成城市征拆49户、4.11万平方米；对地质仪器厂（二期）、探矿厂（厂区和家属区）二期、庆铃三分厂（厂区和家属区）等项目开展了前期工作。有序对2021年底以前作出征收决定未完成的大学城复线隧道二期、火车站配套（公安局片区）、嘉陵江防洪护岸综合整治工程、西物市场等20个续征续拆项目实施扫尾攻坚，成功化解最长13年，最低6年以上积案8户。

【公租房管理】

公租房申请受理和签约入住 2022年，全区申请点受理申请14010件，配租成功7526件，完成第38次至第41次摇号配租的集中受理，移交受理档案7526件。承办区公租房小区第37次至第40次配租的签约入住。2022年学府悦园应签3659户，实签2226户，签约率60.84%；美丽阳光家园应签2317户，实签1466户，签约率63.27%；两个公租房小区累计入住39732户（含廉租户11户、集体租赁125户），入住率94.2%，同比2021年减少2.5个百分点。深化转租出借清理整治专项工作，共计入户走访39412户，查实转租出借351户，完成解约退租267户。进一步加强公租房小区住用监管，牵头对学府悦园公租房小区在实施便民设施设备中引入门禁系统服务，已投入使用，截至2022年末，累计采集户数23445户，采集人数39043人，完成小区总户数采集率为91%。

直管公房管理 积极推进直管公房下划及分类处置，赴渝中、北碚区开展直管公房学习调研，并组织评估公司、律师事务所、三方中介机构，布局直管公房处置前期准备工作；完成35户非住宅公开招租，100户非住宅自行招租工作，更换租约证约1500户；有序推进非住宅资产移交工作，中心所辖435户非住宅资产无偿划转至沙兴集团公司，磁器口景区470户公房无偿划转至旭辰集团公司，市区级21栋（87户）文物房整体划转至区文化旅游委，已完成移交档案、移交资产数据的核对、合同保证金清理等筹备工作；完成直管公房转型为保障性租赁住房的前期报批手续。

档案数字化整理 聘请第三方专业企业对原各房管所经租资料、拆迁资料、维修资料以及公租房业务档案等进行数字化整理，截至2022年12月底，组卷打码8276卷、扫描52.29万页。

【廉租房管理】 发放城镇住房保障家庭租赁补贴184.57万元，1784人次；核算并支付区自购廉租房物业费补差6.52万元（联芳圣泉花园2.08万元，井口龙润尚城4.44万元），向市公租房局上缴市级公租房沙区廉租户2021年度廉租房租金12.6万元，严格核实并支付市级公租房沙区廉租户2021年度廉租房租金补差245.04万元、物业费补差27.7万元；收取廉租房租金18.39万元交区财政专户，入户走访276户（井口133户，联芳143户），办理廉租房申请20户，廉转公4户，公转廉2户。

【保障性租赁住房】 大力发展保障性租赁住房，推动建立多主体供给、多渠道保障、租购并举的住房制度，缓解住房租赁市场结构性供给不足。以盘活存量为主、适量新增为辅，全面梳理全区现有房源，采取新建、改建和利用闲置住房用作保障性租赁住房等多种方式筹集房源。沙坪坝区2022年筹集任务量10000套（间），截至2022年12月，实际筹集保障性租赁住房10020套（间）。

【人才住房】 全力推进人才安居工作，把人才安居作为落实科教兴区和人才强区行动计划的重要抓手，让人才在沙坪坝安居安心。采取政府引导、企业打造的工作方式，2022年筹集人才住房200套。

【房屋住用安全管理】 共处理住用安全投诉120余件，下发隐患整改通知书5份，协助区城管局对融创文旅城涉嫌违建的110户进行排查，配合街镇完成经营性自建房排查6107栋，共为10栋C、D级危房出具鉴定报告。

【老旧小区改造】 城镇老旧小区改造。统筹功能补短、环境美化、社会治理，完成双碑自由村片区等130万平方米老旧小区改造，全面开工石井坡中心湾、双碑堆金村等52个老旧小区，改造面积约115万平方米，打造了一批小花园、小步道、小书吧、小驿站、小设施等“五小空间”，惠及居民1.5万户。

老旧小区电梯加装。出台《沙坪坝区老旧住宅增设电梯工作实施方案》，简化压缩老旧住宅增设电梯的申报流程与办理周期，按照10万元/台标准对老旧住宅增设电梯进行补助，加装电梯49台。

【物业行业监管】 2022年，沙坪坝区住房和城乡建设委员会会同街镇组织有关人员1000余人/次参加物业管理相关知识培训。信访回复349件，指导物业服务企业申报创建智能物业示范小区12个；指导物业服务企业申报创建红岩物业小区15个。指导督促物业服务企业创文固卫、垃圾分类工作；开展了物业小区安全排查、节前安全检查工作，加强街道、社区、行业主管部门处理物业纠纷联动机制的建设，化解小区矛盾纠纷。2022年归集物业专项维修资金0.99亿余元，审核使用3837万元，历年累计归集32.02亿元，审核使用3.16亿元。

（尤　莹　雷　羽　郑欣欣　韩　颖　牟珺麒　龙　琼　周　刚）

土地征收储备

【土地征收】 2022年，统筹实施新征地1540亩、签约农户198户、签约集体资产4个；续拆项目签约农户93户、签约企业5家。完成交地623亩，拆除房屋面积7.3万平方米。

【土地储备】 2022年，区土储中心收购国有土地1宗共计16.73公顷，收购补偿款总计15亿元。

【区级土地供应】 2022年，完成区级储备整治经营性土地招拍挂出让7宗，土地面积36.09公顷，实现出让总价款7.16亿元。

【拆迁安置】 2022年，完成住房安置50套约200人。

（张　萌）

不动产登记

【概况】 重庆市沙坪坝不动产登记中心（以下简称“不动产登记中心”）是重庆市规划和自然资源局（以下简称“市规划自然资源局”）直属事业单位，坐落于沙坪坝区渝碚路32号。不动产登记中心现有职工98人（另有退休职工42人）。不动产登记中心领导班子为一正两副，内设综合科、受理审查科、登记复核科、缮发证件科、档案科、财务科、法制事务科、信息管理科8个科室。

【不动产登记管理】 2022年，不动产登记中心办理各类登记业务12.44万件。不动产登记信息查询6万余人次，提供不动产登记资料1.28万人次。在市级组织的全市各区县营商环境考核中，沙坪坝区财产登记指标2020、2021年度连续两年全市排名第二。

【营商环境改革】 部门联合优化流程。在存量房买卖登记、交易、税收事项实现“一窗办理、即办即取”的基础上，实现“税费同缴”，业务办理时限均在90分钟以内。在水电气在线同步过户的基础上，推行“不动产+电力”联合过户，企业、群众在申请房屋转移登记时一并申请电力过户联办。在回龙坝镇试点推行新建农房“验登合一”，农房验收现场一并收集登记申请材料，实现新建农房登记“零跑动”。

认真落实改革新举措。将民法典中的遗产管理人制度引入非公证继承登记，办理非公证继承登记只需要80元（住宅）、550元（非住宅）登记费，且除开公告期仅需1个工作日即可领取不动产权证。推行承诺告知制对难以获取的身份变更材料和用于非公证继承的亲属关系证明、死亡证明，可通过告知承诺制办理。优化破产企业土地、房产处理程序。

提升信息化水平。商品房登记全部实现无纸化申报，所有商品房项目实现“交房即交证”。公检法机构协助执行线上业务，实现“不见面”办理。优化查询流程，实现律师可通过线上、线下多途径便捷查询不动产登记信息。加大部门信息共享和核验工作力度，与税务、金融机构、公检法单位实现不动产登记涉及的政务信息共享和核验。

【服务区域经济发展大局】 多措并举优化涉企服务事项。专人专岗专办，提供事前指导、全程跟踪、容缺受理、绿色通道等特色服务，助力涉企抵押融资超500亿元。加强与龙湖、华宇、融创等重点开发企业联系，主动问需，线上线下保障企业业务办理。如解决辖区内科技公司融资4200多万元；“云上”接力办理赛力斯公司首次登记，为企业扩大再生产提供资产支撑。企业群众一致点赞，“学习强国”App、《重庆日报》、“沙磁荟”App等宣传平台对中心的相关工作也多次进行了正面宣传。持续推进并完成50多万平方米的国有资产办证；书面回复处理咨询及信访168件。

（王小红）

水电气供应

【自来水供应】 2022年，沙坪坝区全年供水总量17461.77万立方米。区内供水企业生活用水约占63%、生产用水25%、生态用水11%、其他用水量1%。沙坪坝区有城市供水水厂2座，营业管网所1个，分别为沙坪坝水厂（设计能力20万吨/日）、井口水厂（设计能力40万吨/日）和沙坪坝营管所，城市供水企业为重庆市自来水有限公司，覆盖沙坪坝区东部和中部片区，城市供水能力60万吨/日。城市供水水源为嘉陵江。

2022年，沙坪坝区开展全区公共供水管网漏损率治理，实施老旧供水管网改造项目，累计完成“一户一表”及二次供水设施改造500户，完成11.37公里管道更新改造任务；大力加强供水基础设施建设，完成井口水厂二期20万吨/日扩建工程并通水。

【电力供应】 国网重庆市区供电公司在沙坪坝区管辖变电站26座（220千伏站4座，110千伏站19座，35千伏站3座）。2022年沙坪坝区售电量58.05亿千瓦时（占市区公司售电量的31.98%），同比增长3.45%，其中，第一产业用电0.04亿千瓦时，同比下降13.62%；第二产业用电17.48亿千瓦时，同比下降8.23%；第三产业用电24.60亿千瓦时，同比增长3.20%；城镇居民生活用电15.92亿千瓦时，同比增长20.87%。

前十大客户分别为渝黔铁路有限责任公司、重庆青鹏水泥有限公司、重庆市自来水有限公司沙坪坝水厂、重庆大学（A区）、重庆融创嘉晟文化旅游发展有限公司、中国人民解放军陆军军医大学第一附属医院、中国人民解放军陆军军医大学第二附属医院、重庆华宇第一太平戴维斯物业服务集团有限公司、重庆龙湖景楠地产发展有限公司、中国人民解放军陆军军医大学，2022年累计用电4.58亿千瓦时。

【燃气供应】 重庆燃气沙坪坝分公司累计供气量2.54亿立方米，服务客户60.82万户，其中居民57.59万户，非居民用气客户3.23万户（含2.7万余户学生公寓）。（高新区：155643户；沙区452616户）。重庆中梁山渝能燃气公司供气管理户数32270户，其中，居民30878户，非居1392户。2022年全年供气1276.37万立方米，其中，居民供气853.25万立方米，非居供气423.12万立方米，同比1322.85万立方米，下降46.47万立方米，减幅3.64%，供气量下降主要是受高温有序用电影响。2022年克服了上游气源调价、冬春季节限量对日常供输保障、设施运行维护保障的影响，确保了区域一方平稳供气。

（张谷旭　罗成全）

园区建设

【重庆国际物流枢纽园区】 重庆国际物流枢纽园区于2007年规划设立，面积35.5平方千米，是重庆全面融入共建“一带一路”和长江经济带发展，加快建设内陆开放高地的重要支撑，是打造“枢纽港”城市名片的核心承载。园区全面把握新发展阶段、坚定贯彻新发展理念、积极融入新发展格局，从全局谋划一域、以一域服务全局，做好“通道带物流，物流带经贸，经贸带产业”文章，基本建成以团结村枢纽港为“母港”，西部陆海新通道、中欧班列、渝满俄通道、沿江综合立体通道等四向齐发、多式联运的出海出境综合通道体系；建成内陆首个铁路开放口岸，整车、肉类、药品、国际邮件互换中心等口岸功能日益齐备，布局内陆首个B型保税物流中心，一座产城景融合、生态化、智慧化新城区已具雏形。2020年10月，获批陆港型国家物流枢纽。

经济情况　2022年，重庆国际物流枢纽公司资产总额766亿元，负债总额472亿元，净资产294亿元，资产负债率62%。固定资产投资完成43.55亿元，同比下降76%，全年入库税金37.38亿元，其中海关税费总额22.89亿元，同比下降24%，中央与地方共享税14.50亿元，同比下降44%。累计入库税金331亿元。2022年签约项目50个，同比下降6%。新增市场主体630家，同比下降20%，累计在册企业超5324家。实际利用外资1.8亿美元，服务贸易额2.79亿美元。园区企业营业收入1280亿元，同比增长3%，其中“四上”企业营业收入1080亿元。

招商引资　聚焦“汽车、医药、现代物流、国际贸易”等口岸特色产业，引进世界500强3家，中国500强4家，高新技术企业1家，签订招商引资协议50个，协议投资金额379亿元。完成进出口贸易额13亿美元，外商直接投资1.3亿美元，企业营收1280亿元，新增社会项目投资50亿元。整车产业，落地德国大众平行进口车、零跑新能源汽车项目；医药产业，落地国药·中医药健康生态产业园、荃豆医药项目，完成阿斯利康战略合作协议签订；现代物流，引进中通、新希望集团等鲜生冷链龙头，落地中膳优链云食城智慧产业园、牧力嘉食材供应链运营总部项目；国际贸易，引进厦门国贸、国晟物资、志田大宗粮食贸易项目。

开放通道　统筹“四向齐发”国际通道，新开跨里海、黑海，中老、缅、印、泰线路，中欧班列“成渝号”实现首发，通道辐射全球319个港口。2022年，渝新欧班列开行3106列、同比增长39.4%；陆海贸易新通道开行2520列、同比增长22%；渝甬班列开行408列、同比增长39%；编组站完成调车及编组车辆13.40万列，同比增长12%；中心站集装箱办理量70.74万标箱，同比增长5%。与挪威纳尔维克港、德国不来梅物流集团签订海外仓合作共享协议，加快海外布局，共同推动国际通道、基础设施建设等协同发展。

口岸运营　2022年，实现进出口贸易额13亿美元，同比增长5%，其中B保贸易额3.7亿美元，同比下降35%；整车口岸进口3808辆，同比下降51%，累计进口整车31370辆。建成投用内陆首个智慧铁路口岸，进境肉类指定监管场地成功通过重庆海关预验收，铁路口岸综保区申报取得阶段性进展。加快海外布局，与挪威纳尔维克港、德国不来梅物流集团共建海外仓。2022年，园区入选国家骨干冷链物流基地，落地中欧班列集结中心。

城市建设　2022年，推进房建、市政、景观等项目建设共计18个，已完工11个，其中完成房建项目9个、景观项目2个，累计完成房建建筑面积及装修改造约47.46万平方米，在建房建面积约28.98万平方米。沙坪坝区企业创新服务中心、“四枢纽一中心”展厅装修、Ah24公立小学等9个项目建成交付；土主安置区一期、明德轩小区（一期）、大学城文化宣教综合服务中心顺利推进；黄金湾智谷周边环境提升工程、开放之路项目等景观绿化项目按时完成；建设户外环网柜7座、路灯箱变8座、5G通信基站8座、管网4.9千米，完成电力管线迁改4.3千米。

【青凤科创城】　青凤科创城（以下简称“园区”）位于沙坪坝西部、科学城发展主轴，紧邻重庆大学城、重庆铁路口岸、自贸区、西永微电园等科创产业要素，是“一带一路”制造业承接地，是西部（重庆）科学城建设的主战场。园区获评国家产业转型示范园区、重庆市工业设计产业园（特色产业建设基地）、重庆市智能网联汽车核心零部件特色产业建设基地。

园区深入贯彻党的二十大会议精神，落实习近平总书记对重庆的“两点”“两地”定位和“两高”要求，全面融入共建“一带一路”，抢抓成渝地区双城经济圈等重大战略机遇，主动融入西部（重庆）科学城建设，打造承载“一带一路”协同发展的国际产业合作区、推动成渝经济圈制造业高质量发展的先进制造基地、彰显科学城美丽山水的产城景融合发展示范区。围绕“主阵地、示范区、排头兵、领头雁”目标定位，以“四个示范区”建设为抓手，发展壮大先进制造业，建强青凤科创城。

重点项目建设 2022年，园区新增约8平方公里土地纳入“三区三线”，协同区规划自然资源局取得70公顷控规批复；建成青凤高科创新孵化中心、光谷科技城、联东U谷约30万平方米，为园区产业发展提供承载空间。推动模具中心达到出让条件，30天完成7条10kV高压线路迁改、60天完成约7万吨污染土清挖。

（韩　菁）

2022年8月5日，青凤高科创新孵化中心（二期完工）

（刘原野　摄）

应急管理

应急准备

【应急体系建设】 2022年，沙坪坝区紧扣“控大事故、防大灾害”的核心目标，持续深化改革，不断健全应急管理体制机制。健全灾害管理工作体系。印发《关于成立和调整部分区级议事协调机构的通知》《关于调整沙坪坝区减灾委员会下设指挥部组成机构及人员的通知》，及时对区减灾委员会、防汛抗旱指挥部、森林防灭火指挥部、抗震救灾和地质灾害防治救援指挥部、气象灾害防御指挥部5个灾害管理协调机构进行调整优化，结合工作实际，及时变更补充组成人员。形成了由区政府区长任主任，常务副区长任常务副主任，有关副区长任副主任的区减灾委员会，同时区减灾委员会下设的4个专项指挥部均由区政府常务副区长任指挥长、相关分管副区长任常务副指挥长，并由应急、林业、水利、气象、规划自然资源等部门分管负责人任“防办”主任，形成“双指挥长+双主任”的格局，全区灾害防治救的领导体系、工作体系和责任链条持续加强，统筹协调、防治结合的管理模式和齐抓共管、协同配合的防灾减灾格局持续巩固。推进灾害救援信息化建设。进一步完善沙坪坝区应急指挥大数据平台，接入公安“雪亮”工程、城市内涝、水利设施、中小河流等视频资源，优化应急处置现场可视化模块，调整补充监测预警、隐患排查、执法检查等数据资源，针对嘉陵江洪峰过境是沙坪坝区主要自然灾害之一的情况，应急、水利部门牵头全面调查沿嘉陵江（沙坪坝段）地形地貌、基础设施、应急能力等基本情况，完善嘉陵江百年一遇防洪标准内各类承灾体基础数据，并进行3D建模，在此基础上创新开发沙坪坝区防汛救灾指挥系统，实现水情实时动态显示、淹没范围模拟分析、灾情汛情快速统计等功能，有力确保提前研判汛情灾情，精准落实救灾措施，最大限度减轻灾害损失和影响。

【应急力量建设】 组织18支区级部门应急队、22支镇街综合应急队、170余支村（社区）应急队全面梳理总结人员构成、装备配置、应急机制等工作现状，及时调整人员组成，补充物资装备，优化响应机制，不断健全横向到边、纵向到底的应急力量体系。加强各级各类应急队伍培训，开设防汛救灾、森林灭火、地质灾害防治救援、气象灾害防御等专项培训，切实增强应急处置专业化水平。组织各镇街、区级部门深入开展“战汛2022”系列演练，完成区级演练27场次，镇街、村社、灾害点演练246

次，全区应急队伍实战能力持续增强。印发《沙坪坝区应急物资储备保障能力建设实施方案》，在西部物流园推进区级物资库建设，即将建成标准化物资库房1000平方米，全区应急保障能力持续增强。

（彭　瑶）

应急救援

【安全生产类应急救援】　成功处置“6·27”一般高处坠落事故等一般生产安全事故18起。

【自然灾害类应急救援】　有效应对“5·9”“6·23”“6·26”“7·18”等6次区域性强降雨天气过程和1次超175米嘉陵江高水位过程，妥善处置“4·12”风雹灾害和“9·14”荒火火情。

（彭　瑶）

灾害防治

【灾害预警及应急处置】　2022年，沙坪坝区认真落实市委、市政府关于防灾减灾救灾工作部署，以“控大事故、防大灾害”为目标，深入贯彻“两个坚持、三个转变”新理念，紧抓薄弱环节，切实履行防灾减灾救灾各项责任。主汛期期间，区委、区政府主要领导深入一线、靠前指挥，检查指导灾害防治工作11次。气象、水利、规资、应急等部门健全监测网络，细化监测措施，加密监测预报，全区先后发布低温Ⅳ级（蓝色）预警1次，发布江河洪水、山洪灾害、渍涝灾害Ⅳ级（蓝色）预警3次、Ⅲ级（黄色）预警2次，启动防汛救灾Ⅳ级应急响应3次，启动抗旱Ⅳ级应急响应1次，启动地质灾害Ⅳ级应急响应1次，共开展会商研判10次，发布预警信息215条、87.4万人次接收。

【震害防御】　2022年，对照市级防震减灾相关工作机制，印发了《重庆市沙坪坝区抗震救灾和地质灾害防治救援指挥部工作规则》《重庆市沙坪坝区抗震救灾和地质灾害防治救援指挥部办公室工作细则》《重庆市沙坪坝区抗震救灾和地质灾害防治救援指挥部成员单位联席会议制度》3个制度，对区地指的机构设置、主要职责、工作制度、信息共享及协作联动机制等进行规范。全面推进重大建设和生命线工程抗震能力专项整治，区应急局组织区发展改革委、区经济信息委、区住房城乡建委、区文化旅游委等相关部门召开重大建设和生命线工程抗震能力专项整治实施工作推进会，对照市重庆市应当进行地震安全性评价的建设工程范围，建立重大建设和生命线工程抗震专项整治台账，摸底调查重大建设和生命线工程的工程性防御措施、非工程性防御措施、高新技术装备在防震减灾中应用等情况。区应急局积极举办防震减灾宣传周活动，“5·12”防震减灾宣传周期间，组织相关部门、街镇、管委会开展以“减轻灾害风险，守护美好家园”为主题的集中宣传活动38场，发放20余种各类宣传册、宣传物品4万余份，制作宣传展板70个，悬挂播放LED屏（横幅）56条，手机短信、网上、新闻媒体报道10条次，制作发布以防震减灾为主题的“安全小课堂”6期，开展相关行业、领域的防震减灾主题知识讲座、培训和应急演练53次，参加人数3000余人次。区应急局全力做好地震受灾群众住房保障，2021年10月14日凌晨5时6分，青木关镇（北纬29.68度，东经106.3度）发生3.2级地震，震源深度10千米，青木关镇、凤凰镇部分群众房屋不同程度受损。区应急局积极指导受灾群众开展房屋修缮重建工作，并严格按照相关工作规程，进行救助金申报审核，2022年，对在地震中受灾且符合救助条件的困难群众，共发放受损房屋修缮重建救助金61000元。

（彭　瑶）

安全生产监管

【概况】　2022年，沙坪坝区在区委、区政府的坚强领导下，在市应急局的精心指导下，以“控大事故、防大灾害”为核心目标，以安全生产“十五条硬措施”为统揽，以安全生产专项整治三年行动巩固提升和大排查大整治大执法为抓手，持续筑牢安全生产防线，有效应对了极端高温天气，全力保障了党的二十大期间全区安全无事故。2022年，沙坪坝区共发生一般生产安全事故18起、死亡18人，其中道路交通12起12人、建筑施工3起3人、其他3起3人，事故起数、死亡人数与2021年同期相比分别下降5%、10%，全区安全生产与自然灾害防治形势持续稳定向好。

【危险化学品生产监督管理】　2022年，检查危化企业194家次，排查整治问题隐患585条，发出责令整改书114份，组织镇街和区级有关部门设置“打非治违”临时检查点467个，摸排1105家相关企业，核查线索13条，查处违法行为11起，取缔违法储存窝点4个，安全转移处置化学品235吨，罚款28.3万元。

【工商贸行业安全生产监督管理】　2022年共计开展执法检查105家次，查处安全问题及隐患822条，下达《责令限期整改指令书》112份，下达《现场处理措施决定书》5份。持续推进企业标准化建设，提升企业安全管理水平，全区标准化达标企业118家，其中二级达标16家、三级达标102家；全区规上工业企业达标率72%。按照风险等级实施分级监管，提升监管执法覆盖率，切实消除监管盲区，全区红色、橙色等级企业检查覆盖率达126.3%；持续深化“四涉一有限一使用”专项整治，行政处罚持续加强，立案查处7起，罚款10.5万元，其中从重处罚1家。稳步推进企业风险防控系统建设，进一步提升安全监管效能，完成首批30个重点风险防控技术标准梳理、逻辑框架构建、重点功能实现、软硬件适配等工作，进入现场试点运行阶段。

【安全隐患排查整治】　2022年，全区各部门各单位共检查企业28982家次，发现隐患26145个，整改到位26052个，整改率99.64%，下达整改指令6110份，罚款840.217万元，责令停产停业、关闭26家。

【政府监管责任落实】　2022年，沙坪坝区将落实安全生产责任制作为关键，统筹推动经济社会安全发展。层层压实安全生产责任。区委、区政府主要负责同志坚持每日过问、每周调度，区委常委会每周听取安全生产情况汇报，分析研判安全形势，研究部署安全工作；区政府常务会定期播放安全生产暗访督查曝光片，已播放32期，交办问题隐患1139件；重点时段、重点节点分管区领导每日调度，确保了党的二十大、冬奥会、全国和全市两会期间全区安全无事故。完善安全监管责任体系。出台《区委区政府领导干部安全生产职责清单》和《2022年全区安全生产与自然灾害防治重点工作清单》，理清综合监管、行业主管职能职责。全区1892家重点生产经营单位全面落实“三个责任人”上墙公示，实行实名制监管，其中区领导挂牌46家。各级党政主要领导带头示范履职，带队督导安全检查1562次，解决具体问题3000余个。区安委办每周通报部门和镇街党政主要负责人履职情况，形成一级带一级、层层抓落实的工作格局。健全灾害防治指挥体系。调整区减灾委员会，4个专项指挥部实行“双指挥长+双防办主任制”。落实“1+7+N”会商研判机制，开展2022年度综合会商、汛前会商、临灾会商等自然灾害会商研判8次，明确预防重点，做到有的放矢。组织开展全区洪峰过境暨山洪地质灾害演练、军地联合森林灭火比武演练、“战汛2022”系列演练和桌面推演，添置各类应急物资装备690件，提升救援能力。

（彭　瑶）

消防救援

【概况】 2022年，区消防救援支队在市消防救援总队和沙坪坝区委、区政府的坚强领导下，坚持以习近平新时代中国特色社会主义思想和习近平总书记授旗训词精神为指导，深入学习贯彻落实党的二十大精神，坚持稳中求进的总基调，以“固本拓新”为主题，严格执行“两严两准”建队标准和“五个不动摇”要求，坚决确保了全区社会面火灾形势和队伍管理“两个稳定”。

【灭火救援】 2022年，区消防救援支队全年共接警出动4000余次，其中火警出动1100余次，抢险救援出动800余次，社会救助2000余次，出动车辆10000余辆次，出动消防救援人员6.5万余人次，抢救疏散被困人员500余人，保护财产价值1000余万元。成功处置“4·9”覃家岗普罗瑞斯门业库房等火灾，圆满完成增援北碚、巴南山火等急难险重任务，得到各级党政领导及人民群众的一致好评。

【专项整治】 以党的二十大消防安保、“三年行动”消防安全专项整治为抓手，深化高层建筑、地下工程、大型商业综合体、厂房库房、古镇古寨、冷链物流、经营性自建房等重点领域整治。全覆盖摸排2221栋高层建筑，挂牌整治20处“生命通道”堵塞道路，攻坚整治79栋多层“无水”建筑，排查5992栋自建房火灾隐患，整治厂房库房火灾隐患693处，达标验收大型商业综合体21家。完成马家岩水电市场重大火灾隐患整改销案。新建补建市政消火栓72个。推动12个老旧小区（73栋建筑）完成消防设施改造，为独居老人等弱势群体购置安装感烟探测器2000余套。推动物流园区规范电动叉车使用管理，设置集中充电区、充电位，有效减少电气火灾隐患，其经验做法在全市推广。

【网格化管理】 出台《沙坪坝区消防事业发展“十四五”规划》《进一步加强基层消防治理的实施意见》等机制性文件，健全主要领导负责，分管领导执行，社区网格齐抓共管的基层消防安全委会和责任体系。贯彻落实国务院安全生产十五条硬措施，推动全区社区微型消防站实体化运行，将派出所消防工作成效纳入公安派出所考核范畴，调整明确派出所监管单位。组织派出所民警、镇街网格员、微型消防站队员开展消防安全大培训，全面推进基层防控力量提能增效。全年，全区各级各部门共排查单位1.08万余家，发现整改隐患5100余处，办理行政处罚450余起，罚款156万余元，消防监管执法力度不断强化。

【消防宣传】 2022年，区消防救援支队立足辖区实际，扎实开展“十站一中心”消防宣传工作，组织十个基层消防站深入全区20余个街镇，联合12所高校、104所中小学校，广泛开展开学第一课、消防知识进军训网络直播、119“了不起的消防挑战”消防直播等重点宣传活动。结合高层建筑、生命通道等重点整治行动，走实走深“四进四见”各项措施。加强磁器口古镇等场所宣传广度与力度，节假日期间发送消防提示短信近20万条。全方位打造传统媒体及新媒体矩阵，利用“两微一抖”平台，开拓创新发布新颖宣传内容，拍摄“站长教你如何使用电暖器”获全国优秀科普知识讲解奖。全年中央电视台、《重庆日报》、华龙网等多家主流媒体上稿50余篇。

【队伍建设】 2022年，在总队党委和区委、区政府的坚强领导下，支队荣获国家消防救援局执勤训练工作“先进支队”、全市消防救援队伍“先进党委”、“安全工作先进单位”、执法检查“优秀”等次。支队党委以习近平新时代中国特色社会主义思想为指引，以学习宣传贯彻党的二十大精神为主线，深入开展“牢记领袖训词、永做忠诚卫士”主题教育、学习贯彻习近平总书记授旗训词精神四周年系列主题活动等培根铸魂活动。按照“党建引领、团建赋能”的总体思路，以“四强”党支部创建为抓手，出台《党支部书记履行党建工作职责考核办法（试行）》，建立党支部书记履历档案；邀请市委宣讲团成员、西南政法大学教授来队授课，开办主官大讲堂，联系红岩基地联创助学；组建党员示范岗27个、突击队10个，在救灾等急难险重任务面前，高扬起党员旗帜。全面压实从严治党政治责任，完善工程审计外包机制、工程验收内控机制，制定支队采购项目实施细则，扎实开展消防执法“微腐败”、消防装备采购领域廉政风险专项行动，构筑了良好政治生态。制定《从严抓好安全工作九项规定》《保密安全“八个严禁”》，进一步堵塞管理漏洞；优化《指战员考评细则》，重点整治“躺平”现象；举办安全工作知识竞赛，针对车辆交通、网络赌博、婚恋交友等，开办讲座3次，下发《督察通报》12期，跟踪督改各类问题240余个。队伍先后涌现出中宣部“全国岗位学雷锋标兵”、敬业奉献“重庆好人”“最美退役军人”“精神文明先进个人”等一批先进典型。

【基础建设】 2022年，区消防救援支队结合辖区灾害特点，推进专业化装备建设，合理编制支队“十四五”装备建设规划，调整优化装备结构，举办支队装备比武竞赛，配强配精灭火救援攻坚装备，全力满足应急救援需求。有序推进文旅城消防救援站建设，火车西站消防站内部装修建设完工，对部分消防站进行升级改造和营房修缮，更好地满足指战员工作生活需求。

【消防安全责任制落实】 深入贯彻落实《消防安全责任制实施办法》，坚持党委政府统筹牵引，区委、区政府主要领导多次调研指导消防工作，尤其是在夏季连晴高温伏旱期，密集作出批示指示，强化各级各部门落实属地属事责任。区政府常务会播放暗访视频形成常态。区“两办”督查办将消防重点工作纳入主要领导每月任务交办清单。区消防安全委员会实体化运行，定期会商研判，落实季度消防安全形势通报制度，督导火灾起数排名前十的镇街逐一制定火情方案。区民政、教育、卫健、商务、文旅等部门打造行业标杆示范单位，召开现场会示范推广。社会单位持续深化“四个能力”建设，全面落实火灾风险隐患“自知、自查、自改”和公示承诺制度。

【专业化建设】 2022年，区消防救援支队举办灭火救援业务技能系列竞赛，将安全理论知识、初战控火模式、业务理论授课等基础工作纳入竞赛内容。举办3届“精武砺精兵”擂台精英赛，全员考核5次，圆满完成总队年度技能达标考核工作。依托消防救援站开展全区微型消防站业务技能培训，指导嘉陵特种设备企业专职队参加战区比武竞赛，进一步检验专业化水平。在融创茂、磁器口古镇等重点区域开展大型演练16次，编制龙湖拉特芳斯、重庆1949大剧院等三维灭火救援预案12份。邀请应急管理部专家组成员针对灭火救援组织指挥、地下建筑火灾扑救等课题授课3次，集中开展战术研讨15次、战例复盘3次，队伍攻坚制胜能力再上台阶。

【文化建设】 秉持“人文励队”建设理念，依托辖区红色资源，举办红色文化践学4次，开设“沙磁荟”大讲堂4期，开播“20大金句诵读”2期，攻关经常性教育课题9个，购买理论书籍500余册。与重庆大学、四川美术学院合作举办“心向党·青年说”交流会，组织参与打卡西部科学城“一路书香”活动，开通专家心理疏导热线，构建起更加开放包容、走心走实的文化建设格局。坚持“党建引领、团建赋能、工会搭台”的总体思路，投入80余万元，组织开展工会系列文体比赛、慰问关怀等活动，让“指战员之家”更接地气、更加温暖。支队队史馆获评总队示范基层队史馆，磁器口站、虎溪特勤站荣誉室获评总队示范基层荣誉室。支队原创歌曲《誓做消防好儿郎》获全市“十佳原创金曲”，经常性思想教育教案《以法为规守而成矩——切实推进消防救援队伍崇法唯实》获评总队优秀教案，诗歌朗诵节目《落在生命里的一束光》，登上总队舞台，广受好评。

（黄　渠　刘洪通　陈语诗　丁　帅　刘　斌　刘昌果）

生态环境

综　述

【环保法治建设】　2022年，沙坪坝区严格环境行政执法，加强事中事后监管，建立执行“一单两库一细则”，严格执行环境执法“双随机一公开”制度，推行跨部门联合监管和“互联网+监管”，全年立案查处环境违法案件为89件，处罚金额305万元，其中刑事犯罪1件，查封扣押1件。应诉行政诉讼案件3件，无败诉案件。追究生态损害赔偿案件2件。

【生态文明体制改革】　2022年，沙坪坝区生态文明体制改革专项小组共承担改革任务11项，均按节点要求完成。

（夏晓萍　王　雪）

污染防治

【大气污染防治】　2022年，沙坪坝区整治大气污染源2100余个，开展机动车路查路检1万余辆，创建（巩固）扬尘示范工地（道路）20个（条），全区22个镇街设置24个集中熏制香肠腊肉便民服务点，实施涉挥发性有机物企业

2022年5月31日，沙坪坝区生态环境局联合市生态环境局督察一处党支部、市生态环境局财务审计处党支部、新桥街道办事处、新桥街道新桥社区等单位在新桥街道街心花园广场开展“共建清洁美丽世界”志愿服务活动

（陈铁文　摄）

深度治理20家、推动12台燃气锅炉低氮燃烧改造。夏秋季组建“6+4+1”综合督导组（6个督查暗访组、4个人工走航监测组、1个综合巡查组），秋冬季组建“4+1”大气污染防治攻坚专班（4个综合督导帮扶组、1个综合协调组），对国控、市控站点周边5公里范围建筑喷涂、汽修喷漆、餐饮油烟、露天焚烧等重点领域开展“拉网式”“地毯式”督查督导，累计出动1500人次，督查暗访1830家污染源单位，督导整改问题571个，处罚企业25家。2022年，沙坪坝区空气质量优良天数达303天，6项主要污染物指标中臭氧超标，其余PM2.5、PM10等5项达标。

【水污染防治】 2022年，沙坪坝区严格落实“河长制”，三级河长常态化开展巡河1万余次。补齐基础设施短板，启动土主污水处理厂三期处理能力扩容、沙田污水处理厂一期建设，推动辖区管网缺失、塌陷破损、错接漏接、雨污分流不彻底等问题整治，完成西部片区陈家桥街道、青木关镇、凤凰镇管网整治，东部片区清水溪主干管等问题整改。加强农业面源整治，对辖区水产养殖污染、畜禽养殖污染、种植污染开展整治，逐步推广应用环保养殖、种植技术。加强工业废水排放管控，对涉水工业企业保持高压监管态势，尤其是工业集聚区和重点涉水企业，坚决打击非法排污、超标排污等环境违法行为。持续巩固4段城市黑臭水体治理成效，配合推动中心城区“两江四岸”和“清水绿岸”整治，加快推进清水溪凤凰溪综合整治。持续加强饮用水源地保护，实施城市集中式饮用水水源水质提升整治工程，沙坪坝区2个城市集中式饮用水水源地水质达标率保持100%。

【噪声污染防治】 2022年，沙坪坝区持续加大噪声污染防治工作力度，联合区级部门开展噪声综合整治行动，建立定期工作调度和通报制度，组织开展社会生活噪声、建筑施工噪声、交通噪声专题整治行动6次，持续推动群众反映强烈的地铁1号线运行噪声、内环快速噪声扰民问题整治，编制专项整治方案，每季度开展现场监测，创建市级安静小区1个。

【土壤污染防治】 2022年，沙坪坝区依法开展建设用地土壤污染调查，完成疑似污染地块土壤污染调查16个，污染地块治理修复4个，全区建设用地污染地块安全利用率100%。

【固废污染防治】 2022年，沙坪坝区推进“无废城市”建设工作，印发《沙坪坝区“十四五”时期“无废城市”建设实施方案》。全区危险废物转移处置7573吨，危险废物得到安全处置。

【施工扬尘污染控制】 2022年，沙坪坝区强化施工扬尘精细化管控，督促建筑工地落实围挡封闭、物料裸土覆盖、湿法作业、路面硬化、车辆出入清洗等工作措施，2022年督查暗访组巡查暗访发现施工扬尘问题48个并督促整改到位，创建（巩固）扬尘示范工地（道路）20个（条）。

【生态环保修复】 2022年，沙坪坝区完成5个历史遗留关闭矿山生态修复，治理面积2.98公顷。

（罗海秀　赵旭童　杜　斌　许　萍　王　雪）

环境监管

【环境执法】 2022年，坚持精准执法、科学执法、依法执法，始终严厉打击环境违法行为，坚决守住环境安全底线。发动全区力量，会同各行业主管部门和属地镇街开展水污染防治执法、排污许可证执法监管、深化打击危险废物违法犯罪、建设项目环境保护“三同时”及自主验收监督检查等执法专项行动。开展“双随机、一公开”监督检查工作，随机检查企业448家，全年出动随机执法人员2100人次，上传执法检查记录1050条。涉水、气的重点排污单位安装污染源自动监控覆盖比例达到100%。选派执法骨干参加全国、全市督导帮扶、交叉检查。

【环境安全】 2022年，沙坪坝区建立环境安全全过程管理机制，印发实施《关于进一步强化生态环境领域安全生产责任扎实抓好环境安全工作的通知》。全面完成嘉陵江沙坪坝段及其主要支流龙凤河（虎溪）、梁滩河、跳磴河的“南阳实践”工作。2022年10月27日，会同高新区开展西部科学城突发环境事件联合演练。2022年有1起环境应急响应，为“5·31”歌乐山龙井湾04号仓库火情事件，处置及时未引发次生突发环境事件。

【总量减排】 2021年，COD重点工程减排763.84吨，氨氮重点工程减排373.85吨，氮氧化物重点工程减排510.8吨，挥发性有机物重点工程减排62.7吨。

【信访投诉】 2022年，沙坪坝区受理市生态环境局“12345政务一号通”移交案件2507件，与2021年同期3399件相比下降26.24%。受理来信来访案件99件。

（杨琪皞　王　雪　周　柯　陈铁文　李　华）

环保建设

【基础设施建设】 2022年，沙坪坝区生态环境保护综合行政执法支队现有31名执法人员，持证上岗率达100%。红外摄像机、油气回收三项检测仪等现代化装备陆续配备到位。按照机构规范化、装备现代化、队伍专业化、管理制度化、保障综合化全面建设生态环境保护综合执法队伍，提升人员素质、配备执法装备、坚持依法执法，率先完成生态环境保护综合行政执法机构规范化建设。沙坪坝区生态环境监测站现有在编人员31名，取得中级以上职称23人，占比为74.2%。全年开展人员内部培训28次，参加外部培训2次。完成27人次共计242项次持证上岗，实验室能力验证5个项目一次性通过。1人获得“重庆市巾帼建功标兵”称号。推动生态环境监测网络建设，完成赖家桥水质自动监测站站房建设。

【环保资金投入】 2022年，沙坪坝区落实区级环境保护专项资金2603.92万元，主要用于污染防治、生态环境执法、监测工作等，其中污染防治工作经费1845.42万元，执法监测工作经费312万元、生态补偿工作经费300万元、环境保护能力建设专项146.5万元。

【信息化建设】 2022年，稳固运行污染源在线监控（监测）系统，加强包括在线监测、在线监控等子系统的污染源自动监控平台，运用沙坪坝区生态环境局投诉处理系统；运用环境监察移动执法系统，配备执法人员智能移动终端，对区控以上企业均使用移动执法终端和移动执法工具箱开展现场执法工作；积极运用无人机技术监测监察手段。

【信息公开】 2022年，沙坪坝区认真贯彻落实有关信息公开的法律法规、规定，扎实开展生态环保政务信息公开，累计在沙坪坝区政府门户网站发布污染防治攻坚，生态环保督察，环境质量状况，行政许可、行政执法，财政预、决算等信息1000余条；打造区环保局官方微博、微信双微服务，全年发布信息1100余条；全年依法办理依申请公开申请事项3件，答复率100%。

（周偲偲　王赞春　文　娅　陈铁文）

环保督察整改

【中央环保督察】 2016年第一轮中央生态环保督察涉及沙坪坝区的27项整改任务和162件群众举报投诉已全部办结销号。2019年第二轮中央环保督察涉及沙坪坝区的17项整改任务已全部办结；266件群众举报投诉案件已办结251件，城管局牵头的内环噪声投诉15件已完成整改。

【市级环保集中督察】 2018年市级环保集中督察交办沙坪坝区的83项整改任务和212件群众举报投诉件已全部办结销号。

（牟　军）

商贸服务业

市场载体建设

【概况】 沙坪坝区现有商贸项目总体量约214.89万平方米，有大型购物中心4个，大型百货店3个，专业市场10家，特色商业街3条。全区现有菜（农贸）市场35个，其中，城区菜市场32个，乡镇农贸市场3个。2022年，全区社会消费品零售总额553亿元，同比增速-3.3%。

【商贸市场建设】 2022年三峡广场商圈成功创建第二批国家级夜间文旅消费集聚区，融汇温泉城成功创建第二批市级夜间文旅消费集聚区，龙湖金沙天街成功申报国际美食集聚区，磁器口被认定为国家级旅游休闲街区，消费逐步升级。

【主要商品批发企业简介】

重庆金康赛力斯汽车销售有限公司　2019年成立，注册地址重庆市沙坪坝区回龙坝镇五云湖路5号附2号。公司主要负责AITO产品的销售，目前全国已营业AITO授权门店超过1000家。公司主销产品包括赛力斯AITO问界M5、M5纯电、M7，截至2022年12月，AITO问界系列已经实现累计交付超过7.5万辆，成为成长最快的新能源汽车品牌。AITO致力于成为智慧出行时代的引领者，凭借赛力斯硬核的新能源技术以及华为在ICT行业的领先技术，为用户带来兼具高智能化、卓越性能以及超长续航的智慧出行体验。

永辉物流有限公司　位于重庆市沙坪坝区回龙坝镇，占地19万平方米，2022年完成商品配送总额为93.49亿元。主营业务为仓储、配送服务、批发等业务。

【主要商品零售企业简介】

重庆中升雷克萨斯汽车销售服务有限公司　位于沙坪坝区显丰大道77号，2022年全年零售额6.05亿元。是大连中升集团在重庆成立的首家集雷克萨斯品牌整车销售、零部件供应、维修服务、信息反馈于一体的五星级4S店。

华润万家商业（重庆）有限公司　企业系华润万家有限公司在重庆设立的全资子公司，注册时间是2010年10月9日，注册资金57410.3万元，公司位于重庆市小龙坎正街3号。截至2022年12月，重庆华润万家生活超市有限公司共有14家分支机构，重庆11家，贵州1家、云南2家。

重庆佛罗伦萨小镇　2021年2月3日开业，位于土主街道和阳路8号。一期总建筑面积超过6万平方米，其中商场主体建筑面积4.8万平方米，是以意大利风情为特色的名品奥特莱斯，现已入驻运营杰尼亚、阿曼尼、菲拉格慕、蔻驰、拉夫劳伦等97个品牌。2022年累计客流量90万人，实现销售额3.9亿元。

【主要商业中心】

融创茂　2020年9月开业，位于沙坪坝区西林大道84号。项目共计22.5万平方米，作为娱乐型特色购物中心，融创茂除200+时尚品牌外，还囊括了重庆最大室内滑雪乐园“重庆融创热雪奇迹”、重庆最大室内水乐园“重庆融创水世界”、拥有白鲸等4万余只生物的“重庆融创海世界”，为川渝消费者提供了更多元更极致的消费体验。

龙湖金沙天街　2020年12月底开业，是“全国首个商圈高铁TOD综合体”和国家级“站城一体化”开发样本，该项目共计21万平方米，共入驻市场主体500余家，涵盖国际高化、时尚服饰、精致餐饮、生活方式等多种业态。

（寇美琴）

粮油购销

【概况】　2022年，沙坪坝区完成各项粮油统计调查和粮油价格监测工作，纳入规模以上入统粮油企业5家，完成线上粮油流通统计数据报送。做好粮食库存安全检查工作，开展全国政策性粮食储备专项检查“回头看”专项工作，督促政策性粮食承储企业落实“两个安全”主体责任。开展“粮油科技活动周”和“世界粮食日”宣传，推广“12325”全国粮食流通监督热线。

【粮食安全行政首长责任制考核】　积极落实市对区粮食安全行政首长责任制考核工作。2021年度粮食安全行政首长责任制考核结果为“优秀”等次。是自2016年全市开展粮食安全行政首长责任制考核以来沙坪坝区首次获得优秀。区委、区政府主要领导调研粮食保供情况，召开区政府常务会专题研究部署粮食工作，2022年度将耕地保护和粮食安全责任制纳入对区县党委和政府的考核。

【军粮供应】　2022年，严格遵守军粮供应政策，认真执行军粮统筹制度，坚持抓好军粮质量管理，强化保供服务质量，确保部队军粮供应需求，顺利完成全年军供任务。积极开展节日慰问、粮油科技进军营活动，建立了良好军民共建互动关系。

【粮食应急】　明确镇街落实粮食安全责任制属地责任，建立覆盖全区22个镇街的粮食应急供应网点41个。每月不定期检查成品粮油储存情况，委托重庆市粮油质检站定期抽样检验，确保应急成品粮数量真实、质量合格。

【粮食产业】　重庆重粮健康产业有限责任公司，2022年实现总产值30661万元。

（王　谊　林　宇）

烟草专卖

【市场监管】　2022年，沙坪坝区烟草专卖局共查获涉烟违法案件285起，查获违法卷烟2.6万余条，总案值440万余元。烟草专卖许可证新办720户，延续1894户，变更133户，停业231户，恢复营业82户，歇业154户，审批注销140户，收回137户。

【卷烟营销】 2022年，区局（分公司）实现卷烟销量卷烟5.06万箱，同比下降0.01%；销售收入20.6亿元（含税），同比增长3.6%；单箱收入4.07万元（含税），同比增长3.6%；税利3.7亿元，同比上升1.1%。

（田 欣）

供销商业

【概况】 2022年，沙坪坝区供销社系统实现营业总收入4387万元，利润总额1480万元，上缴各种税费726万元。区供销合作社内设五个科室（办公室、合作指导科、财会审计科、社有资产管理科、监事会办公室），下辖资产管理公司1家，社有控股企业8家。2022年12月末，机关在职人员15人、退休人员26人；企业在职职工111人、离退休职工910人（其中，离休1人）。

【供销社系统体制改革】 2022年，沙坪坝区供销社规范提升基层供销社，整合资源打造凤凰、回龙坝2个基层供销社示范社，新成立3个农村综合服务社（其中星级社2个），创新模式建立起“社有企业+基层社”共建发展新格局。深入推进“三社”融合发展，通过“基层社+基地+农户”的模式，整治中梁镇新发村170亩撂荒地，建立起供销农场蔬菜基地，积极探索“休闲农业+乡村旅游”精品项目。流转中梁镇庆丰山村坡改梯土地150亩，引进八月瓜种植项目。联合农商行举办涉农贷款政策宣传培训，帮助解决融资难、融资贵等问题。

【服务“三农”】 2022年，沙坪坝区供销社积极开展农业社会化服务，为全区农户和专业合作社提供农资供应、测土施肥、配方用药、农技咨询等服务，邀请专家培训果树病虫害防治、蔬菜种植、财务税务政策知识。全年开展农民专业合作社培训12次、举办专业合作社座谈会10次；添置10余万元农业机具，农业社会化服务面积5000余亩。建立供销社合作发展基金，社有企业已注资229万元支持为农服务。

【污染防治】 2022年，沙坪坝区供销社积极开展农村人居环境整治行动，加大对“白色污染”的防治力度。全年开展废弃农膜以物易物活动11次，回收废弃农膜27.4吨，回收率达91.64%。

【供销网络建设】 2022年，沙坪坝区供销社继续发挥农村商品流通主渠道作用，基层供销社与下属社有企业共同打造了“红岩供销农产品展销厅”，推广对口联系的脱贫县及沙区专业合作社生产的蔬菜、水果等农副产品，助力消费扶贫和乡村振兴。主动与重庆雪鼎农业有限公司建立战略合作伙伴关系，积极拓展产销对接渠道，加快构建“食材供应+中央厨房+冷链配送”等新型运作模式。

（饶梦琦）

餐饮住宿业

【概况】 2022年沙坪坝区有住餐限上单位241家，其中企业38家，个体203家。全年完成限上住宿业营业额0.6亿元，同比增长29.4%；限上餐饮业营业额2.2亿元，同比下降4.8%。

【主要餐饮企业】

表17 2022年沙坪坝区主要餐饮企业名录一览表

序号	企业名称
1	重庆枫香园旅游发展有限公司
2	重庆桂龙缘餐饮有限公司
3	重庆桂桥缘企业管理有限公司

表18　2022年沙坪坝区主要酒店名录一览表

序号	酒店名称
1	重庆领创汇润酒店管理有限公司融创宋品酒店
2	重庆领创汇润酒店管理有限公司融创施柏阁酒店
3	重庆领创汇润酒店管理有限公司永乐半山酒店
4	重庆融汇投资有限公司融汇丽笙酒店
5	重庆珉山饭店有限公司

（寇美琴）

特种行业

【概况】　2022年沙坪坝区有在营加油站33座，加油机158台，1小时加油能力61.9吨，2022年销售汽柴油15.52万吨。

【成品油】　开展成品油经营企业年度审查工作，33座加油站申报审查并年检合格。建立区成品油市场监管联席会议制度，开展全区成品油行业专项整治，累计出动300余人次，排查42个场所，联合执法7次，查处非法运输销售成品油案件4起，其中，非法改装车辆4台、加油机3台，疑似92号汽油620余升、犯罪嫌疑人1人，对非法改装车辆处罚500元。

【再生资源回收】　2022年，沙坪坝区共有再生资源回收站（点）427家（其中，限上企业2家、限下企业77家、个体348家），从业人员1140人。开展沙坪坝区再生资源回收行业专项整治，共排查再生资源回收站（点）427家，消除安全隐患90余处，重点整治6家，共处罚金3700元。

【汽车交易市场】　沙坪坝区共有二手车交易市场2个，分别是马家岩二手车交易市场、国盛鑫二手车交易市场。

（寇美琴）

专业交易市场

【概况】　2022年，全区已建大型专业市场10家，占地1063亩，营业面积约87万平方米，仓储面积约37万平方米，空置面积约28万平方米，主营家居建材批发销售、建筑钢材仓储式批发、水产品批发、二手车销售等业务，年交易额达94亿元。

【主要专业市场简介】

马家岩建材市场群　市场群占地11万平方米，营业面积达24万平方米。截至2022年，市场共有经营商户1513家，从业人员5916人。2022年交易额约9亿元。

乐邦水产品市场　位于重庆市沙坪坝区井口工业园A区井熙路6号，占地47亩、建筑面积14238平方米。是市内最大、配套设施设备及功能（含检测室）相对完善的，以“四大家鱼（白鲢、花鲢、草鱼、鲫鱼）”为主的鲜活淡水鱼集中交易和分拨的重庆市优质水产品仓储配送中心项目，同类产品的供应量占重庆市主城区内总需求量的90%以上。

（寇美琴）

经贸合作

【概况】　2022年，全区进出口总值3488.46亿元，同比下降0.79%。其中，出口总值2421.14亿元，同比下降2.78%；进口总值1067.31亿元，同比增长4.04%。全区实际使用外资2.63亿美元，同比增长0.39%。

【招商引资】　2022年，积极开展招引外资工作。全年新设重庆纽润企业管理咨询有限公司、法电优能（重庆）新能源有限公司等外资企业24家。

【实际使用外资】 2022年，沙坪坝区实际使用外资2.63亿美元，同比增长0.39%，资金主要来源于新加坡、德国等国家和地区。外资项目集中在西永微电园和重庆国际物流枢纽园区两大开放平台。

【进出口贸易】 2022年，沙坪坝区有进出口额的外贸企业351家（含高新区4个镇街），进出口总值3488.46亿元，同比下降0.79%。其中，出口总值2421.14亿元，同比下降2.78%；进口总值1067.31亿元，同比增长4.04%。

【对外投资】 2022年，沙坪坝区新增备案非金融类对外投资项目2个，所属行业为批发业、多式联运和运输代理业。

【服务贸易】 2022年，沙坪坝区服务贸易额达4.25亿美元，其中服务外包执行额达1.49亿美元。

（寇美琴）

三峡广场商圈建设

【商圈经济】 2022年，三峡广场商圈成功创建国家级夜间文化和旅游消费集聚区。其中，龙湖金沙天街成功申报市级国际美食集聚区，沙坪坝王府井百货成功转型城市奥特莱斯。三峡广场商圈围绕品牌消费、体验消费、主题消费和智能消费等开展各类主题消费节，累计拉动营业收入约30亿元。

【招商引资】 2022年，三峡广场商圈引进德龙智慧商贸重庆产业中心项目投资3亿元落户，打造智慧生活产业高地。

【规划设计】 2022年，三峡广场商圈完善泛商圈智慧停车管理大数据平台，推广智慧停车引导系统，被评为全市智慧城市应用场景建设先进单位。

【市政监察执法】 2022年，三峡广场商圈完成办理数字化城管系统案卷6421件，处置完成率为100%。行政处罚各类违章行为1826起，罚款94050元。聚焦热点问题，定期开展不文明遛犬、游摊小贩、骑门摊和三轮车等专项整治行动。强化广场坝坝舞噪声治理，严格“限区域、限时段、限音量”，有力净化商圈生态环境。

【基础设施建设】 2022年，三峡广场商圈完成更换广场地面石材1642平方米，翻新广场高杆灯560根次，维修更换景观灯（带）514根次，修复朝天门题字碑等，推动城市品质进一步提升。

【环境卫生】 2022年，三峡广场商圈不断加强广场清扫保洁，清理清运生活垃圾2840吨，疏通管道200余米，整治卫生死角、乱张贴28处，排查整治公厕4个，定期清洗地面和市政设施，时刻保障广场清爽整洁。坚持“红黑牌”考核制度，积极创建垃圾分类示范商圈，开展检查指导450家次，举办宣传活动12场，垃圾分类工作成效被“网易新闻”“华龙网”等市、区级媒体宣传报道20余次。

【园林绿化】 2022年，三峡广场商圈修剪造型乔灌木66株次，种植鲜花18万盆，调配绿植面积130平方米，栽植景观草坪160平方米，随时保持“鲜花广场”常态，打造群众家门口的风景线。

【安全生产】 2022年，组织召开各类安全工作会议21次，编制印发各类安全管理方案、应急预案等16个，严格落实“十五条”硬措施，坚持“日周月”检查，督促整改各类问题1096个，处罚生产经营单位85家，罚款2.4万元。采取邀请专家顾问指导检查、会同行业部门联合检查、委领导马路办公巡查等方式，对高层消防、地下空间、燃气泄漏等10个方面安全风险点重点场所、点位、环节开展专项检查，督促整改各类安全隐患932处，隐患到期整改率100%，辖区经营单位燃气报警装置加装率100%。

（李程珂楚）

2022年2月21日，三峡广场商圈“乡情”迎春主题灯饰全面亮相　　（三峡广场商圈委　供图）

旅游业

综　述

【概况】　2022年，沙坪坝区贯彻落实习近平总书记关于文化和旅游工作的重要论述，深入实施关于促进旅游业发展的各项部署，加快推动旅游业发展和转型升级，各项主要旅游经济指标较往年均有所回落，全年接待游客2001.15万人次，同比下降38.47%；全区旅游总收入921205.39万元，同比下降41.36%。全区旅行社24家。全区注册导游数量70人。

【沙坪坝区AAAA级景区简介】

重庆磁器口古镇　始建于北宋咸平年间，明代以前叫作白岩镇，因山上有白色巨石而得名；后因建文帝朱允炆避难隐居于镇上的宝轮寺，又叫作龙隐镇；直到清康熙年间，磁器口附近的沙坪窑盛产青花瓷，远销省内外，磁器口成为著名的瓷器转运口岸，久而久之，人们便将这里称为“瓷器口”，又因“瓷”通“磁”，意为让磁器口更有吸引力，后来便更名“磁器口”，名扬巴蜀。磁器口古镇位于重庆市沙坪坝区东北部，前临嘉陵江、后靠歌乐山，金碧山、马鞍山、凤凰山三山并列，清水溪、凤凰溪两溪环抱，环境优美，依山而建，由山起城，山一水一城交相辉映，相生相息，构成“一江两溪三山四岸”的美丽画卷。有钟家院（磁堂）、翰林院、鑫记杂货店、宝善宫（丁肇中展览馆）、抗战阵亡将士纪念碑、宝轮寺、建文帝塑像、文昌宫等景点。风光旖旎，人文荟萃，巴渝文化、沙磁文化、红岩文化、宗教文化各具特色，古镇素有“小重庆”之美誉。1998年被国务院确定为重点保护历史传统街区，2006年被确定为国家AAAA级旅游景区，2010年获评“中国历史文化名街”，2015年被住建部和国家文物局评选为“中国历史文化街区”，2021年被评为第一批国家级夜间文化和旅游消费集聚区、首批国家级旅游休闲街区。2022年成功入选“全国非遗与旅游融合发展优选项目”名录。

重庆歌乐山烈士陵园　位于重庆市沙坪坝区歌乐山麓，是重庆红岩联线文化发展管理中心（重庆红岩革命历史博物馆）所属的纪念馆之一。该馆占地面积2.14平方公里，建筑面积32217平方米。主要包括白公馆看守所旧址、渣滓洞看守所旧址、“11·27”死难烈士之墓、大型群雕《浩气长存》、红岩魂陈列馆、红岩魂广场、松林坡杨虎城将军殉难地、杨家山秘密囚室、蒋家院子、黄家院子、“四一”图书馆、政训处、气象台、狼犬室等21处文物遗址及景点。1955年修建“11·27”死难烈士之墓和烈士纪念碑；1956年被评为四川省文物保护单位；1963年“重庆中美合作所集中营美蒋罪行展览馆”在中美合作所暨军统重庆集中营旧址建成开放；1984年邓小平题写“重庆歌乐山烈士陵园”，同年5月14日机构更名为重庆歌乐山烈士陵园管理处；1986年歌乐山烈士陵园大型纪念群雕在原“11·27”烈士纪念碑址上落成，邓颖超撰《烈士群雕铭》；1988年被评为全国重点文物保护单位；1993年增挂“重庆歌乐山革命纪念馆”馆名；2007年与红岩革命纪念馆合并成立重庆红岩联线文化发展管理中心（重庆红岩革命历史博物馆）。

重庆歌乐山森林公园　中国第一个体育主题森林公园，主峰云顶海拔678米，为重庆近郊群峰之冠，素有“渝西第一峰”的美称和“山城绿宝石”“天然氧吧”之美誉。自然风光清丽、幽深、古朴、旷达，历来为巴渝游览胜地。1987年评为国家森林公园，2002年歌乐山森林公园被国家旅游局评为国家AAAA级旅游景区，2003年被国家林业局评为国家森林公园、被国家体育总局和重庆市体育局评为重庆市体育主题公园，2005年被国家体育总局评为全国十二个优秀体育公园之一，是一个集体育健身、休闲度假、会议服务等三大功能于一体的综合性景区。歌乐山因“大禹治水功成召众宾歌乐于此”而得名，其风光名胜历史悠久，早在明代就已成为古渝都的名山胜地。清乾隆十六年（1751）山上的“歌乐灵音”胜景已被列为巴渝十二景之一。自然风光集山、水、林、泉、洞、云、雾于一体，清丽、幽深、古朴、旷达。众多历史景点和神话传说赋予歌乐山无限灵气。以“活化石”水杉为代表的数十种珍奇树种和“云顶烟云”“狮峰幽岩”等几十处自然景观，使歌乐山历来为巴渝风光胜地。歌乐山汇聚了红岩文化、陪都文化、巴渝文化和宗教文化。马蹄井、龙泉井、云顶寺、聪明泉、巴文化雕塑长廊等历史景点和神话传说使歌乐山灵气四溢。古代文学大师们到此探幽览胜、赋诗刻石，写下众多名文佳句。

重庆融汇温泉小镇　国家AAAA级旅游景区、重庆都市温泉旅游目的地，由融汇集团斥巨资打造，总建筑面积约196万平方米，是重庆主城核心地区少有的超大型温泉项目、重庆“五方十泉”中投资规模最大的旅游项目。融汇温泉小镇作为重庆市打造“世界温泉之都”的标志性工程，汇聚了旅游、商业、休闲、娱乐、餐饮、购物、文创、运动、养生等多元业态，致力成为“国内一流、国际领先”的综合性温泉旅游目的地。融汇温泉小镇以温泉为核心，通过体量庞大、泉质优越的温泉馆，食住游娱购一站即享的温泉小镇，文化底蕴深厚的老字号商业集聚区上泉坊，星级品质格调高雅的酒店群以及重庆露天温泉博物馆，成为重庆都市休闲温泉旅游首选之地。

【沙坪坝区AAA级景区简介】

重庆沙坪坝抗战名人旧居

重庆冯玉祥纪念馆　重庆冯玉祥纪念馆（下院）位于沙坪坝区陈家桥街道白鹤村，为依托市级文物保护单位冯玉祥旧居建成的遗址类博物馆。纪念馆占地面积2362平方米，建筑面积1437平方米，为晚清普通巴渝民居，穿斗式构架，小青瓦两面坡屋面。旧居分上下两院，上院为副官、后勤士兵驻地，下院为冯玉祥及家人、警卫居住地。下院由前一坝、内三个天井组成三套四合院式建筑群。1938年，时任国民政府军事委员会副委员长的冯玉祥将军迁居重庆，居住于歌乐山金刚坡。1939年初，冯玉祥购买了大户人家张海南的住宅，偕夫人、子女迁居此处。直至1946年，冯玉祥将军携家人离开重庆。新中国成立后，旧居曾用作为炮兵部队校舍、重庆虎溪电机厂职工宿舍。2003年，沙坪坝区对下院开展抢救性修复工作，同年12月，冯玉祥纪念馆（下院）作为免费开放纪念馆对外陈列开放。纪念馆现为国家AAA级旅游景区、全国统一战线传统教育基地、重庆统一战线传统教育基地、重庆市对台交流基地、重庆市爱国主义教育基地。

国民政府军事委员会政治部旧址（张治中纪念馆） 位于土主镇三圣宫村，三圣宫原为清代庙宇，抗战时期，国民政府军事委员会政治部在此设立乡间办事处，时任政治部部长张治中曾寓居于此。2008年1月，纪念馆正式对外陈列开放。纪念馆现为全国重点文物保护单位、国家AAA级旅游景区、重庆海峡两岸交流基地。1938年初，国民政府军事委员会政治部在武汉成立，同年12月，国民政府军事委员会迁驻重庆。其政治部留渝期间，一部在渝中区两路口，一部在沙坪坝区三圣宫办公。抗战期间，位于重庆市中心两路口的国民政府军事委员会政治部受到日本侵略军战机轰炸的威胁，国民政府军事委员会政治部于1939年迁驻沙坪坝区土主三圣宫。1940年，张治中时任政治部部长一职，在此居住和办公，直至抗战胜利。2007年，沙坪坝区开展对旧址的抢救性修复工作，2008年1月，纪念馆正式对外免费陈列开放。纪念馆现为国家AAA级旅游景区、重庆市爱国主义教育基地、重庆市对台交流基地。

国民政府军事委员会政治部第三厅暨文化工作委员会旧址（郭沫若纪念馆） 位于西永街道香蕉园村，建筑风格为清晚期四合院，穿斗结构，小青瓦屋面，斜山式屋顶。抗战时期，国民政府军事委员会政治部第三厅暨文化工作委员会在此设立乡间办事处，时任三厅厅长的著名文学家、社会活动家、历史学家郭沫若曾寓居于此。2005年9月纪念馆正式对外陈列开放。纪念馆现为全国重点文物保护单位、国家AAA级旅游景区、重庆市爱国主义教育基地。

海石公园 位于华蓥山余脉歌乐山中梁镇北部环形山麓，处于长江中上游防护绿化带，是重庆市除南山之外的第二块“肺叶”。国家二级金北公路纵贯全镇，交通便捷。公园由24个山头组成，在重庆市久负盛名的万亩蔬菜基地、全市最大的奶源基地的中心位置，旅游业凸显田园生态特色。平均海拔650米左右，年平均气温16.8摄氏度。海石公园为喀斯特岩溶地貌，其独特的地质面貌形成于二亿一千万年到二亿四千万年前的三叠纪时期。当时，整个四川盆地还是一片汪洋大海，海石公园的岩石——石灰岩，就是在这个温暖的大海中沉积的。地壳运动使这片大海整体抬升，逐渐形成现在的样子。海石公园独特的喀斯特地貌拥有了千姿百态、惟妙惟肖的海花石林。天然石林经过岁月的风吹雨打，自然侵蚀，呈现出大自然的鬼斧神工。美丽的海石公园将提供全新打造的客房、会议，各类宴席、乡村佳肴、自助烧烤、篝火晚会，婚纱摄影，真人CS、拓展训练、青少年素质培训，登山、踏青、赏花、观石等系列服务。

（何凌云　江雨静　李志明　田贵香　胡艳丽）

【星级酒店】

表19　　沙坪坝区星级酒店名录一览表

星级	序号	酒店名称
四星级	1	重庆丽苑维景国际大酒店
三星级	2	重庆大酒店
	3	重庆科苑戴斯酒店
	4	重庆嘉陵宾馆
二星级	5	重庆月光大酒店

（胡艳丽）

旅游设施建设

【景区景点建设】 为贯彻落实重庆市委、市政府主要领导调研磁器口古镇时作出的“做好磁器口古镇提档升级和空间拓展，和红岩联线、渣滓洞、白公馆一起规划，整体打造国家AAAAA级旅游景区”工作要求，沙坪坝区文化和旅游发展委员会按照“以人为本，道法自然”理念，将磁器口古镇和渣滓洞、白公馆统一起规划打造，深度挖掘保护利用红色资源，传承红色基因，促进文旅融合，涵养城市文脉，提升城市品位。现阶段，重庆沙坪坝歌乐山·磁器口文化旅游区AAAAA级创建工作通过了重庆市文化和旅游发展委员会的初评，按照文化和旅游部景观质量评估要求，各项创建工作正在深入推进，创建工作达到预期进度，取得阶段性成效，力争在2023年通过文旅部景观质量评审。2022年2月25日，文化和旅游部部长胡和平到沙坪坝区开展文化强国调研，所提出的要求和指导意见对歌乐山·磁器口文化旅游区创建AAAAA级景区有良好启发。

【旅游公共服务设施建设】 2022年沙坪坝区A级旅游景区新建新能源智能充电桩74个，其中歌乐山森林公园12个，磁器口古镇24个，融汇温泉38个。

（于　歌　胡艳丽）

旅游市场开发

【概况】 截至2022年底，沙坪坝区共有旅行社24家，其中出境社1家，主要经营国内旅游、入境旅游和出境旅游招徕、组织、接待业务。旅行社全年共接待游客8717人次。截至2022年底，沙坪坝区有星级旅游饭店5个，其中四星级旅游饭店1个，三星级旅游饭店3个，二星级旅游饭店1个，星级旅游饭店全年共接待游客28.22万人次。旅游从业人员248万人。开发20条精品旅游线路，开通有4路旅游观光巴士，将旅游线路循环串联无缝对接。

【旅游交通】 开通T002路观光巴士从磁器口发车到长江索道，途经小米市、白象街（金紫支路）、湖广会馆（下望龙门）、朝天门九码头、嘉滨路洪崖洞、轨道李子坝、重庆天地、红岩村等地；T003路观光巴士从重庆西站出发，经沙坪坝火车站、重大到达磁器口东门；T198起点站为磁器口东门，经磁器口西门、凌云路小火车站、渣滓洞、梅园、松林坡、白公馆、壮志路小火车站、红岩魂广场、轨道磁器口等地，是一条“红色文化线路”；T009路为车身喷涂有“慢城之旅　放归歌乐　漫品生活”的红色观光巴士，该线路以中梁镇游客集散中心为起始点，分两条路线运行，A线经海石公园、荷塘悦色、太寺垭森林公园通往蓝莓谷；B线从中梁镇游客集散中心直接通往开心农场。

【旅游接待】 2022年沙坪坝区共接待游客2001.15万人次，同比下降38.47%；全区旅游总收入921205.39万元，同比下降41.36%。

【旅游线路】 开发20条精品线路，满足游客不同需求，具体包括：诗意悦读之旅——山城最优雅的书香生活、磁器口古镇之旅——千年古镇在等你、寻梦大学城之旅——文艺地标里的青春、经典红岩之旅——壮美的红和大然的绿、抗战风云之旅——峥嵘岁月里的风云往事、工业遗址之旅——寻找老重庆的城市记忆、历史街区之旅——聆听旧时光里斑驳的声音、校园风光之旅——领略名校风采、名人旧居之旅——穿越时空的对话、文艺清新之旅——优雅的文艺殿堂、都市潮流之旅——在流行的前沿触摸世界、逍遥休闲之旅——漫步青山绿水间、网红打卡之旅——遇见地标和美食、生态乐园之旅——探秘绿野仙踪、轨道交通之旅——跟着地铁玩转沙坪坝、浪漫追爱之旅——我在沙坪坝遇见你、沙磁文化之旅——燎原的人文火种、梁滩河畔之旅——古河流域的不老时光、乡村文创之旅、原乡风情之旅、生态乐园之旅、都市夜归人之旅——打开夜宿沙坪坝的正确方式。

（胡艳丽）

旅游市场管理

【概况】 沙坪坝区文化和旅游发展委员会会同各有关部门加强旅游市场秩序联合整治，开展综合执法，完善投诉机制，做好文明旅游志愿服务，优化旅游交通线路，整治旅游干线违建，全区旅游秩序显著改善，游客权益得到有力保障，旅游区整体形象显著提升。

【游客权益保障】 沙坪坝区文化和旅游发展委员会会同重庆市交通局、重庆市红岩联线文化发展管理中心、重庆交通运输控股（集团）有限公司等单位，按照“强化旅游交通便利、消除交通安全隐患”原则，科学设置运行线路和站点位置。健全旅游购物售后服务，完善投诉机制，旅游投诉处置结果满意度100%，2022年无旅游购物投诉。组建旅游志愿者服务队伍，在节假日等旅游高峰期，为游客提供旅游咨询、交通路线指引等服务，提醒商家诚信经营和游客理性消费。

【旅游环境综合整治】 强力整治景区乱象。在中国共产党成立101周年之际，沙坪坝区文旅委联合公安、交通、城管、街道等单位开展了为期40天的“红色七月联合执法值守行动”，累计开展联合执法23次，出动人员550余人次，巡查景区180余家次，劝离拉客揽客行为60余起，驱离游走商贩432人次，检查各类车辆212

2022年4月22日，《虎峰山麓 寺隐莹藏——曾家虎峰山村考古成果展》开幕

（区文旅委　供图）

台次，景区面貌焕然一新。开展旅游专项整治。在全区开展了未经许可经营旅行社业务、“不合理低价游”等专项整治行动，2023年共查办“黑旅行社”案件3起、“黑导游”案件2起，罚款6万余元。全年，线上线下累计参与文旅市场各类检查300余次，检查场所、导游、网站400余家次，处理群众投诉、咨询83件，办结率实现100%，满意率实现100%。提升旅游服务水平。在景区单独设立红岩派出所，专门配合开展执法整治行动。动态巡逻、联合检查、纠纷调解、案件办理深度合作，咨询求助、宣传教育、精准打击、查处违规广泛开展，定点蹲守、流动巡查、突击检查、随机抽查不断创新。开展旅游服务质量提升试点“大力培养旅游服务质量人才”工作，以“红岩志愿者”为抓手，打造“红岩志愿者”旅游服务人才品牌。丰富培养渠道，打造服务基地，全面提升培育旅游人才的服务质量。聚焦重点任务，以高质量发展为遵循，用好旅游服务质量人才，有效把旅游服务人才资源转变为推动旅游业高质量发展的强劲动力，在沙坪坝图新图变图强中发挥更加有力的保障作用。

（胡艳丽　杨章平）

磁器口古镇

【概况】　2022年，磁器口古镇共接待游客548.19万人次，获评首批国家级旅游旅游休闲街区，入选“全国非遗与旅游融合发展优选项目名录”和重庆市智慧旅游景区典型案例。完成3座公厕提升改造、步行导视系统更新和交通品质提升设计成果，启动游客中心改建和智慧景区建设。引入开馆“磁器长歌沉浸式体验馆”和“7101艺术IP创意基地”2个。全年开展“我们的节日”“寻味沙磁·HIGH GO古镇”“最炫武陵风”产品推介、“巴山蜀水　运动川渝”体育旅游休闲消费季、全国版画家携青少儿小版画展、《磁器口》新书发布会等主题活动15场。改版“重庆磁器口”微信公众号和视频号，发布254篇原创推文，48条优质视频，吸粉228万。开展宣传报道110余批次，其中央级媒体13次。

【景区提质增效】　协调推进片区深化提升。完成清水溪“诗意田园”建设，平整场地1.2万平方米，栽植时令花草35万盆，油菜花20万苗，桃树李树等400株，新增毛石挡墙2000余米。完成凤凰山绿化景观整治。完成嘉滨巷—禹王巷约200米动线沿线景观、整体形象包装打造。完成柳湾一期动线打造。推进磁器口正街动线和节点打造，完成临溪巷、温家巷、高石坎白墙等节点。推进完成步行街深化提升，完善疏林草坡绿化景观、增补色叶植物和果树共计4000平方米，完成氛围灯饰和导视灯笼设计制作。完成NEW磁场外围景观环境、磁器长歌项目打造，磁器长歌已于9月底试运营。完成“两溪花谷”建设，栽种桃树、李树、美国红枫等252余株。

【市政管理】　全年数字城管案件、12319投诉案件处置率达100%，结案率达100%。全年实施行政处罚56件，罚款8500元，实施暂扣180次，暂扣物品201件。更换井盖27块，水篦子235块，疏通管网2次，累计300余米，翻修石板路面600余平方米，更换路灯线路1800余米，完成排危拆除32处。实施垃圾分类全覆盖，建立健全垃圾分类配套设施保障体系，增设有害、厨余、可回收智能设备3套。

（磁器口古镇管委会　供稿）

融创文旅城

【概况】 融创重庆文旅城位于土主街道，总占地约3700亩，总投资规模约550亿元，总建筑面积约550万平方米。其中，文旅城自持投资额达200亿元，包含大型文旅商业综合体融创茂，室外主题乐园、雪世界、水世界、海世界、星级酒店群等核心文旅板块。于2020年9月26日全面开园，截至2022年底，全年共实现游客接待量234.05万人次，旅游综合收入达15.21亿元。

【主要业态】

融创茂　文旅商业综合体“融创茂”总体量约22.2万平方米。核心是一条荟萃世界名品、时尚休闲、美食餐饮、休闲娱乐等业态的室内步行街。其中引进了海世界、水世界、雪世界3个乐园。水世界约4万平方米，设有双层漂流河、炫彩滑道、水上4D影院等游乐项目；海世界约4万平方米，包含了丰富的科普功能，将海豚海狮等海洋动物表演与白鲸展示、秘境漂流、水母观览车等游乐设施结合，是市民与孩子欢度时光的最佳去处；雪世界约2万平方米，设有初学者滑道和初级滑道，圆重庆市民一个“滑雪梦”。文旅商业综合体把乐园与商业中心的结合打破了重庆传统购物中心的经营模式，开启了重庆游购一体化商业，是重庆新商业的引领者。

渝乐小镇　渝乐小镇主题乐园占地约700亩，建筑体量约9.36万平方米。乐园依据“巴渝文化，三峡文化”等重庆元素为背景，是全新一代主题乐园，既有世界首创的发射飞翼过山车，亚洲最高的双螺旋过山车，又有全球唯一湍河射水互动项目、空间射击塔、漂流河、《飞跃重庆》5D影院等娱乐设施。

奢华高档酒店群　作为西南唯一的岛式星级酒店群，酒店群整体以川东巴渝风格的立面效果；总建筑约13万平方米，总客房786间，包含六星级、五星级、四星级规格的主题酒店各一座以及一个2万平方米的大型商务会议中心。

（胡艳丽　谢沁伶）

科学技术

综　述

【概况】　2022年，沙坪坝区科技局认真落实市第六次党代会、区第十三次党代会精神，按照市、区两会工作部署，全面融入西部（重庆）科学城整体布局，一体推进四大工程，全力打造创新驱动示范区，科技创新年度考核获全市第五。深化校地合作，环大学创新生态圈建设更有成效。分别牵头推动与重庆大学、重庆师范大学签订战略合作协议，建立“圈长制”工作机制，实施环大学创新生态圈更新升级方案，生态圈入库税收6200余万元。强化协调联动，科技创新重点项目推进更有章法。抢抓国家量子实验室重庆网络建设机遇，集聚成渝量子科技资源，筹建重庆五云实验室，落地2个量子科技产业项目，集聚战略科技力量；成功申报建设器官智能制造工程研究中心，组织院所、企业申报市级生命科学重点项目，推动生命健康产业创新；加速落地中国西部1491国际创意谷建设规划，打造创意产业新高地。持续优化升级，创新平台提质基础更加夯实。加快建设新桥临床医学转化中心、重庆市肿瘤研究所科技创新中心等成果转化平台，创新空间载体面积达73万平方米；推动4家创新创业平台申报市级众创空间，重庆建筑科技职业学院众创梦工场建成国家备案众创空间，各类创新创业载体达17家。完善政策支撑，创新主体培育路径更加清晰。构建科技企业梯次培育机制，完善科技金融链条，完成种子基金组建，争取上级支持1.51亿元，向86家企业发放科信贷12179万元，引导发放商业贷款3515万元。赛力斯全球研发总部投用，引进独立法人研发机构3家，新增高新技术企业55家、科技型企业278家。研发投入强度达4.4%，位居全市第二。突出产业导向，科技成果转化成效更加明显。促进创新链、产业链、资金链、人才链“四链融合”，推动重庆大学光纤多维智能感知项目产业化，链接创投基金转化新型通用型CAR-NK细胞治疗研发与临床应用等6个项目，推动生命科技领域成果落地变现；沙坪坝区获得2021年度重庆市科学技术奖70项，占全市的46.8%。打造特色亮点，创新生态营造氛围更加浓厚。依托重庆市科学技术研究院，整合区域技术转移机构资源，举办沙坪坝区2022年度中级技术经纪人培训班，培育58名中级技术经纪人。举办系列品牌活动，生物化工助力双碳战略高峰论坛、中西医整合精准医学大会获评2022年度川渝最具影响力十大学术活动。

【创新主体】 2022年，沙坪坝区坚持科技创新的企业主体地位，紧扣全区主导产业，外引内育并重，一手抓研发创新，一手抓补链成群，不断壮大创新主体。2022年，新培育国家高新技术企业56家，有效国家高新技术企业120家。新培育重庆市科技型企业278家，累计2286家（含高新区直管园）。新培育赛宝创新（重庆）科技有限公司等4家区级新型研发机构，累计培育市、区级新型研发机构12家。依托中地装重庆探矿机械有限公司、重庆蔡氏液压设备有限公司组建“钻机联合研发中心”“快速节能精密液压机企业创新联合体”2家企业联合体，累计5家。

【科技成果】 2022年，沙坪坝区70项成果荣获2021年度重庆市科学技术奖，全市排名第一。其中，一等奖23项，占重庆市71.8%；二等奖34项，占重庆市53.9%；三等奖11项，占重庆市20%。科技突出贡献奖、企业技术创新奖各占一项。

【科技成果转化】 2022年完成技术合同登记277项，成交金额19.3亿元。制定《沙坪坝区促进科技成果转化十条措施》，新增国家备案众创空间1家、市级众创空间2家。开展中级技术经纪人培训班，58名学员获得国家技术转移专业人员能力等级培训中级技术经纪人证书。推进开物工业、大千汇鼎、博嘉屹3家企业建设成果转化中试基地。推动2个量子科技产业项目落地，推动重庆大学光纤多维智能感知项目产业化，链接创投基金转化新桥医院临床应用成果2项。推动与奉节县脆李产业园产学研合作等2个项目落地。2021年度重庆市科学技术奖沙坪坝区获奖70项，全市排名第一。

【科技扶持】 2022年，沙坪坝区出台《重庆市沙坪坝区支持科技企业发展壮大十条举措》及其实施细则，向重大建筑设计总院、中铁十一局五公司等25家企业及时兑付国家高新技术企业、市级新型研发机构、重庆市科学技术奖励等区级奖补经费165万元，大力支持科技企业发展。积极落实《沙坪坝区2022年度对口协同发展帮扶计划》，锚定奉节县产业发展需求，推动奉节县与市林科院签署脆李产业园产学研合作项目等2项科技协作项目合作协议，切实推动奉沙科技协作落地见效。深入推进科技特派员工作，与10名来自市林科院、市农科院、西南大学的教授、高级工程师等签订科技特派员协议，结对帮扶回龙坝镇和中梁镇的10家企业，推动乡村产业高质量发展。结合传统的积分制和前沿的量子科技应用，在回龙坝镇试点推行全国首个将量子技术应用于乡村振兴计划的助农项目——乡村治理积分信息化管理平台，持续推进科技赋能乡村振兴工作。

【决策咨询】 不断优化科研项目支持体系，立项2022年决策咨询与管理创新项目102项和2022年科普项目2个，结题2021年决策咨询与管理创新项目38项。

（冯云龙　耿亚丽　曹梦琪　龚晓峰　何　琳）

科技创新平台建设

【科技企业与研发机构】 2022年，新培育国家高新技术企业56家，有效国家高新技术企业120家。新培育重庆市科技型企业278家，累计2286家（含高新区直管园）。新培育赛宝创新（重庆）科技有限公司等4家区级新型研发机构，累计培育市、区级新型研发机构12家。依托中地装重庆探矿机械有限公司、重庆蔡氏液压设备有限公司组建“钻机联合研发中心”“快速节能精密液压机企业创新联合体”2家企业联合体，累计5家。落实各项区级政策，向重庆渝微电子技术研究院有限公司、重庆大学建筑规划设计研究总院有限公司等25家企业及时兑付国家高新技术企业、市级新型研发机构、重庆市科学技术奖励等区级奖励165万元。加强科技统计，完成132家国家高新技术企业、规上企业及高新区拓展园火炬统计工作。

【环大学创新生态圈建设】 制定实施环重庆大学、环重庆师范大学、环陆军军医大学、环电子职院—建筑职院4个生态圈更新升级方案，建立“一校一专班”的“圈长制”推进机制，深化区校、部门、项目三级联动机制，形成“2个市级+2个区级”的梯次推进格局。环大学创新生态圈实现年产值超40亿元。区政府分别与重庆大学、重庆师范大学、四川美术学院、中国人民解放军陆军工程大学通信士官学校签订战略合作协议，架构未来科技园、数字软件园、生命科技园等“3+N”创新园区，打造器官智能生物制造工程中心、新桥临床医学转化中心。出台《重庆市沙坪坝区种子投资基金投资决策委员会议事规则》，完成沙坪坝区种子基金组建，为环大学创新生态圈企业落地提供金融支撑。推动重庆大学光纤多维智能感知项目产业化，链接创投基金转化新桥医院血细胞人工智能图像分析医疗器械研发与推广应用、新型通用型CAR-NK细胞治疗研发与临床应用2个项目。

【科研机构】

高等院校科研机构　截至2022年底，沙坪坝区共有高等院校16所，共设有国家级研发平台17个，省部级研发机构311个，市级以上独立科研院所2个。

重庆大学　有国家重点实验室3个，国家工程技术研究中心1个，科技部国际联合研究中心3个，国家级野外科学观测研究站1个，国地联建工程实验室3个，国家地方联合工程研究中心1个，协同创新中心1个，国防重点学科实验室1个，重庆市重点实验室26个，教育部重点实验室10个，市级工程实验室7个，市级工程研究中心6个，市级工程技术研究中心13个，市级技术创新中心1个，教育部战略研究培育基地1个，教育部国际合作联合实验室2个，国家外专局、教育部创新引智基地5个，教育部研究中心1个，其他部委平台3个，重庆市野外科学观测研究站2个，重庆市国际联合研发中心4个，市级协同创新中心5个，重庆高校市级重点实验室17个，高校市级工程研究中心1个。

中国人民解放军陆军军医大学　有学科国家重点实验室1个，国家工程技术研究中心1个，国地联建工程实验室2个，教育部重点实验室3个，教育部工程研究中心1个，重庆市重点实验室21个，市级工程技术研究中心9个，重庆高校市级重点实验室12个。

陆军工程大学通信士官学校　有国家级重点实验室1个，重庆市重点实验室2个。

重庆医药高等专科学校　有市级工程技术研究中心1个，市级研究所1个，市级技术推广中心1个，重庆市重点实验室2个。

主要专业科研机构　重庆市林业科学研究院、重庆市肿瘤研究所（重庆市肿瘤医院、重庆市癌症中心）。

重庆市林业科学研究院　有市级重点实验室1个。

重庆市肿瘤研究所　有重庆市重点实验室2个，市级工程研究中心1个，市级协同创新中心1个，市级临床医学中心1个。

表20　　2022年沙坪坝区高新技术企业名单一览表

企业名称	备案年度	企业名称	备案年度
重庆市旺成科技股份有限公司	2022年	重庆昌瑞电器制造有限公司	2022年
中铁十一局集团第五工程有限公司	2022年	重庆渝科源环保科技有限公司	2022年
中地装（重庆）地质仪器有限公司	2022年	重庆度量科技有限公司	2022年
重庆水泵厂有限责任公司	2022年	重庆阁睿斯工程科技有限公司	2022年
重庆建工第二建设有限公司	2022年	重庆协洽科技有限公司	2022年
西部（重庆）地质科技创新研究院有限公司	2022年	重庆新原港科技发展有限公司	2022年
重庆赋洁环保工程有限公司	2022年	重庆高开电力设备有限公司	2022年
重庆世纪科怡科技股份有限公司	2022年	重庆市金星纸制品有限责任公司	2022年
重庆博张机电设备有限公司	2022年	重庆奇龙科技有限公司	2022年
重庆锋渝电气有限公司	2022年	重庆世扬机械有限公司	2022年
重庆快联汽车零部件有限公司	2022年	重庆宙达机器人科技有限公司	2022年
重庆云康智联科技有限公司	2022年	重庆巨浪电气有限公司	2022年
重庆卓秉科技有限公司	2022年	重庆红旗弹簧有限公司	2021年
重庆皓石金科技有限公司	2022年	重庆西艾恩科技发展有限公司	2021年
重庆裕同印刷包装有限公司	2022年	重庆渝微电子技术研究院有限公司	2021年
重庆世茂机械制造有限公司	2022年	重庆金美电子技术有限公司	2021年
重庆开物工业有限公司	2022年	重庆东微电子股份有限公司	2021年
重庆科德智能控制技术研究院有限公司	2022年	重庆千迪科技有限公司	2021年
重庆五福科技有限公司	2022年	重庆百誉登科技有限公司	2021年
重庆琼泽机械制造有限公司	2022年	重庆大学建筑规划设计研究总院有限公司	2021年
重庆渝联弹簧有限公司	2022年	顺风科技（重庆）有限公司	2021年
重庆允诺工贸有限公司	2022年	重庆常朝科技有限公司	2021年
重庆恩谷信息科技有限公司	2022年	重庆谊伟岩土工程有限公司	2021年
筑智建科技（重庆）有限公司	2022年	重庆合达科技有限公司	2021年
重庆三原色数码科技有限公司	2022年	重庆天星环保工程有限公司	2021年
重庆旭德教育软件股份有限公司	2022年	重庆福瑞和人防防护设备检测有限公司	2021年
重庆源帅科技发展有限公司	2022年	重庆华东工业炉制造有限公司	2021年
重庆康盛监理咨询有限公司	2022年	重庆富强华威环保工程有限公司	2021年
重庆九康医疗研究院有限公司	2022年	重庆万普隆能源开发有限公司	2021年
重庆博原新能源汽车技术有限责任公司	2022年	文竹信息科技（重庆）有限公司	2021年
重庆天域勘察测绘有限公司	2022年	重庆安石泽太科技有限公司	2021年
华姿建设集团有限公司	2022年	重庆赛普机电有限责任公司	2021年
重庆醉美包装印务有限公司	2022年	重庆惠立铭汽车零部件有限公司	2021年
重庆麦高广告有限公司	2022年	重庆腾龙盛世机电有限公司	2021年
重庆俊东包装印务有限公司	2022年	重庆亨荣城市综合服务有限公司	2021年
重庆劲精斯倍伦电器有限公司	2022年	重庆千宏科技有限公司	2021年
重庆通润锅炉成套设备有限公司	2022年	重庆市科旭制药机械设备制造有限公司	2021年
重庆浩歌机电有限公司	2022年	重庆博创水处理设备有限公司	2021年
重庆成俊工贸有限公司	2022年	重庆义伦公路建设有限公司	2021年
重庆吉冶机电有限公司	2022年	重庆一铭电气自动化设备有限公司	2021年
重庆创意精锐工艺标识有限公司	2022年	重庆科聚孚新材料有限责任公司	2021年
重庆通本电力设备有限公司	2022年	重庆云链数智软件科技有限公司	2021年
重庆碧昇环保设备有限公司	2022年	重庆紫硕汽车零部件有限公司	2021年

续表20

企业名称	备案年度	企业名称	备案年度
重庆煌能科技有限公司	2021年	重庆丰东热处理工程有限公司	2020年
重庆德易安科技发展有限公司	2021年	重庆雨逸科技有限公司	2020年
漂芯微电子（重庆）有限公司	2021年	重庆蔡氏液压设备有限公司	2020年
重庆子粒科技有限公司	2021年	重庆创鸿机电有限公司	2020年
重庆胜同铂飞光电科技有限公司	2021年	重庆市澜林教学设备有限公司	2020年
七造（重庆）教育科技有限公司	2021年	重庆硕龙科技有限公司	2020年
重庆中科芯亿达电子有限公司	2021年	重庆冠邦环保科技有限公司	2020年
重庆航天新世纪卫星应用技术有限责任公司	2021年	重庆茂宇源精密机械有限公司	2020年
重庆弥纶科技发展有限公司	2021年	费德自动化技术（重庆）有限公司	2020年
重庆致锐远交通工程技术咨询有限公司	2021年	中地装重庆探矿机械有限公司	2020年
重庆信必达科技有限公司	2021年	重庆万石洋机电有限公司	2020年
重庆亿道特环保科技有限公司	2021年	重庆苏澄保温材料有限公司	2020年
重庆从小到大科技有限公司	2021年	重庆郭氏洪伸科技有限公司	2020年
重庆仲澜科技有限公司	2021年	重庆嘉陵特种装备有限公司	2020年
重庆数宜信信用管理有限公司	2021年	重庆华达汽车配件制造有限公司	2020年
重庆友硕科技有限公司	2021年	重庆康明斯发动机有限公司	2020年
重庆渝毕盛科技发展有限公司	2020年	重庆溢哲渝实业有限公司	2020年
重庆华厦门窗有限责任公司	2020年	重庆多邦科技股份有限公司	2020年
重庆金牛衣防水工程有限责任公司	2020年	重庆双奥机械制造有限公司	2020年
重庆海顿科技有限公司	2020年	重庆帕格维电器有限公司	2020年
重庆市全城建筑设计有限公司	2020年	重庆湃芯创智微电子有限公司	2020年
重庆新锐百川工程设计有限公司	2020年	重庆赛宝工业技术研究院	2020年
重庆永强机械制造有限公司	2020年	重庆百转电动汽车电控系统有限责任公司	2020年
重庆兆光科技股份有限公司	2020年	重庆强特包装制品有限公司	2020年
重庆科特工业阀门有限公司	2020年	重庆跃腾电器有限公司	2020年
重庆万普隆能源技术有限公司	2020年	重庆远感科技有限公司	2020年
重庆宝奥科技有限公司	2020年	重庆中科渝芯电子有限公司	2020年
重庆广达自动化设备有限公司	2020年	重庆德克特信息技术有限公司	2020年
重庆聚洲机械制造有限公司	2020年	重庆真测科技股份有限公司	2020年
重庆吉芯科技有限公司	2020年	重庆八城科技有限公司	2020年
重庆慧点科技发展有限公司	2020年	联合微电子中心有限责任公司	2020年
重庆三磨海达磨床有限公司	2020年	重庆贤仕达科技有限公司	2020年
重庆佳渝测绘有限公司	2020年	重庆恒富机电制造有限公司	2020年
重庆海越建筑智能化工程有限公司	2020年	重庆市筑云科技有限责任公司	2020年
重庆市宏业科技有限公司	2020年	重庆怀旭科技有限公司	2020年
重庆市金迪汽车装饰有限责任公司	2020年	重庆壹元电科技有限公司	2020年
重庆华孚工业股份有限公司	2020年	重庆市安全生产科学研究有限公司	2020年
重庆竞达医药技术发展有限公司	2020年	重庆胜欧数据处理有限责任公司	2020年
西南药业股份有限公司	2020年	重庆筑博照明工程设计有限公司	2020年
重庆鼎誉机电有限公司	2020年	华润微电子（重庆）有限公司	2020年
重庆金华电器成套有限公司	2020年	重庆希渝机械有限公司	2020年

【高新技术企业】 抓创新主体培育，2022年沙坪坝区已培育有效高新技术企业120家，技术领域涵盖先进制造与自动化、高技术服务、电子信息技术、生物与新医药技术、资源与环境技术、新材料技术、新能源及节能技术等七大领域。其中规模以上工业企业42家，规模以上服务业11家，规模以上房地产和建筑业6家。

（耿亚丽 曹梦琪 何 琳）

科技管理与服务

【科技创新环境营造】 优化创新环境。升级举办品牌活动，生物化工助力双碳战略高峰论坛、中西医整合精准医学大会暨融创交叉医学创新论坛、沙磁创新论坛。筹建重庆沙坪坝科学城创新联合会，搭建科技交流合作平台，浓厚环大学创新生态圈创新氛围。推动4家创新创业平台申报国家级、市级创新载体，新增重庆建筑科技职业学院众创梦工场1家国家备案众创空间，2家重庆市级众创空间。出台《支持科技企业发展壮大十条举措》及其实施细则，兑付区级奖补经费165万元。2022年引进高新技术项目61个，新培育重庆市科技型企业278家，高新技术企业55家。举办2022年驻区高校科技处长会，重庆大学、陆军军医大学、陆军工程大学通信士官学校等12所驻区高校科研处负责人参加座谈。

完善科技金融体系。沙坪坝区不断完善科技创投体系，发挥科技金融的支撑作用，稳定保持对企业创新的金融支持。2022年，引导试点合作银行为86家企业发放知识价值信用贷款12179万元、商业贷款3515万元；完成5000万元创业种子基金组建，首期到位1000万元，启动试点申报。

抓好精准服务。深入贯彻落实区第十三次党代会走好“三个一公里”，开展助企服务、民营企业常态化走访、“一企一专班”等工作，助力企业创新发展。聘请科技服务、科技咨询、会计审计专家，开展技术经理人、火炬统计、高新技术企业申报等线上线下专题培训，联合企业举办“沙磁创新论坛”。2022年，联系、走访服务企业100余家次，协同部门、镇街（园区）解决企业资金类问题86个，配套服务类问题50余个。

【科技招商】 2022年，沙坪坝区科技招商共引进研发机构8家，高新技术项目74个。

【民生科技事业】 2022年，选派10名来自市农科院、西南大学、重庆风景园林研究院的教授、高级工程师等签订科技特派员协议，结对帮扶中梁镇、回龙坝等10家农业型企业，助力发展精品花木、精品果蔬、精品旅游等特色产业。以科技项目推动“一区两群”工作，促成重庆市林业科学研究院与奉节多家合作社达成3个项目合作，选派科技人员2人，开展农业科技成果转化应用4项，开展培训及技术指导6次，助力奉节县农产品提质增效。

（耿亚丽 曹梦琪 巫静秋 何 琳 陶 涛）

科普活动

【科技宣传】 浓厚创新氛围弘扬科学家精神，采集整理南开中学办学史及校友院士素材，完成沙坪坝区轻轨站科学家精神宣传系列海报设计，通过市级部门审核并展出。

【科技活动】 举办第五届沙坪坝区科普讲解大赛，吸引了来自在区高校、科普基地、科技型企业的100余名参赛选手参赛，遴选出6名决赛选手代表沙坪坝区参加市级决赛，1名选手获得一等奖，2名选手获得二等奖，3名选手获得三等奖，沙坪坝区科技局获得优秀组织奖。围绕“走进科技 你我同行”主题，举办沙坪坝区科技活动周活动，在回龙坝镇举行“科技特派员之家”成立授牌、“科技特派员”科普讲堂、科普班车进乡村、健康中国助力乡村振兴科普讲座等系列活动。同时联动各街道办事处、高等院校、科研院所、科普基地、科技型企业广泛开展各类科普活动30余场。

【科普校园】 7家市、区级科普基地入选“‘科创筑梦’助力‘双减’科普行动”试点单位。由区教委、区科技局、区科协共同主办的第六届沙坪坝区中小学生科技节，设置了计算机编程、虚拟机器人、飞叠杯、魔方及幼儿机器人等竞赛项目，吸引了南开中学、十五中、树人小学、名校联小、曙光幼儿园等55所中小学及幼儿园共计1165支参赛队伍参加比赛。

【资源发展整合】 2022年举办首届中西医整合精准医学大会及生物化工助力双碳战略高峰论坛两场科技交流活动，均获评“2022年度川渝最具影响力十大学术活动”。

（何　琳　巫静秋）

科普格局构建

【科普影响力发挥】 推动沙坪坝区人民政府与陆军工程大学通信士官学校签订校地战略合作协议。沙坪坝区潘复生院士主编作品《大学科普丛书》（第一辑）入选2020年度全国优秀科普作品。

【科普阵地建设】 2022年，新增6家市级科普基地，新增8家区级科普基地，沙坪坝区市级科普基地达38家，区级科普基地达38家，进一步巩固了全市科普工作强区地位。开展2021年度区级科普基地综合考评，并对5家优秀单位进行奖补。

【科普专家队伍】 发动推荐3个团队获评2022年重庆英才创新创业示范团队，1名企业人才获评首批“沙磁菁英”。

（何　琳）

教 育

综 述

【概况】 2022年，沙坪坝区有各级各类学校290所（以下数据除特别标注外，均不包含重庆高新区原沙坪坝区部分，不含16所驻区高校），比上年增加20所，增长7.4%；在校学生156176人，比上年增加3932人，增长2.58%；有教职工13718人，比上年增加183人，增长1.35%。2022年全区学校占地296.48万平方米，比上年增加5.72万平方米，增加1.97%；校舍建筑面积247.3万平方米，比上年增加8.42万平方米，增加3.52%。全年国家财政性教育经费投入27.11亿元，比上年27.04亿元增加投入680万元，增长0.25%。

2022年，沙坪坝区被确定为全国首批义务教育优质均衡先行创建区，5所学校入选重庆市中小学校党建“双创”工作培育创建单位，入选中国教育报“学校党建创新案例”1个，入选中外人文交流教育实验区建设成果蓝皮书案例14个，入选全国“双减”典型案例3个，入选中国教育督导德育工作典型案例1个，中职学校连续14年夺得全国职业院校技能大赛金牌榜、总分榜“双第一”。荣获第二届“中外人文交流小使者”全国总展示活动优秀组织奖、重庆市2021年校医基本功大赛优秀组织奖、第五届重庆市中小学戏曲小梅花展演优秀组织奖、第六届中小学（高中阶段）法治教育优质课竞赛优秀组织奖、2021年基础教育财务管理工作先进集体、重庆市2021年基础教育精品课遴选优秀组织单位、2021年重庆市青少年创意编程与智能设计大赛优秀组织单位、第37届重庆市青少年科技创新大赛优秀组织单位、2022年“5·20”中国学生营养日“营养健康小达人”视频评选活动优秀组织奖、2022年重庆市中小学音乐美术教师基本功展示团体奖、重庆市第八届中华经典诵写讲大赛优秀组织奖、2022年中小学生艺术活动月系列活动优秀组织奖、2022年重庆市职业院校技能大赛教学能力比赛优秀组织奖、第七届全国学生“学宪法　讲宪法”活动重庆市决赛团体奖、重庆市深化新时代教育评价改革典型案例优秀组织奖、全市社区教育老年教育工作“先进集体”。

表21　2022年沙坪坝区教育事业情况一览表（不包含重庆高新区原沙坪坝区部分）

	学校数（所）	毕业生数（人）	招生数（人）	在校生数（人）	教职工数（人）	
					计	其中专任教师
总计	290	41250	46463	156176	13718	10228
中等职业教育	4	4032	3889	13035	992	765
普通高中	11	5328	5763	16163	3369	3001
普通初中	11	6562	7982	22130	—	—
普通小学	55	9203	12060	65473	3802	3566
九年一贯制	6	1356	1227	5294	411	391
特殊教育	1	6	14	48	14	13
学前教育	202	14763	15528	34033	5130	2492

注：1.此表数据包含民办教育，不包含技工学校；2.数据来源：《2022—2023年学年初教育事业统计综合报表》。

表22

2022年沙坪坝区教育事业情况一览表（重庆高新区原沙坪坝区部分）

	学校数（所）	毕业生数（人）	招生数（人）	在校生数（人）	教职工数（人）	
					计	其中专任教师
总计	76	9044	15431	58501	4827	3589
中等职业教育	0	0	0	0	0	0
普通高中	4	755	1527	3358	1019	903
普通初中	4	220	3697	8680		
普通小学	15	3094	5283	28495	1604	1541
九年一贯制	1	0	655	1978	107	106
特殊教育	—	—	—	—	—	—
学前教育	52	4975	4269	15990	2097	1039

注：1.此表数据包含民办教育，不包含技工学校；2.数据来源：《2022—2023年学年初教育事业统计综合报表》；3.普通高中招生数和在校人数包含重庆第一实验中学，教职工数不含重庆第一实验中学；4.普通初中毕业生人数包含重庆大学城一中初中部，教职工数不含重庆大学城一中。

表23

2022年沙坪坝区办学条件情况一览表（不包含重庆高新区原沙坪坝区部分）

	占地面积（万平方米）	校舍面积（万平方米）		运动场地面积（万平方米）	固定资产值（万元）		图书（万册）		教学用计算机（台）
		计	其中教学行政用房		计	其中教学仪器设备值	计	其中电子图书（GB）	
总计	296.48	247.3	143.11	114.95	1064226.13	55054.74	333.35	36	20483
中等职业教育	29.45	26.92	17.49	4.02	70815	16009	9.30	36	1220
普通高中	109.68	100.16	43.46	42.18	225382	15083	136.11	—	7792
普通初中									
普通小学	98.36	73.73	48.33	48.37	162123	16626	129.37	—	10216
九年一贯制	20.52	12.51	6.17	5.76	40230	1716	15.22		1159
特殊教育	0.99	0.51	0.20	0.33	875.13	88.74	0.77	—	96
学前教育	37.48	33.47	27.46	14.29	564801	5532	42.58	—	—

注：1.此表数据包含民办教育，不包含技工学校；2.数据来源：《2022—2023年学年初教育事业统计综合报表》；3.电子图书为教育城域网共享数据，无法分学段统计，单位为“万册”。

表24　　2022年沙坪坝区办学条件情况一览表（重庆高新区原沙坪坝区部分）

	占地面积（万平方米）	校舍面积（万平方米）		运动场地面积（万平方米）	固定资产值（万元）		图书（万册）		教学用计算机（台）
		计	其中教学行政用房		计	其中教学仪器设备值	计	其中电子图书（GB）	
总计	111.26	100.64	7.54	44.10	214192.21	12616.22	108.88	0	4880
中等职业教育	0	0	0	0	0	0	0	—	0
普通高中 普通初中	48.98	55.69	4.02	13.25	172862.20	4546.20	220721	—	1950
普通小学	42.29	30.79	2.79	22.58	36128.01	7198.37	63.61	—	2747
九年一贯制	5.23	2.02	0.10	1.90	5202	871.66	3.12	—	183
特殊教育	—	—	—	—	—	—	—	—	—
学前教育	14.76	12.14	0.63	6.37	15945.7	2128.0	20.09	—	—

注：1.此表数据包含民办教育，不包含技工学校；2.数据来源：《2022—2023年学年初教育事业统计综合报表》；3.21年统计中无“电子图书”指标，故无数据。电子图书为教育城域网共享数据，无法分学段统计，单位为“万册”。4.中小学电子图书为沙坪坝区共享电子图书资源。

【课程建设】　2022年，沙坪坝区深化基础教育课程改革，不断优化课程体系，增强课程育人功能，不断提高办学水平，深入落实立德树人根本任务。沙坪坝区小学第二批两类课程建设项目顺利完成评估验收。此次评估验收涉及学科课程创新基地9个、精品校本课程27门，参与验收学校22所。评估验收分为到校评估、片区交流评估与现场集中答辩三个阶段，历时3个半月。答辩会现场面向全区开放，采用“线上+线下”互动模式，参培教师近千人次。积极申报重庆市级中学三类课程项目，积极申报高中发展促进计划项目，共立项重庆市普通高中课程创新基地2个，重庆市普通高中精品选修课程2门，重庆市普通高中校本教研基地1个。打造市级课程思政5门，建成市级课程思政示范建设项目3个，建成沙坪坝区中小学职业体验中心等特色实践基地1个，开发线上线下思政课资源及21门校本课程，出版教辅资料6本，推进6门重庆市首批中等职业教育重点精品在线开放建设课程及26门校级课程、教辅等教学资源建设工作。

【队伍建设】　2022年，沙坪坝区以师德师风建设为基础，开展师德涵养公共必修课的全员培训，为实验校开设“京师木铎”系列直播课等课程，不断涌现出一批红岩先锋个人和集体，并在首届全国师德师风建设年会上作交流发言，还有4篇师德案例入选全国典型案例集。同时，在第三方评价机构调查显示，公众对沙坪坝区师德师风满意度持续提升。推进“区管校聘”实施方案为契机，探索实施教师队伍的优质均衡配置；以教师队伍建设为抓手，抓好教师全员培训和骨干培训的双培养工作培训规模再创新高，完成三个全员培训项目完成率达100%，开展区级培训班90个，培训26817余人次。持续推进第七届“导师制”和第二届名师工作室的培养工作，开展120余场次骨干培训。启动沙坪坝区中小学教师智慧研训平台建设，确定建立人工智能助推教师队伍建设的整体规划和实施步骤。引进特级教师、正高级教师1名，博士1名，奥数教练1名，招聘新进教师218人；培育新增国家级名师1人、中国“好老师”代表3名、重庆英才·名家名师1人、市名师工作室主持人1人、市特级教师工作室主持人1

人、市教书育人楷模1名、正高级教师8名、副高级教师78人、市学科名师8人、市学科带头人2人、市骨干39人。

【教育科研】 2022年，深入推进沙坪坝区智慧型单元化学本教学改革，落实“双减”基本任务。全面开展主题研修，小学各学科共计开展主题研讨300余次，展示研讨课100余节。全面优化“线上+线下”教育教学模式，订立“交织型双师课堂——线上随堂课规范”。全区申报市规划课题有27项课题立项，其中重点有经费课题1项，课题总数及成功率均居全市第一、教师成长科研课题立项302个。“中外人文交流实验区”建设项目在研27个。围绕“国家级信息化教育实验区建设”暨“智慧单元化学本教学改革”工作，积极组织多次相关活动；中外人文交流实验区建设工作，研制完成指导性纲领共3个，开展国际理解教育教研活动10次，开展专题培训2次，实现特色学校、种子教师全覆盖；全区立项市规划课题27项，包括教师教育转向重点1项，青年课题专项2项，在全市处于领先水平。推进3个国家级课题、13个市级课题、11个区级课题研究。新立项国家级课题2项，市级课题8项，区级课题9项，结题11项；教师发表论文234篇，获奖75篇。学校独立承担的教学成果荣获2022年重庆市中等职业技术学校教学成果奖特等奖3个、二等奖1个、三等奖1个。

【教育督导评估】 2022年，持续推进义务教育优质均衡发展区创建工作，被市政府纳入首批创建单位，获批“全国义务教育优质均衡发展先行创建区”，获得市政府专项激励200万元，区政府黄可欣副区长在全市教育工作大会上交流创建工作经验。修订《学校内涵发展质量综合评价方案》及“1+5”评价指标体系，完成2021—2022学年度学校内涵发展质量综合评价工作。成功举办沙坪坝区中小学幼儿园教师和学生发展质量评价改革论坛。开发“沙坪坝区义务教育学校作业管理过程性督导评估记录单”，落实“双减”督导“一号工程”。持续开展幼儿园办园行为督导评估工作。开展学校教研组（备课组）建设与评估。委托第三方机构开展2022年教育基本公共服务满意度调查。开展2021—2022学年区级小学学业质量监测工作，积极市级义务质量监测，优化绘制操作流程图2册，创新设计监测前、监测中、监测后任务清单3张，获全市推广；质量监测引领国家义务教育高质量发展优秀案例：《固本铸魂，培育时代新人——沙坪坝区实施价值准则教育的探索与实践》获全国推广。

【教育信息化】 2022年，持续深入推进“基于教学改革、融合信息技术的新型教与学模式实验区”工作，助力“信息技术应用能力提升工程2.0”有效实施。统筹并争取各类经费2710余万元用于全区中小学信息化和教仪图书项目建设以及科技活动开展等。完成2所新建校信息化建设，完成凤鸣山中学等24所学校26间计算机教室建设（含改造）；完成树人小学和融汇沙坪坝小学4间录播教室建设；完成新增和改造监控点共446个；完成树人和平幼儿园等8所新建、改建幼儿园配套信息化建设，新增班班通73个。积极组织全区中小学师生线上线下科技活动，学生获市级奖191个；教师获市级奖20个。成功组织了全区新媒体新技术创新课堂活动、中小学教师信息技术应用创新实践等活动；组织教师参加重庆市教师信息素养大赛、中小学实验教学说课及创新实验操作活动、教育技术优秀论文评选等活动，获市级奖97项。

组织参加教育部“基础教育精品课”遴选工作，56节课入选市级精品课，44节推荐参加部级精品课评选，两项数量均居全市前列。指导青木关中学、七中实验学校、凤凰实验学校、沙小沙滨小学4所学校获批重庆市智慧校园建设示范校。协助区教师进修学院开展中小学教师信息技术应用能力提升工程2.0项目，积极推进人工智能助推教师队伍建设试点工作，分别组织人工智能助推教师队伍建设管理者培训班及人工智能助推教师队伍建设（低代码开发）培训班培训，有效受训人数166人，评选出优秀作品15个，成功入选中央电教馆“智能研修平台”试点区。

【德育教育】 2022年，全面构建新时代“红岩大课堂”大思政育人体系，印发《建设指引》；全面深化价值准则教育，印发《新时代班主任工作实施意见》《校外实践活动管理办法》，出版《“十大好习惯”漫画集》，提炼全国典型经验2篇。联动红岩联线共建“思政课教学实践基地”、发布“行走·红岩”实践课程、举办“小小红岩讲解员”风采大赛，联动奉节县教委启动“新时代班主任梦想沙龙”项目、联动区关工委等多部门启动“红岩讲堂100场进校园”，新建社会实践基地4个；累计承办市级德育活动3次。举办第十届班主任基本功竞赛和首届思政课程和课程思政优质课竞赛；立项市级改革试点项目1项，新增市级优秀班主任3名、工作室1个，德育工作经验入选中国教育督导典型案例（全市唯一），4个单位入选教育部大中小学思政课一体化共同体，5个项目入选市级德育品牌，6个案例入选市级典型，工作经验刊登《中国教育报》头版头条，得到新华社、《光明日报》、《重庆日报》、华龙网等主流媒体关注。

【体育教育】 2022年，中央改革办《改革情况交流》第7期刊载《重庆七中以校园足球推动育人方式改革》；中央秘书局单刊采编向各省市自治区教育领导小组推广宣传《重庆市沙坪坝区山洞小学“崇文尚武铸魂”推进足球课程育人》；教育部体卫艺司官网推文2篇；《校园足球》刊载4所学校校园足球工作。出台《沙坪坝区全面加强和改进新时代学校体育工作的若干措施》文件。举行沙坪坝区中小学“阳光体育与冬奥同行冬季长跑活动”启动仪式；举行“沙磁杯”中小学生阳光体育大课间活动评选，推荐5所学校参加市级评选均获一等奖，获奖数及等级居全市第一；开展区级青少年冰雪进校园系列活动，11所中小学参加“中国中小学生高山滑雪及单板滑雪联赛（重庆站）”比赛；开展“奥运冠军进校园　榜样力量促成长”对话奥运冠军李雪芮主题活动；邀请中国国家男子足球队守门员教练区楚良开展青少年校园足球教练员培训；共建市霹雳舞队，全面推进备战全运会新周期。创新校园足球“普及+提高”竞赛体系、创新开展校园篮球和校园足球原始班级联赛（全年共举行265场区级校园足球比赛、1500个班级队伍共进行校级比赛2000余场，参与学生4万余人）、创新开展体育线上竞赛和中华传统体育项目竞赛；举办第14届中小学生体质健康比赛、校园足球联赛等20余项赛事；2所学校教育部命名“全国青少年校园足球特色学校”。2022年，学生参加体育竞赛获全国冠军38个、市级冠军96个、41人入选重庆市校园足球夏令营最佳阵容、1人入选艺术体操国家队、6人入选中国篮球国家队人才库（南开中学陈斯睿为全国中学生唯一）；向重点本科高校输送体育特长生105人（其中校园足球30人，清华大学2人）。

【艺术教育】 2022年，创新美育融合课程体系，区域推进学本式美育课程体系建设及实践研究。我们巩固美育品牌建设，建设“市—区—校”三级特色校、艺术团、工作坊体系，发展6所区级艺术特色学校，2所市级艺术特色学校。落实美育实践活动，6个节目和美育案例入围全国艺术展演；32幅少儿绘画作品入围“质量中国”全国展；11个节目荣获重庆市艺术月活动一等奖。加强美育师资专业化发展，组建艺术教师团队参加重庆市音乐美术教师基本功大赛，荣获团体一等奖，钢琴项目全市第一；开展首届“沙磁杯”美育教师风采大赛，首次打破学科限制，共123名教师参加展示。

【科技教育】 2022年，选树科普示范典型，5名学生荣获重庆市第十三届科技创新市长奖，为全市之最；共6家单位和10名科技工作者获得先进科普单位和先进科普工作者殊荣。落实科普实践活动，组织“院士专家进校园”，开展“沙磁小研究员讲科普”和科普征文比赛，线上线下结合的方式创新科技节等综合性科普实践活动，在市级赛事中荣获一等奖41个。

【心理健康教育】 2022年，沙坪坝区持续发力健全心理危机干预机制，开通7×24小时心理热线，设有2台座机、3部手机，6名接线员；开设周末心理专家义诊服务，邀请新桥医院、西南医院等单位9名心理医生组成专家团队，为沙坪坝区师生提供心理义诊。全年共接拨热线5000余次，提供一对一心理辅导387次，提供专家义诊67次。接待市区级领导视察、访客参观200余人次。持续举办“5·25”心理健康主题日和“10·10”世界精神卫生日活动，邀请彭凯平、马宁等全国知名专家为中小学进行专题培训，开展12场线上讲座，学习收看人次近10万。评选区级示范学生健康服务中心1所，合格学生健康服务中心3所。邀请西南大学汤永隆等10名心理专家录制教师减压心理微课，为沙坪坝区教师心理健康赋能添力。2022年共计完成6万余学生心理测评，预警2000余人，绿色通道转介治疗93余人次。成功干预15起学生重大心理危机事件，挽救了鲜活的生命。7篇工作案例入选市教委典型工作案例，总量居全市第一。成功申报市教委教育综合改革第八批试点项目1项。

【学校卫生管理】 2022年，区教委与学校全覆盖签订《食品安全责任书》，学校食堂持有效证件、从业人员持有效合格健康证上岗率100%。除改扩建学校和送餐学校外的所有中小学校和托幼机构食堂“互联网+明厨亮灶+AI智能识别”覆盖率达100%，食堂油烟治理整治率达100%。加强传染病防控，借助辖区内社区卫生服务中心对学校传染病防控进行技术指导监测评估。实施“百名医师进校园”计划，继续做好小学和托幼机构预防接种证查验工作，完成高二学生结核病筛查工作，开展校医、保健教师培训和体育教师应急管理能力培训。做好学校控烟工作，推进生活垃圾分类工作。升级“沙坪坝区学生健康管理平台”，在学生健康档案建档率达100%的基础上，推进学生常见病预警干预工作。对学生总体近视率全区排名，把近视防控工作纳入学校内涵发展专项考核。

【校园安全】 2022年，教育系统全面建立校园安全“第一议题”机制，编制《校园安全风险清单》《沙坪坝区教育系统中小学书记、校长履行安全稳定工作职责自查清单》，全覆盖签订《校园安全稳定目标责任书》，推动“两个责任”落实落细。投入10余万元，引入第三方安全评估服务专业机构，参与校园安全风险隐患排查，为学校提供规范化、专业性指导，通过“专家把脉、深挖问题、跟踪整改”方式，累计协助排查各类安全隐患760条，全部落实整改，切实提升学校安全管理能力。深入开展“教育系统落实安全生产‘十五条硬措施’迎接党的二十大胜利召开”专项行动，扎实开展大排查大整治大执法，区级有关部门联合开展校园及周边安全专项督查8次，日常监督检查438家次，累计发现问题396条，全部督促落实整改。持续整治校园及周边环境，推动解决重庆七中、沙坪坝小学、育英小学校园周边交通安全问题。持续抓实师生安全教育，组织学生参加全市消防安全作文、绘画比赛，获奖21人，区教委获优秀组织奖。

【教育成果】 2022年，提升教育服务经济社会发展能力，推动新一轮中小学布点专项规划落地，新启动6所优质学校建设工作。加强信息化教育实验区建设，在全市率先形成智慧型单元化学本教学范式。加快儿童青少年近视防控试点区建设，牵头组织开展全市视力防控哨点监测。深入实施心理危机干预“五步法”，学生非正常死亡事件数量、死亡人数同比下降40%、30%。新投用小学4所，可满足7560名儿童入学需求。新增公办幼儿园5所，可满足1200名幼儿入学需求，学前教育普惠率提升至90%以上。新增国家级、市级名师10名。推进“区管校聘”，符合条件教师交流比例达30.1%，远高于市级考核标准。承办2022年重庆教育学术年会暨首届校长大会，全国知名专家学者云集沙区共商教育改革发展。建立“接诉即办”机制，教育服务专厅现场服务7200余人次，电话服务1.3万余人次。使用资金7467.2万余元，惠及学生7.6万余人次；投入150.72万元实施“爱心午餐”项目，惠及学生2512人；办理生源地助学贷款660万元，惠及学生622人。强化“联动式”监管，关停非法机构55所，查处隐形变异机构11家，学科类机构压减率100%，在校外培训学生下降80%。全覆盖开展课后服务，学生对作业负担大幅降低认可率达95%。社区学院以总分第一获评全市社区教育老年教育工作先进集体。特殊教育教学竞赛、教育案例获奖数量均居全市前列。

（张　浩）

学前教育

【概况】 2022年，沙坪坝区共有幼儿园193所，在园幼儿33827人，其中，公办幼儿园72所，民办幼儿园121所，公办率为52.03%，普惠率91.02%。市级示范园7所、一级园86所、二级园64所、三级园34所。新增慧雅幼儿园、汇泉幼儿园、悦华幼儿园、树人和平幼儿园等4所公办幼儿园；爱尚兴亚幼儿园1所民办普惠性幼儿园。沙坪坝区积极贯彻落实《中共中央国务院关于学前教育深化改革规范发展的若干意见》《“十四五”学前教育发展提升行动计划》，按照“完善普惠性学前教育保障机制”“建设高质量教育体系”的部署要求，加快构建布局合理、机制健全、科学规范、公益普惠、优质均衡的学前教育服务体系，全力推动学前教育普及普惠、优质安全发展，为高质量沙磁教育体系注入了新内涵。

【普惠性学前教育】 2022年，沙坪坝区以“拓展普惠性学前教育资源”为抓手，着力补齐公办资源短板，多渠道增加普惠性资源供给，2022年共计投入学前教育近1.9亿元，新增公办幼儿园4所，新审批设立1所民办幼儿园举办为普惠性幼儿园，通过财政补助，支持企事业单位、部队、高校、村集体为周边社区提供普惠性服务，约3.1万幼儿入读普惠性幼儿园，区域内各镇街公办幼儿园和普惠性幼儿园覆盖率均达到100%。

【办园质量提升】 2022年，提升办园质量，全面落实以游戏为基本活动，全域推广安吉游戏，参加教育部安吉游戏五省市交流发言5人次。融合推进幼小衔接工作，举办幼小衔接专题论坛，建立幼小衔接家园校社联合宣传机制。9所民办二级幼儿园升为一级幼儿园，一所三级幼儿园升为二级幼儿园。推动集群化发展，在同一法人型集群和品牌输出型集群的基础上，增加网格化管理集群和项目式发展集群，形成4类集群并存的学前教育协同发展格局，全区每所幼儿园至少在3类集群中获得资源共享机会。幼小衔接共同体、幼儿园协作发展项目集群、安吉游戏实践联盟成为学前教育提质的新引擎。加强规范管理，贯彻落实《重庆市幼儿园一日保教活动基本要求》，逐园审核幼儿园作息制度，规范幼儿园保教活动。建立教委机关幼儿园联系人制度，在开学检查、安全风险防控等方面加强了对公民办幼儿园的管理。狠抓队伍建设，深化12个片区公民办幼儿园研修一体化发展，举行第五期“订单双选式”协作发展项目中期推进会，提高师资队伍专业水平。组织全区教研、培训、教育教学观摩、教师基本功大赛等活动110场，共计3500人次参与，10所民办幼儿园实现区级奖项零的突破。持续实施民办幼儿园专任教师持证率达标奖补、园龄补贴项目，惠及教师1000余人次。

【主要幼儿园】

重庆市沙坪坝区实验幼儿园 2022年，沙实幼集团共有总园、工人村分部、阳光水城、学雅幼儿园、慧雅幼儿园5个园区，现有小班、中班、大班3个年级共38个教学班，在园幼儿1328人。教职工180人，专任教师大专以上学历达100%以上，其中，正高级教师1人，高级职称占11%，中级职称占36%，初级职称占53%，特级教师1人，市级骨干教师13人，区级骨干教师及学科带头人5人。2022年，在沙实幼课程团队的不懈努力下，研究成果“指向师幼双生长的爱雅课程建构与实践”获得了2021年重庆市教学成果一等奖，并推荐到教育部参加国家教学成果评选；“中国小小孩爱雅体验式课程”成功入选重庆市第三届中小学（幼儿园）德育品牌。

重庆市沙坪坝区树人幼儿园 2022年，全园开设小班、中班、大班12个教学班，在园幼儿390人，教职工49人，专任教师25人，大专及本科以上学历达100%，其中，市级骨干教师2名、区级骨干教师1名。该园为重庆市幼小衔接试点园、沙坪坝区品牌引领型教育集群领军学校、沙坪坝区幼小衔接研修联盟副组长园。2022年，树人幼儿园获“重庆市新时代好校长”1人次；重庆市中小学学科名师1人次；园所教师代表重庆市参与“首届川渝青年教师风采大赛”喜获佳绩；参与2022年度“重庆市幼儿体操比赛”获中、大班组两个“特等奖”。树幼集群园之金沙幼儿园获沙坪坝区第二届“学前教育质量监测评价典型案例及研究论文评选活动”优秀组织奖。同年9月，树幼集群园之沙磁幼儿园顺利开园。

重庆市沙坪坝区曙光幼儿园 2022年，全园设有曙光幼儿园和曙光百草园幼儿园两个园址。开设小中大班25个班，在园幼儿880人，教职工112人。专任教师中大专以上学历达100%以上，其中，重庆市特级教师1名、市区级骨干教师9名，区级督学1名。教师在各级各类比赛中获奖或发表论文80人次。承办国培计划（2022）重庆市区县教师培训团队研修项目，荣获重庆市基础教学成果二等奖，曙光幼儿园被评为重庆市绿色学校示范创建学校、沙坪坝区红岩先锋学校、沙坪坝区教育系统第二批新时代党建引领创新和质量创优工作培育创建单位、沙坪坝区科研先进单位，集团累计在区级及以上各级各类比赛中获奖或荣获荣誉15项。

陆军军医大学校直幼儿园　2022年，全园开设教学班11个，在园幼儿344人，教职工55人，其中教师29人，全园大专以上学历达100%，本科学历达95%，其中高级职称占31%。开展国家级课题1项，区级协作项目2项，区级课题2项；教育教学各类获奖国家级10项，市级22项，区级62项；在省市级公开刊物发表文章11篇；接待各类军地观摩交流活动10余次。

陆军军医大学第一附属医院幼儿园　2022年，全园开设小班、中班、大班16个教学班，在园幼儿560人，教职工81人，教师均具备本科学历，副高级职称3人，一级教师职称有14人，10多名教师被全军、总后、市区授予优秀教师和骨干教师称号，6名教师在军队荣立三等功，3名教师获区级以上荣誉称号。3人在区级赛课中获奖，6名教师承担陆军云课堂讲座活动，20余篇论文获区级以上奖项、公开刊物发表文章10余篇，区级以上课题4项。

重庆市沙坪坝区嘉陵幼儿园　2022年，全园开设有小、中、大10个教学班，在园幼儿296人。幼儿园一直秉承“为孩子终生发展、一生幸福奠基”的宗旨，致力于将幼儿园打造成“孩子快乐成长的乐园”。坚持以人为本、规范办园，上下同心、努力进取、攻克难关，积极参加市级课题1项目，3人次获区级及以上论文奖项。

（张　浩　王　兰　黎　巧　黄　政）

义务教育

【概况】　2022年，沙坪坝区义务教育阶段小学59所，在校生69601人，班级数1459个。无新增学校。义务教育阶段单办初中12所、九年一贯制学校6所、高完中学校10所，初中在校生23878人，班级数531个，教职工3741人。

【招生工作】　2022年，沙坪坝区教委出台《2022年义务教育、学前教育招生工作实施方案》，发布了《关于做好2022年义务教育小学招生入学工作的通知》。9669名沙坪坝区户籍适龄儿童免试划片对口入学，2842名流动人口随迁子女依据“购房优先、积分排序、额满为止、统筹调配”的原则有序入学。当年合计招生12511名适龄儿童，其中公办小学招生12332人、民办小学招生179人。沙坪坝区义务教育小学入学率保持100%。印发《沙坪坝区2022年义务教育招生工作实施方案》，根据市教委统一部署，按照“区域统筹，自愿申报，随机派位，对口保障”的原则进行，进一步推进全区优质均衡发展。市级重点中学重庆七中、凤鸣山中学、青木关中学和三所“民转公”学校南渝中学、名校联中、树人中学初中招生实行“随机派位”的方式。流动人口子女坚持“两为主、两纳入”，确保符合国家《居住证暂行条例》基本要求的随迁子女应入尽入，继续落实国家关于“两不愁三保障”控辍保学工作任务，初中入学率、巩固率均达100%。

【集团化教育】　2022年，借助重庆市教育综合改革试点项目和课题研究《区域性深化小学集团化办学改革试点》结项工作，对2015—2020批次集团化办学情况进行全面梳理，形成成果集10册，梳理集团化办学经验做法，分析集团化办学发展瓶颈原因。项目顺利结项，并获得“试点成效较为突出”结项评价，全市仅15%。分批次召开集团总校与成员校座谈会，征集下一轮优质教育集群化发展建议与意见。多次赴市评估院商讨优质教育集群化发展科学管理评估办法。集群试点学校在办学理念、文化特色、课程体系、育人模式等方面深层融合，合作共享。重庆七中、重庆一中、南开中学、南渝中学、凤鸣山中学5个教育集群进一步探索共建、共生、共享的集群化办学模式，充分发挥优质教育资源的辐射、引领作用，激发学校办学活力。

【学生资助】 义务教育阶段享受寄宿生生活费补助602人次，计37.63万元；非寄宿脱贫等学生生活补助4161人次，计162.86万元；家庭经济困难学生作业本费补助4656人次，计11.05万元。

【主要中小学】

重庆市第十五中学校　学校有133年悠久历史，是沙坪坝区四个定点接收进城务工流动人口子女校之一。2022年，学校有17个教学班，学生715人。生源主要来自歌乐山，山洞本地生占15%。教职工56人，其中专任教师55人，正高级教师1人，高级教师7人，高中级教师占比达65%，有市级骨干教师2人，区级骨干教师6人，区名师班学员2人，区学科中心组成员3人，研究生6人。全校教师敬德修业，偏执一隅，坚持以办老百姓身边的优质学校为宗旨，潜心内涵发展，坚持开放办学，在“人生为一大事而来”的人生执念和“明德至善、博学大成”的校训浸染下，遵循教育规律和学生成长规律，实施多彩教育，促进多元发展，逐步培育并彰显“多彩教育、三助式教学、射击射箭、健康教育”的办学特色，学生出口升学在同类学校中名列前茅。2022年，学校被评为沙区师德师风先进集体；师生获国家级、市区级奖励有300人左右；有市级课题7项，区级课题17项；学校射击射箭队获金牌38枚、银牌20枚、铜牌21枚。

重庆市第六十四中学校　学校始建于1941年，位于重庆市沙坪坝区井口街道。背倚歌乐山，前临嘉陵江。历经八十余载春风秋雨的洗礼，积淀了深厚的文化底蕴。学校以推进学校

2022年4月19日，名校联合中学校篮球比赛
（凌青云　摄）

文化建设，增强学校核心竞争力为突破口，以狠抓规范管理、精细化管理为保障，以教育教学质量和学生发展为驱动目标，推动学校走内涵发展之路，逐步形成了以“异彩教育”为核心的教育理念，确立了“尊重差异，让每一个生命都飞扬精彩”的办学理念和“启于青涩，至于高峰”的校训，并不断完善“异彩课程”体系和“异彩课堂”建构，开设以“青峰沙画”等数门校本特色课程为代表的“异彩特色课程”体系，努力让“异彩教育”成就孩子多彩人生。为提高教育教学水平，学校教师积极参加各级各类比赛。2022年，学校有80余人次获得国家、市、区级奖励。其中，李春燕撰写的教案和论文获得全国一等奖；汪文利、赵冬妮、范勤等参加市级比赛，获得一等奖；冉洪霞、庞熙等参加区级比赛，获得一等奖。

重庆市第六十八中学校 学校始建于1960年，地处杨公桥，毗邻三峡商圈，是沙坪坝区唯一示范初中、南开中学集团的品牌初中。2022年，学校有教学班24个，学生1097人，教职工84人，党员35人，有市级骨干教师2人、区级骨干教师4人、学科带头人1人。2022年学校女篮荣获“李宁杯”中国初中篮球比赛（重庆赛区）第四名；初一、初二部分学生荣获“喜迎二十大，红岩少年家国情”系列活动课堂器乐二等奖，征文、朗诵分别荣获沙区一等奖、二等奖；文晋、冯鹃、廖鹏、申晓勤的优质课分别荣获国家级“十三五教育部规划课题组”特等奖、一等奖、二等奖；李碧庆的论文荣获中国教育学会国家级一等奖；吴姝贤的论文荣获重庆市教育科学研究院市级二等奖；吴助浩、赵立黎荣获重庆市教育委员会颁发的优秀教练员称号；王丽华荣获重庆市教育科学研究院优质课比赛指导一等奖；向春、杨艳姣、张丽、李淑容分别在重庆市教育学会的教学设计、教学课件、创新实验教具中荣获特等奖、一等奖。

重庆市第六十九中学校 学校始建于1957年。校园面积约30亩，现为单办初级中学。2022年，学校有在职教职工74人，在校学生近800人。其中中级教师39人，中学高级教师16人，市区级骨干教师11人。学校办学成绩突出，近几年学校获沙坪坝区“先进基层党组织”“首批沙坪坝区新时代中小学劳动教育特色学校”等称号。2022年，学校完成了校园环境整治和智慧校园建设工程。依托南开集团校优质教育资源，不断提升教育教学水平，以优质丰富的课程和智慧有效的方法促进学生成长，为学生未来发展奠基。

重庆市第七十一中学校 学校始建于1964年。2022年，有27个教学班，在籍学生1004人，教职工135名，其中市、区级骨干教师13名，高级教师30名，一级教师65名，拥有一支集名师、学科带头人、骨干教师为一体的结构合理的优秀教师队伍。学校秉承“和美育人，育和美人”的办学理念，多年来在办学实践过程中逐步形成了具有丰富内涵的办学特色，努力践行“各美其美，美人之美，美美与共，师生和谐”的教育。坚持以生为本的育人原则，努力培育“知行合一、身心谐美”的和美学生。学校自成为重庆一中教育集团校以来，与重庆一中实现了干部互派、教师轮岗、班级共建、资源共享。学校抓住机遇，依托名校，积极推进集团化办学，外树形象内强素质，深化教育教学改革，近年来教学质量逐年攀升，社会口碑大幅提升。2022年，学校先后被授予沙坪坝区体育传统特色学校，沙坪坝区首批新时代中小学劳动教育特色学校，沙坪坝区红岩先锋学校等荣誉称号。荣获2020—2022学年度沙坪坝区教育系统考核二等奖，沙区第六届中学生足球联赛一等奖（初中组），沙坪坝区第十四届中小学生体质健康比赛初中组二等奖等奖项。

重庆市沙坪坝区上桥实验学校 学校始建于1979年，坐落于歌乐山麓，扼守沙区南部门户，距离重庆西站100米。校园占地30亩，现有17个教学班，教师69人，学生800余人。其中研究生6人，市区级骨干教师10人，区学科带头人1名。学校围绕“潜心内涵发展，打造精品初中”的发展构想，坚持“上德崇实，精微致远”的办学理念，秉承学校“严教、勤学、求实、创新”的优良传统，潜心教学、精心育人，在名校云集的竞争环境下，走出了自己的特色初中发展之路，教育教学质量稳居全区前列。近年来，学校更依托教育集团化平台，与凤鸣山中学资源共享、教师互培，盘活了学区内优质教育资源，创设了新型学科教研组互动交流的平台，学校发展迈上新台阶。2022年，学校获得区级绿色学校、区级示范团校及沙区第七批“示范学生健康服务中心”称号；在“沙磁杯”中小学阳光体育大课间评选活动中荣获最佳创意自编操。

重庆市沙坪坝区二塘中学校 学校始建于1962年，最早的办学点位于嘉陵江边的二塘码头，属民办学校。老一辈二塘人艰苦奋斗，无私奉献，“二塘精神”曾享誉重庆，学校也由民办变成公办。1994年，由区教委出资选址新建，从嘉陵江边的二塘码头搬迁至先锋街。搬迁后，二塘中学一度保持了较高的办学水平，连续多年获得沙坪坝区综合办学质量一等奖。2019年，学校新教学楼建成并投入使用，理化生实验室及六大功能室更加齐备，学校的办学条件大为改善，为学校的发展打下了坚实的基础。2022年，学校师生在参加各级各类比赛中荣获了优异的成绩。其中，获得区特等奖3人次，一等奖8人次，二等奖20人次，三等奖若干。

重庆市沙坪坝区中梁实验学校 学校现有明德、致远和广善三个校区。2022年，学校在职教职工91人，学生1600余人。学校以“培养习惯，立己达人”为德育理念，力抓养成教育，使全校师生具备“思向善、身心健、行有能、事有成”的综合素养，努力实现“铸农村义务教育精品，创九年一贯育人品牌”，力争成为沙区教育拼图中一颗璀璨的明珠。学校是沙区体育局拳击训练基地、全国青少年校园足球特色学校、沙区足球后备人才专项训练基地、教育部公布的第一批全国学校体育工作示范学校。2022年，学校荣获沙区第六届青少年校园足球班级联赛五年级组一等奖、三年级组二等奖；沙区第一届校园篮球班级联赛八年级组男、女二等奖；拳击队在重庆市拳击冠军赛中取得1金、2铜和2个第五名。

重庆市沙坪坝区新丝路中学校 学校位于沙坪坝区土主街道土主正街120号，占地12754平方米，东接国际物流枢纽园区，南依西永微电园，西傍融创文旅城，北邻沙区企业创新服务中心。其前身为创办于1939年的国立伏善小学，至2022年已有83年历史，2021年10月正式更名为重庆市沙坪坝区新丝路中学校。学校秉承“纳新成丝　惟德惟实”的办学理念，追求“丝路璀璨　五色交辉”的育人愿景，正努力建成沿科学大道新优质教育集群带上的优质中学校。学校是全国青少年校园篮球特色学校，沙坪坝区体育后备人才培养举重训练基地学校，2022年在重庆市青少年儿童书画大赛等市区级比赛中，师生获一、二等奖23人次。

重庆大学城第三中学校 学校始建于1969年，系南渝中学集团校，是目前沙坪坝区占地大、设施全、装备齐、条件好的单办初中之一。学校一直坚持“让生命更阳光”的办学理念和“质量立校、多元发展”的办学方向，稳步实施阳光教育。2022年学校先后被评为重庆市文明校园、“国家级信息化教学示范区”2021—2022学年度先进学校。2022年，获沙坪坝区综合质量一等奖、庆祝共青团成立100周年暨教师风采大赛特等奖、首届中小学思政课程和课程思政优质课竞赛优秀组织奖、第十四届中小学生体质健康比赛一等奖、第六届青少年校园足球班级联赛初中一年级和二年级组一等奖等。

重庆市沙坪坝区凤凰实验学校　学校是2015年7月由原沙坪坝区凤凰镇小学校和沙坪坝区凤凰镇初级中学校合并成立的一所九年一贯制学校，占地面积约68亩。2022年，学校有小学18个教学班、初中9个教学班，学生1228人。学校现有教职工107人，其中，高级教师11人，市、区级骨干教师12人，市新时代好校长、区十佳校长、教师、班主任和区优秀教师、教育工作者10余人。2022年，学校先后获重庆市智慧校园建设示范学校、沙坪坝区教育科研先进集体、沙坪坝区首批新时代中小学劳动教育特色学校称号，沙坪坝区第四届青年教师风采大赛一等奖等集体殊荣13项，教师获奖近150项，学生获奖近100项。其中贺礼校长获评重庆市2022年度新时代好校长，学校啦啦操队喜获全国啦啦操联赛总决赛冠军。《重庆日报》、新华网、华龙网、《新家长报》、《亚太教育》等竞相报道学校的师德师风建设、劳动教育、重要获奖及发展情况，赢得了广泛的社会赞誉。

重庆市沙坪坝区五云实验学校　学校现有教学班13个，学生510人，教职工71人，在职党员29人。有区级骨干教师5人、区级新秀骨干教师1人。学校获国家级信息化教学实验区实验校、重庆市绿色校园建设示范校、区教育系统首批党建双创示范学校、区校园篮球一等奖、“喜迎党的二十大，红岩少年家国情”中小学综合素质展示活动中荣获器乐类区一等奖市二等奖、区体质健康比赛二等奖等多个国家、市区级荣誉。龙琳鑫、杨海出在第二十三届全国学生信息素养提升实践活动中初中组C类—可编程控制的空中飞行器项目全国交流中进行了分享。谢延浩、毛瑞明荣获“全国中小学信息技术创新与实践大赛”人形机器人任务挑战赛初中组一等奖。

重庆七中实验中学校　学校隶属于重庆七中集团，条件优越，硬件一流。2022年11月，学校被重庆市教委正式授牌为重庆市第五批智慧校园建设示范学校。师资强大，队伍精良，2022年，学校有初一、初二年级共计教学班12个，学生554人，教职工41人，中共党员18人，民主党派2人，其中，市级骨干教师1人，区级骨干教师2人，高级教师3人。自办学以来，学校一直秉承重庆七中“为未来育人，育未来有用之人”的办学理念，坚持以学生的健康成长为根本，坚定不移地走“质量立校、特色强校”之路，以创办一流强校为发展目标。

重庆七中沙滨学校　学校于2021年9月正式办学。2022年，学校有教学班10个，学生438人，教职工35人，党员6人。有市级骨干教师1人、区级骨干教师1人、肖力名师工作室成员1人。学校组队参赛，在沙区“奏响少年强国音”中小学生器乐类展示活动中荣获一等奖（第一名），在2022年重庆市中小学学生艺术月活动中荣获一等奖；学校办学满意度调查综合排名全区前三；体育特色取得新突破，学校霹雳舞队参加全国比赛，成绩优异，进入国家一流梯队；获沙区第八届中华经典诵写讲大赛二等奖；魏丹老师参加重庆市第十届中小学班主任基本功竞赛，三个项目均获特等奖，总分获市特等奖第一名。教师参加区级比赛共16人次获奖，学生在区级各类比赛和展示活动中3人次获一等奖，20人次分获二、三等奖。其中，学生简诗涵被评为沙区“新时代好少年”。

重庆市南渝中学校 学校现有教学班55个，在校学生2619人，教职工242人，其中高级教师31人，一级教师55人。教师获国家级荣誉13项，市级比赛一等奖及以上奖励41项，3位新评市级骨干教师，1位市学科名师，学校先后获评“2022年全国生态文明教育特色学校”“重庆市沙坪坝区中等学校示范团校”“重庆市科普基地”“科创筑梦助力双减试点单位”“第三届重庆市青少年魔方展示活动优秀组织单位”“重庆市青少年信息科技人才培育尖峰计划专家工作站”，成功申报重庆市教育科学“十四五”规划课题3项。

重庆市名校联合中学校 学校现有教学班31个，学生1152人，教职工134人，其中市级骨干教师6人、区级骨干教师17人、区级新秀骨干教师3人、高级教师19人，党员69人。学校荣获“全国群众体育先进单位”“红岩先锋学校”称号，并连续三年获沙坪坝区体质健康测试比赛一等奖第一名，被评为“沙坪坝区围棋特色学校”。2022年，学校学生获国家级奖项40次，市级奖项72次，区级奖项18次。在第二十三届全国学生信息素养提升实践活动中，4名学生获一等奖，2名学生获二等奖，4名学生获三等奖；在重庆市第二届智力运动会围棋比赛中，获青少年男子甲组、女子甲组团体第一名、青少年女子甲组个人第一名；在第23届“希望之星”英语风采展示大会中，获重庆市总决赛初中组特等奖；在2022年热雪奇迹青少年校际滑雪联赛中，获单板滑雪初中男子组冠亚军和高山滑雪初中男子组季军。2022年，学校教师获国家级奖项6次，市级奖项19次，区级奖项5次。何乙罂的课堂入选教育部“基础教育精品课”，邓迤伲、唐川北荣获第二十四届“语文报杯”中学生主题征文“金牌指导教师”称号，葛静两次荣获全国中小学精品课程教学设计一等奖，宋涛获“星陆高歌”青少年素质教育成果展全国展演一等奖。

重庆市树人中学校 学校现有教学班18个，学生1047人，教职工84人，党员32人。有市级骨干教师3人、区级骨干教师8人。多名教师获得区级、市级奖励十余次，其中，邵媛媛获得重庆市中小学生艺术活动月暨第八届校级管弦乐团评选一等奖；黄斯妍获得重庆市第十届中小学班主任基本功竞赛中学组带班育人方略一等奖、重庆市第十届中小学班主任基本功竞赛中学组成长叙事一等奖、重庆市第十届中小学班主任基本功竞赛中学组全能一等奖、重庆市第十届中小学班主任基本功竞赛中学组主题班会活动特等奖、重庆市渝北区优秀班主任；张昌全获得渝北区初中体育与健康优质课大赛二等奖；刘颖获得重庆市初中综合实践活动课程优质视频课一等奖、江北区教师基本功大赛手工二等奖、渝北区讯飞杯优质课大赛二等奖。

重庆市沙坪坝区树人小学校 学校现有学生2264人，教师112人，其中，省级教育专家1人、特级教师2人、正高级教师1人、高级教师11人，市级学科名师2人，市级骨干教师15人、区级骨干教师13人，全日制研究生18人。

重庆市沙坪坝区南开小学校 学校现有教学班39个，学生1940人。有教职员工131人。其中，在职教师85人；高级教师9人；中级教师37人；全国优秀教师1人；重庆市特级教师1人；重庆名师1人；沙磁名师1人；市级骨干教师8人；区级骨干教师16人；区学科带头人1人。2022年，获沙坪坝区教育科研优秀成果（论文）一等奖1人，三等奖5人。课题二等奖1项，三等奖2项，专著三等奖2项，先进个人2人。全区“智慧型学习大单元”设计、实施与评价评比活动获2个一等奖，3个二等奖。国际理解教育课堂设计比赛获二等奖2项，三等奖3项。校园足球获重庆市校园足球总决赛一等奖，沙坪坝区校园足球超级组第三名。获重庆市中小学校（含中职）体育大课间市级“一等奖”。2022年获评全国围棋特色学校，在重庆市2022年青少年棋类锦标赛、青少年团体锦标赛等市级赛事获得5个市级冠军。

重庆市沙坪坝小学校 学校现有教学班66个，学生3322人。教职工140人，其中，高级教师11人，市区级骨干教师、学科带头人36人。学校大队部获评“红领巾奖章”三星章；数学、音乐教研组获评区学习型教研组；在重庆市中小学生艺术活动月系列活动中，校级管弦乐团获小学组一等奖。

重庆市沙坪坝区第一实验小学校 学校现有教学班53个，学生2744人，教职工共124人，其中特级教师2人，高级教师11人，学科名师1人，市级骨干教师8人。本年度，学校先后荣获2022年“重庆市优秀少先队集体”；重庆市“小萝卜头”红色征文创作大赛“优秀组织单位”；沙坪坝区“红岩杯”微团（队）课优质课例评选活动“优秀组织奖”；沙坪坝区语数“优秀教研组”等。杨玲、邹臻、孙付帅等在国家、市区级团（队）比赛中荣获一等奖；谢颖荣获2022年“重庆市优秀少工委主任”称号；魏劲松荣获第五届重庆市中小学实验教学说课一等奖；贺丹丹荣获重庆市小学语文赛课一等奖；胡蓉荣获重庆市班主任基本功大赛特等奖；文琴、李辉荣获沙坪坝区思政课大赛一等奖。同时，近80名学生在各级各类阅读、科创、征文、书画、摄影等项目比赛中荣获佳绩。

重庆市沙坪坝区育英小学校（重庆大学附属小学） 学校现有小学教学班66个，幼儿班6个，小学、幼儿园学生共计3547人。教职员工254人，其中，专任教师191人，市、区级骨干教师28人，导师制、名师班学员6人，中心组成员7人。2022年学校2项科技项目获得全国竞赛一等奖；获2个区级三星章集体奖；获沙坪坝区人工智能助推教师队伍建设实验学校；获2021—2022智慧型单元化学本教学先进学校；获沙区艺术节一等奖；内涵发展获区级一等奖，领导班子考核获沙区一等奖。

（张　浩　刘明炼　王　兰　程　洁　罗成龙　吕文浩）

特殊教育

【概况】 2022年，沙坪坝区始终将特殊教育发展作为促进教育公平、增进民生福祉的重要内容，充分保障残疾儿童少年受教育权益，以“沙磁学灯、让爱发光”的特殊教育文化打造和谐、包容的特教生态，推动区域特殊教育高质量发展。2022年，沙坪坝区义务教育阶段学校共计接收视力残疾、听力残疾、智力残疾、肢体残疾（含脑瘫）、言语残疾、精神残疾（含孤独症）、多重残疾等各类残疾儿童少年453人。其中沙坪坝区特殊教育一贯制学校接收48人；小学阶段随班就读残疾学生257人、送教上门残疾学生41人；初中阶段随班就读残疾学生69人、送教上门残疾学生38人。2022年，沙坪坝区按特殊教育学生每生每年6000元的标准为义务教育学校拨付特殊教育生均公用经费。新建凤凰实验学校、六十八中资源教室并投入使用，截至2022年12月，沙坪坝区累计投入特殊教育专项资金500多万元，在7个学区建成特殊教育资源教室15个，实现了义务教育阶段特殊教育资源教室布点全区覆盖。2022年，沙坪坝区实现义务教育阶段特殊教育工作“五个一百”，即：特殊教育入学率100%、特殊教育就学率

100%、特殊教育巩固率100%、特殊教育学籍建档率100%、特殊教育管理覆盖率100%。同时，沙坪坝区以“特教学校为主导、随班就读为主体、送教上门为补充”的特殊教育发展格局业已形成，融合教育协调指数日趋合理。2022年，沙坪坝区在重庆市首届特殊教育优质教育教学案例评审活动中赛绩名列前茅，一等奖4篇，二等级7篇，三等奖2篇，获奖率87%。在重庆市首届特殊教育教师暨资源教师教学基本功竞赛中斩获两个团体一等奖、两个最佳说课奖、一个最佳评课奖。参加2022年重庆市特殊教育教师教学基本功展示和融合教育优秀教育教学案例评选活动的两个融合教育案例被重庆市教委选推教育部参加案例评选。办好人民满意的特殊教育，是建设高质量教育体系的重要内容，对促进教育公平、实现特殊儿童最大限度发展具有重要意义。沙坪坝区将进一步探索普特融合教育、优化区域特殊教育环境、创新特殊教育实践策略、完善特教学生关爱体系，基于全生命周期为每一个特殊儿童成长成才搭建教育“立交桥”。

【特殊教育管理】 健全工作机制。由区特殊教育管理与指导中心牵头，区教委、区民政局、区卫健委、区残联共同建立残疾人教育专家委员会，包括特殊教育、医学、康复、心理和社会工作专家，形成“行政组、专家组、咨询组”三层组织架构，开展残疾儿童少年教育评估安置工作。统筹规划布局。基于基站模型科学规划，沙坪坝区形成“1+1+3+N”的特殊教育工作模式：一个区级特殊教育管理与指导中心、两个区级特殊教育指导机构（特殊教育专家委员会、特殊教育研修中心）、三个片区（中部、西部、东部）融合教育资源中心、N个资源教室。强化师资培训。沙坪坝区在全市率先将特殊教育通识课程纳入全区新入职中小幼教师岗前培训体系，常态化组织专兼职资源教师进行特教专业培训。开办两期《沙坪坝区一人一案记录手册》使用专项培训班，对全区50余所义务教育普通学校（幼儿园）共计150余名一线教师进行特殊教育工作指导和融合教育业务培训。邀请重庆医科大学附属儿童医院、西南大学、重庆师范大学、重庆市教育科学研究院的医学专家、特教专家、康复专家开展专题讲座10余场次。科学质量评价。根据《特殊教育办学质量评价指南》编制3个质量评价表：《沙坪坝区特殊教育学校办学质量评价表》《沙坪坝区融合教育学校办学质量评价表》《沙坪坝区资源教室评估细则》，从“组织管理、课程教学、队伍建设、适宜发展”四个维度进行特殊教育（融合教育）质量评价。推进巡回指导。东、中、西部区域分别由特殊教育（聋哑+培智）学校、嘉陵小学、大学城第一小学牵头，成立特教骨干资源教师巡回指导组，开展片区特殊教育巡回指导工作。应用工具手册。完成《随班就读学生“一人一案”记录手册》的二次改版工作，继续推广使用《随班就读学生“一人一案”记录手册》与《资源教室管理工作手册》，将随班就读工作做实做细。应用《沙坪坝区巡回指导工作记录手册》，推动巡回指导提质。

【重庆市沙坪坝区聋哑学校】 学校占地9853平方米，建筑面积5076平方米。是全国校园足球特色学校，重庆市平安学校，沙坪坝区融合教育特色学校。学校办学理念为“爱心润育爱心，责任激扬生命”。办学目标是“普特融合、师生共进、超越自我”。2022年，在校学生48人，其中聋哑学生11人，培智学生37人。在编在岗教职工14人，其中高级教师2人，市级骨干教师2人。学校开设有国家课程、地方课程和学校特色课程。在三类课程的实施中，充分利用校内有普通教育存在的优势，学校实施“普特融合教育”，根据残障学生的心理与身体状况、生活能力与学习能力情况，为学生提供了全学科融合、部分学科融合、完全独立行课三种方式，最大程度地为残障学生的成长与发展提供最适宜的学校教育。学校针对学生劳动教育、艺术美育和渗透职业技能培训教育，开设的“厨艺”“蜀绣”“汽车基础美容”“陶艺制作”“生活情境”等特色课程已深得学生喜爱和家长认可。学校开展的红岩党建“残健共育，深化融合”特色项目，区级课题“融合班主任素质提升研究”，更是为残障学生的成长与发展提供了强有力的保障。2022年，2名教师获区级荣誉表彰，教师论文获奖20余人次。其中6人在重庆市“首届特殊教育优质教育教学案例”评比中获奖，3名教师在重庆市特殊教育现场优质课竞赛中获一等奖，1名教师在重庆市中小学音乐美术教师基本功展示中获一等奖，1名教师在区级第三届“红岩杯”团（队）课说课大赛中获一等奖，10人在区级各类优质课竞赛中获一、二等奖，9名教师在区级“智慧型学习大单元”设计、实施与评价评比活动中获奖，学校也取得了“学生体质健康大赛区级二等奖”。重庆市沙坪坝区聋哑学校认真贯彻实施党和国家的教育方针、政策，抢抓特殊教育发展良机，全面实现普通教育、聋哑教育、培智教育的有机融合，力争“普特融合”的办学模式在重庆市甚至全国产生更大的影响力。

（张　浩　王　兰　罗成龙）

普通高中教育

【概况】 2022年，沙坪坝区有普通高中10所，其中市级重点中学6所；共有学生16093人，班级345个，普通高中56人以上大班额全面消除；共有教职工2713人，其中专任教师2610人，正高级教师27人，副高级教师771人。新高考综合改革平稳推进，全区共5292人参加高考。重庆一中、南开中学两大学区共同体基础上形成的五大教育集群迸发新活力，培养高素质教师队伍，持续探索区域教育优质多样化发展新路径。

【普通高中课程改革】 2022年，沙坪坝区践行“大思政课”概念，全学科推进“大思政课”建设，开展课程思政专项课题及主题教研活动，主研国家级思政课题1项。通过“赛展结合、关注过程、突出培训、区级、市级竞赛联动、现场课例展示”的思路，顺利完成首届中小学思政课程和课程思政优质课竞赛活动，经过共同体初赛—区级复赛—区级决赛，遴选出思政课程一等奖11个（中学4个）、二等奖15个（中学6个）；课程思政一等奖10个（中学3个）、二等奖14个（中学5个）。沙坪坝区教师进修学院积极开展线上教学与教研探索，主动思考线上教研活动，普及“网络在线教研”，做好中学“停课不停学”在线教学指导，开展了基于线上教学策略、单元整体设计、核心素养教学设计与实施策略等98次不同主题的专题教研活动。沙坪坝区研修员以教研行动促进新课程理念的落地生根，从政策研究和专业研究两个路径做好深化课程改革的“教研跟进”行动，认真研学新课标，发现新课标传承的成功经验、突破的新理念、回应教与学的难题、遇到的新挑战；研究新课标实践转化的路径，借助已有研究成果，创新使用现有教材，聚焦学科关键问题，发现培育典型经验，搭建好理论与实践的桥梁。

【中学学区共同体建设】 2022年，沙坪坝区深化学区共同体和集团化办学策略，充分发挥优质教育资源的引领辐射作用。重庆一中、南开中学、南渝中学、凤鸣山中学5个教育集群深入落实“多元互动、资源互享、文化互融、研修互助、队伍互培”的“5S学区化”发展策略。本年度，五大教育集群共同开展联合教研、课例展示、公开课展评、中心组督导、导师制、名师工作室、推进会等共建活动，有力促进了区域教育优质均衡发展。

【民族教育】 2022年，沙坪坝区深入贯彻落实新时代党的民族工作精神，促进民族教育高质量发展，重庆西藏中学校取得丰硕的办学成果。民族团结进步教育工作成果显著，学校党委书记、校长李宗良被表彰为西藏自治区民族团结进步模范个人，尤小红被表彰为西藏自治区优秀班主任。重视师德师风建设，学校在全国师德涵养实验学校交流会作交流，案例《跨越师德海拔 传递民族大爱》入选全国师德建设工作典型案例。一年来教师荣获市级优质课比赛一等奖4人次；区级一等奖5人次；区级二等奖5人次；组织参加市级精品课录制17人次，其中7人次获得市级优秀。深入推进“双减”工作，重庆日报以学校《创新民族特色教育，助力“双减”落地见效》为题报道我校“双减”工作成效。学校坚持打造覆盖雪域高原的“云端校园”，保障1300名无法返校的西藏孩子“停课不停学、离校不离教”，让教育促进西藏经济社会稳定。抓实立德树人，以双拥共建加强学生思想政治教育，注重加强学生的国防教育，学校退役军人黄建洪老师被评为沙坪坝区最美退役军人；学校作为“全国爱国拥军模范单位”代表，在纪念延安双拥运动80周年大会上作汇报发言；学校团委被评为2022年“重庆市五四红旗团委”。

【学生资助】 普通高中家庭经济困难学生享受国家助学金3922人次，计460.88万元；高中低保、脱贫等学生学费减免431人次，计46.36万元。高中脱贫等学生免课本费397人次，计7.94万元。

【主要普通高中】

重庆市第一中学校 2022年，学校占地面积140472平方米，建筑面积292425平方米，教学班66个，在校学生3370人，在编教职工710人，正高级职称12人，副高级职称215人，中级职称267人，初级职称171人，管理岗16人，工勤12人。高2022届学生1098人参加重庆市普通高考，其中，物理类906人，历史类192人。不含艺体类，上本科线历史类178人，物理类894人；上特殊类型线历史类157人、物理类869人；600分以上历史类64人、物理类458人。重庆一中党委入选重庆市中小学校党建引领创新和质量创优工作培育创建单位。重庆一中荣获第十三届全国家庭工作先进集体。重庆一中《提升中学生自觉力的德育课程创新与实践探索》研究成果荣获重庆市教学成果特等奖。重庆一中4门课程入选教育部“基础教育精品课”。

重庆市南开中学校 2022年，学校占地面积222342平方米，校舍面积154311平方米，教学班65个，在校学生3360人，高中在编教职工328人，其中，正高级10人，副高级112人。高2022届学生共1042人参加高考，重庆市物理类前十名、历史类前五名分数屏蔽，南开中学物理类屏蔽五人、历史类屏蔽三人。一年来，南开体艺活动佳绩频出，女篮斩获中国高中篮球联赛全国第五、西区首冠、重庆17连冠，6人入选中国篮球国家队人才库。田径队获全国中学生田径锦标赛团体第七名。足球队多次征战全国，成绩优异。艺术团原创群舞《青春之我》获全国中小学生艺术展演活动一等奖及优秀创作奖。科技活动方面，1名学生获中国青少年科技创新奖，3名学生获重庆市科技创新市长奖或提名奖。学科竞赛方面，1人入选清华大学丘成桐数学领军计划，1人入选北京大学物理卓越计划，1人获中国化学奥林匹克竞赛（决赛）冬令营金牌，18人获信息竞赛2022CSP-S提高级一等奖。此外，学校团委获评“全国五四红旗团委”。

重庆市第七中学校 2022年，学校在编教职工390人，教学班117个，在校学生5462人，学校以“一校两点，一体两翼”集团化发展新格局，秉承“未来教育”办学理念，坚持“创名校发展战略”宏伟规划，锐意改革，追求特色化高质量发展，一年来进一步巩固并发展特色课程，以“红烛耀东川”“幸福德育”“未来课堂”“三塑体育”“七彩美育”“AI科创”特色品牌，持续培养德智体美劳全面发展的社会主义建设者和接班人，努力办好人民满意的教育。一年来，学校获重庆市班主任培养示范基地、沙坪坝区首批党建“双创”示范学校、沙坪坝区红岩先锋先进集体、沙坪坝区中等学校示范团校、中外青少年人文交流小使者活动全国总展示活动一等奖、重庆市足协杯赛男子甲组第一名、重庆市中小学生羽毛球比赛团体总分第一名等十余项荣誉，学校教师个人获奖204人次，学生个人获奖426人次。学校坚持“内涵发展”，时刻牢记“立德树人”根本任务，正向“重庆一流强校、中国特色名校”奋进。

重庆市凤鸣山中学 重庆市凤鸣山中学始建于1936年，2000年升格为市重点，2021年开启集团化办学新模式。2022年，学校有87个教学班、4200余名学生、330余名教职工。学校条件一流，场馆现代，师资精良。特级、正（副）高级教师达92人，市区级教学名师、学科带头人、骨干教师50余人，硕士研究生60余人。学校抓质量、重体艺，年年荣获沙区高考质量贡献奖和初中质量一等奖。学校体艺特色突出，已获国际（国家）级赛事冠军60余个、亚军30余个。学校“凤”文化底蕴深厚、课改成效突出，每年接待100余个全国教育考察团观摩交流。学校是全国教育系统先进集体、全国体育传统项目学校、重庆市教育领域综合改革试点学校，2022年荣获重庆市校务公开民主管理示范单位。

重庆市青木关中学校 2022年，学校占地85亩，现有“一校两点”，校本部草木青青，欣欣向荣；毕业年级部环境幽雅，安静宜学。教职工226人，市、区级骨干教师及学科带头人29人、高级教师58人（含正高级教师1人）、班级59个，在校学生近3000人。师生发展，成效显著，硕果累累，办学质量稳步提升，名列同类学校前茅。2022年，学校、教师及学生获得国家、市、区级荣誉共计180余人次。

重庆市西藏中学校 2022年，学校有教职工145人（含藏文教师9人），其中专任教师115人，高级教师42人、中级教师60人、市区级骨干教师16人、区级学科带头人2人。有30个教学班，其中，西藏班27个，在校学生1382人（西藏学生1296人，其中昌都籍学生507人）。学校高考本科上线率99.27%，其中985、211重点大学录取率80.32%；中考升学率（升入内地西藏高中校）为99%，增值性评价居全国前茅。

重庆市三十二中学校 学校于1953年由时任市教育局局长邓垦（邓小平之弟）择址而建，现为沙坪坝区级重点中学。学校由原重庆市第三十二中学校、嘉陵中学、双碑中学三校合并而成。学校坚持问题导向，以“双实”党建引领学校工作各方面，办实事聚人心，讲实效促发展。学校以“六有”办学方略引领学校工作，以“党建+”模式推进重点工作：“三自”德育、“三有”课堂、“三心”管理。2022年，学校坚持“理念引领、特色导向、科研奠基、课程支持”学年工作思路，收获重庆市青少年普法教育零犯罪学校、红岩先锋学校、沙坪坝区“国家级信息化教学示范区”2021—2022学年度先进学校、沙坪坝区科普基地等光荣称号，教师个人获得市级奖项8项，区级奖项26项，学生获得区级奖项2项。

重庆市天星桥中学　学校肇建于1958年。2022年，学校有6个年级48个班级，学生2300人左右，教职工152人；全国学科优秀教师，市、区学科带头人等40余人次。学校是区重点中学，联招学校、区示范级学校、全国科技教育示范学校、市读书育人示范学校等，是重庆市科技、体艺特色高完中。全体天中人在学校“崇一”理念的引领下，正努力打造“树崇一科技文化名校，创崇一体艺教育精品”品牌。2022年，学校先后获得沙区教育科研“先进集体”称号，沙区创建“国家级信息化教学示范区”先进学校等荣誉。

重庆市沙坪坝实验中学　学校创建于1938年，系沙坪坝区教委下属的普通高级完全中学，2021年纳入重庆市凤鸣山中学教育集团并实行一体化管理。学校占地面积1.7万平方米，校舍建筑面积11954平方米，绿化面积1860平方米。2022年，学校有24个教学班，在校学生1100余人。学校秉承“求实求真，养德养能”的办学理念，以“学生的多元化发展”为育人目标，开拓创新，大胆实践，努力创建一所“学生有特长、教师有成就、学科有特色”的学校。学校现有教职工87人，其中高级教师63人，市区级骨干教师15人，区级学科带头人2人。2022年学校先后获沙坪坝区师德师风先进集体，沙坪坝区体育传统项目学校，沙坪坝区义务教育阶段艺术、体育特色学校，沙坪坝区创建“国家级信息化教学示范区”年度先进学校等称号。

（张　浩　刘明炼　吕文浩）

中等职业技术教育

【概况】　2022年，沙坪坝区共有中等职业学校（含技工学校）6所。其中，职业中学4所、技工学校2所，公办学校4所、民办学校2所。国家中等职业教育改革发展示范学校2所，市级重点改革发展示范建设学校1所，国家级重点中职学校3所，市级重点中职学校1所，市级高水平中等职业学校3所，市级“双优”项目建设学校1所。在校学生24181人，普职比为4：6，职教占比高于普教。

【教师队伍】　沙坪坝在培养和输送高素质技术技能人才、能工巧匠和沙磁工匠上争当排头兵。持续深化“三教”改革，打造以国务院政府特殊津贴专家、全国模范教师、全国技术能手为排头兵的高素质“双师型”教师团队；积极尝试普职融通，利用导师制、名师班等契机，搭建区域研学平台，促进教师专业成长。全区中职学校“双师型”教师578人，占专业课教师的64.52%。

【产教融合】　沙坪坝区锚定产业升级、科技创新、数字赋能，抢抓“人国制造”新机遇，更好打造优质专业。紧跟“中国制造2025”“一带一路”国际合作、成渝地区双城经济圈建设等国家战略，对接“新能源”“大数据”“智能化”等产业，推动“教育链”与“产业链”有机衔接。全区职业学校校企合作企业572家，校外实训基地数311个，新增直播电商服务、工艺美术、婴幼儿托育等热门专业3个。

【教育质量】 2022年，学校荣获各级各类比赛市级以上奖励42项，在“三大国赛”中，立信获一等奖5项，并列全国中职学校第二名，同时，连续十四年荣获重庆代表团参赛学校金牌榜和总分榜两个第一名；成功申报市级项目6个；升学总人数4613人，升学率达67.29%，“1+X”试点证书获取率达98.8%。面向重点群体开展培训服务，累计开展培训和鉴定项目59项，各类培训鉴定9168人次。

【学生资助】 中职学校享受国家助学金资助7630人次，计809.4万元；减免学费46446人次，计4644.6万元；免住宿费3443人次，计85.95万元；免农村脱贫等学生课本费2921人次，计58.42万元；国家奖学金71人次，计42.6万元。

【主要职业学校】

重庆市立信职业教育中心 2022年，学校高质量通过了重庆市高水平中等职业学校终期验收，成功评选为“重庆市首批新时代中小学校党建引领创新和质量创优工作”培育创建单位，通过了重庆市“双优计划”项目建设中期验收，荣获2022年重庆市职业教育教学管理先进单位，顺利通过了重庆市高技能人才培训基地中期评估检查。学校在“三大”国赛中喜获5项一等奖，获奖数再次并列全国第二。其中，教师参加2022年全国职业院校技能大赛教学能力比赛荣获一等奖1个、二等奖2个，参加全国职业院校技能大赛班主任能力比赛荣获一等奖1个；学生参加全国职业院校技能大赛荣获一等奖3个（1个总冠军）、二等奖1个、三等奖4个，学校连续14年参加全国技能大赛取得金牌榜和总分榜重庆代表团两个第一名。劳动教育成果《“五育融合　五化并举”中职学生劳动养成教育研究》荣获重庆市教学成果奖特等奖。升学考试再创佳绩，“职教高考”总上线1874人，其中“3+4”、五年制转段率达100%，对口高职本科上线率高出全市平均上线率8.17个百分点；“普通高考”本科上线17人，本科上线率达80.95%；学校2022届102名“五年制”高等职业教育人才一体化培养学生参加“专升本”考试，上线率达71.83%。中职毕业生一次性就业率达100%，对口就业率95%；高职学生毕业去向落实率达100%。

重庆市科能高级技工学校 2022年，学校成为全国技工院校工学一体化建设院校，3个专业成为工学一体化建设专业，被评为市级A类优质技工院校和优质专业建设单位；成功承办“巴渝工匠”杯焊接技术赛项，获一等奖1个；教师获市级职业能力大赛一等奖2个，二等奖2个，三等奖1个，学校获优秀组织奖；教师获市级优质课程资源建设一等奖7个，二等奖5个；发表论文76篇，出版国规教材1本，其他教材11本，发明专利4项；学校汽修专业毕业生获全国五一劳动奖章；学生获全国技能大赛焊接赛项三等奖1个。学校深化“语言+职业技能+就业”人才培养模式，新开设新能源汽车制造与装配专业德语班和护理专业日语班。7名毕业生已赴日就业，4人成功申报德国暑期实习项目，参加“中国·重庆职教校长培训营”活动、菲律宾驻重庆总领事馆交流会，分享学校国际化技能人才培养的经验成果。

重庆市铁路运输技工学校 2022年，完成重庆市技工学校双优校项目申报，其中城市轨道交通运输与管理、城市轨道交通车辆运用与检修、铁道信号三个专业获批A类专业；完成优质教育资源划转工信职业学院，包含首批58名教职工转隶，资产4155万元，保障工信职业学院正常运行；按照市经济信息委总体部署推进西彭征地工作，完成西彭地块概念性规划设计；完成梁攀国家级大师工作室、2019年双基地项目、电力机车专业高水平专业等建设工作，成功获批2个市级课题，获专利3个，软著4个；利用长江经济带轨道交通职教联盟组织全国职业院校城市轨道交通通信技能竞赛，参赛院校47所，参赛选手1700余人；政校企三方合作共建的“轨道技术实训基地”，举办全国轨道交通信号专业高级师资培训21人；学生技能竞赛获世界级奖项1项，国家级奖项4项，市级奖项4项；形成教研成果83个，其中，发表论文60篇、专利3个、软著4个、出版教材10本，市级课题成果6个，学校获重庆市技工院校教学教研成果评选优秀组织奖；承办“一带一路”暨金砖国家技能发展与技术创新大赛两个赛项，被授予明星赛区，致公西阳班项目获得中国致公党社会服务工作优秀成果奖。

重庆市体育运动学校　2022年，学校运动员先后参加了全国摔跤锦标赛、全国U17摔跤锦标赛、全国跆拳道青少年锦标系列赛，全国跆拳道少年锦标赛、川渝田径对抗赛、全国青年拳击锦标赛等，共取得金牌1枚、银牌1枚、铜牌9枚，1人获评优秀裁判员，1人获评优秀运动员，摔跤队取得全国锦标赛团体总分第七名，为全运会备战开好局；先后有4名摔跤运动员入选国家队集训名单，其中男子自由式摔跤运动员夏圣松一直在国家队训练，并跟随国家队出访欧洲训练，参加国际摔联波兰、罗马尼亚等站和世界锦标赛，并取得波兰站比赛第六名。组织学生参加市区级各类比赛获一等奖1项、三等奖2项、优胜奖2项。1名教师获评沙坪坝区“红岩先锋教师”称号。为破解选材难，探索与部分区县体育部门、学校的合作，组织教练赴铜梁训练基地开展集中选材工作，牵手基层学校深度融合，协调推动共建基地，共办夏令营，共享青训中心；积极开展“好体育人”志愿服务，到璧山中学、铜梁一中、大学城三中等学校向学生赠送训练器材，指导学生体育专项技能训练，开展优秀体育苗子选材，进崇贤社区向居民宣讲“老年人健康管理知识”，现场解答社区居民关于自身运动与健康方面的咨询等，充分发挥党员先锋模范作用。

（张　浩　张代敏　苏　婕）

民办教育

【概况】　2022年，沙坪坝区有民办幼儿园122所，在园幼儿19011人。民办小学1所，在校学生1137人。民办中等职业学校2所，在校学生5057人。校外培训机构61家，年培训学员10万人次。沙坪坝区坚持党建引领，全面贯彻新时期党和国家的教育方针，落实立德树人的根本任务，实施德智体美劳全面发展的素质教育，确保民办学校正确的办学方向。坚持公民办“一盘棋”“全覆盖”，将民办学校纳入全区教学质量评价和监测体系，推进区域教育质量整体提高。建立民办教育质量监测制度，从政治思想、学业水平、全面发展等多个维度，掌握民办学校发展的真实情况和水平。建立监测结果运用机制，将监测意见的整改情况作为年检、考核等工作的重要内容，以监测推进民办学校行为规范和质量提高。严格落实民办学校年检制度，依托社会审计单位对学校资产和财务状况进行审计监督。制定民办学校办学督导计划，在开学检查、安全检查、疫情防控等工作中将学校全部纳入，定期对学校办学行为、教学管理、教材教辅征订、考试组织、招生等方面进行督导检查。

【民办教育监管】 2022年，沙坪坝区贯彻落实国家“双减”政策，发挥区民办非学历教育培训监管工作联席会、校外培训机构集中专项治理领导小组、“双减”工作领导小组等区级议事机构作用，严格行业主管部门职责，按照“谁审批、谁负责，谁主管、谁监管”原则，完善校外培训机构监管工作长效机制。区教委设立校外教育培训监管科，负责校外培训常规管理，加强校外培训综合执法，严厉打击隐形变异学科培训，强化校外培训资金监管。“双减”政策落地一年半，家长焦虑情绪得到有效缓解，学生过重校外培训负担、家庭教育支出和家长相应精力负担得到有效减轻，沙坪坝区教育生态持续净化。

成立监管科室 在区教委设立校外教育培训监管科，与职成教科整合力量、合署办公，专门组织实施校外教育培训综合治理、综合执法。

强化日常监管 一是妥善处理校外培训来信来电来访300余件次，及时化解机构与学员之间的矛盾纠纷。二是发放《致学生家长的一封信》20余万份，提醒市民谨慎选择校外培训、清楚校外培训陷阱、合规缴纳校外培训费用，极大地规避了校外培训风险。三是采取“5+1”模式开展节假日校外培训机构巡查，共派出55支巡查组，巡查机构330家次，发现问题50余条。四是加强校外培训违规广告治理，累计拆除户外广告1096块，拆除招牌121块，立案调查广告违法、虚假宣传等案件22件，处罚177.6万元。

严查隐形变异 违规线索收集，制作发放《致家长的一封信》宣传册页10000余份、张贴宣传海报500余张，公布投诉电话、举报平台，组建巡查组，争取小区物业配合，开展3次拉网式排查，获取隐形变异学科培训违规线索120条。对初步核实的隐形变异学科培训行为开展联合执法行动5次，出动执法人员45人次，坚决打击以“高端家政”“众筹私教”“研学旅行”等名义违规开展学科培训和“假注销、真运营”等违规行为，先后查处隐形变异学科培训机构9家。实行“红黄牌”挂牌整改制度，给予违规培训机构黄牌警告9家，给予整改不到位培训机构红牌警告2家，并对隐形变异学科类培训机构纳入黑名单管理，先后公布培训机构黑名单3期共9家。

加强综合执法 区教委会同区公安、区文旅委、区市场监管、区城市管理局、区消防、镇街等部门先后8次联合开展校外培训机构教育培训综合执法行动，共出动执法人员128人次，执法检查机构88家次，发现问题15条，联合查处非法培训机构2家，整改消防隐患5起，查处违规使用学生肖像、姓名、成绩等进行广告宣传1起。

强化资金监管 制定《沙坪坝区预收费资金监管办法》，严格实行收费标准审核备案与公示制度，坚决杜绝“培训贷”等违规收费行为。严格落实校外培训机构最低余额资金监管，与建设银行签订三方监管协议，落实最低余额资金3000余万元。研发上线校外培训机构综合管理平台，平台监管资金超1500万元。全国校外教育培训监管与服务综合管理平台上线后，全区64家校外培训机构全部入驻平台，资金核验、支付渠道开通工作100%完成。

开展专项行动 区教委会同公安、检察院等部门，对校外培训机构办学资质、培训材料、

从业人员等开展专项排查行动，共排查校外培训机构185家，其中，排查培训材料358份，不符合内容要求的培训材料14份，不符合编写研发、审查、选用等要求的培训材料14份；会同公安分局排查从业人员1392人，不具备相应教学资格的从业人员34人。会同市场监管、镇街对1826家市场主体开展为期1个月的经营行为的排查，其中有近500家市场主体开展面向义务教育阶段学生的校外培训活动。

狠抓安全管理　将安全管理纳入校外培训机构年检重要内容。落实校外培训机构消防安全管理九项规定，区教委、区消防救援支队牵头，会同区公安、区市场监管局等部门，对标《九项规定》，对辖区内的校外培训机构消防安全管理开展联合执法检查，区消防救援支队对4家机构出具《消防监督检查记录》，查封1家机构总电源，要求该机构在完成消防安全隐患整改前停止营业。

出台制度文件　出台《沙坪坝区校外培训机构预缴费管理办法试行》《沙坪坝区开展义务教育阶段学科类校外培训治理“回头看”工作方案》，制定《2022年沙坪坝区校外培训领域信访突出问题专项治理工作方案》《沙坪坝区校外培训机构年检量化考核标准》，区教委会同区市场监管局出台《沙坪坝区开展全面清理规范现有教育培训类市场主体工作实施方案》《沙坪坝区非学科核发办学许可方案（送审稿）》，通过一系列制度文件，进一步规范校外培训机构培训行为。

【主要民办学校】

重庆市沙坪坝区名校联合外语小学校　2022年，学校共有小学班30个，幼教班4个，学生1255人。学校秉承“为孩子生命奠基”的办学理念，构建宁静而自由的精神家园、民主而开放的学习乐园。学校借力各级各类竞赛活动，为师生搭建展示平台。学生参加“中外人文交流小使者”全国总展示、中小学生才艺大赛、科技模型大赛、青少年乒乓球锦标赛、书法绘画艺术大赛、英语风采大赛、小课题展示评比、体质健康比赛、主题教育征文、故事讲演活动、数学文化节、心理漫画设计大赛、创意编程与智能设计等各级各类比赛中，获得全国及市区级奖项数百人次。

重庆市南丁卫生职业学校　2022年，学校开设有护理、中医康复技术、中医养生保健、婴幼儿托育4个专业，教职工156人，48个教学班，在校学生2755人。2022年毕业学生882人，就业率100%。学校882人参加2021年春季高考（护理类），上线率100%，录取率100%。护士执业资格考试全校过关率为91.61%。

重庆光华女子职业中等专业学校　2022年，学校有在校学生2342人，教职员工120人，开设有护理、幼儿保育、城市轨道交通运营管理、航空服务、会计事务、直播电商服务、工艺美术7个专业。教师发表教育科研论文9篇，陈惠敏获评沙坪坝区教育系统“红岩先锋教师”，2名学生获评中职教育国家奖学金；师生参加沙坪坝区第八届中华经典诵读比赛获二等奖3个、三等奖2个；学校选送节目参加第三届“中外人文交流小使者”大区展示活动，广受好评。

重庆新东方教育培训学校有限责任公司　2022年，主营业务为中小学素质课程培训、高考复读培训、考研辅导、出国留学等课程培训。培训对象为幼儿、小学生、中学生、大学生及成人等。学校总部设在沙坪坝区，在主城十一区设有19个培训中心，培训场地面积约7万平方米，年培训学员8.7万人次，学校营业收入5.02亿元，向国家纳税1273万元。

（张　浩　张代敏　彭明勇　姚思凡）

成人教育

【概况】 沙坪坝区是重庆市首批社区教育示范区，第三批全国社区教育示范区，全国数字化学习先行区。建立以社区教育学院为龙头，22所镇街社区学校为主体，社区（村）教育点为基础的面向社会、覆盖全员的三级学习网络，率先在全市实现社区教育网络城乡全覆盖。

【社区教育管理】 2022年，沙坪坝区社区学院以总分第一名的成绩获评2021年重庆市社区教育老年教育工作先进集体。获评教育部“智慧助老”优质工作案例2个、“智慧助老”优质课程资源1门、重庆市社区教育老年教育优质网络课程1门；获评全国“百姓学习之星”1人、“终身学习活动品牌”1个，重庆市“百姓学习之星”2人、“终身学习活动品牌”2个，“学习型团队”3个；6幅作品入围教育部社区教育研究培训中心首届社区教育漫画作品征集与展示公益活动，获奖数量居全市第一。

【电大教育】 2022年，沙区电大贯彻国家开放大学“创优提质”战略，落实重庆开放大学教学检查、督导、办学评估等工作要求，认真落实立德树人根本任务，共组织3类教育活动和比赛，加强师生思想政治教育工作。调整教务教学管理手段，提高教育教学质量及学生学习支持服务能力，修订部分管理制度，推进网络教学团队建设，6名重庆开放大学教学研究中心组成员，1名重庆开放大学专业网络教学团队成员。以“稳规模、提质量”为指导思想，全年招生共1293人，毕业529人。落实“治考”举措，防控考试风险，共组织开放教育机考104场次，纸考300多场次；完成奥鹏远程教育期末考试14场次。2022年，33人获得国家开放大学国家奖学金，22人获得市、区级优秀毕业生称号。

【主要成人教育院校】

西南政法大学继续教育学院　2022年，作为西南政法大学开展成人高等教育（函授）、高等教育自学考试助学、各类教育培训等工作的教学及管理机构和重庆市自考委指定的法学类专业自考主考院校。学院下设综合办公室、学历教育办公室、教育培训办公室3个科室。成人高等教育（函授）开设有法律事务、法学、行政管理、会计学、新闻学、国际经济与贸易6个专业。经党中央批准，学院被中国关心下一代工作委员会、中央政法委、司法部、共青团中央、中国法学会评为“全国青少年普法教育先进集体”。

重庆大学继续教育学院、应用技术学院　2022年，学院有正式职工56人、各类聘用员工120余人，设有招生、教学、管理、服务、后勤保障等完备的运行组织机构。学院现有高等学历继续教育、非学历继续教育两大业务体系。高等学历继续教育设有理、工、管等多学科11个本科专业，在全国5个省、市、自治区建有5个函授站；建有教育部、人社部、工信部、生态环境部、全国总工会5个国家级继续教育基地，3个重庆市级教育培训基地（重庆市组织部干部教育培训机构、重庆市专业技术人员继续教育基地、重庆市教师及教育管理干部培训基地），组建了4个干部教育培训中心和3个社会化项目培训中心。

重庆电子工程职业学院培训与继续教育学院　2022年，学院有爱岗敬业、精干高效、管理规范、经验丰富的专业化管理队伍；有治学严谨、业务精湛、结构合理、充满活力的高素质教师队伍；有技术先进、功能强大的智慧化管理平台；建有网络教育课程资源库和强大的培训师资库、专题库和实践教学基地；智慧化教室、多媒体教室、学术报告厅、讨论室、会议室、运动场等设施设备齐全。学院与多个兄弟高校建立了良好的合作关系，并与地方政府共同建立了乡村振兴学院、社区学院、老年大学等。学院常年承担国培、市培、干训、社会培训等任务，同时，学院还积极构建高等教育人才培养“立交桥”，举办成教、自考等多类型学历教育。

重庆科技学院职业技术师范学院（继续教育学院、自考办） 2022年，学院已形成涵盖高等学历继续教育、高等教育自学考试、非学历教育培训多层次、多形式、多结构的继续教育办学格局。高等学历继续教育方面，开展高中（含中专、中职）起点升本科、专科起点升本科成人高等学历继续教育，现办本科专业20个，有各类在籍学生6500余人。高等教育自学考试方面，专业层次包含本科和专科两类，开设了包括理、工、经、管、文等学科共12个自考专业，有在籍考生13000余人。非学历教育培训方面，立足政府培训、企业培训、社会培训三大业务主线，构建了政府干部研修、教育系统师资培训、企事业单位管理及专业技术人员能力提升培训等多层次多形式的非学历教育培训体系，每年承担各级各类培训上万人次。

（张 浩 张代敏 苏 婕）

文　化

文化设施与管理

【概况】　辖区内现有公共图书馆2个（重庆图书馆、沙坪坝区图书馆），文化馆1个，区博物馆4个（巴蜀古代建筑博物馆、张治中纪念馆、郭沫若纪念馆、冯玉祥纪念馆），镇街综合文化服务中心22个，村社综合文化服务中心161个，100%全覆盖，镇街综合文化服务中心平均超过600平方米，内设“四厅两室”（排练厅、培训厅、展览厅、多功能厅、图书室、电子阅览室），村社综合文化服务中心平均超过90平方米，内设“一厅一室”（多功能厅、图书室和电子阅览室），免费开放率达到100%，年服务135万人次。深入推进文化馆图书馆总分馆制建设，建有文化馆特色分馆8个，图书馆直属分馆13个（红岩智慧阅读驿站4个，红岩城市书房9个），完成图书采购及加工2.2万余册，全区图书分馆实现图书通借通还。

【硬件设施建设】　推进宣教综合服务中心建设，改扩建8个基层综合文化服务中心，建成4个红岩智慧阅读驿站、1个乡村会客厅、2个乡村美术馆、1个露天音乐演出点、1个乡情陈列馆，推进2个红岩城市书房建设，为基层综合文化服务中心采购电脑44台、移动音响48套。区图书馆成功接入“川渝阅读一卡通”，实现图书通借通还。

【免费开放】　2022年拨付“两馆一站”及社

2022年7月1日，烽火翰墨——歌乐山抗战题刻拓片展开幕

（区文化旅游委　供图）

区（村）免费开放经费241.7万元，沙坪坝区文图两馆及基层综合文化服务中心免费开放率达到100%，免费开放面积达到8.89万平方米，服务人次达到103万人次。区图书馆文化馆免费开放时间不低于56小时/周，纪念馆免费开放时间保持45小时/周，基层综合文化服务中心免费开放时间不低于40小时/周；开放项目做到与时俱进，内容包括图书阅览、讲座培训、展览展示、科普教育、艺术普及等12大类21项。对镇街综合文化服务中心实行月报制、巡查制、通报制，加大免费开放督查力度；对免费开放门类进行制度性规定，包括图书阅览服务、电子信息查询服务、知识讲座服务、艺术培训服务、展览展示服务、舞蹈排练、演出欣赏、科技普及服务等。

【总分馆制建设】　建有镇街图书馆22个，图书馆直属分馆13个（红岩城市书房9个，红岩智慧阅读驿站4个），图书馆社会分馆9个，37个集体外借点；建有街镇文化馆分馆22个，文化馆特色分馆8个（特色美术分馆“三合美术馆”、特色舞蹈分馆“美丽阳光家园舞蹈队”、特色说唱分馆“宝善宫”、土湾街道特色民俗分馆、特色书画分馆“游江工作室”、特色戏曲分馆戏韵国超、特色曲艺分馆“扯馆儿”、特色文学分馆“青木关滴翠农民文学社”），镇街综合文化服务中心均建成区文化馆、区图书馆分馆，全区图书分馆实现图书通借通还。

（张　岩）

文化艺术

【概况】　2022年开展各类群众文化活动506场次。文艺创作荣获国家级奖项6项，市级奖项31项，获评重庆市五星级志愿者1人。

【文艺创作】　围绕“喜迎二十大”“乡村振兴”“双城经济圈建设”狠抓精品文艺创作。创作了反映乡村振兴的表演唱《又听山乡唢呐声》、根据全国脱贫攻坚楷模毛相林事迹创作的双人故事《生死状》、新时代幸福生活的女生表演唱《打哈哈》、吹打乐《腾虎跃新时代》、音乐剧《报效》、群舞《耕春图》、群舞《重镣》。

【文艺团体】

沙坪坝区文化馆群星合唱团　1996年成立，常年有来自各行业的60余名团员参加活动。多次参加全国、重庆市各项合唱比赛并取得优异成绩。

沙坪坝区文化馆群星舞蹈团　全年排练活动共计36次，团员人数27人。参加了2022“欢跃四季·舞动山城”重庆市广场舞展演规定舞《娇阿依》的学习与教授，为全区各街镇进行了直播教学示范，并在全区的广场舞大赛上进行了领舞表演。

沙坪坝区文化馆老男人舞蹈团　该团成立于2012年3月，现有演员32名。多次参加国家级、省市级展演和比赛，常年参加沙坪坝区志愿服务演出，累计参加各类演出170余场，创作、演出《青春》《快乐的水手》《棒棒棒》《飞夺泸定桥》《红蜻蜓飞起来》《走，走起》《放飞梦想》《鼓舞声声》《红高粱》《草原的马蓝天的鹰》《那两天》等原创舞蹈作品，受到专家和广大观众的赞誉和好评。

黄葛树龙门阵故事员团队　作为重庆市沙坪坝区最成熟的公共文化服务项目，“黄葛树下龙门阵”（广场故事活动）在60多年的公共文化服务实践中，形成了自己独有的优势。每周五晚在黄葛树故事基地准时开讲，全年举办故事会及专题故事会50余场。本团队演员队伍稳定，结构合理，有德高望重的老艺术家，有风华正茂的中青年演员，还有稚气未脱的少儿演员。演员队伍有来自文化单位的专业人员，有来自企业的工人，有来自社区的群众，有来自乡村的农民，有来自大中小学的学生。

“苗苗”美术团　成立于2015年，团队在教学上结合小学阶段孩子的审美习惯，充分发挥孩子们丰富的想象力，立足家乡，描绘身边熟悉的事物，让孩子们感受国画的无穷魅力。通过几年的学习，学员们创作出很多反映孩子们生活和学习，表现美丽家乡和身边事物的优秀作品，并在全国省市各级展览中取得优秀成绩。学员的美术作品在2022年入选中国美术家协会主办的全国少儿美术作品展。

【特色文化活动】　2022年，组织、参与文艺演出活动201场，其中“喜迎二十大　奋进新征程”2022年沙坪坝区流动文化服务进基层文艺演出96场；原生民歌进景区、非遗购物节、沙坪坝区广场舞展演、重庆市广场舞片区展演及集中展演、重庆市“大家唱”群众歌咏活动、第34届少儿故事比赛初赛及决赛、2022年沙坪坝区庆国庆暨乡村村晚文艺演出等线下活动30余场，端午诗歌雅集等线上活动近10场；举办全民艺术普及讲座10次，“奋斗百年　启航新征”——重庆市沙坪坝区·万州区优秀书法作品展、“红梅花儿永放光彩”主题活动红色书画大赛优秀作品展、“百年梦想，铭刻初心”——重庆市首届现代刻字艺术作品展等展厅展览8个，沙磁艺苑橱窗“沙磁国画名家系列”等展览10个；巴渝书场天天演95场（次）。开展全民阅读活动247场，服务近4万人次。其中，讲座60场，展览54场，其他阅读推广活动98场，培训33场。沙坪坝区图书馆开展“沙坪坝区街镇讲座展览联盟”等镇街品牌活动58场次，服务约2000人次。其中甲骨文学堂荣获2022年“书香重庆”全民阅读系列推荐活动“优秀全民阅读推广活动”。

（张　岩　王　京　邓　策　杨晓艳）

【文化艺术获奖】

表25　　沙坪坝区文化馆2022年获奖统计表

序号	时间	作者	作品	类别	参赛情况	获奖情况	级别	主办单位
1	2022.3	—	黄葛树下龙门阵	项目	2021年度全国学雷锋志愿服务“四个100”先进典型宣传推选活动	100个最佳志愿服务项目	国家级	中央宣传部、中央文明办、全国总工会、共青团中央、全国妇联等
2	2022.6	重庆电子工业职业学院	川江号子传承教育基地	案例	2022年度重庆市“非遗进校园”优秀实践案例	优秀案例	市级	重庆市非物质文化遗产保护中心、重庆市非物质文化遗产协会
3	2022.6	沙区二塘小学	黄杨木雕校本课程	案例	2022年度重庆市“非遗进校园”优秀实践案例	优秀案例	市级	重庆市非物质文化遗产保护中心、重庆市非物质文化遗产协会

续表25

序号	时间	作者	作品	类别	参赛情况	获奖情况	级别	主办单位
4	2022.6	四川外国语大学	金钱板声响校园中国故事传万家	案例	2022年度重庆市“非遗进校园”优秀实践案例	优秀案例	市级	重庆市非物质文化遗产保护中心、重庆市非物质文化遗产协会
5	2022.6	磁器口古镇	—	案例	2022年度重庆市“非遗旅游融合发展”优秀案例	优秀案例	市级	重庆市非物质文化遗产保护中心、重庆市非物质文化遗产协会
6	2022.10	北碚沙坪坝报送	生死状	双人故事	第十九届全国群星奖重庆选拔赛	一等奖	市级	重庆市文化和旅游发展委员会
7	2022.10		又听山乡唢呐声	表演唱	第十九届全国群星奖重庆选拔赛	二等奖	市级	重庆市文化和旅游发展委员会
8	2022.10	永川沙坪坝报送	卡普嗒卡普嗒	表演唱	第十九届全国群星奖重庆选拔赛	二等奖	市级	重庆市文化和旅游发展委员会
9	2022.10	沙坪坝北碚报送	报效	音乐剧	第十九届全国群星奖重庆选拔赛	二等奖	市级	重庆市文化和旅游发展委员会
10	2022.8	—	中国笑容	广场舞	2022“欢跃四季·舞动山城”重庆市广场舞展演	优美队伍三等奖	市级	中国重庆市委宣传部 重庆市文化和旅游发展委员会
11	2022.9	百花女子合唱团	水母鸡	合唱	重庆市大家唱群众歌咏活动第一片区	优胜队伍一等奖	市级	重庆市群众艺术馆 中共南岸区委宣传部
12	2022.9	群星合唱团	追寻	合唱	重庆市大家唱群众歌咏活动第一片区	优美队伍三等奖	市级	重庆市群众艺术馆 中共南岸区委宣传部
13	2022.9	王枫	新时代文化馆如何构建高效的红色文化传播体系	论文	第四届全国文化馆理论体系构建学术研讨会征文活动	优秀案例	国家级	中国文化馆协会
14	2022.9	郑玉梅	区域联动王阔赋能推动公共文化服务高质量发展	论文	第四届全国文化馆理论体系构建学术研讨会征文活动	优秀案例	国家级	中国文化馆协会
15	2022.11	—	磁器口古镇		全国非遗与旅游融合发展优选项目	—	国家级	中国非物质文化遗产保护协会
16	2022.1	沙坪坝区图书馆	—	—	“2021全国少年儿童阅读年”系列活动—“魅力声音·寻找家乡的红色印记”风采展示活动	优秀组织单位		中国图书馆学会未成年人图书馆分会

续表25

序号	时间	作者	作品	类别	参赛情况	获奖情况	级别	主办单位
17	2022.7	沙坪坝区图书馆推荐选手王景萱、柴子涵、唐一弘、刘子阳	—	—	“以少年之我　担时代之责”——2022年重庆市“书香重庆　红岩少年”阅读大赛少儿诵读比赛复赛	第一赛区三等奖	市级	重庆市少年儿童图书馆
18	2022.7	沙坪坝区图书馆推荐选手刘子阳	—	—	“以少年之我　担时代之责”——2022年重庆市“书香重庆　红岩少年”阅读大赛少儿诵读比赛复赛	第一赛区最佳上镜奖	市级	重庆市少年儿童图书馆
19	2022.7	沙坪坝区图书馆推荐选手饶博文、王帅淇	—	—	“以少年之我　担时代之责”——2022年重庆市“书香重庆　红岩少年”阅读大赛少儿诵读比赛复赛	第一赛区二等奖	市级	重庆市少年儿童图书馆
20	2022.7	沙坪坝区图书馆	—	—	第五届“书香重庆阅读之星”有声阅读大赛	组织奖	市级	中共重庆市委宣传部、重庆市文化和旅游发展委员会
21	2022.9	沙坪坝区图书馆	—	—	2022年“书香重庆”全民阅读系列——优秀全民阅读推广活动	—	—	中共重庆市委宣传部
22	2022.11	沙坪坝区图书馆	—	—	2022年第一期“长青e路　幸福夕阳”老年人数字阅读系列培训	优秀宣传单位	市级	重庆市图书馆
23	2022.12	喻华	—	—	2022年重庆市“少年儿童爱心接力服务”	先进工作者	—	重庆市少年儿童图书馆
24	2022.12	喻华	—	—	重庆市第十二届图书馆少儿服务工作学术研讨会	一等奖	市级	重庆市图书馆学会、重庆市少年儿童图书馆
25	2022.12	胡俊峰	—	—	重庆市第十二届图书馆少儿服务工作学术研讨会	三等奖	市级	重庆市图书馆学会、重庆市少年儿童图书馆
26	2022.12	胡艳丽	—	—	重庆市第十二届图书馆少儿服务工作学术研讨会	三等奖	市级	重庆市图书馆学会、重庆市少年儿童图书馆
27	2022.12	沙坪坝区图书馆	—	—	重庆市第十二届图书馆少儿服务工作学术研讨会	优秀组织奖	市级	重庆市图书馆学会、重庆市少年儿童图书馆
28	2022.12	胡俊峰	—	—	2022年图书馆公共文化服务	优秀案例	—	重庆市图书馆学会
29	2022.12	胡艳丽	—	—	2022年图书馆公共文化服务	优秀案例	—	重庆市图书馆学会

续表25

序号	时间	作者	作品	类别	参赛情况	获奖情况	级别	主办单位
30	2022.12	胡俊峰	—	—	重庆市图书馆学会、重庆市高校图工委第十一届学术研讨会论文	二等奖	市级	重庆市图书馆学会
31	2022.12	沙坪坝区图书馆	—	—	以少年之我，担时代之责——2022年重庆市“书香重庆 红岩少年”阅读大赛少儿讲故事比赛	优秀组织奖	市级	重庆市委宣传部、重庆市文化和旅游发展委员会、重庆市教育委员会、共青团重庆市委员会、重庆市妇女联合会
32	2022.12	陈华洪	—	—	以少年之我，担时代之责——2022年重庆市“书香重庆 红岩少年”阅读大赛少儿讲故事比赛	优秀指导教师	市级	重庆市委宣传部、重庆市文化和旅游发展委员会、重庆市教育委员会、共青团重庆市委员会、重庆市妇女联合会

文物和非物质文化遗产保护

【概况】 沙坪坝区地处重庆市中心城区西部，是重庆国家级历史文化名城的重要组成部分。沙坪坝区有着悠久灿烂的历史文化。区内不可移动文物资源丰富，现有不可移动文物175处234个文物点，其中全国重点文物保护单位6处26个文物点、市级文物保护单位10处33个文物点、区级文物保护单位20处36个文物点，未定级不可移动文物139处。2022年，沙坪坝区文物管理所在沙坪坝区文化和旅游发展委员会的领导下，认真贯彻落实“保护第一、加强管理、挖掘价值、有效利用、让文物活起来”的文物工作方针，做好文物保护及博物馆免费开放工作，推出“虎峰山麓 寺隐茔藏——曾家虎峰山村考古成果展”“烽火翰墨——歌乐山抗战题刻拓片展”两个原创展览。同时，开展革命文物和抗战遗址的修缮保护工作，先后完成国民政府军事委员会政治部旧址安防工程、国民政府军事委员会政治部第三厅暨文化工作委员会旧址安防工程验收、林园消防工程初验、重庆抗战兵器工业旧址群——兵工署第二十四兵工厂旧址保护修缮设计方案评审、廖淡如墓坡道环境整治工程。积极开展考古发掘和调查，配合市文物考古研究院完成歌乐山广柑林墓地抢救发掘，开展成渝古驿道（川东大路）专项调查和沙坪坝区长江流域文物资源调查，完成名碑名刻文物遴选推荐及碑刻石刻文物资源摸底调研。

【文物保护】 完成廖淡如墓坡道环境整治工程。完成国民政府军事委员会政治部旧址安防工程。完成国民政府军事委员会政治部第三厅暨文化工作委员会旧址安防工程验收。完成林园消防工程初验。完成重庆抗战兵器工业旧址群——兵工署第二十四兵工厂旧址保护修缮设计方案评审。完成15处区级文物保护单位保护范围和建设控制地带划定并公布。开展成渝古驿道（川东大路）专项调查，目前已基本完成重庆段调查。完成张治中纪念馆序厅梁架结构抢险加固工程。配合市文物考古研究院完成歌乐山广柑林墓地抢救发掘。开展沙坪坝区长江流域文物资源调查。完成名碑名刻文物遴选推荐及碑刻石刻文物资源摸底调研。

表26　　2022年沙坪坝区市级以上文物保护单位名录一览表

序号	名称		级别	地址
1	“中美合作所”集中营旧址		全国重点文物保护单位	沙坪坝区童家桥街道烈士墓地区
2	国民政府军事委员会政治部第三厅暨文化工作委员会旧址		全国重点文物保护单位	沙坪坝区西永街道微电园第一社区西科三路
3	国民政府军事委员会政治部旧址		全国重点文物保护单位	沙坪坝区土主街道三圣宫村
4	林园		全国重点文物保护单位	沙坪坝区山洞街道林园甲1号
5	重庆抗战兵器工业旧址群	兵工署第二十四兵工厂旧址	全国重点文物保护单位	沙坪坝区石井坡街道团结坝社区
		兵工署第二十五兵工厂旧址	全国重点文物保护单位	沙坪坝区双碑街道自由村100号
6	重庆大学早期建筑		全国重点文物保护单位	沙坪坝区重庆大学内
7	宝轮寺正殿		市级文物保护单位	沙坪坝区磁器口横街宝轮寺内
8	陈氏洋房		市级文物保护单位	沙坪坝区凤凰镇威灵寺村
9	复兴寺		市级文物保护单位	沙坪坝区陈家桥街道学城大道160号
10	红卫兵墓园		市级文物保护单位	沙坪坝区沙坪公园内
11	重庆大学近代建筑群	寅初亭	市级文物保护单位	沙坪坝区重庆大学内
		中央大学“七七抗战”礼堂旧址		
12	南开中学近代建筑群		市级文物保护单位	沙坪坝区沙正街南开中学内
13	重庆冯玉祥旧居（上院、下院）		市级文物保护单位	沙坪坝区陈家桥街道白鹤村西北
14	山洞抗战遗址群	何应钦官邸	市级文物保护单位	沙坪坝区山洞街道游龙山20号
		潘文华公馆	市级文物保护单位	沙坪坝区山洞街道平正村社区75号
		杨森公馆	市级文物保护单位	沙坪坝区山洞街道平正村社区53号
		陈诚、顾祝同、罗广文公馆	市级文物保护单位	沙坪坝区山洞平正村103号
		范绍增公馆	市级文物保护单位	沙坪坝区山洞街道平正村社区31-32号
		周季悔公馆	市级文物保护单位	沙坪坝区山洞街道山洞社区平正村13-14号
		夏斗寅公馆	市级文物保护单位	沙坪坝区山洞街道山洞社区西山新村4-7号
		曾俊臣公馆	市级文物保护单位	沙坪坝区山洞街道平正村社区40号

续表26

序号	名称		级别	地址
14	山洞抗战遗址群	唐式遵公馆	市级文物保护单位	沙坪坝区山洞街道平正村社区33号
		周均时公馆	市级文物保护单位	沙坪坝区山洞街道山洞社区洪洞湾1号
		何九渊公馆	市级文物保护单位	沙坪坝区山洞街道平正村社区16号
		张群公馆	市级文物保护单位	沙坪坝区山洞街道平正村社区34号
		吉星文公馆	市级文物保护单位	坪坝区山洞街道山洞社区西山新村8-10号
		贺耀祖公馆	市级文物保护单位	沙坪坝区山洞街道山洞社区西山新村1-3号
		林森公馆	市级文物保护单位	沙坪坝区山洞街道西山新村15-16号
15	桂花湾抗战遗址群	国民政府铨叙部旧址	市级文物保护单位	沙坪坝区歌乐山森林公园
		孔祥熙公馆	市级文物保护单位	沙坪坝区歌乐山森林公园桂花湾17号
		吴国桢公馆	市级文物保护单位	沙坪坝区歌乐山森林公园桂花湾16号
		鹿钟麟公馆	市级文物保护单位	沙坪坝区歌乐山森林公园桂花湾18号
		冰心寓所	市级文物保护单位	沙坪坝区歌乐山森林公园
16	国际广播电台土湾电力厂旧址		市级文物保护单位	沙坪坝区土湾街道羊角堡社区下土湾6号

【文物利用】 举办“虎峰山麓 寺隐茔藏——曾家虎峰山村考古成果展”“烽火翰墨——歌乐山抗战题刻拓片展”临时展览。“5·18”国际博物馆日，在巴蜀古代建筑博物馆举办“集五福·赠五福”系列活动。积极开展馆际交流。作为北京8+名人故居纪念馆联盟单位，参办“开启新征程 博物馆的力量——文化名人与时代同行”特展。在第九届博博会中荣获“弘博奖”优秀展示奖；巴蜀古代建筑博物馆宣传视频被重庆市文物局评为年度“十佳优秀短视频”、2021年长三角及全国部分城市最美公共文化空间大赛“百佳公共文化空间奖”；在重庆日报“巴渝宝贝晒出来——让巴渝珍宝在当代焕发新的活力”全媒体系列报道中获得短视频特别奖。

【非物质文化遗产保护与传承】 沙坪坝区非物质文化遗产保护工作始于2008年，2015年1月成立沙坪坝区非物质文化遗产保护中心，负责对全区非物质文化遗产进行普查、挖掘、保护、申报、展示交流等工作，现列入重庆市市级非物质文化遗产代表性项目名录14项，区级非物质遗产代表性项目名录129项，重庆市市级代表性传承人16人（3人去世）；区级代表性传承人84人（6人去世）。5所学校被命名为重庆市非物质文化遗产传承教育基地；13所学校被命名为沙坪坝区非物质文化遗产传承教育基地；2个保护单位被命名为重庆市非物质文化遗产生产性保护示范基地；5个保护传习单位被命名为重庆市非物质文化遗产保护传习所；15个保护传习单位被命名为沙坪坝区非物质文化遗产保护传习所。

2022年，开展“潮涌嘉陵·风动歌乐”2022年沙坪坝区流动文化服务戏曲进基层暨文化下乡惠民演出活动、“我们的节日·端午”暨“文化和自然遗产日”诗歌雅集活动、“宋风磁韵·乐享端午”主题文化活动，举办“沙风磁韵”沙坪坝区2022年“文化和自然遗产日”非遗购物节暨非物质文化遗产展演及展销活动、“云上庆佳节，文化贺新春”——沙坪坝区虎年春节线上系列文化活动展播之2022年沙坪坝区非物质文化遗产文艺演出、“月圆中秋·梦圆中国”沙坪坝区“我们的节日·中秋”诗歌民乐雅集活动；开展“云赏非遗”线上展播6期、举办“沙子艺课”《非物质文化遗产保护与传承》讲座等。

沙坪坝区二塘小学校：黄杨木雕校本课程；四川外国语大学：金钱板声响校园，中国故事传万家——四川外国语大学非遗进校园实践；重庆电子工程职业学院：“川江号子”非遗传承教育基地三所学校非遗进校园实践案例获评2022年重庆市“非遗进校园”优秀实践案例；沙坪坝磁器口古镇：千年磁器口非遗“新磁力”获评2022年重庆市“非遗和旅游融合发展”优秀案例；磁器口古镇入选2022年“全国非遗与旅游融合发展优选项目名录”。

表27　2022年沙坪坝区市级以上非物质文化遗产名录一览表

序号	编号	项目类别	项目名称
1	Ⅳ-18	传统戏剧	川剧与川剧音乐
2	Ⅶ-39	传统美术	琼缘刺绣
3	Ⅶ-40		汉艺斋木竹雕刻技艺
4	Ⅶ-50		沙磁乱针绣
5	Ⅷ-22	传统技艺	漆器髹饰技艺
6	Ⅷ-23		黄杨木雕刻工艺
7	Ⅷ-131		刘氏根雕书法技艺
8	Ⅷ-132		磁器口陈麻花传统制作技艺
9	Ⅷ-176		左婆婆扁担面制作技艺
10	Ⅷ-195		应月斋二胡传统制作技艺
11	Ⅷ-257		古籍修复技艺
12	Ⅸ-24	传统医药	陈膏药传统制作技艺
13	Ⅸ-25		黄氏中医正骨术
14	Ⅸ-26		梵谷中医正骨术

（田贵香　贾　明）

文化市场

【概况】 沙坪坝区共有注册领证文化场所511家，其中歌舞娱乐场所26家、电子游艺场所11家、电影院12家、网吧76家、出版物经营单位259家、印刷企业79家、文艺表演团体12家，星级酒店5家，国家A级旅游景区6处，旅行社25家（其中1家为出境社）。先后成立了网络文化、印刷、娱乐和旅游等行业协会，构建完善的“党委领导，政府管理，社会监督，行业自律”监管体系。

【文化市场执法】 坚决查处和打击危害意识形态安全和文化市场秩序的违法经营行为，开展了涉党史领域境外有害出版物及信息清理行动、“问题图书”专项行动、校园周边出版物市场专项整治行动、整治网络非法传播视听节目专项行动，集中查处教培机构存储使用非法出版物，集中清理非法经营游艺游戏设施。共办理投诉举报39起，立案查处文化类案件11起，收缴非法出版物240册，罚没款项4.35万元。2022年全年累计出动执法人员3560人次，检查各类场所1600余家次，收缴各类非法出版物、印刷品1000余份；查处各类行政处罚案件25件，罚没款69.47万元，整治各类安全隐患500余处，开展约谈活动13次，发放宣传资料5万余份。

【文化市场安全管理】 2022年度，沙坪坝区文化旅游市场全年成功实现双零指标（零安全事故、零死亡人数）和双百率（一般隐患整治率和重大隐患限期整治率均达到了100%），较好地完成了消防安全工作任务。沙坪坝区文化和旅游发展委员会严格执行消防安全值班、领导到岗带班制度和事故信息报送制度；坚持成立工作专班，定岗定责，每天安排专人24小时安全值班，确保信息畅通；坚持领导每月亲自带队，检查各文化经营场所、星级饭店和国家A级旅游景区安全工作，全年共出动执法人员2245人次，检查各类文化旅游场所1028余家次，发现一般安全隐患210余处，全部得到整改。

【文化市场扫黑除恶专项斗争】 2022年，在沙坪坝区委、区政府的坚强领导下，认真贯彻落实中央、市、区关于开展扫黑除恶专项斗争工作的各项决策部署，结合沙坪坝区文化旅游市场实际，深入推进文化旅游市场扫黑除恶专项斗争工作，不断净化文化旅游市场环境，切实做到“有黑扫黑、无黑除恶、无恶治乱”。分门类、分板块、分行业多次召开动员部署大会，第一时间传达工作精神要求，对文化旅游市场扫黑除恶专项斗争摸排线索任务进行分工，将责任落实到人，确保文化和旅游市场扫黑除恶专项斗争工作顺利开展。深入开展“渣白磁”旅游交通秩序专项整治，投入资金6.5亿元，拆迁房屋3000余平方米，拓宽景区公路15.7公里，移栽红梅1949棵，修建停车场3个新增停车位500余个，开通了定线运行、定点停车的景区旅游直通车，取代了之前无序竞争、游客投诉反映强烈的旅游包车，优化灯控和限行措施，进一步提高景区道路通行效率；7月，在中国共产党成立101周年之际，联合公安、交通、城管、街道等单位开展了为期40天的“红色七月联合执法值守行动”，重庆市人民政府副市长但彦铮带队现场指导调研，并亲切看望慰问高温酷暑坚守一线的执法人员；通过积极争取上级支持，建立联合执法办案机制，在烈士墓景区单独设立红岩派出所，专门配合开展执法整治行动，查办“黑导游”案件2起、“黑旅行社”案件3起，罚款6万余元；受理游客投诉37件，满意率100%。

（王海波　黄　华）

文化产业

【概况】 2022年，沙坪坝区文化和旅游发展委员会做好“十四五”开局规划落实，助力全区文旅企业纾困解难、稳步发展，以重大项目为引擎，提档升级园区、景区。2022年沙坪坝区文化产业单位分布共涉及76个行业，共有规模以上及相关产业企业36家，规模以下及相关产业企业4370家，涵盖文化娱乐、广告中介、创意设计、图书出版等文化行业。全年新增规模以上文化旅游企业1家。全区创成国家级文化旅游产业品牌6个（国家级历史文化街区1个、国家文化和旅游消费试点城市1个、国家级夜间文化和旅游消费集聚区2个、国家级旅游休闲街区1个、全国乡村旅游重点村1个）和市级文化旅游产业品牌14个（传统风貌街区1个、文化产业示范园区3个、文化产业示范基地2个、市级文化创意产业园1个、乡村文化乐园2个、重点乡村旅游村5个）。

【经济建设】 2022年文化产业增加值为45.63亿元，增速为–4.8%；旅游产业增加值为42.08亿元，增速为–7.2%。辖区内现有市级文化产业示范园区4个，市级文化产业示范基地2个。现有规模以上文化及相关产业企业36家。截至2022年1—12月数据，沙坪坝区文化和旅游发展委员会负责督导报送营业收入数据的规上企业（文化娱乐业及广告服务业）共有14家：其中文化娱乐业10家，租赁和商务服务业4家。

（唐婷婷）

文艺培训业

【概况】 沙坪坝区现有非学历民办教育机构78家，其中大部分为文化艺术类培训机构，年培训7万人次。

【主要培训机构简介】

重庆市沙坪坝区文化艺术教育培训中心 位于沙坪坝区小龙坎正街139号雾都大厦六楼，是重庆市一所规模大、培训项目完善的综合性校外教育机构，集教学、演出和学术交流于一体，中心面积1700平方米。为满足全市儿童求知学习的愿望，中心常年开设各类专业，其中包括舞蹈、美术、明星主持、声乐表演、跆拳道、直映教育各大类别共二十多个科目。中心是北京舞蹈学院附中、北京戏曲学院附中重庆唯一共同指定招生基地；是中国民族民间舞蹈等级考试重庆唯一指定考点；也是中国民族民间舞蹈教师资格培训重庆唯一指定承办机构。中心开办以来，为重庆一中、重庆南开中学、重庆八中等市内重点中学输送了大量的艺术特长生；同时为北京舞蹈学院附中、首都师范大学、北京戏曲艺术职业学院、中国传媒大学等高校输送大量优秀人才。2022年培训400人次。

重庆艾艺荷马教育科技股份有限公司 总部坐落于重庆市沙坪坝教育培训创意产业园。艾艺荷马秉承着“厚德、博学、笃行、至善”的教学理念，自2003年创立以来，始终致力于打造集美术教育教学研发、配套教育软件开发、教学设施研发为一体的教育知名品牌，艾艺荷马依托强大的教学团队和优质的教育资源，在素质教育、高考培训、学历教育、在线平台、职业教育等领域取得了辉煌成就，艾艺荷马是专注于美育智慧教育的科技集团。现分校建设及业务已扩展到重庆、四川、云南、杭州、河南、广州、贵州、北京、山东、山西、江西等省市地区，并不断延伸至全国各地。经过不断的发展，艾艺荷马累计为国内九大美院及全国31所重点院校输送艺术专业人才近万人。历年来美术艺考成绩突出。2022年重庆地区年培训人次达2300人，全国在线培训人次达13000人。

（唐婷婷）

文化创意产业

【概况】 2022年区内各文化创意产业园区持续推进，文化创意产业生态链得以转型、提质、升级。市级文化产业示范园区磁器口古镇、融创文旅城，市级文化产业示范基地重庆大学设计创意园经济运行良好。

【重庆大学设计创意产业园】 市级文化产业示范基地，位于沙坪坝区沙滨路82号附近，项目用地面积约28亩，总建筑面积约2万平方米。该项目原为鸽牌电缆厂旧址，是环重庆大学创新生态圈的首发项目。由设计总院出资6000余万元进行改造，充分尊重工业建筑群落的原始风貌，延续沙滨路旧厂区基地特有的历史文脉，为市民打造了一个开放式介入而充满活力的滨江休闲场所。园区内现设有办公、会议、文化创意、餐饮、娱乐、休闲等功能区，集中入驻设计总院职能部门及下属分支机构，可为1000余人提供建筑设计空间。2022年设计总院职工总数为1322人，实现营业收入6.29亿元，同比增长17.79%。中建、中铁、中冶、中国电建等共计30余家央企签署战略合作，积极开展EPC模式、BIM等行业新兴技术的探索与研究，以创新驱动助推企业高质量发展。

（唐婷婷）

文化娱乐服务业

【概况】 截至2022年底，沙坪坝区共有歌舞娱乐场所26家、电子游艺场所11家、电影院12家、网吧76家、文艺表演团体12家，星级酒店5家，国家A级旅游景区6处，旅行社25家（其中一家为出境社）。先后成立了网络文化、印刷、娱乐和旅游等行业协会，构建了较为完善的“党委领导，政府管理，社会监督，行业自律”监管体系。

【图书零售业】 2022年度沙坪坝区图书零售企业共有259家，其中西西弗书店、新华书店是最具代表性的图书零售企业。2022年西西弗书店、新华书店在重庆地区实现销售图书约3500万册，举办作家签售会等活动3场。

西西弗书店 诞生于1993年，是中国民营书店的先行者与代表品牌之一。经过二十多年发展，旗下有Park书店（Sisyphe Park Books）、矢量咖啡（UP Coffee）、“不二生活”创意空间（Booart Life）、“七十二阅听课”儿童阅读体验空间（7&12 Reading Call）、《唏嘘》杂志（Much）、推石文化（Twinstone）6个子品牌，经营范围涉猎图书零售、咖啡饮品、文化创意产品、图书定制出版等多个文化领域，并以阅读体验式书店为主要经营形态。西西弗书店总部位于中国最年轻的直辖市——重庆，长期以来西西弗秉承“参与构成本地精神生活”的价值理念，以“引导推动大众精品阅读”的经营理念，发展连锁书店，截至2022年，西西弗连锁店覆盖全国29个省份，80多个城市，拥有300多家连锁门店及500万活跃会员。2022年西西弗书店在西南片区实现销售图书约64万册，举办作家签售会等活动共计3场。

【休闲观光游览服务业】 2022年度沙坪坝区休闲观光游览服务业共有27家，其中太寺垭森林公园、重庆慢城荷塘悦色农业开发有限公司、重庆彩月农业发展有限公司、重庆缙泉烧·陶瓷文创基地是最具代表性的休闲观光游览服务企业。

重庆彩月农业发展有限公司 位于沙坪坝区回龙坝镇四龙村，是致力于发展现代农业产业化的先行者和新农村建设的都市现代农业企业。主要进行特色水果的规模种植、销售，旅游休闲，观光农业开发等。项目共有600余亩用于都市农业旅游项目开发，地处海拔280～480米的中梁山脉半山腰，土壤肥沃、日照充足。园区内拥有数百亩竹海，百亩枫香林并与万亩国有松林自然接壤，具得天独厚的自然植被条件，且视野极佳，可浏览从北碚新城沿歇马镇、青木关到大学城全景。“彩月农业休闲观光园”日接待游客能力约为500人。每年旅游观光、休闲体验、餐饮娱乐和相关配套服务的经济效益可超过800万元。

重庆缙泉烧·陶瓷文创基地 位于沙坪坝区大学城丰文街道三河村艺术家村落，占地面积2000余平方米，主要建设内容包括：柴烧工坊、陶艺研学区、陶瓷文创区、艺术家创作区、还配套设计了陶瓷艺术展厅、陶瓷主题民宿、陶瓷生活艺术馆等多个户外学术交流空间。

（唐婷婷）

新闻宣传

【概况】 2022年，沙坪坝区融媒体中心在区委的坚强领导下，以习近平新时代中国特色社会主义思想为引领，围绕中心、服务大局，求真务实、锐意进取，新闻舆论工作为全区经济社会发展提供有力的舆论支撑和思想力量。全年完成采访任务2000多次，组织开展“四个示范区”建设、基层社会治理、乡村振兴、城市更新、纾企解困等69场（次）媒体宣传活动。全媒体平台开栏并做专题宣传达220个（项），全年内容生产和传播数量稳定在60000条次以上，阅读量达7000万余人次。

【广播】 建成区级应急指挥平台1个，镇街分播平台22个，村社插播平台160个，接收终端346个，实现了区、镇街、村社三级联动，全覆盖；完成了元旦、春节等重要节庆，北京冬奥会、党的二十大等国家重大活动部署全区广播电视和网络安全重要保障工作，加大对广播电视传输干线日常巡查维护，全年实现了零停播、零插播、零黑屏、零报告、零网络中断五个零的预定目标，圆满完成安全播出任务。

【电视】 沙坪坝电视新闻在重庆有线机顶盒智慧社区版块上线。2022年，开设《把总书记殷殷嘱托落实到重庆大地上》《唱好双城记　建好经济圈》《学习宣传贯彻党的二十大》《民生实事》《城市品质提升》《创新促发展》等新闻专栏，共制作完成《沙坪坝新闻》144期，播出新闻3300余条。

【报纸】 《沙坪坝报》创办于2004年7月，是沙坪坝区委直属的机关报，属于连续性内部资料，在沙坪坝区范围内免费赠阅，对开四版大报，周二、周五出刊。2022年，共出版发行96期报纸，总发行量144万份，推出了《喜迎二十大》《学习贯彻党的二十大精神》《争创全国文明城》《提升城市品质》《实施乡村振兴战略》《聚焦四个示范区》等专栏，刊发深度报道106篇。

【网络】 沙坪坝区融媒体中心承担区政府门户网站时政新闻内容发布任务。2022年，在政府门户网站发布时政要闻1011条，视频新闻144期，《沙坪坝报》数字报96期。

【新媒体】 沙坪坝区融媒体中心新媒体包括“沙磁荟”客户端、“沙磁荟”微信公众号、“沙坪坝”手机报、沙坪坝手机台、沙坪坝电子日报、沙磁荟视频号等媒体平台，2022年新媒体各平台开设了《喜迎二十大》《二十大时光》《学习贯彻党的二十大精神》等专题专栏。“沙磁荟”客户端创办于2017年，（原名“沙坪坝微政务”客户端），装机用户达42万。2022年，“沙磁荟”客户端总发稿13291条，总浏览量逾千万。“沙磁荟”微信公众号创办于2015年7月，（原名“今日沙坪坝”微信公众号），微信号粉丝达到13万人，2022年共推送365期、912条。“沙坪坝”手机报2014年7月创刊，每个工作日以彩信形式免费赠阅，20余万用户，2022年出刊253期，发送沙坪坝新闻3449条。沙坪坝手机台是区融媒体中心主办的智慧城市新媒体移动新闻平台，采用第5代HTML（网页）技术进行开发，2016年6月上线运行。

2022年，沙坪坝手机台发稿4088条。“沙磁荟”视频号于2020年11月开通，2022年，“沙磁荟”视频号发布视频1042个，浏览量1105.33万次。

（王　粲　张　岩）

地方志工作

【《沙坪坝年鉴（2022）》出版】 12月，重庆市沙坪坝区地方志编纂中心编纂的《沙坪坝年鉴（2022）》出版。该卷年鉴设32个类目，下设200余个分目、1000余条目，收录100余幅图片、33张表格。该卷年鉴内容翔实、区域特色鲜明，年度性强、参考价值高。全书71.5万字。

【地情资料收集利用】 2022年，沙坪坝区地方志编纂中心多渠道收集、整理地情资料，加大对口述历史的挖掘、整理力度。完成《乡村工作日记第九册》《乡村工作日记第十册》录入、整理工作。全年先后向区政府办、区应急局、区妇联、区农业农村委、沙坪公园、区图书馆等单位提供相关地情资料。坚持便民原则，做好咨询接待，多次接待单位和个人有关沙坪坝的地情咨询。充实地方志馆藏书籍，全年购买、交换地方志书籍500余册。

（张靖雅）

卫生健康

综 述

【概况】 2022年末，沙坪坝区共有医疗机构621家。医院32家：其中，三级医院6家（综合医院2家、专科医院4家；公立医院6家），二级医院15家（综合医院8家、中医医院1家、中西医结合医院2家、妇幼保健院1家、专科医院3家；公立医院7家、民营医院8家），一级医院9家（综合医院3家、中医医院3家、中西医结合医院2家、康复医院1家；公立医院3家、民营医院6家），未定级医院2家；社区卫生服务中心17家，社区卫生服务站6家；镇卫生院4家，村卫生室11家；门诊部57家（综合门诊部19家、中医门诊部11家、中西医结合门诊部3家、口腔门诊部18家、医疗美容门诊部6家；公立门诊部5家，民营门诊部52家）；诊所406家（普通诊所192家、中医诊所98家、中西医结合诊所24家、口腔诊所87家、医疗美容诊所5家）；企事业单位医务室（卫生所、卫生站）82家；护理院2家，护理站2家，盲人按摩所2家，健康体检中心2家，医学影像诊断中心1家。

2022年，新设置医疗机构73家［其中，中西医结合医院1家，综合门诊部3家，中医门诊部1家，普通诊所21家，中西医结合诊所7家，中医（综合）诊所12家，口腔诊所9家，中医诊所18家，医务室1家］；变更85家；注销46家。共校验医疗机构436家。

截至2022年底，沙坪坝区常住人口出生率6.91‰，符合政策生育率98.73%。

【医疗卫生服务体系】 2022年，沙坪坝区有全科医生407人，执业（助理）医师6788人。基层医疗机构建设特色科室15个，75名医务人员免费对专科方向对口的基层特色科室开展支医服务。组建家庭医生团队133个，为15万余重点人群提供签约服务，推广医疗、健康等个性化签约服务包613个，服务3.13万人次。全区100%的村社区建立心理咨询室，100%的镇街设立心理健康服务点，100%的中小学校设立心理辅导室，100%的高校设立心理健康教育与咨询中心（室），100%的精神专科医院和100%的二级及以上综合医院开设心理门诊，100%的社区卫生服务中心设立心理咨询室。全年为1697名群众提供免费孕前优生健康检查。

【卫生健康宣传】 2022年“健康沙区”微信公众号全年发布健康信息734条、阅读人数53.7万人次、阅读次数约66.8万次，其中单条信息最高阅读量达3.68万次。2022年开展卫生健康主题宣传活动119场，受益群众33782人次，开展个性化健康教育服务累计140.95万人次。全区医疗机构开展健康知识讲座221场，参与群众10763人。

【居民卫生健康水平】 2022年，沙坪坝区居民健康素养水平32.29%。全年无孕产妇死亡，婴儿死亡率降至1.94‰，新生儿死亡率降至1.3‰，5岁以下儿童死亡率2.11‰。全区肺结核疑似及确诊患者总体到位率96.00%，规范服药率99.11%；管理高血压患者85608人，规范管理率68.47%；管理糖尿病患者32506人，规范管理率68.43%。新建慢性病患者自我管理小组23个。全区经常参加体育锻炼人口占比49.38%。

（肖　智）

医药卫生体制改革

【分级诊疗制度建设】 2022年，沙坪坝区建成区人民医院、区中医院与西南医院，区陈家桥医院、天星桥社区卫生服务中心与新桥医院，区中西医结合医院与市急救中心5个医联体，在专科扶持、人才培养、双向转诊等方面进行深度合作。三级医院下沉33名医务人员长期驻点沙坪坝区4家二级医院，给予技术帮带。双向转诊近3000人次，上级医院专家下沉坐诊200余次，开展技术操作指导100余次。医共体三通建设提标扩面，对11名二级医疗机构卫生专业人才实行“县聘乡用”；培训基层卫生人才3000余人次。建成影像、心电、超声等远程诊断中心，实现“基层检查、区级诊断”，远程诊断平台服务患者32.5万人次，诊断符合率均达99%以上。上下级医疗机构药品衔接率达95%以上。

【公立医院高质量发展】 2022年，深入贯彻《沙坪坝区推动公立医院高质量发展实施方案》，推动区属公立医院提质扩容。区人民医院新院区投入使用，规划启动三甲创建，实施人员总量改革成效显著，增加专业技术岗位职数128个，成功引进学术学科带头人24人、技术骨干110人。区妇幼保健院、疾控中心迁扩建工程

沙坪坝区人民医院井双院区
（区旭辰集团　供图）

完成土石方及边坡工程和主体招标，正在进行主体施工和特殊科室等专业分包项目的预算编制。陈家桥医院二期建设已取得项目立项批复、招标核准方案函，主体设计、医疗流程设计已挂网招标。

【健康产业发展】 2022年，沙坪坝区有医养结合机构9家，医办养床位445张，入住率68.99%；养办医床位331张，为老人提供医疗服务1.9万人次。二级以上公立综合医院设老年医学科比例达100%。与养老协会签订协议，为96家养老机构老人提供优先转诊服务，实现养老机构医疗服务全覆盖。井口街道美丽阳光家园社区、渝碚路街道沙南街社区、童家桥街道阳光社区荣获“全国示范性老年友好型社区”称号。全区二级综合性医院、康复医院、护理院以及提供医养结合服务的医疗机构成功创建老年友善医疗机构，创建比例达100%。全年对940名65周岁以上提出申请的失能老年人上门进行健康评估，提供康复护理指导、心理支持、家庭医生签约服务；对799名65周岁以上失能老年人提供免费体检。

【耗材和药品改革】 及时更新药品目录，严格管控麻醉药品和精神药品，印发《沙坪坝区卫生健康委员会关于开展麻醉药品和精神药品专项检查的通知》，对辖区47家有精麻药品使用资质的医疗机构进行专项督查，确保临床合理用药，阻断药品流入非法渠道。每季度通报委属医疗机构基本药物采购情况，持续开展短缺药品监测，完成短缺药品监测哨点报送，加强短缺药品监测预警和应急储备，保障临床用药。2022年，沙坪坝区所有区属医疗机构基本药物使用配比比例达标，村卫生室实施国家基本药物制度覆盖率100%。医共体牵头二级医疗机构药品配备率均达90%，基层医疗机构配备率均达50%，药品衔接率在95%以上，各医疗机构药品品规与医共体用药清单品规一致，企业药品配送率达95%以上。

【完善医疗保障制度】 常态化开展药品耗材集中带量采购，切实减少患者医疗费用与医保基金支出。2022年，沙坪坝区采购集采药品耗材费用整体平均降幅达58.32%。有序推进长期护理保险试点。自2022年1月启动试点以来，明确经办流程，完善经办制度，积极推进试点工作，全年累计评估1144人，通过率93%。深化DRG支付方式改革。区人民医院和区中西医结合医院成为全市首批DRG付费试点医疗机构，进入DRG模拟付费环节。全区19家二级医疗机构全部完成DRG新平台接口改造及测试工作。

（肖　智）

疾病预防与控制

【概况】 2022年，沙坪坝区坚持疾控体系能力建设，稳步推进区疾控中心新大楼迁扩建工程，不断完善疾控体系建设。持续开展食品安全风险、水质、职业场所等健康危害因素监测、加强艾滋病、结核病等传染病防控，做好慢性病监测、免疫规划、精神卫生等近百项专项工作。

【预防接种】 2022年，沙坪坝区推动预防接种门诊分级分类管理，升级3家、搬迁5家免疫规划预防接种门诊，建设2家特需门诊、1家产科接种室和1家狂犬病预防处置门诊，预防接种能力明显提升。全区全年档案信息准确率99.94%；儿童档案信息完整率99.28%，儿童接种信息完整率100%；成人档案信息完整率

99.84%，成人接种信息完整率100%；重卡率0.015%，档案手工迁出率0.16%。持续推进适龄儿童及重点人群预防接种工作，免疫规划疫苗接种13.31万剂、非免疫规划疫苗接种31.94万剂，接种率达90%以上。查验所有小学和托育托幼机构的入托入学儿童补种情况，补种疫苗4889剂次，补种率94.78%。完成西藏中学重点人群接种4544剂。强调安全接种，做好疑似预防接种异常反应监测工作，全年异常个案发生率41.76/10万剂次，安全接种率达100%。全年无麻疹、乙脑、破伤风、白喉、流脑报告，妥善处置6起百日咳聚集性疫情，1起风疹聚集性疫情，无疫苗针对性传染病暴发疫情发生。

【艾滋病防治】 2022年，沙坪坝区继续推进“第四轮全国艾滋病城市示范区工作”，顺利通过第四轮全国艾滋病综合防治示范区工作和遏制艾滋病传播实施方案（2019—2022）终期评估。持续开展国家青年学生艾滋病哨点监测工作，完成800名在校学生的艾滋病、梅毒、丙肝感染率监测及行为学调查，落实学校艾滋病疫情通报制度，提高学校开展艾滋病疫情防控的主动性。加大“防艾”宣传力度，组织开展艾滋病防治知识专题讲座、宣传活动42场，覆盖人群3万余人，通过新媒体推送防艾信息和公益广告93条，组织各高校开展知识竞赛和讲座等系列防艾活动20余场。各级医疗机构开展HIV筛查475724人次，提供免费自愿咨询检测服务8033人次。

【结核病防治】 2022年，沙坪坝区免费筛查疑似肺结核患者763人，发现活动性肺结核患者177例，随访管理肺结核患者118例，全区报告的肺结核临床诊断病例的诊断一致率达67.74%，肺结核患者总体到位率95.82%，管理率100%。重视辖区重点人群结核病防治，尤其是学校结核病疫情防治。全年主动筛查11万余人次，规范处置学生肺结核疫情84例、聚集性疫情2起，学校结核疫情总数同比下降20%，无学校结核病突发事件发生。开展多种形式的结核病防治知识宣传活动，通过微信、微博等新媒体发布结核病防治信息463次（条），组织720名志愿者参与线下防治宣传活动，累计入户宣传528次，覆盖重点人群5105人次。

【地方病防治】 2022年，沙坪坝区在渝碚路、丰文、覃家岗、回龙坝及土主5个镇街完成了全区碘缺乏病监测工作。西南医院、新桥医院和区人民医院等医疗机构常态化开展疟疾血检，全年完成“三热病人”血检76张，阳性率2.63%。开展全区传疟媒介监测工作，目前沙坪坝区仍有密度较低的中华按蚊分布，存在输入性间日疟引发本地疫情的风险。做好重点职业人群布鲁氏菌病监测工作，在中梁、歌乐山、青木关、回龙坝、井口、丰文及沙坪坝7个镇街监测、调查重点职业人群208人。协助区农委对歌乐山及中梁的畜间布病疫情开展联防联控；规范处置1起因销售带菌羊奶引起的布鲁氏菌病聚集疫情。

【慢性病综合防控】 巩固国家慢性病综合防控示范区建设成果，持续做好老年人健康管理、“两病”患者管理，扎实开展死因监测、心脑血管事件报告、肿瘤随访登记、慢阻肺病例报告等工作，持续推进城市癌症早诊早治项目、开展居民死亡卡报告历史数据核查、全国慢病防控综合能力调查、慢性病及其危险因素调查和老年人健康素养调查。2022年，沙坪坝区35岁以上人群首诊测率99.12%，累计管理高危人群16786例。组建23个慢性病患者自我管理小组。

全区规范化电子健康档案覆盖率61.3%；65岁以上老年人健康管理率61.78%；管理高血压患者85608人，规范管理率68.47%；在管2型糖尿病患者32506人，规范管理率68.43%。完成2022年度儿童口腔疾病综合干预项目，封闭牙齿5330颗，涂氟9448人。开展沙坪坝区第七届“万步有约”职业人群健走激励赛、“三减三健”有奖知识竞答等健康宣传活动，新建健康支持性环境3类9个，招募110名健康生活方式指导员，组织健康主题日宣传共5次。

【食品安全风险监测】 2022年，沙坪坝区完成食品抽样监测任务294件，检出存在安全隐患的食品36件，检出率12.2%。监测医院网络报送食源性疾病病例411例。配合区市场监管局对1起食源性疾病事件开展流行病学调查。

【学校卫生监测】 2022年，组织辖区10所项目学校开展学生常见病与健康危险因素监测干预，监测在校学生4295人。针对监测中发现的问题，开展专家进校园、学校卫生标准普及、中小学生健康月、教学环境改善、健康父母行动和关爱重点人群等防控干预活动 。

【水质监测】 2022年，沙坪坝区各镇街生活饮用水水质监测实现全覆盖。开展枯水期和丰水期城乡饮用水水质监测，监测水样106份；开展城乡饮用水水龙头季度水质监测，设监测点19个，监测水样76份；开展管网末梢水月水质监测，监测水样228份；开展学校直饮水、小区现制现售水、二次供水、游泳池水、沐浴用水等水质卫生监督监测，监测水样131份；开展重大会议活动生活饮用水卫生安全保障监测，监测水样16份。

【实验室能力建设】 2022年，沙坪坝区疾控中心新增荧光定量PCR仪、电感耦合等离子体质谱仪（ICP-MS）、气相色谱仪（FPD、FID）、原子吸收光谱仪（石墨、火焰）、全自动氮吹浓缩仪、全自动高锰酸盐指数/水质总硬度分析仪等检测仪器，实验室检测能力进一步提高。顺利通过重庆市卫生健康委员会组织开展的职业卫生技术服务机构资质认可复评和重庆市市场监督管理局组织开展的检验检测机构资质认定复评。顺利通过国家碘缺乏病参照实验室、国家致病菌识别网国家中心实验室、重庆市疾病预防控制中心等市级以上实验室组织的能力验证活动42次。目前，区疾控中心能够开展3大行业117项职业病危害检测项目的检测工作，检验能力覆盖8类275项。

【精神卫生工作】 持续做好精神卫生综合防治工作，开展患者筛查评估、信息交换、社区康复、救治救助、联合服务管理等，全区全年在册严重精神障碍患者管理率95.08%，规范管理率91.73%；在册患者服药率86.95%，规律服药率81.26%；精神分裂症服药率87.27%，规律服药率81.97%；在册患者面访率94.09%。稳步推进社会心理服务体系建设试点工作，开展儿童青少年心理健康促进调查，心理健康知识达标率61.51%。依托“和顺茶馆”与“特钢能人坊”，持续推进5个镇街级心理咨询示范点建设，全区100%村（社区）已建立心理咨询室，100%镇街已设立心理健康服务点，100%中小学校已设立心理辅导室，100%精神专科医院和二级及以上综合医院均开设心理门诊，100%社区卫生服务中心设立心理咨询室。借助本辖区精神专科卫生资源，对全区重点人群开展心理健康测评，共计4000余人参加。接听24小时心理援助热线507例，开展大众心理健康“五进”

活动93场次。

【传染病防治】 2022年，沙坪坝区报告乙类传染病13种3548例，死亡53例，发病率239.77/10万，死亡率3.56/10万。全区50家传染病网络直报单位系统正常运行率100%，报告质量综合指数均在98%以上。常态化开展病原学监测，区陈家桥医院开展手足口病病原学监测45例，以CV-A6感染为主；区疾控中心采集活禽市场环境标本144件。全年处置传染病聚集疫情237起。

（段清浩）

妇幼保健

【孕产妇健康管理】 认真开展孕产妇健康管理，全力保障母婴安全。沙坪坝区东西两个片区采用指导小组人员划片包干制形式，每季度到基层进行项目督导，对照市级评价标准及区级重点指标进行评价，评价报告在全区内予以通报。2022年全区筛查并管理高危孕产妇3953人，管理橙色孕产妇551人，红色孕产妇28人，高危孕产妇专案管理率100%，首次分娩剖宫产率37.19%。全年孕产妇早孕建册率97.33%，产后访视率95.43%，孕产妇系统管理率93.34%，无孕产妇死亡发生。开展云诊室、线上咨询及微信答疑9252人次，孕妇学校线上录播、直播课程共20余次，安全分娩632人次。

【儿童健康管理】 创新红、黄、绿“三色”管理评价模式，扎实开展0~6岁儿童健康管理工作、听力、眼保健和视力检查工作。2022年，沙坪坝区新生儿访视率96.70%，6个月内婴儿纯母乳喂养率63.16%，3岁以下儿童系统管理率92.86%，7岁以下儿童健康管理率97.6%，0～6岁儿童眼保健和视力检查率95.22%，听力筛查率90.78%，新生儿遗传代谢性疾病筛查率98.1%，疑似残疾儿童报告数86人，区级干预治疗33人，转介至市级8人。组织听力筛查培训、眼保健及新生儿复苏等培训及督导共计10余次。新生儿死亡率1.29‰，婴儿死亡率1.94‰，5岁以下儿童死亡率2.11‰，处于全市较低水平。充分发挥沙坪坝区婴幼儿养育照护指导中心作用，对区内0～3岁托育机构以及托育托幼一体幼儿园进行专业技术培训共6次，对12所新办托育机构、72家幼儿园进行卫生评价。组织市级新生儿复苏工作培训会1次，来自全市18家医疗机构的共57名学员培训考核后取得了资格证书。首次组织全区儿童保健知识和技能大赛，选拔优秀队员3人成功晋级市级决赛，并在决赛中获得个人三等奖、团队优胜奖，沙坪坝区获优秀组织奖。

【妇女健康管理】 持续开展妇女保健项目，2022年为沙坪坝区1302名群众提供婚前医学检查，1732名群众提供孕前优生检查及咨询服务，早孕随访3014人次，获得妊娠结局304人。完成免费基本避孕服务手术761例，服务率64.00%。宫颈癌、乳腺癌早检率、检查完成率均达100%。新增叶酸服用2680人，发放叶酸8265瓶，叶酸服用率94.04%，知识知晓率99.89%。为辖区244个家庭残疾提供免费面诊服务，现场咨询172人次、线上服务141人次。

【重大妇幼项目】 加强预防艾滋病、梅毒和乙肝母婴传播等项目的指导和推进，印发《沙坪坝区2022年度预防“艾梅乙”母婴传播实施方案》，常态化开展“艾梅乙”工作督导。2022年，沙坪坝区孕产妇三病检测率达99.99%，艾滋病感染的孕产妇及所生婴儿抗艾滋病毒用药率100%，艾滋病暴露儿童早期诊断检测率100%，梅毒感染孕产妇治疗率87.50%，梅毒感染孕产妇所生儿童预防性治疗率96.15%，乙肝表面抗原阳性产妇所生儿童乙肝免疫球蛋白注射率99.82%，首剂乙肝疫苗接种率99.12%。未发生艾滋病、梅毒、乙肝母婴传播。

【妇幼健康教育】 加强健康教育阵地建设。线上通过微信“三号”（服务号、订阅号、视频号）发布科普文章156篇，受益人数6万余人。线下通过制作多种健康教育宣传物品，如“倡导科学婚检·预防出生缺陷”宣传毛巾、“免费两癌·健康未来”宣传太阳伞等，广泛普及妇幼健康知识。扎实开展主题健康教育宣传活动，开展5·20免费婚检宣传，举办妇幼专题健康教育巡讲10余次。积极参加健康教育宣讲、科普短视频比赛，采编的妇幼健康教育信息多次被《中国人口报》《健康报》采用。初步建立孕妇学校质量管理体系，开展人员培训、工作督导。2022年，沙坪坝区妇幼健康知识知晓率、行为形成率和健康教育活动参与率为94.2%、97.21%、92.16%，同比分别上升0.08%、0.05%、1.69%。

（段清浩）

基层卫生

【基本公共卫生服务项目】 2022年，沙坪坝区强化政策保障、督导指导和服务能力，深入推进基本公卫服务项目实施。结合全区实际和历年规则，合理下达2022年度全区基本公卫项目任务指标；优化资金使用效率，调整资金分配方案，规范、及时预拨运行经费，引导项目实施单位规范服务；深入推动落实在全区村（居）委会设立公共卫生委员会，进一步筑牢公共卫生群众自治网络和全生命周期服务体系。印发2022年度全区基本公卫项目指导计划，建立常态化工作机制，推动落实技术帮扶、定点带教；针对服务短板，有序打卡推进，督促指标落实；定期开展绩效考核，持续完善以考核结果为导向的奖优罚劣机制。有序推进12项国家基本公共卫生服务项目，利用多平台、多载体、多途径，广泛服务群众，居民项目服务知晓率及满意度分别稳定在75.44%、82.63%。

【家庭医生签约服务】 2022年，沙坪坝区持续提升家庭医生新冠重点人群健康管理服务，签约人群服务知晓率、履约率较2021年仍然保持稳定。组建家庭医生团队133个，签约常住居民21.3万人，针对在家且有意愿的计生特扶人员、有康复需求的持证残疾人实现应签尽签，重点人群签约率70.96%。积极推广个性化签约服务，年度推广个性化服务包613个，个性化服务3.13万人次，产生经济效益454万元。推进精品家庭医生团队建设，全区所有甲级社区卫生服务中心至少拥有1支专业队伍，以专业队伍服务专项需求，持续提升群众获得感、幸福感。

【基层卫生机构建设】 积极推进基层医疗机构等级评审，土主社区卫生服务中心建成全区第8家甲级社区卫生服务中心，建成比例达38%，位居全市前列。做实“三项帮扶”政策，引导培育基层特色科室43个，提升基层自我造血能力，形成区域医疗格局差异互补。特色科室全年服务94.52万人次，产生经济效益16775.62万元。联合区残联，在新桥社区卫生服务中心成功创建“康复之家”，科学开展脑卒中患者康复项目。积极推广天星桥、渝碚路“医防融合”试点工作经验，沙坪坝、天星桥、新桥社区卫生服务中心“医防融合”3个创新做法成功入选国家基层卫生健康优秀创新案例，双碑社区卫生服务中心建成“两部一馆一专区”新医防融合服务体系，综合服务能力得到显著提升。

【农村卫生服务】 2022年，沙坪坝区进一步强化村卫生室一体化管理。推动标准化建设村卫生室13所，将村卫生室安全运行和能力建设纳入辖区网格化管理，有效发挥村卫生室基层诊疗“哨点”作用。继续推进星级评定，强化“五星级”村卫生室医疗设备配置，培育壮大优质村卫生室，正向激励营造争创氛围。充分运用上级培训平台，将乡村医生融入家医签约服务团队，开展区级大轮训，每季度开展线下集训，“一对一”考核过关，提升乡村医生诊疗能力。引导村医升级执业资质，拓宽职称晋升渠道，村医执业（助理）医师占比逐年提升；常态化开展明察暗访，督促村卫生室整改村医技能不高、过期药品存放等问题，有力维护医疗质量安全，筑牢村卫生室发展“生命线”。完善农村医疗卫生服务政策保障，在岗村医每人每年在基本公共卫生服务补助、基本药物补助基础上，继续提供人均2.4万元村卫生室专项补助，为全员购买养老和医疗保险，有力保障了村卫生室人均收入，稳定村医队伍。

（李兰馨）

医疗管理

【医疗服务改善】 2022年，沙坪坝区坚持“引进来”与“走出去”并重，落实合作发展、对口支援。一方面，加强与陆军军医大学等龙头单位合作，西南医院、新桥医院专家长期驻点沙坪坝区4家二级医疗机构，给予技术帮带，提升区属公立医院重难症救治能力。另一方面，结合沙坪坝区学科优势，派出3名医务人员对口支援奉节县基层医疗机构，开展新技术、新项目6项，诊疗900余人次，帮助受援单位增加收入17万元。组织开展“5·12”国际护士节、“中国医师节”等庆祝活动，评选区级先进病区和先进个人，激发医务人员干事创业活力。组织各医疗机构拍摄活动视频，通过医院显示屏、微信公众号等平台播放，扩大社会影响，凝聚人心、汇聚力量，为卫生健康事业发展营造良好外部环境。

【行业作风建设】 组织开展大型医院专项巡查行动，对重庆市第十一人民医院、区人民医院等6家二级及以上医疗机构开展全面巡查。建立行风建设工作台账，以问题为导向，推动沙坪坝区医疗行业作风建设各项措施落到实处。对17家二级医疗机构开展专项督查，发现问题即时整改，整改完成率100%。召开民营医疗机构依法执业专项整治行动工作部署会，印发《沙坪坝区卫生健康委员会关于开展民营医疗机构依法执业专项督查的通知》，对辖区29家民营医院及医疗美容门诊部开展专项督查，发现问题61条，整改完成率100%。对辖区内6家二级医院、21家社区卫生服务中心，2家高校医院，17家民营医院，2家集中隔离点开展院感质控管理专项督查，对发现问题一对一给出整改意见，整改完成率100%。进一步加强实验室生物安全监管，规范35家实验室的自查报告和整改台账，对5家实验室进行现场督查，督察发现问题21条，整改完成率100%。

【医疗质量管理】 与西南医院、新桥医院进行深度医疗合作，2022年新增西南医院、区中医院，新桥医院、天星桥社区卫生服务中心紧密型医联体2个。强化“互联网+健康服务”，充分发挥区域远程“放射、心电、影像”3个平台优势，年集中远程阅片近35万例。印发《关于做好2022年医疗质量控制工作的通知》，制定《2022年沙坪坝区医疗质量安全改进目标分工表》《2022年质控工作改进目标分工表》，促进各质控中心抓好医疗质量改进，提高质控效能。举办全区第二届病案首页填写竞赛活动，45家医疗机构90名医务人员同台竞技，以赛促学、以赛促练，进一步提升病案首页书写质量。组织开展培训学习及督查，全区26个质控中心累计督导50余家医疗机构，开展学术交流、讲课讲座、病例讨论、学术沙龙等150余场次，培训1.1万余人次。

【平安医院建设】 组织区级医疗质控、后勤安保等专家12人，对辖区21家医疗机构开展平安医院建设督察工作，指导医疗机构完善系统性安全保障制度，细化防范措施，周密部署安全工作。印发《沙坪坝区医疗机构安全防范建设方案》，进一步加强医疗机构安全保卫工作。强化警医联动，辖区内23家医疗机构完成警务室建设，49家医疗机构为安保人员配备移动电话、对讲机。区人民医院、区中医院、陈家桥医院已安装X射线安全检查设备，有效维护正常医疗秩序，保护医务人员人身安全。印发《关于进一步加强医疗机构投诉管理工作的通知》，规范医疗质量安全管理。辖区二级以上医院均建立医患关系办公室，负责医患纠纷的先期排查化解、中期接待处置、后期反馈整改，并配备专职人员负责各类投诉处理。43家医疗机构购买医疗责任保险，有效分散医疗责任风险、缓和医患矛盾。

（肖　智　李　洁）

中医药事业

【中医药健康管理】 持续开展中医药服务质量控制及中药饮片督查，进一步提升中医药服务质量，规范中药饮片管理。持续开展非中医类别医师开具中药处方资质认定工作，1300余名非中医药人员通过“学堂在线”考试，取得中成药处方资格。常态化开展处方点评，不合理处方数量显著降低。指派专家指导基层应用中医药方法对慢性病、孕产妇、儿童、老年人等重点人群开展健康管理服务。2022年，为全区104194名65岁以上老年人、12333名0～3岁儿童提供中医服务，服务率分别达69%和70.37%。

【中医药文化宣传】 印发《沙坪坝区2022年中医药文化宣传活动方案》，结合《中华人民共和国中医药法》实施五周年及《重庆市中医药条例》实施首年，开展普法专题培训，深入推进中医药文化进社区、进养老机构，全年开展义诊宣传活动30余场，发放宣传资料5000余册，受益群众4万余人次。以中医药文化进校园为抓手，打造中草药种植园及中医药文化展区、长廊，组建宣讲师资队伍，开展“浓情端午、爱聚六一”等中医药体验活动，为学生讲解中药、中医，提高中小学生中医药健康文化知识普及率和健康素养。沙坪坝区1所学校被评为“重庆市首批中医药文化进校园示范学校”，区中西医结合医院建成中医综合服务区，被评为“重庆市中医药文化宣传教育基地”。

【中医药服务水平】 推动中医重点（特色）专科建设，提升医疗服务能力，区中医院针灸科、区陈家桥中医康复科、区人民医院中医康复科成功申报市级中医重点（特色）专科。巩固全国基层中医药工作先进单位成果，对基层中医馆提档升级，促进中医馆精品化建设，已建成5家市级精品中医馆，占比23.8%。全区所有社区卫生服务中心、镇卫生院和92.31%的社区卫生服务站、村卫生室能提供中医药服务，基层门诊中医药处方量占比达33.03%。

【中医药人才队伍建设】 开展区级第三批“师带徒”年度考核，21名继承人均考核过关；完成2022年度传统医学师承和确有专长人员考核工作，师承考核人员9人，通过5人，确有专长考核2人，通过2人。邀请重庆市名中医晋献春、张荣华等专家授课，开展经典经方等专题培训5场，培训中医600余人。2人获重庆市公立中医类医院急诊急救知识与技能竞赛培训“优秀学员”称号；1人确定为“全国中医护理骨干人才培训项目培养对象”；2人被确定为“第七批全国老中医药专家学术经验继承工作继承人”；1人获得“重庆市名中医”称号，全区中医药人才队伍不断壮大。

（李维娜）

卫生法治与监督

【行政执法】 2022年，沙坪坝区改进行政执法方式，推行柔性执法，落实涉企包容审慎监管理念，对于违法行为轻微、主观恶意不大的违法行为采取说服教育、劝导示范等说理式执法方式，引导行政管理相对人自觉守法；推行三级约谈机制，约谈不良执业单位负责人，帮助其分析原因、提高认识、落实整改措施。充分利用“智慧卫监”平台在数据共享、动态监测、整理归档方面的优势，进一步提升执法效率。全年开展监督检查4384户次，查处无证行医、公共场所、生活饮用水、学校卫生、传染病、职业卫生等领域案件280件；“双随机”国家抽检227户，立案查处12起；向公安机关移送1起刑事犯罪线索；推行说理式执法文书，执法记录仪使用率100%。针对群众关注度高、民生影响力大的热点问题，组织开展医疗机构依法执业、预防接种等“卫监蓝盾”10个专项行动，严惩危害群众健康的违法行为。持续开展“你点名我监督”交叉执法，全年开展医疗美容机构、公共场所等异地交叉执法检查8家，取得良好的社会效果。通过23个协管单位的67名专兼职协管员构筑协管网底，卫生监督网络覆盖城乡，全年巡查3984户次，试点开展规范化协管机构建设，力争“以点代面”，全面提升协管员服务能力。

【法治监督】 2022年，沙坪坝区持续完善行政执法制度，严格落实重大行政处罚案件领导班子集体讨论制度、行政执法稽查制度、行政执法过错责任追究制度、行政处罚案件档案管理制度等。推行行政执法“三项制度”，全年开展重大执法决定法制审核190件，收集全过程执法视频2117个，公示各类执法数据3826条。加强行政执法案卷评查，全年评查案卷170件，获评市卫生健康行政处罚优秀案例1例、区司法局行政处罚优秀案卷1例。强化内部稽查和外部监督，创新性开展公职律师和法制稽查科人员《大案要案稽查提前介入制度》，每季度开展全覆盖稽查工作，督导提升行政执法效能；健全投诉举报制度，举报电话24小时畅通，邀请13名社会监督员参加行风座谈会，参与现场监督执法，切实保障群众知情权，落实行政处罚、行政执法公开制度，不断提升行政执法公众参与度。2022年，群众对卫生健康工作的满意度达98%。

【法治教育培训】 2022年，开展卫生健康系统党组织书记、骨干党员集中学习习近平法治思想培训两期。新任领导干部参加法治理论考试，全员完成国家卫生健康监督信息平台30学分培训、行政执法人员网络教育培训等法治教育课程学习。组织开展内部“法治学堂”等执法能力培训，培训内容涉及医疗机构依法执业、职业卫生执法等，切实提高卫生监督员依法执法能力。在首届川渝卫生健康综合行政执法技能竞赛活动中获得个人三等奖、优胜奖；1人获得重庆市卫生健康“执法办案能手”。

【职业健康监管】 实施“十四五”职业病防治规划，各职业病领导小组成员协同配合，有序推进沙坪坝区职业卫生工作。联合镇街、区人社局、总工会等单位，开展职业病危害专项治理、2022年职业病防治监测项目，现有企业底数750家，接害劳动者8986人，职业病危害项目申报率95.5%，职业病危害因素定期检测率95.5%，劳动者在岗期间职业健康检查率95.8%。完成国家职业卫生随机抽查检查和重庆市职业卫生“双随机”检查，开展职业健康监护行动，探索开展职业卫生分级分类执法，全年累计检查企业88家，办理案件结案63件。持续营造浓厚宣教氛围，举办第20个《职业病防治法》宣传周活动，活动启动仪式被《健康报》《中国人口报》《重庆日报》、新华网、上游新闻、华龙网等主流媒体广泛报道。活动期间累计开展主题宣讲44次、咨询活动31次、警示教育21次，印发宣传资料1.1万册，“二维码”答题宣传受众1.31万人。2022年，对18个镇街近1023家重点工业企业的主要负责人和职业卫生管理人员近1800人集中开展职业健康线上视频培训，促进企业职业病防治主体责任落实，树立职业健康理念。联合区健康办、区市场监管局、区人力社保局、区总工会等单位开展重庆市“健康企业”“健康达人”创建活动，成功创建2家重庆市“健康企业”，2人获评区级“职业健康达人”。

（胡　音　李　洁）

卫生应急

【应急体系建设】 2022年，沙坪坝区50家医疗卫生单位签订《2022年安全生产工作目标管理责任书》《消防安全目标管理责任书》。常态化开展安全检查、“119”宣传月活动、安全宣传“五进”工作，普及防灾减灾基本知识和卫生应急基本技能。全年发现隐患223条，整改完成率100%。

【应急综合处置】 2022年，开展突发公共卫生事件风险评估会3次，邀请区教委、区市场监管局、区商务委、区农业农村委等部门以及市级相关领域防控专家开展风险研判，查短板、补缺漏，压实防控职责。完善卫生应急物资储备，提升风险应对能力，妥善处置公共卫生突发事件，全年获市级免费物资5批。区级物资储备达到市级要求，医疗机构满足60天满负荷运转需要。

【卫生应急队伍建设】 沙坪坝区现有4支卫生应急专业队伍，其中，2支区级紧急医学救援应急专业队伍、1支区级突发传染病防控应急专业队伍和1支区级突发中毒事件应急专业队伍；5支背囊化卫生应急快速小分队，其中，3支紧急医学救援小分队、1支突发传染病处置小分队、1支突发中毒事件处置小分队。定期调整更新队伍人员，保持队伍活力，多次在全区卫生应急处置过程中发挥重要作用。

【卫生应急培训及演练】 2022年，组织开展消防安全培训及疏散逃生演练、院前急救队伍培训等工作，遴选16名急诊急救骨干医师参与区内全脱产进修培训。开展沙坪坝区2022年院前急救大比武活动，选出一支代表队伍参加重庆市首届院前急救大比武活动，获得团体二等奖、驾驶员个人三等奖的好成绩。创建公众卫生应急技能提升行动示范单元3个。持续推进公众卫生应急技能培训活动，全年培训203人次。

（陈　骋）

医疗行政审批

【优化营商环境】 2022年，沙坪坝区健全守信践诺机制，营造一流的市场准入环境。66项审批事项的法定总时限压缩率90%，45个事项立等可取，在政务服务“好差评”制度的基础上，开展“沙磁二为码”办事登记服务，群众办理行政审批便捷度大大提升。深化“证照分离”改革工作，取消对诊所执业的许可准入管理，改为备案管理，取消6个项目现场勘验。深化政务服务事项清单化管理，对255个政务服务事项进行动态管理，线上“一网通办”，线下提供政务套餐服务，全程网办率100%。深化信息系统运用，在“渝快办”系统后台完成关联身份证、营业执照等电子证照信息事项配置，为同一主体跨部门一键申办多项政务服务打好基础。全年网上公示行政许可信息4937条。

【行政许可规范化管理】 2022年，沙坪坝区坚持“提前服务、延时服务、上门服务、不见面审批、非工作日服务”等特色服务，方便群众办事，打通行政许可办理堵点，提高办事群众满意度。全年办理行政许可4937件。

（胡　音　李　洁）

爱国卫生

【爱国卫生组织管理工作】 2022年，在爱国卫生运动开展70周年之际，中梁镇人民政府、陈家桥街道办事处、土主街道办事处3家单位被评为重庆市爱国卫生运动70周年成绩突出单位；区卫生健康委吴开平、凤凰镇人民政府陈应梅、覃家岗街道办事处朱树祥、井口街道办事处邓燕、丰文街道办事处李莉5人被评为重庆市爱国卫生运动70周年表现突出个人；区城管局《“三个转变”改善乡村环境》、区生态环境局《沙坪坝区生态环境的绿色蜕变》、区卫生健康委《以健康城市建设为抓手不断提升人民群众幸福感》3个案例入选重庆市爱国卫生运动70周年典型案例，沙坪坝区爱国卫生运动取得优异成果。通过爱国卫生工作网络和新时代文明实践中心（所、站），大力宣传《新时代公民道德建设实施纲要》《公民生态环境行为规范（试行）》《重庆市文明行为促进条例》《重庆市公共场所控制吸烟条例》《重庆市民健康公约》，把文明健康、绿色环保生活方式融入广大群众的日常工作、生活和自觉行动中。牵头做好“深入开展农村爱国卫生运动”专项行动，有效降低农村地区传染病传播风险。

【卫生、健康细胞创建工作】 2022年，沙坪坝区顺利通过国卫区市级明察复审，回龙坝镇启动创建国家卫生镇。歌乐山社区卫生服务中心成功创建为市级优秀卫生单位，天星桥街道梨树湾社区、天星桥街道柑子村社区成功创建为市级卫生单位。2022年，沙坪坝区新创建健康细胞、健康支持性环境13个，其中，健康示范社区1个、健康示范村2个、健康示范企业2家、健康村2个、健康机关3个、健康医院1

家、健康食堂1个、健康家庭1户。

【健康教育与健康促进工作】 2022年，沙坪坝区顺利通过健康促进区市级技术评估。成立沙坪坝区健康科普专家库，印发《沙坪坝区健康科普专家库管理办法（试行）》。加强疾病防控知识宣传，开展倡导文明健康生活方式活动，有效降低农村地区传染病传播风险。持续推进无烟环境建设，建立沙坪坝区公共场所控制吸烟工作联席会议制度。全区97家机关已全部建成无烟党政机关，辖区公立医院100%建设无烟医院，辖区中小学校和公立幼儿园共110家全部建成无烟学校，建设认证无烟家庭1396家。区生态环境局、渝碚路街道办事处成功创建为市级“无烟党政机关示范单位”。开展2022年沙坪坝区居民健康素养监测工作，完成调查480份，居民健康素养水平提升至32.29%。

【病媒生物防制工作】 2022年，沙坪坝区签订区爱卫办、镇街、专业防制公司三方协议，对22个镇街实行病媒生物专业化防制；购买4800公斤鼠药和1000个毒饵站，免费向镇街投放；各镇街、村（社区）、各单位对所辖区域四害孳生地进行了摸底调查，建立了孳生地台账，开展了专项治理和动态治理。继续做好病媒生物国家生态学监测项目；开展了全区22个镇街病媒生物重点场所危害调查，根据监测调查结果，全区四害密度稳定控制在标准范围之内。

（吴开平）

巩固国家卫生区

【概况】 2022年1月26日，根据《全国爱国卫生运动委员会关于2021年度国家卫生城镇复审结果的通报》，全国爱国卫生运动委员会重新确认沙坪坝区为国家卫生区，并颁发国家卫生区（2022—2024）奖牌。2022年9月22日—23日，沙坪坝区国家卫生区工作接受市级复审明查；11月1日，根据《重庆市爱国卫生运动委员会关于2022年卫生城区（县城）复审结果的通报》，沙坪坝区以823.5分通过2022年国家卫生区市级复审。

【爱国卫生组织管理】 2022年，区爱卫会印发《关于调整沙坪坝区爱国卫生运动委员会成员的通知》。2022年12月26日，市爱卫会决定中梁镇、陈家桥街道、沙坪土主街道为重庆市爱国卫生运动70周年成绩突出单位，区卫生健康委吴开平、凤凰镇陈应梅（女）、覃家岗街道朱树祥、井口街道邓燕（女）、丰文街道李莉（女）为重庆市爱国卫生运动70周年表现突出个人；区生态环境局的《沙坪坝区生态环境的绿色蜕变》、区城市管理局的《“三个转变”改善乡村环境》、区卫生健康委的《以健康城市建设为抓手，不断提升人民群众幸福感》3个案例入选重庆市爱国卫生运动70周年典型案例。2022年，沙坪坝区开展以“文明健康·绿色环保”为主题的第34个爱国卫生月活动，开展了“迎新春”爱国卫生专项活动，持续开展了倡导“文明健康、绿色环保”生活方式活动，回龙坝镇启动国家卫生镇创建工作。

【健康教育和健康促进】 2022年，沙坪坝区健康区建设通过市级技术评估。成立了沙坪坝区健康科普专家库。镇街、村社区固定宣传阵地158个，社区卫生服务中心固定宣传阵地136个，累计更新809次；机关、企事业单位固定宣传栏100余个；重要公共场所设立宣传栏或电子屏10余个。“健康沙区”微信公众号关注人数达4.6万人，全年共计发布健康信息734

条、阅读人数53.7万人次、阅读次数66.7万次。2022年开展健康教育宣传活动113场，受益群众33782人次；开展个性化健康教育服务累计140.95万人次；开展健康知识讲座221场，参与群众10763人；开展以“健康素养66条”为主题的健康知识讲座300余场，受益居民约1万人次。2022年沙坪坝区开展“百姓赛场”进社区活动100场，建成社区体育公园3个、体育文化公园2个，新增全民健身中心1个、社区健身点30个，培训社会体育指导员184名，全区经常参加体育锻炼人数比达39.49%。2022年沙坪坝区建立了公共场所控制吸烟工作联席会议制度，“无烟党政机关”（97家区级党政机关）、“无烟医院”（34家公立医院）、“无烟学校”（110家中小学校及公立幼儿园）覆盖率均100%，认证“无烟家庭”1396家；中共沙坪坝区委党校《严管控烟重实效　引导联动久为功》案例获评健康中国行动推进委员会控烟行动工作组推介的无烟党政机关建设优秀案例。2022年沙坪坝区是居民健康素养国家级监测点，居民健康素养水平达32.29%。

【市容环境卫生】　2022年全区整治卫生死角2858处，清理暴露垃圾2200吨，整治违规广告招牌9000余平方米。建成市政道路20千米，完成主次干道车行道整治15705平方米、人行道整治14589平方米，维修更换故障路灯7262盏。新建、改建公厕10座，建设劳动者港湾10座。完成中心湾片区等老旧小区改造，共计270万平方米，惠及群众6万余人；完成地质仪器厂、东风新村片区等棚户区改造，共计256户、2.28万平方米。新建排水管网15.46千米，改造雨污分流管网28.84千米。升级改造廖家坪和红槽房2个农贸市场。2022年新增城市绿地面积110万平方米，完成小新街、学府路、石小路等10个园林绿化补缺提质项目，共计3.5万平方米。主次干道机械化清扫率95%，城市生活垃圾回收利用率40%，城市生活垃圾无害化处理率100%，城市管理信息化覆盖率100%，窨井盖完好率98.9%，城市道路装灯率100%。

【环境保护】　2022年沙坪坝区未发生重大环境污染和生态破坏事故。全年开展企业环境分析隐患排查839家次，整治环境风险隐患85个，督促企业开展环境风险隐患自查1365家次，整治环境风险隐患82个，排查覆盖率和隐患问题整改率均100%。创建扬尘示范工地20个、扬尘示范道路20条；开展大气污染精准溯源工作，人工走航100余次，形成“重点区域污染源八方位分布图”；梳理了工业企业、加油站等10大类473个涉气单位，形成“大气污染源数据库”，避免空气质量重度污染天8次。2022年沙坪坝区无重度污染天，空气质量优良天数达303天，空气质量综合指数排名重庆市主城9区第1。区域环境噪声平均值控制在52.8分贝及以下。全年区级、镇街、村社区“三级”河长开展巡河10300余次，巡河率达150%，发现并处置问题1778个，污水处理达标率100%。2022年创建“节水小区”39家、“节水型企业”2家、“节水型公共机构”38家。2022年梁滩河沙坪坝区段出境断面水质平均值稳定达Ⅳ类，嘉陵江梁沱（左岸）国控断面水质稳定达到Ⅱ类。2处城市集中式饮用水水源地水质达标率保持100%。开展上天池、下天池和普照寺水库综合整治，3个湖库水质由劣Ⅴ类提升至Ⅲ类；开展菁云湖综合整治，水质达到Ⅲ类；开展五云湖、斐然湖综合治理，水质提升至Ⅳ类。2022年全区共安全转运处置医疗废物4200吨，医疗废物、医疗废水安全转运处置率100%。

【重点场所卫生】 2022年全区公共场所监督检查覆盖率、量化分级管理率、卫生许可证持证率、建档率、“五病”调离率均达99%以上，从业人员持有效健康证率达95%以上。完成国家卫生监督“双随机”检查153户，监督完成率100%，任务完成率100%。中小学体育与健康课程开课率达到100%，组织全体学生每天上下午各做1次眼保健操，学校眼保健操普及率达到100%，学校制定有传染病预防控制的应急预案和制度。2022年对1023家重点工业企业的主要负责人和职业卫生管理人员约1800人集中进行了职业健康线上视频培训，开展了2022年度“重庆市健康企业”创建，2家申报企业均通过市级验收。

【食品和生活饮用水安全】 2022年沙坪坝区开展校园食品、农村假冒伪劣食品等食品安全专项整治20余项。完成食品监督抽检4544批次，合格率97%以上；完成食品安全评价性抽检150批次，合格率98.6%。食品生产经营企业持证率98%以上。对无固定经营场所的食品摊贩实行统一管理，规定区域、限定品种经营。使用“智慧监管”App开展餐饮单位风险等级评定，餐饮、集体食堂餐饮服务食品安全监督量化分级管理率达95%，从事直接入口食品生产经营人员健康体检率达99%，全区3000余家餐饮单位入驻“重庆阳光餐饮”App，学校食堂“互联网+明厨亮灶+违规行为AI识别”实施率100%。集中式供水、二次供水和居民小区直饮水单位监督覆盖率100%，2022年设置城乡饮用水水质采样点63个，全年监测水样126份，水质达标率100%；设置市政供水、农村集中式供水采样点19个，全年监测水样76份，水质达标率100%；设置管网末梢水采样点22个，采样点覆盖22个镇街，全年监测水样228份，水质达标率98.2%。检测末梢水检测点水样264件，市政供水出厂水及末梢水水质监测合格率99.5%以上。

【疾病防控与医疗卫生服务】 2022年沙坪坝区50家传染病网络直报单位网络系统正常运行率100%，除新型冠状病毒病例外，报告乙类传染病2382例，报告发病率159.78/10万，同比下降8.97%。传染病网络报告综合质量指数均达98%以上。全区适龄儿童国家免疫规划疫苗接种率98%以上，儿童入托入学查验覆盖率100%、补种率94.78%，流动儿童免疫规划建卡、建证率达100%。全年新建健康档案6.12万份，更新健康档案36.57万份，全区电子档案建档率64.73%，家庭医生签约30余万人，65岁以上老年人健康管理率61.78%。动态管理高血压患者85608人，2型糖尿病患者32506人。在册严重精神障碍患者规范管理率91.73%。孕产妇系统管理率93.34%，7岁以下儿童健康管理率97.6%，婴儿死亡率1.94‰，5岁以下儿童死亡率2.11‰，全年无孕妇死亡。基层医疗卫生机构标准化建设达标率100%。建立重庆市重点专科、中医专科、特色专科等共计16个。累计建成8家甲级社区卫生服务中心、7家社区医院。开展公共卫生应急技能提升行动示范单位创建，3个申报单位均通过市级资料验收，通过“1+10+X”（1个公共卫生应急技能培训基地、10家指定基层医疗机构和其他医疗机构）模式，开展应急救护进学校、进社区、进企业、进农村、进机关“五进”培训。

【病媒生物预防控制】 2022年沙坪坝区开展了病媒生物国家生态学监测、镇街病媒生物重点场所危害调查、病媒生物抗药性和病原学监测，购置鼠药4800公斤、毒饵站1000个，组织统一灭鼠灭蚊行动。投入25万元，对22个镇街实行病媒生物专业化防制。全区开展病媒生物孳生地摸底调查，建立了孳生地台账，开展了专项治理和动态治理。沙坪坝区“四害”（鼠、蚊、蝇、蟑螂）密度稳定达到国家病媒生物密度控制水平标准C级。

（叶　旭）

健康城市、健康村镇建设

【概况】 2022年9月26日，全国爱卫办通报沙坪坝区2021年度全国健康城市评价结果为72.25分，排名重庆市第一，并确定沙坪坝区为2021年度重庆市健康城市建设样板市，是该年度重庆市唯一获此殊荣的区县。2022年9月1日，市卫生健康委通报沙坪坝区通过健康区建设市级技术评估。

【健康环境】 2022年沙坪坝区空气优良天数达303天，2处城市集中式饮用水水源地水质达标率100%。新增城市绿地面积110万平方米，公共停车位5000个。开展“马路办公”（将办公室设在马路上，以路为岗，服务基层，及时掌握城市管理现状、发现分析研究城市管理问题及规律）3646次，累计处理城市管理问题16.9万件。新建、改建公厕10座，在全区101个小区实行了生活垃圾集中定点投放，612个居民小区楼层不设垃圾桶，城市生活垃圾回收利用率达40%，城市生活垃圾无害化处理率100%，农村生活垃圾集中收运、无害化处理率100%。开展农村人居环境专项行动，完成农房风貌整治提升1225栋，栽种花木51万平方米，拆除违章建筑21万平方米，清理蓝棚顶11万平方米，改建圈舍柴棚1228处，新建农村公路50千米、入户便道22千米，清理管线32千米。创建“重庆市第四批美丽宜居乡村”3个。2022年农村无害化卫生厕所改造1422户，年度完成率116%，全区卫生厕所普及率95.9%。国家卫生镇覆盖率66.67%，重庆市卫生镇全覆盖。

【健康社会】 2022年沙坪坝区民生支出占一般公共预算支出的77%，新增公办幼儿园5所、小学4所，创建为“全国义务教育优质均衡先行区”；新建成沙坪坝区人民医院新院区并投入使用；新建社区体育公园4个；完成609户家庭适老化改造，全区96家养老服务机构医养结合服务覆盖率100%，新建“全国示范性老年友好型社区”3个；新增婴幼儿托位655个；救助困难群众7000余人，新增就业3.6万人，城乡居民社会保险参保率达95%，职工医保实际报销率71.49%，城乡居民医保实际报销率55.48%。开展了燃气、危化品、自建房、高层建筑消防等专项整治，生安全事故起数、死亡人数均下降。建成红岩市民综合调节机制。全年完成食品监督抽检4544批次，合格率97%以上；食品安全评价性抽检150批次，合格率98.6%；食品抽样检查达到4.14批次/千人。2022年“国家学生体质健康标准”合格率达到95%以上，优良率达50%以上。全区重点行业接触职业病危害的劳动者在岗期间职业健康检查人数8605人，劳动者在岗期间职业健康检查率95.8%。

【健康服务】 2022年新增陆军军医大学第一附属医院（西南医院）与沙坪坝区中医院、陆军军医大学第二附属医院（新桥医院）与天星桥社区卫生服务中心2个紧密型医联体，推进沙坪坝区中医院辐射童家桥、磁器口、石井坡社区卫生服务中心的磁童片区紧密型医共体和沙坪坝区中西医结合医院辐射青木关、凤凰社区卫生服务中心的紧密型医共体建设。建立重庆市重点专科、中医专科、特色专科等共计16个。评选一等特色科室3个、二等特色科室9个。全区基层医疗卫生单位运用“影像、心电、超声”远程诊疗三大平台覆盖率100%，服务患者32.5万人次。对11名二级医疗机构卫生专业人才实行“县聘乡用”，能力培养基层卫生人才累计3000余名人才。新增甲级社区卫生服务中心1家，3家基层医疗卫生单位创新做法入选国家基层卫生健康优秀创新案例。评选“最美家庭医生”10人、“最美家庭医生服务团队”5支。在册严重精神障碍患者规范管理率91.73%，镇街道、中小学校、高校、精神专科医院、二级及以上综合医院和社区卫生服务中心100%设立心理咨询场所，100%的村、社区建立心理咨询室。2022年孕产妇早孕建册率97.33%，产后访视率95.43%，系统管理率93.34%，新生儿访视率96.7%，7岁以下儿童健康管理率97.6%，新增叶酸服用人数2680人，叶酸服用率94.04%。2022年开展了对全区中小学校在校学生身体形态、生理机能、健康状况三个方面健康体检，学生健康档案建档率100%。组建家庭医生团队133个，设计个性化家庭医生服务包135个，家庭医生累计签约30余万人，全年新建居民健康档案6.12万份，更新健康档案36.57万份。培养重庆“精品中医馆”骨干人才5名，创建“重庆市中医药文化宣传基地”1个、“重庆市首批中医药文化进校园示范学校”1个。

【健康人群】 2022年沙坪坝区居民人均期望寿命为79.81岁。截至2022年12月31日，除新型冠状病毒外，共报告乙类传染病2382例，同比下降8.97%，无其他甲类及按照甲类报告管理的乙类传染病发生。全年无孕产妇死亡，婴儿死亡率1.94‰，新生儿死亡率1.3‰，5岁以下儿童死亡率2.11‰。全区肺结核疑似及确诊患者总体到位率达96.00%，患者管理率99.43%，规范服药率99.11%；截至2022年12月31日，动态管理高血压患者85608人，规范管理率为68.47%，管理Ⅱ糖尿病患者32506人，规范管理率68.43%。新建慢性病患者自我管理小组23个。2022年全区经常参加体育锻炼人口达39.49%，国民体质监测合格率92%，成人吸烟率为21.87%。

【健康文化】 2022年沙坪坝区居民健康素养水平为32.29%。“健康沙区”微信公众号全年共发布健康信息734条、阅读人数53.7万人次、阅读次数约66.7万次。印制禁烟标识、控烟宣传折页等资料3种3.5万份。成立了沙坪坝区健康素科普专家库，开展“爱国卫生月”“全民健康生活方式宣传月”“全国高血压日”等大型宣传活动6场，开展健康宣传活动113场，受益群众33782人次；开展个性化健康教育服务累计140.95万人次；开展健康知识讲座221场，参与群众10763人；开展以“健康素养66条”为主题的健康知识讲座300余场，受益居民约1万人次。认证无烟家庭1396户，组织控烟知识线上竞答，累计32689人次参与答题。2022年，沙坪坝区10个机关、企事业单位，共计21个队伍、334人参加全国第六届“万步有约”职业人群健走激励大赛，沙坪坝区获得“全国百强健走区”和进步奖。

【健康细胞】 2022年沙坪坝区2家企业申报创建“重庆市健康企业”并通过市级验收，完成沙坪坝区第五批健康细胞、健康支持性环境的申报统计、摸底指导、示范打造、评估验收及命名授牌工作。2022年沙坪坝区建设健康细胞、健康支持性环境13个，其中，健康示范社区1个、健康示范村2个、健康示范企业2家、健康村2个、健康机关3个、健康医院1家、健康食堂1个、健康家庭1家。截至2022年12月底，沙坪坝区累计建设市级、区级健康细胞、健康支持性环境（含示范）共计405个，其中健康镇、健康村、健康社区（除新设立的文广社区外）建设比例均达100%、健康（促进）医院建设比例66.67%，健康机关建设比例81%，健康学校建设比例60%，健康企业建设比例37.74%。

（叶　旭）

医疗机构选介

【重庆大学附属肿瘤医院】 重庆大学附属肿瘤医院是一所集医疗、教学、科研、预防、康复为一体的国家三级甲等肿瘤专科医院。2022年，医院有编制床位1480张，开放床位1850张，设有临床和医技科室43个，其中，国家级重点专科2个、省级重点学科4个、省级临床重点专科12个、省级临床诊疗中心3个。医院在岗职工2517人，其中高级专业技术人员257人，中组部国家海外高层次人才2人，国家卫生健康突出贡献中青年专家1人，享受国务院政府特殊津贴专家11人，国家重点研发计划首席科学家1人，重庆市首席专家工作室领衔专家2人，重庆市首席医学专家2人，重庆市医学领军人才2人，重庆市学术技术带头人6人，重庆英才系列专家13人，重庆市“百人计划”特聘专家1人，重庆市首批“科技创新领军人才”1人，重庆市杰出青年基金获得者1人，重庆市有突出贡献中青年专家3人。全国老中医药专家学术经验继承指导老师2人，重庆市名中医2人，国家中医药管理局青年岐黄学者支持项目人选1人，重庆市中青年医学高端人才16人，重庆市中青年医学高端人才工作室负责人1人，博士研究生导师17人，硕士研究生导师69人，博（硕）士学位获得者836人。国家级学会副理事长1人，国家级学会主任委员5人次，国家级学会副主任委员11人次，国家级学会常委、委员71人次，在国家与省级医学会、医师协会、抗癌协会及其专业委员会等任职达828人次。住院病员外埠比例达27.16%，辐射四川、贵州、湖北、云南等全国31个省（直辖市、自治区）。

【重庆市精神卫生中心】 重庆市精神卫生中心位于歌乐山街道矿山坡51号，占地面积：42605.5平方米，是一所集医疗、教学、科研、预防、康复、公共卫生六位一体的国家三级专科医院。是国家药物临床试验机构；重庆市心理卫生中心；西南大学附属心理医院；重庆市医学心理咨询中心；重庆市精神科医疗质量控制中心；重庆市精神卫生项目办公室；重庆市精神科住院医师规范化培训基地，重庆市精神卫生专科护士培训基地；重庆市心理卫生科普教育基地；西南大学、陆军军医大学、重庆师范大学等院校临床教学（见习、实习）基地。医院开放床位580张，医生91人，护士246人。

【重庆市公共卫生医疗救治中心】 重庆市公卫中心是重庆市唯一的国家三级甲等传染病专科医院，是重庆市传染病诊断及治疗权威机构。中心编制床位共800张，在建南彭院区编制床位2500张。2022年有职工1118人，中、高级职称458人（其中高级职称167人），硕士研究生学历及以上153人（其中博士11人），重庆英才创新领军人才1名、享受国务院政府特殊津贴1名、重庆市首席专家工作室领衔专家1名、重庆市中青年医学高端人才4名、“西部之光”访问学者1名。主要拥有1.5T核磁共振、64排

CT、60排方舱CT、DSA（全名“X线数字减影血管造影系统”）、全自动Gene Xpert分子诊断系统、BD960全自动分枝杆菌快速培养监测系统、全数字彩色多普勒超声诊断系统、高频喷射呼吸机、ND-YAG激光治疗仪、超高清电子支气管镜、超声电子支气管镜、电子胃肠镜、电子胸腔镜、腹腔镜、消化氩气刀、双能X线骨密度仪等医疗设备。建有重庆市传染病学、中医传染病学重点学科，感染科、呼吸科（结核）、影像科临床重点专科，传染病防治公共卫生重点专科（学科）；设有国家级博士后科研工作站、重庆市中青年医学高端人才工作室、生物样本库、感染与免疫实验室等。

【重庆市第十一人民医院】 重庆市第十一人民医院，系重庆市民政局直属事业单位。2022年，医院开放床位1000张；拥有职工426名，其中高级职称40人，中级职称71人。医生91人，护士217人。全院设有10个职能部门，10个临床科室，4个辅助检查科室。硬件设施种类齐全，拥有1.5T超静音核磁共振检测仪、16排螺旋CT、彩超、DR、全自动生化分析仪、全自动血气分析仪、胃镜、视频脑电地形图仪、动态脑电图仪、多导睡眠系统、眼动检测仪、心理测评软件系统等一大批先进医疗设备。开展了心理检测、脑电检测、生物反馈治疗、经颅多普勒（TCD）检测、眼动检测、睡眠监测以无抽搐电休克治疗（MECT）等检测治疗项目。建立了精神科医师、护士、临床心理治疗师、社会工作者等专业队伍，为患者社会功能的保存和恢复提供良好的专业服务。

【西南医院】 中国人民解放军陆军军医大学第一附属医院和第一临床医学院，对外称西南医院，是一所集医疗、教学、科研和预防、保健、康复于一体的综合性“三级甲等”医院。2022年，医院实体化运行临床医技科室60个，床位2900张。年度门急诊量355.1万人次，收容量14.2万人次，手术量12.8万台次，平均住院日5.69天。仪器设备总值约22亿元，拥有“达芬奇”手术机器人、术中核磁、7.0T核磁共振、TOMO刀、PET-CT、回旋加速器、大型高压氧舱群、神经导航系统等高精尖仪器设备。学科人才方面，拥有国家重点（培育）学科12个，国家临床重点专科军队建设项目12个，军队“双一流”重点学科1个，军队医学专科中心14个，其中7个全军研究所、7个全军专科（专病）中心。2021年复旦大学医院排行榜综合排名全国第25，烧伤科位列全国第1，病理科位列全国第4，检验科位列全国第5，整形外科位列全国第8，康复医学科位列全国第9，健康管理、普通外科等10个学科上榜提名。现有中国科学院院士1人，“南丁格尔”奖章获得者2人，享受国务院政府特殊津贴专家25人，国家杰青、长江学者、万人计划、国家优青等特殊人才22人，博士生与硕士生导师213人。

【新桥医院】 中国人民解放军陆军军医大学第二附属医院，对外称新桥医院，是一所设备先进、学科齐全、技术力量雄厚，集医疗、教学、科研、卫勤、为军服务等一体的大型综合性现代化教学医院，是国家首批“三级甲等医院”，也是重庆市首批“涉外定点医院”。2022年，医院开设床位2860张，拥有国际一流的重症监护病床301张和现代化层流净化手术室55间；其中百级层流手术室42间，杂交手术间1间；有包括世界最先进的达芬奇手术机器人、320排640层容积CT、PET-CT、手术导航系统、双源CT系统、移动式X射线术中放疗系统等国际先进的医疗设备4.5万余台件。医院设有临床和医技科室49个，其中，国家临床重点专科军队建设项目5个，国家级重点学科10个，国家中医药管理局重点建设专科1个，全军医学研究所4个，全军医学专科（病）中心6个，全军重点实验室2个，全军优生优育中心学科3个，重庆市重点实验室5个，重庆市高校重点实验室1个，重庆市临床医学研究中心3个，重庆市工程研究中心2个。医院是临床医学博士后流动站，有博士学位授权点学科22个、硕士学位授权点学科29个。国家住培专业基地24个、专培基地3个，有7个重庆市质量控制中心。医院年门（急）诊量266万人次，年收治病人13.1万人次，手术量8.1万台次，其中外埠患者就诊率达33.6%，入出院诊断符合率99.3%，治愈好转率99.43%。

【重庆大学附属沙坪坝医院】 重庆大学附属沙坪坝医院（重庆市沙坪坝区人民医院）是一所集医疗、教学、科研、急救和保健为一体的国家二级甲等综合医院。医院现有员工1200余人，其中卫生专业技术人员近1000人，博硕研究生140余人，重庆市中青年医学高端人才2人，重庆市区县学科带头人5人，区县医学头雁人才5人，区级名医15人，区级学术技术带头人10人、区级中青年医学后备人才8人。年门急诊服务患者120万余人次，成功创建为中国基层心衰中心、中国基层房颤中心、国家VTE防治中心、国家PCCM科规范化单位建设优秀单位、重庆市防治卒中中心。医院学科设置齐全，目前设有39个学科，其中，儿科为重庆市区域医学重点学科、重庆市临床重点专科，急诊科、内分泌科为重庆市临床重点专科，心血管内科、皮肤科、中医康复科为重庆市医疗特色专科，肝胆外科、重症医学科、麻醉科、医学检验科为沙坪坝区临床重点专科，疝与腹壁外科为沙坪坝区医疗特色专科，中医内科为沙坪坝区中医名科。医院学科建设重点围绕构建心脑血管中心、呼吸疾病中心、微创外科中心、危急重症（创伤）救治中心、康复医学中心、妇女儿童诊治中心、消化中心等“七大中心”，搭建医学检验平台、医学影像平台、病理诊断平台、远程诊断平台、消毒供应平台等“五大平台”，全新格局推动支撑医院高质量快速发展。2022年，医院新院区投入使用，定位为国家三级甲等教学医院，占地面积100余亩，建设面积22.8万平方米，规划床位1200张。2022年4月重庆市沙坪坝区人民政府与重庆大学签订战略合作协议，重庆市沙坪坝区人民医院正式挂牌重庆大学附属沙坪坝医院。

【重庆市沙坪坝区中医院】 重庆市沙坪坝区中医院是一所中医药优势突出、中西医结合，集医疗、教学、科研、预防保健为一体的公立二级甲等中医医院。2022年，医院在岗职工418人，中、高级专业技术人员近150名（高级职称52人）。其中，重庆市名中医2名，全国老中医药专家学术经验指导老师1名、继承人3名，市级老中医药专家学术经验指导老师2名、继承人2名；区级名老中医3名，区级老中医药专家学术经验指导老师6名、继承人11名；“沙磁名医”3名，“沙区名医”3名。医院实际开放床位310张，临床、医技科室27个，全国名老中医药专家传承工作室2个。骨伤科、针灸推拿科、中医内科和肛肠科为医院传统四大特色科室，其中，骨伤科为国家级中医特色专科和重庆市中医重点专科；针灸推拿科为国家级、市级中医特色专科、重庆市中医重点专科在建项目。在突出中医药特色的同时，积极引进现代化医学技术，先后开展颈、胸、腰椎前后路手术，髋、膝、半肩关节置换术，3D打印技术辅助髋臼骨缺损全髋关节翻修术，骨关节感染控制与重建术，关节镜下前后交叉韧带断裂人工韧带重建术，腹腔镜下前列腺肿瘤根治术、肾肿瘤根治术、胃癌根治术，结肠次全切除回肠直肠吻合术，经尿道输尿管软镜激光碎石取石术，经皮肾镜碎石取石术等4级手术，在区域同级别医院中处于领先水平；同时，与西南医院建立紧密型医联体建设合作协议，为疑难危重患者打通“绿色生命通道”。

【重庆市沙坪坝区妇幼保健院】 沙坪坝区妇幼保健院是一所集妇幼保健、计划生育、预防、医疗、科研、培训、教学、咨询、康复为一体的二级甲等妇幼保健院，现为陆军军医大学、重庆师范大学、重庆城市管理职业学院实习基地，重庆市脑瘫、智力残疾儿童定点康复救助服务机构。医院现有建筑面积9918平方米，开放床位32张；现有在岗职工217人，本科学历以上119人，硕士研究生15人，高级职称17人，中级职称以上76人。医院拥有GE实时三维彩超、DR、妇科LEEP刀、海极星、宫/腹腔镜、全自动生化分析仪等先进医疗仪器设备。开设儿童保健部、妇女保健部、孕产保健部，下设临床保健科室8个、医技及辅助科室4个、职能科室11个。其中，儿童生长发育专科、计划生育专科、产后保健专科为市级重点专科，儿童保健科、产科、妇科是区级重点专科。先后荣获重庆市文明单位、重庆市三八红旗集体、重庆市优秀卫生单位、重庆市巾帼文明岗、重庆市优秀妇女之家，重庆市爱婴医院，全国流产后关爱（PAC）优质服务医院、沙坪坝区白求恩精神示范医院、国家级产后避孕试点医院等荣誉称号。

【重庆市沙坪坝区陈家桥医院】 重庆市沙坪坝区陈家桥医院（重庆医药高等专科学校附属医院）是一所学科齐全、技术力量先进、设备优良，集医疗、科研、教学、预防保健于一体的国家二级甲等综合医院。2022年，医院编制床位420张，开放床位464张，重症床位20张；职工822人，其中卫生技术人员651人，中高级职称328人。引进学科带头人21人，获评全国基层名老中医药专家1人，重庆市区县医疗卫生学术技术带头人2人，重庆市区县医学头雁人才1人、沙坪坝名医8人，沙磁名医2人。设置临床和医药技科室31个，市级特色专科2个，市级临床重点专科培育项目1个，市级中医重点专科建设项目1个，内镜、介入等中心诊疗平台正在筹备建设中。设临床教研室13个，承担市区级继续教育项目125项。2022年，医院门诊量60万余人次，住院量近2万人次，手术量5000余台，三、四级手术占比50%。拥有血液透析、心脏介入、子宫动脉栓塞术、超声引导下中等长度导管置入术、消化内镜、椎间孔镜、支气管镜、超声引导下经皮肝穿刺等多项特色技术，在区属医疗单位处于领先水平。牵头建设的远程放射及远程心电诊断平台，在区域医联体及“互联网+医疗服务”中发挥了龙头作用。

【重庆市沙坪坝区中西医结合医院】 沙坪坝区中西医结合医院是一所集医疗、急救、预防、保健、康复、教研为一体的现代化国家公立非营利性二级甲等中西医结合医院，是沙区西部新城急救中心、肢体残疾康复指导中心。医院占地约23.5亩，业务用房面积2.67万平方米，开放床位299张。现有职工350人，其中卫生技术人员306人，高级职称29人，中级职称98人。开设有肾病科、心病科、脾胃病科、肺病科、外二科、外一科、妇产科、针灸康复科、五官科、儿科、重症医学科、医学美容科、急诊科、治未病科14个临床科室，配套设置麻醉科、检验科、放射科、特检科、药剂科、消毒供应中心、病理科、碎石科、内镜室9个医技平台科室。医院拥有经络检测仪、四诊仪、电针治疗仪、熏洗设备、磁疗设备、颈腰椎牵引设备等中医类设备12类60种，同时拥有16排螺旋CT机、GE彩色多普勒超声诊断仪、E6四维超声诊断仪、DR影像系统、全自动生化分析仪、化学发光仪、PCR仪、高清电视腹腔镜、电子宫腔镜、电子胃肠镜、电子气管镜、氩气刀、利普刀、重症呼吸机、多功能麻醉机、病理检查系统等西医诊疗设备。先后获“全国爱婴医院”“全国综合医院中医药工作示范单位”“全国巾帼文明岗”“全国敬老文明号”“重庆市文明单位”“重庆市美丽医院”“重庆市中医药文化宣传教育基地”“互联网医院”“重庆市老龄友善医疗机构”“沙坪坝区白求恩示范医院”等称号。

【重庆市沙坪坝区精卫中心】 沙坪坝区精神卫生中心承担全区精神疾病及心理障碍的诊疗与预防、精神卫生管理与社区防控指导、心理治疗与咨询、精神及智力残疾鉴定、精神卫生综合管理治疗和社会心理服务体系建设试点等工作。中心设置天星桥和歌乐山两个院区，总建筑面积约5800平方米，实际开放床位400余张。设有天星桥院区精神科、歌乐山院区精神科2个临床科室和药剂科1个医技科室，设综合办公室、医务科教科、感染管理科、精神疾病预防控制科、财务信息科、医保办公室、保卫科7个职能科室。现有职工98余人，其中专业技术人员82人，包括医师18人、护士52人、护理员5人、药剂师5人。有高级职称4人、中级职称9人。配有多种精神科检测及物理治疗等医疗设备，能开展心理测评（心理CT）、无抽搐电休克治疗（MECT）、经颅磁刺激、精神压力分析、生物反馈治疗、脑波体感音乐放松（团体治疗）、多导睡眠等先进诊治项目。

【重庆东华医院】 重庆东华医院是一所集医疗、教学、科研、急救于一体的国家二级甲等非营利性综合医院。员工480人，中高级医技人才150人，享受国家特殊津贴1人，开放床位620余张，拥有24个临床科室、11个住院病区、7个医技科室，配置有飞利浦1.5T核磁共振、64排128层螺旋CT、四维超声等一大批先进设施设备，形成诊治常见病多发病为基础，急诊急救为重点，健康体检为突破，救治疑难重症为提升的医疗健康综合服务体系。医院始终注重特色专科打造，市级临床重点专科疼痛科的带状疱疹综合治疗，外地患者慕名而来，神经内科荣获国家神经系统临床医学研究中心优秀网络成员单位二等奖，以创伤骨科为班底的“沙磁名医工作室”为200多名平均年龄89岁、最高龄105岁的老人成功手术，心理卫生中心是重庆市精神伴发结核病定点治疗医院，致力于精神、失眠、焦虑、抑郁、心理障碍的综合诊疗，眼耳鼻咽喉科与爱尔集团·重庆眼视光医院建立医疗联合体，全面提升对于眼症、白内障、眼外伤等眼健康管理和眼病医疗需求的服务能力，血液透析中心的诊疗技术、治疗效果受到病人一致好评。

【重庆嘉陵医院】 重庆嘉陵医院是一所集医疗、教学、科研、预防一体，具备和超过国家二级甲等医院综合实力的医疗单位。医院建筑面积30000平方米，开放床位488张，在册员工400余人，拥有高级职称30余名，中级技术骨干人员达80名。设有急诊、内、外、妇、儿、传染、五官、口腔、中医、皮肤、康复理疗、病理、放射、检验、功能检查、麻醉、血液透析、介入治疗等21个临床医疗和医技科室，各科除开展常见病、多发病、疑难、危重病检查、诊断、治疗外，重点开展了创伤外科、肾内科（血液透析）、心内科、肝胆外科、泌尿外科、脑外科、妇产科、儿科、体外碎石、手足显微外科、眼科、康复理疗、健康体检等特色医疗科目，承担了双碑地区、井口地区、中梁镇地区20余万社会人群的医疗保健工作，同时向辖区内其他中、小型企业医院、社区卫生服务中心和卫生所提供业务技术指导，年门诊人次达20万以上。

（肖　智）

体　育

综　述

【体育组织】　截至2022年底，沙坪坝区有22个街镇体育分会、31个体育协会和24个体育俱乐部，622个晨练、晚练站（点），会员总数7万余人。根据区体育局制定的《沙坪坝区群众性体育健身队伍星级评比管理办法》，在全区命名87支星级群众健身队伍，并给予了一定的扶持。指导区各单项体协强化协会内部管理，支持并协助协会独立开展体育活动。成立区射击协会。完成区体育总会和各单项体育协会的年审工作。指导乒乓球协会开展“乒搏杯”乒乓球比赛；组织区篮球协会、区乒乓球协会、区瑜伽协会、区老年人体育协会、区武术协会开展“百姓赛场”活动；会同区老年人体育协会通过线上形式举办沙坪坝区重阳节老年人健步行活动。

【体育活动】　2022年举办沙坪坝区农民趣味运动会、举办沙坪坝区全民健身线上跑活动、2022川渝拳击交流赛、2022成渝街舞公开赛、

2022年6月11日，热雪奇迹全国滑雪赛事2022—2023赛季重庆站公园赛在沙坪坝区开赛

（区体育局　供图）

川渝单板滑雪大众系列赛、川渝雪地气排球邀请赛、开展2022年沙坪坝区“百姓赛场”进社区活动100场、通过线上形式举办沙坪坝区重阳节老年人健步行活动、开展全民健身日活动，通过各种形式宣传体育法。

【健身指导体系】 2022年，区体育局举办3期社会体育指导员培训，共培训184人。

（左　倩）

竞技体育

【学校体育】 2022年，区体育局和区教委在机构设置上分别设有负责青少年体育工作的科室，各中小学有1名分管体育的副校长，设有体卫处或体育教研组或体育组（室），均按规定配足专（兼）职体育教师，区体校有专职教练深入学校从事训练工作。中小学每周3节体育课和1节课程辅助活动，内容有田径、篮球、足球、排球、乒乓球、跳高、跳远、跳绳、拔河、赛跑、接力、投掷、体操、武术、韵律体操等。各中小学在坚持每天30分钟大课间体育活动的同时，普遍开展大课间体。坚持举办全区性青少年体育竞赛，比赛项目有篮球、田径、乒乓球、足球、跳绳比赛等，参赛组别涵盖小学、初中、高中3个年龄段；各个学校春秋两季有校内运动会。坚持学生的体育考核制度，把体育课列入考核学生成绩的科目之一，对达到国家一、二、三级运动员等级的学生，在升学时可加分。各校在学生学籍档案中均建有学生《国家学生体质健康登记卡》。

【体育人才培训】 截至2022年，全区有国家级传统项目学校4所，分别是重庆一中（田径、男篮）、重庆南开中学（田径、女篮）、重庆七中（男足、田径）、重庆凤鸣山中学（田径）；市级传统项目学校17所；区级传统项目学校24所。国家级青少年体育俱乐部5所，分别是重庆一中、重庆七中、重庆南开中学、重庆凤鸣山中学、树人凤天小学。各体育传统项目学校和青少年体育俱乐部保证参加日常训练的学生每天有1.5小时的训练时间。各校运动队（班）每周训练在5次以上，每次训练时间不低于90分钟，暑假训练不少于30天，寒假训练不少于15天，教练员由项目学校体育教师兼任，部分学校由体校教练员带队训练。2022年，全区为高校输送体育人才120人。开展体育教师、教练、裁判员培训，区体育局制定年度培训计划，选派相关体育工作者参加市内外各种专业培训，同时不定期开办区内培训班，培训裁判员、教练员，对考核合格的裁判员，根据其考试成绩由国家体育总局和市体育局审批，授予不同等级裁判员称号。

（左　倩）

体育产业

【体育彩票】 2022年，沙坪坝区销售体育彩票3.18亿元。全年全区总网点数达210家，其中专营店112家。

【体育项目审批】 2022年，区体育局接受体育经营申请37件。其中行政许可28件，行政备

表28　　2022年沙坪坝区参加市级以上比赛获奖统计表

时间	第一名（金牌）			第二名（银牌）			第三名（铜牌）		
	国际	全国	省	国际	全国	省	国际	全国	省
2022年	0	0	36	0	0	28	0	0	27

案9件。所有审批事项均到实地审查，在规定时限内完成，并在网上行政审批系统中同步办理，无一件延误。

（左 倩）

体育基础设施建设

【社区、村级公共体育设施】 2022年，沙坪坝区实现社区、村体育健身器材全覆盖。区体育局完成30个区级健身点建设。城市10分钟、农村15分钟“健身圈”基本建成。

【街镇级公共体育设施】 截至2022年，区体育局筹集2799万元，在全区建成10个体育中心。每个中心均配备有篮球场、乒乓球台、羽毛球场、健身路径等设施。

【登山步道】 截至2022年，全区共建成9条登山步道，总投资2615万元，每天约有6000人次群众参与登山健身。

（左 倩）

表29 沙坪坝区街镇体育中心基本情况一览表

名称	建成时间	占地面积（平方米）	总投资（万元）	项目内容
歌乐山镇综合体育场	2009年10月	4000	300	标准灯光塑胶篮球场1个、羽毛球场2个、乒乓球场5个、鹅石块健身步道1条、健身路径1条、展示奥林匹克体育精神风貌壁雕1幅、休闲凉亭1座等
凤凰镇镇综合体育场	2009年12月	8100	259	乒乓球台4个，羽毛球场2个，篮球场2个，健身路径和跑道等
陈家桥镇综合体育场	2010年7月	5200	260	标准化的篮球场、羽毛球场、乒乓球场及跑道，健身娱乐器材、休闲区域、公共卫生设施、管理设施
西永镇综合体育场	2010年9月	7700	190	标准灯光篮球场2个、羽毛球场4个、乒乓球台6张、200米环形跑道。二期设置网球场、体能测试室、健身房、健身路径等
石井坡街道体育中心	2011年6月	7500	150	小型足球场1块、标准化的篮球场1个、羽毛球场6个、乒乓球台9张，健身路径、休闲区域、公共卫生设施、管理设施
西永综合保税区A区运动场	2012年1月	20000	200	8片篮球场、24片羽毛球场和55个乒乓球台
青木关镇综合体育场	2012年4月	5000	140	标准灯光篮球场2个、羽毛球场2个、乒乓球台6张、健身路径等
新桥街道文体中心	2012年6月	1200	200	健身房1个、乒乓球台10个、健身房1个、台球桌5个、跳操室1个
曾家镇综合体育场	2013年12月	6000	400	标准灯光篮球场2个、羽毛球场2个、乒乓球台8张、健身路径、综合活动场。
覃家岗街道综合体育场	2013年12月	4000	300	标准灯光篮球场1个、羽毛球场1个、乒乓球台8张、健身路径、综合活动场等

表30　　沙坪坝区登山步道一览表

名　称	建成时间	步道长度（米）	总投资（万元）	日均登山人数（人）
歌乐山仙乐峰登山步道	2007年3月	300	30	200
歌乐山人生路登山步道	2008年12月	3400	400	3000
曾家镇虎峰山登山步道	2010年12月	3340	300	1000
歌乐山芭蕉沟箴言登山步道	2011年2月	2200	200	500
回龙坝镇登山步道	2011年5月	5800	400	1200
凤天生态公园登山步道	2011年6月	2200	1100	1000
陈家桥玉屏桃花山登山步道	2011年10月	2600	80	2000
青木关镇石老翁登山步道	2012年3月	1400	55	400
凤凰镇胡家沟登山步道	2012年4月	1500	50	600

体育后备人才体系

【概况】　区体育局在区内试点建立体育后备人才训练基地。截至2022年，共有45所中小学体育后备人才训练基地，形成了小学、初中、高中有序衔接的后备人才培训体系。

【体育后备人才训练基地】　区内中、小学校后备人才训练基地的建立，对解决专项训练馆不足的问题有了一定的帮助，较好的做到了体教融合这一措施。运动健儿们在学习、训练上有了充分的保障。45个训练基地及开设项目分别是：重庆一中开设田径、篮球、足球；南开中学开设篮球、足球、田径；重庆七中开设跆拳道、羽毛球、田径、足球、艺术体操；凤鸣山中学开设田径、足球、射击、击剑；青木关中学开设田径；大学城三中开设摔跤；重庆三十二中开设足球、拳击；重庆十五中开设射击、射箭；南渝中学开设足球、篮球、田径；天星桥中学开设足球、跆拳道；七中实验学校开设田径；中梁实验学校开设拳击；第七十一中学开设武术；歌乐山小学开设田径；南开小学开设足球、田径；树人凤天小学开设田径、篮球；实验中学开设田径、跆拳道；第六十八中学开设篮球；新丝路中学开设举重；新丝路小学开设举重；嘉陵小学开设篮球；滨江小学开设艺术体操、乒乓球；森林实验小学开设篮球、艺术体操；高滩岩小学开设乒乓球；凤鸣山小学开设篮球、足球；向家湾小学开设足球；凤凰实验学校开设乒乓球；五云实验学校开设篮球；山洞小学开设足球；树人小学开设田径、足球、篮球；莲光小学开设足球；回龙坝镇小学开设篮球；上桥南开小学开设篮球、武术、排球；实验一小开设排球；新桥小学开设乒乓球；名校联合中学开设围棋；双碑小学开设足球、拳击；儿童艺术开设足球；杨公桥小学开设篮球；沙坪坝小学开设田径；沙滨学校开设街舞；树人博文小学校开设冰雪运动；大学城第一小学开设足球、田径；沙区足球青训中心；立信职教中心开设运动训练专业。

（左　倩）

社会事务

居民收支

【居民收入】 2022年，全区常住居民人均可支配收入48846元，同比增长4.1%。其中，城镇常住居民人均可支配收入49521元，同比增长3.6%；农村常住居民人均可支配收入27028元，同比增长5.6%。

【居民消费】 2022年，全区常住居民人均消费性支出36811元，比上年增长6.5%。其中，城镇常住居民人均消费性支出37330元，比上年增长6.0%；农村常住居民人均生活消费支出20025元，比上年增长6.4%。

（田　坤）

城乡就业

【概况】 2022年，沙坪坝区深入贯彻落实党的二十大关于“实施就业优先战略”等重大决策部署，扎实落实中央、市、区工作要求，始终铭记“就业是最大的民生”这一国之大者，深植民生情怀、勇立首位之志，全力以赴推进稳就业、惠民生、促增收、助发展，实现全区城镇新增就业3.87万人；城镇登记失业人员就业10254人；城镇就业困难人员就业5134人；开展职业指导工作37447人次；发布见习岗位1825个；发放创业担保贷款4091万元，同比增长73.8%；开展各类政府补贴性培训10529人。全区就业形势总体向好、优于预期，有力服务了改革发展稳定大局。

【就业管理】 2022年，开展“沙磁创新创业沙龙”“沙磁创新论坛”“磁星茶馆”等创业活动50余场。选送的3个大学生创业项目获得重庆市大学生创业启航三等资助共计9万元。帮扶培育的高校毕业生黄著龙创办的重庆柴米网络技术服务有限公司在智慧治理技术创新领域具有独有的市场竞争力，形成知识产权保护的产品群，年产值达400余万元，被作为全市创业典型专题报道。运用直播带岗、远程面试、实景体验等新模式，开展“春风行动”“百日千万网络招聘专项行动”“金秋招聘月”等线上线下招聘会174场，提供岗位9.15万个。为1.5万户企业，减收失业保险费1.3亿元。

【技能培训】 2022年，沙坪坝区累计开展政府补贴性职业培训10529人次。依托“萤火栖谷”“陶艺禾田”等特色乡村生态产业，打造1个市级和4个区级“巴渝工匠”乡村驿站。以市场需求为导向，对接全市8大重点产业和33条产业链和沙坪坝区支柱及特色产业，大力推动涉及装备制造、现代服务等42个紧缺工种开展项目制“揭榜”培训，定向推动5512人次技能提升与培训就业。强化“培训+就业”全链条服务，依托培训联盟资源，组织开展美容师、保育师、互联网营销师等培训班学员定向就业招聘会17场，求职意向达成率85%以上。足下软件学院强化校企合作，年培训IT类人才700余人，就业率达97%。

【劳动保障】 2022年，西南药业集团股份有限公司获评全国模范和谐劳动关系企业，并代表重庆市参加全国模范和谐劳动关系企业巡回演讲；三羊马（重庆）物流股份有限公司、重庆建工第二建设有限公司、重庆嘉陵医院有限公司3家企业获评重庆市AAA级和谐劳动关系企业，6名企业员工获评金牌劳动关系协调员，开展和谐劳动关系专项改革试点，在西部国际物流园区建立集劳动关系政策咨询、劳动监察案件受理、劳动争议仲裁调解、就业社保政策咨询、技能培训、人员招聘为一体的区级劳动关系公共服务平台，探索创新小微企业劳动关系代理服务站点和新就业形态劳动者维权站点建设。严密组织开展2022年度薪酬调查工作，207家企业薪酬数据填报合格率100%；组织6家制造业企业开展人工成本调查；召开全区新就业形态劳动者劳动保障权益专题调研座谈会，制定区人力社保局《开展维护新就业形态劳动者劳动保障权益专项行动工作方案》，联合劳动监察大队开展新就业形态劳动者权益保障专项调研检查。

【劳动维权】 2022年，沙坪坝区人力社保局牵头全区根治欠薪工作，开展日常巡查12轮次，专项检查4次，累计检查在建、新建工程项目170余个，用人单位1180余家，接处各类欠薪举报投诉1960余件，为2100余农民工追欠1780余万元，有力维护了农民工合法权益。处理劳动人事争议案件共1953件，其中，立案受理1505件，不予受理448件，审结1519件（含上期未结47件），结案率97.81%，调解率68.11%，仲裁终结率56.35%。大力推进基层调解工作，指导镇街社保所利用人社部在线调解平台处理劳动争议188件。

（魏　玮　曹永江　游薪宇）

社会保险

【概况】 2022年，沙坪坝区城镇职工基本养老保险扩面32.46万人，征收32.47亿元；城乡居民养老保险扩面5.3万人，征收850.42万元；工伤保险扩面21.4万人，征收1.12亿元；机关事业单位养老保险参保1.4万人，征收3.12亿元；机关职业年金征收2.57亿元。全年累计发放各项社保待遇71亿元，每月惠及约20万人。落实新就业形态参保，完成首批13家基层快递网点优先参加工伤保险工作，保障98名网点服务从业人员合法权益。

【社会保险管理】 2022年，沙坪坝区社保待遇调整，圆满完成2全区17.78万名退休（职）人员的调待工作，补发养老金1.42亿元，于7月底前全部兑现到位。全年缓缴社保费1.56亿元，惠及企业668家。完成“智慧人社”上线工作，进一步提升服务效能。持续推进成渝地区双城经济圈建设，优化沙坪坝区武侯区跨省通办窗口服务，减少企业办事成本。推动社保转移无障碍，办理四川省城保转移业务1055人。资格互认无忧办，2022年以来完成川渝认证2684人次，采集1444人次。全区22个镇街社保所及22家银行网点均可办理社会保障卡，2022年全区共制发139038张三代社会保障卡，比上年高出254.9%。积极推进退休人员社会化管理服务工作，6.8万名退休人员移交镇街社区实现社会化管理。

【社保基金监管】 织密社保基金风险防控网，建立健全“分段把关、相互制衡”的监管体系，强化业务经办检查指导，严格落实重点业务、重点环节监督倒查机制，抽查业务档案5万余份。做好警示教育，组织深刻学习社保基金安全知识和有关案情通报，以案为鉴，时刻警醒经办人员筑牢基金安全“防火墙”。

（谭丹雅）

民　政

【概况】 重庆市沙坪坝区民政局位于重庆市沙坪坝区小龙坎马道子92号。全局共设办公室、社会组织管理和慈善事业促进科（行政执法科）、社会救助和养老服务科、基层政权建设和区划地名科、社会事务和儿童福利科、财务科6个内设机构；共有沙坪坝区殡葬管理所、沙坪坝区社会福利事务中心、沙坪坝区最低生活保障事务中心、沙坪坝区民政局婚姻登记处、沙坪坝区救助管理站、沙坪坝区福利院6个下属事业单位。

【养老服务】 2022年，健全养老服务体系，推进养老事业和产业协同发展，建立健全养老服务综合监管制度，推动城乡社区居家养老服务全覆盖成效明显，再次获市政府通报表扬激励。成功申报民政部、财政部2022年居家和社区基本养老服务提升行动项目，获中央资金930万元。2022年推进农村养老服务设施全覆盖，完成回龙坝镇养老服务中心建设。推行城市社区养老服务设施全覆盖，投入1159万元，扶持养老服务中心（站）社会化运营，实现街道“中心带站”联合体覆盖率、社区养老服务站社会化运营率均达到100%。推进实施“三助”老年人照护服务计划，提供助餐服务人次9.6万人次、助浴服务人次2920人次、助医服务629人次。推进家庭养老床位市级试点建设，目前建成609张，全市排名第一。推进独居老年人关爱计划，为6342名独居老年人免费安装智能关爱设备，实行“电话+入户”一对一关爱。积极争取“中国养老人才培训重庆基地”在沙区落户挂牌，打造“沙坪坝区红岩养老服务人次培训中心”，开展集中培训200人次，线上培训900人次。投入33万元，支持社会办养老机构开展运营补贴项目。2022年下半年为80至89周岁老年人发放营养补贴22268人次、319.4万元，为90至99周岁老年人发放营养补贴4685人次、258.6万元；发放280名高龄失能和经济困难老人补贴53万元，发放80名百岁老人补贴72.21万元。

【社会救助】 2022年，发放特困人员救助供养经费814.6万元，其中城市特困救助供养经费483.6万元（含物价补贴、节日慰问费31.6万元）、农村特困救助供养经费331万元（含物价补贴、节日慰问费23.3万元）。截至2022年12月，全区有城市特困救助供养人员390人，农村特困救助供养人员267人。截至2022年12月，沙坪坝区城乡低保5124户、6384人，其中城市低保4118户、5025人，农村低保1006户、1359人。全年累计发放城乡低保金4819.7652万元，其中城市低保金3998.7808万元、农村低保金829.9844万元。按照《重庆市民政局重庆市财政局关于提高城乡低保等社会救助保障标准的通知》要求，进一步提高城乡低保标准，全市城市居民最低生活保障标准提高到每人每月717元，农村居民最低生活保障标准提高到每人每月581元。全年，发放残疾人“两项补贴”资金574.24万元，惠及23633名“贫困残疾人”和50575名“重度残疾人”。

【“政慈协同”的救急难工作机制】 为更好满足城乡困难群众的急难救助服务需求，探索创新该机制以衔接救助主体、内嵌救助路径、拓宽救助形式为任务内容，以确保“弱有众扶”为任务目标，以全区内村（社）、镇（街）、区各级服务站为中心纽带，动态链接慈善资源，全面构建社会救助“安全网”，强化社会救助能力，保障“救急难”工作领域实现“尽救、速救、共救”。

【城市社区和农村基层民主政治建设】 2022年，全面建立健全村（居）民委员会下设人民调解、治安保卫、公共卫生等委员会，实现各类下设委员会城乡社区覆盖率100%，各类活动普遍开展，村（居）民自治氛围良好。修订并公布《沙坪坝区2022年村（居）务公开目录》，督促各村（社区）切实开展村（居）务公开工作，村（居）务公开次数达到4次及以上的村（居）的比例达到100%。按照《城乡社区综合服务设施建设三年行动计划》有关要求，继续推进城乡综合服务设施建设，2022年“每百户居民拥有社区综合服务设施面积不低于30平方米”占比达到91.96%。落实社区（村）干部待遇自然增长机制，核定社区干部、村干部基本补贴标准分别调整为3980元/月、3466元/月，同比增长10.4%和13.4%。出台《沙坪坝区社区专职工作者后备人选库管理办法》，面向社会公开选拔，建立完成464名社区专职工作者后备人选库。联合区农业农村委转发《重庆市民政局重庆市农业农村委关于进一步规范村级建制调整工作的通知》，推进村级建制调整的制度化、规范化、程序化。全面完善“全国基层政权建设和社区治理信息系统”数据录入工作，2022年数据录入完成率达100%。深入推进重庆市智慧云平台全面应用，村（社区）应用覆盖率达100%，为社区居民提供及时、便捷、高效、智能的服务。石井坡街道中心湾社区居民委员会获评全国先进基层群众性自治组织。回龙坝镇聚龙城社区获评第九批“全国民主法治示范村（社区）”，石井坡街道中心湾社区、渝碚路街道站东路社区、陈家桥街道桥北社区获评“第十批重庆市民主示范村（社区）”。井口街道美丽阳光家园社区、渝碚路街道沙南街社区、童家桥街道阳光社区被国家卫健委、全国老龄办命名为“全国示范性老年友好型社区”。

【地名工作】 2022年，完成井润路、井松路、松堡路、松泰路、珠涵路、木润路、山辉路、玉映路、井广路、踏云路、嘉盈路、万泽路、承平路、顺宁路、春英路、广益路、嘉朗路、文功路、远学路、西洪路、西康路、西慧路、井丰路、永愉路、永年路、永秀路、永志路、金磁支路、嘉好路、井熙路延伸段、五云湖路、五云湖一路、五云湖二路、小石巷共34条地名命名工作。持续推进录典志编撰工作，会同江北区、璧山区完成2022年度平安边界创建工作。

【婚姻登记】 2022年，办理婚姻登记8174对（其中，结婚登记5483对，离婚登记2691对）；办理补领婚姻登记证1091件（其中补领结婚证685对，补领离婚证406件）；办理收养登记2件。按照法律法规办理婚姻和收养登记合格率达100%。开展婚姻登记“跨省通办”和“全市通办”试点工作（试点期限：2021年6月1日至2023年5月31日）。

【丧葬服务】 贯彻落实《重庆市民政局重庆市财政局关于免除城乡困难群众基本丧葬服务费的通知》精神，全年减免困难群众基本丧葬费213人、269990元；减免人体器官捐献群众基本丧葬费47人、56381元。继续加大监管力度，确保全区殡仪服务单位守法、有序、健康、可持续发展。

【流浪人员救治】 2022年共救助763人次，其中未成年人27人次，老年56人次，送医治疗病人37人次。购票返乡409人次，返乡车费用3万元，医疗费150余万元，护送返乡老人2人次。开展“冬季送温暖”“夏季送清凉”专题活动。完善“三级联动”救助保护工作网络机制，完成本区易流浪走失人员信息的统计。基本做到救助无死角，全区域覆盖。

【社会组织管理】 截至2022年底，全区共有登记类社会组织520家，其中社会团体148家（行业类22家，专业类38家，学术类22家，联合类66家），民办非企业单位372家（其中，教育类234家，占比62.90%）。全年新增登记类社会组织27家，其中，民办非企业单位18家，社会团体9家。全年共完成变更登记43家，注销登记16家。全区社会组织现有党员807人，32家社会组织建立了党组织。2022年，开展2021年度社会组织年检工作。对59家社会组织开展离任、注销开展审计工作。随机抽取40家社会组织开展抽查工作。区民政局联合区发改委和区市场监督管理局开展2022年度区级行业协会商会收费自查自纠工作。

【社会福利管理】 2022年2月，为进一步加强未成年人保护工作的领导，区未成年人保护领导小组调整为区委书记、区政府区长任双组长，分管副区长为副组长，镇街同步进行调整完善，形成上下贯通、执行有力的组织领导体系。牵头创建全国未成年人保护示范区，2月顺利通过市未保办组织的市级评估；牵头参与全国“书记县长话未保”活动，肖庆华区长在《中国社会报》上发表题为《用责任筑起希望　用爱心护航成长》的理论文章；牵头实施市未成年人保护工作协调联动机制试点，推进区未成年救助保护中心、镇街未保工作站、村社未保工作室三级服务体系的协调联动工作。

落实孤儿和事实无人抚养儿童兜底保障。加大主动发现工作力度，通过民政、卫生、司法、残联等多部门信息比对核查，对118名应收监未收监、服刑人员、重度残疾人、重病人员未成年人子女保障情况排查，及时将15名符合条件人员纳入事实无人抚养儿童保障范围。全区现有14名孤儿、79名事实无人抚养儿童。同时，采取线上直拨的方式，每月为孤儿、事实无人抚养儿童发放基本生活补贴1382元，截至12月底，共为孤儿和事实无人抚养儿童发放基本生活补贴109万元，发放价格补贴2.5万元。

强化监护人对农村留守儿童的主体监护责任。建立区、镇（街）、村（居）三级发现和救助体系，对处于生活困难的农村留守未成年人和困境未成年人，主动发现、精准识别、分类救助。村社区儿童主任上门宣讲家庭监护责任，督促监护人或受委托监护人切实承担起儿童监护责任，与农村留守儿童受委托监护人签订“两单两书”，签署率100%。对在工作中发现、镇街上报、公安机关捡拾的各类儿童，都及时落实了监护，有效避免儿童处于无人照料的危险状况。

组织实施福彩助学工程。积极对接镇街，摸清年满18周岁年满在普通全日制本科（专科）院校、高等职业学校等高等院校及中等职业学校就读的中专、大专、本科学生和硕士或博士研究生的孤儿和事实无人抚养儿童情况，每年为孤儿发放1万元、事实无人抚养儿童0.8万元的助学金。目前，有3名孤儿、4名事实无人抚养儿童享受该助学金，截至12月底，共发放助学金5.6万元。

关爱服务活动不断拓展。开展集中开展宣传未保法、未成年人保护工作宣传月活动，在全社会营造关爱保护未成年人的良好氛围。统筹春节元旦、五一劳动节、端午、六一儿童节等节日慰问，开展农村留守儿童和困境儿童探访、帮扶、情暖万家和爱心陪伴等关爱服务活动，先后投入经费8万余元，对全区孤儿、事实无人抚养儿童和留守儿童进行全覆盖慰问，切实让困境儿童感受到党和政府的关怀和温暖。

【社会工作】 沙坪坝区民政局推进以培育壮大“五社”要素、推动“五社”有机融合为工作重点，实现“五社”优势互补，形成治理合力，印发《关于〈沙坪坝区创新“五社联动”机制提升基层治理效能的实施办法〉的通知》等文件，提升基层治理社会化、法治化、智能化、专业化水平，推动全区基层治理体系和治理能力现代化。探索运用“五社联动”社区治理机制下的乡村文化振兴思路，以党建为引领，牢牢抓住乡村振兴战略机遇，通过政府购买社会工作服务项目的方式引入专业社工机构，在丰文街道三河村开展“五社联动”试点，促进村民参与社区治理，提升村民的参与感和获得感。发挥专业优势，构建“五社联动”新支撑。强化激励“引”人才。以政府购买服务的方式，大力开发社会工作专业岗位，设置社会工作专业岗位的民政事业单位数与本地区全部民政事业单位数之比达到100%，填补专业社工岗位的空白。强化培训“育”人才。持续加强社会工作人才队伍建设，实施社会工作人才计划，创新“送出去、请进来”的方式，政、校、社联合开展社会工作人才能力提升培训班、社会工作者职业水平考试考前公益培训班等，加快全区社会工作从业人员知识更新的步伐，扩宽视野，转变观念。强化政策“用”人才。根据《沙坪坝区关于加强社区工作者队伍建设的实施办法（试行）的通知》，提升专职社区工作者工资待遇，加强专职社区工作者队伍规范化、专业化建设。其中，对获得社会工作职业资格的社区工作者给予职业津贴：对取得高级社会工作师职业资格证书、社会工作师职业资格证书、助理社会工作师职业资格证书、社会工作员职业资格证书的分别给予500、300、200、100元补贴，大大激发社区工作者干事创业积极性。2022年沙坪坝区社区专业工作者取得社会工作职业资格738名，补贴金额138万元。开展暖心项目，做强“五社联动”新品牌。以“服务对象的需求”为出发点和落脚点，专业服务+品牌打造同步推进。聚焦群众“急难愁盼”，以社会救助、老幼服务、社区治理等为主要服务领域，形成需求清单310项；在全区层面推进实施“五社联动”等社工项目，开展以实地走访、精神慰藉等为主要内容的专业社会工作服务，服务低保对象等民政关爱对象及当地居民2万余人次。打造服务示范品牌，在服务机构方面，开发“成长计划”，通过引入人才培育、政策指导、项目策划、孵化激励等方式，支持社工机构孵化、发展、成长、提质，更好地适应基层社会治理和群众需求；依法成立登记的社会工作服务机构33家，服务项目涵盖未成年人保护、社会救助、养老服务、社区治理、社会事务、精神障碍患者康复等多个领域。

【慈善工作】 2022年共筹募慈善款物154.5万元，慈善资助支出115万元。元旦、春节期间组织开展“慈善情暖万家活动”，向全区120名困难群众发放助困慰问金6万元，购买3.6万余元的棉服、秋衣裤等御寒物品，慰问区抚养中心64名困难老人；开展“情暖困境儿童计划”援助项目，购买1.1万元学习、生活物资帮扶121名困境儿童；“中小学生重大疾病救助基金”向4名身患重疾的在校中小学生发放医疗救助金8000元，帮助他们战胜疾病，重返校园；开展“沙坪坝区困境儿童心理关爱援助”项目，为9名困境儿童提供一对一心理咨询服务50人次；组织线下和线上腾讯互联网心理团辅课堂5场，参与心理辅导课程的老师、家长及监护人150人；向重庆市残疾人福利基金会捐赠助残款3万元，助力沙坪坝区“雨露助残”公益活动；积极组织，精心策划发起8个慈善公益项目，参与腾讯“乡村振兴·重庆专场”“99公益日”互联网募捐活动，共募集慈善捐款64.3万元。

（犹贡勇　谭红勇　李　富　谭婷晏　周显业　许文建　王景常　蒋　涛）

医疗保障

【概况】 2022年，沙坪坝区医保局以习近平新时代中国特色社会主义思想为指导，全面贯彻党的十九大和十九届历次全会精神，认真学习贯彻党的二十大及市委六届二次全会精神，在区委、区政府的坚强领导下，围绕全区中心工作，主动作为，履行职责，全面落实各项医保政策、改革任务。2022年，沙坪坝区基本医疗保险参保总人数80.7万人，筹资24.14亿元，参保率稳定在95%以上，完成市医保局下达计划指标。

【城镇职工基本医疗保险】 2022年，沙坪坝区城镇职工医疗保险参保单位户数1.5万户，参保人数39.9万人（其中个人身份参保7.67万人），全年征收职工医保基金20.7亿元。生育保险参保人数22.01万人。

【城乡居民合作医疗保险】 2022年，沙坪坝区城乡居民合作医疗保险参保人数40.7万人（含大学生参保7.7万人），全年征收居民医保基金3.44亿元。资助困难群体参保4.15万人，资助金额928.2万元。

【医疗保险待遇管理】 2022年，沙坪坝区医保就诊554.84万人次，统筹基金支出6.9亿元，大额基金支出0.92亿元。落实高血压糖尿病“两病”门诊用药保障5.82万人次。全区共有6家医院、10家药店纳入国谈药品定点管理，为患者提供了4073.49万元的补充供药保障。全区345家定点医疗机构（其中4家异地门诊慢特病结算机构），691家定点药店接入全国异地就医结算平台，沙坪坝区参保人在异地联网结算金额3981万元，其中职工统筹2170万元，职工大额1267万元，居民统筹544万元。

【医保扶贫】 2022年，全区医疗救助5.75万人次，发生医疗费用总金额7438.96万元，医疗救助报销金额944.29万元。特困人员、城乡孤儿、事实无人抚养困境儿童和低保对象医疗费用经基本医保、大病保险报销后政策范围内自付费用救助比例高于70%，其他救助对象高于60%。全区涉及住院或者特病门诊的医疗机构、特病药店和国谈药店共计67家全部纳入医疗救助定点单位，均实现“一站式”结算（基本医保、大病保险、医疗救助同步结算）。

【医疗保险协议机构管理】 2022年，新增定点医药机构74家。全区共有1036家，其中医疗机构（含医院、门诊部、诊所）345家，零售药店691家。完成医药机构信息变更153家次。

【医疗保险基金管理】 2022年，区医保局持续开展“三假”“三乱”专项整治行动，实现定点医药机构现场检查全覆盖。落实“1个自查”，充分发挥机构主观能动作用；做到“2个必查”，即举报投诉必查、数据异常必查，对定点医药机构实施重点监管，精准打击；坚持“3个全覆盖”，即夜间突击检查全覆盖、日间常规巡查全覆盖、专项检查全覆盖，全面摸排发现违规线索；用好“4个补充”，即第三方审计、临床专家、审核监督员、多部门综合监管，初步建成多维监管体系。全年共开展现场检查1017家次，追回基金382.89万元，处违约金396.30万元，暂停网络结算52家次，解除协议29家次，案件移交区公安分局5件，移交市场监管局4件，移交区卫健委1件。

【长期护理保险】 2022年，在以职工医保、居民医保为主体，大病保险、医疗救助、公务员医疗补助为补充的基础上，沙坪坝区开展长期护理保险试点。长护险评估机构4家，定点护理机构14家。累计评估1144人，通过1067人次，通过率93%；支付评估费34.32万元，护理费626.14万元。

【医药价格及药品耗材集中带量采购】 2022年，沙坪坝区有17项新增医疗服务价格项目获市医保局批复，涉及7家医疗机构，促进医疗技术创新发展和临床应用。累计采购集采药品耗材5682.88万元，节省采购费用7951.07万元，全区药耗整体平均降幅达到58.32%，切实减少了患者医疗费用和医保基金支出。给医疗机构兑现结余留用资金883.5万元，全市排名第三。

（张　婧）

人口和计划生育

【概况】 2022年，沙坪坝区人口和计划生育工作紧紧围绕《中共中央国务院关于优化生育政策促进人口长期均衡发展的决定》工作要求，做好宣传引导、计生特殊家庭扶助、3岁以下婴幼儿照护服务管理等工作。

【优化生育服务】 以全生命周期的保健理念，开展优生优育工作。为辖区新婚夫妇开展免费婚前医学检查、孕前优生优育检查，免费发放叶酸预防神经管缺陷，为辖区244个家庭残疾提供免费面诊咨询服务，控制出生缺陷发生率在较低水平。

【0～3岁婴幼儿照护管理服务】 部门、镇街联动，通过促幼托一体、抓综合监管、强人员培训、争投资项目等措施，发展多种形式的普惠托育。民社办、社服中心、市场监管所、派出所、托育机构五方联动，守好人员、消防、食品、卫生安全底线。2022年底全区托位数达2320个。

【计生便民服务】 实现计生证件“全程网办”和“川渝通办”，共办理生育服务登记6353件，全年无投诉。

【人口数据监测】 扎实开展人口监测项目，抓好部门信息共享，做好人口预测预警，共处理各类共享信息44350条，处理率100%。

【计生特殊家庭扶助】 坚持“三级审批、资金直达、年审纠错、监督反馈”闭环管理机制。2022年，发放9项计生扶助金5678万元、惠及3.7万人次，计生家庭应扶尽扶。

（邓琼华　任　崎　陈艳秋　龚　琴）

精神文明建设

【概况】 2022年，沙坪坝区深学笃用习近平新时代中国特色社会主义思想，紧扣学习宣传贯彻落实党的二十大精神主线，聚焦党史学习教育，深化拓展文明实践，深入开展文明创建，积极推进文明培育，推动全区精神文明建设迈上新台阶。群众性精神文明创建取得新进展，有条不紊推进全国文明城区复查工作。成功创建重庆市文明村镇4个，重庆市文明单位7个，重庆市文明校园4个，重庆市文明家庭3个。文明培育迈出新步伐，深入贯彻落实《重庆市文明行为促进条例》，不断加强乡风文明建设，发放“十抵制十提倡”宣传海报5000份，发放“吃得文明”桌贴3000套，积极开展重庆市“美丽庭院”评选工作，150个庭院获评重庆市美丽庭院。道德典型选树实现新突破，2人获评重庆好人，8人获评“重庆好人”特别奖。

【志愿服务】 擦亮红岩品牌，持续推进“冠红岩之名、铸红岩之魂”实践活动，制作“冠铸”活动项目发布视频，实施“红岩志愿者集结令”专项行动，44名镇街班子领导挂点联系新时代文明实践站，46个区文明委成员单位挂点联系特色新时代文明实践点，将文明实践触角延伸到群众身边。丰富实践活动，依托全区“1+22+160”新时代文明实践三级阵地，组织开展新时代文明实践“六讲”全区巡讲示范活动11场次；常态化开展“我们的节日”传统民俗、新时代文明实践“六讲”宣讲、扶贫帮困、文化惠民、文明旅游等红岩志愿服务活动，累计达7880场次。拓宽工作途径，用活用好新时代文明实践云平台，积极推动群众“点单”、中心“派单”、志愿者“接单”、群众“评单”的工作模式，借助平台解决群众需求848单，全年累计获评和推荐各类奖项19个次，在全市中名列前茅。其中，荣获中央宣传部、中央文明办等部门授予2021年度全国学雷锋志愿服务“四个100”先进典型最佳志愿服务项目1个，最美志愿服务社区1个；获评重庆市最美志愿者2人，最佳志愿服务组织1个，最美佳志愿服务项目1个，最美志愿服务站（岗）1个，五星级志愿者7人；获评重庆市“喜迎二十大·幸福照出来　一起向未来”随手拍“十佳作品奖”2个，“优秀作品”一等奖1个；获评重庆市新时代文明实践“六讲”暨党的二十大精神宣讲稿三等奖1个。在2022年度全国学雷锋志愿服务“四个100”先进典型宣传推选活动中1个志愿服务项目进入事迹展示投票环节。沙坪坝区新时代文明实践工作被《重庆日报》整版报道。

【文明素质提升】 2022年，沙坪坝区以全国文明城区建设工作为抓手，坚持以文化人发展理念，积极涵养城市文明，广泛开展群众性精神文明创建活动，市民文明素质得到较大提升。深入调研，查找问题短板，对照《全国文明城区测评体系》《全国文明单位测评体系》《全国文明村镇测评体系》《重庆市文明行为促进条例》，针对文明素质薄弱环节，进行专题调研，通过实地查看、现场交流指导，了解现状、找准现存问题、指出提升方向。加大宣传，营造浓厚氛围，在重庆西站、三峡广场等人流聚集地设立和文明素质提升相关的城市景观小品，利用三峡广场商圈16块大型户外LED屏，38条主次干道临街单位、宾馆酒店、个体工商户等200余家门店的LED显示屏滚动刊播文明素质提升相关海报和标语，扩大覆盖面。在38条主次干道悬挂安装文明城区建设相关宣传道旗、看板1000余块。督导检查，落实提升进度，组织三方机构、西部计划志愿者采用“日巡查、周整改、月通报”的督查模式，2022年5—8月，开展文明提升专项巡查15轮次，共发现问题44034项，印发督查通报8期，整改完成43612项，整改率达99.04%。

【未成年人思想道德建设】 强化示范引领，时代新人培育硕果累累。扎实开展重庆市2022年新时代好少年宣传学习活动，获评新时代好少年3人、新时代好老师2人、新时代好辅导员1人、新时代好校长2人、新时代好家长1人，获奖数量居主城前列。扎实开展沙坪坝区2022年新时代好少年学习宣传活动，收到优秀候选人37名。传承红色基因，主题教育活动高潮迭起。精心组织参加“喜迎二十大　争当好少年——重庆市深化‘小萝卜头’进校园”活动，创建市级“小萝卜头”光明小记者站5个，获评“小萝卜头”校园红色剧目二等奖1个、三等奖2个；获评“童心向党”诗文朗诵短视频大赛一等奖2个、二等奖1个、三等奖3个；沙坪坝获优秀组织区县奖。组织参加重庆市未成年人九童圆梦“甜甜虎”春节行动，获一等奖1个、二等奖4个、三等奖3个，优秀组织单位1个。擦亮特色品牌，未成年人阵地建设提档升级。组织2022年“爱心助学”公益活动（此活动已连续开展21年），资助困难学生15人，资助金额7.5万元。组织重庆大学城第一小学校、歌乐山小学校2所特色中央项目乡村学校少年宫参加重庆市2022年乡村学校少年宫述职考评，分获一等奖、三等奖。发布公益广告共计400余块、道旗500余幅，在全区营造关心关爱未成年人成长浓厚氛围。

（杨茂林　杨　威　蔡荟敏　彭小艳　傅仕杰）

关心下一代工作

【概况】 2022年，区关工委在区委、区政府的领导下，围绕中心，服务大局，坚持在继承中发展，在创新中提升，各项工作取得较好成绩，区关工委获第四届“关爱明天，普法先行”青少年法治宣传教育活动全国先进集体。

【推进社会主义核心价值体系主题活动品牌】 围绕“老少同声颂党恩　携手喜迎二十大”主题教育实践活动，组织“红梅五老”宣讲团走进校园、乡村、社区，以党史教育为重点，开展教育宣讲307场次，向学生赠送精神谱系书籍2000余册，受教育青少年6万余人；与区教委、团区委等联合开展“喜迎党的二十大，红岩少年家国情”沙坪坝区中小学生综合素质展示活动，通过书画、朗诵、文艺演出、体育竞赛等形式，展现中小学生综合素质能力，营造出喜迎二十大的浓厚氛围；联合区教委、区文化馆共同拍摄红色MV《在灿烂阳光下》，获全市一等奖，区关工委获优秀组织奖。党的二十大召开后，及时召开各层级专题学习会，下发《关于认真学习宣传贯彻党的二十大精神的通知》，迅速掀起学习热潮。

深化“红梅花儿永放光彩”青少年主题教育活动。积极响应“冠红岩之名、铸红岩之魂”实践活动，大力弘扬“红岩精神”，成功承办全市“红梅花儿永放光彩”青少年主题教育活动暨党史学习教育月启动仪式，市关工委将“红梅”活动提升为市级品牌；邀请“五老”志愿者为青少年讲红岩革命历史故事127场次，组织青少年参观、瞻仰红岩精神教育基地129场次，为青少年放映红色经典影片10场次。

广泛开展红岩精神教育系列活动。联合区教委、区文联、区文化馆开展“红岩杯”书画大赛，各学校推荐优秀作品600余幅；与区教委、团区委、重庆红岩联线等部门采取线上形式开展“11·27”殉难烈士纪念活动，覆盖全区30万师生和家长。认真开展“中华魂”（强国有我）主题读书活动，动员全区27万余人次参与，获全国特等奖1人，全国最佳人气奖1人，一等奖4人，参加全市比赛的6名选手均获特等奖，参与人数、获奖人数和级别再创历史新高；评选表扬“党建带关建”先进集体5个，“最美红梅五老”“最美红梅少年”“最美红梅园丁”各10人。

【困境青少年教育帮扶活动】 联合区公安分局、环帝青少年生命教育实践基地关工委，组织有关单位、专家召开困境青少年教育工作专题研讨会2场，形成调研文章2篇，节假日看望慰问困境青少年65人次，邀请“五老”开展心理健康、爱国励志教育讲座3场；挂牌成立杨春敏工作室，邀请“五老”为服刑人员子女、残疾人家庭子女32人担任“代理家长”，守护他们健康成长。挂牌成立康玲工作室，建立“红梅五老”帮教队，指导困惑青少年开展爱党爱国、心理疏导、劳动实践活动，青少年转好率达98%。两个工作室被评为市级“五老”工作室。

（熊晓炜）

残疾人事业

【概况】 2022年，沙坪坝区持有残疾人证残疾人15966人，其中，视力残疾3279人，占20.53%；听力残疾1559人，占9.76%；言语残疾204人，占1.27%；肢体残疾6643人，占41.6%；智力残疾1409人，占8.82%；精神残疾2091人，占13.09%；多重残疾781人，占4.89%。2022年，沙坪坝区残疾人工作主要围绕“惠残工程”项目开展。全年投入资金2100万元，惠及残疾人1.6万人次，为残疾人提供康复、教育、社会保障、就业、维权等多方位服务，极大地改善了残疾人民生，残疾人获得感、幸福感、安全感进一步提升。

【残疾人权益维护】 2022年，沙坪坝区残联通过政府购买服务，聘请专业律师担任法律援助顾问，常态化开展“法律面对面”活动，为残疾人答疑解惑，维护残疾人合法权益。为200余名残疾人及家属，开展“德法相伴”普法教育专项培训会4次，“莎姐大普法”专项普法活动1次，组织残疾人学习了《中华人民共和国宪法》《中华人民共和国残疾人保障法》和《重庆市残疾人保障条例》等法律法规，发放各类宣传资料400余份。出台《关于印发区残联2022年安全生产大检查工作方案的通知》，制定《区残联“百日大整治”工作分工明细表》，建立机构每月安全自查、镇街双月安全检查上报制度，落实专人加强机构安全检查，完善《安全生产隐患排查整治台账》，全年共接待来信5件、来访处理295件、电话来访1000余件，处理率达100%。积极协调跨区域的信访案件处理，主要领导亲自牵头、多次协调，研究制定解决方案，化解信访诉求。持续做好“互联网+

督查”平台工作，帮助残疾人解决实际困难，受理残疾人因个人情况诉求来电6通，回访率100%，满意办结率100%。

【残疾人社会保障】 2022年，沙坪坝区残疾人工作以深入学习贯彻习近平新时代中国特色社会主义思想和党的二十大精神为重点，贯彻落实习近平总书记视察重庆重要讲话精神和关于残疾人事业发展的重要论述，聚焦残疾人事业高质量发展，围绕市残联目标任务、重点工作和区政府“惠残2022工程”项目展开。认真落实残疾人“两项补贴”政策，投入574万元为1974名低保残疾人发放生活补贴，为4378名重度残疾人发放护理补贴。深化实施“阳光家园”计划，投入17万元为125名残疾人提供居家上门服务，投入101万元为27名残疾人提供寄宿型托养服务，为88名残疾人提供日间照料服务，为475名残疾人提供居家托养服务。投入41.5万元对因病住院的126名贫困残疾人实施住院医疗救助，给予6名困难残疾人临时救助补贴0.75万元。开展双听力残疾人收视费补贴工作，对75名聋哑残疾人收视费补贴1.08万元。为225户符合条件的残疾人家庭投入42万元实施“一户一策”无障碍改造，打造残疾人无障碍示范社区1个、示范村1个，针对辖区听障群众较多的特点，投入4.8万元为磁器口街道“渝馨家园”添置阳光无障碍影院系统。为78名残疾人机动车主发放燃油补贴2万元，投入10.6万元为残疾人三轮代步车发放宣传费用。

【残疾人康复】 2022年，沙坪坝区发挥医疗资源优势，继续实施精准康复服务。为3554名残疾人提供精准康复服务，残疾人精准康复服务信息管理系统基本康复服务率达到100%。开展家庭医生签约服务培训1次，培训残疾人家庭医生团队270人，联动社区卫生服务中心对16500余名残疾人精准康复基本信息进行全面摸底调查，开展残疾人家庭医生签约并履约服务3552人，为有需求的残疾人实现家庭医生签约覆盖率100%。持续开展精神残疾康复医疗救助，投入95.2万元为1363名精神患者提供服药救助，为127名重度精神患者提供住院治疗。投入10.3万元为111人贫困白内障患者提供复明手术救助。落实重点民生实事“百千万惠残助残行动”，在全市率先启动“关爱·未来”育龄段智力、精神残疾妇女及残疾儿童母亲关爱计划，完成免费筛查759人，开展生育指导313人，全面完成筛查及生育指导任务。投入22.7万元为847名残疾人发放基本型辅助器具，辅具适配率达100%。实施“共享·美好”计划，投入5.3万元为156名两便失禁残疾人送上纸尿裤、护理垫3.01万片。投入600余万元为300余名0～14周岁听力、智力、肢体残疾儿童和孤独症儿童发放康复救助项目补助、训练生活补贴及矫形器具适配补贴。配合区民政局开展全国未成年人保护示范区创建，投入2万余元，在区未成年人保护中心打造“康复小屋”，规范儿童康复训练定点机构管理。开展0～6周岁残疾儿童信息监测工作，全年共监测儿童5535人，疑似残疾儿童86人，其中干预治疗33人，转介服务8人。投入近10万元，在新桥社区卫生服务中心探索开展“脑卒中”残疾预防项目，降低残疾发生率。举办康复知识培训班，为211名残疾人专职委员开展康复知识培训1期。将辖区内306名专业技术人员录入“中国残联康复人才信息管理系统”。“爱耳日”“助残日”“残疾预防日”等重要节日，做好康复知识宣传，增强全民自我康复意识，累计发放宣传手册等资料7000余份，接待服务群众5000余人，做好残疾预防工作。

【残疾人教育】 2022年，沙坪坝区坚持以教育为根本，以提高残疾人受教育水平，加强残疾人教育扶助。与区教委协同合作，在10所学校建成特殊教育资源教室并投入使用。全面改善聋哑学校和随班就读残疾儿童学校条件，帮助208名残疾儿童随班就读，55名残疾儿童接受了特殊学校的特殊教育，为71名残疾儿童送教上门，适龄残疾儿童义务教育入学率达100%。投入2万元帮助向家湾小学开展聋人刺绣培训和培智班建设。持续开展“爱心育苗·圆梦行动”，为105名残疾儿童、学生及残疾人家庭子女发放入学生活救助补贴5.21万元。

【残疾人就业】 2022年，沙坪坝区残联以就业优先为目标，以培训为抓手，以安置为手段，多形式促进残疾人就业创业。与中国移动、电信、磁器口刺绣、君临旗袍、雪缘工作室、远山有窑等合作，通过委托培训、推荐培训、线上线下培训、举办培训班等形式，培训各类残疾人183人，实现传统业态与新业态的有效循环衔接。开展残疾人创业就业先进个人和先进用人单位评选，评出5名残疾人为“残疾人创业就业先进个人”，5个用人单位为“安置残疾人就业先进单位”。为符合条件的12人发放扶持资金2.5万元，为16名符合条件的盲人发放按摩从业人员补贴近9万元，全年城镇新增就业158人、农村新增就业57人。对全区4645名就业年龄段未就业残疾人开展了未就业调查，调查率100%。组织9人参加市级就业培训，组织120人参加区级就业培训，组织3人参加职业指导师、盲人按摩、调饮师比赛。组织4家企业提供就业岗位30个，帮助13名残疾人实现就业；13名2022年毕业残疾人大学生其中已就业8人，继续升学3人，准备考试暂不就业2人，就业率100%；委托中移在线服务有限公司重庆分公司开展了本区实名制系统录入数据核查。完成390余家用人单位、1530名残疾人按比例就业审核工作。

【残疾人文体活动】 2022年，沙坪坝区坚持融合发展理念，加大残疾人事业宣传力度，投入2.6万元与华龙网合作，借助市级媒体平台创新开展残疾人事业宣传工作。积极组织参与“书香有爱·阅读无碍”，推送《阅读给了我被讨厌的勇气》《阅读点亮了我的心灯》《心底的呼唤》等3篇作品参赛，其中《阅读给了我被讨厌的勇气》获得二等作品。实施“五个一”文件进家庭活动，3000余户残疾家庭参与。做好残疾人文化体育示范点工作，投入8万元在5个街道文体示范点开展文化周、健身周等活动30余次，组织镇街、机构开展活动300余次。选拔4名运动员参加2022年重庆市残疾人游泳锦标赛，获7金2银1铜。投入15万元支持1个特奥运动综合训练基地运行。组织向家湾小学聋哑学生和特教老师参与啦啦操市级比赛和课间推广。组织观看《长津湖》《奇迹笨小孩》红色影片、励志影片2场，100余人观影。

（郭雪梅）

镇　街道

青木关镇

【概况】　青木关位于沙坪坝区西北部，地处重庆市沙坪坝、北碚、璧山三区交接处，属于重庆市高新区拓展园区。辖区面积32.27平方千米，镇政府驻地青木关镇青东路29号，辖2个社区5个村，2022年末户籍人口约2.29万人，常住人口约4万人。缙云山国保区有500公顷的丝栗“联庆森林”，有500余亩的“青木湖”，日自涌量达3500立方米、水温36.2摄氏度、富含氟、硼、硅、锶、硫的疗养热温泉，还有屹立7000万年的石老翁。文卫资源富集，有二甲医院沙坪坝区中西医结合医院和市级重点中学青木关中学、巴师附小。解放军某分队、武警重庆市总队某中队驻扎境内，区“三所一基地”也在辖区。

【经济建设】　2022年，规模以上工业总产值12.6亿元，同比下降29.6%；限上批零行业销售总额7.98亿元，同比下降0.3%；限上住宿餐饮行业营业额978万元，同比下降3.5%；有资质建筑业总产值1010万元，同比增长44.3%；其他服务业劳动工资总额3189万元，同比增长3.5%。主要经济作物、畜牧业生产增长平稳，粮食播种面积4592亩，蔬菜产量2584吨，生猪出栏403头，家禽出栏12830只。坚持助企纾困，建立“一企一专班”，联系服务重点企业26家，开展惠企政策宣讲138家次，解决困难22个，协助13家企业申办贷款1900万元。实施“小升规”“个转企”，新增规上工业企业和限上商贸企业2家。发展乡村产业，启动乡村振兴示范带建设，成立乡村旅游股份合作社、农业种植养殖水产等农民专业合作社9个，建设青木湖艾草基地、石花果园基地、伴山香院和岩脚湾民宿，整治盘活撂荒地274亩，推广“泉水养生米”“青木有艾”等青木臻系列农产品。

【社区（村）建设】　2022年，坚持将主体培训和业务培训、线上学习和线下学习、现场观摩和学习研讨、集体学习和个人自学“四个结合”起来，开展全覆盖教育培训18班次。组织“擂台比武”，围绕社会治理、民生实事“情景式”出题，淬炼基层党组织书记解决实际问题的魄力。加强村（社区）“两委”运行情况的分析研判，发挥考核“指挥棒”作用，充分调动村（社区）干部积极性、主动性。注重选育后备，建立村级后备干部队伍人才库，新招录本土人才2名，储备本土人才10名。养老服务中心和2个社区养老服务站实现第三方运营，完成特殊困难老年人家庭床位建设15户，安装门磁和烟感系统各83户。建设社会工作三级服务体系，建成社会工作镇级服务平台1个、村社区平台7个，覆盖率达100%，联动8个社会组织、91名志愿者，开展社区活动18场次，服务特殊困难群众7892人。

【城建城管】 2022年，改造污水末端管网13公里，接入污染源2500余个，绘制全镇污水管网“一张图”。美化212国道至青凤路沿线、关口、四楞碑主干道沿线，栽种绿植30余万株，服务缙云山生态环山道路沙坪坝段建设，启动青木溪湿地公园项目。整治违建5.3万平方米、违法用地卫片图斑10.5亩。推行“大城众管”“五长制”，推动解决人行护栏安装、小微停车场选址等问题。服务大学城北拓区、青润陵园及殡仪馆改扩建、轨道15号线张家湾站等重大项目推进，签约企业12家、农户44家，签订集体协议4个，完成20批次资金请款，兑付补偿款、过渡费等4067万元。

【社会保障】 2022年，兜实民生底线，促进农民工、退役军人等重点群体就业，开展技能培训19班次566人次，组织线上线下招聘活动8场，城镇新增就业1501人，发放灵活就业社保补贴、失业金等191.09万元，惠及14家企业、1716人次。关爱帮扶低保、特困、困境儿童、残疾人等群体，推动老年人疫苗接种，动态管理、常态服务退役军人，组织各类活动130余场次，发放各类救助补助资金337.84万元、惠民惠农资金57.78万元。

【综合治理】 2022年，开展生产安全检查1252家次，发现、整改隐患453条。排查自建房4788栋，拆除重建4栋严重安全隐患房屋，推进16栋54户群众搬离D级危房。推动安装燃气安全自闭阀3810户。整治堡坎垮塌山坪塘1座。落实资金治理黄桷坡滑坡，有效应对彭家院滑坡险情。镇道安办获评重庆市2022年度优秀道安办。防范化解重大风险，每月定期商讨安全、稳定、环保形势，排查销号动态隐患84件。坚持领导干部接访、网格员入户走访，办理群众反映事项90件。提升基层社会治理，坚持“党建扎桩、治理结网”，推进一网揽事、一岗多责、一员多能。建成投用“和顺茶馆”，构建起具有镇域特色的“亲睦关 五塘安”基层社会治理体系。

【科教文卫】 2022年，做好辖区中小学、幼儿园、培训机构安全督导工作。支持滴翠文学社发展，出版《滴翠报》12期1万份。持续培育舞蹈队、民乐队、乒乓球队等本土文艺队伍，开展全民阅读、乒乓球赛等文体活动28场，开设合唱、瑜伽、语言艺术等特色公益课程50场次。争取上级资金，新（改）建关口王家湾、四楞碑村办公室2个篮球场；申报青木羊蹄，亲母洞藏酒2项区级非遗项目。被市委、市政府评为“重庆市文明村镇”。开展世界无烟日、世界献血者日、世界艾滋病日等宣传活动10余场；动员企业职工开展职业健康体检，走访检查企业30余次。

【环境保护】 2022年，持续打好“蓝天碧水净土”保卫战，加强大气污染防治日常巡查，常态化开展工业废气、餐饮油烟、秸秆焚烧等污染治理，促进优良空气天数稳定达标。排查新入驻企业8家，约谈关闭搬迁2家污染严重企业，整治涉危险废物企业15家。设立无烟环保腊肉熏制点1个。严格落实“河长制”，坚持巡河109次，发现并整改问题93个，完成青木溪河综合整治，水质基本稳定在Ⅲ类。回收废弃农膜442.4公斤，开展化肥农药减量增效技术宣传指导8次，整治撂荒地240亩。在8月极端高温酷暑下，综合运用“无人机”飞防、消防队携装巡护、护林员巡山等方式开展森林防火，有效化解重大隐患。推进“一化两改三不见”专项行动，种植木春菊、美人蕉等2.5万平方米、4.7万株，提升新龙湾社17栋农房风貌，评比美丽庭院20户，打造镇级示范线路3条。探索积分制，累计兑换3186户、43万元。协调解决四楞碑、关口农村人饮一户一表工程。建成四楞碑、关口市级垃圾分类示范村，推进青木湖、管家桥生活垃圾分类示范村建设。成功创建市级生态文明示范镇。

【党建工作】 2022年，青木关镇党委下辖10个直属党组织，设7个基层党委，2个党总支，51个党支部（含非公支部24个），党员1029名。抓牢思想政治建设，组织各级党组织和党员干部学习宣传贯彻党的二十大及市第六次党代会、区第十三次党代会精神。深化“冠红岩之名、铸红岩之魂”实践活动，持续推进党史学习教育活动，为群众提供免费理发、电器维修等志愿服务，以行动诠释传承。及时开展换届后班子建设“回头看”，对村（社区）“两委”运行情况逐一分析研判。开展村（社区）书记擂台大比武，亮职责、比干劲、晒实绩，提升基层党组织战斗力。坚决贯彻落实政治巡察工作要求，圆满完成巡察集中整改。坚持“党建扎桩、治理结网”，有效解决老旧小区屋顶漏水等问题150余件。探索使用“智汇青云”党建平台，为群众提供政策咨询、就业推荐等便捷服务30余次。发挥党员先锋模范带头作用，将志愿服务融进网格化管理等重点工作，让“党旗红”引领“志愿红”。推动非公党建与企业发展同频共振，开展“百企联百村”联建活动53次，不断扩大党在非公党组织的号召力凝聚力影响力。做好党员发展教育管理，发展入党积极分子10名、转正党员7名。加强党风廉洁建设，制定印发党员领导干部落实全面从严治党等责任清单，确保明责有依、履责有痕。定期研究党风廉政建设和反腐败工作，持续营造风清气正政治生态。

（冉　兰）

凤凰镇

【概况】 凤凰镇地处沙坪坝区西北部，东与回龙坝镇、土主街道隔河相望，南与青木关镇相邻，西与璧山区六塘镇接壤，北与北碚区歇马街道相接。全镇总面积31.7平方千米。辖皂桷树、凤凰桥、八字桥、胡南坝、杨家庙、五福、威灵寺7个村民委员会和凤凰社区1个社区居民委员会。全镇户籍人口21972人，居住人员8089人。

【经济建设】 全镇规模以上企业总产值65亿元，比2021年同期增长449.8%；累计完成固定资产投资18.6亿元，比2021年同期增长19.2%；商贸销售总额1.01亿元，比2021年同期下滑12.17%；城乡居民人均可支配收入22980元，同比下滑7%；全口径税收完成1.67亿元，同比下滑5.1%（其中增值税完成8920万元，企业所得税完成2434万元）。完成上限升规工业企业1家。

【社区（村）建设】 完成凤凰桥村1名村委委员补选，七村一社区共有村（居）委会成员42人。对五福村便民服务中心（过渡用房）进行装修并完工验收。推进农村人居环境整治，常态化推进“三不见”。按照“三格式”化粪池标准，完成农村户厕改造350户，发动群众共同改造圈舍柴棚150余户。完成长坡社12户农房风貌改造。开展撂荒地整治，完成五福村、威灵寺村、凤凰桥村、八字桥村等整治撂荒地600亩，集中连片种植翠峰番茄50亩、五福甜糯玉米70亩、五福稻100亩。发展乡村休闲产业，做特做优原有乡村产业。完成长坡350亩高标准农田建设，推广“凤凰物语”系列特色农产品，包装设计翠峰番茄、长坡李、夏黑葡萄、五福糯玉米、五福稻等凤凰特色农产品。联系雪鼎农业、金科物业等社会企业，开展“订单式”服务，上门收购农产品，增加群众收入41万元。实施乡村治理“积分制”全覆盖，建立积分兑换爱心超市5个，累计开展积分评议69次，评分约15万分，兑换物品价值逾13万元。加强基础建设，推进皂桷树村和威灵寺村共计220余户燃气安装工作，完成凤凰社区广场周边老旧小区改造工程，维修道路塌方7处，清除道路倒树、落石38处，临水临崖安装护栏10处。

【城建城管】 引入社会资本，利用闲置“边角地”新建停车场2个，新增150个停车位，解决场镇停车的老大难问题。改造升级人行道2000平方米，安装护栏200米。改扩建凤凰社区广场2250平方米，安装城市路灯7盏，整治居民楼外墙瓷砖脱落7处。建成首座“劳动者港湾”，添置饮水机、微波炉，成为一线劳动者的“加油站”和“暖心窝”。完成凤凰广场塑胶场地升级改造，成功举办“百姓赛场”进社区篮球比赛。对57个窨井口安装防坠网，拴牢群众“生命网”。拆除违法建筑12727平方米，完成上级下达存量违法建筑整治任务11094平方米，完成率达到114.72%。完成1个地质灾害点位（何家院滑坡）的降险排危工程。排查自建房房屋4500余户，完成14户存在安全风险经营性自建房处置工作。完成CD级危房改造10户。完成富港新居小区生活污水管网整治工程，涉及新改建雨污管网900米，新建化粪池4个。

【社会保障】 新增低保17户、21人，特困供养7户、7人，低保边缘户1户、1人，退出低保18人、特困7人。全镇纳入城乡低保183户、251人，特困81户、81人，低保边缘户3户、6人，低收入人群1265人。全年发放低保金151万元，特困金90.5万元，惠民丧葬补助11人、1.65万元，困难群众临时救助33户、50人、26.69万元。完成村残协、镇残联换届，选出新一届村残协、镇残联代表61人。持证残疾人570人，发放惠残资金50.426万元。新增事实无人抚养儿童1人，发放救助金2万余元，对留守、孤儿、事实无人抚养儿童开展节日慰问25人次，发放慰问品35份。办理计生服务证149件，新增计生奖扶69人、特扶5人。清退2020年至2021年6月30日死亡6个月以上冒领高龄营养补贴8125元，发放80岁以上高龄营养补贴814人32.48万元，完成187户独居老人智能门磁卡安装。新增就业1513人，组织71人开展新型学徒职业技能培训6期，在岗技能职业培训150人13期。开展就业援助月、春风行动、民营企业招聘月等活动，开展现场招聘会2场，共收集69家企业招聘岗位330余条，发布招聘信息300余条，成功招聘203人。完成企业及个体小额贷款发放520万元。贯彻全民参保计划，新增城乡居民养老保险参保10人，完成2022年城乡居民医疗保险参保16213人，分散参保59人。

【综合治理】 法治政府建设稳步推进，压紧压实基层调委会作用，各级调委会案件调解成功率100%。抓好社区矫正对象日常教育管理，新接收入矫对象7名，解矫8名，在矫对象4名。定期走访刑满释放安置帮教对象，协助2名重点人员申请临时救助、低保。开展全民反诈宣传活动20余场次，举办反诈讲座8场次，加大预警处置力度，实现“秒级止付”23次，累计帮助23人挽回100余万元经济损失。刑事案件一升一降，立案15起，同比下降20%；破案7起，同比提高30%。社会治安群众满意率达90%以上，同比增长5%。落实巡防长效机制，完善重点地区整治排查方案，人民群众安全指数稳步提升。

【科教文卫】 社会组织129个，联动志愿者210人。2022年5月引进金科物业入驻富港小区开展专业物业服务。依托市、区“流动文化进基层”，“五一”“护苗”行动，“全民阅读”等活动，组织各村（社区）开展线上线下优秀读物推荐、践行社会主义核心价值观等活动16次，配送川剧表演2次，开展“六一亲子阅读”“浓情粽香”“重阳节健身（线上）”等主题活动4场，线上组织文化志愿者开展国画兴趣班24次。贯彻落实《新时代公民道德建设实施纲要》，开展梦想课堂、三下乡宣传思想等活动72次，开展医疗、爱心理发、急救知识培训、垃圾分类、科普展览巡展等红岩志愿服务活动100余次。完成凤凰文化广场篮球场和凤凰桥村便民服务中心广场篮球场实施升级改造。完成区镇、镇村《文物安全责任书》签订，对5处尚存遗址进行责任牌公示。开展爱国卫生运动，组织开展健康教育宣传100余次，制作健康专栏4期，开展健康素养知识讲座30次，主题活动8次。开展职业病防治线上培训，参训率达95%，对165家企业开展职业病危害因素检测、职工体检和线上申报，开展重精筛查评估70人，联合送医3人次。

2022年7月，凤凰镇五福村，村集体复耕复种撂荒地发展特色粮食作物　　（郭　晋　摄）

【生态环保】 深化污染防治攻坚，零容忍破坏生态环境行为。落实林长制工作，划分翠峰山网格14个，依托森林防护设施设计防火作战图，实现翠峰山森林防护“一张图”管理，签订森林防火责任书672份，排查整改安全隐患2个，清除林区道路和人群聚集区可燃物30余亩。高温期间，增设11条流动巡查线路，增加巡查人员20余人，全天候开展巡查。加强松材线虫病防治，完成任务小班34个，除治面积2453.3亩，清理并烧除销毁死松树2869株，完成率100%。深化河长制工作，开展常态化巡河1280次，巡查整改问题107个。全面摸排流域毛细血管，排查环境风险隐患点22个，建立水系100米范围内企业分布图，实行红、橙、黄分级管理机制，排查整改企业管道破损5家，生活污水溢流7家。完成5个山坪塘、1个石河堰、2条渠道、7个提灌站维修整治。开展汛前大排查3次、山洪防御应急演练2次。严治企业环保安全，开展废气、废水和噪声专项整治行动4次，指导5家涉及废气企业提档升级环保设备，取缔2家废气工艺，查处违法行为6起，处罚金额18.5万元。开展日常巡查330家次、夜查8次，督促整改环保安全问题79个，制止露天焚烧67起，关停“散乱污”企业2家。

【安全生产】 修订完善《关于调整凤凰镇安全生产委员会和减灾委员会的通知》《关于调整凤凰镇消防安全委员会成员的通知》《关于调整领导班子成员安全生产责任的通知》。探索建立安全分级监管办法，制定《凤凰镇工贸行业生产经营安全分级监管办法》《凤凰镇安全生产职责清单》，以“关、搬、改”为抓手，实施高危行业从业人员安全素质准入制度和培训考试制度，不定期抽查特殊作业和关键岗位安全素质标准。组织全镇“四涉一有限一使用”及规模以上企业87家，开展集中培训2次，检查企业91家，排查整治安全隐患408条，实现安全监管计划覆盖率达到100%、隐患排查和整改率达到100%、非法违法行为查处率达到100%。开展“两单两卡一会”建设，落实重大风险隐患排查日志、重大安全隐患报告和重大事故举一反三制度，编制风险隐患清单和风险卡，全镇企业两单两卡开展率达100%。执行安全生产监督检查计划，形成“隐患告知—清单复查—依法处罚—公示公开—规范案卷”闭环管理，共行政处罚企业及企业负责人23家3.01万元。完善信息化监管措施，指导425家企业将风险信息等录入重庆市工贸行业安全生产管理系统。

（陈 红）

回龙坝镇

【概况】 回龙坝镇地处沙坪坝区西北部，东依中梁镇，西傍凤凰镇，南接土主街道，北邻北碚区歇马街道，地势东部偏高，境内最高峰海拔570米，最低点海拔245米。总面积约39.1平方公里，现由物流园控规区域约22平方公里，户籍人口约3万人，境内共有11条河流（1条市级河流、3条区级河流）。回龙坝镇人民政府位于回龙坝镇回龙北街21号。辖区驻有中国铁路成都局集团有限公司兴隆场车站、中国铁路成都局集团有限公司重庆机务段、重庆永辉物流有限公司、传化公路港、普罗旺斯等大型物流商贸企业，有中小学校3家、金融机构3家、医院1家。2022年，沙坪坝企业创新服务中心、赛力斯总部正式入驻，四川外国语大学新校区、沙坪坝区妇幼保健院、沙坪坝区疾控中心已选址落户。

【经济建设】 2022年，辖区实际注册市场主体3037家，其中企业1281家、个体工商户1745家，农村专业合作社11家。现有建筑工地3个（创新服务中心、融创云鼎城、绿地重庆世界中心），实现规上工业企业产值29053.1万元，餐饮营业额593.2万元，分别同比增长10%、增长263.9%。

【社区（村）建设】 2022年，建成投用回龙坝村乡村振兴版、大桥村一带一路版和顺茶馆；梁滩桥村、五云山村荣获重庆市第四批美丽宜居乡村，回龙坝村获重庆市第三批乡村旅游重点村及重庆市乡村振兴示范村，聚龙城社区获全国民主法治示范社区。持续开展农村人居环境整治，稳步推进“一化两改三不见”及“五清理一活动”，累计整理种植花卉果木面积29400平方米，改柴棚圈舍91处、1820平方米，改圈舍71处、815平方米，在全区考核中综合排名前列。实施沿山景观大道环境提升工程，打造大杨路、中回路、四碚路10公里景观示范带，打造小绿地、小花园、小驿站等微景观138处，评选“最美庭院”48户，引导村民养成良好的卫生习惯。初步完成回龙坝村村规编制，做好四龙村、大桥村、西溪桥村村规编制准备工作，引导村域土地合理利用和有序建设。严厉查处违规建设行为，深入实施耕地“非农化”整治，原地整治违法占用耕地图斑77处、面积40.68亩，完成土地“进出平衡”整治363.82亩。

【城建城管】 2022年，对全镇路灯626盏路灯编号管理，新装四龙村太阳能路灯173盏，井盖防坠网424处，整治市政污水管网400米，修建小区便民通道800米，完成场镇建成区管网管护移交近3000米。场镇已征未用地区域安装围挡94处，面积5600余米。深化生活垃圾分类试点工作，推进五云山、梁滩桥2个垃圾分类示范村创建。全年开展垃圾分类“敲门行动”80余次、宣传活动100余次。持续推动梁滩桥村消纳场建设，积极推进市级农村生活垃圾治理现场会筹备工作，实施点位打造和改造，对沿线氛围升级，在五云山村打造重庆乡村环境卫生设施教育基地，创新实施厨余垃圾高温好氧生物菌降解技术项目，实现乡村厨余垃圾资源化利用。全年累计出动城管队员1500余人

红岭溪谷
（回龙坝镇　供图）

次、120车次，强力推进“蓝天行动”、打通“生命通道”清障集中整治、摩托车雨棚专项整治、“亭棚整治”、“市政工程专项检查”等监管执法工作，严控城区市容秩序、露天焚烧、露天烧烤。重拳开展渣土运输专项联合执法20余次，累计检查渣车逾1万台次。规范城市管理行政审批事项流程，完成临时占道备案登记15件。盘活已征未用地、边角地、荒坡8000平方米，实施泰安大道沿线及龙兴路口节点绿化工程，新补充绿植灌木1.1万平方米，整修兴隆苑草坪3000平方米，投入4.9万元实施龙兴路口节点绿化打造项目，塑造场镇节点绿化样板。加快推进聚龙城社区公园建设，打造3万平方米的农耕生态园，精心打造群众家门口的风景。平场整治场镇及周边征地拆迁区域5000平方米，推动城市有机更新。

【社会保障】 2022年，加快推进镇养老服务中心建设，实施社区养老服务站升级改造，购买社工服务，增设上门送餐、门助浴等助老服务项目。新建农村互助养老点2个，安装独居老人智能关爱门磁系统253套。完成农户改厕95户。新建四好农村公路8.8公里，整治农村公路安全隐患2公里。高标准打造完成全市唯一的镇街级社会保险公共服务标准化示范基地，劳动保障“帮带办”服务延伸覆盖12个村（社区），实现“15分钟服务圈”。完成新增就业人数1143人，困难人员再就业135人，申请创业担保贷款760万元。开发公益性岗位7个、53人。做好社保卡业务下沉，采购制卡设备，办理社保卡2500余张。做好养老保险、计生奖扶、残联帮扶等常规工作，完成城镇职工、城乡居民新参保人员338名，基本实现养老保险全覆盖。全年发放临时救助、低保五保、奖扶特扶等民政资金397万元，让特殊困难群体基本生活有保障。

【生态保护】 2022年，落实区、镇两级河长制，对全镇11条河（沟）、4座水库开展常态化巡查1700余次；完善“一河一清单”制，组建守护绿水志愿服务队伍64名，聘请10位民间河长，18名义务监督员，投入经费25万元，清理漂浮物、有害垃圾2000余吨，处理污水偷排等问题300起。实施清水养鱼，排查鱼塘243口，养殖面积754亩，完成2口30亩以上鱼塘尾水治理，全域水质稳定保持在Ⅳ级以上。落实林长制，保护“一行青山、千亩林带”生态安全，组织机关干部、护林员、志愿者1260人次，24小时不间隙值守巡查，胜利打赢夏季森林防火攻坚战。做好松材线虫病防治工作，投入经费349220元，清理病死松树2782棵。核实四山违建456处，完成违建整治2.5万余平方米。开展“散乱污”专项治理，维修排污管网385米，复查企业300余家，新增核查114家，累计关闭搬迁企业73家、停产停排8家、督促整改286家。在8个村（社区）持续深入开展垃圾分类试点建设，新建厨余垃圾处置站1个。

【社会治理】 2022年，落实“四前”工作法，排查纠纷330件，调解315件。联合派出所加强巡逻防控、强化犯罪打击，严厉打击新型电信网络诈骗违法犯罪。严格履行安全生产“一岗双责”，贯彻落实“十五条硬措施”，聚焦辖区工贸企业、道路交通、自建房、消防安全等重点领域细化为47条具体措施，开展安全检查500余次，排查收集隐患513处，并全部完成整改。加强镇街、村社区综合应急救援队能力建设，成立应急队伍9支，组织开展森林防火技能训练、防汛抗旱水上救援等应急演练6次，提升应急能力，全镇安全生产形势持续稳定。

擦亮“和顺茶馆”品牌，建成投用回龙坝村乡村振兴版、大水沟村城市新区版“和顺茶馆”。创新推出“和顺积分宝”乡村数字积分制，对乡村建设、志愿服务等11类54个基本指标进行量化积分，开展兑换活动30余次，兑换物资20万元，推动社会治理网格化、智能化、精细化，开启社会治理“数治”新模式。建成8个积分超市，发放积分存折1万余本，开展兑换活动30余次，兑换物资20万元，引导群众由“以前挣工分”到“现在挣积分”。

【科教文卫】 2022年，开展科技活动周主题活动，免费义诊100余人次，科普讲堂培训约40人次。指导回龙坝社区科普大学教学开展科普课堂24节，组织科技志愿者携手重庆大学蒲公英义工社开展“课业辅导、助力梦想”课后作业辅导活动。组织科技特派员走进田间地头，为农业发展会诊支招、出谋划策。回龙坝镇科普中国信息员共注册10全区排名第一。举办流动文化进基层文艺演出、培训讲座、展览展示等系列群众文化体育活动90余场次。联合区图书馆举办“牵手冬奥冰雪追梦——2022北京冬奥巡礼”特展，举办文艺骨干培训5次；承办沙坪坝区流动文化服务戏曲进基层暨文化下乡惠民演出；完成惠民电影播放80余场次，积极参加沙坪坝区广场舞大赛，选送1名选手荣获区少儿故事大赛复赛和决赛第一名。为10村农家书屋新增图书600册，申请上级资金5万元用于四龙村综合文化服务中心建设，配置专业健身器材2台，为大桥村配备价值10余万元的三人制悬浮地板篮球场，基层文化体育活动阵地建设不断加强。

继成功创建市级卫生镇后，积极推进国家卫生镇创建。召开各类宣讲会40余次，开展健康知识讲座32余场，利用赶场天向群众开展“病媒生物防制知识”“义务献血”“世界无烟日”等主题宣传活动35场。通过“12319”城市管理服务热线、全民城管微信在线、数字城管系统、阳光沙坪坝等平台接到群众投诉的热点问题2250件，均按时处理回复，办结率98%。组织开展控烟宣传等爱卫活动42次，积极申报国家卫生镇并完成相应指标，实现健康村（社区）全覆盖。

【党建工作】 回龙坝镇有党政班子成员12名，镇党委下设党组织49个，其中，村（社区）党组织34个、非公党组织11个、机关党总支1个（下设2个党支部）、机关退休党支部1个，共有党员1165名。镇机关下设10个科室，5个事业单位，现有在编在岗人员57名。始终将政治建设摆在首位，牢固树立“四个意识”、坚定拥护“两个确立”，坚决做到“两个”维护。夯实基层基础。实施村（社区）“两委”班子整体提升计划，顺利完成20个届期已满的党支部换届工作，做好“两委”班子运行情况调研，推进软弱涣散党组织大水沟村整顿转化。积极探索推行“导师帮带制”，结成“一对一”结对帮带2组，举办喜迎二十大主题宣讲比赛3场，开展“跟着歌声学党史”专场活动。加强队伍建设。重视对骨干党员、青年干部的选拔、培养，通过专家授课、外出学习视察等形式进行全方面能力培养，提高综合能力。新发展党员10名，新招本土人才2名，开展专题培训班2期，组织到成都、涪陵等地学习考察4次。加强全面从严治党。开展“以案四说”警示教育8次，播放反腐题材警示教育片9次，通报警示典型案例66起。建立谈心谈话制度，对镇、村干部分批次开展廉政提醒谈话和谈心谈话21人次，开展纪委成员谈心谈话8人次。坚持严管与厚爱管理干部，善于发现和纠正问题，2022年对3

名村干部通报批评，2名科室负责人提醒谈话。约谈4名履职不力党员干部。对1名社长开展批评教育，督促退回土地租金1000元。查办问题线索2个，初核调查1件，立案1件，对1名违法违纪党员给予党纪处分。

（吕玉玲　李　可　崔　浪　彭　斌　何　梅　龙　坤　文彬洋　张秀英　刘文龙　王　利　张　苏）

中梁镇

【概况】　中梁镇地处沙坪坝区东北部，因驻中梁山腹地而得名，坐落于中梁山脉中段，东接母城，与井口街道、北碚区童家溪镇接壤，南连歌乐山街道，与名山为伴，西邻高新区，与科学城毗邻，北望两江，与北碚区龙凤桥街道、蔡家岗镇相连。40分钟直抵机场、30分钟连通高铁，20分钟可及千年古镇，15分钟进入国际物流，地理位置优越，是重庆不可多得的都市诗意田园。辖区面积40.47平方公里，场镇面积0.36平方公里，几乎全域为农村。下辖6个村、1个社区，户籍人口1.8万人，常住人口约1.7万人。中梁镇平均海拔600米左右，温度常年比山下低2～5摄氏度，空气清新，环境优美，旅游资源富集，硒资源丰富，镇域内仍保留着较为原生态的自然环境、农耕生活和石头建筑。辖区内生活配套完备，有综合农贸市场1个、限上商贸企业4家；教育、医疗、文化等社会事业蓬勃发展，有中梁实验学校等中小学3所，幼儿园3所，镇卫生院1个。

【经济建设】　2022年，镇域经济稳中有进。全镇实现总产值12.18亿元，同比增长0.2%，其中第一产业总产值1.87亿元，同比增长2%；第二产业总产值6.06亿元，同比下降2.5%；第三产业总产值4.25亿元，同比增长3.5%。规上工业总产值2.98亿元，新增固定资产投资687万元，一般公共预算收入7284.82万元。居民人均可支配收入3万元，同比增长3%。

【社区（村）建设】　2022年，村（社区）建设展现新面貌。乡村环境持续优化，深化农村人居环境整治，扎实开展“一化两改三不见”和“五园共治”专项行动，整治农房风貌985栋，拆除“蓝棚顶”等违法建筑267处3.4万平方米，创建美丽庭院30户，改造农村户厕155户，新建沤肥池10座，美化垃圾箱体200个，累计栽种花卉果木12.9万平方米、树木8000株，修砌片石花池6.2公里，改造柴棚、圈舍400余个，累计清理房前屋后垃圾1000余吨，市级绿色家庭创建率达78%。集体经济持续增收。打造提升“中梁·诗意田园·好物”区域公共品牌，组织各村经济联合社包装销售中梁特色农产品，促进集体、企业和农户共同增收；发展新型农村集体经济组织，流转撂荒土地430亩，进行高标准农田整治，种植精品果蔬；发挥“年轻人”和“带头人”两支队伍作用，组建茅山峡村蒲草田农机专业合作社等4个新型专业合作社，开展农机社会化服务、民宿、餐饮等经营活动。

【城建城管】　2022年，加强引导持续提升村镇建设水平。推广农房建设示范图集14套，创建美丽庭院30个。积极探索新模式，盘活村民闲置农房，围绕灿若湖选定8栋农房开展民宿试点。环卫保洁擦亮城镇本色。常态化开展市容环境卫生整治，统筹城乡垃圾收运，持续巩固“户集、村收、镇运、集中处理”收运体系，全年无害化处理生活垃圾4800余吨。垃圾分类引领乡村时尚。垃圾分类体系深度覆盖，农村生活垃圾分类示范村占比达100%。设施管护保障城市运行。推进城市更新行动，改造人行道4500平方米；维修路灯276盏；清掏污水管网、更换水箅子等市政实施105处。规范执法改善城市秩序。处理“12319”城市管理热线投诉52件；数字城管案件整治1320条，每月按期处置率、结案率达95%；加强建筑渣土运输车辆管理，查处乱倾倒4次；发现并解决露天焚烧27件。

【社会保障】 2022年，服务保障为民解忧增实效。强化重点群体就业帮扶，举办农民工、高校毕业生等专场招聘会3场次，新增就业1300余人，高校毕业生就业率100%。落实低保、特困等综合社会保障政策，全年发放低保金、特困供养金493.95万元；为125名困难群众办理临时救助，发放救助金116.38万元。完成三代社保卡制发3000张，社保待遇进卡率达75%。对11户受自然灾害损坏的农房申请巨灾保险理赔金额8万余元。完成农村C、D级危房改造15户。为困难群众安装漏电保护器411户、燃气泄漏报警器146户。

【综合治理】 2022年，齐抓共管协同推进社会综合治理。落实上访变下访领导包干责任制，按照“五个一”工作要求制定领导包案化解工作方案，按照“三到位一处理”原则，领导包案化解。整合村（居）法律顾问服务资源，增

2022年3月19日，太寺垭森林公园郁金香基地 （陈德玖　摄）

强矛盾纠纷调解力度，全年通过镇村两级共调解矛盾纠纷86件。加大治安矛盾巡防立排立化，建立7支巡逻队伍共60人，投入矛盾问题日常排查。推进专项排查工作，参与"夏季治安百日专项行动"治安巡查抽查12次，各网格常态化推进日常巡逻巡防工作每周1次。调处各类治安矛盾。落实重点时段会商，严格执行联席会议制度，落实矛盾纠纷日分析25次、月调度联席会议11次，针对辖区特点，将邻里矛盾纠纷问题单独成立工作专班，明确职责，重点推进。

【科教文卫】 2022年，丰富文化活动，厚植文化底蕴，持续开展全民阅读推广、区第七届广场舞大赛、流动文化服务川剧进基层、"'村村趣动'农民趣味运动会"等群众性文体活动42场次、放映爱国主义惠民电影30场次、各类线上线下展览讲座培训11场次，受众人群达3000余人次。镇综合文化服务中心图书借阅量1672册，计600余人次。通过"文化之旅沙坪坝公众号"以图文和视频的方式对外宣传中梁镇文（农）旅企业15篇。加强政校联动，保障教育安全。召开2022年防溺水专项工作布置暨研判会2次，组建防溺水安全巡查队伍7支、56人，集中开展防溺水、2022年秋季小学生招生等宣传活动2场次，印发防溺水宣传资料6000余份，开展各类安全教育进校园宣传活动6场次。"六一"期间为辖区中小学幼儿园配送价值万元的学习、体育用品。按照社区教育"全民学习、终身学习，达到人和自然和谐相处"的目标要求，组织开展社区教育及老年人各类教育培训活动近60场次。

（王秋丽　朱　彦　杨海波　唐婵娟　肖斯秘　况小英）

曾家镇

【概况】 曾家镇东含西永综保区B区，南接金凤电子信息产业园，西有超瞬态实验装置、中科院重庆科学中心，北连科学城科技产业园·研发创新基地和大学城。全镇总面积36.51平方公里，户籍人口44259人，辖6个行政村、6个社区。镇党委下辖22个党委、党（总）支部1241名党员（其中预备党员24名），其中村（社区）党组织12个，机关事业单位党支部2个，非公经济、社会组织党支部8个。

【经济建设】 2022年实现全年规模以上工业总产值2110.3亿元，同比下降4.49%；批发和零售业售总额99.2亿元，同比增长16.66%；餐饮业营业额1.1亿元，同比下降15.28%；规模以上服务业营业收入5.29亿元，同比下降2.9%；固投25.02亿元。辖区新增"四上"企业7家，实现在库高新技术企业13家，在库科技型企业49家，在库"专精特新"企业7家，在库创新型中小企业4家。

【社区（村）建设】 2022年，扎实推进基层治理体系和治理能力现代化建设，深化"网格哨兵"品牌打造，将12个村（社区）划分为52个网格，构建了"1+12+52+N"网格化管理体系，打造8个网格哨所、1个平安哨所；推行"社区客厅"，以"家"的温度去办公化设置，打造客厅式办公环境，升级改造了龙荫社区、五里社区党群服务中心；通过"牵手"各大高校，共建党团、校社合作劳动教育网格实践基地，形成"居委会组织、大学专业支持、群众广泛参与"的居民自治模式，拉近邻里距离，激发居民自治活力。

【城建城管】 2022年，曾家镇提档升级基础设施，改善曾康街人行道，加装人行道护栏，升级路灯照明；累计修补市政道路7800余平方米，维修人行道1100余平方米，更换破损井盖80余个，排除各类安全隐患40余处。改善场镇交通，安装道路中央隔离护栏780余米、道路交通标识标牌50余个，增设红绿灯1处；新建金康动力兴安路停车场、曾康街停车场，累计面积11000余平方米，新增停车位457个。全面推广垃圾分类，累计发放5000余份垃圾分类条例宣传册，垃圾分类管理信息责任公示牌上墙共计50余份；完成3个示范村、6个社区的垃圾分类宣传阵地建设，开展垃圾分类进校园、进社区、进商户、进企业等“五进”宣传活动50余次。

【社会保障】 2022年，曾家镇城镇新增就业人员4329人，发放灵活就业社保补贴39人共18.34万元；举办专场招聘会9场次，提供就业岗位6000余个，完成职业指导14120人，就业成功3324余人；开展困难人员就业技能培训4200余人次，发放创业担保贷款440万元，成功创建2个区级就业创业示范社区；失业登记1584人次，发放失业保险金332.64万元，失业率控制在3.5%。累计办理居民医保、居民养老、职工医保、职工养老、征地农转非养老、单位参保、退休审核、死亡待遇审核、指纹认证、机关公费医疗、停、续保等业务4.2万人次；受理劳动纠纷、农民工工资纠纷等200余件；梳理行政权力及公共服务事项清单2377项，一体化政务服务线上办理信息1200余条。走访慰问困难残疾人795人次，发放慰问物资8万余元。新增全民健身设施智能健身器材20余件，修复健身器材173件、新增体育场地2处。

【综合治理】 2022年，曾家镇扎实开展全国两会、排查矛盾专项排查化解工作5次；新接收、安置帮教人员31人，共有安置帮教对象98名。实行安全隐患“三色”等级管理，整改安全隐患678项，行政处罚113家、罚款22万元；开展自建房安全专项整治行动，排查自建房1445栋，整治464栋；定期巡查建筑工地施工安全300余次、检查地灾点42次，完成466户经营性自建房、980户非经营自建房排查、鉴定、整治工作。处理回复环保投诉89件，治理雨污混流5公里，修复污水管3公里，清掏河道淤泥1公里。

【科教文卫】 2022年，曾家镇有区属各类学校14所，其中，中学一所、九年一贯制学校1所（仅有小学部）、小学1所；专任教师总数662人，中学学籍人数1561人，小学学籍人数3635人；有文化服务中心1个、社区文化室6个、农家书屋6个、社区书屋6个、24小时书屋1个，藏书总量3万余册。曾家镇有严重精神障碍患者142人；计划献血426个单位，实际献血631个单位共126260毫升，献血人数共计357人，完成率148.19%；病媒生物公共外环境消杀频次为每月定期开展1次，5—8月为蚊、蝇、蟑繁殖期每月增加1次消杀，社区公共环境除四害工作满意率达90%。

【征地工作】 2022年，曾家镇按期清零轨道15号线二期曾家站3A号出入口红线范围内滞迁农房，有效解决G212国道、中科院、科研港道路等项目施工清障问题10处。攻克滞签小产权房2户、农户17户、企业5家，完成“铁人三项赛”等项目9户无房户签约，联动村社有序推进2152亩范围内拆房、清表工作。启动中科院重庆科学中心二三期、G212国道等13个项目

3000余亩新征地工作，顺利召开4个村14个社动员会、政策培训会等会议，完成420栋农房清理丈量、508户农户信息登记以及数据录入、附件上传工作，中科院重庆科学中心二三期、G212国道等4个项目15天集中签约期签约率超80%，同时年前启动其他项目的协议签订等相关工作。

【党建工作】 2022年，曾家镇完成老干部党支部、机关党支部、6个村（社区）下设18个党支部换届选举工作，指导新成立2个非公党支部、龙桥社区党委增设2个下设党支部。持续做好生活困难党员、老党员和老干部节日走访慰问工作，元旦春节和“七一”前慰问164人。开展换届“回头看”，对12个村（社区）“两委”班子运行情况逐一分析研判。发挥党建引领作用，持续抓好党建工作经费和服务群众专项经费申报使用工作，做活做细网格党建“微治理”，继续助力打造各具特色的“社区客厅”，进一步推动党群融合。举办“擂台比武”大赛，精心组织开展“光荣在党50年”纪念章颁发等“七个一”系列活动，庆祝中国共产党成立101周年。扎实推进基层党建规范化、标准化建设，基层党组织整体水平有效提升。

（包凤雅　金心仪　涂寒秋　龚仕益　万　丽　陈建和　李华容　王翠平　连晓娇）

覃家岗街道

【概况】 覃家岗街道位于沙坪坝区东部，与渝中区、九龙坡区相邻，辖区面积31平方公里，3个行政村（上桥、新桥、梨树湾）、9个社区（新立、新鸣、梨园、凤天路、马家岩、新凤、梨泉、金桥、金星）。户籍人口6.65万人（其中非农业人口4.44万人，户籍人口城镇化率66.8%）。“七人普”统计辖区常住人口110565人。

【经济建设】 2022年，规模以上工业总产值24.77亿元，同比下降8.5%；其他服务业营业收入1.42亿元，同比下降20.2%；有资质建筑业总产值15.21亿元，同比下降13%；限额以上（法人+个体）批发和零售业商品销售额22.43亿元，同比下降25.1%；限额以上（法人+个体）住宿餐饮业营业额0.71亿元，同比下降29%。

【社区（村）建设】 2022年，完成金星社区、梨泉社区便民服务中心“三化”。覃家岗街道老年服务中心建成，计划于2023年投入运营。2021年度，凤天路社区成功建为“全国老年友好型社区”。

【城建城管】 主办区政协提案2件，排查处理凤天生态公园存在的安全隐患，整治边坡6处，清理断裂倒伏树木23棵，维修故障路灯15盏，修葺路灯底座22个，更换灯泡26个，清理落石3处，设置温馨提示牌4处，滑坡地段封路3处；配合区交巡警支队处理凤天大道青春华庭支路存在的交通安全隐患，增设太阳能路灯1盏。完成市、区领导马路办公、区城综办环境综合整治专项行动巡查交办城市管理问题49个。街道主要领导、分管领导（城市管理）每月开展马路办公，现场督办并整改城市综合管理问题534个。完成生活垃圾集中投放点合并的小区46个，纳入并点计划的小区9个，集中投放垃圾房改造6个，参与家庭厨余垃圾收运的小区65个。全年累计开展入户宣传及“二十一天生活垃圾分类习惯养成”主题活动400余次。接办“12319”城管服务热线等投诉179件；受理数字城管系统案件8103件，结案8011件，结案率98.86%；上报微信城管案件4152

件，结案3894件，结案率93.79%；上报“门前三包”“五长制”案件2010件，办结2010件，办理率100%。完成64座无主化粪池清掏，全年累计监测化粪池349座。

【社会保障】 2022年，城镇新增就业2723人，完成年计划129.67%；城镇登记失业人员就业767人，完成年计划156.53%；城镇就业困难人员就业342人，完成年计划的126.67%；发放创业担保贷款280万元，完成年计划的175%；开展职业培训125人，完成年计划的139%；发放失业金595万元，协调处理20件欠薪案件，追回农民工工资1244万元。职工医保办理的停续参保业务700余人次，城乡居民合作医疗23271人，居民民政帮扶人员一档免费参保163人。新办社保卡1579张。单位参保办理279笔，个人参保453笔，农转非和城镇职工退休264笔，退休职工更改卡号681笔，退休人员死亡待遇办理66笔。办理岗办理共计2032笔业务。

【综合治理】 2022年，以党的二十大安保工作为主线，坚持人民至上、生命至上的理念，办理信访件199件，接待群众来访56次220余人。创建健康示范小区1个。化解突出信访矛盾29件，调解矛盾纠纷678件，涉及金额1861万元。持续开展全民反电信网络诈骗专项行动，排查境外涉诈人员20人，印发反诈宣传资料60000份，摸排线索120件，打击42人，追挽损失11万元。

【科教文卫】 2022年街道文体教育工作围绕中心工作，推进街道文化、体育、社区教育全面发展。春节期间向辖区文化志愿者赠送书写“福”字、春联365副；利用传统节日开展群众文化系列活动40余场。组织辖区文艺团体围绕“喜迎二十大，奋进新征程”主题编排作品，推荐优秀节目参加区级举办的第七届广场舞比赛，获得二等奖。组织开展语言公益培训班28场次。组织辖区60名舞蹈骨干参加了广场舞《娇阿依》直播课培训。开展“端午戏曲”文化图片展等4场次，摄影协会春季摄影照片赏析3场次。积极为辖区群众提供图书借阅服务4336人次。对辖区网吧、影院等文娱场所安全检查63次。对马家岩社区《涵园记》题刻文物开展持续保护。组织村社区开展了私设景点排查清理工作，确保辖区无私设景点违规经营活动。对辖区学校进行了春、秋季开学安全检查和每月安全巡查。开展了辖区幼小衔接公益讲座4场。加强对辖区小朋友垃圾分类知识的宣传，联合凤鸣山幼儿园实施小朋友21天垃圾分类养成计划。完成辖区凤鸣山中学高考、中考保考工作。暑期，组织辖区青少年开展了观看防溺水宣传片、举办防溺水安全知识讲座等系列防溺水宣传活动共计12次。参加区教委组织的片区民办幼儿园年检工作和小学新生入学政策宣传工作。除开设舞蹈、唱歌、健康养生等常规课程外，还采取点单式教学方法，为辖区爱美群众开设了科学减肥课程、联合凯瑞商都毛戈平品牌资深化妆师开展“护肤与彩妆”社区教育公益课程，服务群众190余人次。根据辖区社区教育实际，积极培育有特色的社区教育品牌，《能者为师：侯雪源》化妆系列视频课程，目前已在教育部开放课程中播放。梨园社区龙吟艺术团被沙坪坝区社区学院评选为学习型团队。完成对辖区74家培训机构的摸底清理统计工作，配合区教委对辖区资质不合格、违规培训的2家培训机构进行了清理整顿。为新立社区、凤天路社区添置5台乒乓球台、健身器材16件，推进全民健身活动，在街道机关、12个村、社区全面推广工间操。组织辖区12个社区（村）开展了篮球、乒乓球、羽毛球、瑜伽比赛。

【生态环境保护】 2022年，覃家岗街道围绕中央环保督察整改、工业企业环境监管、蓝天、碧水行动、生态环境满意度宣传等重点工作，整治、解决环境突出问题。多轮生态环境督察涉及我街道牵头共30件（第一轮13件，市级督察10件，第二轮7件）群众投诉案件，100%完成整改销号归档工作，并持续对整改点位巡查监管，防止问题反弹。持续对辖区324家工业企业网格化监管，对16家企业环境不规范行为帮扶指导，发现并取缔新进污染企业4家，妥善处理企业环境投诉6起，对10家环境风险源企业开展全面巡查。累计开展网格化露天焚烧巡查2000余次，对490家餐饮单位全覆盖检查，督促正常使用油烟净化设施并定期清洗维护。督促投诉较多的童话里小区13家餐饮单位委托第三方进行油烟检测，配合区生态环境局开展油烟执法抽检5家次。强化扬尘管控，对辖区21个工地项目废水、扬尘排放情况全面检查，立案调查工地2个，约谈工地3个。对辖区5家涉水排放企业开展了专项检查，发现问题并约谈2家。主动发现并协调区生态环境局妥善处置2起突发水环境事件。开展生态环境满意度宣传，设置宣传点位11处，入户宣传3000余人次，滚动播放宣传资料2600小时，为民解决身边实事39件。

（雷玉莲）

渝碚路街道

【概况】 渝碚路街道辖区面积3平方公里，街道党工委、办事处驻陈家湾144号，设党政办公室、党建工作办公室、经济发展办公室、民政和社区事务办公室、平安建设办公室、司法所、规划建设管理环保办公室、财政办公室、应急管理办公室，下属事业单位有社区事务服务中心、社区文化服务中心、劳动就业和社会保障服务所、退役军人服务站、综合行政执法大队；辖杨梨路、杨公桥、白鹤岭、沙杨路、沙南街、汉渝路、新体村、站东路、双巷子、南友村10个社区。户籍人口8.63万人，常住人口8.91万人，总人口14.33万人（统计时居住在辖区）。辖区有龙湖光年、重百沙坪商场、新世纪凯瑞商都、盒马生鲜等大型商场9个，丽苑大酒店、重庆大酒店等星级酒店2个；辖区企业存量为6323家，实现新增企业1104家，有规上限上企业187家；有重庆大学、重庆师范大学、重庆一中、南开中学、树人小学、南开小学等重点大中小学10所，幼儿园14所；有区文化馆、图书馆、体育馆等文体单位；有重庆大学附属肿瘤医院、区人民医院、区妇幼保健院等医院，各大银行支行、保险、证券及水务、电力、燃气、移动、电信等；成渝高铁专线、轨道1号线、9号线、环线四条轨道在辖区交汇。是集商贸、教育、医疗、交通等优质资源于一体的现代化都市核心区。

【经济建设】 2022年，辖区规模以上工业总产值3.97亿元，增幅11.6%；辖区企业存量为6323家，实现新增企业1104家，规上企业发展至187家。全力推进全民反诈。完善工作机制，建立信息研判制度、预警劝阻制度、案件回访制度，开展劝阻3200余人次，挽回群众损失220余万元。加强宣传教育，悬挂反诈横幅200条，张贴海报500张、发放宣传单4万份、致居民的一封信2万份，联合电信运营商推送反诈宣传短信2万余条，指导居民下载安装4万余人次。全年电信诈骗发案数同比下降20.7%，受骗金额同比下降20.6%。

【社区建设】 2022年，深入实施“党建扎桩·治理结网”工程，坚持系统思维，不断深化基层社会治理，持续推进“治理体系”向“体系治理”转化。建好用好基层阵地。完成南友村、沙南街、杨公桥社区阵地改造提升，加快推进杨梨路、新体村社区阵地改造建设，基层阵地建设全面加强。做亮基层治理品牌。推动建设“友来有网”治理品牌，切实做到“人在格中走、事在格中办、难在格中解、情在格中结”。探索物业党建联建新路径，“红管家”物业监管小组、“红岩当家人”等红岩物业模式成效初显。凝聚基层治理合力。坚持党建带群建，提升社区服务水平。督促指导了辖区56个物业小区开展安全隐患自查，召开12次物业联席会对清华源三期电梯使用大修基金、东和科苑物业矛盾等问题进行调处，指导社区对物业服务企业公区收益情况公示检查119次。

【城建城管】 2022年，深入践行人民城市理念，坚持规划、生态、基础、景观、配套“五个先行”，不断提升城市建设和城市管理水平。突出规划引领。包装策划站西路沿线、新体村老院子、杨公桥立交地下空间、沙南街社区等项目改造点位，有序推进2022年老旧小区改造项目前期工作，完成7个老旧小区方案设计，1个已正式开工建设。下足“绣花”功夫，盘活边角地带解决停车难、健身设施安装等问题，合理布局深挖辖区潜力。突出生态优先。长效推进河长制建设，问题处置率100%，织密嘉陵江、清水溪、小湾河沟、伍家河沟渝碚路段巡河护河职责网，服务伍家河沟污水处理站提泵工程，修复清水溪污水管网，巩固“清水绿岸”治理提升。突出基础夯实。深入实施“两违”整治，完成“四山”外围整治任务4580平方米、市级专项任务22项、整治主干道市级迎检道路违建13处。紧紧依托群众投诉、网格巡查、卫星拍片三位一体巡查模式，拆除杨梨路一品厂区、江边村300平方米新增违建。突出品质提升。有序推进“四周四沿”整治改造，落实环境综合整治20处。引入社会资本打造

2022年5月5日，渝碚路街道三峡广场商圈红岩市民综合调解站正式开放运营
（渝碚路街道　供图）

8000平方米牛津街体育文化公园，拟建成乐享健身环形步道、羽毛球场、群众文化活动广场、红岩智慧阅读驿站等一体化文体休闲场所，惠及周边5万名居民。突出配套完善。全面规范80个小区生活垃圾集中投放点建设，补足老旧小区配套功能，完成14个老旧小区外立面排危、管网改造、整治维护、健身器材增设等，加强13处公厕、138座无主化粪池日常管护。

【社会保障】 2022年，坚持以人民为中心，尽力而为、量力而行，持续改善民生福祉，织密保障网络，用心托底民生服务。落实基础性惠民政策。积极落实就业创业政策，帮扶农民工、高校毕业生等重点群体就业创业，完成创业担保贷款360万元，全年实现新增就业2935人。办理个人职工养老保险2393件，单位社保1932件，职工医保1228人，办理量居全区前列。完成城镇登记失业人员就业857人，城镇就业困难人员就业337人，高校毕业生年底就业率达到95.5%，认真落实了“治欠保薪”工作要求。提升兜底性社会保障。积极推进社会救助，现有各类救助人员1051人，累计发放救助金511.39万元。落实8项惠残工程，对450余名残疾人实行了帮扶，顺利完成第八次残联换届工作。建立7名持证残疾儿童基本信息动态基础台账；组织82名育龄段智力、精神残疾妇女及残疾儿童母亲参加“关爱·未来”项目，到渝碚路卫生服务中心进行“疑似遗传病家庭情况”筛查，报送4名重度肢体残疾人参加重庆广达康复医院开展的个性化康复服务，为2名贫困残疾人申请白内障复明手术补贴。建成运营1个养老服务中心和6个养老服务站，为408名独居老人开展“一人一台账一方案”关爱服务，开展“碚家温暖”“幸福来敲门”等助老助小助残助困服务。

【综合治理】 2022年，坚持防治并举，多措并举扎实推进综合治理工作，始终坚持总体国家安全观，把安全发展贯穿于各领域、全过程，保障辖区平安稳定。全面压实安全责任。严格落实“党政同责，一岗双责”责任制和“三个必须”要求，建立安全责任体系。深入推进安全生产专项整治三年行动，强化街道40人、社区200人的应急常备队伍，扎实完成民兵整组工作，开展应急演练培训90余场次。坚决整治安全隐患。严格落实安全生产“十五条硬措施”，紧紧围绕安全生产“大起底、大排查、大整治、大执法”专项行动，排查整治企业等重点场所隐患508个，完成杨梨路35号和汉渝路8号地质滑坡排危，对辖区24栋C、D级危房实施动态监测，持续推进高层建筑消防安全综合治理和老旧小区消防通水工作，抓实特殊对象特殊行业重要节点消防安全风险管控。强力保障社会稳定。健全完善街道信访联席会议制度，精心组织“治重化积、清仓见底”专项工作。与高校维持法治建设共建协议，共同推进法治建设工作。建成三峡广场红岩市民综合调解站，增设南友村社区红岩市民调解站，成功调解矛盾纠纷百余件。全面落实信访工作责任制，办理各类信访件350件。

【科教文卫】 2022年，加强社会主义精神文明建设，持续巩固文明城市创建成效，持续建设健康沙坪坝，狠抓普惠性科教文卫工作，不断提升文化软实力。抓实普惠性文体服务。持续开展红岩铸魂行动。按照全区“冠红岩之名、铸红岩之魂”实践活动要求深化红岩精神教育，擦亮“天天580”等9个红岩志愿服务品牌。举办供电发展史、地名文化、特色书画等主题展览，广泛宣传推介“钦龙斋”毛笔制作、沙磁金缮修复技艺、尺八、箫制作技艺等10个非遗项目，让现代城区留住历史根脉。用好用活红岩城市书房、综合文化服务中心，接待群众万余人次，定期开展各类群众文化活动。提升卫生健康建设水平。持续推进健康沙坪坝建设，完成孕妇孕前优生检查187名，发放各种药具1万多套。公共场所母婴设施设置率95%以上。完成0至3岁托育床位数建设136个，社区组织400人开展慢病监测工作。圆满完成国卫复审检查验收工作。常态化关注精神卫生建设，对卫生库登记在册严重精神障碍患者276人，公安库列管严重精神障碍患者40人，实行“一人一档”资料管理，签订以奖代补协议27人，开展严重精神障碍患者筛查评估工作2次，逐户走访调查、逐人见面、逐人评估，确保做到健康档案建档率、信息采集率、信息完整率、病情评估率均达100%。

（朱　宇）

沙坪坝街道

【概况】 沙坪坝街道地处沙坪坝区东部，东临嘉陵江与江北区相望，南接渝碚路街道，西连覃家岗街道，北与磁器口街道接壤。面积3.30平方公里，辖8个社区（一心村社区、沙正街社区、劳动路社区、饮水村社区、中渡口社区、新华村社区、松林坡社区、建工村社区），街道办事处驻建筑巷1号。2022年末户籍总人口58599人，常住人口97685人。人口增长率-1.3‰辖区有重庆大学、重庆市第七中学校、重庆沙坪坝小学、重庆育英小学、重庆汉渝路小学，教育资源丰富；有国家级科技园重庆大学科技园；有沙坪坝区重点建设打造的重庆大学设计创意产业园、创客港·未来科技园。辖区嘉陵江段水域总长2.139公里，日供水量近20万立方米，保障沙坪坝区居民用水达27.15万户。

【党建工作】 党工委下设9个基层党委，52个支部。2021年末实有共产党员1497人，全年新增入党积极分子11名，发展党员8名。2022年，深入学习贯彻党的二十大精神，认真落实市第六次党代会、区第十三次党代会要求。定期组织班子成员集中学习党的二十大精神、十三届区委二次全会精神等会议40余次，开展全会精神专题党课、政治培训和专业培训等20余次，完成春节、元旦、“七一”期间164名困难党员、老党员慰问，做好14名党员“光荣在党50年”勋章发放。开展主题教育专题研究部署会议10余次，班子成员人均撰写心得体会40余篇。以“冠红岩之名、铸红岩之魂”实践活动为载体，建成6个红岩党群服务站，新增红岩文艺团队5个，设立红岩先锋岗60个，多种形式开展送红岩课程进社区、进企业、进园区等活动共计90场次，吸收580名企事业职工、学生、居民加入红岩志愿者队伍；开展红岩志愿者义务服务24场次，为残疾、智障、孤老、特困上门服务700人次；开展“我为群众办实事”活动惠及2万余人次，接受咨询求助500余次，调解矛盾纠纷80起，解决民生实事60件。

【经济建设】 2022年，规模以上服务业营业收入达到8.7亿元，同比增幅15.61%，有资质建筑业总产值9.6亿元，同比降幅16.1%，限额以上（法人+个体）住宿餐饮营业收入7563.5万元，同比增幅5.03%，全体居民人均可支配收入4427.5元，增幅20.2%。

【社区建设】 启动一心村社区、劳动路社区、建工村社区阵地提质改造工作，整治中渡口社区外立面。接待业主253人次、审核处理小区电梯、化粪池、外墙等大修基金维修申请38件、调解指导小区物业、业委会54起。医疗救助56名精神病人，服药金额98400元，为17名残疾人进行辅助器具适配，对11名残疾儿童精准康复救助107800元的康复机构训练及生活补贴，全年共为贫困残疾人50人发放生活补贴6880元，重度护理补贴211人、31560元，居家托养服务补贴14人、3150元，为1名残疾人机动轮椅车燃油补贴260元。保障城镇最低生活保障户数199户、246人，共计176203元。为2321位80~99岁以上高龄老人发放营养补贴1021375元，为5位百岁老人发放营养补贴、生日慰问金及过节费24400元。为16户低保家庭办理了廉租补贴，为39户低保家庭办理了临时生活救助144500元。为21户低保家庭办理了临时生活救助102600元。为21户低保家庭办理了廉租补贴，为30户低保家庭办理了临时生活救助165600元。建立和完善特殊群体老年人信息台账，目前在册人员245人。

【城建城管】 新增红岩书屋、小驿站、小景观12处，新增城市绿地面积500平方米，持续优化完善老城区功能。深化“大城三管”，常态化开展街道、社区、网格员三级“马路办公”，解决群众反映强烈的市容环境突出问题1000余个。下足功夫整治违建、危房住人等城市乱象，395户D级危房已经搬离356户，率先完成经营、租赁户搬离任务，搬离量和比例居全区前列，超额完成“四周四沿”年度任务。深入开展蓝天碧水行动，开展河流“清四乱”及违规种植专项巡查12次，发现整改扬尘治理、油烟治理、饮用水源保护等环境问题86件，饮用水源地水质达标率保持100%，大幅提升城市管理精细化水平。

【社会保障】 城镇新增就业人员任务数1900人，共完成1910人；城镇登记失业人员就业再就业人员任务数600人，共完成623人；城镇就业困难人员就业人员任务数260人，共完成291人；城镇登记失业率控制在4.5%；发放扶持创业贷款任务数160万，共完成300万元。开展“百日千万网络招聘专项行动”“技能提升行动服务周”“高校毕业生就业服务月”“农民工日”“就业扶贫行动日”等活动，接待各类政策咨询6400余人次，免费提供就业服务2100人，职业指导1493人。会同国际创客港、惠利+超市、酒店等企业发布用工信息230多条，提供就业岗位295个。企业在岗技能提升培训97人，合格率196%。职业技能培训47人。申报“4050”人员社保补贴、医保补163人，累计金额114.51万元；办理再就业补贴20人次，减少7人，新增3人，累计金额30.12万元；新增领取失业金人员213人，累计金额366.44万元。完成国有企业“双解”人员、“单解”人员社会保险缴费补贴12人，完成国有企业“双解”人员、“单解”人员医保补贴8人。持续开展2名退捕渔民就业帮扶工作，组织1人参加职业技能培训。组织未就业高校毕业生参加“公共就业和人才服务进校园”活动及其他招聘会，提供岗位信息数315个，达成就业意向156人。办理城镇职工医疗保险新参保417人、停保175人，办理补缴费256人，修改账号493人，办理异地医保审核、报销14人，发放异地医保金共计19320元。办理2022年城乡合作医疗分散参保共计16842人。办理社会保险新增参保400人次，停保242人次，单位人员增减1245人次，单位开户170人次，维护养老账号930人，参保信息变更177人次。完成退休人员指纹验证1.1万余人，确保辖区企业退休人员养老金及生活补贴按时按人发放。办理城乡居民养老保险76人，15办理死亡，抚恤金申领32人。发放更换社保卡1717张。保存个人档案共4471个，档案存取456次。在线调解案件38件，现场调解工资纠纷案件7件金额达十万余元，助企纾困企业12家，为企业申请企业劳动保障守法诚信等级评价12家。

【综合治理】　开展常态化、滚动式“敲门入户”行动，按每户每年走访不少于3次的频次全覆盖辖区2.6万户居民，邀请市级安全专家，联合派出所等，开展专项安全检查13次，排查整治各类安全隐患4000余个。争取150万余元资金，配齐老旧小区消防设施，完成4栋高层建筑无水改造，解决同创小区停车库重大安全隐患，推进105栋自建房排查整治工作。落实地质灾害点、CD级危房极端天气24小时巡查制度等应急预防机制，大幅降低恶性事故发生率。联合法检、司法、重庆大学等开展20余场防养老诈骗、电信网络诈骗等普法宣传活动，防范化解经济金融风险。用好“榕树下邻里荟”“三色园+”等老百姓欢迎的社会治理品牌，化解邻里、家庭、物业等各类矛盾纠纷120余起，受理人民调解案件107件，调解成功率达99%，校地共建治理经验模式获评全市优秀案例。

【科教文卫】　对8个社区综合文化服务中心实现标准化管理，启动街道文化中心提档升级建设，每周正常开放42小时以上，开展社区教育活动27场次。优化组建红岩彩乐合唱等8支红岩文艺团队。健身器材100%全覆盖，对辖区健身路径、健身点开展日常巡查共计50次，打造8支体育星级团队。开展各类文化培训、辅导60余次，创客港成功申报建设一个红岩智慧阅读驿站，提供自动取阅书籍200余册。落实“双减”要求，进行专项检查10次，涉及机构50家。处理群众针对培训机构违规开办学科培训投诉事件5起。关停不合法培训机构22家，摸排清查辖区培训机构市场主体257家。对学校、网吧、文物点等行业领域开展安全检查46次。围绕“预防溺水　健康成长”主题开展防溺水宣传活动12次，拉网式排查摸底5次。

（南　江　谢　成　谭爱云　杨恩嵩　陈　缘）

小龙坎街道

【概况】　小龙坎街道位于沙坪坝区东南部，东接土湾街道，西至天星桥街道，南连平顶山商圈，北邻三峡广场商圈及沙坪坝铁路综合交通枢纽，与覃家岗街道部分地段交错，有沙区东大门之称。辖区面积1.05平方公里，辖龙泉路、嘉新、快乐里、康宁村4个社区，人口5.63万人（其中户籍人口3.57万人，流动人口2.1万人），驻有区民政局、区城市管理局等党政机关6个，辖区有重庆市第八中学校和重庆市沙坪坝区第一实验小学校等中小学3所、幼儿园7所、艺思伦教育MALL等教育培训机构33家、重庆市公共卫生医疗救治中心（平顶山院区）等医院4所、华润万家商业（重庆）有限公司等“四上”企业39家。

【经济建设】　2022年，全年实现商品销售总额13.95亿元，同比增长10.9%；社零总额9.27亿元，同比增长9.6%；住餐营业额5608万元，同比增长27.9%；其他服务业营业收入1157万元，同比下降21.1%；资质建筑业总产值5434万元，同比增长8.2%；固投总额1.02亿元，同比增长25%。强化走访服务，提振企业发展信心，坚持做实、做细、做深“一企一专班”工作，帮助企业解决在“用工、用能、用钱、降本、保链”等方面存在的困难。积极搭建银企对接服务平台，协调辖区内12家金融机构为60余家企业融资贷款1500余万元。

【社区建设】 辖区共4个社区，专职社区工作人员共48人。推进“三事分流”工作机制，完善自治组织建设，各社区分别成立公共卫生、人民调解、环境和物业管理、治安保卫、妇女和儿童工作共5个下属委员会。推进社会工作健康发展，搭建社会工作三级服务平台，街道1个社会工作站，1个未成年人保护工作站，社区4个社会工作室和4个未成年人保护工作室，实现全覆盖。辖区成立有84个社区社会组织，开展社工服务主题活动62场，开展社工服务8000余人次。

【城建城管】 2022年，大面积补绿添绿1000余平方米，拆除违法建筑9009.22平方米，完成率达到103%。开展违法建筑宣传活动共10次，发放宣传资料2600余份，配合参与区级应对污染天气预警工作11次。结合日常巡查和12369环保投诉，处理环保投诉63件（含环保移交件4件）；优化“门前三包”“五长制”考评工作，推动“门前三包”“五长制”系统应用，共上报问题2558个，均完成整改，处置率100%。开展环境综合整治，共计出动执法人次3800余次，执法车次300余次；完成一般执法程序5件，简易执法程序20余件。基本拆除重庆探矿厂片区棚改项目一期（厂区），完成二期879户征收摸底调查和评估机构选举；新修建站南路人行便桥，完成马道子31、51号片区居住环境改造，新增小龙坎社区卫生服务中心路边停车点，实施新村路至探矿厂沿线1100米路网改造项目、修建石小路至202乡道200米登山步道；开展辖区自建房屋专项整治，健全“一栋一专班”工作机制，完成解放坡片区52栋房屋安全鉴定，实施辖区116栋自建房屋的动态监测和日常巡查；推动石小路斌鑫·盛景雅苑边坡排危整治工程，应对和处置新民坡89号房屋垮塌、黄桷湾67号堡坎滑坡等突发事件；深化落实垃圾分类工作，开展入户宣传300余次，培训14次，发放宣传资料15000余份；处置办结数字城管件2300余件（次），美化市政箱体23处，更换背街小巷、居民楼栋照明设施78盏，新增及修复背街人行、车行护栏、隔离桩1300余米，解决辖区居民楼栋漏水、破损等难点、热点诉求问题170余件（次）。

【社会保障】 2022年，举办就业创业服务及职业培训6场次，开展线上线下招聘会10场次。辖区城镇新增就业人数1805人，实现城镇登记失业人员再就业404人，城镇就业困难人员就业247人。完成文化村1～4号467户居民“一户一表”改造、康宁村黄桷湾66号堡坎治理等。加强社会救助，实施主动发现，整体数据较上一年呈正增长。为193名独居老人安装智能呼叫器，每月探访辖区37名困境儿童。完成小龙坎街道残联和4个社区残协换届选举工作。完善康养服务体系，形成“一中心四站点”养老服务体系，“机构养老、居家养老、义工养老、邻里互助、智能服务”养老服务模式初步形成，开展“助餐、助浴、助医，助行”服务1922人次，推进家庭养老服务床位安装工作，适老化改造25户、26人。

【综合治理】 2022年，与区检察院合作建成首个“红岩”检察服务基层治理工作平台，完成基层社会治理综合体——“和顺茶馆”的升级改造。排查各类矛盾纠纷232件，调解成功177件。开展法律咨询、法律讲座20余场，开展反诈宣传50余场次，发放各类宣传资料1万余份。办理网上信访件86件，领导干部接访下访并回复群众来信、来访144件。严格落实安全生产“十五条”硬措施，扎实开展“日周月”

检查，累计检查单位819家，发现隐患425条，整改率100%；持续推进居民燃气自闭阀安装工作，辖区内197户困难群众全部安装完成；开展高层建筑消防安全隐患专项整治行动，确保辖区68栋高层建筑消火栓系统常态保水保压，常态开展用火用电用气入户宣传，确保辖区消防安全。巡查辖区26处CD级危房、5处地灾点和116栋自建房屋，封闭管控1栋严重安全隐患经营性自建房。针对极端异常天气，及时处置枯树、排危滑坡、修缮房屋、搬迁群众，保障了辖区居民生命财产安全。

【科教文卫】 2022年，开展“喜迎二十大”“强国复兴有我”“冠红岩之名、铸红岩之魂”实践活动等群众性主题宣教活动70余场，开展“爱在七夕　重拾浪漫”“吃重庆小面　庆祖国华诞”等系列庆祝活动24场次，开展“3.5学雷锋志愿服务活动”“全民阅读”“健康知识讲座”“垃圾分类”等各类宣传和培训活动40余场次，受益群众近6000名，丰富群众文化生活。开展全民健身月健步行、羽毛球比赛、太极拳展示等大小体育健身活动12余场。落实片区督导责任，不定期对辖区内7所幼儿园、1所小学、2所中学进行安全检查，对辖区内的教培机构进行摸底排查，定期对35家培训机构开展安全检查百余次。举办“小龙坎街道第五届公民科学素质大赛”，开展科普活动及科普系列讲座宣传20余次。

（赵丕洋　赵洪英　罗万兵　代定瑜　刘　洪　储　楚　谢东云　李　荣）

天星桥街道

【概况】 天星桥街道位于重庆市沙坪坝区东南部，东邻小龙坎街道，北接渝培路街道，南与新桥街道接壤，西方、东南方均与覃家岗街道相连，总面积6.9平方公里，户籍人口6.9万人，常住人口9.3万人。街道党工委、办事处驻天星桥正街7号，辖石碾盘、小正街、天陈路、晒光坪、柑子村、都市花园、红糟房、梨树湾、泉景9个社区。街道有中学1所，小学5所，幼儿园22所，社区家长学校9个。2022年，街道获集体荣誉奖项9个，市级奖项2个，区级奖项7个。

【经济建设】 2022年，辖区规模以上工业总产值36.4亿元，同比增长4.4%；限额以上批发额为50.3亿元，同比下降4.5%；限额以上零售额1.6亿元，同比下降19.1%；限额以上餐饮业营业额1975万元，同比增长0.6%；限额以上社会消费品零售额1.8亿元，同比下降15.5%；规模以上服务业营业收入7.1亿元，同比下降21.8%，有资质建筑业总产值43.7亿元，同比下降25%。全年入库税收9.79亿元，同比增长6.81%。全力推进助企解困，制订《街道“一企一专班”联系服务企业行动方案》，成立联系服务小组9个，召开企业座谈会5次，走访企业152次，协调银行帮助22家企业成功贷款6929万元。积极推进招商引资，梳理闲置楼宇1.2万方，成功引进项目4个、企业164家，注册资本金达到5.4亿元。

【社区建设】 2022年，落实社区阵地建设经费105万元，完成都市花园院坝打造和晒光坪社区新便民服务中心改造工程。用好群众服务项目解决梨树湾公厕改造和管道整改造。探索“五社联动”，联合社工组织、社会单位、辖区志愿者，共同参与基层治理和社区服务，组织开展宣传、慰问等活动48场。搭建调解平台，解决房屋漏水、墙面脱落、电梯更新改造等物业矛盾纠纷30次，开展助餐活动服务人数2286余人，为老人助洁946次，帮老人代购代缴50余次。对辖区227名失能、半失能老人进行居家养老家庭床位改造。共计服务居民1200余人次。

【城建城管】 2022年，推进天星桥军休所小区、西南药业老旧小区、沙坪坝区天星桥街道片区等老旧小区改造，完成梨树湾社区老精院支路雨水管道改造项目，完成辖区老旧小区新增电梯安装8台。对辖区内8处CD级危房动态监测，开展D级危房搬离，完成晒光坪71号（甘亮房屋）严重安全隐患经营性自建房整改。积极开展污染天气应对工作，发放打赢蓝天保卫战告知书50份，配合上级部门启动了13次污染天气应对工作。严格落实河长制，两级河长巡河共计206次，完成小正街社区伍家河沟污水横流整治、小正街社区天星桥正街27号河道整治，红糟房老街入口处河道整治项目，保障河道环境的整洁和安全。完成整违工作9084平方米。完成市级整违任务109项，完成率100%。共查处了16起违规占道停车案件，罚没金额达到1700元。全年处理数字城管案件7700余件，处理热线投诉100余件，满意率100%。持续辖区环境美化整治，清理辖区内地表违规菜地2000余平方米，新增绿地500平方米，开展垃圾分类工作，清运固废及生活垃圾共计4500余吨。

【社会保障】 2022年，成功为75家企业申报失业保险稳岗返还补贴271.42万元，为10家企业申请单位社保补贴、一次性吸纳就业补贴72.7万元，帮助3家个体户落实创业担保贷款60万元。依托“线上+线下”服务平台双向发力，积极开展“就业援助月”“民营企业招聘月”“春风行动”“百日千万网络招聘”、金秋招聘月等公共就业服务活动7场次。实现城镇新增就业2144人，任务完成率97.46%。发放低保金等惠民资金291.30万余元。为179名独居老人安装安装智能通，为130名独居老人安装智能门磁，确保独居老人的居家安全。完成辖区227名失能、半失能老人居家养老家庭床位改造。

【综合治理】 2022年，常态化推进扫黑除恶斗争及“大排查、大起底、大化解、大调处”专项行动，共化解各类矛盾纠纷180余件次，重点化解爱德华医院拖欠200余名医务人员近800万元工资、大学城隧道复线拆迁工程等群体问题11件次。持续领导干部接访下访和包案化解机制，共接访下访358批次，完成网上信访转办件110件，办结率100%。强化社区治安防范工作，确保背街小巷、重点区域“无缝隙”巡逻，完成10个老旧小区23个点位突出治安问题排查整治工作目标，人防、物防、技防建设得以提高，传统案件同比下降29.2%。开展全民反诈及养老诈骗专项行动工作，做实预警劝阻工作，对潜在受害人进行电话、短信预警7100余次。对社区戒毒（康复）人员进行帮扶救助，发动社区干部和居民参与重庆市禁毒IP形象设计，3人设计的作品获得荣誉证书。完成天陈路社区“和顺茶馆·三尺堂”建设，健全机制，调整部署，确保长效运行。

【科教文卫】 2022年，全年开展文化惠民免费课程300余课时，受惠人数2000人次。开展流动文化服务进基层文艺演出、全民阅读活动、图书馆分馆巡展、巡讲主题展览11场次。组织社区文化专干培训、辖区团队业务骨干培训12次。打造社区教育终身学习活动品牌1个、百姓学习之星1名、学习型团队2个，社区教育课程共3门，全国老年教育短视频1个，“能者为师”社区教育微课10节。打造的“星火少年假日少先队”被评为沙坪坝区终身学习活动品牌；指导9个社区学校工作点开展日常社区教育活动，发挥街居联动，打造街道社区教育亮点。开展全民健身志愿服务与科学健身指导活动“百姓赛场”进社区10场。街道有社会体育指导员170人，9个社区共有健身器材379件，实现全覆盖。

（阳北华　王　曦　周　萌　陈明月　胡江渝　刘聖宏　李媛媛　郝　莹　徐　枫）

土湾街道

【概况】　土湾街道地处嘉陵江畔，东接红岩村、朝天门，西接磁器口、井双新城，是沙坪坝区东大门。山水（平顶山、嘉陵江）相间，两桥（石门大桥、红岩村大桥）环绕。面积1.28平方千米，北部滨江路沿线大部已完成开发，南部沿山区域开发较少。常住人口57379人。

【党建工作】　2022年，党工委下设党组织63个，社区党委6个，直属党支部2个，非公（联合）党支部4个，社区党支部51个，党员2177名。深入学习习近平新时代中国特色社会主义思想和党的二十大精神，推进党史学习教育长效化常态化。以“党建扎桩、治理结网”理念为指导，落实意识形态、“三会一课”、党建联席等制度，加强党建引领和物业党建联建，加快推进党群服务中心建设，抓实社区书记述职评议考核和组织生活会组织开展。加强党员教育管理，大力实施“红岩先锋行动”，推进“双整”示范创建，开展庆祝中国共产党成立101周年活动。组建党员突击队和红岩服务队7支，充分发挥党组织战斗堡垒和党员先锋模范作用。深入开展“党旗在基层一线高高飘扬”“我为群众办实事”活动，展现党员担当，守护群众生命安全。

【经济建设】　2022年，有资质建筑业总产值18787万元，增长13.8%；限额以上（法人+个体）批发和零售业商品销售总额4083万元，下降41.5%；限额以上（法人+个体）住宿和餐饮业营业额2837万元，增长13.2%；规模以上其他服务业营业收入2556万元，增长9.4%；其他服务业劳动工资1666万元，增长11.2%。

【社区建设】　2022年，推进“便捷土湾”公共服务工程，向9000余人次低保户发放低保金600余万元，向159户困难家庭实施临时救助95万余元。按常住人口的8%建立低收入人口的台账。加强未成年人保护宣传，在区民政局牵头指导下完成全国未成年示范区创建迎检工作。推进卫生健康工作，重视精神病人员的管理，坚持每月召开重视联席会议，完成对159名精神病患者的每年一次的评估；开展无偿献血工作，完成了区下达的目标任务。组织健康素养培训、讲座10次，健康素养检测80户人，更换健康宣传专栏6期84块，对标对表抓整改，完成了市健康促进区复审和国家慢性病综合防控示范区复审工作。对292名特扶人员落实“3+X”联系人、家庭医生签约、开通就医绿色通道三个制度全覆盖，并投入近11万元进行节日慰问；对生病住院的46名特扶人员进行住院慰问。做好婴幼儿的托育宣传工作，2022年完成了107名3岁以下婴幼儿托育目标任务。辖区现有残疾人959人，为78名精神残疾人办理了享受服药、住院补贴，为27位残疾人发放轮椅等辅助器具；完成963名残疾人的基础信息调查，完成残疾证80%即238人的清理目标。健全走访、报告、解决、反馈的工作机制，确保各个特殊群体老年人有指定责任人。

推进“精访细治”基层治理工程。深入推进基层治理“网格化”。及时补充出缺的社区工作人员及居民小组长等，全年补贴社区工作人员10名。处理各类投诉件并调解小区业主、物业及业委会矛盾27起，审核辖区物业申报大修基金13起，指导辖区物业成立业委会，完成美丽山水业委会届满后续移交工作。推进“数字土湾”智慧管理工程。依托区民政局社工项目，建成并推广使用“人文厚土、品质江湾”便民综合服务平台。通过萤火虫社工组织、街道社区的大力推介，总关注量达4716人，浏览人数8347人。

【城建城管】 加强城市环境卫生管理。加强对93名环卫人员的管理，累计清运居民废旧家具280余吨，清运无主建渣90余吨，垃圾日产日清；加强35座公厕管护，更换11个公厕设施；开展嘉陵江水域环境卫生管理，每天对岸坡垃圾开展清理工作，完成岸坡的清漂工作，累计清理垃圾60余吨；加强化粪池管理，全年共对辖区化粪池安全排查124座，处理可燃气体超标物业小区化粪池1座。安装智能可燃气体检测自动报警系统1套；积极做好文明城区、国家卫生区复核迎检工作。整改区创卫、创文办发现问题510余个，按时整改率100%；积极开展公共环境病媒生物防制，增补公共区域毒饵盒50余个，整治病媒生物孳生地6处，购买诱蝇笼20个、粘鼠贴40张，春秋季灭鼠投放鼠药60公斤；深入推进生活垃圾分类示范片区建设。实施敲门行动，全年进行全覆盖入户宣传4次，入户宣传8.7万余次，向居民发放垃圾分类宣传布袋5000余个，发放传单2万余份，引导居民添加“重庆垃圾分类”公众号500余人次。开展宣传活动92次，宣传教育居民6000余人。

2022年3月1日，在模范村公园开展为空巢老人理发活动

（土湾街道 供图）

注重辖区城市品质提升。强化市政设施管护，整治脏污围墙800余米，排危围墙30余米；更换安全隐患窨井16个，修复人行道破损700余平方米，修补、更换路沿石80余米，更换路灯6盏。新增不锈钢和镀锌管护栏100余米，椅子5把；加强绿化管护，对辖区沙滨路、嘉陵路等主干道沿线，工人村支路、金沙时代支路、新民村社区公园等区域约3万平方米绿化进行修剪管护，联系供电解决新模范村片区、工人村片区、重棉一厂、二厂支路等路段树线矛盾60余棵，处理危树、倒树、病树30余棵，督促金沙时代、金沙别馆、旭东家天下和上岛郦舍物业对小区内的恶性蔓藤菟丝子进行处理；做好市属国有企业“三供一业”后期管理工作。全年共协调处理了12户居民下水管网改造、屋顶漏水等维护工作，使用大修基金共计48317元；深入开展马路办公，排查城市管理问题593个并建立问题台账，问题整改率100%。

及时处理各类案件投诉。全年受理数字城管系统案件6735件，处置率为100%，结案率排名每月排在前列。及时处理城管服务热线“12319”投诉案件、市长信箱受理51件，结案51件，结案率100%，居民满意度达100%以上。

【社会保障】 开展春风行动等线下宣传招聘活动6次，组织失业人员培训41人，组织企业在职职工岗位技能培训88人，城镇新就业人数2016人；城镇登记失业人员就业人数516人，完成134%；城镇就业困难人员就业人数270人，完成102%；发放创业担保贷款额度120万元；职业指导人数1046人次；职业介绍成功人数545人，完成171%；重庆智能就业平台职位信息发布量176条，完成108%；积极落实各项惠民政策，单双解补贴共计13人次；发放失业金1905人次，326万元；借（查）档案1371人次。办理社保卡859张，办理居民养老保险参保18人，待遇续发48人；待遇申领17人，死亡办理8人；城乡居民医保参保73人次，退费15人次；变更养老保险账号1218人；办理职工医保98人，医保账号维护189人；单位新开户137人次；办理单位人员参保变更1434人次；个体人员职工养老保险参保、变更501人次。做好退休人员社会化管理。办理退休142人次；养老待遇资格认证13545人次；丧抚费450人；离休人员慰问4次；划拨各社区专项资金18000元。积极宣传惠企政策，处理劳动保障调解系统投诉件8件，处理来访投诉6件，开展农民工讨薪等专项整治活动，处理农民工欠薪3起，涉及金额4万余元。在助企纾困工作中，积极走访企业，动员辖区企业申报评定和谐劳动关系企业2家。

【综合治理】 受理群众信访事项270件次，受理信访事项录入率、按期受理率、按期办结率100%。完善《土湾街道领导干部接访工作制度》《土湾街道信访工作考核细则》。贯彻落实平安建设主题宣传，组织集中宣传活动8场，发放宣传手册、宣传品3700余份，解答群众咨询260余人次。全力推进全民反诈，实现电信网络诈骗发案同比下降47.4%，损失金额同比下降22.2%。开展矛盾纠纷月排查暨专项大排查大整治，摸排辖区矛盾风险42项，逐一明确化解措施并实行动态更新。主动协调区级相关部门联合会商，推动汇景铂庭等历史遗留问题逐步化解。持续做好刑释违规领保人员疏导工作。持续做好社会面吸毒人员、社区戒毒康复人员、3级及以上严重精神障碍患者等特殊对象的服务管理工作。

【科教文卫】 利用辖区30处宣传点位张贴各类海报2000余张，LED屏刊播巩文巩卫等内容5万余条次。拍摄制作《拜年》《春风十里，不如土湾豫丰里!》等短视频7个。做好区重点关注项目的推进保障工作。加强与洞舰1号、重庆之蛙、豫丰里的项目对接，及时跟进项目进度。接待各级调研、踏勘10余次。建成红岩智慧阅读驿站1个。常态化开展教育培训机构监管。落实每月收集一户一表，掌握机构动态情况。4月，召开全面清理规范现有教育培训类市场工作会，对教委反馈的60家培训机构信息进行摸排。开展好新时代文明实践志愿服务活动。按照“冠红岩之名、铸红岩之魂”实践活动和“我为群众办实事”系列红岩志愿服务活动要求，开展迎新春送春联、学雷锋系列志愿服务、“3·12”植树等活动70余次。服务群众1800余人。积极组织开展文体活动。开展播音主持、烙画等各类培训、讲座、展览180余场次，参加群众5000余人次。组队参加“喜迎二十大 奋进新征程”2022年重庆市广场舞展演暨沙坪坝区第七届广场舞比赛、“中国体育彩票”2022年“百姓赛场”进社区等比赛，取得了较好的成绩。组织体育团队线上展示活动1次、百姓赛场活动2场。联合重大“渝见非遗”社会实践团，制作非遗烙画视频3个，推动辖区非遗项目保护工作。区文化馆特色（民俗）分馆在豫丰里挂牌。抓好社教、关工委、科协等工作。筹备制作3个社教申报视频。按要求及时调整街道关工委成员。保障开展街道关工委座谈会2次。筹备开展关工委“六一”慰问活动。积极组织科普活动周、全民科普大赛街道预赛等活动。

（游书洋）

新桥街道

【概况】 新桥街道位于沙坪坝区东部城区的南部，北边与天星桥、覃家岗街道毗邻，南边和东边与九龙坡区相邻。辖区面积4.92平方千米，常住人口3.7万余人，流动人口4万余人，下辖5个社区居委会。地区资源以及发展优势突出，一是医疗科研教育资源富集，有陆军军医大学及附属西南医院、新桥医院和中煤科工集团重庆研究院；上桥中学、新桥小学、高滩岩小学等5所中小学；重庆能源工业技师学院、重庆铁路运输技师学院等职业技术学校。二是交通多维便捷畅达。“一站三轨一高速一快速”的交通网络纵贯交织，区位优势明显。三是窗口地位日渐凸显。“一校两院”和西站发挥功能优势，吸引大量人流，年均5000余万人。

【经济建设】 2022年，新桥街道钢材批发、服务业等行业略有下滑，住宿餐饮、资质建筑等行业发展较好，整体经济运行“稳定恢复、稳中有进、符合预期”。全年限上批发零售业商品销售总额74.9亿元，同比下降21%；限上批发零售业零售总额1.1亿元，同比下降16%；限上住宿餐饮营业额1344万元，同比增长11%；限上个体营业额946万元，同比下降22%；规上工业总产值2.9亿元，同比下降3%；资质建筑业总产值146.3亿元，同比增长18%；完成投资10.3亿元，同比增长932%；规上服务业营业收入7752万元，同比下降13%。

【社区（村）建设】 2022年，新桥街道持续规范完善社区建设，以“社区品牌建设年”为抓手，推进社区特色服务品牌的创建，五个社区结合各自资源优势，打造“一社区一品牌”，成功创建出“军民鱼水·情满社区”“四民四心·和谐上桥”“凤鸣朝阳·青春向党”等特色社区服务品牌，各项品牌活动服务居民1.8万人次。构建“街道社工站+5个社区社工室”服务格局，探索成立新桥春风社工、向阳花社工、向阳花物业服务中心3个民办非社会组织，分别承接并推进关爱独居老人、未成年人保护、优抚对象关爱服务、无军籍职工关爱服务等一批社工服务项目。组织开展履职业务素质提升专题培训3次，外出参观学习4次。鼓励引导社区干部持证上岗、参与专业技能认定，街道持有社会工作证书的社区干部共计38人，占总人数的50%，其中7人持有全国中级社工师证书，在全区各街镇排名前列，不断提升社区干部服务能力和水平。

【城建城管】 2022年，新桥街道落实人民城市示范区建设要求，大力改善城市环境。征收扫尾有序推进。完成东风新村片区旧城区改造项目（一期）458户、高滩岩正街33～43号部分房屋排危搬迁项目22户、东风新三村13～16号自主式搬迁项目64户，共计544户的档案资料归档工作。完成上桥防护绿地工程项目（二期）剩余6户的扫尾签约和维稳工作。城市面貌不断改善。规范机动车1700余辆，持续处置人行道违法停放机动车事件17件，处理流动摊贩3300余次，处理店外经营1900余次，整治违规店招47处。完成了上桥社区至益川小区道路的路灯安装，改造3座路灯LED，完成了15个沿街箱体的彩绘美化工作，完成了工职院跨线桥头绿化打造，上桥体育场地停车场智能设施全部安装完成。空间格局持续优化。开展“四周四沿”环境综合整治改造，完成“四周四沿”违法建筑整治11项。存量违法建筑完成32291平方米，完成率112%，辖区违法建筑保持“零增长”。拆除未经审批临街店招23块。生态保护不断强化。新桥街道和39家企业、6个在建工地、14家汽修厂分别签订了落实生态环境保护主体责任承诺书，并对它们开展联合执法检查。累计发放限期整改指导意见书38份，立案查处案件3件，共处罚款3.2万元。针对辖区89家餐饮单位开展专项执法检查，督促16家未建立、8家未及时记录台账的餐饮单位及时进行整改。对未做好控尘措施的1家施工单位责令整改并进行了行政处罚。发现并处置露天焚烧91起、突发大气污染事件9起。开展街道级河长巡查26次，社区级河长巡查河道340次，发现上报问题32个并按要求对问题进行了及时处理。坚持教与罚相结合的原则，指导帮扶企业42家次，独立办理案件3件，配合办理案件2件。

【社会保障】 2022年，新桥街道做好保就业工作，举办专项招聘会6场，开展职业技能培训会3期，兑现就业补助资金323万余元。城镇新增就业1771人，完成年度目标任务118%；城镇登记失业人员就业再就业725人，完成年度目标任务165%；城镇就业困难人员再就业274人，完成目标任务170%；开发公益性岗位安置就业26人，零就业家庭动态为零。落实救助政策，按照“一人一档”制度，建立数据库，共计核查156户，入户走访慰问200余人次，做到“应救尽救，应保尽保”。提升养老服务质量，辖区已有4263名老年人签约家庭医生，签约率88.4 %，计生特殊家庭签约实现全覆盖，65岁以上老人100%建立健康档案。针对独居老人开展一对一关怀，入户关怀5733人次，节假日电话问候慰问3147人次，提供助餐、助浴、助医服务400余人次。推进未成年人保护工作，开展六一节日慰问、未成年人保护法政策宣讲等活动10余次。助残惠残工作有序开展，对500余名各类残疾人员发放补贴343490元，申请医疗救助13000元。

【综合治理】　2022年，新桥街道持续做好平安建设工作。维护辖区秩序。新桥街道协同派出所对重点区域进行24小时巡逻，对辖区学校增加安保人员，在西站设卡建点对可疑人员、物品进行检查，定期对宾馆开展巡查，向人民群众发放45000余份宣传资料，横幅312条。组织5支社区巡逻队，对辖区宾馆、网吧、居民区、重要路段、重点场所及事件高发地段等区域进行巡逻，处理突发情况142起。筑牢安全防线。切实履行“保一方稳定，促一方发展”的政治责任，做好党的二十大召开时期安保，处理突发事件16起，街道、各社区调委会共调解纠纷235件。推动反诈骗专项行动，开展宣传宣讲125场次，抓获电信诈骗嫌疑人32人，挽回损失50万余元。整改安全隐患。构建“党政同责、一岗双责、失职追责”的履职监管机制。应对9级大风灾害和暴雨灾害天气4次，保障群众财产安全。深入开展安全稳定风险大排查行动，开展危化品行业、消防安全检查80余次，发现并整治安全隐患117处。

【科教文卫】　2022年，新桥街道围绕举旗帜、聚民心、育新人、兴文化、展形象建设社会主义文化强国的工作理念，增强公共文化供给和服务。用好公共文化设施。街道综合文化服务中心、城市书房免费开放，共接待访客近4万人次。开展萨克斯、合唱、舞蹈、葫芦丝公益培训班4个，开课132课时。承接各类巡展巡讲7场，开展群众性文艺演出、培训讲座、展览阅读等活动共计170余次，覆盖群众近万人次。开展多样文化活动。举办各类健身活动6场，“中国体育彩票”2022年“百姓赛场”进社区活动6场。申报教育部“能者为师”特色课程1门，市级终身学习活动品牌1个，区级学习型团队1支、百姓学习之星1人和特色教育课程1门。儿童节走访慰问辖区10所中小学、幼儿园，赠送价值2万元的节日礼物。完成市流动科普馆生命健康巡展活动，开展集中观展活动7场，参与人数300余人。开展“全国科技工作者日”系列活动，首次举办新桥街道庆祝全国

2022年6日2日，重庆市流动科普馆生命健康巡展走进新桥街道，市民体验感受科学的的奥秘

（新桥街道　供图）

科技工作者日暨科技工作者座谈会。开展科普宣传活动34场，涵盖防灾减灾、食品安全、医疗保健、绿色生活、生命健康等内容，覆盖居民约3500人。发挥榜样作用。发动推荐煤科院辛德忠荣获沙坪坝区2022年“最美科技工作者”，煤科院赵政、新桥医院范晔荣获沙坪坝区首届“十佳科技青年”。加强监督管理。开展“扫黄打非·护苗2022”宣传活动，争创市级示范标兵。与陆军军医大学签订了2022年文物保护安全责任书，落实了文物保护的主体责任。加强网吧、消防、“扫黄打非”等检查，规范辖区文化市场经营秩序。每月按时报送辖区商务酒店接待及收入情况，每季度组织完成市旅游满意度调查问卷。

（郑维宏）

双碑街道

【概况】 双碑街道位于沙坪坝区东北部，歌乐山下、嘉陵江畔，依山傍水，地处重庆向北向西战略连接点、重庆高新区和两江新区交会点、井双新城的核心位置，东、西、北三面与沙坪坝区井口街道接壤，南面与沙坪坝区石井坡街道相邻。辖区总面积2.8平方千米。街道办事处位于沙坪坝区自由村27号，下辖勤居村、双碑街、自由村、堆金村四个社区，常住人口2.8万人，户籍人口2.6万人。辖区驻有嘉陵特种装备公司、中冶建工一公司、重庆第三十二中学、嘉陵小学、嘉陵医院、嘉陵宾馆、双碑社区卫生服务中心等社会单位。212国道经辖区南北向穿过，主要有嘉陵支路、奋进路、嘉勤路、远大路、嘉江路、嘉新路、嘉建路7条支路。

【经济建设】 2022年，主要经济指标完成情况较好，全年度辖区批发零售总量11587.8万元，增幅15%；住宿餐饮营业额1230.3万元，增幅1.3%；建筑业总产值4405万元，增幅25.2%；其他服务业和劳动工资4795万元，实现稳中有升工作目标。建立“一企一专班”工作机制，班子成员深入走访8家“四上企业”，解决企业融资难等困难8个。推动商会加强与银行间的紧密联系，开辟融资渠道，解决辖区企业的资金瓶颈问题。召开银政企座谈会、经济发展恳谈会，开展优化营商环境宣传活动16次，走访辖区企业352家次，引入首创城西南区域重庆片区总部、成都城投重庆总部等19家企业入驻辖区。

【社区建设】 抓好社区“两委”建设，开展社区党委书记“擂台比武”、出台社区考核办法，激发党组织书记担当作为、奋力攻坚的干事创业热情，1名社区书记在全区比赛中获二等奖。组织开展科普探索活动、全面反诈宣传讲座、反电信网络诈骗宣传、燃气安全知识讲座生态环境保护等科普日与科技活动周活动30次。构建以养老服务站为基础、社区养老与居家养老相结合的养老服务体系网络，社区养老服务站全年共计开展活动29场，服务人群561余人次。

【城建城管】 打造2个社区文化体育公园，提供群众健身休闲场地约1.6万平方米。启动堆金村片区老旧小区改造提升项目，完成自由村片区老旧小区及沿线风貌城市更新，典式楼小区成为新兴“打卡地”。争取麻将村片区道路改造，完成挂榜山生态小镇内部道路、嘉陵厂二支路建设，新建改建路灯150盏；完成长春沟雨水管网项目建设、堆金村枝元村66号院坝改造和200户适老化设施改造。靓化美化城市街景，全年开展绿化带补绿248处，共1257平方米，完成詹家溪和平山社区环境综合整治提升工程，恢复补足耕地2.64亩。持续推进生活垃圾分类，获人民网宣传报道；完成马路办公问题整改630个；查处违章占道经营户219家，快速有效处置12319、城市管理数字化系统等投诉6300余件；在全区率先超额完成全年整违目标任务。落实河长制，全年巡河144次。以全国文明城区创建为契机，各社区组织开展政策宣讲、传统节假日活动70余场次。依托新时代文明实践站，开展文明劝导等志愿服务240余次，不断提升居民幸福感、获得感。

【社会保障】 建立2133人低收入人口库，做到应保尽保。入户慰问独居老人639人次，开展"助餐、助洁、助医"特色居家养老上门服务333户、3020次，安装家庭养老床位24户、智能安防设备100户、门磁系统94户。申报创业担保贷款130万元，新增城镇就业人员1508人，办理退役军人优待证。深化"三社联动"残疾人社区康复服务，渝馨家园成功创建四星级服务阵地；完成271名残疾人认证工作，开展精神障碍患者康复服务2969人次，对186名在管精神病患者实施色块分类管理。

【综合治理】 探索推进老旧小区居民自治，打造"友邻有约"治理品牌，松江村136号成功引入物业公司，自由村社区典式楼等3个片区居民自治成功破题。开展大排查大整治大执法，拆除堵塞逃生通道铁门437处，整治安全隐患264条，安全生产执法处罚14家次；新建消防灭火器点位980余个，补足灭火器2000余组。成功创建区级"安全用电示范街道"，完成燃气自闭阀安装1923户，完成D级危房和经营性自建房隐患排查整治任务。深入开展"全民反诈"专项行动，发案数比2021年下降31.8%。成功调解矛盾纠纷465件。

【科教文卫】 收集辖区18家网红知名美食小店，制作完成《双碑美食地图》，扩大双碑美食知名度，努力打造"双碑美食城"；强化宣传推广，创作《嘉陵湾区的春天》歌曲MV，讲好"双碑故事"。升级打造街道综合文化服务中心，开展舞蹈等特色课程97班次，开展"庆国庆，喜迎二十大召开"书画展、"讲好红色故事 争做优秀少年"故事演讲等大型文化活动30余场。组织开展"守护绿水青山，缔造美丽山城""共建清洁美丽世界"等主题活动，积极参与"垃圾分类、节水节电、少用一次性用品"等环保行动，制作垃圾分类四分类宣传牌30块、二分类宣传牌130块、标识贴20000张。

（蒙超和）

石井坡街道

【概况】 石井坡街道位于沙坪坝区北部，辖区东临嘉陵江畔，南邻童家桥，西临歌乐山脉，北接井口街道。辖区面积7.27平方公里。街道办事处驻团结坝1号，设党政办公室、党建工作办公室、经济发展办公室、民政和社区事务办公室、平安建设办公室、规划建设管理环保办公室、财政办公室、应急管理办公室、综合行政执法办公室9个党政内设机构，下属社区事务服务中心、社区文化服务中心、劳动就业和社会保障服务所、退役军人服务站、综合行政执法大队5个事业单位，辖光荣坡、和平山、建设坡、团结坝、远祖桥、中心湾、石滨路7个社区。截至2022年末，辖区户籍总人口3.6622万人，户籍人口总户数1.4688万户。辖区内有高中1所、小学4所、幼儿园7所、医院2个，文教卫生事业设施齐全。

【经济建设】 2022年，石井坡街道规上工业总产值3053万元，同比下降26.38%，有资质建筑业总产值22458万元，同比下降28.52%，固定资产投资总额26536万元，同比增加12.75%，限额以上批发和零售业商品销售额17982万元，同比增长15.22%，限额以上住宿和餐饮业营业额775万元，同比增长11.15%，规上服务业营业收入22925万元，同比增长4.4%。刚咨询市场监管所2022年石井坡街道实际注册企业216家，个体商户281家。

【社区（村）建设】 2022年，通过重庆市残疾人基金会，引入龙湖公益基金为中心湾社区、团结坝社区442户困难老人家庭进行了适老化改造，受助家庭满意率达100%。与重庆市残疾人基金会共同成立特钢能人坊社区治理专项基金，九九公益日组织辖区居民及企业为特钢能人坊基金捐款3万余元。中心湾社区荣获全国先进基层群众性自治组织。

【城建城管】 2022年，石井坡街道“马路办公”专项巡查交办问题14余件，受理数字城管系统案件4950件，全部完成整改。完成大河沟片区16栋原特钢老旧房屋城市更新，引入龙湖基金中心湾片区、团结坝片区老旧小区改造提升项目；推进大河沟251～252号D级危房拆除重建项目。修缮维护前进142～147号等4栋C级危房，总建筑面积4615平方米，总投资97.22万元；年度绿化点位35处资金约34.5万元，整改道路坑洼150平方米、疏通排污管网580米、维修路灯286盏、更换透水砖1200块面积约652平方米、修补路沿石65处、380米。严格执行“长江十年禁捕”，两级河长巡河共计240余次。开展香格里拉、山万里违法建筑成片整治，拆除违建2141平方米。

【社会保障】 2022年，实现新增就业1075人，城镇登记失业人员139人，实现城镇就业困难人员就业63人。办理创业担保贷款80万元，完成职业指导1546人，职业介绍成功250人，跟踪服务高校毕业生131人393人次。开展用工专场招聘会共4场，开展劳动就业、社会保障等政策宣传活动6场。办理“4050”灵活就业社保补贴48人，金额28.19万元；发放失业金办理2051人次，金额348.26万元。办理个人参保431人、个人停保172人，办理单位参保440人、停保业务170人，办理城合医保办9540人、

2022年10月，石井坡街道光荣坡社区开展公共法律服务宣讲月活动　　（曾艳玲　摄）

职工医保参保300人、城乡居民养老保险49人。发放非统筹50322人次，金额373.59万元，异地医疗报账16人次，节日慰问企业困难退休人员494人次，办理丧葬费310人次。建立了农民工企业动态管理台账，积极参与协助区相关部门妥善处置农民工欠薪问题20余件。

【综合治理】 2022年，严格落实安全生产“十五条”，开展安全生产专项排查整治，消除安全隐患107处。加快补齐消防短板，安装燃气报警装置2300个，推进窍门山170号等12栋老旧小区消防设施改造、维修，完成8层以下单体楼栋、社区微型消防站共1500具灭火器提档升级。加强安全监管，实现在建工地、地下空间等全纳管，整改隐患30余处。加强社会治安末梢治理和社会面防控，全年共接待群众239件、315人次，化解涉稳矛盾纠纷352件。办结网上信访件140件，深化“特钢贤人坊”基层治理品牌，以“特钢贤人坊”为抓手，充分发挥贤人效应，创新实施“六治六促”工作法，实现政治、自治、法治、德治、综治、智治的“六治融合”。依托中心湾社区基层立法联系点，深入践行和发展“全过程人民民主”理念，以中心湾社区为主题的《民意直通车，幸福湾里人》获2022年市人大新闻奖特别奖并被推荐参加第31届中国人大新闻奖评选。截至2022年底，完成25部法律法规草案意见征询任务，收集意见建议1126条，整理上报701条，被采纳72条。

【科教文卫】 2022年，举办文艺演出、展览等文化活动30余场，开展文化市场和“扫黄打非”重点场所开展巡查近400次，放映露天电影14余场、开展全民阅读、“绿书签行动”等专项活动20场；举办养生知识讲座、歌舞培训、器乐培训等社区教育课程活动200余场。组织居民参加国民体质监测10场，人数500余人次。完成红岩城市书房打造，新增图书1704册。开展全民健身趣味运动会、“百姓赛场”等各类健身活动25场。

（李　瑞）

童家桥街道

【概况】 童家桥街道地处沙坪坝区主城中心城区，东接磁器口街道，南邻渝碚路街道，西靠歌乐山街道，北连石井坡街道，呈西高东低之势，辖区总面积3.4平方千米。街道办事处位于大水井1号附231号，辖5个社区，户籍人口16911人，常住人口56337人。辖区有全国闻名的红岩景区（歌乐山烈士陵园、白公馆、渣滓洞等）；西南政法大学、四川外国语大学、重庆海联职业学院3所高等院校，1所中职院校，2所中学，3所小学；重庆康明斯发动机有限公司、重庆金美通信有限责任公司等重点企业，沙坪坝区中医院、童家桥社区卫生服务中心等医疗机构，街道连续12年荣获区安全生产先进单位。童家桥街道壮志路社区于2022年1月7日被人力资源和社会保障部评为国家级充分就业社区。童家桥街道阳光社区被国家卫健委评为2022年全国示范性老年友好型社区。

【经济建设】 2022年，辖区内规模以上工业产值23.7亿元，同比增长-6.5%；有资质建筑业总产值6991万元，同比增长-57.8%；批发和零售业商品销售总额6149万元，同比增长18.3%；住宿和餐饮业营业额2044万元，同比增长24.3%；规模以上服务业营业收入5305万元，同比增长24.4%。

【社区建设】 2022年，夯实组织基础，高质量举办社区党组织书记“擂台比武”，全面提升社区党组织书记综合能力；严格规范发展党员5名，完成11个基层党支部换届，扎实推进壮志路社区软弱涣散党组织整顿转化，精准施策、挂单整改5项突出问题，写好“两委”换届选举“后半篇”文章。落实全体社区干部健康体检工作，督促健康检查136人，应用和维护智慧社区智慧养老云平台。落实社区“两委”干部、居民小组长、居务监督主任等工资待遇、补贴调标。加强社区治理，督促各社区做好党务、政务、财务、服务四公开内容。壮志路社区被人社部评为第五批国家级充分就业社区。阳光社区被国家卫健委评为2022年全国示范性老年友好型社区。

【城管建设】 夯实城市管理机制。全年12319数字城管应处置数5806件，结案数5777件，结案率99.5%，超过全区平均处置率。积极探索执法体系长效管理，实行分组划片定岗管理，将市容环境管理落实到具体执法队员。开展文明执法教育活动12次。对市容秩序开展常态化管理，协同公安等执法部门开展联合执法26起，全年共规范骑门摊、游摊小贩600余个，拆除路边亭伞棚12个，清理僵尸车25辆，劝导机动车、非机动车乱停放500余辆，清除牛皮癣1100余处，清理占道堆放130处。扎实推进“两违”整治。全年依法拆除违法建筑17处，拆除面积6986平方米，完成率达104%；针对“四山”范围违法建筑整治达5843平方米，拆除927平方米。严格落实安全责任。全年清掏化粪池89个，督促管理单位整改隐患26处，自筹资金10余万完成壮志路28号老旧小区排污管网整治；整治破损广告27块，拆除存在安全隐患广告8处；及时整治消除安全隐患28处。消除占道停车、垃圾乱堆放等行为30余处，对辖区231户无逃生通道住宅开通防护网逃生通道。完成老旧人行道铺装2000余平方米，整治路面坑洼110平方米，新安装U型隔离桩17个，拆除违规地锁54个。全年完成垃圾分类投放点升级改造47处，新增四分类垃圾收集容器187个，开展垃圾分类宣传活动67余次，召开培训宣传会4次，发放宣传资料、宣传品2000份，收集可回收物4300余吨，厨余垃圾1900余吨，垃圾分类回收率达到40.3%。对杨家山片区、凌云路沿线、212国道沿线的老旧小区实施提级扩能和提档升级。整治房屋20栋，完成房屋外立面整治61000平方米、道路白改黑5600平方米、改造绿化29800平方米、更换空调格栅2000余个、更换静音雨棚约1000个，新增梳理划线停车位110个。

【社会保障】 全年累计为9家企业成功申报单位社保补贴共计219431.41元，为136名灵活就业人员成功申报灵活就业社保补贴共计902157.11元；办理失业登记134人，就业登记92人，申请失业保险金2395629元，惠及1382人次；社保卡新制卡182张，补换卡1702张；办理城镇职工医疗保险参保514人次、单双解补贴27人次；养老金领取资格认证5500余人，其中上门服务及异地协助认证370余人，养老待遇领取账号变更维护951人；办理退休初审113人，办理丧葬补贴145人；办理个人身份参加城镇职工养老保险参保、停保续保544人；单位参保增加、减少244家；新增就业人数1579人；城镇登记失业人员就业416人；城镇就业困难人员实现再就业258人，高校毕业生就业92人。累计为1304位高龄老人发放营养补贴，对5户5人开展临时救助，为117户147人发放最低生活保障。对10名特困人员，3人集中供养，7人分散供养。关爱困境儿童，完善

24名困境儿童档案，做到“一人一档”，承办“情暖童心相伴成长”困境儿童冬令营活动。建立专班帮助患有抑郁症的孤儿周馨怡邀请心理咨询师入户10余次，通过区民政、区妇联链接心理协会及临时救助帮扶资金，对其进行治疗，目前该儿童病情有所好转。强化居家养老服务基础保障，落实家庭养老床位服务试点工作，引导居家养老服务市场化、大众化，目前辖区失能、半失能老年人申请家庭养老床位52户，建设完成并已经开始服务41户。争取区级经费40万，对街道养老服务中心进行基础设施改造和文化氛围打造。开展独居老人关爱服务专项行动，动态排查老旧小区、独楼独栋、安置房等重点区域的独居老人，摸底建档304人。确保重点老人“每周1次电话+每月1次入户”，提供陪诊就医、洗晒衣被、代办代缴等服务等400余人次，构建“服务闭环”。

【综合治理】 2022年，群众来信来访1252件，转出313件，承办939件，办结939件，办结率100%，综合满意率89.4%。化解中央、市、区信访联席办交办件1件，网上信访69件，干部下访接访91件重点矛盾47件，社会风险9件，调解民事纠纷118件，涉及金额50余万元。持续化解治安风险，与派出所联合开展平安综治宣传55场次，夜间巡逻6500余公里，全年登记（核销）出租房屋452间、流动人口1126人，维护良好社会治安秩序。全年接收帮教社区矫正对象16人、解除社区矫正对象18人，集中学习教育80人次，组织社区服务80人次，安置帮扶3人次，接受社会调查评估委托8人次。开展反诈专题宣传共计11场，举办反诈知识问答7场，发放各类宣传资料10万余张，推广“国家反诈中心”App注册安装3000余人，联合派出所开展预警劝阻320余人次，避免财产损失155万余元，2022年辖区电诈发案数同比下降36%，损失金额同比下降39.2%群众安全感明显增强。深耕细作“品牌治理”，以公共法律服务中心、社区文化服务中心为骨架，打造基层社会治理品牌，“和顺茶馆”持续深化沙坪坝区市域社会治理现代化试点工作，同时与红岩党群服务中心形成功能互补和优势联动，讲好基层社会治理新故事。深入开展好常态化扫黑除恶斗争，把全力维护社会的长治久安作为巩固拓展扫黑除恶斗争成果的重要举措，坚持“当下治”和“长久立”相结合，全年组织司法助理员、流管员等开展政治理论和业务知识学习培训12次，不断夯实平安建设“压舱石”。规范行政执法行为，全年办理行政执法资格证10人次，注销3人次，编制柔性执法事项“正面清单”和“负面清单”18项，督促落实柔性执法，实现法律效果与社会效果的统一。健全法制审查机制，充分发挥法律顾问效用，全年开展法律咨询13次，审查街道合同64件，提出审核修改意见35条，有效预防法律风险。建立公共法律服务工作站，以“六进”活动为载体，广泛开展以《中华人民共和国宪法》《中华人民共和国民法典》等法规宣传47次，明确5名专兼职法律服务人员，不断夯实公共法律服务基础。

【科教文卫】 以红岩文化大学堂为统领，街道综合文化站坚持常态化、精品化免费开放，引进区文化馆、69中师资，成立“红岩红”合唱团，全年共开设培训课程10余门，教育覆盖群众8000余人次。体育工作方面，争取资金350余万元，完成童家桥全民健身中心项目建设，现已完工正准备投用；扎实开展国民体质监测工作，举办2022年“百姓赛场进社区”、体育健身等系列活动20余次，成功申报体育健身器材2处，评选出沙坪坝区星级社会体育指导员2

2022年9月27日，童家桥街道联合海联职业学院在红岩魂广场开展“喜迎二十大　同心庆国庆”主题活动
（瞿　静　摄）

名。开展2022年科技活动周、全国科技工作者日、全国科普日等科普主题宣传活动，着力发挥应急科普体验馆作用，不断提升群众科学普及水平，助力全国科普示范区创建；以“安全”为主题，打造“你好，暑假”暑期应急安全系列精品课程，使广大青少年度过“健康、安全、愉快、充实”的暑假。组织开展第五届公民科学素质大赛童家桥街道初赛，参加沙坪坝区第五届公民科学素质大赛，获得团体“优胜奖”。逐渐形成“童”声说科普、应急视界活动品牌。

（杨添淇）

磁器口街道

【概况】　磁器口街道地处沙坪坝区东北部，境内金碧山、龙山、凤凰山三山并列，清水溪、凤凰溪两溪环抱。沙滨路、212国道在此相交，轨道1号线穿境而过。2022年，磁器口古镇管委会、磁器口街道坚持以习近平新时代中国特色社会主义思想为指导，深入学习贯彻落实党的二十大精神，积极主动融入打造“四个示范区”建设的全区发展大局，服务“长架子、长肌肉、长模样”全区高质量发展态势，汇聚起“潮涌嘉陵、风动歌乐”的强大合力，在磁器口建设新征程上展现新气象、实现新作为。磁器口古镇获评首批国家级旅游休闲街区、入选2022年全国非遗与旅游融合发展优选项目名录、入库重庆市非遗和旅游融合发展十大优秀案例、入评重庆市智慧旅游景区典型案例，街道荣获重庆市应急管理先进集体、重庆市公共机构节水型单位、沙坪坝区创建全国文明城区工作先进集体等市、区荣誉17项。

【经济建设】　2022年，磁器口街道经济平稳发展，新增市场主体168家。全年限额以上批发和零售业商品销售总额2949万元，同比下降54.3%；限额以上住宿餐饮业营业额1738万元，同比下降23.9%；有资质建筑业总产值6518万元，同比增长343.6%；规上工业总产值2176万元，同比下降9.2%。

【社区（村）建设】　深化济困帮扶慈善救助，全年累计发放低保4772人次315.6万元、特困金23人次25.1万元、定期救助36人次1740元、高龄失能老人补贴6人次1200元、孤儿和事实无人抚养儿童补贴103人次11万元、临时救助

32户次18万元、高龄营养补贴1196人次27.5375万元。办理廉租房货币补贴7户，实物配租1户。完成家庭床位改造43户，独居老人门磁安装73户。完成金蓉社区、金碧社区、凤凰山社区区域划分调整。成立街道、社区红十字会。办理生育服务证123个，再生育服务证8个，独生子女父母光荣证12个。为3名重精患者申请以奖代补。发放64名贫困精神残疾人年度医疗救助卡。办理6名残疾儿童训练补贴。发放重度护理补贴3118人次，251690元；困难残疾人生活补贴958人次，69560元，临时救助住院补贴5人，12400元，办理残疾人证19个，残疾人居家托养服务补贴63人，12600元。

【城建城管】 贯彻落实重庆市总河长1.2号令，全力整治河道“三排、三乱”。全年出动巡河人员200余人次，发现问题20余处，修复破损管网5处，新建污水井1座，新建污水管网20余米，清理岸坡违规种植近5000平方米。主动排查并会同区生态环境局约谈磁器口金碧正街勘察项目施工废油水流入凤凰溪主体单位。处置并销号红岩志愿者青年分队生态环境（河长制）问题排查交办问题近30个。处理市级、区级违法建筑投诉案件11件，共拆除违法建筑9处，拆除违章建筑3248平方米，全年任务完成179.86%。

【社会保障】 2022年，城镇新增就业2112人，城镇登记失业人员就业341人，城镇就业困难对象就业再就业200人，城镇登记失业率2.38%。“重庆就业网”发布招聘信息117条，公共就业服务介绍成功人数209人。组织沙磁酒店、陈麻花食品有限公司、百年世家物管、百莲湖养老院等辖区企业共计52人参加通职培训。助7家个体工商户向区就业局申报小额担保贷款共计140万元。开展春风行动、就业援助月等招聘会4次，共收集和发布岗位信息1270条。全年累计办理4050社保补贴共计68人，发放社保补贴49.5万元，办理单位社保补贴2个单位23人，发放单位社保补贴10.2万元。办理一次性吸纳重点人群就业补贴3家企业19人，申报补贴3.8万元。发放就业补贴2人次，发放0.5万元。办理失业保险新增92人，发放1286人次，发放金额223万余元。因异地就业，追回已领取失业保险金1人，追回金额1.16万元。指纹采集255人，退休人员养老生存认证4856人次。办理职工医保参保、续保、停保287人次；办理职工医保双解补贴7人；为居民办理医保卡1111张。办理单位社保开户15户，单位社保参保110人，停保129人；办理个体参保209人，停保174人。办理退休113人，养老账户维护482人，丧葬补助金、抚恤金申领112人。办理城乡居民养老保险新增81人，恢复待遇25人，死亡待遇初审7人。

【综合治理】 2022年，坚持“外防输入、内防反弹”不放松，精准排查11495人次。切实深化联防联控、群防群治，确保政策宣传到位、排查管控到位、经济恢复发展到位。开展全民反诈专项斗争，联合派出所开展集中宣传6次，悬挂宣传横幅32条，张贴海报400余张，发放宣传单20000余份，微信群推送宣传信息5000余条。用好和顺茶馆，共调解群众矛盾纠纷112起。开展《信访工作条例》集中宣传2次。落实信访联席会议制度，接待各类群众来信来访20件，干部接下访接访84次，网上信访39件，网上信访受理结案率100%。巩固“大平安”工作格局，加强矛盾纠纷和公共安全隐患排查化解，共摸排不稳定因素29件，排查居民矛盾59件，组织化解59件。

2022年2月1日，磁器口古镇管委会、磁器口街道联合开展民俗文化巡游拜年活动

（磁器口街道　供稿）

【科教文卫】　2022年，实施科普惠民，结合“全国科技工作者日”“全国科普日”，通过科普宣传、科普讲座、传统文化体验等形式开展特色主题活动9次。推荐2名科技工作者参与沙坪坝区“最美科技工作者”评选。实施文化惠民工程。依托社区文化服务中心，实施文化惠民工程，做好公共文化设施免费开放工作，全年图书累计借阅1542册次。以“冠红岩之名、铸红岩之魂”实践活动为主线，开展丰富多彩的群众文化活动，组织文明旅游劝导、送春联、围绕“3·5”学雷锋志愿服务活动、心理咨询、非遗体验、传统文化传承、全民艺术普及等开展志愿服务活动100余场次。举办专场巡展及文体活动。围绕“我们的节日”传统文化传承，以“龙隐集·宋风磁韵”春节民俗巡游、“我们的中国梦”“名家进古镇”“近悦远来　书香重庆”读书分享会、“宋风磁韵·乐享端午”“吃重庆小面”为祖国庆生、“惠民电影”为主题开展群众主题文化活动10场；举办专题巡展3场，开展小版画邀请展1场。金融艺术团参加“喜迎二十大　奋进新征程”沙坪坝区第七届广场舞比赛荣获二等奖。参加文体融合惠民生。新建体育健身场地630平方米，新增体育健身器材2件，引进大型体育活动2场。

（周凡力　程　盈　刘　伟　徐振荃　赵家平　曾晓娟　刘　斌　马　敏）

山洞街道

【概况】　山洞原名青龙嘴，又名西山街，地处沙坪坝区南部偏中的歌乐山南缘，1923年修筑成渝公路，由新桥至青龙嘴一段沿山而上，劈山成路，在青龙嘴凿一隧洞，车辆行人从此穿洞而过，遂改名山洞。1950年设山洞乡，1978年建山洞街道。面积1.45平方公里，户籍人口0.29万人，常住人口0.59万人，属重庆市“四山”管控区域，东邻覃家岗街道新桥村，西南接歌乐山镇山洞村，北邻歌乐山镇新开寺村。

辖区有大中小幼学校7所，社会单位2家。辖区抗战历史文化遗址遗迹富集，号称“小陪都”，现存遗址28处。

街道党工委下属党组织9个，其中社区党委2个，党支部7个，党员227人。现有内设科室8个，下属事业单位5个，总编制30个，目前在编26人，其中，领导班子7人，中层干部6人，一般工作人员13人。下辖山洞、林园2个社区，有社区“两委”成员20人。

【经济建设】 2022年，持续优化营商环境，实施领导联系企业制度，“一企一专班”精准帮扶，走访民营企业15次，举行民营企业招聘会、春风行动等宣传活动7场，发布招聘岗位176个，发放创业担保贷款30万元，切实帮助企业解决难题，限上企业及个体销售营业额持续增长。

【社区建设】 2022年，突破“柜台”办事模式，实行开放式窗口、阳光式办公，变隔离式办公环境为聚民情、集民智、惠民生的“百姓会客厅”，切实增强社区党群服务中心的“服务”作用，让居民们能在这里有获得感、归属感，打造高质量服务的“阵地”。

【城建城管】 2022年，严守污染防治攻坚的主阵地。持续巩固“散乱污”企业整治成效，动态完善“一企一档”，巡查空置厂房147次，与区生态环境局联合执法2次。严格落实河长制，常态化开展清水溪、跳蹬河沿岸巡查，清查辖区污水管网错接、漏接。开展蓝天行动，启动污染天气应对工作11次，执行错峰生产68天，以生态“含绿量”提升发展“含金量”。激发城市更新的新活力。开展违法违章搭建专项整治工作，整治违章建筑面积2053平方米，超额完成目标任务，居全区前列。完成菜市场片区市政设施提升、绿化升级改造、公共厕所改建，服务周边居民约3000人。积极配合区住建委，做好涉及1个老旧小区、9栋建筑，总面积0.42万平方米的老旧小区改造工程，提升群众居住质量。打造群众家门口的微风景。采用微改造的“绣花”“织补”方式，小规模、渐进式地开展街区综合环境提升。投入约130万元完成洞口至雪山花园小巷外立面打造和绿化提档升级设计，完成平正村支路绿化改造，增设盆栽，理顺“空中蜘蛛网”，在重点路线、转角处打造创意微景观，让居民推窗见绿，起步闻香，抬头见景。

【社会保障】 2022年，投入40万元建成养老服务站运营有序，开设残疾人日间照料站，逐步推进和完善残疾人托养服务体系建设。完成公共法律服务工作站规范化建设，提高法律服务水平。打造绿色生态环保科普馆，立足资源优势，擦亮山洞生态名片。民生兜底保障到位。窗口单位坚持服务电话24小时开通，接受预约节假日办公，为困难群体提供上门服务。对独居老人每日“爱心敲门”，提供送医送药、生活照料等个性化“点单”服务。发放残疾人补贴4.2万元，低保金87万元，节假日慰问困难群众、老党员等200余人次，切实保障困难群体基本生活。全覆盖走访就业困难人员及高校毕业生，城镇新增就业人数686人，完成目标任务的114.33%，辖区无“零就业家庭”。民生服务拓展到位。探索军地、校地共建的特色志愿服务体系，依托十五中成立“小巷”说法队，整合“五老”“小巷管家”组建“红岩志愿者”队伍，针对群众需求设立服务项目，开展免费理发、义诊等志愿服务20余次，有效服务群众700余人次。建立健全志愿服务积分兑换制度，

2022年8月3日，山洞街道开展“暑期活动——小小糖画人”主题活动　（赵　宇　摄）

让爱心形成双向循环。

【综合治理】　打造特色品牌。持续探索社会治理新模式，以小巷为依托，打造“民和巷子”社会治理品牌，开展“同心同巷”“巷理巷善”“巷亲巷爱”三大行动，共建共治共享的活力更强。深化居民自治。发扬“院管会”“巷管会”自治经验，成立巷管会4个，20名群众主动请缨担任小巷管家，开展巷管会会议9次，院坝会4次，引导居民自觉在协商议事、环境卫生等事务中发挥积极作用，使基层治理不断推向纵深。转变服务模式，出台社区网格化服务管理工作制度，落实网格员管理、事件分流办理工作考核和星级管理考评办法。

【科教文卫】　2022年，聚焦“街”“巷”“院”“景”，推动历史文化风貌区建设，发展有历史记忆、地域特色的美丽城镇。对平正村支路提档升级，打造地名博物街，擦亮“地名文化名片”。持续推进文物旧址修缮保护，与辖区8家文物保护单位签订《文物安全责任书》，对破坏较严重的文物旧址进行修复，及时排危，整治周边环境风貌。开展各类群众文化活动，不断丰富群众文化生活，节假日期间组织舞蹈、太极、管弦乐队、合唱团等团队开展各项文化演出活动，进一步丰富节日期间群众文化生活。辖区内积极开展广场舞活动，选优胜队伍参加区级广场舞比赛。规范各社区图书室管理员职责，让社区图书室更好地发挥作用，丰富居民的精神文化生活。

（裴梓臣　章　蜜）

歌乐山街道

【概况】　歌乐山街道位于重庆主城以西，沙坪坝区中部，面积33.03平方公里，平均海拔520米，常年气温较市区低3～5摄氏度。辖3个社区和5个行政村，常住人口近5万人，其中户籍人口3.19万人（含农村居民2.53万人）。森林资源丰富，森林面积1.9万亩。辖区耕地面积

9675亩，人均耕地0.4亩。喀斯特地貌特征明显，灰岩、砂石资源丰富，地下溶洞较多。有文物保护点23处，其中歌乐山桂花湾抗战遗址群——国民政府铨叙部旧址、吴国桢公馆等5处抗战遗址被确定为“重庆市级抗战遗址保护点”，拥有区级非物质文化遗产2项，建有重庆谈判陈列馆1座。旅游康养优势突出，有乡村酒店和农家乐15家，可接纳5000多人用餐，1500多人住宿。有公办养老机构1家（重庆市三福利院）、合展养老等民办养老机构70余家，床位共6800余张，占全区的90%以上，年均入住率达73%。有立信职业中心、西藏中学等中小学共8所；有陆工大通信士官学校、工兵营等部队3家；有市林科院、市公共卫生医疗救治中心等科研及医疗机构4家。

【经济建设】　2022年，规模以上工业实现工业总产值15.91亿元；限额以上批发零售业实现商品销售额2.18亿元；限额以上住宿餐饮业实现营业额3028.8万元；社会消费品零售额实现7521.2万元；规模以上服务业实现营业收入9803.7万元。

【社区（村）建设】　2022年，歌乐山街道加大投入力度，完善设施条件，持续推进村（社区）阵地建设，坚持强人才，抓重点，建机制导向，规范基层工作运行，服务群众更加有效。协助区交通局完成沙坪坝区2022年农村公路（歌乐山街道）建设计划的摸排上报、卫星图落图、现场查勘、占地情况核实等工作，共涉及辖区30条公路改造，全长约5.11公里。挂牌成立街道交通管理站、村级道路管护队，并完成了相关制度规范的建立及上墙。建立歌乐山街道农村公路“路长制”责任清单，共梳理出主要村道334条，总长128.8公里，设置村级路长16名，由各村的驻村领导、村党委书记、村党委副书记担任。开展“作风建设大整顿、精神面貌大提升”专项行动，开展作风纪律监督检查20次、“以案四说”警示教育12次。全面完成矿山坡社区养老服务站、金刚村养老互助点建设工作及山洞村、新开寺村、天池村、金刚村、高店子社区的示范型退役军人服务站创建工作。为加快推进辖区经济社会发展、产业落实落地，促进合法有序的经济发展、民生建设，圆满完成辖区5个村的村级规划编制工作。

【城建城管】　2022年，歌乐山街道狠抓整违治污，重抓人居环境，严抓城市品质，打造“家门口的风景”，展现生态环境新面貌。成立歌乐山街道红岩攻坚组临时党委，强力整治“四山”区域内违法建设13.38万平方米。严守耕地红线，按照卫片督查整治要求，拆除违建37处，面积6695平方米。落实空置厂房常态化管控，取缔新入驻企业19家。持续推进蓝天行动，统筹协调各部门抓好大气污染防治。全面落实中央生态环境保护督察反馈问题整改，生态环保工作受到重庆市政府表彰。大力推进农村人居环境整治，实行“1+1+1”拉练制度，围绕“一化两改三不见”专项行动，协同推进“五清理一活动”，累计清理白色垃圾、建筑垃圾、生活垃圾9955吨，清理整治“蓝棚顶”84处、1.98万平方米，美化、绿化环境2万平方米，整改柴棚圈舍128处。开展“绿色家庭”和“最美庭院（阳台）”评选活动，引导周边农户积极参与“五园共治”，改造提升双天池社大地坝、景家院子2处重点院落。积极推进乡村治理积分制，累计参与兑换户数6023户，兑换率81%。以创建全国文明城区为统揽，持续深化“马路办公”，着力推进“大城细管、大城智管、大城众管，深入开展“三包五长制”，落实网格化管理，整治占道经营、“骑门摊”等635处，清除“牛皮癣”440余处。打造特色垃圾分类宣教阵地1处。实施城市品质提升，修复破损护栏、路面、坡坎崖等公共设施和道路，清理枯死树木、生活垃圾2万余吨。处理数字城管平台各类案卷3320条，志愿者城市提升巡查问题点位完成率100%。

【社会保障】 2022年，扩大就业创业宣传力度，积极组织企业参加“春风行动暨就业援助月网络招聘”“百日千万网络招聘专项行动”“金秋招聘月”等线上招聘会5场，组织辖区41家企业开展街道“职等你来”现场招聘会9场，推荐参与市区级各类招聘会及多渠道发布招聘信息，共发布招聘岗位213个，职业指导1276人次。持续推进12325户（3.3万余人）农民工信息监测工作，组织失业人员开展重庆小面技能培训，为2021年、2022年高校毕业生128人提供就业定制服务。完成新增就业1262人，失业人员再就业220人，困难人员就业121人。办理线上及线下申领失业金人员共计274人，核对发放失业金327万余元。办理申请灵活就业补贴42人，核定发放补贴26万余元。单位社保补贴10家，核定发放补贴25万余元；审核“双解”医保身份认定6人，审核“双解”人员养老保险补贴2人。天池村成功创建市级充分就业村。

全面落实困难救助政策，强化社会救助帮扶救助水平，畅通救助渠道，做到应保尽保、应退尽退。2022年全年新增低保18户、26人，全覆盖核查低保250余户，动态调整9户、9人，停发20户、26人，新增特困人员12人，累计发放低保金、特困生活补贴及护理费200余万元，在元旦、春节、“五一”、端午等节日走访慰问困难群体400余人次，发放慰问物资16万余元。积极发挥民政托底的作用，大力宣传临时救助政策，为34户、44人困难群众申请临时救助，累计发放临时救助金14万余元。为辖区低保、特困、事实无人抚养儿童等300余名重点人员购买惠民济困保险，全年共有16人次获得理赔，理赔金额3.8万余元。办理城市低保家庭住房租赁补贴2户。

【综合治理】 2022年，以专项行动为抓手，消除安全隐患。加强企业日常巡查，坚持每月对工贸企业、个体经营点进行计划检查和随机检查，检查企业135家，排查整治安全隐患347条，下达行政指令79份，共计罚款11.3万元。打造“和顺茶馆”治理品牌，提升基层社会治理效能。持续开展“治重化积、清仓见底”专项治理行动，化解督办案件15件，化解率100%。采取集中学和自学相结合的方式开展《信访工作条例》学习，到村、社区向群众集中宣传8次，引导群众通过正规途径合理解决诉求。一年来受理群众信访68件，均在规定时间内进行回复，群众满意率100%。贯彻落实社区民警兼任村居副书记制度，与公安形成合力常态化开展治安防控和扫黑除恶斗争。针对不同群体、不同领域每月集中开展1次以上反诈宣讲。积极构建司法行政主导的非诉讼纠纷多元闭环化解机制，成功调处矛盾纠纷191件，涉及金额67.81万元，所达成的调解协议均得到落实。

以多措并举强“三防”，提升防治能力。完善编制应急预案，定自然灾害预警发布及响应流程和规范，做到早预报、早准备、早转移，防止人员伤亡。修订完善森林防火工作方案、应急预案及值班房管理制度，组建防火指挥机构，定期清除路边坟头杂草，及时消除火患。建立应急救援队伍40人，定期开展应急救援演练，遇到突发情况立即启动应急预案参与应急救援。广泛宣传防灾知识，发放690余份地灾宣传资料。修改完善地灾单点应急预案，更换地灾群测群防员2人，增配具有较强责任意识、服务意识和担当意识的村社干部26人担任地质灾害防治员，充实地质灾害巡查监测力度。

【科教文卫】　2022年，强化科普教育，开展科普宣传活动4次，参加沙坪坝区社区学院第六届“沙磁杯”社区教育和老年教育书法、美术、摄影大赛，选送参赛作品20余个。利用寒暑假期生活，开展丰富青少年素质教育活动，大力弘扬和培育青少年社会公德，提升青少年的思想道德素质、促进青少年全面发展。开展防溺水安全教育宣传活动10余场，进行防溺水安全巡查检查10余次。抓好实用技术的推广与病虫害的防治，加强对红火蚁、草地贪夜蛾等病虫害的防治宣传，且每月开展一次监测工作。建设村、社健身场地3处，申请健身器材51件（套）。坚持身体健康与精神丰富并举，用好残疾人康复站、微型少年宫、妇女儿童之家、红岩城市书屋等载体，为农家书屋配备图书400余册，丰富群众文化生活。做好23处文物管理。

积极开展第34个爱国卫生月宣传活动，开展心理健康、传染病预防和个人防护指南宣传，受益群众约2000人次。加强健康教育宣传，以心理健康、世界无烟日、职业病防治法、无偿献血等为主题制作健康教育宣传栏216张。完成29家医疗机构医疗废弃物排查统计。加强对辖区严重精神障碍患者的管理，建立重精患者应急管理机制，落实定期随访。协助区卫健委执法支队检查企业职业卫生4次共27家，开展企业职业卫生培训1次，完成160余家职业卫生体检和监测。

（黎　青）

井口街道

【概况】　井口街道位于沙区北大门，东与两江新区礼嘉、大竹林隔嘉陵江相望，西与国际物流枢纽园区、重庆科学城伴中梁山相邻，南接磁器口旅游风景区，北连北碚区蔡家、悦来组团；212国道穿境而过，双碑大桥、礼嘉大桥横跨嘉陵江连接两岸，位于市级规划的现代化都市圈核心中轴区域，是联动两江新区与高新区的重要交汇点，是重庆北拓西进的重要廊道。辖区面积22.25平方公里，户籍人口3.1万余人，常住人口7.1万余人。街道办事处位于井口经济桥社区复兴路48号，辖经济桥、果园、松堡、柏杨村、江家院、美丽阳光家园、宏城名都7个社区和双碑、井口、南溪、二塘4个行政村。

【党建工作】　2022年，坚持以习近平新时代中国特色社会主义思想为指导，深入贯彻落实新时代党的建设总要求和新时代党的组织路线的工作总体要求，按照区第十三次党代会和全区基层党建重点工作会安排部署，开展以“冠红岩之名　铸红岩之魂”系列活动，党的二十大、市第六次党代会和区第十三次党代会精神宣讲进村（社区）、进企业活动共407场次；政策、文化、理论宣讲21场次，参与党员群众2430余人次；开展“党员在身边”“党旗在基层一线高高飘扬”“精品主题党日”活动150余场次；举办“党员夜校”“空中党校”24期；开展党员冬训11场，培训党员1116人，高质量发展党员6名。推动辖区7个社区与陈家桥街道8个社区“定向结对”，围绕物业党建联建、共建共治共享、安全稳定防控三大类别，共商做法，共享经验。依托“黎姐舒心坊”“畅言议事园”“四方理事会”等基层社会治理品牌，常态化开展职工招聘、就业培训、矛盾化解等特色服务137项。办结道路破损、房屋报修等民生实事349件，慰问生活困难党员、老党员236人，提供公益服务和“订单式”服务129件。

【经济建设】 2022年，实现规上工业总产值47.76亿元，同比下降28.9%；规下工业营业收入（1—11月）5536.14万元，同比增长2.1%；规上服务业收入（1—11月）实现7331.3万元，同比下降11.8%；限上批发和零售业销售额79.44亿元，同比下降23.99%；住宿餐饮营业额2567.8万元，同比增长4.22%；有资质建筑业总产值5624.5万元，同比下降54.6%。

【社区（村）建设】 2022年，以打造“托养+日照”的养老服务升级版为目标，发放老年智能终端设备500台。完善村、社区工作制度，完成3个居委会补选，选举居委会成员6名，监督村（居）办公经费合理使用，指导村（居）务公开工作开展。每月召开村（社区）工作例会，通过以会代训的形式，深入推进黎姐舒心坊、畅言议事园、百姓聊吧、四方理事等基层自治品牌工作。加强社区工作者队伍建设，从沙坪坝区社区专职工作者后备人选库中选用7人。组织村（社区）工作人员参加社工师考试。制定《井口街道2023年社区工作者培训方案》，分层次、多形式开展政治建设、纪律规矩、创新干事、为民服务、工作技能等培训。

【城建城管】 2022年，完成存量违法建筑整治任务13.68万平方米，完成率109.84%。消除“四山”违建图斑31个，面积11492平方米。2022年新增卫片图斑17处，面积2775平方米；申请保留9处，面积1466平方米；已消除3处图斑，面积499平方米；余下5处图斑，面积810平方米预计8月前完成。提升城市品质，开展“补植、改造、管护”三行动，累计除草、修枝、补绿1.8万余平方米，新增防撞护栏666米，修补修复市政道路56处，修复及更换井盖461处、维修路灯61处。深抓市容市貌，取缔、劝离占道经营、骑门摊2600余处，整治乱涂乱画等“牛皮癣”450处，整治规范店招店牌21处。立足服务质量，处置“12319”投诉件122件、数字城管系统案卷15822件。

【社会保障】 2022年，办理养老保险4328人次、城乡居民医疗保险1.3万余人，完成率100%。新增城镇就业2023人，发放失业保险金400余万元，以“送政策、送岗位、送培训”等方式，发放宣传资料800余份，发布企业网上招聘信息116条，提供就业岗位1080余个，帮助就业困难人员176人实现就业，将失业率控制在4%以内。办理小额担保贷款120万元，受理劳动纠纷5起，调解率100%。

【综合治理】 2022年，扎实开展社会风险和信访大排查、大起底、大调处专项行动，全年排查化解各类矛盾纠纷70余起，共收集处理群众意见建议350条。对重大风险实行台账管理和一岗双责机制，共建立风险台账20个，已化解17个。加大矛盾纠纷源头治理力度，有效化解1件遗留积案、3件有较大社会影响的案件、成功调解2件伤亡赔偿纠纷，历史遗留案件在有序推进中。深入开展“全民反诈”三年行动，2022年辖区电信网络诈骗案件共发案81起，去年同期89起，同比下降8.99%，损失金额共计328万元，同比2021年393万元下降16.54%，成功劝返滞缅涉诈人员1人。

【科教文卫】 井口街道有小学3所、中学1所、

9年制学校1所，在校学生3414人，幼儿园9所，在园幼儿2074名。2022年新安装健身器材49件，乒乓球台7台，满足群众健身需求。以“喜迎二十大，奋进新征程”为主题，组织开展系列活动12场次，组织100名群众免费观看红色舞台剧《重庆·1949》，感悟伟大红岩精神。开设街道文化分馆合唱公益班一期，为辖区40余名音乐爱好者开展专业培训。组织街道追梦艺术团参加“欢跃四季·舞动山城”区第七届广场舞大赛荣获二等奖。组织2名选手参加区第34届少儿故事比赛获三等奖。组织102人开展国民体质监测。放映惠民电影151场，开展“喜迎二十大”全民阅读系列活动5场。广泛组织开展微宣讲活动30余场次，受众2000余人。完成辖区8处不可移动文物安全责任书签订。

（孙　涛）

土主街道

【概况】 土主街道地处沙坪坝区西部，位于沙区行政版图的腹心，毗邻重庆高新区、西部（重庆）科学城。全街道面积30.26平方公里，辖明珠山村、田坝村、向家坪村、四塘村、力量村、三圣宫村6个村民委员会和土主社区、团结湾社区、永祥社区、双龙社区、西盛社区、文广社区6个社区居民委员会，常住人口8.64万人、户籍人口4.28万人。辖区建有重庆国际物流枢纽园区、铁路保税物流中心、铁路集装箱中心站，西部对外开放铁路口岸以及国家重点项目——团结村铁路口岸，融创文旅城、佛罗伦萨小镇也均位于土主，是沙区对外开放的重要平台、重要消费目的地；渝遂高速公路、襄渝铁路、渝怀铁路等横贯其中，土主隧道、礼嘉大桥建成通车。

【党建工作】 截至2022年底，土主街道共有街道党工委1个，社区党委2个，党总支7个，党支部34个，共有党员1010名；2022年发展预备党员9人，预备党员转为正式党员24人。在村（社区）副职中择优选拔社区书记2名，“四大员”等进入“两委”9名，动态回引农村本土人才6名，搭建成长梯队；在全区领先开展“书记擂台赛”，举办“微宣讲”等活动，提升干部素质；开展先进典型培养选塑及宣传，集中表彰优秀共产党员58名、优秀党务工作者17名、先进基层党组织8个，慰问困难党员130余名。加强和改进党员教育分类管理，高质量发展党员10名。开展名篇诵读、知识竞赛等新时代文明实践活动190余场。开好党建联席会，加深与辖区单位的联建融合度，协调解决问题10余个。深化团结湾安置小区“团结家园”党建引领社会治理品牌建设，召开民情院坝会20余场次，解决房屋漏水、围墙破损整治等问题50余个。

【经济建设】 2022年，全力以赴做好复工复产、助企纾困，12个“一企一专班”走访服务1600余家市场主体，解决难题130余个，协助申请担保贷款220万元、帮助退税330万元、减免租金10万元、融资500万元，助力融创酒店群成功创建国家级“五叶级”绿色品牌。工业经济持续快速增长，限上消费呈现较强韧性，市场主体进一步扩大。全年规上工业实现工业总产值37.03亿元，同比增长98.4%；限上批发零售业完成商品销售额529.2亿元，同比增长41.4%；市场主体14734家，新增3406家，民营企业7075户，新增1284户，位列全区第一。

【村（社区）建设】 成立新社区——文广社区。认真做好村（社区）组织和人员管理工作。

成立街道社会工作站，村（社区）社会工作室11个，社区社会组织201个，并开展相关活动；监督村（社区）社会组织活动开展录入社工网情况。鼓励村（社区）人员积极考取社工职称证，已考取证书的42人（其中：中级职称8人，初级职称31人，市级社区管理师3人）。管理沙坪坝区后备人才库，录用社区工作人员5名。完成村（社区）工作者共110人的档案管理工作。认真做好村社区办公用房管理工作。社区用房共40处，已移交24处。完成永祥社区便民服务中心的基础装修、办公家具采购。

【城建城管】 辖区C1路建成通车，轨道15号线、27号线加快施工建设。完成力量村夏家坝铁路下穿道积水整治等民生项目；实施团结湾B区道路白改黑项目、步道及配套环境提升工程，整治、油化小区道路及路沿石约1.1万平方米，新建、整治机动车停车场和摩托车停车场约1.04万平方米，新建活动场地约2200平方米，翻新B区入户大厅墙面3300平方米、天棚1300平方米、地砖520平方米，提升安置小区生活品质；启动三圣宫未拆迁区域雨污混流整治；启动四塘农贸市场环道建设及三圣宫漫水桥整治工程。纵八、纵九线等中央资金项目及土主污水厂三期等市区重大项目按期进场。

深化落实“一化两改三不见”，全面推行乡村治理积分制，受益农户达100%，激发群众内生动力。平整闲置空地3.5万余平方米，栽树栽花2.1万余株，美化道路6公里，“群众家门口的风景”可望可即。撂荒地复耕复种约49.72亩，整治流出耕地120余亩，坚决守牢耕地红线。

严格城市管理执法，治理脏、乱、差，提升城市品质。紧紧围绕“治脏、治乱、治差”的目标，加强辖区街面、周边建筑工地巡查和集中整治力度，全年共办理案件120件，其中简易程序117件。处理数字化城管件5081件，落实沙区门前三包五长业务系统案件2771件，营造了干净整洁、井然有序、靓丽优美的城市环境。

开展马路办公工作，全面完成区领导带队“马路办公”交办问题，整改销号率100%；完善街道“马路办公”工作机制，加大开展街道领导带头马路办公工作，党政主要领导“马路办公”共计136次，分管领导“马路办公”170余次，提出整改问题500余件，重点解决了远洋美的片区、微电园片区和文旅城片区城市管理突出问题。

【社会保障】 截至2022年12月，企业走访：116家，收集问题14个，反馈率100%；土主街道帮助三羊马（重庆）物流股份有限公司成功申请重庆市AAA级和谐劳动关系企业。城镇新增就业1982人，同比增长5.36%，完成比例110.11%；城镇登记失业人员就业540人，同比增长125%，完成率225%；城镇就业困难人员就业370人，同比增长162.41%，完成率336.36%；发放创业担保贷款400万元，同比增长207.69%，完成率250%。举办线下“红岩春风招聘活动”4场。为26家企业发布线上招聘信息151条，发布招聘岗位200余个，同比增长37.27%。协助326名高校毕业生实现就业

2022年已完成政务事项办件量6550件，职工医保参保办件量408件，居民医保参保20623人，同比增长4.9%。截至2022年12月，业务下沉办件量11794件，同比增长16%，其中个人养老保险业务2290件，同比增长107%；单位业务761件，同比减少0.01%；退休业务283件，同比减少0.02%；养老待遇资格认证6524件，社保卡办卡量1936张。档案整理单位业务

沙坪坝区"喜迎二十大　同心庆国庆""同升国旗、同唱国歌"主题活动

（土主街道　供图）

2570余件，个人业务5311余件，就失业560余件，职工医保1908件，以及历年居民养老和过渡费的归档整理。全面完成与全国社保系统的联网调试工作。

新增低保人员2户4人，目前共有城市低保52户，66人，农村低保8户，11人。完成临时救助申请2户，申请总额48000元；送5名流浪人员回家；完成77名低保人员、6名特困人员经济核查。

4个养老服务站实施社会化运营，完成2个养老服务站合同的续签，完成"我随雅行"转非居民社区融入社会工作服务中期评估；检查4个养老服务站工作开展情况22次。发放各类补贴、救助金202万元，做好156名独居老人日常关怀，救助救济等民生兜底到位，做到对重点独居老人每周电话关心慰问3次，入户探望1次。护养中心1个，托养床位349个，管理人员6人，护工9人，入住老人66人。完成与护养中心入住老人的协议签订，费用的结算，协调未入住孤寡老人的入住条件。辖区有便民治丧点1个，对其进行安全检查15次，发现安全隐患2处，整改2处。

认真做好残疾人服务工作。2022年共完成23名残疾儿童康复机构训练补贴的申报；完成27名残疾人辅助器具的申请；完成8名两便失禁重度残疾人护理类用品申报；完成209名残疾人的"两项补贴"（护理补贴、生活补贴）申报；完成19名残疾人阳光家园居家托养补贴申报；完成38名贫困精神病患者医疗救助申请（服药、住院）；完成4名贫困残疾人医疗（临时）救助的申报；完成64名目测重评残疾人评定费补贴的申报；完成持证残疾人基本状况调查；对精神、智力残疾妇女及儿童组织到区妇幼保健院进行基因筛查及报告解读，共有12名家庭完成生育指导；完成村（社区）残协及街道残联换届选举工作，产生新一届村（社区）残协主席、委员及街道残联主席、理事长，产生出席区残联换届选举大会代表名单。

【综合治理】　2022年以来，推动居民自建房安全隐患排查整治工作。组织召开专项工作部署会、培训会、推进会7次，约谈存在安全隐患房屋所有人7家；开展居民自建房安全专项检查26次，发放房屋安全隐患处置通知书18份、安全鉴定通知书12份；房屋外墙瓷砖脱落核查25栋；城镇自建房“一栋一档”信息初步排查365栋，农村自建房信息初步采集156栋；完成369栋经营性自建房系统排查及“回头看”工作；完成1246栋非经营自建房系统排查。

2022年共接访欠薪案件290件，涉及人数9546人，涉及金额1.79亿元。开展法治宣传16场次，受理法律咨询200余次。委托法律顾问审查合后226份、信息公开回复1件。强化司法行政和人民调解工作，累计召开社区矫正对象和安置帮教人员帮扶工作会12次，组织干部参加法治理论考试110人次、行政执法人员网络培训16人次，应对诉讼案件10件调解伤亡事故纠纷等民事纠纷205件，涉案金额1000余万元。

【科教文卫】 2022年，树人崇文小学、沙小图新小学建成开学。现有学校20所，其中中学3所、小学6所、幼儿园11所，幼小初高学位达2万余个，教育配套不断完善。辖区注册校外培训机构共156家，实际经营78家。组织开展社区教育培训活动40场，学习型组织创建活动有成效，社区学习氛围浓厚，完成2022年社区教育终身学习活动品牌“青苗学社”、学习型团队“土主太极队”的申报工作。

常态化开展“六讲”“六进”等新时代文明实践志愿服务活动192余场；新时代文明实践活动线上录入80余次，完成线上点单60余次。开展公益影片播放30场，承接沙区图书馆巡展共6场；区文旅委主办的流动文化服务戏曲进基层2场，流动文化服务送传统文化体验活动2场；组织居民参加沙区文化馆全民艺术普及舞蹈培训共两期、12场课；在辖区举办新春送春联活动4场、新春游园活动1场；联合农服中心举办三月植树活动1场；开展“诵读百年名篇 强国复兴有我”名篇诵读、“强国复兴有我”党史知识竞赛、“学习新思想 展现新作为 喜迎二十大”微宣讲比赛等活动；牵头组织开展“喜迎二十大·同心庆国庆”升旗仪式。

2022年，土主街道共办理生育服务证778个，独生子女父母光荣证7个；办理新增奖扶13人、特扶3人；完善人口家庭信息平台、便民服务系统、计生家庭扶助系统、计生药具系统数据8000余条。重视计生特殊群体的关心关爱工作，发放当年年满49周岁的独生子女父母一次性奖励金900元，同时兑现0～14周岁独生子女父母奖励1.14万元。

（李奇缘）

陈家桥街道

【概况】 陈家桥街道位于沙坪坝区西部新城核心区、中国西部（重庆）科学城、重庆大学城腹地，紧邻微电园、国际物流园、融创文旅城。街道辖区面积11.21平方公里，下辖桥南、桥北、桥东、学府、学林、学苑、官房寺、天马山8个社区（85个网格）、33个物业小区（含8个安置小区），“七人普”数据中居民60245户、常住人口106421人。街道办事处位于陈电路65号，辖区内有重庆警察学院、重庆医药高等专科学校、重庆电子工程职业学院、重庆建筑科技职业学院4所大学；有南渝中学、大学城三中等6所中小学和陈家桥医院等4家医院；有地铁一号线微电园、陈家桥两个站和西部新城汽车客运站；有三条河流分别是龙凤河（5.3公里）、龙凤河分洪渠（2.76公里）和虎溪河（624米）；有陈家桥派出所、陈家桥法庭、陈家桥供电所、陈家桥市场监管所、陈家桥税务所、陈家桥规划和自然资源所等公共单位；有巴蜀古代建筑博物馆、冯玉祥故居纪念馆、虎电滨河公园、学府广场、滨河公园等主要景观。

【经济建设】 截至2022年12月31日，辖区有资质建筑业总产值9611万元，同比下降51%，限上餐饮业营业额为9070万元，同比下降19.5%，限额以上批发零售行业商品销售总额为57202万元，同比增幅38.8%；其他服务业劳动工资总额预计为4.49亿元，同比增幅43.6%，经济韧劲依然保持。龙湖高新天街2022年12月开业期间，日均客流量16万人次、销售额超1000万元。持续招商引资，联系社会资本对天马半岛、荣龙公司闲置国有资产进行综合规划，推动C97城市更新项目各方更深层次合作。千方百计挖掘资源，跟踪潜在优质企业，新增市场主体383家，个体1252家，新增商会会员单位323家，荣获市级“四好”商会。做优“三区一带”布局，重点发展以商贸为主的现代服务业，深入推进文化、医养、餐饮服务等产业融合发展，持续推进环重庆电子工程职业学院创新创业生态圈项目，繁荣学府广场沿街、桂桥缘梦滨河长廊等“夜间经济”，发挥食品安全示范街引流作用，以及桂桥缘梦、香妃盛宴、藏到吃鱼等特色餐饮品牌独特竞争力。

【社区建设】 2022年，指导社区完成渝快社区推广及注册，通过重庆市智慧社区一体化管理服务系统运用，用智慧化方式推进社区基层治理。秉承民生导向、问题导向，抓好健康小屋打造，做好“一老一小”、困难群众、妇幼群体、严重精神障碍群体等特殊人群健康服务指导。深入推动养老机构建设与管理，发挥好养老服务中心7站作用，实施独居老人关爱计划，精准做好独居老人管理和服务，开展讲座31场，义诊义剪16场。重要节日活动25场，服务人数3000余人，助残活动服务人数1500余人，完成服务包41人。充分发挥未成年人保护工作站（室）作用，为辖区未成年人健康成长营造良好环境，发放2名孤儿生活费及节日慰问26780元，3名事实无人抚养儿童生活费14583元。学苑社区代表全区接受国家级创建未成年人保护站示范区检查，获得一致好评。

【城建城管】 2022年，坚持精建细管、建管并重，引入三方资本1000万元，采用BOT特许经营模式，推动社区体育文化公园建设。以“四周四沿”为抓手，着力推进人居环境整治，完成陈东路陈青路近7000平方米人行道提档升级，改造主干道两侧及医院周边绿化面积4400平方米，修补市政道路及人行道2400平方米，消除存量违法建筑26599.64平方米，加快实施桥东佳园、融城华府等脏乱地块整治，新改建公厕3座、改造老旧无主化粪池井盖102个，对辖区6座存在安全隐患的二类桥梁进行“微手术”，消除市政设施安全隐患。

【社会保障】 2022年，全力兜牢基础保障，发放低保、临时救助和计生奖扶金197万元，为优抚对象办理优待证1241人，为168名独居老人上门安装门磁卡；创建“未成年人保护工作站”，发放优抚金191人，办理优待证1344人；“两证”遗留问题办证735个。全力稳就业促创业，完成城镇新增就业1729人，就业困难人员就业222人，进一步促进高校毕业生、退役军人等重点群体充分就业，申报创业贷款360万元，协调解决农民工欠薪26起。

【综合治理】 2022年，深入实施“党建扎桩、治理结网”工程，优化设置“全科综合网格”85个，进一步厘清L分区城市管理职责。坚决维护社会大局稳定，积极推进“4+1”社会治安防控体系建设，常态化开展扫黑除恶斗争，反诈工作实现发案率和发案金额双下降10%目标。全年化解矛盾纠纷286起。全面提升治理成效，做大做强“和美大院”基层社会治理品牌，推动“小板凳上议大事”多元发展，推动解决嘉和康桥老旧小区整治，完成廖家坪小区一期封闭和消防通道改造。

【科教文卫】 2022年，全年开展各类文化惠民活动30余场次，如“迎新春”书画赠送活动、乡村故事会“三下乡”惠民演出等活动。持续改善健身设施，为4个社区分别更换2套健身器材，6张乒乓球台，积极筹备体育赛事，成功举办“百姓赛场”进社区活动。加强与党建联席单位、周边高校的联系，联合开展健康知识讲座、家庭急救、心理健康等“科普进社区”“垃圾分类”“防震减灾”等活动26次。与辖区房地产学院签订共建协议，实现资源共享，积极挖掘和培育特色课程和项目，如桥东社区科普大学、学苑社区“苑”文化、电子工程学院C语言编程猫等。街道的全民阅读“陈香书韵”被评为2022年重庆市“终身学习活动品牌”，社区学校罗雁老师被评为2022年沙区“百姓学习之星”。

【党群服务中心】 2022年，街道加强党群服务中心（站）管理，实现“中心+站点”15分钟党群服务圈，优化升级服务内容和方式，打造“家桥”服务品牌，筑牢党群服务主阵地。整合街道、社区、社会单位多方力量，深入开展党建共建联建，与区委统战部、沙坪坝科学

2022年5月22日，陈家桥地铁站 （黎 路 摄）

城小学、中国农业银行陈家桥支行、中建八局四公司西南公司等20家单位开展契约化共建，推动中心（站）的阵地资源与共建单位各类资源有机结合，成功打造“悦绘课程实践基地”“薪火领航站”，成功创建“市级模范职工之家”。全年党群中心共计接待41次、1000人次交流学习，编排“红岩剧场”《江姐在狱中》，开展主题活动20场次、公益活动58场次，参与6000余人，形成共建共治共享新格局，全面提升党员群众的满意度和幸福感。

【民主法治】 2022年，街道注重发挥人大代表、政协委员作用，对自建房安全整治、体育公园建设等重要工作进行督查督办，实行全过程监督，与重庆市警察学院、陈家桥法庭签订基层立法单位共建协议，对5部法律法规开展立法意见征询活动，被全国人大采纳3条。打造市级示范代表之家，深入推进基层立法联系点建设，依托和美大院打造立法联络站点、法治院坝，开设“法治大讲堂”，开展国家安全日、反诈宣传、《中华人民共和国民法典》等各类法治宣传活动37场次，营造全社会尊法、守法、用法的良好氛围。

（刘甜园）

联芳街道

【概况】 沙坪坝区联芳街道位于沙坪坝区、渝中区、九龙坡区三区交界处，辖区总面积2.27平方公里，东、南、西、北四方分别与九龙坡区渝州路街道、九龙坡区石桥铺街道、沙坪坝区覃家岗街道、沙坪坝区小龙坎街道接壤。街道办事处驻石小路显丰大道33号，辖圣泉、学堂堡、平顶山、香榭里、双朝门、联芳桥6个社区。截至2022年底，联芳户籍人口2.44万人，常住人口6.7万人。

【经济建设】 2022年，对接嘉合医疗综合体项目、理想、比亚迪等汽车经销商前来洽谈，发展质效持续提升。协调辖区工商银行等金融机构为60余家企业融资贷款1500余万元；联合新桥税务所、联芳市监所等开展优化营商环境、“减税降费”惠企宣传，推广宣传“信易贷•渝惠融”平台注册280余家，协助10家企业申报扩规上档工作补助经费13.8万元、5家企业申报2021年社会保险补贴3.8万元、4家企业申报一次性吸纳就业补贴1.4万元，协调辖区4S店与万达广场抱团促销，组织开展汽车消费进商会、进小区、进机关、进商圈“四进”促销活动，助力企业扩宣传、增订单，激发民营经济活力。

【社区建设】 2022年，完成圣泉社区体育公园建设，沙坪坝区图书馆——雷克萨斯图书分馆已投入使用，升级改造圣泉社区“吾有·邻家”综合性社区共享空间示范点，打造香榭里社区红十字志愿服务、平顶山社区邻家食堂、联芳桥社区四点半课堂等7个志愿服务项目，圣泉社区易晓霞被评为重庆市五星级志愿者，香榭里社区被评为沙坪坝区最美志愿服务社区，双朝门社区居民张选明被评为沙坪坝区“最美红梅五老”，圣泉社区被评为重庆市巾帼文明岗。

【城建城管】 2022年，新增香榭街54个公共停车位，完成夏家湾支路、广通山庄4500平方米道路综合整治。解决香榭里红绿灯处交通堵塞等40余件民生问题；拆除1108平方米违法建筑，垃圾分类民调满意率和分类投放准确率均达90%以上，数字城管办结率达100%。坚持少拆多改，经济施工，协调社会及上级部门资金约85万，完成老联芳桥化粪池改造，整治升立家属区约3000平方米D级危房，推动斑竹林老旧小区约2.5万平方米改造提升工程尽快落地实施；完成广通山庄边坡塑石美化面积约650平方米，荒坡变景点，打造群众家门口的风景线。对森林实验小学、联芳小学、沙坪坝万达广场周边环境进行规范整治，联合交巡警开展占道停车、夜间“生命通道”、占道经营整治800余家次；开展空气污染预警、露天焚烧、餐饮油污专项整治，确保全年优良天数达306天。培育绿色低碳新动能，平顶山社区获市级示范绿色社区。

【社会保障】 2022年，完成城镇新增就业1932人，城镇登记失业人员就业696人，困难人员就业225人；职业指导2223人。开展现场公共就业招聘活动10场，275家企业，提供1000余个岗位，发布网络招聘330条。为市场主体申请创业担保贷款140万元；单位社保补贴申报5家、8人、38099.4元；一次性吸纳就业补贴申报4家、5人、14000元。发放低保金、一次性生活补贴、残疾人困难生活补贴、儿童康复训练、临时救助等各类补贴1131人次，48.82余万元。应届高校毕业生就业率达到98.99%；困难高校毕业生任务达到就业率100%；办理“4050”灵活就业人员社保补贴63人，361718.13元；发放失业保险金2273369元，共计1292人次，追回冒领失业保险金2人，金额17128.16元。完成线上生存认证7118人，上门生存认证195人，川渝互认43人。办理以个人身份参、停职工医疗保险427人，个人信息维护137人；办理2022年城乡居民合作医疗保险参保13105人，参保率达109.2%；办理国有企业单、双解医疗保险补贴2人。2家企业参与2022年和谐劳动关系企业评定。实施独居老人关爱计划，动态摸排144人一对一建档，统一安装门磁系统、烟感报警器和一键呼叫装置，构建“服务闭环”。加强4个社区养老服务站运营管理，申请家庭养老床位19户。

【综合治理】 2022年，网上信访系统受理群众信访46件，受理率97.8%，求决件满意率100%。组织街道机关干部、社区网格员、辖区重点单位负责人、财务人员等参与全民反诈知识讲座80余场次；组织社区志愿者、网格员入户走访辖区居民2万余户，发放宣传资料2万余份，签订反诈承诺书1080余份，推广村居法律顾问小程序1800余次。以“联芳版和顺茶馆”为宣传主阵地，邀请区法律服务小分队成员、法官、律师等通过院坝会、讲座等方式宣传《保障农民工工资支付条例》《中华人民共和国禁毒法》《中华人民共和国民法典》《中华人民共和国安全生产法》，累计宣传45场次。接收社区矫正对象21人，解矫21人，组织集中教育62人次，公益活动52人次。组织党员、离职退休干部等18名“法律明白人”培训1次，开展民法典、宪法、行政处罚法等普法45场；6个社区调解委员会及街道调解委员会一年来化解矛盾纠纷312件。

【安全生产】 2022年，各职能科室、社区检查各类生产经营单位1416家次，排查隐患2696条，已完成整改2756条，安全警示约谈56人次，发出整改函14份，罚款2.09万元，一般隐患整改率达99%。在国家法定节假日、“5·12”防灾减灾日、“119”消防宣传月、禁燃烟花爆竹等重要时期、重要节点开展宣传活动27场次，开展安全培训16场次，悬挂宣传横幅170余条，发放安全生产宣传资料1.5万余份，张贴标语2100张。全年出动志愿者、网格员针对性开展风险隐患排查236人次。狠抓6个社区微型消防站工作职责，强化基层应急力量建设，拓展防火巡查、消防宣传、邻里火情支援等职责要求，切实做到“一站多能”。

【科教文卫】 2022年，开展为期一个月的“文化森林平顶山”体育运动节，绘制联芳运动地图。举办广场舞、主题摄影比赛及摄影展等“百姓赛场”进社区活动，27支群众队伍，2000余居民参与比赛。承办区级“流动文化服务送传统文化体验”、戏曲文化、讲座展览联盟、庆祝中国共产党成立101周年等特色文化活动12场次。

（张 燕）

丰文街道

【概况】 2022年，丰文街道位于沙坪坝区西部，辖区面积11.95平方千米，下辖人和门村、三河村2个行政村和丰文社区、丰盛社区、清悦社区、崇贤社区4个社区，重点区域和单位有学府悦园公租房片区、龙腾丰文和绣美丰文安置区、国盛园墅小区、万达文旅城部分区域、国泰鑫汽博城、中国人民解放军陆军勤务学院、重庆商务职业学院、重庆市运动技术学院等。辖区总人口10万余人，其中常住户数4.08万余户，辖区常住人口6.6万余人。

【党建工作】 2022年，街道党工委下属8个党组织，其中，1个机关党支部，2个社区党委，2个社区党支部、2个村党支部、1个非公联合党支部，党员424名，全年转入党员20名，转出党员7名，发展党员7名，预备党员转正17名，培养入党积极分子3名，补选社区委员7名。开展庆祝中国共产党成立101周年主题活动14场，为7名老党员颁发“光荣在党50年”纪念章，慰问困难党员、老党员30名。全年召开党建专题会议4次，开展村（社区）党建督查2次，中心组学习12次，开展百名骨干党员示范引领大培训1次，培训骨干党员205名，组织辖区19家社会单位、6个村（社区）党组织开展党建联席会2次。制作“身边榜样”微视频、“我们村（社区）的那些事儿”等公益宣传片，并在街道进行展播、评选。开展村（社区）党组织书记“擂台比武”活动，丰盛社区党支部书记在区级决赛中获“二等奖”。打造三河村党建示范点，提炼经验做法和创新举措，《沙坪坝区丰文街道三河村：党建领航振兴路建设诗意新三河》入选“重庆市党建引领乡村振兴创新案例”。深化“红岩党建”，组建红岩志愿服务队7支，设立红岩先锋岗、红岩攻坚组，开展“新时代红岩先锋行动”40余次。开展“学习新思想 展现新作为 喜迎二十大”微宣讲活动17场次，“强国复兴有我”主题活动7场次。组织社区党员群众、非公企业、社会组织开展“喜迎二十大 奋进新征程”“红梅课堂”等党群活动32场次，惠及党员群众2200人次。

【经济建设】 2022年全年经济指标规模以上工业总产值5470万元，增幅0.3%；有资质建筑业总产值747万元，增幅-78.1%；限额以上（法人+个体）批发和零售业商品销售总额5942万元，增幅-6.7%；限额以上（法人+个体）住宿餐饮业营业额7120万元，增幅85.3%；其他服务业劳动工资8074万元，增幅53.9%。辖区限额以上及规模以上企业7家，有资质建筑业1家，限额以上个体6家。

【社区（村）建设】 2022年，加丰文街道三河村便民服务中心正式建成并投入使用；实施农村“饮水”工程升级改造；农村电网升级改造，新增电力2000千伏安、新建2个新能源汽车充电站；完成天然气主管道铺设8.8公里；移动、电信、联通4G网络100%覆盖，建成移动5G基站2个；建成农村旅游公厕3座；安装垃圾箱80个；建成停车场4个、路边停车区域4个，总计停车位500余个；实施2022年农业综合水价改革项目，建成农业灌溉管网3.5公里，建成蓄水池2个。建成污水处理站2座，主管及支管网2.2公里，解决14家产业污水及149户污水处理问题；完成盐堰路10公里沿线及周边植物栽种移栽，土地整治等；完成3个土建标段劳务、渝蓉高速隧道美化、三河村乡村会客厅周边植物种植；植树造林30亩，进一步提升绿化覆盖率；完成7个生态小微湿地打造。打造铭硕·学府悦园金街，100余名居民实现再就业。

【城建城管】 2022年，持续推动街道基层政务服务改革试点工作，各村（社区）“搭把手”政务服务志愿者开展服务2500余人次。全面推广“渝快办”，实现“渝快办”平台查看、互动、办理、便民查询等功能，“渝快办”平台全年已受理4487个事项，办结率100%。全年开展市容秩序集中整治16次；完成区级马路办公交办5件，坚持每周1次“以克论净”自查，累计签订门前三包责任书365份；督促物业集中清理小区脏乱差42次；收缴非法广告1581张；整治游摊占道经营3680余件，规范共享单车3500余辆；开展户外广告和招牌专项整治行动9次，持续开展人行道占道停车专项整治，拖移规范乱停放非机动车259余台，暂扣教育215余台；开展打通“生命通道”集中清障专项行动8次；开展垃圾分类执法专项检查行动6次，检查辖区2个基建工地，路检渣车30余台次。违法建筑整治方面，对国盛园墅、天鹅墅等别墅洋房小区开展巡查280余人次，加强违法建筑整治下发新增责停文书130份，整治拆除新增违建35起，800余平方米，消除存量违建1.1万平方米，限制产权交易308户，收缴罚款42户，611.2万元；全年处理群工投诉案件26件，受理数字城管12319投诉案件2800件，整改2800件，结案率为100%。

【社会保障】 2022年，社保办理方面，全年受理辖区85人申领失业金，采集退休指纹认证2598人，审核退休资格初审118人，养老保险基础账户维护325人，换取社保卡886张，申报办理“4050”灵活就业人员社会保险补贴18人，发放补贴金额10.43万元。就业创业方面，注册企业24个，开展“春风送真情、就业暖民心”、“就业帮扶，真情相助，不让一个困难群众掉队”、“就”在民企，“职”向未来等主题招聘会，发布招聘信息137条，发布招聘岗位796个，介绍116人就业，登记失业并办理就业创业证237人，城镇登记失业率为1.82%，完成新增就业1723人，完成比例为101.35%，完成城镇登记失业人员就业人数133人，完成比例120.91%，对重点人群提供参保等全天化特色服务，帮助城镇登记就业困难人员再就业62人。开展“订单式”新市民培训，4个社区共计开展8期，培训收益1060人。社会救助方面，分别为城市居民、农村居民发放最低生活保障资金47.42万元、3.61万元；特困人员救助供养发放3.75万元；临时救助发放资金8.56万元；老年人社会福利发放资金7550元；儿童社会福利发放资金1.79万元；发放残疾人“两项补贴”共计11.4万元。

【综合治理】 2022年，社会治理方面，继续深化社会治理品牌“心邻居”落地实施，通过

“五心工作法”，在辖区广泛开展相关活动。调动应用玉帛堂人民调解室、祥和斋心理疏导室等功能室，服务居民群众。全年接访群众500余人次，办理网上来访、交办信件96件，登记领导接访85件。联合派出所、社区、物业对辖区100多栋楼开展宣传5次，利用线上线下开展宣传30余次，常态化转发反诈防范知识970余次、案例40余个和预警信息150余次，电诈案实现发案率下降了24.6%，诈骗金额下降14.3%。

【科教文卫】 2022年，科技方面，开展“科普中国”宣传工作，动员并组织科普活动。2022年推广宣传活动5场，“科普中国”App科普员注册643人，年传播量45044次；开展“丰文街道第五届公民科学素质大赛”“全国科普日”等活动2场，积极申报科普志愿服务项目。教育方面，联动推进社区教育工作，与重庆市嘉禾职业培训学校合作共建重庆市“巴渝工匠”乡村驿站；挖掘辖区教育潜力，培育社区教育品牌，完成特色课程、百姓学习之星等项目的申报，开展“拍优解难”摄影课程、“手工旗袍制作课程”等4门特色课程；对辖区教培机构开展“校外培训机构专项整治”行动，完成2所民办幼儿园矛盾纠纷及法人更替协调工作，完成3所托幼机构的申报建设指导；整合资源提升宣传教育覆盖面，利用“小手+大手”“一封信”“小喇叭”等途径，通过校外课堂、非遗进学校等方式向家长、学生普及垃圾分类、安全等知识。通过社区学校、村（社区）教学点的活动推广，引导市民养成终身学习习惯。文化方面，安全有序完成本年度文化活动，在端午节、五一等节假日举办主题活动6场；开展声乐、陶艺制作、科普等适合幼青老多年龄段培训活动35场；完善全民体质监测500余人；加强阵地建设与宣传，街道文服中心、红岩书房及三河村三合美术馆分别参加乡村公共文化空间设计展、长三角最美公共文化空间大赛评比，三合美术馆被授予区文化馆“特色（美术）分馆”称号，完成三河村国家级第四批全国乡村旅游重点村申报并获批；完成2022年体育设施普查任务，适时更新辖区健身设施；加强文

2022年4月20日，丰文街道联合学府悦园一小在图书室开展“书香重庆”全民阅读读书分享会 （李 浩 摄）

化旅游市场管理，重点加强网吧、文旅企业的安全巡查，开展“高风险”旅游项目排查、“私设”景点专项整治自查工作，保障重点时期、重点时段的安全稳定，秩序井然。卫生健康方面，组织疫苗接种、义务献血、爱国卫生运动等活动，落实公共区域、安置小区病媒生物防治工作；利用阵地宣传、主题宣传日活动开展慢性病、预防性疾病、优生优育专项宣传20余场次，开展卫生类、健康类讲座8场、义诊2次，完成孕前优生任务80人，各类药具21881份发放，献血23000CC等任务；按照健康中国重庆行动（健康促进区）各项指标推进，完成1079户健康家庭（5户区级示范）、43人健康之星、28户无烟家庭、5个无烟单位创建，新增9名健康指导员、10名心理服务指导员；落实重精综合管理小组日常工作及全年2次重精筛查（筛查75人）；利用“渝快行”便民平台为群众办理“两证”280个（生育证274个，独子证6个；服务管理农村奖励扶助对象122人、计生特扶人员68人走访、慰问及奖励金发放。

【乡村振兴】 2022年，持续完善乡村振兴示范村“一村一策”方案，开展摸索建设用地手续办理、土地成本核算等相关工作。完成三河村村规调整入库，盘活农民宅基地和房屋37栋，以文创、农旅为主培育产业项目28个。萤火谷二期农业种植基地进入施工；远山有窑二期完成合作模式洽谈；推进三河村美术馆建设前期地勘、地形测绘、风险评估等工作为项目后续实施打下基础；推动渡兰居拓展“垆里捞·笋子鸡”、远山茶社项目；支持楠之林开展垂钓、生态采摘及露营等项目。推动“五治融合”创新开展乡村治理“积分制”，累计开展积分兑换46次。评选出乡村治理示范户、文明星级户、最美庭院、农村学法用法示范户等23户；探索实施“清单制”“院落制”，形成了“干部群众主动干，人人参与都点赞”的生动局面。完成农村三资提级管理，对三河村、人和门村进行三资清查核资，编制三资管理工作手册，组织6名相关工作人员参加农经填报系统培训。推动三河村数商兴农项目、智慧农业项目、缙泉烧柴窑集体经济扶持产业项目、游客休息驿站项目等落地实施。签订入股合作协议2个，增加收入约21.7万元。通过深入推进“三变”改革，2022年全村集体及村民的总收入达到204万元，村集体经营性收入达到64万元，人均分红超过3500元。

（何苏尧）

西永街道

【概况】 西永街道地处沙坪坝区西部，东靠歌乐山街道，南接九龙坡区含谷镇，西连陈家桥街道，北与土主街道接壤，东北与中梁镇相邻。地势东西高、南北低，海拔高度在187—398米之间，为中梁山脉和缙云山脉之间的浅丘平坝地区，梁滩河自南向北流经全境。成渝高速公路、成渝公路和襄渝铁路贯穿全境。西永街道于2011年底撤镇建街，2020年面积29.54平方公里，辖富康新城社区、永兴社区、棕树湾社区、微电园第一社区4个社区居委会和劳动村、香蕉园村、兴隆沟村、童善桥村、中柱村5个行政村，常住人口4.3万人。2019年7月，西永街道被划入重庆高新区直管园范围。2020年1月，重庆高新区管委会正式对西永街道实行经济社会一体化管理。

【经济建设】 2022年，辖区内企业共686家，其中，工业企业91家、服务业企业330家、批发零售企业172家、住宿餐饮企业21家、建筑业企业36家、房地产企业36家。规模以上工业企业37家，工业总产值134.03亿元，同比下降24%；规模以上服务业企业20家，营业收入18.72亿元，同比下降0.76%；限额以上批发和零售法人单位8家，个体2家，商品销售总额11.66亿元，同比下降0.15%；限额以上住宿餐饮业法人单位4家，个体1家，营业额总计8521万元，同比下降2.7%；辖区消费品零售总额2.39亿元，同比增长54.04%；有资质建筑企业5家，总产值2.71亿元，同比下降1.04%；固定资产投资总额22.14亿元，同比增长5.41%。

【社区（村）建设】 辖区4个社区、5个村委会，常住人口4.3万人。2022年深入推广“老杨群工”三级联动体系，实行“一吹号、两报到”制度，深化棕树湾社区党建品牌“六微服务法”，永兴社区“三治融合惠民生”等服务品牌，聚焦物业管理与社区治理融合发展新模式，打造多功能一体化“红色物业”党建阵地。颁发“光荣在党50年”纪念章6枚；慰问党内功勋荣誉表彰的党员、生活困难党员、老党员、老干部84人，共计4.2万元，发放农村老党员生活补贴26人、39680元。

【城建城管】 2022年，投入261.39万元作为垃圾分类服务的外包投入，及26个投放亭、5个投放厢房的建设，并发放62万元作为垃圾分类指导员的补助和考核。全年城乡清扫保洁106万平方米、公路10.4千米，清运市政道路、公共场所、安置房小区、无物业管理居民区和农村片区其他垃圾2893.87吨；新增4个大型企业和3个大型伙食团纳入收运体系，全街道家庭和其他厨余垃圾月平均日收运量10.2吨，完成率120%；责任区域外环境卫生整治出动436人次、347车次、冲水1914吨，收运各类垃圾1293吨；检查化粪池48次，组织疏通清掏382次；巡查考评发现并整改问题379个。全年养护乔木3680株、各类灌木、地被绿化14万平方米；抗旱保苗出动4850人次、960车次、浇水1800吨；补植补栽乔木180株、灌木3100平方米、地被植物2200平方米；除治疫树4332株，除治面积共计0.39万亩，共计清理小班61个；巡查考评发现并整改问题410个。全年修补市政道路和公共场所6135.46平方米；安装隔离网234米、波形护栏102米、隔离墩44米、阻车桩1253根、防撞桶30个；更换各类井盖及水篦子82套，改造污水管网5处；清除、设置标识标线385平方米；新安装路灯2盏、铺设路灯线缆980米、维修路灯114盏次。全年接收智慧城管系统案件6768条，处置6616条，处置率97.8%，结案率99.9%。开展联合执法10次，查处主次干道乱停放车辆580辆，批评教育乱停放车辆行为6808次；取缔流动摊点2550个次，制止占道经营988起，整治乱堆放3729处、乱牵挂60处、乱晾晒817处，清除“牛皮癣”、小广告512处，收缴非法传单3000余张。新建公共停车场3个，新增车位304个；严格践行“721”工作法，人行道违停车辆实施“首违不罚”，抄写违停市政条例157例，查处再次违停车辆17辆。渣车治理方面，检查工地1181个次，检查过往渣车1546辆，查处违规运输车辆13辆。两轮车整治方面，出动2000余人次，检查两轮车2849辆，拆除两轮车雨篷2669个，警告教育2943人次。全年累计严办城市管理、环境保护、违法建设等领域案件161起，共计罚款284.005万元。彻底解决香蕉园村大水沟社征地补差遗留问题，完成滞迁户马建平、滞迁企业重阳上院养老公寓签约搬迁，实现科学公园项目净地交付823亩；完成童善桥“滑坡房”签约176户，2022年新增45户，签约率达77%；

完成董家岩危岩避险搬迁4户，已补偿未拆除建构筑物拆除5处。治理“两违”方面，拆除梁滩河流域6314.06平方米，百分之百拆除“四山”违建42家。耕地补贴方面，全年完成了耕地地力保护补贴农户数759户，核定补贴面积1154.724亩，耕地发放补助金66616.52元；种粮一次性补贴354户，核定补贴面积312.98亩，发放补助金2538.68元。

【社会保障】 2022年，累计开发公益岗位11个，安置高校毕业生5人，推荐就业困难人员就业256人，开展就业创业定制服务20人；开展创业培训5期，技能培训2期，累计培训194人。发布招聘580条，成功推荐就业1309人，实现城镇新增就业5276人。办理42名4050人员灵活就业社保补贴，涉及金额19万元；办理失业保险金申领309人次。新增单位参保45家，单位增减575人次，个人社保业务947件，网办社保业务5628件，医保业务402件。指导23家企业申报政策补贴，帮助25户个体创业者成功申报创业担保贷款705万元。渝快办上累计办理服务事项246件，当天办结率达86%以上；“互联网+督查”办理咨询投诉2057件，群众满意率90%。根治欠薪上，检查各类用人单位35户，纠正违法单位数31家；受理投诉114起，组织线上下线协调130余次，涉及劳动者1800多人，结案率达99%，追回工资3900多万元。

【综合治理】 2022年，共计立案332起，同比下降29.7%，其中刑事案件148起，同比下降33%；治安案件184起，同比下降26.7%，刑事打击处理44人，治安处理49人。有刑满释放人员47人，严重精神障碍患者16人，重点关爱人员4人，社区矫正人员12人。扫黑除恶专项斗争方面，共召开扫黑除恶斗争4次联席会，举办12次宣传活动，开展16次入户宣传，发放宣传单1900余份，向高新区上报扫黑除恶斗争专报12篇。反诈宣传方面，共召开反诈宣传工作会17次，入户率73%，发放资料近5万份，电信反诈立案84起，同比下降23.6%。护路联防方面，修复护网32次，开展3次铁路护路宣传活动，发放宣传单2800份，悬挂横幅24幅；整改3处普铁沿线隐患，累计投入隐患整改资金16.8万元。法治方面，排查化解辖区矛盾纠纷271件，调解金额68万元，成功率达100%；组织法律顾问、法官法治知识专题讲座27场次，开展“民法典”宣传活动46次，悬挂宣传横幅13幅，户外海报42幅，宣传法律宣传3000余份，推送法治宣传信息20次，宣传受众25000余人，上报简报50期。全年应诉民事诉讼8件、行政诉讼112件，经研判委托律师代理55件，街道负责人行政诉讼出庭应诉率98%。执法检查方面，开展工贸企业执法检查50余家次、安全生产执法检查120家次，罚款3.55万元，排查、整改隐患165个，整改率100%。开展实施公路安全生命防护工程，临崖整治3处，千灯万带3处；驻站执法宣传92次，道路巡查142次，发现隐患48处，整改率100%。

【科教文卫】 全年开展高新区“你点我送 科学健身”活动3次；组织流动文化进村社区为居民送去文化大餐8场，放映惠民电影112场次，观看群众8300余人次；持续推进全民艺术普及，开设踢踏舞、民族舞、瑜伽、健身操、朗诵等培训班，共计培训1200余人次；开展八段锦和太极拳课程培训共23次，武术课间操活动46次；多次组织老体协组织钓鱼、乒乓球、象棋、健步行、广场舞等比赛并荣获奖项；24小时智慧书房，共开放1100小时，服务36800余人次；利用书房场地开展了3场阅读活动，参与200余人次，超额完成考核任务；开展文物保护知识宣传20余次，发放防溺水宣传资料9000余份，积极做好扫黄打非、文娱教培场所巡查。全年接待办理生育服务证351人；完成奖特扶、独生子女增发养老金的申报256人，发放扶助金156万余元。

（西永街道 供稿）

虎溪街道

【概况】 地处沙坪坝区西部，是大学城核心区域，属于西部（重庆）科学城产学研的重要基地，东邻陈家桥街道、西永街道，南接曾家镇、香炉山街道，西连璧山区，北接丰文街道。辖区面积25.03平方千米，下辖10个社区、1个村，常住人口30万余人。河流9条，道路43条。建成区面积20余平方公里。辖区有高校7所（重庆大学、重庆师范大学、陆军军医大学、四川美术学院、重庆医科大学、重庆科技学院、重庆城市管理学院），中小学幼儿园27所，在校师生12万余人（不含陆军军医大学）。有市场主体2.1万户，其中高新技术企业7家、科技型企业300余家；有成规模银行网点8处、二甲以上医院2家，有重庆中关村智酷人才与产业创新平台等创新创业基地7个。

【经济建设】 2022年，辖区规模以上服务业收入152390万元，同比增幅9.23%。限额以上餐饮业1—12月营业收入56988万元，同比增幅14%。住宿业1—12月营业收入2024万元，同比降幅5%。批发业1—12月营业收入26656万元，同比降幅12%。零售业1—12月营业收入2062万元，同比降幅6%。培育高新技术企业12家。

【社区（村）建设】 2022年，完成农村入户路建设2.21公里，改扩建森林防火检查站7个，建设林区输水管网2.75公里，新建林区水池1个，修复3个，新建祭拜台1个，改造4个，对2021年度松材线虫病除治工作实施质量全程监管，共派出跟班作业的护林员、村干部131人次，科室人员随机抽查检查40余人次，共计完成除治4673株。组织开展春、秋两季清洁行动，清扫干道及其周边的沟渠2.3公里，清理废弃物8.5吨。

【城建城管】 2022年，持续提升数字城管处置水平，平均每月处置数字城管件约2000件。开展城市管理品质提升“五项”行动，完成3个非机动车临时停车场建设，提供停车位1100个；开展环境卫生大整治，全年清理垃圾、废弃物品等40余吨；优化市容市貌，全年共处置游摊、占道经营2300余处，暂扣物品290余起，清除城市牛皮癣590余处，移栽树木150余棵，补植绿化面积4000余平方米，节约财政资金200余万元；拆除大学城中路高层楼体违规广告招牌39块，拆除面积920.48平方米；优化交通秩序，安装隔离护栏、花箱累计4500米，成立两轮车整治小分队14支，发放宣传资料5000余份，拆除两轮车雨棚8708个，减少共享单车投放1万余台。构建“街道吹哨、部门报到”的新模式，高新区公安分局、高新区城建中心、属地公安、交巡等相关单位积极融入城市环境综合整治行动，构建条块协同、上下联动、共建共享的城市管理新格局。整违方面，在三个无违小区发放责停通知20份，制止违建苗头40余起，督促自行整改三十余户，整改面积超700平方米，停水停电50余户，强拆11户，拆除面积约500平方米，处置各类投诉300余起。持续开展住宅小区违法建筑成片整治，宝嘉花与山完成罚没款收缴49户，罚没款金额243万元。

【社会保障】 2022年，新增城镇就业3512人，开展春风行动、金秋招聘月活动、现场招聘企业100余家，提供工作岗位1000余个，开展技能培训4期。发放失业金400余人，创业贷款210万，灵活就业补贴38人次，指导虎兴社区、大成湖社区成功创建充分就业社区，与重庆红石头创业孵化器有限公司合作，共同创建红石头就业创业孵化服务站。受理协调劳动纠纷700余起，为群众追回工资700万余元。开展社会保险“三进三送”活动，办理城乡居民合作医疗保险2022年参保25166人，职工养老单位新开户101户，单位参保615人次，个人参保575人次。制作人力资源社会保障卡2800张。办理养老金人员指纹采集和认证650人。

【综合治理】 2022年，立案查办食药品安全、特种设备、虚假宣传等16起，处罚金额42.8万余元。推广“重庆阳光餐饮”信息平台，实行远程视频监管，35所学校的68个食堂“明厨亮灶”率100%。年度共计处置各类投诉举报3091起，挽回消费者经济损失11982406.7万余元。

【科教文卫】 2022年，文化服务中心工作实绩突出，宣传文化服务水平明显提升。荣获全国“‘科创逐梦’助力‘双减’科普行动”试点单位；“全国新春网络大联欢”二等奖等老体协奖项13项；荣获重庆市思想文化工作先进集体；全民阅读优秀项目1项、十佳全民阅读“点灯人”1人；在重庆市第二届智力运动会上获得青少年桥牌冠军；重庆市重庆高新区公民科学素养大赛第一名等多项荣誉。完成虎溪心理科学馆建设，联合辖区科普单位开展5场科普活动；承办高新区老年科技大学挂牌仪式。全面开放文化服务中心，开设摄影、声乐、形体等90个班，惠及居民群众上万余人。出版发行《重庆旅游》虎溪专刊；开展“打卡一路书香”“书香虎溪　阅动人生”、线上挑战“云上竞赛”第七届系列全民阅读活动；组织党的二十大精神宣讲20余场。

2022年6月4日，重庆大学艺术学院在龙湖U城B馆开展“盛夏花开”毕业作品展活动　（罗春艳　摄）

【党建工作】　2022年，街道党工委下设直属党组织17个，共有党员985名。发展党员14名，转接党员197名，推荐区党代表4名。开展“两委”换届“回头看”和软弱涣散村党组织整顿评估，打造9个服务群众专项经费项目。指导4个社区党组织升格为党委，摸排非公企业5000余家，新成立非公党支部2个。落实民族宗教工作职责，协调解决少数民族信访纠纷。推动党史学习教育常态化长效化，通过学习强国、主题党日、三会一课、“党课开讲啦”、微宣讲等形式多样的方式，全面深入贯彻落实党的二十大精神，举办社区书记“贯彻二十大、建功新时代”擂台比武。坚持党建带群建、群建促党建，开展“巾帼心向党，建功新时代”系列活动，举办2022年重庆高新区青年人才联谊活动，12对青年男女牵手成功。出台机关党员积分管理制度，每月公布积分，把党员积分作为每月和年度绩效考核的重要指标，激励干部担当作为、创先争优，推进全面从严治党落地落实落细。以党建为统揽，打造“溪畔互助家”基层治理特色品牌，建立工作站、室、点三级联动机制，创建“溪畔八景”，召开两级党建联席会，协调解决群众问题80余个，组织召开物业联席会议20余次，督促指导辖区物业打造“巴渝先锋物业”，激活基层治理的“源头活水”，探索“党建引领+三治融合”基层社会治理新路径。

【安全监管】　2022年，虎溪街道安全生产亡人指标数2人，较去年同期下降100%。启动洪涝灾害、森林火灾，防汛Ⅳ级及以上预警、响应8次，筑牢安全防线。举办燃气安全、高层消防、郑州“7·20”特大暴雨专题培训11次；启动安全志愿服务季，培训安全知识科普志愿者40名，进小区宣讲18次，发放安全生产相关资料10000余份。深化排查整治，拧紧安全阀门。有序推进高层消防安全隐患整治，开展高层建筑消防安全检查，检查物业小区18，发现安全隐患11个，督查整改5个；完成湖岸家园、恒大未来城四街道消防整改验收；开展燃气非居民用户检查300余次，完成538家燃气非居民用户自闭阀安装工作，安装率达到100%；推动居民燃气用户安装燃气自闭阀及报警装置，完成困难居民安装。强化安全执法检查。开展建筑施工、危化品、道路交通等行业安全检查执法80余次，组织专家对辖区建筑施工企业、危化品等进行全覆盖检查，下达整改指令书21份，行政处罚4.3万元。

（苏华川　刘　娜　王　刚　张　鑫　潘晓渝　徐保峰　罗春燕　姚　波　廖　杰　陈　霞）

香炉山街道

【概况】　香炉山街道于2016年11月正式挂牌成立，隶属沙坪坝区，位于高新区直管园范围内，东邻土主镇、西永街道，南接曾家镇、金凤镇，西靠虎溪街道，北连陈家桥街道，面积18.23平方千米，街道办事处驻大学城东路17号附23号。街道办事处辖2个行政村、5个社区。2019年12月24日，重庆市第五届人民代表大会常务委员会第十四次会议通过了关于重庆高新技术产业开发区行政管理事项的决定，香炉山街道正式纳入重庆高新区直管园范围；2020年1月1日起，重庆高新区管委会对直管园实行经济社会一体化管理。

【经济建设】　2022年，街道完成规模以上工业总产值26.678亿元，同比增幅1.7%；完成商品消费总额100571.5万元，同比增幅75.8%；限上住餐营业额2773.4万元，同比增幅11.4%；

规模以上服务业营业收入19943.8万元，同比下降8.95%；完成有资质建筑业产值850万元，同比下降63.3%。目前有高新技术企业6家、科技型企业28家。

【社区（村）建设】 2022年，香炉山街道投入约80万元建成康二社区党群服务中心，投入103万元建成全区唯一AAAAA级“渝馨家园”。投资约600万打造的康居西城社区公共服务共享客厅，已开工建设。完成2022年重庆村镇综合信息数据库的数据录入及更新工作。排查自建房63栋，存在安全隐患19家，完成鉴定7家，完成整治18家。开展农村道路隐患排查，完成3公里陈玉路的路面修复及1公里玉屏老场镇破损路面修复工程，增设道路交通减速带4条，维修和增补道路警示标志及反光镜50余处，先后2次清理道路两边杂草共计7000余米。

【城建城管】 2022年，街道审批临时占道经营56家，审批占道施工6家；劝离游摊散贩8600余次，实施暂扣90余次；审批户外招牌86家，下达《责令（限期）改正行政决定书》27份，拆除违规户外招牌3家，收缴非法小广告1300余份；创建学善路“门前三包”“五长制”示范道路，新创建学善路、思贤路2条扬尘示范道路。实现垃圾分类全覆盖，完成垃圾厢房建设8个，集中收集亭建设29个，楼层撤桶率达到100%。实施“净城”行动，辖区管护道路巡查发现并处理保洁问题2500余处，协调物业单位处理保洁问题400余件。推动两违整治，全年送达《责令停工通知书》42份，拆除或业主自行整改完成16处，处理违建相关投诉30余起，无再次投诉情况；在中渝春华秋实一期开展违建成片整治，排查违建61户，住户自行整改完成1户，对剩余60户进行整治，缴纳罚款52户，罚没面积共计979平方米，罚没金额共计343万元，整治完成率达86%。实施“增色”行动，对北麓国际少年宫、大学城东路与南二路路口、西永饭店、康居西城加油站等多处绿化带进行提升改造，新增草花面积640余平方米，新增树桩月季、红梅、美人梅等400余棵；完成草花更换800余平方米，更换桂花、樱花、红枫等植物600余棵；完成49个配电箱、通信箱等彩绘，提升市容市貌。实施“畅达”行动，安装隔离花箱161套，隔离护栏1000余米；新建停车场3个，新增车位136个；改造盲道80余处，维修人行道1000余平方米；新增安装2处红绿灯；开展两轮车综合整治，累计拖车357辆，出动执法人员1200人次，车辆600车次，拆除雨棚2750个，宣传教育1800余人。落实民生实事，新增2套便民饮水机，新增休闲座椅30套，新增环卫工具房10套。开展马路办公44次，发现问题220个，整改率达100%。

【社会保障】 2022年，街道城镇新增就业登记4100人次，其中灵活就业人员就业登记366人次、失业人员就业登记790次、就业困难人员就业登记260人次；线上发布用工岗位信息494条，成功就业936人；开展免费职业技能培训、网络创业培训等10期，共计培训293人次。申请灵活就业社保补贴6人，申请金额合计49353元；网上申请失业登记审核414人，失业金申领新增审核通过88人，在领人员实现再就业或失业金申领到期维护人员减少名单47人；维护失业金发放待遇664人次。全年开展“春风行动”等招聘会6场，提供岗位900余个，现场与企业达成就业意向312人；推动“香山创谷”创业孵化服务站建设，入孵企业10家，带动就业80人；康一社区成功创建充分就业社区。全年共受理欠薪事件63起，涉及工人约

900人，涉及金额约1460万元。实现社会保险120余项、医疗保险55项、就失业保险9项等业务的一窗综办，全年受办理社保业务5000余件，居民医保集中参保1.45万余人，参保率超95%；现场社保卡新办卡、补办卡、到期换卡2120张；网上申报审批城镇职工养老5500余人次；退休人员养老认证810余人，协助出行不便老人及异地居住退休人员养老认证183人次；交通敬老卡年检充次800余人；享受医疗救助待遇人员64人。2022年“智慧人社”新系统上线，实现“智慧人社”和“流程再造”双系统并行。制定“15+5”人社便民服务圈建设实施方案，打造城区步行15分钟、乡村辐射5公里的人社便民服务圈。

【综合治理】 2022年，组建平安巡防队伍3支，开展平安巡逻3100余次，协助公安机关破获盗窃案12次，处理突发事件98次。建立联合服务管理小组，做好13名重度精神病患者管理，并向2名重度精神病监护人发放“以奖代补”补贴。成立社会治安重点排查整治工作领导小组，开展社会治安、反诈、禁毒等主题宣传活动100余场，悬挂宣传横幅250余幅，张贴海报1600余张，滚动播放音视频7000余次，发放宣传资料10万余份。全年接待来信来访群众82起560余人次，领导干部公开接访群众125次，走访群众240余人次。规范办理社区村代理件86件，领导留言板8条，信访调度指令48条。信访系统接收办理上级转办信访件65件，已全部化解，办结率100%。群工系统接收居民投诉2283件，办结2283件，办结率100%，综合满意率90.3%。组织辖区社区村、物业单位和企业开展应急演练58次，安全教育培训2次。开展企业安全生产检查42家次，发现安全隐患203个，下达整改指令42份，行政处罚企业20家，一般隐患整改率达100%。

【科教文卫】 2022年，开展校园食品安全、场地设施安全等检查15次，持续发挥护校联盟队伍作用，确保校园安全；组织开展“9·10”教师节活动表彰90名优秀教师；排查59家培训机构，落地落实双减政策。完成科普长廊建设，科普馆搬迁工程已进入施工阶段。开展送演出进基层、全民阅读、免费观影等活动100余场，惠及群众2万余人次。开办科普大学春季班24节，全民艺术普及课程40节。组织开展“健步行赏花”“打年宵”“八段锦”等体育活动8场，参与居民400余人次。组队参加区级比赛5场次，其中区定向赛获得三等奖，区老体协乒乓球比赛获得优胜奖，区老体协钓鱼比赛获得优胜奖，区老体协象棋比赛获得优秀奖，区公民科学素质大赛获得三等奖。开展扫黄打非、涉未成年人有害出版物等专项整治行动4次。签订2022年文物责任书，组织开展文物保护及周边环境清理。累计为群众办理生育服务证登记158人，独生子女父母光荣证9人；发放奖扶、特扶对象扶助金15万余元；全力做好0～3岁儿童及育龄妇女的管理与服务，定期对新婚、哺乳期、孕产期妇女进行随访；做好计生药具申报工作，规范药具发放管理。开展第34个爱国卫生月宣传活动，围绕“文明健康绿色环保”主题开展线下宣传活动6次，发放宣传手册1000份。做好病媒生物防治工作，整治孳生场所，投放灭鼠毒饵和喷洒杀虫剂。开展第35个世界无烟日宣传活动，开展线下宣传5次，受众千余人。组织开展无偿献血公益活动2次，居民群众积极参与。开展第20个职业病防治法宣传，累计开展宣讲、咨询等线下活动9次，进企业宣传1次，受众约3000人。开展市级“健康企业”创建工作，华润微电子已成功通过区级评审。

【社会治理】 2022年，投入资金45万元打造专业社工服务项目，新开“爱的支点”“香润康居”2个项目，升级“成长的天空”和“心灵港湾”2个项目。组织召开2022年度康居党建联席会，落实车辆乱停乱放等13件民生实事。组织开展第十届康居西城“爱在公租房”社区邻里节活动主题活动7场，参与居民约2000人次，推选“最美公租房家庭”3户。全年发放特困、低保等民政资金76万余元；全年开展4轮慰问，发放慰问金7.2万元，全年开展广场宣传活动5场次，悬挂横幅10条，张贴海报300余张，植入LED标语50余条。新增低保和特困人员各1名，清退特困人员和边缘户各1名。做好敬老院管理，聘请1家消防公司常态开展安全检查，组织消防演练6场。全年发放残疾人补贴及慰问金3.51万元，开展“助残日”等残疾人专题活动3场。依托“渝馨家园”残疾人服务平台，全年开展文体、手工、就创培训活动30余场次，受益残疾人800余人次。

（王志远　周　青　翁巨伟　田　衡　伍丹旗　张　旭　刘国权　郑会琴　程　翔）

人物　光荣榜

人物简介

陈　征　男，1973年11月生，重庆市沙坪坝区人民医院皮肤科主任，重庆市区域医学头雁人才、重庆市五一劳动奖章获得者。2022年被中华全国总工会授予“全国五一劳动奖章”。

（区卫生健康委　供稿）

杨云飞　男，1979年5月生，国网重庆市区供电公司渝中配电技术管理专责。2021年获“重庆五一劳动奖章”，2022年被中华全国总工会授予“全国五一劳动奖章”。

（区总工会　供稿）

庄仕军　男，1983年7月生，重庆市第一中学校副校长。中小学高级教师，重庆市名师。2022年，被中华全国总工会授予“全国五一劳动奖章”。

（区教委　供稿）

杨　怡　女，1972年生，重庆畅颖汽车经济有限公司行政经理。2022年被重庆市总工会授予“重庆五一劳动奖章”。

李　华　女，1974年9月生，重庆市沙坪坝区树人景瑞小学校书记、校长。2022年被重庆市总工会授予“重庆五一劳动奖章”。

王永昌　男，1982年5月生，重庆市公安局沙坪坝区分局刑侦支队民警，2022年被重庆市总工会授予“重庆五一劳动奖章”。

杨沄川　男，1999年4月生，重庆融创嘉晟文化旅游发展有限公司水世界经营部员工，管家领班。2022年被重庆市总工会授予“重庆五一劳动奖章”。

（区总工会　供稿）

何　巧　女，1984年11月生，重庆市公安局沙坪坝区分局磁器口派出所民警。2022年获评2021年度“全国三八红旗手”。

朱　恂　女，1968年11月生，重庆大学教授，国家“万人计划”科技创新领军人才、国家杰出青年科学基金项目获得者。2022年获评2021年度“重庆市三八红旗手”。

陶　慧　女，1970年12月生，沙坪坝区妇联党组书记、主席。2022年获评2021年度“重庆市三八红旗手”。

（区妇联　供稿）

肖　力　男，1972年7月生，重庆市南开中学校副校长，正高级教师，特级教师，2016年享受国务院政府特殊津贴。2022年被授予国家特支计划教学名师称号。

曾　莉　女，1976年9月生，重庆市沙坪坝区新丝路幼儿园和新丝路星竹幼儿园园长，正高级教师，特级教师，重庆市教学名师，教育部专家资源库专家。2022年，被评为重庆市第五批“名师工作室”主持人。

何　琛　女，1976年12月生，重庆市南开中学校语文教师，高级教师。2022年，被评为重庆市第二批“特级教师工作室”主持人。

杨　清　1965年2月生，重庆市南开中学校地理教研组长，重庆市级地理骨干教师，西南大学特聘校外地理教师。2022年，被评为重庆市中小学正高级教师。

包　耘　男，1965年11月生，重庆市沙坪坝区滨江小学校长。2022年，被评为重庆市中小学正高级教师。

肖焱连　男，1967年10月生，重庆市青木关中学英语教研组组长。2022年，被评为重庆市中小学正高级教师。

石　飞　1968年4月生，重庆市凤鸣山中学体育教师、田径队教练。2022年，被评为重庆市中小学正高级教师。

何中良　1968年11月生，重庆一中政治教师。2022年，被评为重庆市中小学正高级教师。

吴燕春　1978年2月生，重庆市南开中学校未来课程中心主任。2022年，被评为重庆市中小学正高级教师。

周鹊虹　1979年7月生，重庆市第一中学校党委委员、副校长。2022年，被评为重庆市中小学正高级教师。

（区教委　供稿）

黄奕玮　女，1987年3月生，原重庆市沙坪坝区人民检察院检察二部副主任。2022年被共青团重庆市委授予重庆市“五四青年奖章”。

（团区委　供稿）

余　进　女，1971年2月生，重庆市沙坪坝区陈家桥社区卫生服务中心党支部书记、主任。获评2022年第二季度“重庆好医生、好护士”。

马　健　1971年4月生，沙坪坝区丰文社区卫生服务中心党支部书记、主任。获评2022年度重庆市优秀基层卫生专业技术人才。

叶景旺　1977年5月生，重庆市沙坪坝区人民医院胃肠外科主任，获评重庆市区县医学头雁人才。

黄　敏　女，1979年2月生，现任重庆市沙坪坝区歌乐山社区卫生服务中心副主任，获评2022年度重庆市优秀基层卫生专业技术人才。

马　雷　1980年10月生，重庆市沙坪坝区陈家桥医院检验科主任，获评重庆市区县医学头雁人才。

罗兴能　1981年4月生，沙坪坝区中梁镇卫生院党支部书记、院长。获评2022年度重庆市优秀基层卫生专业技术人才。

傅丽君　女，1983年6月生，重庆市沙坪坝区双碑社区卫生服务中心内科副主任。获评2022年度重庆市优秀基层卫生专业技术人才。

杨　丽　女，1983年10月生，重庆市沙坪坝区人民医院消化内科副主任（主持工作）。获评重庆市区县医学头雁人才。

熊　华　1983年11月生，重庆市沙坪坝区人民医院放射诊断科副主任，获评重庆市中青年医学高端人才。

董兴有　1983年12月生，重庆市沙坪坝区人民医院泌尿外科主任，重庆市区县医学头雁人才，重庆市中青年医学高端人才，获评2022年第一季度“重庆好医生”。

（区卫健委　供稿）

陈光芬　女，1967年4月生，重庆汇盛园林景观设计工程有限公司环卫工人。诚实守信做善举，拾金不昧守本心。2022年被重庆市文明办评为“重庆好人”。

（区城市管理局　供稿）

卢　旭　1982年10月生，民革党员。重庆大学物理学院教授、重庆大学弘深优秀学者。2022年获重庆英才—青年拔尖人才和国家“万人计划”青年拔尖人才称号。

（民革区委会　供稿）

张海洋　男，1985年9月生，现任沙坪坝区磁器口消防救援站站长。曾获全国应急管理系统先进工作者、公安部消防局“抗震救灾先进个人”。2022年被重庆市文明办评为“重庆好人”，被中宣部命名为“第七批全国岗位学雷锋标兵”。

（区消防救援支队　供稿）

陈　鹰　女，1965年3月生，沙坪坝区发展改革委副主任，2022年获评2021年度“重庆市担当作为好干部”。

（区发展改革委　供稿）

蒋兴良　男，1961年6月生，汉族，中共党员，博士研究生，重庆大学二级教授，享受国务院政府特殊津贴专家。2022年被市委宣传部评为重庆市第七批岗位学雷锋标兵。

（区委宣传部　供稿）

光荣榜

表31　　2022年沙坪坝区获市级（含）以上表彰先进集体一览表

填报单位	获奖单位	获奖时间	荣誉称号	颁奖单位
全国性奖项				
区创卫办	沙坪坝区	1月	国家卫生区	全国爱卫会
区健康办	沙坪坝区	9月	重庆市健康城市建设样板市	全国爱卫办
区科协	沙坪坝区	2022年	2021—2025年度全国科普示范区	中国科协
磁器口古镇管理委员会	磁器口古镇	1月	首批国家级旅游休闲街区	文化和旅游部、国家发展改革委
童家桥街道	壮志路社区	1月	全国第五批国家级充分就业社区	人力资源和社会保障部
石井坡街道	石井坡街道团结坝社区	1月	国家级充分就业社区	人力资源和社会保障部
石井坡街道	石井坡街道办事处	10月	节约型机关	国家机关事务管理局、中共中央直属机关事务管理局、中华人民共和国国家发展和改革委员会、中华人民共和国财政部
渝碚路街道	渝碚路街道杨公桥社区	3月	最美志愿服务社区	中央宣传部、中央文明办、全国学雷锋志愿服务“四个100”现金典型宣传推选活动组委会
共青团沙坪坝区委员会	共青团沙坪坝区委员会	4月	2022年全国五四红旗团委	共青团中央
区民政局	井口街道美丽阳光家园	9月	全国示范性老年友好型社区	国家卫健委、全国老龄办
区民政局	渝碚路街道沙南街社区	9月	全国示范性老年友好型社区	国家卫健委、全国老龄办
区民政局	童家桥街道阳光社区	9月	全国示范性老年友好型社区	国家卫健委、全国老龄办
区民政局	石井坡街道中心湾社区居民委员会	10月	全国先进基层群众性自治组织	民政部
渝碚路街道	沙坪坝区渝碚路街道沙南街社区	10月	全国示范性老年友好型社区	国家卫生健康委、全国老龄办
香炉山街道	香炉山街道康居西城第一社区	10月	全国示范性老年友好型社区	国家卫生健康委、全国老龄办
区民政局	回龙坝镇聚龙城社区	12月	全国民主法治示范村（社区）	司法部、民政部
丰文街道办事处	丰文街道三河村	12月	第四批全国乡村旅游重点村	文化和旅游部、国家发展改革委
回龙坝镇	回龙坝镇聚龙城社区	12月	全国民主法治示范社区	司法部　民政部
市级奖项				
中梁镇	中梁镇	1月	重庆市文明村镇	中共重庆市委、重庆市人民政府

续表31

填报单位	获奖单位	获奖时间	荣誉称号	颁奖单位
凤凰镇	凤凰镇八字桥村村委会	1月	重庆市文明村镇	中共重庆市委、重庆市人民政府
回龙坝镇	回龙坝镇回龙坝村	1月	重庆市文明村镇	中共重庆市委、重庆市人民政府
青木关镇	青木关镇	1月	重庆市文明村镇	中共重庆市委、重庆市人民政府
区委宣传部	共青团沙坪坝区委员会	1月	重庆市文明单位	中共重庆市委、重庆市人民政府
区委宣传部	沙坪坝区机关事务管理局	1月	重庆市文明单位	中共重庆市委、重庆市人民政府
区委宣传部	筑智建科技（重庆）有限公司	1月	重庆市文明单位	中共重庆市委、重庆市人民政府
区委宣传部	重庆沙坪坝区陈家桥街道桥北社区	1月	重庆市文明单位	中共重庆市委、重庆市人民政府
区委宣传部	天星桥街道泉景社区	1月	重庆市文明单位	中共重庆市委、重庆市人民政府
区委宣传部	重庆东华医院	1月	重庆市文明单位	中共重庆市委、重庆市人民政府
区委宣传部	歌乐山国家森林公园	1月	重庆市文明单位	中共重庆市委、重庆市人民政府
山洞街道	山洞街道办事处	1月	2020—2021年度重庆市优秀青年文明号	共青团重庆市委(重庆市创建“青年文明号”活动组织委员会)
区税务局	国家税务总局重庆市沙坪坝区税务局第一税务所	1月	2020—2021年度重庆市优秀青年文明号	共青团重庆市委(重庆市创建“青年文明号”活动组织委员会)
共青团沙坪坝区委员会	重庆银行股份有限公司沙坪坝支行	1月	2020—2021年度重庆市优秀青年文明号	共青团重庆市委(重庆市创建“青年文明号”活动组织委员会)
井口街道	井口街道松堡社区便民服务中心	1月	2020—2021年度重庆市青年文明号	共青团重庆市委(重庆市创建“青年文明号”活动组织委员会)
回龙坝镇	重庆市沙坪坝区回龙坝镇党政办公室	1月	2020—2021年度重庆市青年文明号	共青团重庆市委(重庆市创建“青年文明号”活动组织委员会)
覃家岗街道	重庆市沙坪坝区覃家岗街道新鸣社区便民服务中心	1月	2020—2021年度重庆市青年文明号	共青团重庆市委(重庆市创建“青年文明号”活动组织委员会)
联芳街道	重庆市沙坪坝区联芳街道双朝门社区便民服务中心	1月	2020—2021年度重庆市青年文明号	共青团重庆市委(重庆市创建“青年文明号”活动组织委员会)
磁器口古镇管委会	磁器口古镇游客中心	1月	2020—2021年度重庆市青年文明号	共青团重庆市委(重庆市创建“青年文明号”活动组织委员会)
区妇联	土湾街道金沙社区居民委员会	3月	重庆市三八红旗集体	重庆市妇女联合会
区妇联	重庆大学附属肿瘤医院妇科肿瘤中心	3月	重庆市三八红旗集体	重庆市妇女联合会
区总工会	重庆市沙坪坝区总工会	4月	重庆五一劳动奖状	重庆市总工会
区总工会	重庆市沙坪坝区审计局投资审计科	4月	重庆市工人先锋号	重庆市总工会

续表31

填报单位	获奖单位	获奖时间	荣誉称号	颁奖单位
区总工会	重庆中升雷克萨斯汽车销售服务有限公司售后服务部	4月	重庆市工人先锋号	重庆市总工会
区总工会	重庆融汇物业管理有限公司沙坪坝区分公司	4月	重庆市工人先锋号	重庆市总工会
共青团沙坪坝区委员会	区住房保障中心团支部	4月	重庆市五四红旗团支部	共青团重庆市委员会
共青团沙坪坝区委员会	中国舞蹈家协会街舞委员会重庆联盟团委	5月	两新领域五四红旗团委	共青团重庆市非公经济和社会组织工作委员会
共青团沙坪坝区委员会	重庆市沙坪坝区磁器口食品有限公司团支部	5月	两新领域五四红旗团支部	共青团重庆市非公经济和社会组织工作委员会
香炉山街道	共青团重庆高新区香炉山街道好德医院支部委员会	5月	两新领域五四红旗团支部	共青团重庆市非公经济和社会组织工作委员会
回龙坝镇	回龙坝镇	7月	“四好农村公路”市级示范乡镇	重庆市交通局、重庆市财政局、重庆市农业农村委、重庆市乡村振兴局
回龙坝镇	回龙坝村	7月	重庆市第三批乡村旅游重点村	重庆市文化和旅游发展委员会、重庆市发展和改革委员会、重庆市农业农村委员会、重庆市乡村振兴局
渝碚路街道	渝碚路街道双巷子社区	7月	重庆民主法治示范村（社区）	重庆市司法局、重庆市民政局、重庆市普法工作办公室
石井坡街道	石井坡街道石滨路社区	7月	重庆民主法治示范社区	重庆市司法局、重庆市民政局、重庆市普法工作办公室
区妇联	沙坪坝区妇幼保健院儿科	10月	重庆市巾帼文明岗	重庆市妇女联合会
区妇联	沙坪坝区委办公室会联科	10月	重庆市巾帼文明岗	重庆市妇女联合会
区妇联	沙坪坝区人民检察院政治部	10月	重庆市巾帼文明岗	重庆市妇女联合会
区妇联	联芳街道圣泉社区居委会	10月	重庆市巾帼文明岗	重庆市妇女联合会
区总工会	陈家桥街道机关工会	12月	重庆市模范职工之家	重庆市总工会
区总工会	区公安分局工会	12月	重庆市模范职工之家	重庆市总工会
区总工会	重庆市沙坪坝区小龙坎街道嘉新社区联合工会	12月	重庆市模范职工之家	重庆市总工会
回龙坝镇	梁滩桥村	12月	重庆市第四批美丽宜居乡村	重庆市农业农村委
回龙坝镇	五云山村	12月	重庆市第四批美丽宜居乡村	重庆市农业农村委
凤凰镇	凤凰镇皂桷树村	12月	重庆市第四批美丽宜居乡村	重庆市农业农村委

附　录

重庆市沙坪坝区人民政府工作报告

——2023年2月8日在重庆市沙坪坝区第十九届人民代表大会第三次会议上

重庆市沙坪坝区人民政府区长　肖庆华

各位代表：

我代表重庆市沙坪坝区人民政府向大会报告工作，请予审议，并请各位政协委员提出意见。

2022年工作回顾

2022年党的二十大胜利召开，吹响了全面建设社会主义现代化国家、全面推进中华民族伟大复兴的奋进号角。一年来，我们经历了宏观经济下行、多轮突发性规模疫情、持续极端高温天气、财税收支紧平衡等多重考验，在区委的坚强领导下，在区人大、区政协的监督支持下，区政府坚持以习近平新时代中国特色社会主义思想为指导，全面贯彻党的二十大精神，深刻领悟“两个确立”的决定性意义，增强“四个意识”、坚定“四个自信”、做到“两个维护”，认真落实市第六次党代会、区第十三次党代会精神，全面融入成渝地区双城经济圈、西部（重庆）科学城建设，立足“守底线、有变化”，高效统筹疫情防控和经济社会发展，统筹发展与安全，有效应对超预期因素冲击，稳住经济大盘、稳定社会大局取得积极成效。全区地区生产总值1106.7亿元、增长1.9%，在中心城区实现进位。规上工业总产值2574亿元、下降4.2%。固定资产投资增长1.2%。一般公共预算收入40.3亿元，实现正增长。全体居民人均可支配收入4.9万元、增长4.1%。经济实现了量的合理增长和质的有效提升，呈现出“潮涌嘉陵、风动歌乐”的良好发展态势。

（一）全力稳住经济大盘，发展韧性持续增强。坚持稳中求进、难中求成，打好稳增长、增预期、促改革“组合拳”，经济总体稳定向好。内需潜力充分释放。全面落实稳经济一揽子政策和接续措施，全力扩投资、促消费，推动经济稳定恢复。科学城隧道等142个市区重点项目顺利推进，25件市区民生实事全面完成。争取上级转移支付、地方政府债券、政策性开发性金融工具等资金支持52.5亿元。持续开展房交会、大宗商品促销活动，拉动消费180亿元。签约招商项目203个、金额1002亿元。助企纾困有力有效。出台稳企政策15项，留抵退税11.3亿元，减免国资租金8000万元。建立产业链供需对接、用工“蓄水池”等机制，设立民营小微企业和个体工商户首贷续贷中心，建成金融港湾36个，帮助企业融资100亿元、新增订单42.3亿元。新增市场主体3.1万户。国资国企盘活增效。深入推进“十项全面清理”，提升资产价值94.1亿元。国企改革三年行动任务全面完成。组建沙兴集团公司、沙磁文旅公司，国有企业分业发展、市场化转型加速推进。

（二）大力推进创新驱动示范区建设，现代产业体系加快构建。围绕产业链部署创新链、围绕创新链布局产业链，务实建好环大学创新生态圈。创新资源加快集聚。赛力斯全球研发总部建成投用，重庆大学智慧创新产业园投运。青凤高科创新孵化中心、中电光谷·西部科技城、联东国际企业港建成，新增创新空间31万平方米。引进先进轻金属研究院等研发机构5家，新增国家级“专精特新”企业3家、高新技术企业55家、科技型企业230家，研发投入强度达4.4%。获重庆市各类科学技术奖项73项，占全市的46.8%，万人发明专利拥有量保持全市第一，成功创建全国科普示范区。制造业加快转型升级。工业投资增长26.1%，居中心城区第一。赛力斯问界M7智能新能源汽车投产上市，新增产值54亿元。浙江拓普、广东文灿配套项目拿地开工，汽车产业增加值增长100%。与阿斯利康、罗氏诊断两家世界500强生物医药企业达成合作协议。中电科·吉芯科技研发生产基地、博张机电智能装备项目落地，奥普提研发制造基地加快建设，博宇机器人、普门科技等15个项目建成投产。实施智能化改造项目13个、新建数字化车间4个，制造业加快向高端化、智能化转型。现代服务业加快发展。深入实施软件产业“满天星”行动计划，汽车软件产业园、信创软件适配中心加快建设，引进麒麟科技、金山软件等项目27个，软件信息服务业增加值增长29.3%。打造中国西部未来设计之都，引进林同棪设计集团、北京建筑设计研究院等企业10家，设计产业产值达50亿元。金融业增加值增长2.5%，人民币存贷款余额增长13%、居中心城区第一。

（三）大力推进开放引领示范区建设，发展活力持续释放。加快打造国际物流城升级版，重塑开放新优势，内陆开放高地重要门户作用持续彰显。通道基础不断夯实。积极拓展“4+N”通道功能，西部陆海新通道开通中缅印国际班列，新增国际班列线路15条、海外分拨中心4个，国际班列开行6048列、增长32%。枢纽功能不断完善。陆海新通道重庆无水港主体完工。获批国际铁路邮件进口第一口岸、国家骨干冷链物流基地，内陆首个智慧铁路口岸投运，国际物流枢纽展示中心、自贸区企业创新服务中心投用。集装箱吞吐量达70万标箱，货值1070亿元。产业能级不断提升。德国大众西南首个汽车平行进口项目落地。引进浙江中拓、厦门国贸等现代物流项目10个，新增供应链金融等各类企业630家。进出口贸易额达3488亿元，实际使用外资2.63亿美元，开放型经济不断壮大。

（四）大力推进文化传承示范区建设，文化影响力不断增强。坚持以文塑旅、以旅彰文，延续历史文脉、保存城市记忆、传承红岩精神，城市美誉度进一步提升。文化旅游深度融合。联动创建歌乐山·磁器口国家5A级景区，挖掘“五新”、统筹“四态”，江山公园、两溪花谷建成，磁器口后街二期开业，嘉滨巷、柳湾等景点全新亮相，磁器长歌沉浸式体验馆开馆，成功创建国家夜间文化旅游消费集聚区、旅游休闲街区。引进首店品牌7个、高端品牌4个，新建精品民宿5家。文创产业加快发展。与重庆大学、四川美术学院签订战略合作协议，开启合作升级版。高标准设计1491未来设计创意中心。7101艺术IP创意基地、三合美术馆、洞舰1号文创园建成投用。引进北京水晶石等文创企业5家，文化产业增加值增长3.8%。红岩精神赓续传承。深入开展“冠红岩之名、铸红岩之魂”实践活动，《重庆·1949》《红岩红》全新升级，川剧《江姐》荣获国家文华奖，红岩精神成为城市精神的重要内核。

（五）大力推进人民城市示范区建设，城乡环境更加宜居。坚持功能优先、内外兼修，下足绣花功夫，城乡融合发展深入推进。城市品质持续提升。新增17平方公里城市建设用地，完成西部新城、嘉陵湾区城市设计。重庆西站枢纽二期投用。轨道15号线、27号线开工建设，9号线开通运营，沙坪坝站实现“三线”站内换乘。建成市政道路20公里，科学大道沙坪坝段、新凤中路全线贯通，内环拓宽工程主体完工。梁滩河百里生态画廊首开区启动建设，新增城市绿地110万平方米、公共停车位5000个。深化“四周四沿”整治，提升重庆大学、新桥医院等周边绿化4万平方米，整治违法建筑195万平方米。推动城市微更新、微改造，新建一批“五小”设施，半山崖线步道建成投用，美化主次干道箱体1800余处，新增重点路段花箱3公里，群众家门口的风景可望可及。诗意田园加快打造。完成8个村规划编制。深入开展“一化两改三不见”和“五园共治”行动，全面推广积分制，栽种花果苗木31万平方米，提升农房风貌1225栋、改厕1400户，三河村获评全国乡村旅游重点村，创建市级美丽宜居乡村3个，人居环境不断美化。高标准打造缙云山麓、歌乐—中梁乡村振兴示范片，提档升级农文旅项目16个，灿若湖耕读研学基地、兰溪乡畔等13个农旅项目开工。建成“四好”农村公路40公里，新增高标准农田3000亩，复垦撂荒地4000亩，新建粮油蔬菜基地8个，奏响新时代山乡巨变。生态环境不断改善。认真落实“河长制”“林长制”，新改建排水管网40公里，沙田污水处理厂主体完工，“清水绿岸”治理提升工程加快推进，梁滩河、清水溪水质稳定达标。修复矿山1000亩，治理地质灾害点12处，完成国土绿化1.6万亩，空气质量优良天数303天，区域环境质量持续提升。

（六）全力稳住社会大局，发展底线牢牢守住。着力惠民生、兜底线、防风险，人民群众获得感幸福感安全感认同感不断增强。民生福祉更有质感。民生支出占一般公共预算支出的77%。新增公办幼儿园5所，图新小学等4所小学建成投用，成功创建全国义务教育优质均衡先行区。区人民医院新院区正式投用，区妇幼保健院、区疾控中心迁建工程加快建设，医疗救治能力明显提升，成功入选全国健康城市建设样板市。改造提升CD级危房、老旧小区102万平方米。新建社区体育公园4个。完成609户家庭适老化改造，新增婴幼儿托位655个，救助困难群众7000余人。新增就业3.6万人，城乡居民参保率均达95%。社会风险有效管控。严格落实安全生产“十五条硬措施”，开展燃气、危化品、自建房、高层建筑消防等专项整治，生产安全事故起数、死亡人数“双下降”。扎实推进基层社会治理创新，建立红岩市民综合调解机制，妥善化解房地产领域风险。圆满完成党的二十大、“双奥”等重大安保维稳任务，刑事治安警情数大幅下降，平安稳定形势持续向好。

过去一年，我们扎实推进政府自身建设，

铸牢对党绝对忠诚的政治品格，全面彻底干净肃清孙政才恶劣影响和薄熙来、王立军流毒，坚决肃清邓恢林流毒影响。认真落实意识形态工作责任制。严格落实请示报告制度，主动接受人大法律监督、政协民主监督、社会监督和审计监督，办理人大代表建议333件、政协提案189件，满意率（基本满意率）达100%。“放管服”改革持续推进，行政审批全程网办率达88%，服务效能进一步提升。深化行政复议体制改革，依法开展政务公开，成功创建全国法治政府建设示范区。严格落实过“紧日子”要求，持续压减“三公”经费支出。坚持以严的基调正风肃纪反腐，锲而不舍落实中央八项规定及其实施细则精神，持之以恒纠治“四风”突出问题，全面提高研究力、执行力，风清气正的政治生态持续巩固。

此外，国防动员、双拥共建、退役军人事务工作迈出新步伐，工会、青年、妇女儿童、民族宗教、保密、台侨、外事、档案、供销、气象、残疾人、地方志、红十字、工商联、对口协同等工作取得新成绩。

各位代表！惟其艰难、方显勇毅，惟其磨砺、始得玉成。面对疫情大考，我们坚持人民至上、生命至上，以战时机制高效运转、以战时标准严格管控、以战时纪律贯彻执行，迅速管住风险源、精准阻断传播链、统筹抓好社会面，万名医护人员白衣为甲、坚毅逆行，十万党员干部不畏艰险、冲锋在前，百万群众守望相助、同心抗疫，同时间赛跑、与病毒较量，用行动体现抗疫速度、用服务彰显城市温度、用果敢书写责任担当，打赢了疫情防控遭遇战、歼灭战，凝聚起全区上下攥指成拳、众志成城的强大合力，交出了无愧于时代、无愧于人民的合格答卷！

以上成绩的取得，是区委坚强领导的结果，是区人大有力监督、区政协鼎力支持的结果，是全区人民奋力拼搏的结果。在此，我代表区政府，向全体人大代表、政协委员，向各民主党派、工商联和无党派人士，向驻区部队、武警官兵和公安干警，向离退休老同志，向关心支持沙坪坝发展建设的各界人士，向在各个岗位辛勤工作的全区人民，表示衷心的感谢并致以崇高的敬意！

我们也清醒地认识到，我区发展还面临一些突出问题：疫情影响仍在持续，社会消费信心不足，市场主体生产经营面临不少困难，部分经济指标不及预期；创新、开放、教育、文化等优势资源转化变现还有差距，传统产业转型升级任重道远；财政收支压力较大，政府债务、房地产等领域风险较大；部分干部研究力、执行力有待进一步提升，形式主义、官僚主义不同程度地存在，攻坚突破的意识和能力还需增强。对此，我们一定高度重视，在今后的工作中，认真加以解决。

2023年工作安排

今年是贯彻落实党的二十大精神开局之年，是新时代新征程新沙坪坝建设的起步之年。今年政府工作总体要求是：坚持以习近平新时代中国特色社会主义思想为指导，全面贯彻党的二十大精神和中央、市委、区委经济工作会议精神，认真落实市委六届二次全会和区委十三届二次全会精神，坚持稳中求进工作总基调，完整、准确、全面贯彻新发展理念，积极服务和融入新发展格局，突出稳进增效、除险清患、改革求变、惠民有感的工作导向，更好统筹疫情防控和经济社会发展，统筹全局与一域、当下与长远、发展与安全，立足“守牢底线、有大变化”，加快建设成渝地区双城经济圈主阵地，争当高质量发展、高品质生活、高效能治理示范区，争当创新驱动排头兵、内陆开放领头雁，奋力推动社会主义现代化新沙坪坝开好局、起好步。

全年经济社会发展主要预期目标是：地区生产总值增长6%以上、努力实现更好的结果，规上工业增加值增长8%，固定资产投资增长10%，社会消费品零售总额增长6%，城镇新增就业3万人以上，全体居民人均可支配收入增长快于经济增长，经济运行整体好转，经济活力和质量效益持续提升。

上述预期目标，与全国经济走势和全市经济增长水平相衔接，充分考虑了各种变量，兼顾了需要和可能，有利于释放积极信号、提振市场信心。实现上述目标，必须聚焦新时代新征程新沙坪坝的使命任务，必须坚持系统观念、守正创新，必须坚持“跳一跳”“咬咬牙”，以“四个示范区”建设为抓手，突出重大项目、重大招商、重大改革、重大工作，激励干部敢为、基层敢闯、企业敢干、群众敢首创，努力在提升城市能级中“长架子”、在推动经济发展中“长肌肉”、在完善功能品质中“长模样”，让沙坪坝处处呈现社会主义现代化建设的宏大场景和生动画面。

重点抓好以下九个方面工作：

（一）聚力抓机遇、提能级，全面融入国家重大战略

聚焦重点、聚焦共性、聚焦共赢，抢抓战略发展机遇，打造具有沙坪坝辨识度的有形载体、有效抓手，提升发展能级。

全力推动成渝地区双城经济圈建设。深化与成都相关区县合作，实现优势互补，在合作共赢中加快自身发展。加快推进渝西、渝昆高铁建设，完成成渝中线高铁科学城站征地拆迁，启动站城一体化项目建设。全面融入川渝自贸试验区协同开放示范区建设，协同推进物流定价、招商引资，中欧班列（成渝）开行突破2万班。深入挖掘两地文旅资源，联动建设长江国家文化公园（重庆段），共建巴蜀文化旅游走廊。扎实推进川渝通办，落实“一区两群”对口协同发展机制，深化与奉节县协同发展。

大力推动西部陆海新通道建设。实施西部陆海新通道建设三年行动计划，打造国内大循环、国际国内双循环的重要枢纽。完善通道功能。拓展国际联运班列覆盖范围，推动西部陆海新通道与中欧班列、长江水道融合发展，开通2条中亚、南亚支线班列，布局3个海外分拨仓。优化物流组织。完善“四式联运”集疏运体系，推动渝遂高速—中心站连接道建设，建成重庆无水港。着力降本增效，广泛推行多式联运“一单制”、数字提单、铁路快通机制，压缩通关时间10%。提升通道价值。助推陆海新通道运营公司做大做强，打造跨区域综合运营平台。加强与RCEP成员国家合作，举办东盟产品国际博览会、东盟经贸合作论坛等活动，打造东南亚特色产品集散分拨中心，与东盟国家贸易额增长15%。

联动共建西部（重庆）科学城。推动科学城与大学城融合发展，促进产学研城景一体发展。着力打造高能级创新平台。联合重庆大学、电子科技大学、中电科芯片研究院，组建量子科学研究院，加快建设微纳制造中心、工程检测中心、芯片检测中心，全力打造西部量子科技高地。加快器官智能生物制造工程中心建设，推动赛力斯新能源汽车全球研发中心发展。精心打造梁滩河百里生态画廊。高标准编制首开区设计方案，加快五云湖城市中心开发，开工建设苏家桥河、龙凤河水环境综合治理工程，新增20万平方米绿化，推动环境蝶变升级。加快建设15公里市政道路、10公里沿河步道。积极推动大学城北拓区开发，布局一批重大项目，

促进四川外国语大学新校区落地，努力建好“科学家的家、创业者的城”。

（二）聚力抓投资、促消费，增强经济发展后劲

把恢复和扩大消费摆在优先位置，通过政府投资和政策激励带动全社会投资，激发市场主体活力，提振消费信心。

强力推进重大项目。坚持当下有改变、长远起作用，着力补短板、强功能，积极扩大有效投资。促进投资放量。围绕梁滩河百里生态画廊、井双新城建设两大作业面，实施环大学创新生态圈、青凤科创城、诗意田园等十大重点工程，加快116个重点产业项目、重大基础设施项目、重要民生项目建设，增强发展后劲。强化要素保障。扎实做好项目前期工作，完善项目清单，优化审批服务。完成征地2500亩、征收35万平方米，保障项目用地需求。用好用活政策性开发性金融工具，积极争取上级资金和地方政府债券，把有限的资金用在刀刃上。探索运用PPP、ABO和REITs模式，吸引更多民间资本参与重大项目建设，力争社会投资占比达70%以上。完善工作机制。落实“五个一”重点项目管理机制，坚持“四同步、四到场”，做到目标锁定、时间倒排、节点管控、打表推进，有效保障项目进度和质量。

积极扩大消费需求。坚持多举措激发消费需求，加快促进消费回补。提振商贸消费。全面融入国际消费中心城市建设，促进商旅文体多元业态融合发展。提升三峡广场商圈消费体验感，引导沙磁巷、万达广场业态升级，推动佛罗伦萨小镇二期建设，促进渝乐小镇特色化发展，推动华宇城·金街开街，引进首店品牌5个、高端品牌5个。办好房交会、购物节等促销活动，推动住房、汽车、住餐、健康等大众消费提质。做热文旅消费。全力创建歌乐山·磁器口国家5A级景区。打造《歌乐忠魂》沉浸式实景演艺剧目。坚持市场化方向，精心打造“古镇十二巷”，实现一巷一主题，推动业态与街巷完美融合。加快金碧正街、磁器口外街二期建设，提升磁器口后街招商质效。营造红色游、都市游、乡村游新场景，旅游产业增加值增长8%。

全力抓好重大招商。坚持以我为主、举旗招商、精准招商，强化亩产论英雄，不断提高招商引资含金量，实现签约金额1000亿元以上。聚力招大引强。瞄准“500强”企业、大型央属国企、行业头部企业，积极引进单项冠军、隐形冠军、“链主型”企业、独角兽企业，落地行业领军企业20家以上。积极引入金融服务、中介咨询、法律服务、总部结算型企业，持续涵养税源。优化招商机制。建立“一产业、一方案、一专班”招商工作机制，优化专业招商组设置，构建大招商格局。压实招商责任，实行竞进比拼、月度排名。强化招引落一体化，实现开工率80%以上。

（三）聚力抓创新、聚人才，打造充满活力的创新之城

坚持把创新作为高质量发展的最大变量、最强动能，打好创新赋能产业升级主动仗，在全市创新版图中引领争先。

建好环大学创新生态圈。高位嫁接校政企资源，构建“3+N”创新平台。加快打造创客港·未来科技园。做实重庆大学国家科技园，围绕建筑设计、智能建造等产业，加快发展智慧创新产业园、设计创意产业园，力争年产值突破35亿元。加快打造华宇城·生命科技园。依托陆军军医大学发展生物科技、医疗美容等产业，建成生命科技园展示中心，投运新桥临床医学转化中心，构建生物技术创新生态链。加快打造拾光格·数字软件园。利用重庆师范

大学东部校区楼宇资源，发展数字软件产业，入驻企业100家，园区产值5亿元。统筹推进黄金湾·智谷、青凤高科孵化中心等一批创新平台发展，推动“生态圈”成为高质量发展“动力源”。

培育壮大创新主体。实施创新主体倍增计划。紧盯高校、院所、企业三支力量，大力发展新型研发机构，引进星云精准医学研究院等6个研发机构，加快建设吉芯科技高性能数据转换器研发基地。引育10家“专精特新”小巨人企业、20家高新技术企业、150家科技型企业。强化企业创新主体地位。实施科技型中小企业创新发展行动计划，组建2个创新联合体，培育36个市级企业技术中心，鼓励企业加快前沿技术研发和应用。强化工业互联网运用，建成3个智能工厂、3个数字化车间，增强企业竞争力创新力。

持续增强创新氛围。构建产业创新生态。坚持“养鱼先养水、养花先养土”，构建政府、企业、高校、主体协同创新体系，组建3支创投基金，扩大知识价值信用贷规模，推动“科技—产业—金融”良性循环。面向全球集聚创新人才。深入推进人才强区战略，紧紧围绕高端产业布局，实施“沙磁菁英”计划，打好“院士牌”“校友牌”“工匠牌”，引进10名“高精尖缺”领军人才、100名高层次人才，加快建设全市重要人才中心和创新高地重要承载区。抢抓高校毕业生人才红利。深化全国青年发展型城市建设试点，利用高校聚集优势，紧盯十万毕业生群体，发布创新创业机会清单，推动就地就业创业，打造万千青年向往的“青春之城”。

（四）聚力抓产业、强平台，筑牢实体经济发展根基

大力发展实体经济，持续壮大先进制造业，做优做强枢纽经济，提质发展数字经济，构建特色优势产业体系，推动产业迭代升级。

以青凤科创城为引领打造先进制造业集群。把制造业高质量发展放到更加突出的位置，不断提升主导产业能级。高起点规划、高标准建设青凤科创城，完成1000亩征地拆迁和场地平整，建成5公里配套道路，为工业强区拓展新空间。聚焦智能新能源汽车产业。以赛力斯为龙头，加快问界M7达产放量，推动拓普、文灿等高端配套项目建成投产，积极引进核心零部件项目，形成新能源汽车500亿元产能规模。聚焦生命健康产业。突出体外诊断、医疗器械两大领域，开工建设西南药业迁建扩能项目，加快建设国药·中医药健康生态产业园、罗氏诊断·鼎晶生物创新中心。聚焦高端装备产业。推动水泵厂、博张机电扩能升级，建成奥普提环境设备研发制造中心。深化军民融合。战略性新兴产业、高技术制造业增加值增长15%以上。

以国际物流城为核心打造枢纽经济集群。强化开放引领，着力拓展通道、做强枢纽、聚大产业、提升能级，建设内陆开放高地重要门户。打造战略枢纽。深化国家陆港型物流枢纽建设，加快申建铁路口岸综合保税区。探索陆上贸易规则，开行6000列国际班列，实现货值1500亿元以上。提升园区城市品质，展现“开放之路”国际化形象。引外资促外贸。坚持“请进来”和“走出去”，培育总部贸易、跨境电商等新增长点，推动设立物流交易中心，打造新能源汽车出口贸易平台，进口整车5000辆。开展外资项目招引专项行动，支持企业组团出海抢订单拓市场，进出口贸易额增长3%，实际使用外资2亿美元。做强园区产业。开工建设智慧物流产业园，推动重药进出口药品分拨中心、美宜佳、优合冷链等项目建设，建成

传化西南运营中心、国通冷链物流、三羊马多式联运基地，园区税收增长15%以上，打造口岸经济高地。

以东部产业楼宇为载体打造数字经济集群。大力推进数字产业化和产业数字化，推动数字经济和实体经济深度融合，数字经济增加值增长15%以上。软件产业，围绕汽车软件、信创软件等重点方向，引进佳都科技等项目，做强赛宝信创适配中心，创建3个市级“满天星”示范楼宇，引育500名高端软件人才，加快形成软件产业铺天盖地的发展局面。设计产业，聚焦工业设计、建筑设计、创意设计，积极引进重点设计企业，推动重庆工业设计产业城提档升级，全力打造1491未来设计创意中心，加快特钢厂片区招商落地，启动建设凤凰山创意产业园。数字金融业，打造保理金融服务平台，新建5个金融港湾，拓展数字人民币应用场景，金融业增加值增长5%以上。

（五）聚力抓改革、提效能，激发市场经济活力

坚持把有为政府和有效市场结合起来，以数字化变革引领全面深化改革，不断增添发展动力活力。

推进数字化变革。建设数字政务。深化“云长制改革”，突出数字化引领、撬动、赋能作用，加快“渝快政”推广运用，建好区级政务数据资源共享开放平台，打造城市治理“数据湖”。建立健全数据分类分级保护制度，增强数据安全预警和溯源能力。提高社会智治水平。建立全流程一体化便民服务网络平台，打造一批“智慧+治理中心”精品应用、5G智慧场景，构筑全民共享的数字生活新图景。

深化国企国资改革。推动国企提质增效。巩固国企改革三年行动成果，规范企业法人治理结构，完善现代企业治理体系。推动国企平台财务融资、项目管理、资产运营分业发展，促进国有资本向主业集中、向优势企业集中、向实体经济集中，增强国有企业市场竞争力。深化“十项全面清理”。坚持问题导向、综合施策，巩固清理成果，加快推动办证盘活、更新盘活、赋能盘活，支持国有企业通过进场交易、协议转让、资产置换等方式，提升国有资本运营效益。加强国资监管。用好国资大数据监管平台，加强重点部门、重点岗位、重点环节监督，健全决策程序和风险防控机制，确保国有资产保值增值。

大力发展民营经济。培育壮大民营企业。实施服务民营经济高质量发展行动计划，鼓励民营企业加快数字化发展、绿色化转型，全面提升民营经济竞争力。支持旺成科技、万普隆能源公司上市，新增市场主体2万户，完成升规上限100家，民营经济增加值增长6%左右。构建亲清政商关系。坚持“两个毫不动摇”，依法保护民营企业产权和企业家权益，让企业敢干敢闯敢投，大力弘扬企业家精神，打造一支有梦想有情怀有作为的“红岩沙商”队伍，推进“两个健康”取得积极成效。

打造卓越营商环境。推进营商环境创新试点建设。对标世界银行新一轮营商环境评价体系，梳理解决优化营商环境的难点、堵点、痛点问题，深化“一企一专班”服务，常态化开展政银企对接，全面落实减税降费政策，建立产业链企业对接机制，着力化解企业融资难、降本难、用工难、订单难等问题，持续提升政务、市场、法治、创新、要素保障环境。深化“放管服”改革。坚持把企业满意度作为检验营商环境的重要指标，持续开展“一窗综办”改革，推动“照后减证”和简化审批，实行“四零审批”，全程网办率达90%以上，提振市场主体信心和活力。

（六）聚力抓城市提升、促乡村振兴，绘就城乡共美新画卷

坚持“五个先行”，推动“四个全域”，努力形成功能完善、江山辉映、山水可亲的城市空间格局。

全面提升城区发展能级。坚持规划先行。推动国土空间分区规划落地，编制城市更新专项规划，优化提升城市色彩、建筑形态、立面风貌。探索存量规划指标蓄水调节机制，推动空间资源提质增效。加快井双新城综合开发。统筹推动基础设施建设、公共服务提质，探索政府主导、国企运作、社会资本投入的综合开发模式，加快地质仪器厂、磨床厂片区拆迁，建设夏大湾、挂榜山、重庆气象科技文化公园，快速推进24条次支道路建设，打造嘉陵湾区城市名片。加快完善城市功能。强力推进城市地标性建筑落图落地，以大视野、大格局打造科学城站TOD等标志性、引领性项目。加快轨道7号线、15号线、17号线、27号线建设，完成内环快速路拓宽改造，启动建设西永隧道，加快建设科学城隧道等25公里市政道路，建成重庆西站TOD一期，提速滨江贯通工程。整治3万平方米CD级危房，完成大河沟危房整治项目。改造150万平方米老旧小区，改造更新25部电梯。加强城市微改造。大力治堵、治乱、治危、补短，扎实推进“四周四沿”整治，建设沙磁古道，持续提升城市重要节点周边品质，美化212国道、鼎新大道等沿线环境，整治违法建筑100万平方米，以“绣花”功夫促进城市有机生长。

全面推进乡村振兴。改善农村人居环境。高标准编制村规，建成2个乡村会客厅，新建30公里“四好农村路”，栽种10万平方米花卉果木，建成4500亩高标准农田，盘活3000亩撂荒地。发展乡村特色产业。坚持以研学为统领，精心打造缙云山麓、歌乐—中梁乡村振兴示范片，建成灿若湖耕读研学基地、麦集公社田园综合体，发展高端民宿、休闲垂钓、采摘耕耘等现代都市农业，推动农文旅深度融合。促进乡村善治。实施农村“三变”改革，建实“新型农业经营主体+村集体+农户”利益联结机制，推进宅基地和集体经营性建设用地入市，推动“三社”融合发展，集体经济收入10万元以下村基本消除。用好用活积分制，激发群众参与乡村振兴的内生动力，加快打造现代都市中的“诗意田园”。

（七）聚力防污染、重保护，厚植绿色发展底色

牢固树立和践行绿水青山就是金山银山的理念，大力推进生态保护、绿色发展，加快建设山清水秀美丽之地。

大力实施污染防治攻坚。严格落实“河长制”，完工“清水绿岸”治理提升工程，建成沙田污水处理厂，扩建西永、土主污水处理厂，实施河流湖库水环境综合治理，新改建22公里排污管网，不断提升水环境质量。严控扬尘、臭氧污染，推动区域空气质量持续改善。加强农村面源污染和土壤修复治理。长效推进环保督察反馈问题整改，守牢环境安全底线。

强化生态修复治理。认真落实“林长制”，加快缙云山、中梁山生态系统保护，完成1.5万亩国土绿化，治理5万平方米坡坎崖，不断提高森林和绿地覆盖率。加强地质灾害综合防治，完善生态保护补偿机制。落实长江十年禁渔，严格入江排污许可准入，维护生态系统多样性、稳定性、持续性。

推动绿色低碳发展。稳妥推进碳达峰碳中和，严格落实“两高一低”项目准入要求，统筹做好能耗“双控”和能源保供。持续创建无废城市，加强再生资源循环利用。倡导绿色消

费、绿色出行，加快推动经济社会绿色低碳转型。

（八）聚力惠民生、保稳定，不断提高人民生活品质

始终践行为民宗旨，厚植为民情怀，聚焦民之关切，让群众的获得感可见、可知、可及。

全面提升公共服务水平。切实把教育、卫生、文化资源优势转化为发展优势，成为提升城市竞争力的“加分项”、经济高质量发展的“助推器”。推动教育优质均衡发展。加快国际物流城、井双片区优质学校建设，新改建5所中小学，新增2所公办幼儿园。推进新时代优质学校集群化发展，促进学前教育普惠扩面，推动高中教育多样化特色化发展、中职教育融合发展，持续巩固“双减”成果，办好人民满意教育。支持驻区高校加快“双一流”建设。实施健康中国沙坪坝行动。推动公立医院高质量发展，加快人民医院创建三级医院，推进妇幼保健院新院区、疾控中心、陈家桥医院二期建设，实现医共体、医联体建设全覆盖。完善分级诊疗体系，提高医疗救治能力，全力保健康、防重症。开展爱国卫生运动，巩固国家卫生区、全国健康促进区创建成果。建设沙滨全民健身中心，举办第六届区运会。提升文化软实力。深入开展“冠红岩之名、铸红岩之魂”实践活动，大力传承红色基因。建设高水平公共文化服务体系，建成文化宣教中心，新建10个红岩智慧阅读驿站。聚焦“五个一”，推出一批彰显城市精神的精品力作。挖掘老建筑、老街巷等历史文化内涵，加强歌乐山、豫丰里抗战遗址建筑群保护利用，让文化遗产活在当下。

全力增进民生福祉。坚持尽力而为、量力而行，实施惠民暖心优服务行动，不断提升群众幸福感、认同感。兜牢民生底线。用心用情用力办好民生实事，实行“一件事”便民服务。深入实施全民参保计划，持续扩大社会保险覆盖面。完善社会救助机制，加大急难临时救助力度，保障残疾人权益，实现困难群众应保尽保。积极应对人口老龄化，大力发展普惠性养老，推进700户家庭适老化改造。健全未成年人保护体系，创建5个儿童友好社区，新增760个婴幼儿照护托位。推动高质量就业。加强职业技能培训，拓宽高校毕业生、农民工、退役军人、困难群众等重点群体就业渠道，支持大众创业，城镇调查失业率控制在5.5%以内。

推进更高水平平安建设。保持谨慎心、增强预见性、强化执行力，扎实推进高效能社会治理，切实增强人民群众安全感。防范化解经济风险。扎实做好保交楼、保民生、保稳定各项工作，稳妥处置房地产领域风险隐患。规范互联网金融发展，严厉打击非法集资、套路贷和网络诈骗。严格债务管控，坚决守住不发生区域性系统性金融风险底线。提高公共安全治理水平。深入开展安全生产大排查大整治专项行动，常态化抓好隐患排查治理，完善应急管理体系，提升应急能力，建成防汛救灾应急指挥中心，坚决防范重特大安全事故。加强和创新社会治理。深化“党建扎桩、治理结网”，健全“六治融合”基层治理体系，建成基层治理平台，实现“一张网”治理。积极创建全国双拥模范城。深入开展“治重化积、清仓见底”专项工作，依法化解信访积案。高标准打造红岩派出所。持续推广“贤人坊”“和顺茶馆”品牌，加强“红岩志愿者”队伍建设，充分激发群众参与城市治理内生动力。

（九）聚力抓效能、强服务，打造人民满意政府

坚持把党的全面领导贯穿政府工作各方面、全过程，不断强化政治引领，提高行政效能，建设有为政府。

把政治建设摆在首位。始终坚持以习近平新时代中国特色社会主义思想为指导，坚定不移拥护“两个确立”、做到“两个维护”、增强“四个意识”、坚定“四个自信”，始终胸怀“国之大者”，不断提高政治判断力、政治领悟力、政治执行力，严明党的政治纪律和政治规矩，坚决做到“总书记有号令、党中央有部署、重庆见行动、沙坪坝抓落实”，确保政令畅通、令行禁止。持续深入肃清孙政才恶劣影响和薄熙来、王立军流毒，全面彻底肃清邓恢林流毒影响，不断巩固发展良好政治生态。

让依法行政成为自觉。弘扬宪法精神，深入实施“八五”普法。积极践行全过程人民民主，尊重人民主体地位，自觉接受区人大法律监督、工作监督和区政协民主监督，广泛接受社会公众、新闻舆论监督，加强审计监督、统计监督，高质量办好人大代表建议和政协提案。深化简政放权，规范行政决策程序，全面实施权责清单制度，加强行政执法监督机制和能力建设，增强政府依法治理能力。

让担当尽责蔚然成风。紧扣“四个重大”，落实“四敢”要求，切实提升学习力、研究力、执行力、创新力、智治力，健全“八张问题清单”管控机制，推动有为政府和有效市场更好结合，全力把区委决策部署转化为一项项具体举措和抓手，清单化、项目化、场景化推进落实，努力交出“七张高分报表”。坚持唯实争先，始终保持奋进者姿态、创造性张力，勇挑最重的担子，敢啃“硬骨头”、敢接“烫手山芋”、敢闯“深水区”，确保说一件、干一件、成一件。坚持赛马比拼，动态晾晒、榜单排位，激励先进、鞭策后进，引导广大干部在承压抗压中增强动力、激发活力，形成比学赶超的浓厚氛围，用干部的辛苦指数换取人民群众的幸福指数。

让清正廉洁铭刻于心。坚持以严的基调强化正风肃纪，锲而不舍落实中央八项规定及其实施细则精神，持续深化纠治“四风”，着力整治形式主义、官僚主义。严肃财经纪律，严控一般性支出，真正把钱花在促进发展的关键处、为民办事的急需处、增进福祉的紧要处。坚定不移推进政府系统党风廉政建设和反腐败斗争，坚决守住廉洁从政底线。

各位代表！惟有不懈奋斗，方能不负重托。让我们更加紧密地团结在以习近平同志为核心的党中央周围，深入贯彻落实党的二十大精神，在区委的坚强领导下，以更加奋发有为的精神状态，强化担当、勇挑重担，团结一致、实干争先，持续巩固“潮涌嘉陵、风动歌乐”高质量发展新态势，在新时代新征程上奋力交出沙坪坝图新图变图强的靓丽答卷！

附件

名词解释

1.十项全面清理：全面清理债务、债权、土地、资产、支出、项目、税收、政策、平台、资源，全力增加收入、缩减开支，打破原有化债路径依赖，实现高质量发展与债务化解同步推进、良性循环。

2.五新、四态：挖掘磁器口古镇新空间、新场景、新业态、新元素、新形象，在磁器口步行街、老街风貌提升的基础上，树立精品意识，用作画和构图的方法设计打造节点景观，统筹形态、业态、文态、神态，推动磁器口古镇迭代升级。

3.一化两改三不见：“一化”即美化，在国道、省道、县道、乡道、村道两旁和房前屋后栽种花卉苗木。“两改”即规范改造圈舍和柴棚。“三不见”即不见生活垃圾、建筑垃圾、白色垃圾。

4.五园共治：指统筹推进农村田园、菜园、果园、花园和家园美化整治。

5.一区两群：主城都市区、渝东北三峡库区城镇群、渝东南武陵山区城镇群。

6.多式联运“一单制”：指在国际货物贸易过程中，承运人（陆海新通道）只需出具一份多式联运运单，即可办理所有货物运输手续的制度。

7.RCEP：是《区域全面经济伙伴关系协定》（Regional Comprehensive Economic Partnership）的缩写，2012年由东盟发起，包括中国、日本、韩国、澳大利亚、新西兰和东盟十国共15方成员制定的区域全面经济伙伴关系协定。

8.PPP模式：政府和社会资本合作模式，具体指政府通过特许经营权、合理定价、财政补贴等事先公开的收益约定规则，引入社会资本参与城市基础设施等公益性事业投资和运营的合作开发模式。

9.ABO模式：授权—建设—运营模式，具体指在政府的授权下，由开发建设主管部门将区域土地整理、基础建设、投资促进和经济发展等社会公共服务职能，授权和委托至成功转型平台公司或社会资本方企业，并通过授予特许经营权予以运营，政府履行规则制定、绩效考核等职责，同时支付授权运营费用的合作开发模式。

10.REITs模式：不动产投资信托基金模式，具体指通过发行收益凭证、汇集投资者资金，交给专业投资机构对不动产进行投资经营管理，并及时将投资收益分配给投资者的合作开发模式。

11.“五个一”重点项目管理机制：制定“一个规划”，成立“一套班子”，打造“一支队伍”，做好“一套支撑”，制定“一套机制”。

12.四同步、四到场：项目单位、施工单位、监理单位、勘察设计单位主要管理人员须同步到场全程参与工程建设（项目单位如聘请跟踪审计单位的，跟踪审计单位主要管理人员也须到场）。

13.两个“毫不动摇”：毫不动摇巩固和发展公有制经济，毫不动摇鼓励、支持、引导非公有制经济发展。

14.两个健康：非公有制经济健康发展和非公有制经济人士健康成长。

15.四零审批：企业开办“零材料、零收费、零见面、零跑动”。

16.五个先行：在城市开发建设中做到规划、生态、基础、景观、配套先行。

17.四个全域：全域空间优化、全域品质提升、全域产业升级、全域城乡融合。

18.农村“三变”改革：农村资源变资产、资金变股金、农民变股东。

19.“三社”融合发展：充分发挥基层供销合作社、农民专业合作社、农村信用社的平台作用，着力提升为农服务能力，全面推进乡村振兴。

20.两高一低：高能耗、高污染、低水平行业。

21.提升文化软实力“五个一”：“那一座城——青春之城”、“那一方岩—红岩精神”、“那一座山——诗意田园”、“那一条江——嘉陵绣带”、“那一座镇——古镇磁场”。

22.双减：有效减轻义务教育阶段学生过重作业负担和校外培训负担。

23.六治融合：综合运用政治、综治、法治、德治、自治、智治手段推进基层社会治理。

24.八张问题清单：巡视巡察、督查、审计、环保、网络舆情、安全生产、信访、社会平安稳定问题清单。

25.七张高分报表：党建、经济、平安、改革、创新、生态、民生高分报表。

2022年重庆市沙坪坝区国民经济和社会发展统计公报

2022年是党和国家历史上极其重要的一年，也是沙坪坝区发展历程上极不平凡、极不寻常的一年。面对需求收缩、供给冲击、预期转弱三重压力，面对多轮大规模突发性疫情、持续极端高温天气考验，面对债务管控压力、产业转型升级阵痛，在以习近平同志为核心的党中央坚强领导下，沙坪坝区委、区政府深入贯彻落实党的二十大精神，坚持稳字当头、稳中有进，立足“守底线、有变化”，高效统筹疫情防控和经济社会发展，全区经济实现了量的合理增长和质的有效提升。

一、综合

初步核算，2022年实现地区生产总值（GDP）1106.7亿元，按可比价格计算，比上年增长1.9%。分产业看，第一产业增加值5.4亿元，比上年增长1.7%；第二产业增加值333.3亿元，比上年下降2.4%；第三产业增加值768.1亿元，比上年增长3.8%。三次产业结构比为0.5∶30.1∶69.4。

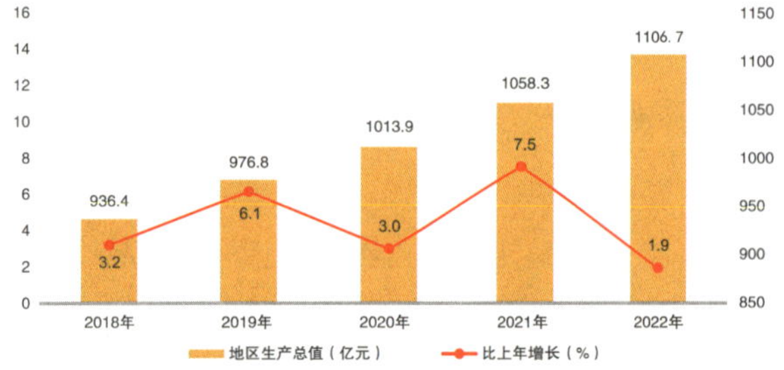

图1　2018年至2022年沙坪坝区地区生产总值及增长速度

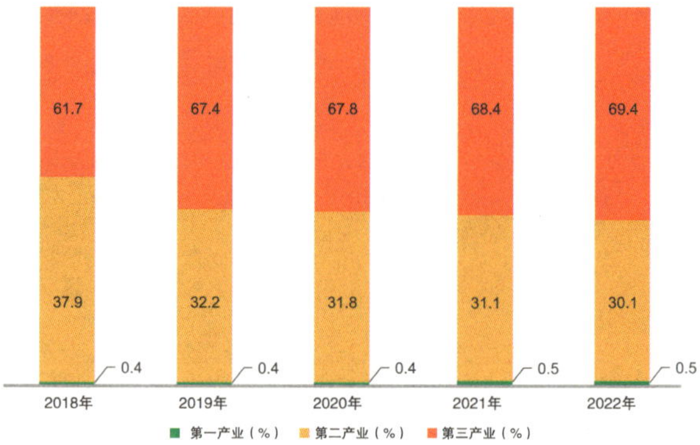

图2　2018年至2022年沙坪坝区地区生产总值三次产业结构

按在地户籍统计，全区年末户籍总人口95.78万人，比上年增加23571人。其中城镇人口87.22万人，比上年增加29581人，乡村人口8.56万人，比上年减少6010人；户籍人口中，男性人口46.73万人，女性人口49.05万人。

表32　　2022年年末户籍人口数及其构成

指标	年末数（万人）	比重（%）
年末总人口	95.78	100.0
按城乡分		
城镇人口	87.22	91.1
乡村人口	8.56	8.9
按性别分		
男性	46.73	48.8
女性	49.05	51.2

按常住人口统计，全区年末常住人口148.56万人，其中城镇常住人口144.25万人，常住人口城镇化率97.1%。

全年城镇新增就业3.6万人，登记失业人员就业9342人。

市场主体较快增长。年末全区共有市场主体135600户，比去年增长13.8%，其中国有、集体及其控股企业1814户，私营企业47421户，外商投资企业6844户，个体工商户79389户，农民专业合作社132户。

二、农业

全年实现第一产业增加值5.4亿元，比上年增长1.7%。

粮食生产保持稳定，全年粮食作物播种面积2639.7公顷，比上年增长1.7%；粮食作物总产量1.1万吨，比上年下降1.7%；蔬菜总产量4.2万吨，比上年增长2.1%；生猪出槽数4139头，比上年增长7.3%；家禽出栏数12万羽，比上年下降1.1%。

三、工业和建筑业

全年实现工业增加值244.3亿元，比上年下降1.3%。全年规模以上工业企业共231家，规模以上工业企业完成总产值2547.3亿元，比上年下降4.2%。分行业看，电子信息制造业完成产值2171.9亿元，比上年下降6.4%；传统行业实现较快增长，完成产值375.4亿元，比上年增长11.1%。分区域看，高新区部分完成产值2234.1亿元，比上年下降6.5%；区属工业较快增长，完成产值313.2亿元，比上年增长16.6%。全区规上工业中，高技术制造业、战略性新兴产业产值占比分别为89.1%、88.5%。

全年实现规模以上企业工业销售产值2550.7亿元，比上年下降3.9%；完成出口交货值2142.1亿元，比上年下降6.2%；利润总额45.2亿元，比上年增长4.6%。

表33 2022年规模以上工业主要产品产量及增速

产品名称	产量	比上年增长（%）
电子计算机（万台）	5605.9	-26.7
笔记本电脑	5588.9	-26.7
显示器（万台）	1122.1	-26.6
打印机（万台）	89.2	-2.5
摩托车（万辆）	11.7	-2.7
智能手表（万个）	120.7	-74.5
发动机（万千瓦）	686.6	-48.7

全年实现建筑业增加值89.0亿元，比上年下降5.6%。全区拥有资质等级建筑企业152家，完成产值288.5亿元，比上年下降9.3%，其中一级资质建筑企业完成产值223.8亿元，比上年下降5.9%。施工面积1157.1万平方米，比上年下降17.2%；竣工面积292.3万平方米，比上年下降9.1%。

四、商贸服务业

全年实现批发和零售业增加值85.1亿元，比上年下降1.5%；实现住宿和餐饮业增加值25.9亿元，比上年下降2.4%。

全年社会消费品零售总额553.1亿元，比上年下降3.3%，线上消费表现亮眼，限额以上单位实现网上销售额8.0亿元，比上年增长135.3%。批发业商品销售额1273.9亿元，比上年增长9.6%，零售业商品销售总额383.2亿元，比上年下降3.2%；住宿业营业收入5.7亿元，比上年下降5.4%，餐饮业营业收入106.0亿元，比上年下降0.4%。

全年实现规模以上服务业营业收入284.7亿元，比上年下降6.6%。其中，交通运输、仓储和邮政业营业收入179.4亿元，比上年增长0.1%，科学研究和技术服务业营业收入18.9亿元，比上年增长3.9%。

五、固定资产投资

有效投资持续扩大。全年固定资产投资比

上年增长1.2%。其中，基础设施投资增长33.0%。分产业看，第二产业完成投资比上年增长26.1%；第三产业完成投资比上年下降1.8%。房地产开发投资比上年下降11.2%。

表34 2022年商品房建设与销售主要指标及其增长增速

指标	绝对量	比上年增长（%）
施工面积（万平方米）	1462.1	-12.8
住宅	984.1	-9.0
竣工面积（万平方米）	385.1	90.3
#住宅	258.6	95.6
销售面积（万平方米）	250.0	-39.3
住宅	118.5	-63.2
销售额（亿元）	218.5	-50.3
住宅	173.6	-56.2

六、对外经济

全年实现进出口总额3488.5亿元，比上年下降0.8%。其中，出口2421.1亿元，比上年下降2.8%；进口1067.3亿元，比上年增长4.0%。全年实际使用外资2.63亿美元，比上年增长0.4%。

开放引领作用进一步彰显。西部陆海新通道开通中缅印国际班列，新增国际班列线路15条、海外分拨中心4个，国际班列开行6048列、增长32%。陆海新通道重庆无水港主体完工。获批国际铁路邮件进口第一口岸、国家骨干冷链物流基地，内陆首个智慧铁路口岸投运，国际物流枢纽展示中心、自贸区企业创新服务中心投用。集装箱吞吐量达70万标箱，货值1070亿元。德国大众西南首个平行进口项目落地。引进浙江中拓、厦门国贸等现代物流项目10个，新增供应链金融等各类企业630家。

七、交通运输、邮政和旅游

全年实现交通运输、仓储和邮政业增加值52.1亿元，比上年下降8.3%。

全社会公路客运量67.8万人，旅客运输周转量10643.7万人公里；货物运输量2997.3万吨，货物周转量409967.4万吨公里。

全年共接待旅游者2001.2万人，实现旅游营业收入92.1亿元。

八、财政和金融

全年一般公共预算收入40.3亿元，比上年增长2.5%。其中，税收收入22.1亿元，比上年下降25.4%。一般公共预算支出90.7亿元，比上年下降1.5%。

金融市场趋于活跃。全年实现金融业增加值144.0亿元，比上年增长2.5%。年末，金融机构本外币存贷款余额4983.3亿元，比上年末增长6.5%，金融机构本外币贷款余额2314.4亿元，比上年末增长8.1%。

全区拥有银行分支机构35家，证券机构8家，保险机构13家，累计注册新型金融机构11家，其中小额贷款公司10家，担保公司1家。

九、城乡建设和环境保护

城乡环境更加宜居。新增17平方公里城市建设用地，建成市政道路20公里，新增城市绿地110万平方米、公共停车位5000个。整治违法建筑195万平方米。栽种花果苗木31万平方米，提升农房风貌1225栋、改厕1400户，创建市级美丽宜居乡村3个。建成“四好”农村公路40公里，新增高标准农田3000亩，复种撂荒地4000亩，新建粮油蔬菜基地8个，提档升级农文旅项目16个。

生态环境不断改善。新改建污水管网40公里，修复矿山1000亩，治理地质灾害点12处，完成国土绿化1.6万亩，空气质量优良天数303天，优良率达83.0%，细颗粒物年均浓度27微克/每立方米，比上年下降13.0%，区域环境噪声平均值52.8分贝，饮用水源水质达标率100%。

十、科技创新

创新驱动能力不断增强。赛力斯全球研发总部建成投用，重庆大学智慧创新产业园投运；

青凤高科创新孵化中心、中电光谷·西部科技城、联东国际企业港建成，新增创新空间31万平方米；引进先进轻金属研究院等独立法人研发机构5家，新增国家级“专精特新”企业3家、高新技术企业55家、科技型企业230家，成功创建全国科普示范区；获重庆市各类科学技术奖项73项，占全市的46.8%，万人发明专利拥有量保持全市第一；中电科·吉芯科技研发生产基地等15个项目建成投产。实施智能化改造项目13个、新建数字化车间4个，引进麒麟科技、金山软件等项目27个，软件信息服务业增加值增长29.3%。引进林同棪设计集团、北京建筑设计研究院等企业10家，设计产业产值达50亿元。

全年授权专利数5629件，比上年下降14.5%，其中，授权发明专利数2204件，比上年增长34.4%。

十一、文化体育、教育和卫生

全年广播覆盖率、电视综合人口覆盖率均达100%，有线电视入户率达100%。年末公共图书馆总藏书量102.1万册，年读者流通量58万人次，年书刊借阅数50万册次，开展《星期日讲座》特色服务4次。全区举办大型群众文化活动55场次，街镇文化站群众文化活动310场次，广场故事活动9次，参与群众文化活动观众达60万人次，群众文化创作荣获全国级奖5个，群众文化创作荣获省（市）级奖15个。

全年举办区以上运动会29次。新增体育场地面积18万平方米。

全区共有各类教育事业单位289所。其中，普通高中11所，中职学校4所，普通初中17所，普通小学55所，幼儿园202所。共有专任教师10215人。其中，普通中学教师3392人，中职学校教师765人，小学教师3566人，幼儿园教师2492人。

年末，全区共有各级卫生机构618个，其中医院28个，社区卫生服务中心（站）23个，乡镇卫生院4个。卫生机构实有床位数9700张。其中，医院床位8798张，社区卫生服务中心（站）床位690张，乡镇卫生院床位数180张。全区共有卫生技术人员11393人。其中，执业（助理）医师4329人，注册护士5431人。

十二、人民生活和社会保障

城乡居民收入稳步增长。全年常住居民人均可支配收入48846元，比上年增长4.1%。其中，城镇常住居民人均可支配收入49521元，比上年增长3.6%；农村常住居民人均可支配收入27028元，比上年增长5.6%。城乡收入比1.83：1，城乡收入比进一步缩小。

全年常住居民人均消费性支出36811元，比上年增长6.5%。其中，城镇常住居民人均消费性支出37330元，比上年增长6.0%；农村常住居民人均生活消费支出20025元，比上年增长6.4%。

全年城镇基本养老保险参保48.7万人，城乡居民养老保险参保5.5万人，工伤保险参保25.8万人，城镇基本医疗保险参保39.9万人，城乡居民合作医疗保险参保人数40.6万人。

注：1.本公报部分数据为快报数，正式数据以《沙坪坝区统计年鉴2023》为准。

2.地区生产总值、各行业增加值的绝对数按现价计算，增长速度按可比价格计算。

3.公报中的就业、客货运量、财政、文化、教育、体育、卫生、保险等用*标注的段落，统计范围未包含高新区直管区四镇街。一般公共预算收入、税收收入增速为剔除退税影响后的同口径增速。

4.部分数据因取舍不同而产生的计算误差未作机械调整。

2022年沙坪坝区重要文件存目

文件名称	发布文号
关于加强区委领导班子政治建设的决定	沙委发〔2022〕2号
关于印发《中共重庆市沙坪坝区委常委会党史学习教育专题民主生活会整改方案》的通知	沙委发〔2022〕5号
关于印发《沙坪坝区加强基层治理体系和治理能力现代化建设的实施方案》的通知	沙委发〔2022〕6号
关于印发《重庆市沙坪坝区〈法治中国建设规划（2020—2025年）〉实施方案》的通知	沙委发〔2022〕10号
关于认真学习宣传贯彻市第六次党代会精神的通知	沙委发〔2022〕11号
转发《中共重庆市沙坪坝区委宣传部、重庆市沙坪坝区司法局关于开展法治宣传教育的第八个五年规划（2021—2025年）》的通知	沙委发〔2022〕12号
关于表彰2021年度沙坪坝区高质量发展突出贡献奖、创建全国文明城区工作先进集体和先进个人的决定	沙委发〔2022〕15号
关于认真学习宣传贯彻党的二十大精神的通知	沙委发〔2022〕16号
关于深入学习贯彻党的二十大精神　坚决拥护“两个确立”　坚决做到“两个维护”在新时代新征程全面建设社会主义现代化新沙坪坝的决定	沙委发〔2022〕19号
关于重庆市沙坪坝区第十九届人民代表大会第一次会议选举结果的报告	沙坪坝委文〔2022〕1号
关于政协重庆市沙坪坝区第十五届委员会第一次会议选举结果的报告	沙坪坝委文〔2022〕2号
关于召开区委常委会党史学习教育专题民主生活会的请示	沙坪坝委文〔2022〕3号
关于2021年度落实全面从严治党主体责任情况的报告	沙坪坝委文〔2022〕4号
关于区委、区政府、区人大、区政协领导班子成员分工调整的备案报告	沙坪坝委文〔2022〕5号
关于2021年工作情况的报告	沙坪坝委文〔2022〕6号
关于区委常委会党史学习教育专题民主生活会情况的报告	沙坪坝委文〔2022〕7号
关于2021年度法治政府建设情况的报告	沙坪坝委文〔2022〕8号
关于磁器口星巴克门店舆情处置情况的报告	沙坪坝委文〔2022〕11号
关于对江涛同志担任沙坪坝区委书记期间履行干部选拔任用工作职责离任检查反馈问题整改情况的报告	沙坪坝委文〔2022〕12号
关于中共重庆市沙坪坝区第十三届委员会委员、候补委员和纪律检查委员会委员选举结果的报告	沙坪坝委文〔2022〕13号
关于全国“人民满意的公务员”和“人民满意的公务员集体”推荐工作的报告	沙坪坝委文〔2022〕15号
关于贯彻落实市委主要领导调研开放型经济发展时指示要求有关情况的报告	沙坪坝委文〔2022〕19号
关于深入开展“十项全面清理”防范化解政府债务风险的报告	沙坪坝委文〔2022〕20号
关于贯彻落实市委主要领导指示要求和市委专题会议精神情况的报告	沙坪坝委文〔2022〕21号
关于《中共重庆市沙坪坝区委理论学习中心组2022年度学习计划》备案的报告	沙坪坝委文〔2022〕23号
关于学习贯彻六届市委巡视工作规划征求意见座谈会精神相关情况的报告	沙坪坝委文〔2022〕24号
关于陈天明、高昶同志任职的请示	沙坪坝委文〔2022〕27号
关于贯彻落实市委主要领导对“8·16”规模性疫情处置工作指示批示精神有关情况的报告	沙坪坝委文〔2022〕28号
关于沙坪坝区污染防治攻坚战成效考核自评总结的报告	沙坪坝委文〔2022〕29号
关于沙坪坝区2022年实施乡村振兴战略工作情况的报告	沙坪坝委文〔2022〕30号
关于提名推荐尤莉莉等26名同志为重庆市第六届人民代表大会代表候选人的请示	沙坪坝委文〔2022〕31号
关于推荐提名第六届市政协委员人选的请示	沙坪坝委文〔2022〕32号
印发《关于加强新时代关心下一代工作委员会工作的实施意见》的通知	沙委办发〔2022〕1号

续表

文件名称	发布文号
印发《关于拓展新时代文明实践中心建设重点工作的实施方案》的通知	沙委办发〔2022〕3号
关于召开中国共产党重庆市沙坪坝区第十三届委员会全体会议的通知	沙委办〔2022〕2号
关于调整全区河长组织体系的通知	沙委办〔2022〕3号
关于区委常委分工的通知	沙委办〔2022〕4号
关于成立和调整部分区级议事协调机构的通知	沙委办〔2022〕5号
关于印发《沙坪坝区四大班子领导联系镇街、管委会安排表》的通知	沙委办〔2022〕7号
关于印发《中共重庆市沙坪坝区委2022年度政党协商计划》的通知	沙委办〔2022〕8号
关于调整沙坪坝区党员区领导联系统一战线代表人士的通知	沙委办〔2022〕9号
关于调整《沙坪坝区区级领导联系服务重点民营企业、商会名单》的通知	沙委办〔2022〕10号
关于召开中国共产党重庆市沙坪坝区第十三届委员会全体会议的通知	沙委办〔2022〕11号
关于成立和调整部分区级议事协调机构的通知	沙委办〔2022〕12号
关于召开中国共产党重庆市沙坪坝区代表会议的通知	沙委办〔2022〕13号
关于扎实抓好安全生产工作的通知	沙委办〔2022〕14号
关于成立沙坪坝区物流保通保畅工作领导小组及工作专班的通知	沙委办〔2022〕15号
印发《贯彻落实〈关于更加有效发挥统计监督职能作用的意见〉任务分工方案》的通知	沙委办〔2022〕16号
关于印发《沙坪坝区贯彻落实市第六次党代会精神工作方案及任务分解》的通知	沙委办〔2022〕17号
关于加强高温灾害风险防范应对工作的紧急通知	沙委办〔2022〕18号
关于做好近期机关事业单位人员外出及返渝健康管理工作的通知	沙委办〔2022〕19号
关于进一步加强持续高温天气防范应对工作的紧急通知	沙委办〔2022〕20号
转发《区委宣传部、区委组织部关于认真组织学习〈习近平谈治国理政〉第四卷的通知》的通知	沙委办〔2022〕21号
关于切实抓好国庆假期及前后安全生产和值班值守工作的通知	沙委办〔2022〕22号
关于组织参加重庆市传达贯彻党的二十大精神领导干部大会沙坪坝区分会场会议的通知	沙委办〔2022〕23号
关于做好近期全区机关事业单位疫情防控工作的通知	沙委办〔2022〕24号
关于印发《全区学习贯彻党的二十大精神宣讲工作方案》的通知	沙委办〔2022〕25号
关于在全区范围推广应用“渝快政”的通知	沙委办〔2022〕26号
关于做好2023年元旦春节期间有关工作的通知	沙委办〔2022〕30号
关于召开党史学习教育专题民主生活会的请示	沙委办文〔2022〕1号
关于沙坪坝区元旦春节期间重点场所疫情防控工作情况的报告	沙委办文〔2022〕2号
关于党史学习教育专题民主生活会情况的报告	沙委办文〔2022〕3号
关于重庆市沙坪坝区改革促进中心机构编制方案的请示	沙委办文〔2022〕5号
关于机构编制管理自评情况的报告	沙委办文〔2022〕9号
中共重庆市沙坪坝区人大常委会党组关于报送党史学习教育民主生活会方案的报告	沙人党〔2022〕1号
中共重庆市沙坪坝区人大常委会党组党史学习专题民主生活会整改方案	沙人党〔2022〕2号
中共重庆市沙坪坝区人大常委会党组关于党史学习教育专题民主生活会情况的报告	沙人党〔2022〕3号
中共重庆市沙坪坝区人大常委会党组理论学习中心组2022年度学习计划	沙人党〔2022〕4号
中共重庆市沙坪坝区人大常委会党组关于区十九届人大常委会（扩大）会议的请示	沙人党〔2022〕5号
中共重庆市沙坪坝区人大常委会党组关于2022年上半年意识形态工作情况的报告	沙人党〔2022〕6号
重庆市沙坪坝区人大常委会机关服务保障党的二十大网络安全工作方案	沙人党〔2022〕7号

续表

文件名称	发布文号
中共重庆市沙坪坝区人大常委会党组关于研究提任正处级领导职务考察对象建议人选问题的会议纪要	沙人党〔2022〕8号
中共重庆市沙坪坝区人大常委会党组关于推荐正处级领导职务人选考察对象的报告	沙人党〔2022〕9号
中共重庆市沙坪坝区人大常委会党组关于重庆市第六届人民代表大会代表候选人提名推荐和选举工作方案的报告	沙人党〔2022〕10号
中共重庆市沙坪坝区人大常委会党组关于市第六届人大代表候选人初步建议人选推荐及审查情况的报告	沙人党〔2022〕11号
中共沙坪坝区人大常委会党组关于成立区十九届人民代表大会第二次会议临时党委的请示	沙人党〔2022〕12号
中共沙坪坝区人大常委会党组关于召开沙坪坝区第十九届人民代表大会第三次会议的请示	沙人党〔2022〕13号
中共重庆市沙坪坝区人大常委会党组关于组建重庆市沙坪坝区第十九届人民代表大会第二次会议代表团临时党支部的通知	沙人党〔2022〕14号
重庆市沙坪坝区人大常委会关于补选肖庆华为重庆市第五届人民代表大会代表的报告	沙人发〔2022〕1号
重庆市沙坪坝区人大常委会关于设立区十九届人大常委会代表资格审查委员会的决定	沙人发〔2022〕2号
重庆市沙坪坝区人大常委会关于接受钟文、黄可欣、罗小璐、黄伟辞去沙坪坝区第十九届人民代表大会代表职务的决定	沙人发〔2022〕3号
重庆市沙坪坝区人大常委会关于罗玉华等同志任免职的通知	沙人发〔2022〕4号
重庆市沙坪坝区人大常委会关于吴加祥等同志任职的通知	沙人发〔2022〕5号
重庆市沙坪坝区人大常委会关于曾康等同志免职的通知	沙人发〔2022〕6号
重庆市沙坪坝区人大常委会关于检查《中华人民共和国环境保护法》《重庆市环境保护条例》贯彻实施情况的报告	沙人发〔2022〕7号
重庆市沙坪坝区人大常委会关于包颖等同志任职的通知	沙人发〔2022〕8号
重庆市沙坪坝区人大常委会关于区政府2021年度环境状况和环境保护目标完成情况的报告的审议意见	沙人发〔2022〕9号
重庆市沙坪坝区人大常委会关于沙坪坝区人民政府2021年度法治政府建设情况的审议意见	沙人发〔2022〕10号
重庆市沙坪坝区人大常委会关于区十九届人大一次会议代表建议办理工作情况的审议意见	沙人发〔2022〕11号
重庆市沙坪坝区人大常委会关于陈霞等同志任免职的通知	沙人发〔2022〕12号
重庆市沙坪坝区人大常委会关于李冉毅等同志任免职的通知	沙人发〔2022〕13号
重庆市沙坪坝区人大常委会关于区2021年财政决算的决议	沙人发〔2022〕14号
重庆市沙坪坝区人大常委会关于2021年度区审计工作报告审议意见	沙人发〔2022〕15号
重庆市沙坪坝区人大常委会关于2022年1—6月财政预算执行审议意见	沙人发〔2022〕16号
重庆市沙坪坝区人大常委会关于减轻义务教育阶段学生作业负担和校外培训负担工作情况报告的审议意见	沙人发〔2022〕17号
重庆市沙坪坝区人大常委会关于沙坪坝区建立健全养老服务体系工作情况的审议意见	沙人发〔2022〕18号
重庆市沙坪坝区人大常委会关于区政府2022年国民经济和社会发展计划上半年执行情况报告的审议意见	沙人发〔2022〕19号
重庆市沙坪坝区人民代表大会常务委员会关于召开重庆市沙坪坝区第十九届人民代表大会第二次会议的决定	沙人发〔2022〕20号

续表

文件名称	发布文号
重庆市沙坪坝区人大常委会关于区政府2022年国有资产盘活增效情况专项报告的审议意见	沙人发〔2022〕21号
重庆市沙坪坝区人大常委会关于陈远鑫同志任免职的通知	沙人发〔2022〕22号
重庆市沙坪坝区人大常委会关于何怀东等同志任免职的通知	沙人发〔2022〕23号
重庆市沙坪坝区人大常委会关于刘子昊等同志任免职的通知	沙人发〔2022〕24号
重庆市沙坪坝区人大常委会关于接受谭森、王晶辞去沙坪坝区第十九届人民代表大会代表职务的决定	沙人发〔2022〕25号
重庆市沙坪坝区人大常委会关于印发《重庆市沙坪坝区人民代表大会常务委员会人事任免工作办法》等三个办法的通知	沙人发〔2022〕26号
重庆市沙坪坝区人大常委会对任命的国家机关工作人员进行履职评价办法	沙人发〔2022〕27号
重庆市沙坪坝区人大常委会关于张音等同志任免职的通知（人大）	沙人发〔2022〕28号
重庆市沙坪坝区人大常委会关于周俊清等同志任职的通知（政府）	沙人发〔2022〕29号
重庆市沙坪坝区人大常委会关于何晓冬等同志任职的通知（监委）	沙人发〔2022〕30号
重庆市沙坪坝区人大常委会关于涂诵菊等同志任职的通知（法院）	沙人发〔2022〕31号
重庆市沙坪坝区人大常委会关于黄奕玮等同志免职的通知（检察院）	沙人发〔2022〕32号
重庆市沙坪坝区人大常委会关于接受谭森、王晶辞去沙坪坝区第十九届人民代表大会代表职务的决定	沙人发〔2022〕33号
重庆市沙坪坝区人大常委会关于重庆市第六届人民代表大会代表选举结果的报告	沙人发〔2022〕34号
重庆市沙坪坝区人大常委会关于区政府2022票决民生实事完成情况报告的审议意见	沙人发〔2022〕35号
重庆市沙坪坝区人大常委会关于区2022年财政收支预算调整的决议	沙人发〔2022〕36号
重庆市沙坪坝区人大常委会关于政府债务管理情况报告的审议意见	沙人发〔2022〕37号
重庆市沙坪坝区人大常委会关于政府专项债务重点项目资金绩效评价报告的审议意见	沙人发〔2022〕38号
重庆市沙坪坝区人大常委会办公室关于报送述职报告的通知	沙人办发〔2022〕1号
重庆市沙坪坝区人大常委会办公室关于区十九届人大常委会主任副主任分工的通知	沙人办发〔2022〕2号
重庆市沙坪坝区人大常委会办公室关于印发《沙坪坝区人大常委会学习贯彻中央、市委人大工作会议精神方案》的通知	沙人办发〔2022〕3号
重庆市沙坪坝区人大常委会办公室关于报送2021年工作总结和2022年工作安排的通知	沙人办发〔2022〕4号
重庆市沙坪坝区人大常委会办公室关于印发《重庆市沙坪坝区人大常委会2022年工作要点的通知》	沙人办发〔2022〕5号
重庆市沙坪坝区人大常委会办公室关于确定2022年重点督办和现场验收建议的通知	沙人办发〔2022〕6号
重庆市沙坪坝区人大常委会办公室关于印发财经委、预算工委2022年工作要点的通知	沙人办发〔2022〕7号
重庆市沙坪坝区人大常委会办公室关于印发《重庆市沙坪坝区人大常委会机关2022年度落实全面从严治党主体责任工作安排》《重庆市沙坪坝区人大常委会机关2022年党建工作要点》的通知	沙人办发〔2022〕8号
重庆市沙坪坝区人大常委会办公室关于印发《重庆市沙坪坝区人大常委会机关2022年意识形态工作责任制实施方案》的通知	沙人办发〔2022〕9号
重庆市沙坪坝区人大常委会办公室关于印发《沙坪坝区人大常委会关于开展〈中华人民共和国环境保护法〉和〈重庆环境保护条例〉执法检查工作方案》的通知	沙人办发〔2022〕10号

续表

文件名称	发布文号
重庆市沙坪坝区人大常委会办公室关于转发《重庆市人民代表大会制度研究会2022年年会暨理论研讨会征文的通知》的通知	沙人办发〔2022〕11号
重庆市沙坪坝区人大常委会办公室关于印发《关于调研减轻义务教育阶段学生作业负担和校外培训负担情况的工作方案》的通知	沙人办发〔2022〕12号
重庆市沙坪坝区人大常委会办公室关于印发基层立法联系点立法咨询专家定点联系镇街方案的通知	沙人办发〔2022〕13号
重庆市沙坪坝区人大常委会办公室关于开展《中华人民共和国环境保护法》和《重庆市环境保护条例》执法检查暨生态环保工作调研活动的通知	沙人办发〔2022〕14号
重庆市沙坪坝区人大常委会办公室关于召开有关部门“双减”工作汇报会的通知	沙人办发〔2022〕15号
重庆市沙坪坝区人大常委会办公室关于印发《2022年度人大信息宣传工作要点》的通知	沙人办发〔2022〕16号
重庆市沙坪坝区人大常委会办公室关于进一步做好“两联一述”工作的通知	沙人办发〔2022〕17号
听取区政府关于对“建设美丽沙区，人大代表在行动”主题活动发现问题处理情况的报告的会议纪要	沙人办发〔2022〕18号
重庆市沙坪坝区人大常委会办公室关于召开区十九届人大常委会第二次会议的请示	沙人办发〔2022〕19号
重庆市沙坪坝区人大常委会办公室关于印发《沙坪坝区2022年度人大代表工作考核意见》的通知	沙人办发〔2022〕20号
重庆市沙坪坝区人大常委会办公室关于开展2022年度优秀人大代表、代表优秀建议、代表建议优秀承办单位、优秀联络员、代表工作站优秀信息员和基层立法联系点优秀立法信息员评选活动的通知	沙人办发〔2022〕21号
重庆市沙坪坝区人大常委会办公室关于重庆市人大常委会调研沙坪坝区“双减”工作暨召开主城片区“双减”监督工作汇报会备案的函	沙人办发〔2022〕22号
重庆市沙坪坝区人大常委会办公室关于提高引资重点项目落地情况的会议纪要	沙人办发〔2022〕23号
设立全国人大常委会法工委2022年地方立法培训班沙坪坝分课暨督查的函	沙人办发〔2022〕24号
召开沙坪坝区2022年区镇两级人大代表专题培训班的请示	沙人办发〔2022〕25号
重庆市沙坪坝区人大常委会办公室关于召开区十九届人大一次会议代表建议办理工作情况汇报暨调研座谈会的通知	沙人办发〔2022〕26号
重庆市沙坪坝区人大常委会办公室关于开展“奋进新征程　建功新时代　争做人大青年好干部”讲述赛的请示	沙人办发〔2022〕27号
重庆市沙坪坝区人大常委会办公室关于印发《重庆市沙坪坝区人大代表履职量化考评办法（试行）》的通知	沙人办发〔2022〕28号
重庆市沙坪坝区人大常委会办公室关于贯彻落实〈加强地方人大对政府债务审查监督的意见〉的工作方案	沙人办发〔2022〕29号
沙坪坝区人大常委会第七次主任会议关于法庭工作情况的会议纪要	沙人办发〔2022〕30号
重庆市沙坪坝区人大常委会办公室关于印发《沙坪坝区人大常委会关于开展〈中华人民共和国长江保护法〉执法检查的方案》的通知	沙人办发〔2022〕31号
沙坪坝区人大常委会办公室关于印发全国人大常委会法工委沙坪坝基层立法联系点示范点、孵化点名单的通知	沙人办发〔2022〕32号
沙坪坝区人大常委会办公室关于印发全国人大常委会法工委沙坪坝基层立法联系点信息员名单的通知	沙人办发〔2022〕33号
关于成立沙坪坝人大常委会市第六届人大代表选举工作联系小组的通知	沙人办发〔2022〕34号
沙坪坝区人大常委会办公室关于印发《重庆市沙坪坝区人大代表列席区人大常委会会议和参加常委会活动办法》的通知	沙人办发〔2022〕35号

续表

文件名称	发布文号
沙坪坝区人大常委会办公室关于商请开展信息化项目评审的函	沙人办发〔2022〕36号
沙坪坝区人大常委会办公室关于征集2023年民生实事项目的通知	沙人办发〔2022〕37号
沙坪坝区人大常委会办公室关于印发2022年民生实事完成情况监督工作方案的通知	沙人办发〔2022〕38号
重庆市沙坪坝区人大常委会办公室关于申请调剂区十九届人大二次会议经费预算指标的请示	沙人办发〔2022〕39号
关于沙坪坝区净化国企改革三年行动的会议纪要	沙人办发〔2022〕40号
关于征求《重庆市沙坪坝区人民代表大会议事规定（修订草案）》修改意见的通知	沙人办发〔2022〕41号
沙坪坝区第十九届人大常委会第十一次主任会议关于刑事执行检察工作情况报告的会议纪要	沙人办发〔2022〕42号
重庆市沙坪坝区人大常委会办公室关于召开区十九届人大二次会议的通知	沙人办发〔2022〕43号
重庆市沙坪坝区人大常委会办公室关于召开区十九届人大三次会议初审工作会的通知	沙人办发〔2022〕44号
中共重庆市沙坪坝区人大常委会机关党组关于报送党史学习教育专题民主生活会方案的报告	沙人机党〔2022〕1号
中共重庆市沙坪坝区人大常委会机关党组党史学习教育专题民主生活会整改方案	沙人机党〔2022〕2号
中共重庆市沙坪坝区人大常委会机关党组关于申请转任王伟同志的请示	沙人机党〔2022〕3号
中共重庆市沙坪坝区人大常委会机关党组关于党史学习教育专题民主生活会情况的报告	沙人机党〔2022〕4号
中共重庆市沙坪坝区人大常委会机关党组关于张宇同志晋升职级的请示	沙人机党〔2022〕5号
中共重庆市沙坪坝区人大常委会机关党组关于成泽民同志任职的请示	沙人机党〔2022〕6号
中共重庆市沙坪坝区人大常委会机关党组关于印发《沙坪坝区人大常委会机关党组成员分工安排的通知》	沙人机党〔2022〕7号
理论学习中心组2022年度学习计划	沙人机党〔2022〕8号
中共重庆市沙坪坝区人大常委会机关党组关于陈远鑫同志挂职事宜的函	沙人机党〔2022〕9号
中共重庆市沙坪坝区人大常委会机关党组关于王晓波同志任职的请示	沙人机党〔2022〕10号
中共重庆市沙坪坝区人大常委会机关党组关于研究网络工作的会议纪要	沙人机党〔2022〕11号
中共重庆市沙坪坝区人大常委会机关党组关于刘英兰、周玲2名同志任职的请示	沙人机党〔2022〕12号
中共重庆市沙坪坝区人大常委会机关党组关于2022年上半年意识形态工作情况的报告	沙人机党〔2022〕13号
中共重庆市沙坪坝区人大常委会机关党组关于转聘林圆媛同志相关情况的报告	沙人机党〔2022〕14号
中共重庆市沙坪坝区人大常委会机关党组关于2022年度机构编制重要事项的报告	沙人机党〔2022〕15号
中共重庆市沙坪坝区人大常委会机关党组关于林圆媛同志任职的请示	沙人机党〔2022〕16号
关于政府领导同志工作分工的通知	沙府办发（2022）1号
关于印发2022年区政府工作报告目标任务的通知	沙府办发（2022）6号
关于部分政府领导同志工作分工的通知	沙府办发（2022）7号
关于印发重庆市沙坪坝区全民健身实施计划（2021—2025年）的通知	沙府办发（2022）10号
关于印发沙坪坝区2022年道路交通安全专项整治行动工作方案的通知	沙府办发（2022）12号
关于印发2022年重点项目名单的通知	沙府办发（2022）18号
关于成立和调整部分议事协调机构的通知	沙府办发（2022）31号
关于开展2022年雷电防护装置安全性能检测工作的通知	沙府办发（2022）32号
关于印发《重庆市沙坪坝区“安全乘梯守护行动”实施方案》的通知	沙府办发（2022）33号
关于印发《重庆市沙坪坝城市气象保障服务能力提升工作方案（2022—2025年）》的通知	沙府办发（2022）38号

续表

文件名称	发布文号
关于公布区级文物保护单位保护范围和建设控制地带的通知	沙府办发（2022）39号
关于印发沙坪坝区创建2021—2025年度全国科普示范区工作实施方案的通知	沙府办发（2022）41号
关于印发沙坪坝区推动公立医院高质量发展实施方案的通知	沙府办发（2022）45号
关于印发《沙坪坝区2022年高层建筑消防安全综合治理工作方案》的通知	沙府办发（2022）46号
关于印发《沙坪坝区2022年度地质灾害防治方案》的通知	沙府办发（2022）48号
关于印发《重庆市沙坪坝区成品油市场监管联席会议制度》的通知	沙府办发（2022）52号
关于印发《沙坪坝区贯彻落实〈重庆市营商环境创新试点实施方案〉首批改革事项清单任务分工方案》的通知	沙府办发（2022）53号
关于建立重庆市沙坪坝区殡葬工作联席会议制度的通知	沙府办发（2022）54号
关于印发2022年沙坪坝区政务服务工作要点的通知	沙府办发（2022）55号
关于印发《沙坪坝区高层建筑消防安全综合治理深化“生命通道”重点区域整治专项行动实施方案》的通知	沙府办发（2022）62号
关于印发《高风险旅游项目设施隐患排查整治“1+3”监管责任表》和《新增高风险旅游项目设施运营申报表》的通知	沙府办发（2022）72号
关于印发《沙坪坝区2022年优化营商环境激发市场主体活力重点任务分工方案》的通知	沙府办发（2022）79号
关于印发《重庆市沙坪坝区自然灾害救助应急预案》的通知	沙府办发（2022）80号
关于印发沙坪坝区城市燃气管道老化更新改造实施方案（2022—2025年）的通知	沙府办发（2022）92号
关于印发《沙坪坝区行政许可事项清单（2022年版）》的通知	沙府办发（2022）105号
关于印发贯彻落实在重点工程项目中大力实施以工代赈促进当地群众就业增收工作方案重点任务分工的通知	沙府办发（2022）106号
关于印发《沙坪坝区依托全国一体化政务服务平台开展社会保障卡居民服务“一卡通”应用试点实施方案》的通知	沙府办发（2022）107号
关于印发《重庆市沙坪坝区软件和信息服务业培育发展“五星”行动计划（2022—2025年）》的通知	沙府办发（2022）110号
关于印发沙坪坝区推动公立医院高质量发展实施方案的通知	沙府办发（2022）118号
中共重庆市沙坪坝区政协党组党史学习教育专题民主生活会方案	沙政协党组文〔2022〕1号
中共沙坪坝区政协党组关于党史学习教育专题民主生活会情况的报告	沙政协党组文〔2022〕2号
沙坪坝区政协党组关于区政协设置专门委员会的情况报告	沙政协党组文〔2022〕3号
中共沙坪坝区政协党组关于开展2022年重点协商、通报、视察、调研、民主评议工作的请示	沙政协党组文〔2022〕4号
关于区政协各专委会主任、副主任提名人选的请示	沙政协党组文〔2022〕5号
关于报送《磁器口古镇景区提档升级的协商建议》的报告	沙政协党组文〔2022〕6号
中共重庆市沙坪坝区政协党组关于落实全面从严治党责任的报告	沙政协党组文〔2022〕7号
中共重庆市沙坪坝区政协党组关于2022年意识形态工作的报告	沙政协党组文〔2022〕8号
中共沙坪坝区政协党组关于党组成员分工的通知	沙政协党组发〔2022〕1号
中共沙坪坝区政协党组关于印发《沙坪坝区政协党组成员联系界别党员委员、党员委员联系党外委员制度》的通知	沙政协党组发〔2022〕2号
政协重庆市沙坪坝区委员会关于呈送《政协重庆市沙坪坝区委员会关于深化“三治融合”持续推动沙坪坝区基层社会治理图新图变图强的建议案》的报告	沙协文〔2022〕1号
政协重庆市沙坪坝区委员会关于呈送《关于民主评议区城市管理局工作的报告》的报告	沙协文〔2022〕2号
政协重庆市沙坪坝区委员会关于领导班子成员分工的通知	沙协发〔2022〕1号
政协重庆市沙坪坝区委员会关于印发《区政协各办公室对口联系单位名单》的通知	沙协发〔2022〕2号
政协重庆市沙坪坝区委员会关于调整区政协各镇街委员组组成人员的通知	沙协发〔2022〕3号

续表

文件名称	发布文号
政协重庆市沙坪坝区委员会关于印发《政协沙坪坝区委员会常务委员会2022年工作要点》的通知	沙协发〔2022〕4号
政协重庆市沙坪坝区委员会关于印发《政协沙坪坝区委员会专门委员会工作规则》的通知	沙协发〔2022〕5号
政协第十五届重庆市沙坪坝区委员会关于设立专门委员会的决定	沙协发〔2022〕6号
政协重庆市沙坪坝区委员会关于印发《政协重庆市沙坪坝区委员会主席会议成员联系政协常委制度》的通知	沙协发〔2022〕7号
政协重庆市沙坪坝区委员会关于印发《政协重庆市沙坪坝区委员会委员履职考核办法》的通知	沙协发〔2022〕8号
关于印发《政协重庆市沙坪坝区委员会关于对区城管局工作开展民主评议的工作方案》的通知	沙协发〔2022〕9号
关于印发《中国人民政治协商会议重庆市沙坪坝区第十五届委员会专门委员会委员名单》的通知	沙协发〔2022〕10号
政协重庆市沙坪坝区委员会关于杜小平等13名同志任职的通知	沙协发〔2022〕11号
政协重庆市沙坪坝区委员会关于印发《政协重庆市沙坪坝区委员会提案质量和提案协商办理质量评议办法》的通知	沙协发〔2022〕12号
政协重庆市沙坪坝区委员会关于印发《政协重庆市沙坪坝区委员会优秀提案和先进承办单位评选办法（试行）》的通知	沙协发〔2022〕13号
中共重庆市沙坪坝区政协机关党组党史学习教育专题民主生活会方案	沙政协机关党组文〔2022〕1号
中共沙坪坝区政协机关党组关于党史学习教育专题民主生活会情况的报告	沙政协机关党组文〔2022〕2号
中共重庆市沙坪坝区政协机关党组关于陈婧同志任职的请示	沙政协机关党组文〔2022〕3号
2022年度区政协机关党组关于落实全面从严治党责任的报告	沙政协机关党组文〔2022〕4号
中共重庆市沙坪坝区政协机关党组关于2022年意识形态工作的报告	沙政协机关党组文〔2022〕5号
重庆市沙坪坝区政协办公室关于下达2022年预算批复的通知（下发办公室）	沙协办发〔2022〕1号
重庆市沙坪坝区政协办公室关于下达2022年预算批复的通知（下发信息中心）	沙协办发〔2022〕2号
关于举行沙坪坝区政协委员履职能力提升培训的通知	沙协办发〔2022〕3号
沙坪坝区政协办公室关于印发区政协各办公室和信息研究中心2022年工作要点的通知	沙协办发〔2022〕4号
政协重庆市沙坪坝区委员会办公室关于印发《沙坪坝区政协2022年重点协商、通报、视察、调研、民主评议计划》的通知	沙协办发〔2022〕5号
沙坪坝区政协办公室关于印发《2022年沙坪坝区政协“委员之家”建设及活动方案》的通知	沙协办发〔2022〕6号
关于印发《沙坪坝区政协办公室信息和新闻宣传工作计分办法》的通知	沙协办发〔2022〕7号
政协重庆市沙坪坝区委员会办公室关于印发《沙坪坝区“渝事好商量”基层协商议事平台建设工作方案》的通知	沙协办发〔2022〕8号
沙坪坝区政协关于在“渝事好商量”基层协商平台开办“委员讲堂”的通知	沙协办发〔2022〕9号
沙坪坝区政协办公室关于印发《杨邦维同志在区镇街委员组工作推进会上的讲话提纲》的通知	沙协办发〔2022〕10号
政协重庆市沙坪坝区委员会办公室关于聘请社情民意特邀信息员的通知	沙协办发〔2022〕11号
沙坪坝区政协关于印发“委员讲堂”主讲人及课题信息的通知	沙协办发〔2022〕12号
沙坪坝区政协办公室关于征集区政协第十五届第二次会议提案线索的通知	沙协办发〔2022〕13号
政协沙坪坝区委员会办公室关于在全区政协系统开展“喜迎二十大·共画同心圆”主题活动的通知	沙协办发〔2022〕14号
沙坪坝区政协办公室关于印发《沙坪坝区政协机关工作经费使用管理办法》的通知	沙协办发〔2022〕15号

2022年沙坪坝区组织机构及负责人名录

中共沙坪坝区委

书　　记：唐小平
副 书 记：肖庆华　李　鹏
区委常委：朱福荣　陈　英（女）
　　　　　户　邑　贾　宇　阳　勇
　　　　　屈克逊　戴豫川　谭顺清

区委办公室

主　　任：谭顺清（1月离任）
　　　　　刘建华（1月任职）
副 主 任：张　玺　吴应辉　吴　宁（女）
　　　　　何　才　王　玲（女）

区委机要局（区密码局）
局　长：　张　玺
区委保密办（区国家保密局）
主任（保密局局长）：张　玺
保密委专职副主任：孙　娟（女）
区档案局
局　长：吴应辉
区档案馆
馆　长：张俊彪
副馆长：陈永红（女）　李传军
区委国安办
主　　任：李　鹏（4月任职）
常务副主任：刘建华（4月任职）
副　主　任：张　玺（4月任职）

沙坪坝区十八届人大常委会

主　　任：赖明才
副 主 任：何友明（1月换届自动终止）
　　　　　应　平（1月换届自动终止）
　　　　　陈天明（1月换届自动终止）
　　　　　向　红（女，1月换届自动终止）

沙坪坝区十九届人大常委会

主　　任：赖明才
副 主 任：陈登烈（1月当选）
　　　　　崔　杰（1月当选）
　　　　　张　磊（1月当选）
　　　　　邓朝霞（女，1月当选）
　　　　　边维慧（1月当选）

区人大常委会办公室

主　　任：秦玥珽（女）
副 主 任：郑明春　李　祯

区人大常委会人事代表工作委员会

主　　任：张路春
副 主 任：秦永生

区人大监察和法制委员会办公室

主　　任：漆　鹏
副 主 任：陈远鑫（9月挂职）　张　涛

区人大财政经济委员会办公室

主　　任：许　兵
副 主 任：谭杨辛（女）

区人大教育科学文化卫生委员会办公室

主　　任：周　利（女）
副 主 任：黎　英（女，12月离任）

区人大常委会城乡建设和环境保护工作委员会

主　　任：钟曙辉
副 主 任：周尚维

区人大常委会预算工作委员会

主　　任：刘英兰（女）

区人大社会建设委员会办公室（区人大常委会信访办）

主　　任：董克明

副 主 任：周　玲（女）

区人大信息研究中心

主　　任：张　晖（女）

沙坪坝区人民政府

区　　长：肖庆华

常务副区长：陈　英（女，1月任职）

副 区 长：陈登烈（1月离任）

周红玲（女，1月离任）

户　邑（1月任职）

赵　祺（1月任职）

林易乾（1月任职）

田　盈（1月任职）

凌　健（1月任职）

钟　文（1月任职）

黄可欣（女，1月任职）

区政府办公室

党组书记：吴加祥

党组成员：缪旭平

张　音（10月离任）

景小凤　刘　童　徐　斐

主　　任：吴加祥

副 主 任：何江泉（兼任）　景小凤

刘　童　徐　斐

发展研究中心

主　　任：陆克坚

沙坪坝区政协

主　　席：黎万宏（1月离任）

杨邦维（1月任职）

副 主 席：郭明月（1月离任）

高　昶（1月离任）

崔　杰（1月离任）

钟树生（1月离任）

魏子栋（1月离任）

丁丽柏（女，1月离任）

郭文荫（女，1月任职）

曾　忠　王　林

吴大君（1月任职）

文　刚（1月任职）

颜春龙（1月任职）

曾　康（1月任职）

钟代笛（1月任职）

秘 书 长：马英莉（女）

副秘书长：姜君豪（女）

办公室

主　　任：马英莉（女）

副 主 任：贾雪佳

提案办公室

主　　任：杜小平（10月离任）

黄　峥（女，10月任职）

副 主 任：刘　宁（女）

文化和联络办公室

主　　任：曾　敏（女）

副 主 任：余　琼（女）

经济办公室

主　　任：贾小燕

科教卫体办公室

主　　任：邹智莉（女）

副 主 任：高　筑（女）

信息研究中心

主　　任：李帙奇

中共沙坪坝区纪委、沙坪坝区监察委员会

区纪委

书　　记：朱福荣

常务副书记：胡卫东

副 书 记：胡卫东　邓　勇
　　　　　何　艺（女）

常　　委：周　驰　王　靓　张　云（女）
　　　　　郭　屹　沃　敏

区监委

主　　任：朱福荣

副 主 任：胡卫东　邓　勇　何　艺（女）

委　　员：周　驰　王　靓　郭　屹
　　　　　何晓冬（12月任职）
　　　　　余　波（12月任职）

区纪委监委内设机构

办公室主任：王　靓

组织部部长：向颖晖（女）

宣传部部长：夏　茂（女）

党风政风监督室主任：暂　缺

研究室主任：李和杰（9月任职）

信访室主任：周　玲（女）

案件监督管理室主任：郑思珂（女）

第一监督检查室主任：何晓冬

第二监督检查室主任：牟　荣

第三监督检查室主任：刘　伟

第四审查调查室主任：张　斌

第五审查调查室主任：余　波

第六审查调查室主任：沃　敏

案件审理室主任：陈　亚

纪检监察干部监督室主任：陈　莹（女）

区纪委监委派驻机构

1. 区纪委监委驻区委办公室纪检监察组

负责综合监督17个单位，具体有区委办公室、区人大常委会机关、区政协机关、区委组织部、区委统战部、区委政法委、区委研究室、区委编办、区委直属机关工委、区委老干局、区委党校、区总工会机关、团区委机关、区妇联机关、区工商联机关、区侨联机关、区残联机关（1至6月）

组　长：王　娟（女）

2. 区纪委监委驻区政府办公室纪检监察组

负责综合监督8个单位，具体有区政府办公室、区发展改革委、区统计局、区应急局、区政府外办、区机关事务局、区信访办、区司法局

组　长：张　音（9月离任）

3. 区纪委监委驻区委宣传部纪检监察组

负责综合监督8个单位，具体有区委宣传部、区委网信办、区社科联机关、区委党史研究室、区融媒体中心、区文化旅游委、区文联机关、区体育局

组　长：彭华军

4. 区纪委监委驻区国资委纪检监察组

负责综合监督8个单位，具体有区国资委、区财政局、城投公司、国际物流枢纽公司、区物流办、国际物流枢纽管委会、工投公司、旭辰集团

组　长：邓　蓉（女）

5. 区纪委监委驻区政务服务办纪检监察组

负责监督区政务服务办

组　长：罗　杰

6. 驻区住房城乡建委纪检监察组

负责综合监督4个单位，具体有区住房城乡建委、区征地事务中心、区人民防空办、区城市管理局

组　长：王立川

7. 驻区交通局纪检监察组

负责综合监督3个单位，具体有区交通局、区生态环境局、西站管委会

组　长：宋红斌

8. 区纪委监委驻区民政局纪检监察组

负责综合监督6个单位，具体有区民政局、区人力社保局、区退役军人事务局、区农业农村委、区供销社、区残联机关（7月起）

组　长：李韩义（女）

9. 区纪委监委驻区卫生健康委纪检监察组

负责综合监督8个单位，具体有区卫生健康委、区医保局、区红十字会机关、区计生协会机关、区人民医院、区中医院、区妇幼保健院、陈家桥医院

组　长：黄先宇（9月离任）

10. 区纪委监委驻区教委纪检监察组

负责综合监督15个单位，具体有区教委、重庆一中、重庆南开中学、区教师进修学院、重庆七中、立信职业教育中心、区教育考试院、凤鸣山中学、西藏中学、青木关中学、32中、天星桥中学、区实验中学、树人小学、沙坪坝小学

组　长：张　芳（女）

11. 区纪委监委驻区经济信息委纪检监察组

负责综合监督3个单位，具体有区经济信息委、区科技局、区科协机关

组　长：雷　萍（女）

12. 区纪委监委驻区商务委纪检监察组

负责综合监督4个单位，具体有区商务委、区西部新城管委会、区三峡广场商圈管委会、磁器口古镇管委会

组　长：李　红（女）

沙坪坝区监委派出机构

1. 区监察委员会派出第一监察室

归口负责5个街道，具体有覃家岗街道、天星桥街道、土湾街道、新桥街道、联芳街道

主　任：李　洲（女）

2. 区监察委员会派出第二监察室

归口负责6个街道，具体有渝碚路街道、沙坪坝街道、小龙坎街道、双碑街道、石井坡街道、童家桥街道

主　任：陈　智

3. 区监察委员会派出第三监察室

归口负责5个街道，具体有磁器口街道、陈家桥街道、丰文街道、山洞街道、井口街道

主　任：王　红（女）

4. 区监察委员会派出第四监察室

归口负责6个镇街，具体有青木关镇、凤凰镇、回龙坝镇、中梁镇、歌乐山街道、土主街道

主　任：畅　庚

区委工作机关和有关单位

区委组织部

部　　　长：屈克逊

常务副部长：曾佑明（1月任职）

副　部　长：高小余（兼）

刘建华（1月离任）

杨勇刚（9月任职）

刘　丹（9月离任）

部务委员：徐晓明

区委非公有制经济组织和社会组织工作委员会

书　　记：刘建华（1月离任）

杨勇刚（9月任职）

副 书 记：何　红（女）

区公务员局

局　长：暂　缺

区委宣传部

部　　　长：贾　宇

常务副部长：暂　缺

副　部　长：沈　玲（女）　蒋　频

朱　杰　李海庭

区委统战部

部　　　长：谭顺清

常务副部长：江涛峰（女）

副　部　长：李　兴　宋文捷（女）

雷雪霏（女）　刘珍伟

区台办

主　任：刘珍伟

区侨办

主　任：刘珍伟

区民族宗教委

主　任：宋文捷（女）

区委政法委

书　　记：阳　勇

常务副书记：冯　玲（女）

副 书 记：李　勇（挂职）　张　炜
　　　　　丁　杰

政治部主任：空　缺

区委研究室

主　　任：罗　飞

副 主 任：曾　丽

区委网信办

主　　任：李　维（女）

副 主 任：周秋隼

区互联网新闻舆情研究中心

主　　任：田　婕（女）

区委编办

主　　任：刘　丹（9月离任）

副 主 任：鲁　宏

区委直属机关工委

书　　记：孙　平（女，9月离任）

副 书 记：田　平（女）　唐永强

区委巡察办

主　　任：邓　勇

副 主 任：崔勇维　曾传洪

区委巡察组正处级巡察专员：谌　利
　　　　唐荣川　王晓易

区委老干部局

局　长：高小余

副 局 长：张明霞（女）　周　晴（女）

区委党校（区行政学校、区社会主义学院）

区委党校校长：李　鹏

区行政学校校长：李　鹏

区社会主义学院院长：周红玲（女）（2月离任）田　盈（2月任职）

区委党校（区行政学校）党委书记：刘　鹏

区委党校（区行政学校）党委专职副书记：姚　懿

区委党校（区行政学校）纪委书记：廖鸿春（女）

区委党校党委委员：黄伦宽

区委党校（区行政学校）党委委员：廖鸿春（女）

区委党校（区行政学校）常务副校长：刘　鹏

区委党校副校长：黄伦宽

区行政学校副校长：黄伦宽　夏　惠（女）

区社会主义学院第一副院长：刘　鹏

区社会主义学院副院长：黄伦宽　夏　惠（女）

区融媒体中心

党总支书记：朱　杰

专职副书记：肖　寒（女）

主　　任：朱　杰

副 主 任：黄　伟

区委党史研究室

主　　任：姚　明

副 主 任：陈朝晖　马　原

公安分局　检察院　法院

区公安分局

党委书记：林易乾

党委副书记：秦远华（4月任职）

党委委员：徐　愚（3月离任）　陆浩波

李　康　李　丹

龙四海（9月离任）　袁辉伟

张登厚（9月任职）

局　　长：林易乾

政　　委：秦远华（2月任职）

副 局 长：徐　恩（3月离任）

陆浩波　李　康　李　丹

袁辉伟（5月任职）

政治处主任：张登厚（9月任职）

纪委书记：徐华南（12月任职）

交通巡逻警察支队

支　队　长：张中杰

政　　委：刘天平

刑事侦查支队

支　队　长：袁辉伟（5月离任）

政　　委：童　闯

校园安全保卫支队

支　队　长：罗　勇

政　　委：黄峻峰（7月离任）

嘉陵治安支队

政　　委：欧阳春中（6月任职）

松林坡派出所

政　　委：罗治西

天陈路派出所

所　　长：高跃岗

政　　委：冉　丽（女）

东山派出所

政　　委：黄世雄

区检察院

党组书记：程　权

纪检组组长：周万红

党组成员：任耀东　吴　娟（女）

周万红　张　平（女）

李　波

检 察 长：程　权

副检察长：任耀东　吴　娟（女）

李　波

政治部主任：张　平（女）

检察委员会专职委员：钱学敏（女）

朱　军

区法院

党组书记：鲜亚勇

党组成员：刘李美（女）

曾　康（3月离任）　黄赋强

曹京平（女）　吴　健

王东友

院　　长：鲜亚勇

副 院 长：曾　康（3月离任）

刘李美（女）　黄赋强

政治部主任：曹京平（女）

纪检组组长：吴　健

执行局局长：王东友

专职审判委员会委员：杨飞雪（女）

向槐青

区政府工作部门及有关单位

一、区政府工作部门

区发展改革委

党组书记：凌　健（1月离任）

党组成员：陈　鹰（女）　罗　杰

主　　任：凌　健（1月离任）

副 主 任：陈　鹰（女）　罗　杰

韩莹莹

区粮食局

局　　长：凌　健（1月离任）

区教委（区委教育工委）

区委教育工委书记：向　斌

区委教育工委专职副书记：刘晓峰

区委教育工委委员：罗天焱　刘婷婷（女）

李　颖（女）　张　芳（女）

区教委主任：向　斌
区教委副主任：罗天焱　刘婷婷（女）
李　颖（女）
区教育考试院
党支部书记：邓　宏
党支部委员：王建琼（女）　钱　跃（女）
院　　长：邓　宏
副 院 长：王建琼（女）　钱　跃（女）
区教师进修学院
党委书记：龚雄飞
党委副书记：李代文
党委委员：余华云　阮　刚　陈　彦
王冰晶　陈国彬（9月任职）
院　　长：龚雄飞
副 院 长：李代文　余华云　阮　刚
陈　彦
纪委书记：王冰晶

区科技局

党组书记：曹元一
党组成员：刘成辉　李　军
陈　坤（10月任职，挂职）
局　　长：马　骁
副 局 长：刘成辉　李　军
陈　坤（10月任职，挂职）

区经济信息委

党委书记：黄隆波（9月离任）
何怀东（9月任职）
党委委员：司文欣　雷　萍　青　洋
朱　斌
龙婧怡（女，12月离任）
张　健（9月离任，挂职）
梁益铭　张　婧
魏　博（10月任职，挂职）
主　　任：何怀东
副 主 任：朱　斌　梁益铭　张　婧
龙婧怡（女，12月离任）
张　健（9月离任，挂职）
魏　博（10月任职，挂职）

区民政局

党委书记：邓朝霞（女，1月离任）
罗小璐（女）
党委副书记：曾　斌
党委委员：黄　淞　李韩义（女）
局　　长：邓朝霞（女，1月离任）
罗小璐（女）
副 局 长：曾　斌　黄　淞　胡雯娟（女）

区司法局

党组书记：秦湛毅
党组成员：王永刚　谢坤宏　谭　慈
局　　长：秦湛毅
副 局 长：王永刚　谢坤宏
政治部主任：谭　慈

区财政局

党组书记：黄　伟（1月任职）
党组成员：朱鸿斌　卢　霖　柏　琳
局　　长：黄　伟（兼任区金融办主任）
（1月任职）
副 局 长：朱鸿斌　卢　霖　柏　琳

区人力社保局

党委书记：王　凡
党委副书记：暂　缺
党委委员：李祝平　窦　嘉（女）
陈泓锟　任德均
何　为（女）　鲁　江
局　　长：王　凡
副 局 长：何　为（女）　鲁　江
社会保险事务中心
主　任：李祝平
副主任：窦　嘉（女）　陈泓锟　陈晓飞

就业和人才中心

主　任：任德均

区生态环境局

党组书记：犹元波

党组成员：杨晓敏（女）　潘力旌
　　何　怡（女）

局　长：犹元波

副 局 长：冯卫东　杨晓敏（女）
　　潘力旌

区生态环境保护综合行政执法支队

支 队 长：何　怡（女）

区住房城乡建委

党委书记：李　海

党委副书记：黄鸿彬

党委委员：徐贵书（女）　王立川
　　李　颢　韩蕾笑（女）
　　张　震　舒　莺（女，挂职，10月任职）

主　任：李　海

副 主 任：黄鸿彬　刘燕翔　李　颢
　　韩蕾笑（女）　舒　莺（女，挂职，10月任职）

区房屋征收中心

党委书记：徐贵书（女）

纪委书记：冯　平（女）

主　任：徐贵书（女）

副 主 任：屈青平　王　微　米联华

区住房保障中心

党委书记：张　震

主　任：张　震

区城市管理局

党委书记：夏　林（9月离任）
　　谭　森（9月任职）

党委委员：贺　文　高腾飞
　　陈　卓（9月离任）　李伟霞
　　于　波

局　长：夏　林（9月离任）
　　谭　森（9月任职）

副 局 长：贺　文　高腾飞　于　波

区城市管理综合行政执法支队

党委书记：陈　卓（9月离任）

党委副书记：李伟霞（女）

支 队 长：陈　卓（9月离任）

政　委：李伟霞（女）

区交通局

党委书记：张玉林

党委委员：严　斌　宋红斌
　　赵雪梅（女）
　　赵　毅（10月挂职）

局　长：张玉林

副 局 长：严　斌　赵雪梅（女）
　　赵　毅（10月挂职）

区委农业农村工委

党工委书记：梁小丹

党工委专职副书记：程同海

党工委委员：梁小丹　唐春忠　程同海
　　余　胜　李　晓（女）

区农业农村委

主　任：梁小丹

副 主 任：唐春忠　李　涛（女）
　　余　胜

区商务委

党委书记：何怀东（9月离任）
　　青　宇（9月任职）

党委副书记：徐　玮

党委委员：李　红（女）　陈盈佚（女）
　　宋　华（女）
　　徐博韬（10月挂职）

主　任：何怀东（9月离任）
　　青　宇（9月任职）

副 主 任：徐 玮 邱 勇 陈盈佚（女）
徐博韬（10月挂职）

区招商服务中心

主任：宋 华（女）

区文化旅游委

党委书记：单大国（9月离任）
王晶（女，9月任职）

党委委员：魏 熙 蔡渝滨 汪黎黎（女）

主 任：任洪涛

副 主 任：程琼梅（女） 汪黎黎（女）

区文化市场综合行政执法支队

政 委：魏 熙

队 长：蔡渝滨

区卫生健康委

党委书记：吴大君（9月离任）
夏 林（9月任职）

副 书 记：董文渊（9月任职）

党委委员：蔡 群（女） 曹 娜（女）
黎 军（女） 魏运清

主 任：吴大君（9月离任）
夏 林（9月任职）

副 主 任：董文渊（10月任职）
奚秀丽（女） 魏运清

区社区卫生服务管理中心

主 任：黎 军（女）

区卫生健康综合行政执法支队

政 委：曹 娜（女）

支 队 长：费小峰

区人民医院

党委书记：赖 利（女）

院 长：贺 曦

区中医院

党委书记：吴雅竹（女）

院 长：罗 华

陈家桥医院

党委书记：暂 缺

院 长：陈世斌

区妇幼保健院

党委书记：周雪莲（女）

院 长：暂 缺

区退役军人事务局

党组书记：简哨兵（女）

党组成员：王中委 谭宏秋 李晓峰
何凯贝（女） 陈嵩圣
罗 建（女）

局 长：简哨兵（女）

副 局 长：王中委 谭宏秋

沙坪坝区军队离休退休干部服务管理中心

党委书记：李晓峰

党委专职副书记：何凯贝（女）

纪委书记：李雪丹（女）

主 任：李晓峰

副 主 任：陈嵩圣 罗 建（女）
刘元胜

沙坪坝区退役军人服务中心

主 任：曾 飞

副 主 任：杨 容

区应急管理局

党委书记：文 刚（9月离任）
卿斌文（9月任职）

党委委员：卢远川 杨 达 张 晓
贾永志（女）

局 长：文 刚（9月离任）
卿斌文（9月任职）

副 局 长：卢远川 杨 达 熊春蓉（女）

政治部主任：贾永志（女）

执法支队支队长：张 晓

区审计局

党组书记：赵卫红（女）

党组成员：李卫华（女） 王 敏（女）
谭 毅 李 缇（女）
局 长：赵卫红（女）
副局长：廖承东 谭 毅 李 缇（女）
纪检组组长：李卫华（女）
经责联席办主任：王 敏（女）

区政府外办

党组书记：缪旭平（女）
主 任：缪旭平（女）
副主任：邱凤雅（女）

区国资委

党委书记：高彦淳
党委委员：苟晓敏（离任） 谭泽立
主 任：高彦淳
副主任：苟晓敏（离任）
国资中心
主 任：谭泽立

区体育局

党组书记：黄华东
党组成员：徐思华 封元晓佳（女）
局 长：黄华东
副局长：徐思华 封元晓佳（女）

区统计局

党组书记：青 宇（9月离任）
苟晓敏（9月任现职）
党组成员：王廷全 郑 茂 张 荣
局 长：青 宇（10月离任）
苟晓敏（10月任职）
副局长：王廷全 郑 茂 张 荣

区医保局

党组书记：温庆红（女）
党组成员：李永华
局 长：温庆红（女）
副局长：李永华
区医保中心
主 任：暂 缺
副主任：谢 阳（女）

区机关事务局

党组书记：文 群（女）
党组成员：马先超 张国竟（女）
局 长：文 群（女）
副局长：马先超 张国竟（女）

区信访办

党组书记：何江泉
党组成员：冉永忠 吴冬云 肖 洁（女）
主 任：何江泉
副主任：冉永忠 吴冬云 肖 洁（女）

区物流办

书 记：周俊清（9月任职）
主 任：边维慧（1月离任）
周俊清（12月任职）
副主任：李建华（女）

区人民防空办

党组书记：刘 望
党组成员：刘常亮 毛 斌
主 任：刘 望
副 主 任：刘常亮 毛 斌

区政务服务办

党组书记：兰新宇
党组成员：李卫红（女） 罗 杰
李姜鹏（女）
主 任：兰新宇
副 主 任：李姜鹏（女） 谢丽萍（女）
区公共资源交易监督管理局
局 长：兰新宇
区公共资源交易中心
主 任：李卫红（女）

二、区政府派出机构及直属事业单位

三峡广场商圈管委会

党工委书记：崔　杰（1月离任）
党工委常务副书记：朱晓村
党工委委员：李代林　吕　勇
主　　任：崔　杰（1月离任）
常务副主任：朱晓村
副 主 任：李代林　吕　勇

磁器口古镇管理委员会

党 委 书 记：陈登烈（1月离任）
党委常务副书记：吴　超
党委副书记：黄　鑫
党 委 委 员：杨　枫
主　　任：陈登烈（1月离任）
常务副主任：吴　超（兼职）
副 主 任：黄　鑫（兼职，9月离任）
杨　枫

西站管委会

党委书记：雷发全
党委委员：赵　庆　吴　刚
主　　任：雷发全
副 主 任：赵　庆　吴　刚

区征地事务中心（区土储中心）

党组书记：魏　毅
党组成员：石　磊　邹　莉（女）
主　　任：魏　毅
副 主 任：石　磊
邹　莉（女，10月离任）

区土储中心

主　　任：邹　莉（女，10月任职）

区供销社

党委书记：梁　杰
党委委员：陈　禹（女）　王　伟
理事会主任：梁　杰
理事会副主任：陈　禹（女）
殷玉辉（女）
监事会主任：王　伟

市属有关单位

区规划自然资源局

党组书记：沈艳丽（女，7月任职）
党组成员：杨　华　刘　源
宋小川（12月任职）
施　丽（女）
牟　磊（12月任职）　张小兵
局　　长：沈艳丽（女，7月任职）
副 局 长：刘　源
宋小川（12月任职）
施　丽（女）
纪检组组长：杨　华
执法支队支队长：张小兵
事务中心主任：宋小川（12月离任）
牟　磊（12月任职）

区林业局

局　　长：沈艳丽（7月任职）
副 局 长：施　丽

区市场监管局

党组书记：梁晚益
党组副书记：蒋　平
党组成员：周志坚　林　丽（女）
陈东池　贺　张　徐新朋
魏　斌
机关党委书记：蒋　平（7月任职）
纪检组组长：徐新朋
局　　长：梁晚益
副 局 长：周志坚　林　丽（女）
陈东池　贺　张　魏　斌

区知识产权局

局　　长：梁晚益

区食品药品安全委员会办公室

主　　任：梁晚益

区税务局

党委书记：廖向阳

党委委员：宋晋湘　张晓燕

周莉（女，8月离任）

王洪宇（女）

崔　宁（8月任职）

杨晓玲（女，8月任职）

任渝航　张剑锋

刘　睿（7月离任）

局　　长：廖向阳

副 局 长：宋晋湘　张晓燕

周　莉（女，8月离任）

王洪宇（女）

崔　宁（8月任职）

党委纪检组组长：任渝航

总会计师：张剑锋

总经济师：刘　睿（7月离任）

杨晓玲（女，8月任职）

区气象局

党组书记：刘　飞

党组成员：龙显琼（女）

局　　长：刘　飞

副 局 长：龙显琼（女）

区消防救援支队

党委书记：李海波

党委副书记：段云华

纪委书记：肖东明

党委委员：张润林　董生文　文培俊

肖东明　江　南（女）

支 队 长：段云华

副支队长：张润林　董生文　文培俊

政治委员：李海波

副政治委员：肖东明

政治部主任：江　南（女）

区不动产登记中心

党支部书记：吴　炜

主　　任：吴　炜

区烟草专卖局

党组书记：楚　鹰

纪检组组长：李海洋

局　　长：楚　鹰

副 局 长：喻跃明

经　　理：楚　鹰

副 经 理：陆　勇

区邮政分公司

党委书记：李业川

纪委书记：赵　飚

总 经 理：李业川

副总经理：赵　飚　冉银平

民主党派　工商联　群团

民革区委会

主任委员：颜春龙（兼任）

副主任委员：任洪涛（兼任）

廖成群（女，兼任）

冯　津（女）

苟　滨（兼任）

刘　睿（兼任）

奚　伊（女，兼任）

民盟区委会

主任委员：王　林（兼职）

副主任委员：杨　隽（女）

陈泽军（兼职）

赖黎捷（女，兼职）

胡苷用（兼职）

王　浩（兼职）

尹　东（兼职）

民建区委会

主任委员：边维慧（兼职）

副主任委员：吴朋飞（专职）

祖　权（兼职）

辛清泉（兼职）

邱凤雅（女，兼职）

雷　震（兼职）

陈滢竹（女，兼职）

民进区委会

主任委员：钟代笛（兼职）

副主任委员：田　鹰（兼职）

熊　迪（女，兼职）

魏勇刚（兼职）

邱　勇（兼职）

张　鹏（兼职）

李虹汛（兼职）

农工党区委会

主任委员：田　盈（兼职）

副主任委员：黄　林（女）

钟　将（兼职）

叶　贵（兼职）

刘红亮（兼职）

张文萌（兼职）

张圣雨（兼职）

致公党区委

主任委员：曾　忠（兼职）

副主任委员：刘　勇（女）

曹华盛（兼职）

谭杨辛（女，兼职）

刘　纲（兼职）

韩莹莹（女，兼职）

九三学社区委

主任委员：曾　康（兼职）

副主任委员：赵良举（兼职）

左金隆（兼职）

臧志刚（兼职）

李建功（兼职）

杨青山（兼职）

区工商联

党组书记：李　兴

党组成员：唐晓东　王小云（女）

主　　席：张兴明

常务副主席：李　兴

副 主 席：唐晓东　王小云（女）

刘　俊（兼职）

吴银剑（兼职）

谢连伟（兼职）

唐伦胜（兼职）

徐晓琴（兼职）

罗　成（兼职）

白　良（兼职）

田希晖（兼职）

郭　彬（兼职）

刘险峰（兼职）

夏治宽（兼职）

赵恒平（兼职）

覃　玲（兼职）

陈恒毅（兼职）

闫　平（兼职）

胥建民（兼职）

刘　娅（兼职）

李　伟（兼职）

陈宇森（兼职）

向治冰（兼职）

秘 书 长：杨元媛（女，兼职）

群团

区总工会

主　　席：何友明（4月离任）

邓朝霞（4月任职）

党组书记：刘 斌（9月离任）

单大国（9月任职）

常务副主席：刘 斌（9月离任）

单大国（9月任职）

副 主 席：梁绍庆 胡 红（女）

谭俊贤（兼职）

苟 洪（兼职）

经费审查委员会主任：胡 红（女）

女职工委员会主任：连雪花（女）

团区委

书 记：李 喆（女）

副 书 记：余张铤 李 力（女）

副 书 记：王 昕（挂职）

张德丽（女，挂职）

副书记：王鹏飞（兼职） 刘振华（兼职）

区妇联

党组书记：陶 惠（女）

党组成员：王晨阳（女） 李 静（女）

主 席：陶 惠（女）

副 主 席：王晨阳（女） 李 静（女）

黎朝红（女，挂职，9月任职）

甘永霞（女，挂职，9月任职）

杨春敏（女，兼职）

雷长碧（女，兼职）

安 淳（女，兼职）

区科协

主 席：向丽华（女）

副 主 席：邓联国

区社科联

主 席：徐晓川

区文联

党组书记：黄 峥（女，10月离任）

主 席：许世虎（兼职）

专职副主席：石 芸（女）

副 主 席：刘清泉（兼职）

黄作林（兼职）

张礼仁（兼职）

龙 红（兼职）

王家成（兼职）

徐 赤（兼职）

赵 倩（女，兼职）

李析力（兼职）

蒲 江（兼职）

区侨联

主 席：朱 莉（女）

副 主 席：韦 晏（女）

杨春敏（女，兼职）

汪文洋（兼职）

陈 铿（女，兼职）

夏金星（兼职）

涂小林（兼职）

黄威林（兼职）

蔡开勇（兼职）

区残联

理 事 长：唐明跃（1月离任）

朱 林（1月任职）

区红十字会

会 长：周红玲（女，兼职，1月离任）

黄可欣（女，兼职，2月任职）

常务副会长：李 芳（女）

副 会 长：卢 霖（男，兼职）

袁 宇（男，兼职）

杨 达（男，兼职）

区计划生育协会

会 长：周红玲（女，兼职，5月离任）

黄可欣（女，兼职，5月任职）

常务副会长：蔡 群（女，兼职）

副 会 长：邱 杰（女，兼职）

吴 宁（女，兼职）

李连辉（男，兼职）

甘雨耕（男，兼职）

镇 街道

青木关镇

党委书记：梁善能
党委副书记：董 丁 何 云（女）
纪委书记：张胜波
组织委员：李 珊（女）
宣传委员：朱汉君
统战委员：朱汉君
政法委员：张明安
党委委员：古德伦 张明安 吴明佼
朱汉君 李 珊（女）
张胜波
镇 长：董 丁
副 镇 长：吴明佼 范 均（女）
张 冬 曾令波
人大主席：古德伦
武装部部长：吴明佼

凤凰镇

党委书记：陈 饶
党委副书记：刘 瑜（女）
纪委书记：普赵宏
组织委员：刘小静（女）
宣传委员：冯先永（女）
统战委员：冯先永（女）
政法委员：李 盛
党委委员：何 江 普赵宏 李 盛
冯先永（女）
刘小静（女） 邱冰箫
镇 长：黄 浦（9月离任）
刘 瑜（11月任职）
副 镇 长：邱冰箫 吴 轲
刘 璟（女） 刘振华
人大主席：何 江
武装部部长：邱冰箫

回龙坝镇

党委书记：姚力莉（女）
党委副书记：吴瑶熙 陈安素（女）
纪委书记：蔡春柳（女）
组织委员：叶久志
宣传委员：黄娅蓝（女）
政法委员：何 波
统战委员：何 波
党委委员：杨 刚 陈安素（女）
蔡春柳（女） 何 波
罗 征 叶久志 黄娅蓝（女）
镇 长：吴瑶熙
副 镇 长：罗 征 阳 成 银 旭
张 桓
人大主席：杨 刚
武装部部长：罗 征

中梁镇

党委书记：李 骥
党委副书记：吴 杰
党委副书记：韩丙振
纪委书记：操佩娟
组织委员：廖丽佳（女）
宣传委员：胡艳惠（女）
统战委员：胡艳惠（女）
政法委员：罗 剑
党委委员：文 弢 廖丽佳（女）
胡艳惠（女）
操佩娟（女） 陈清亮
罗 剑
镇 长：吴 杰
副 镇 长：罗 剑 陈清亮 吴长伦
罗 睿
人大主席：文 弢

人大专职副主席：朱富华

武装部部长：陈清亮

曾家镇

党委书记：綦朝辉

党委副书记：张　苏　王桂兰（女）

宣传委员：李　莉（女）

统战委员：刘　伟

政法委员：刘　伟

纪委书记：张　黎

组织委员：谭　胜

党委委员：彭　洪（女）　陈胜勇

谭　胜　张　黎　刘　伟

李　莉（女）

人大主席：彭　洪（女）

镇　　长：张　苏

副 镇 长：陶发敏（女）　陈胜勇

张　彪　郭铭华

武装部部长：陈胜勇

覃家岗街道

党工委书记：钟　文（9月离任）

王卫国（9月任职）

党工委副书记：高丽娇（女，9月离任）

陈　卓（9月任职）

潘　杰

纪工委书记：向桂琴（女）

宣传委员：张天麟（女）

统战委员：张天麟（女）

党工委委员：陈雄飞　梁　君（女）

黄　河　向桂琴（女）

刘　霏　张天麟（女）

办事处主任：高丽娇（女，9月离任）

陈　卓（9月任职）

办事处副主任：梁　君（女）　黄　河

刘　霏

人大工委主任：陈雄飞

人大工委副主任：张天麟（女）

武装部部长：刘　霏

渝碚路街道

党工委书记：王卫国（9月离任）

高丽娇（女，9月任职）

党委副书记：杨勇刚（9月离任）

朱文奇（9月任职）

党委专职副书记：熊晓瑜（女）

纪工委书记：何　艺（女）

宣传委员：黄　林（女）

统战委员：陈　阳

政法委员：陈　阳

党工委委员：陈洪彪　陈松涛　吴　俣

陈　阳　何　艺（女）

黄　林（女）

主　　任：杨勇刚（9月离任）

朱文奇（9月任职）

副 主 任：陈松涛　陈　阳　吴　俣

人大工委主任：陈洪彪

人大工委副主任：黄　林（女）

武装部部长：吴　俣

沙坪坝街道

党工委书记：孙平（女，9月任职）

党工委副书记：何允建　刘洪

纪工委书记：肖潇

宣传委员：戚小峰

统战委员：戚小峰

政法委员：程硕

党工委委员：屈红（女）　郑雄龙

刘芸帼　程　硕

办事处主任：何允建

办事处副主任：郑雄龙　刘芸帼　程　硕

人大工委主任：屈　红（女）

武装部部长：刘芸帼

小龙坎街道

党工委书记：刘　中
党工委副书记：樊　川　陈正容（女）
纪工委书记：周幸福
宣传委员：傅　林（女）
统战委员：傅　林（女）
政法委员：蒙　舟（女）
党工委委员：罗小华（女）　冯小彪
　　范　聪　周幸福
　　傅　林（女）　蒙　舟（女）
办事处主任：樊　川
办事处副主任：冯小彪　范　聪
　　蒙　舟（女）
人大工委主任：罗小华（女）
武装部部长：冯小彪

天星桥街道

党工委书记：黄　伟（1月离任）
　　余显军（9月任职）
党工委副书记：余显军（9月离任）
　　王　琨（9月任职）
　　胡子琳（女）
宣传委员：唐　怡（女）
统战委员：唐　怡（女）
政法委员：王　坤
党工委委员：刘　贻（女）　王　坤
　　关　翊　刘晓勇
　　唐　怡（女）　陈克男
办事处主任：余显军（9月离任）
　　王　琨（10月任职）
办事处副主任：王　坤　关　翊
　　刘晓勇　陈克男
人大工委主任：刘　贻（女）
人大工委副主任（兼）：唐　怡（女）
武装部部长：陈克男

土湾街道

党工委书记：潘吉刚
党工委副书记：袁　宇　归胜利
纪工委书记：彭揽月（女）
宣传委员：鄢廷婷（女）
统战委员：鄢廷婷（女）
政法委员：董文渊（10月离职）
党工委委员：沈东兵（女）　归胜利
　　陈广安　张宗华
　　董文渊（10月离职）
　　鄢廷婷（女）　彭揽月（女）
主　　任：袁　宇
副 主 任：陈广安　张宗华
　　董文渊（10月离职）
人大工委主任：沈东兵（女）
人大工委副主任：鄢廷婷（女）
武装部部长：陈广安

新桥街道

党工委书记：曾佑明（1月离任）
　　刘　丹（9月任职）
党工委副书记：朱文奇（9月离任）
　　侯　勇
纪工委书记：邹　黎
宣传委员：徐仕艳（女）
统战委员：程肇伟
政法委员：程肇伟
党工委委员：陈　静（女）　徐仕艳（女）
　　唐　丹（女）　邹　黎
　　程　元　程肇伟
办事处主任：侯　勇
副　主　任：徐仕艳（女）　唐　丹（女）
　　程　元
人大工委主任：陈　静（女）
人大工委副主任：徐仕艳（女）
武装部部长：程　元

双碑街道

党工委书记：袁昌伦
党工委副书记：封传悦（女）
党工委专职副书记：杨　晓（女）
纪工委书记：许　强
宣传委员：胡　晓（女）
统战委员：胡　晓（女）
政法委员：胡陈毅
党工委委员：杨　里　许　强
江　艳（女）　陈献中
胡　晓（女）　胡陈毅
办事处主任：封传悦（女）
办事处副主任：江　艳（女）　陈献中
胡陈毅
人大工委主任：杨　里
武装部部长：陈献中

石井坡街道

党工委书记：谭　森（9月离任）
季　钢（9月任职）
党工委副书记：杜小平
刘　静（女，10月任职，挂职）　曾　玲（女）
纪工委书记：甘国正
宣传委员：古英（女）
统战委员：古英（女）
政法委员：万梅（女）
办事处主任：季钢（9月离任）
杜小平（10月任职）
办事处副主任：万梅（女）　黄春梅（女）
李连辉
人大工委主任：江小波
人大工委副主任：古英（女）
武装部部长：李连辉

童家桥街道

党工委书记：李茂松
党工委副书记：卿斌文（9月离任）
刘魁萍（女，9月任职）
党工委副书记：饶　庆（女）
纪工委书记：倪　潇
宣传委员：卢莉娟（女）
统战委员：卢莉娟（女）
政法委员：汪　雷
党工委委员：冉茂琴（女）　汪　雷
张　琴（女）
卢莉娟（女）　倪　潇
王亚威
办事处主任：卿斌文（9月离任）
刘魁萍（女，10月任职）
办事处副主任：汪　雷　张琴（女）
王亚威
人大工委主任：冉茂琴（女）
人大工委副主任：卢莉娟（女）
武装部部长：王亚威

磁器口街道

党工委书记：吴　超
党工委副书记：吴　超
黄　鑫（9月离任）
陈维薇（女）
纪工委书记：许前华
组织委员：暂　缺
宣传委员：王　瑞（女）
统战委员：姜　毅
政法书记：姜　毅
党工委委员：吴　超
黄　鑫（9月离任）
倪晓红（女）
陈维薇（女）　许前华
喻海军　王　瑞（女）
姜　毅　伏戴鑫
办事处主任：黄　鑫（9月离任）

办事处副主任：喻海军　姜　毅　伏戴鑫
人大工委主任：倪晓红（女）
人大工委副主任：王　瑞（女）
武装部部长：喻海军

山洞街道

党工委书记：刘建华（1月离任）
　　杜建民（9月任职）
党工委副书记：杜建民（9月离任）
　　黎　英（女，9月任职）
纪工委书记：周　斌
组织委员：李　聪（女）
宣传委员：李凌云（女）
统战委员：李　聪（女）
政法委员：刘政伟
党工委委员：魏贵文　李凌云（女）
　　刘政伟　周　斌
　　李　聪（女）
办事处主任：杜建民（9月离任）
　　黎　英（女，10月任职）
办事处副主任：李凌云（女）　刘政伟
　　李　聪（女）
人大工委主任：魏贵文
武装部部长：刘政伟

歌乐山街道

党工委书记：唐述华
党工委副书记：舒　伟
　　周俊清（9月离任）
纪工委书记：张　望
组织委员：巫学瑛（女）
宣传委员：何庆兰（女）
统战委员：何庆兰（女）
政法委员：陈　奕
党工委委员：傅　华　王成有
　　巫学瑛（女）
　　何庆兰（女）　杨　韧
　　陈　奕　张　望　王　驰
办事处主任：舒　伟
办事处副主任：王成有　杨　韧
　　王　驰　赵　丹（女）
人大工委主任：傅　华
人大工委副主任：何庆兰（女，兼职）
武装部部长：王　驰

井口街道

党工委书记：黄可欣（女，9月离任）
　　黄隆波（9月任职）
党工委副书记：王　峰　张　觅
纪工委书记：胡　勇
宣传委员：罗玉华（女）
统战委员：罗玉华（女）
政法委员：刘　强
党工委委员：梁　鲲　黄儒剑
　　张　英（女）　郭　强
　　刘　强　胡　勇
　　徐　晔（女）　罗玉华（女）
办事处主任：王　峰
办事处副主任：黄儒剑　张　英（女）
　　郭　强　徐　晔（女）
人大工委主任：梁　鲲
武装部部长：黄儒剑

土主街道

党工委书记：谭静涛
党工委副书记：苟明剑
党工委副书记：刘魁萍（女，9月离任）
纪工委书记：付　胜
组织委员：刘　利（女）
宣传委员：王　伟
统战委员：郭雪莲（女）
政法委员：王　伟
党工委委员：聂　勇　张　翊
　　刘　利（女）　王　伟

郭雪莲（女） 方 伟
付 胜 姚 澜
办事处主任：荀明剑
办事处副主任：张 翊 高 媛（女）
方 伟 姚 澜
人大工委主任：聂 勇
人大工委副主任：郭雪莲（女）
武装部部长：方 伟

陈家桥街道

党工委书记：王 泳
党工委副书记：屈 强 黄 夷（女）
纪工委书记：冯春丽（女）
宣传委员：罗 颖（女）
统战委员：陈德杰
政法委员：陈德杰
党工委委员：谭山川 袁朝兵
冯春丽（女） 邱 杰（女）
甘雨耕 罗 颖（女）
陈德杰
办事处主任：屈 强
办事处副主任：袁朝兵 邱 杰（女）
甘雨耕
陈德杰（2月任职）
人大工委主任：谭山川
武装部部长：甘雨耕

联芳街道

党工委书记：王 晶（女，9月离任）
刘 斌（9月任职）
党工委副书记：廖宗集
纪工委书记：陈 皞
宣传委员：高 巧（女）
统战委员：高 巧（女）
政法委员：陈彦如（女）
党工委成员：王 琨（10月离任）
张 音（10月任职）
陈 静 陈远涛 罗 荣
高 巧（女） 陈 皞
陈彦如（女）
武装部部长：罗 荣
办事处主任：廖宗集
办事处副主任：陈远涛 罗 荣 陈彦如
人大工委主任：王 琨（10月离任）
张 音（10月任职）

丰文街道

党委书记：冯 政
党委副书记：何 东 陈 玲（女）
纪委书记：杨 梅（女）
宣传委员：杜素英（女）
统战委员：杜素英（女）
政法委员：张 鉴
党委委员：彭立彬 任明强 杨 梅（女）
杜素英（女） 张 鉴
罗 新
办事处主任：何 东
办事处副主任：任明强 张 鉴
罗 新（女）
人大工委主任：彭立彬
人大工委副主任：杜素英
武装部部长：任明强

西永街道

党工委书记：马永红
党工委副书记：邓文清（女）肖 玥（女）
纪工委书记：彭 妮（女）
宣传委员：陈 斌
统战委员：刘敬鸿（10月任职）
政法委员：李其源（5月离任）
刘敬鸿（10月任职）
党工委委员：潘志刚 章云川 陈 斌
彭 妮（女）
刘敬鸿（10月任职）

办事处主任：邓文清（女）
办事处副主任：郑洪强　章云川
　　王厚国　熊永刚
人大工委主任：潘志刚
武装部部长：章云川

虎溪街道

党工委书记：刘　涛
党工委副书记：孙基凯　况培胜
纪工委书记：张　利（女）
组织委员：郑　宇（女）
宣传委员：刘　琴（女）
党工委委员：周祥永　况培胜
　　张　利（女）　蒲昀陶
　　郑　宇（女）　刘　琴（女）
办事处主任：孙基凯
办事处副主任：陈登林　王信超
　　蒲昀陶　陆俊晓（女）
人大工委主任：周祥永
武装部部长：蒲昀陶

香炉山街道

党工委书记：王　韵
党工委副书记：胡　玲（女）
　　何　欢（女）
纪工委书记：张　斌
组织委员：刘　巧（女）
宣传委员：余先德
统战委员：余先德
政法委员：李文梁
党工委委员：游绍立　李文梁　张　斌
　　余先德　周晓科
　　刘　巧（女）
办事处主任：胡　玲（女）
办事处副主任：柏　萍（女）
　　李文梁　周晓科
人大工委主任：游绍立
武装部部长：周晓科

区属国有重点企业

城投公司

党委书记：张继雄
党委副书记：王砚脉（女）
党委委员：崔巨光
　　朱俊余（纪委书记）
　　杨婷（女，7月离任）
　　王世刚
董 事 长：张继雄
总 经 理：池福兵
监事会主席：王砚脉（女）
副总经理：崔巨光
　　杨　婷（女，7月离任）
　　余　凌　王世刚
三级资深经理：孙策兵

国际物流枢纽公司

书　　记：罗书权
副 书 记：黄　浦（9月任职）
　　谷永红（9月离任）　黎宗元
纪委书记：顾志建
委　　员：陈　兵　顾志建　韩　超
　　李立之　汪兰芳（女）
　　肖　华（7月离任）
　　蹇　洁（女，挂职，10月任职）
董 事 长：罗书权
总 经 理：黄　浦（9月任职）
　　谷永红（9月离任）
监事会主席：黎宗元
纪委书记：顾志建
副总经理：陈　兵　韩　超　李立之
　　汪兰芳（女）
　　肖　华（7月离任）
　　蹇　洁（女，挂职，10月任职）

三级资深经理：刘　晟　管　利

张培林（2月离任）

四级资深经理：刘　平（5月离任）

重庆铁路口岸物流开发有限责任公司

董事长：罗书权

总经理：黄　浦（9月任职）

谷永红（9月离任）

工投公司

党委书记：赵　秀（女，　6月离任）

孙东方（女，　9月任职）

党委副书记：孙东方（女，9月离任）

姚　川（6月离任）

纪委书记：熊　蓉（女）

党委委员：姜学军　邹智强　熊　蓉（女）

罗会永　谷　欣

董 事 长：赵　秀（女，6月离任）

孙东方（女，9月任职）

总 经 理：孙东方（女）

监事会主席：姚　川（6月离任）

副总经理：姜学军　邹智强　罗会永

谷　欣（女）

四级资深经理：胡廷波

重庆旭辰产业发展集团有限责任公司

党委书记：左　杰

党委副书记：付　骏

党委委员：王　静（女）　侯　跃

张礼琴（女）　刘　科（女）

董事长兼总经理：左　杰

监事会主席、工会主席：付　骏

副总经理：王　静（女）　侯　跃

纪委书记：张礼琴（女）

副总经理：刘　科（女）

团委书记：李慕秋

沙兴集团公司

党委书记：赵　秀（女，6月任职）

党委书记：黄　鑫（9月任职）

谷永红（9月任职）

党委委员：杨　婷（女，6月任职）

董 事 长：赵　秀（女，6月任职）

总 经 理：黄　鑫（9月任职）

监事会主席：谷永红（9月任职）

副总经理：杨　婷（女，6月任职）

沙磁文旅公司

党委书记：赵　秀（女，6月任职）

党委副书记：姚　川（6月任职）

党委委员：肖　华（6月任职）

董 事 长：赵　秀

总 经 理：姚　川

副总经理：肖　华

索 引

D

E

F

G

H

J

K

L

M

N

P

Q

R

S

T

W

X

Y

Z